Frank Rexroth

Fröhliche Scholastik

Historische Bibliothek der GERDA HENKEL STIFTUNG

Die Historische Bibliothek der Gerda Henkel Stiftung wurde gemeinsam mit dem Verlag C.H. Beck gegründet. Ihr Ziel ist es, ausgewiesenen Wissenschaftlern die Möglichkeit zu geben, grundlegende Erkenntnisse aus dem Bereich der Historischen Geisteswissenschaften einer interessierten Öffentlichkeit näherzubringen. Die Stiftung unterstreicht damit ihr Anliegen, herausragende geisteswissenschaftliche Forschungsleistungen zu fördern – in diesem Fall in Form eines Buches, das höchsten Ansprüchen genügt und eine große Leserschaft findet.

Bereits erschienen:

Hermann Parzinger: Die frühen Völker Eurasiens
Roderich Ptak: Die maritime Seidenstraße
Hugh Barr Nisbet: Lessing
Jürgen Osterhammel: Die Verwandlung der Welt
Werner Busch: Das unklassische Bild
Bernd Stöver: Zuflucht DDR
Christian Marek: Geschichte Kleinasiens in der Antike
Jörg Fisch: Das Selbstbestimmungsrecht der Völker
Willibald Sauerländer: Der katholische Rubens
Manfred Hildermeier: Geschichte Russlands
Stefan M. Maul: Die Wahrsagekunst im Alten Orient
Friedrich Lenger: Metropolen der Moderne
Heinz Halm: Kalifen und Assassinen
David Nirenberg: Anti-Judaismus
Wolfgang Reinhard: Die Unterwerfung der Welt
Werner Plumpe: Carl Duisberg
Jörg Rüpke: Pantheon
Manfred Hildermeier: Geschichte der Sowjetunion 1917–1991
Bernd Roeck: Der Morgen der Welt
Hartmut Leppin: Die frühen Christen

Frank Rexroth

Fröhliche Scholastik

Die Wissenschaftsrevolution des Mittelalters

Verlag C.H.Beck

Mit 8 Abbildungen in Farbe und 6 Karten

Satz: Fotosatz Amann, Memmingen
Druck und Bindung: CPI – Ebner & Spiegel, Ulm
Umschlaggestaltung: Kunst oder Reklame, München
Umschlagabbildung: Gilbert von Poitiers übernimmt die Lehre des Boethius, verarbeitet sie und reicht sie an einen Schüler weiter. Handschrift des 12.–13. Jahrhunderts, Bibliothèque municipale, Valenciennes, ms. 197, fol. 7r, Foto: IRHT-CNRS
Gedruckt auf säurefreiem, alterungsbeständigem Papier
(hergestellt aus chlorfrei gebleichtem Zellstoff)
Printed in Germany
ISBN 978 3 406 72521 0

www.chbeck.de

Für Ingo, Jana, Marcel und Katharina,
für Sebastian, Katharina Ulrike und
Jan-Hendryk

Und für Michael Borgolte

Inhalt

Vorwort

Ich war schon eine Weile mit den Vorarbeiten zu diesem Buch beschäftigt, als mir aufging, wie lange mich dessen Thema schon umgetrieben hatte: wissenschaftlicher Eigensinn und seine sozialen Verankerungen. Als ich mich 1980 in Freiburg im Breisgau immatrikuliert hatte, war alles neu für mich, denn in meiner Familie wusste man wenig von der Wissenschaft und der Universität. Wieso wurde ich dort der «Philosophischen Fakultät» zugeteilt? Ich wollte doch Deutsch und Geschichte studieren. Was, bitteschön, war ein «Historisches Seminar»: ein Institut oder eine bestimmte Versammlungsform, hier gravitätisch «Lehrveranstaltung» genannt?

Ganz offensichtlich war Professor nicht gleich Professor, denn Dozenten unterschieden sich sowohl nach ihren Würdegraden als auch nach ihrem Äußeren. Die einen, offenbar auf einer niedrigeren Hierarchiestufe zu Hause, trugen Parka und lange Bärte, und ihre Kurse behandelten im zyklischen Wechsel die Bände von Marxens *Kapital*. Andere wiederum trugen Anzug und Krawatte und waren immer sauber gescheitelt. Waren sie verkappte Kleriker? Immerhin wurden sie altertümlich als «Ordinarien» bezeichnet. Verbissen hatte der Direktor meines Gymnasiums die Fiktion verteidigt, dass es für uns keinen Unterschied mache, ob wir bei Herrn Eitel oder Frau Fehltag in Geschichte unterrichtet würden. Hier nun wurde uns ganz im Gegenteil nahegelegt, auf die Eigenarten, Schwerpunkte und Vorlieben der Lehrenden zu achten und uns unsere Stundenpläne (hier ein verpöntes Wort) danach zusammenzustellen, ob wir uns von ihnen angesprochen fühlten oder nicht.

Wie viele andere Novizen aus nichtakademischen Familien betrachtete ich das akademische Treiben fasziniert und zugleich mit einer gewissen Reserve. Was mir den Einstieg letztlich doch leicht machte, war, dass sich das Studieren statt über den Stoff, den ich mir aneignen sollte, über die Lebensform begreifen ließ, die mit ihm einherging. Zu dieser Lebensform gehörten Seminare, Bibliotheken und Referate, aber durchaus auch Kino, Theater und Konzert sowie die Kneipendiskussion über das gerade Gelesene. So gestärkt, konnte man der Fremdheit der akademischen Formen recht schnell etwas Individuelles entgegensetzen und sich behutsam darauf einlassen.

Als ich Jahre später vom «anthropologischen Blick» hörte, ahnte ich gleich, was gemeint war. Vor allem war zu beobachten, dass bestimmte Wissenschaften einen jeweils eigenen Geschmack ausprägten – oder doch Leute anzogen, die für sie bereits eine habituelle Präferenz mitbrachten. Wenn man sich im Campus-Café die Studierenden und ihr Auftreten ansah, konnte man sie schon bald mit einiger Treffsicherheit bestimmten Fächern oder Fachrichtungen zuordnen. Soziologinnen trugen gewöhnlich Jeans und Pullis, Jurastudentinnen (von uns «Perlhühner» genannt) Blusen mit hochgestelltem Kragen und Halsketten, die wie Erbstücke aussahen. Historiker nahmen eine Mittelstellung zwischen den Gediegenen und den Hausbesetzern ein: relativ bodenständige Macher-Typen in Cordjacken, die sicher auftraten, nicht zu Demonstrationen gingen, aber immerhin eine Meinung zu diesen hatten. Über ihre berufliche Zukunft sprachen sie mit mehr Zuversicht als andere sogenannte Geisteswissenschaftler.

Bald reizte es mich, diejenige Sphäre näher kennenzulernen, die ich in meinem ersten Seminar bei Michael Borgolte kennenlernte: die Forschung. Denn sie folgte einer wunderbar verschwenderischen Ökonomie, nach der man so viel Zeit wie möglich ins Interessanteste investierte, Geld für Bücher ausgab statt für Essen. Je deutlicher der Gedanke der Forschung, desto größer die Distanz zu dem, was ich als bürgerliche Lebensform ansah. Rein äußerlich näherte ich mich wohl einer Untergruppe der nachlässig Gekleideten an, doch ein wenig verschämt trug ich schließlich an dem Tag, an dem ich mein Promotionsstipendium antrat, in der Tat zum ersten Mal in meinem Leben an einem Werktag ein Sakko. Ich war ja jetzt irgendwie staatlich approbierter Forscher, und Faserschreiber und Zettelkastenzettel brauchten eben ihren Platz.

Anfechtungen und Verunsicherungen blieben im Lauf der folgenden Jahre nicht aus. Nach dem Examen, der Promotion und erst recht der Habilitation drückte die Ungewissheit, wie es weitergehen würde. Nach Aufenthalten in London, Berlin und Bielefeld gerade in Göttingen zu landen, war auch mit Irritationen verbunden, denn anders als an den früheren Orten lag der Forschersinn hier mit dem Geist des Bürgertums keineswegs im Wettstreit. Wissenschaft zu treiben meinte in Göttingen keine Negation bürgerlicher Lebensführung, eher war es eine Steigerungsform davon.

Doch die Anfechtungen, die zu etwas Bedenklichem zusammenwuchsen und die dieses Buchvorhaben in seine Bahnen hoben, kamen aus einer anderen Richtung. Erkennbar wurden sie seit circa 2005, als meine Alma Mater wie andere auch mehr und mehr Wert auf gute Stimmung, positives Denken und ihre eigene «Corporate identity» legte. Gigantische wettbewerbsförmige Initiativen standen an und gaben Anlass, die wissenschaftlichen Kernbereiche wie Markenzeichen, erfolgreiche Köpfe wie Champions, Forschungsschwerpunkte wie Exportprodukte zu behandeln. «Corporate colours» wurden normiert, ebenso das Design von Internetauftritten und Briefpapier – konkurrierende Universitäten versahen dieses sogar mit fragwürdigen Mottos. Die Folgen ließen nicht auf sich warten: Immer häufiger begannen Kolleginnen und Kollegen zu offiziellen Anlässen Krawatten und Schals mit Hochschul-Logo zu tragen. Universitäre Forschungsmagazine, bisher biedere Verlautbarungsblätter, waren plötzlich das technisch-designerisch Feinste, was die Universitäten zu bieten hatten.

Versuchte ich, dies alles mit Rekurs auf politische Großwetterlagen und Vorgaben zu verstehen, war eine gewisse Logik in diesen Tendenzen nicht zu verkennen. Denn schon seit Roman Herzog Bundespräsident gewesen war, war in Deutschland immer wieder von der Notwendigkeit einer gesamtgesellschaftlichen Bildungsanstrengung die Rede gewesen. Deutschland, so Herzogs Nachfolger Horst Köhler in seiner Antrittsrede 2004, war «zu langsam auf dem Weg in die Wissensgesellschaft», jetzt solle es ein «Land der Ideen» werden. Naturgemäß waren die Universitäten dabei besonders gefordert: Neugier und die Freude am Experimentieren waren gefragt, ebenso Mut, Kreativität und die Lust auf Neues. Während in der Finanzkrise von 2008 anderswo das nackte Grauen regierte, konnte man sich an einer deutschen Universität seiner Sache einigermaßen sicher sein. Hochschulen wurden von der Gesellschaft gebraucht, ja sie standen nach Zeiten der Schmähung in dem Ruf, das Gut zu verwalten, auf das es gegenwärtig am meisten ankam: Wissen. Die Universitäten dankten all dies der Gesellschaft, indem sie signalisierten: Schaut her, wir sind schon so, wie du es erst noch werden sollst: bunt, flexibel und zukunftsfroh.

Hier setzten die Zweifel ein. Gehörte zum wissenschaftlichen Wissen, wie ich es mir seit jenen glücklichen Freiburger Jahren angeeignet hatte, nicht unverzichtbar die Skepsis, die gesunde Respektlosigkeit? Wo war von ihnen die Rede? Die Alltagspraxis des Forschers, der sich mit dem Menschen und den Aggregatzuständen seiner Vergemeinschaftung beschäftigt, beruhte doch darauf, dass er sich an vermeintlichen Gewissheiten abarbeitet, an Ergebnissen, Methoden und Theorien der Vorgänger. Das Hand- und Lehrbuchwissen, das sich Studienanfänger zuerst mühsam aneignen, wird dem Fortgeschrittenen zum Anlass für erneutes Fragen und Weiterforschen unter neuen Voraussetzungen und Blickrichtungen. Die Novizen der Wissenschaft initiiert man in die Denkgemeinschaften der jeweiligen Disziplinen, indem ihnen die bereits Eingeweihten den Gestus des Bezweifelns und des Widerspruchs antrainieren. Gelingt dieser Sozialisationsprozess, haben sie ihr Wissen in drei Dimensionen konditioniert, denn fortan strebt es nach Expansion, Systematik und Reflexivität zugleich. Dies bedeutet eben auch, dass das Wissen gelernt hat, die Prämissen, unter denen es steht, als ein ständiges Problem mit zu bedenken.

Der Wissenschaftler: eigentlich eine Spezies von professionellen Zweiflern und In-Frage-Stellern. Ein Professor, so hatte man nur zwei Generationen vor mir in Deutschland gespottet, ist «ein Mensch, der anderer Meinung ist».[1] Wie vertrug sich das mit der akademischen «Alle-mitmachen»-Attitüde des jungen 21. Jahrhunderts? Muss die Universität nicht im Gegenteil auf ihrem Eigensinn beharren, darauf, dass man, solange man ihr angehört, der Logik der Skeptiker und nicht derjenigen der Stimmungskanonen zu folgen hat?

Schließlich die Wissenschaft von den Menschen in Vergangenheit und Gegenwart: Um Aussagen über sie, über soziale Gruppen und Großgruppen wie Gesellschaften treffen zu können, unterhält sie die fruchtbare Illusion, selbst von den komplexen Strukturen und Handlungsweisen entpflichtet zu sein, die sie sich als Gegenstand gewählt hat.[2] Sie verfeinert diese Annahme, indem sie die Position des Forschers zum Erforschten theoretisiert. Die Rede ist dann von der «direkten» oder «indirekten Beobachtung»,[3] von der «teilnehmenden Beobachtung» oder von «dichter Teilnahme»;[4] betont wird der Abstand zwischen dem «Handlungsdruck», unter dem sich soziale Akteure befinden, und der «handlungsentlasteten» Position des forschenden Beobachters. Wenn nun aber derartige Trennungen sinnvoll, ja notwendig sind – kann sich die Wissenschaft dann so viel Identifikation mit ihrer Umwelt und ihren gesellschaftlich willkommenen Werten leisten? Drohen nicht Interferenzen zwischen dem kritischen Denkvermögen der Disziplinen und dem akademischen Zeitgeist? Offenbar lohnt es sich, kritisch hinzusehen.

Wohin aber genau? Die Blickrichtung der folgenden Kapitel wird ihre Leser zweifellos überraschen. Denn sie handeln von den Wiederanfängen der okzidentalen Wissenschaft im «lateinischen» Europa und widmen sich zu diesem Zweck Prozessen, die um die Mitte des 11. Jahrhunderts einsetzten, für die 1070er-Jahre besser erkennbar werden und dann anhalten, bis an den frühesten europäischen Universitäten bald nach 1200 eine einigermaßen stabile Organisationsform für wissenschaftliches Wissen erkennbar wird. Dieses Buch beansprucht nicht, eine umfassende Geschichte dieser frühen Wissenschaft zu liefern, denn anstelle einer Synthese will es einen Problemaufriss bieten. Zu diesem Zweck begibt es sich auf die Fährte einiger zentraler Denkformen, die Wissenschaft erst ermöglicht haben, und es fragt nach den Bedingungen und zugleich den sozialen Folgen dieser Denkformen. Dies ist nämlich die Überzeugung seines Autors: dass auch die gerade skizzierte Kultur der Wissenschaft samt ihren sozialen Einbettungen als ein Gewordenes zu begreifen ist.

Dabei ist der Autor keineswegs so naiv zu glauben, dass man in den Anfängen der Wissenschaft diese selbst in ihrer reinen, nicht von Umwelteinflüssen verdorbenen Form zu sehen bekäme. Und er meint auch nicht, seinen Zeitgenossen im Spiegel der längst vergangenen Vergangenheit eine bessere Wissenschaft zeigen und sie damit zur Umkehr bewegen zu können. Keine Kontinuitätsbehauptung («Wer die Ursprünge der Gegenwart verstehen will, muss sich fürs Mittelalter interessieren») und auch keine Alteritätsunterstellung («Lieber Leser, lass' dir von einer fernen, besseren Welt erzählen und ziehe dann selber deine Schlüsse daraus») trägt dieses Buch, sondern die Zuversicht des Historikers, Erkenntnisgewinn gerade aus Anachronismen zu schöpfen: aus der kontrollierten Anwendung gegenwärtiger Begriffe, Fragen und Probleme auf ferne Zeiten und der versuchsweisen Rückübertragung vergangener Konstellationen in die Moderne hinein.[5]

Die Vergangenheit, die in diesem Verfahren sichtbar wird, so glaube ich, kann selbst dann plausibel sein, wenn sie von keinem der historischen Zeitzeugen so wahrgenommen wurde. Und die Gegenwart, in der das Verfahren praktiziert wird, erhält einen besseren Aufschluss wenn auch nicht über ihre Vorgeschichte, so doch über den Möglichkeitsraum, in dem sie sich selbst bewegt. Wenn es an sich schon interessant sei, so die französische Altertumswissenschaftlerin Nicole Loraux, mittels typischer Gegenwartsfragen von der Jetztzeit zur Vergangenheit zurückzuschreiten, so sei es doch noch viel spannender, beladen mit den Problemen der Vergangenheit anschließend wieder zur Gegenwart zurückzukehren und sich dieser mit neuem, fremdem Blick zuzuwenden.[6]

I. Gegen die Zeit

1. Ein produktiver Anachronismus

Die folgende Darstellung wartet mit der These auf, dass im okzidentalen, «lateinischen» Europa seit den 1070er-Jahren und innerhalb weniger Jahrzehnte eine Form von Wissen entstanden ist, die man überhaupt erst sinnvollerweise als wissenschaftliches Wissen bezeichnen kann. Dieses war zugleich Produkt und Motor sozialer Veränderungen – von Veränderungen also, die weiter reichten als der Horizont derjenigen Gelehrten, die die junge Wissenschaft praktizierten. Meine Darstellung beruht fernerhin auf dem Gedanken, dass auch zu jenem frühen, aber entscheidenden Zeitpunkt der europäischen Wissenschaftsgeschichte die Formen und Inhalte des wissenschaftlichen Wissens und der Produktionsprozesse, die dieses Wissen ermöglichten, von bestimmten Formen sozialer Vergemeinschaftung abhingen. Um das Soziale, seine Logiken und Dynamiken muss man sich kümmern, um zu verstehen, wie – viele Jahrhunderte vor der Etablierung naturwissenschaftlicher Laboratorien – wissenschaftliche Erkenntnis sozial konstruiert wurde und an spezifische Formen der Vergemeinschaftung gebunden blieb (Karin Knorr-Cetina).[1]

Als um 1200 die ersten Universitäten in Europa entstanden, gab es diese Wissenschaft schon. Sie war aber so expansiv und formbar und so sehr darauf angelegt, Verbindungen mit anderen Wissensformen einzugehen, dass die hohen Schulen in einem doppelten Sinn zu ihrem Haus wurden: zu ihrer Heimstätte, aber auch zu einem institutionellen Korsett, das sie davon abhielt, sich wild wuchernd weiterzuentwickeln. Meine Darstellung behandelt jene recht ungebändigte Phase einer «fröhlichen Scholastik» zwischen etwa 1070 und 1250. Das bedeutet, dass sie mit der Ankunft der Organisationsform Universität schließt, denn diese setzte der fröhlichen Scholastik diejenigen Schranken, die für die Verstetigung des wissenschaftlichen Wissens von großem Wert, vielleicht sogar unverzichtbar waren.

Bisherige Erklärungen: Heroisierende Meistererzählungen ...

Ist die okzidentale Wissenschaft also ein Produkt des Mittelalters? Selbst gestandene Historiker würden wohl eher den Rekurs auf die «Sattelzeit» an der Schwelle zur Moderne (circa 1760–1840) oder allenfalls auf das 16. und 17. Jahrhundert erwarten, das heißt die heroische Erzählung von einer «Scientific Revolution» in der Ära vom Erscheinen von Kopernikus' *De revolutionibus orbium coelestium* (1543) bis zu dem von Newtons *Principia mathematica* (1687).[2] Diese Erzählung ist in der Vergangenheit auch tatsächlich oft vorgetragen worden, und zwar besonders gerne wie ein Aufstiegsnarrativ zur abendländischen Rationalität, ausgehend wahlweise von der Mathematisierung des Umgangs mit der Natur, von der Einführung des Experiments als Erkenntnisquelle oder auch von der Erneuerung der Staatstheorien. Alle diese Faktoren sind unter dem Spannungsbogen dieser Erzählung als Hauptursachen für die Entstehung der westlichen Moderne reklamiert worden.[3] «Ich war gezwungen anzuerkennen», so Alexandre Koyré, «dass während dieser Epoche der menschliche, oder zumindest der europäische Geist eine tiefgreifende Revolution vollzog, die den ganzen Rahmen und die Muster unseres Denkens veränderte; die moderne Naturwissenschaft und die moderne Philosophie sind ihre Wurzel und ihre Frucht zugleich.» Herbert Butterfield, der sich kurioserweise zuvor einen Namen als Kritiker einseitiger Fortschrittserzählungen gemacht hatte, sah in dieser Wissenschaftsrevolution «den wahren Ursprung sowohl der modernen Welt als auch der modernen Mentalität».[4]

Allerdings sind die Wissenschaftshistoriker bald vorsichtiger geworden. Sie warnten dann vor der triumphalistischen Qualität dieser Erzählung: Die Rede von der «Scientific Revolution» sei ein eurozentrischer «Ursprungsmythos», mit dem «wir westlichen ‹Modernen› uns von allen ‹Anderen› absetzen» (Mario Biagioli). Stattdessen betonten sie fortan das Fremde, Unmoderne an der Wissenschaft und der gelehrten Praxis des konfessionellen Zeitalters.[5]

Dennoch wurde die Meistererzählung von der «Scientific Revolution» noch einmal revitalisiert, als an der Jahrtausendwende Politiker begannen, die sogenannte «Wissensgesellschaft» zum gesellschaftlichen Ideal zu erheben. Peter Burke widmete ihr 2000 nicht zufällig eine *Sozialgeschichte des Wissens*, ein Buch, das die jahrzehntealte Meistererzählung im neuen Gewand präsentierte, das heißt in der zeitgemäßen, an einem emphatischen Wissensbegriff ausgerichteten Diktion der ersehnten Wissensgesellschaft.[6] 2004 publizierten Richard van Dülmen und Sina Rauschenbach gemeinsam einen Sammelband über die Wissensgeschichte des 15. bis 17. Jahrhunderts. Dieser versprach, was im Untertitel stand: Aufschlüsse über «die Entstehung der modernen Wissensgesellschaft».[7]

Werfen wir einen Blick in diesen Band. Die dort vertretenen Autoren unterstellen eine Schwellenzeit in der europäischen Geschichte, die von etwa 1450 bis 1580 reichte und in der die gesellschaftliche Bedeutung von Wissen massiv zugenommen habe. Wissen habe sich in der frühen Neuzeit «durch einen gestalterischen Anspruch» ausgezeichnet, «der dem mittelalterlichen Wissen, selbst wenn dieses durchaus weltlich sein konnte, im großen und ganzen fremd gewesen war».[8] Hans-Jürgen Goertz, ein Beiträger zu diesem Band, hält die Tatsache für «unbestritten», «dass mit der Reformationszeit ein Säkularisierungsschub ohnegleichen einsetzte und viele Lebensbereiche in einen Modernisierungssog gezogen wurden, in dem sich die Ablösung der Glaubens- durch die Vernunftdominanz anbahnte».[9] Damals nämlich, so Goertz, habe sich der «Übergang von der spätmittelalterlichen Klerikerkultur zur frühneuzeitlichen Laienkultur» ereignet.[10] Wissen, so abermals die beiden Herausgeber, habe von da an «dazu dienen [sollen] einzugreifen, zu bestimmen, was in der Welt und im Leben geschah».[11] Jahre zuvor hatte van Dülmen mit Monographien zu den fürchterlichen Strafritualen derselben Jahrhunderte auf sich aufmerksam gemacht, zu der Zivilisationsferne des Strafapparats in den Fürstenstaaten des Ancien Régime, kurz: zu den Atavismen der europäischen Geschichte.[12] Die Wissensgesellschaft derselben Jahrhunderte, die er nun entdeckte, blinkte gemütlich wie Messinggeschirr auf dem Kaminsims. War das wirklich ein und dieselbe Welt?

Viele historisch Interessierte haben auch deshalb von dieser jüngeren Lesart der europäischen Geschichte als einer Geschichte von «Wissensgesellschaften» erfahren, weil Jürgen Mittelstraß ihr eine philosophiehistorische Grundlage gab.[13] Erst in der Neuzeit (Mittelstraß spricht von der «Leonardo-Welt») seien das epistemische und das technische Wesen des Menschen aufeinander bezogen worden, also die besonderen menschlichen Befähigungen, sich Wissen anzueignen und sich Werkzeuge zu schaffen.[14] Keine bestimmten wissenschaftlichen Innovationen seien dabei ausschlaggebend gewesen; das Neue habe vielmehr «in einer fundamentalen methodischen Neuorientierung» bestanden, «die zwei bisher getrennt verlaufene Traditionen» zusammengeführt habe: «die (akademische) Tradition der *Schulen* und die Tradition der *Werkstätten*, die Wissenschaft im klassischen Sinne und die Technik im klassischen Sinne».[15]

Wenn dieser Erzählung weiterhin nicht gefolgt wird, dann liegt das zum einen daran, dass diese auf unzulässigen Hervorhebungen und Ausblendungen beruhte. Das gelehrte Feld jener Ära war mit dem Verweis auf die Heroen Bacon, Galilei, Descartes und Newton nur sehr unzureichend charakterisiert, denn die zeitgenössische Normalwissenschaft war bunter, traditionsbetonter, mithin: «mittelalterlicher», als man lange Zeit hatte glauben mögen. Vorbehalte muss man auch grundsätzlich gegen den Gebrauch derart heroischer Geschichtserzählungen als leistungssteigernde Stimulantien anmelden. Das Verfahren des kontrollierten Anachronismus soll hiergegen immunisieren. Es beruht auf dem Prinzip, das Heute und das Damals nicht in einen narrativen, sondern einen diskursiven Zusammenhang miteinander zu bringen, der fernhin vergangenen Ära zugleich Fremdheit zu unterstellen und dann aus der Distanz heraus das Erklärungsbedürftige an der eigenen Gegenwart zu identifizieren.

… epochale Grenzsteinversetzungen …

Dabei waren die Historiker des Mittelalters durchaus nicht immer gegen die Versuchung gefeit, selbst zur monumentalischen Geschichtsschreibung Zuflucht zu nehmen. Wenn sie das taten, hatten sie freilich einen schwereren Stand als die Urväter der Erzählung von der «Scientific Revolution», Koyré und Butterfield etwa. Denn die Muster, nach denen derlei Fortschrittsgeschichten konstruiert waren, spielten schon seit der Ära Jacob Burckhardts, insbesondere seit dessen Hauptwerk über *Die Kultur der Renaissance in Italien* (1860), eine wichtige Rolle. Seit Burckhardts Buch nämlich fungierte das Mittelalter meist als eine Projektionsfläche für alles, was als schlechthin unmodern, statisch und rückständig angesehen wurde.[16] Die Neuheit des Neuen lässt sich eben besonders wirksam durch die «Abstempelung des Alten» produzieren, mehr noch: durch die Verabschiedung der Herkunftswelt, deren mittlerweile überholte Gewissheiten «gleichsam als Gegenbuchung in der Buchführung des wissenschaftlichen Fortschritts» abgelegt werden.[17] Und seit der Polemik der Aufklärer gegen das Ancien Régime hatte sich als Inbegriff dieses alten Anderen nichts so sehr angeboten wie das Mittelalter: «ces tristes temps», «ces siècles d'ignorance».[18] Burckhardt hatte diese Tradition aufgenommen und an das 20. Jahrhundert weitergereicht. Auch für den Blick auf die Wissenschaftsgeschichte, die Kultur ihrer Akteure und die soziale Gestalt ihrer Organisationsformen galt: Das Mittelalter, das war das schlechthin Andere.

Wo man es anders sah, hielt man bezeichnenderweise selbst am Vorher-Nachher-Prinzip dynamischer Geschichtserzählungen fest, nur dass man die Grenze zwischen der Statik archaischer und der Dynamik moderner Wissenssysteme von der Grenze zwischen Mittelalter und Neuzeit in das Mittelalter hinein zurückverlegte. In diesem Sinn plädierte schon der theoretische Physiker und Wissenschaftshistoriker Pierre Duhem (1861–1916) leidenschaftlich für ein Bild, nach dem der entscheidende Durchbruch zur Revolutionierung der Naturwissenschaften nicht im 16. Jahrhundert, sondern im Paris des frühen 14. Jahrhunderts gelungen sei. Noch 1903 hatte Duhem eine Gesamtdarstellung der modernen, das heißt cartesianischen Mechanik publiziert. Doch dann hatte er sich der Naturphilosophie des ausgehenden Mittelalters zugewandt, um schließlich für die Pariser Magister um Johannes Buridan (gest. nach 1358) den Beginn des modernen naturwissenschaftlichen Weltbildes zu reklamieren. «Vom Beginn des 14. Jahrhunderts an», so schrieb er in seinem zehnbändigen Spätwerk, «war das grandiose Gebäude der peripatetischen [das heißt aristotelischen, F. R.] Physik dem Untergang geweiht. Der christliche Glaube hatte alle seine wesentlichen Prinzipien untergraben. Die empirische Wissenschaft – oder doch wenigstens die einzige empirische Wissenschaft, die schon einigermaßen entwickelt war, die Astronomie – hatte ihre Folgerungen zurückgewiesen. Das antike Gebäude war im Begriff zu verschwinden, und die moderne Naturwissenschaft trat an seine Stelle.»[19]

Man sieht, dass auch hier mit dem Bild von einem heroischen Take-off der Wissenschaften gearbeitet wird, dass sich auch hier das erwünschte Neue von der kognitiven Sackgasse eines vorangegangenen Irrwegs abhebt.

Vorsichtiger, aber prinzipiell auf denselben Pfaden bewegte sich eine Forschergeneration später die Philosophin Anneliese Maier (1905–1971). Programmatisch kündigte sie 1939 Forschungen an, die «die Vorstufen und Anfänge der exakten Naturwissenschaften im späten Mittelalter» behandeln sollten. 1949 veröffentlichte sie eine Monographie über «Die Vorläufer Galileis im 14. Jahrhundert». Mit diesen und weiteren Arbeiten reklamierte sie gleichfalls Aufmerksamkeit für das Jahrhundert Buridans und Ockhams, für Pariser Gelehrte wie Petrus Johannis Olivi, Albert von Sachsen und Marsilius von Inghen.[20] Dass beide eine ausgeprägt katholische Identität besaßen, ist kein Zufall: Duhem suchte unablässig Brücken zu bauen zwischen zeitgenössischer Naturwissenschaft und Katholizismus, Maier, Kind einer typisch protestantischen deutschen Professorendynastie, sollte 1943 zum Katholizismus konvertieren. Denn der Kontext, in dem sie sich bewegten, bestand in der Neigung katholischer Wissenschaftler seit der Ära Papst Leos XIII. und seiner Enzyklika *Aeterni patris* (1879), gegen das abwertende Mittelalterbild ihrer Zeit und im Widerspruch zum liberalprotestantischen Mainstream ihrer Tage das Zukunftsträchtige an der altgläubigen Intellektualität des Mittelalters besonders zu akzentuieren.[21]

Zugleich sachlich am nächsten und methodisch am entferntesten steht dem im Folgenden unternommenen Versuch, scholastische und gegenwärtige Wissenschaft miteinander zu konfrontieren, ein berühmtes Werk eines weiteren epochalen Grenzsteinversetzers, nämlich des Historikers Charles Homer Haskins (1870–1937). Seit 1902 Professor an der Harvard University, plädierte er wie Duhem und nach ihm auch Maier leidenschaftlich dafür, das Moderne im Mittelalterlichen aufzusuchen. Er nahm am entschiedensten Jacob Burckhardts Vorstellung von «Renaissance» auf und wandte sie zugleich gegen diesen. War das Mittelalter für Burckhardt eine kulturgeschichtliche Ära von «Glauben, Kindesbefangenheit und Wahn» gewesen, ein Zustand, der mit dem Anbruch der italienischen Renaissance im 14. Jahrhundert den Menschen wie ein Schleier von den Augen genommen wurde,[22] so verlegte Haskins jene «Renaissance» zurück in das 12. Jahrhundert, also in den Zeitraum, der auch im Folgenden die Hauptsache sein wird.[23]

Haskins war ein Mann von klaren Qualitätsmaßstäben. Die zivilisatorische Avanciertheit oder Rückständigkeit einer Epoche ließ sich nach seiner Überzeugung messen, indem man auf das Interesse achtete, das diese der Literatur der Antike entgegenbrachte. *The Renaissance of the Twelfth Century* war konsequenterweise ein Buch über die Rezeption der lateinisch-antiken Literatur im 12. Jahrhundert, über die Wiederaneignung des römischen Rechts und seiner Wissenschaft, über neue Schulen und die Wiedererlangung einer geschärften Beobachtungsgabe und über die erstaunliche Kreativität in Dichtung und Kunst. Kurz: von allem, was aus Haskins' Sicht gut und teuer war, was ihm als Zeichen von Kultiviertheit und Fortschrittlichkeit galt und was auf die Konkurrenten auf den Nachbarlehrstühlen für «Renaissance History» Eindruck machen musste.[24]

Nicht nur das zentrale vierte Kapitel von Haskins' *Renaissance* über «The Revival of the Latin Classics», sondern das gesamte Werk war in einer feinen, ja aristokratischen Sprache gehalten. Das Buch zelebrierte den Dynamismus einer literaturbegeisterten Ära – und blendete darüber alles aus, was nicht ins Bild passte. Alles irgendwie Kirchliche hätte das Bild vom Beginn der Neuzeit gestört, also sucht man in der Darstellung neben dem Lobgesang auf das wiederentdeckte römische Recht das Kirchenrecht vergebens; keine Würdigung der geistlichen Dichtung jener Epoche sollte den Leser von Haskins' Vorliebe für die weltlichen Gedichte ablenken. Fahrende Scholaren sind die Exponenten der *Renaissance*, die neuen Orden der Kartäuser und Zisterzienser dagegen retardierende Kräfte, Versuche, das vermeintlich rückwärtsgewandte benediktinische Bildungsideal an die Zukunft weiterzureichen. Kirchenreform, neue Andachtsformen, aber auch die wichtiger werdenden Vernakularsprachen der französischen, englischen oder deutschen Dichtung beschäftigten Haskins nur am Rande. Und neben der liebevollen Darstellung des Grammatik- und Rhetorikunterrichts hatte die Erörterung der Logik keinen

Platz, ja die mittelalterliche Logik hielt Haskins sogar für einen Störenfried: Wegen ihrer standardisierenden Sprache verdarb sie den Schülern ihr Latein, und zugleich war es so anstrengend, sie zu erlernen, dass sie die Zeitgenossen vom Dichten abhielt.[25]

Dass Haskins' Bemühen, das 12. Jahrhundert zur Vorgeschichte eines bürgerlichen Bildungsideals zu trimmen, zu diesen darstellerischen Einseitigkeiten führte, ist mittlerweile allgemein bekannt.[26] Bemerkenswert ist allerdings, dass die Forschungsimpulse, die von seinem Metanarrativ einer «Renaissance des 12. Jahrhunderts» ausgingen, weit trugen und noch im ausgehenden 20. Jahrhundert Darstellungen befruchtet haben, die es besser machten und denen auch die folgenden Kapitel Anregungen verdanken. Viele Beobachtungen, die in Verbindung mit dem Konzept «Renaissance des 12. Jahrhunderts» gemacht wurden, lassen sich mit Gewinn in eine modernisierte diskursgeschichtliche Perspektive einbringen, wie ich unten im achten Kapitel zu zeigen versuche.

... und lehrhafte Parabeln

Ganz andere Versuche, fernab von solchen Grenzsteinversetzungen zwischen dem gelehrten Milieu des Mittelalters und der Gegenwart eine Beziehung herzustellen, unternahmen zwei französische Kenner des Mittelalters, beide zugleich bedeutende Intellektuelle. Es ist kein Zufall, dass ihre Ansätze spielerischer, gerade deswegen aber ausgesprochen innovativ ausfielen: Jacques Le Goff mit seinem seit der Erstausgabe (1957) wieder und wieder neu aufgelegten Buch über *Die Intellektuellen im Mittelalter* und der Philosoph Alain de Libera mit einer postmodernen Reflexion über das *Denken im Mittelalter* (1991).[27] Le Goffs epochemachendes Buch steht meinem Vorhaben insofern nahe, als seine Suche nach mittelalterlichen «Intellektuellen» – also dezidiert nach einer Figur aus dem politisch-medialen Bestiarium des 20. Jahrhunderts – vom Autor als produktiver Anachronismus angelegt war. Nicht nur die Frage nach der Schuld oder Unschuld des Artilleriehauptmanns Dreyfus hatte die Meinungen der französischen Öffentlichkeit seit der Mitte der 1890er-Jahre polarisiert, sondern auch die Debatten um die Rolle der Juden und der «intellectuels» im politischen Geschehen. Le Goff suchte Letztere im Mittelalter auf und entwarf ein Narrativ von ihrer Geschichte, mit dem er seine Leser zu Reflexionen über ihre eigene Gegenwart provozieren sollte. Will man ihm gerecht werden, muss man sein Buch als Parabel auf die Kultur der ausgehenden 1950er-Jahre lesen, und dies am besten zur Musik, Kunst und Philosophie der bewegten Ära vor der Studentenrevolte. *Die Intellektuellen im Mittelalter*, das war ein Zeitdokument neben Boris Vians Chanson vom «Déserteur» und neben den cineastischen Verarbeitungen des rapiden sozialen Wandels, seien sie melancholisch und verschattet wie bei Louis Malle oder fröhlich-ironisch wie bei Jacques Tati. Im Bücherregal sollte es neben den philosophischen Entwürfen stehen, die in Le Goffs unmittelbarer Nachbarschaft bei Jean-Paul Sartre heranreiften.

Le Goff legte sein Buch als ein lehrhaftes Gleichnis auf die zeitgenössischen gesellschaftlichen Rollenzuweisungen an Intellektuelle an. Im Kern handelte es von den sozialen Mechanismen, die Intellektuelle zu geistigen Höchstleistungen anregen, diese aber zugleich moralisch korrumpieren und schließlich zu Stützen statt Kritikern der Gesellschaft werden lassen, zu «organischen» Intellektuellen im Sinne des italienischen Marxisten Antonio Gramsci.[28] In drei Abschnitten erzählte er von den heroischen Anfängen der Intellektuellen aus dem Milieu der zumeist Pariser Schulen des 12. Jahrhunderts – rebellisch gegen Autoritäten und im Dauerkonflikt mit den Hütern der weltlichen und der geistlichen Ordnung. Die Universitäten des folgenden Jahrhunderts, so Le Goff, boten dem neuen Typus des Intellektuellen zwar institutionellen Schutz, doch sie führten ihn wegen der «inneren Widersprüche» der universitären Körperschaft in eine Reihe von Ambivalenzen hinein, in denen die Intellektuellen zwar bewundernswert produktiv sein konnten, sich aber letztlich aufrieben. Die dritte Phase, die mit dem Spätmittelalter gekommen war und mit der Ankunft des Renaissancehumanismus endete, brachte den Niedergang der Intellektuellen. Mächtig und reich wurden die besagten «organischen Intellektuellen» in den Diensten von Fürsten und Tyrannen. Keine revolutionären Impulse gingen mehr von ihnen aus. «Jahrhundertelang», so Le Goff mit Verweis auf die glänzend besoldeten Juristen des späten Mittelalters, «wird es im Abendland keine intellektuellen Arbeiter mehr geben.»[29] Er überließ es seinen Lesern, darauf zu kommen, dass dieser Dornröschenschlaf derzeit und vor ihren eigenen Augen endete. Es blieb ihnen auch aufgetragen, darüber nachzudenken, ob die gegenwärtigen Vordenker einer besseren, gerechteren Welt der Eigenlogik der Institutionen, der Korrumpierung durch Titel, Einkommen und Einfluss besser standhalten würden als die Intellektuellen, denen man in dieser Mittelaltergeschichte begegnete.

Dabei ging es dem Verfasser keineswegs einfach um einen literarischen Verfremdungseffekt, so, als ob er die geistige Situation der Gegenwart im Spiegel einer fernen Epoche verhandelt hätte. Le Goff war von der historischen Angemessenheit seines Gleichnisses durchaus überzeugt! Er verstand seine Erzählung insofern als historisch, als er die intellektuelle Aufbruchsstimmung auf dem linken Seineufer seiner Gegenwart im mittelalterlichen Quartier Latin der Ära Peter Abaelards wiederzufinden glaubte. Das Buch, das doch eigentlich das ganze Europa behandeln sollte, lebte davon, den geistigen Aufbruch des 12. Jahrhunderts im Pariser Scholarenmilieu des hohen Mittelalters zu zelebrieren. Daher war dieses Buch so jung, frisch und links. Getragen wurde es von der schieren Freude eines gerade dreiunddreißigjährigen Historikers an der historischen Erzählung. «Am Anfang waren die Städte», so hob sein Narrativ im ersten Teil des Buches an.[30] Spielerisch wurde hier biblische Mythographie mit dem Bekenntnis zum Materialismus kombiniert. «Am Anfang» – in Deutschland sollte es noch Jahrzehnte dauern, bis sich Sozialhistoriker getrauten, ihre verschämt als Forschungsberichte deklarierten Geschichtserzählungen so einzuleiten![31] Der Mainstream der «progressiven» europäischen Sozialhistorie mied die *historia ad narrandum* und mahnte statt der Erzählung die Analyse und den Diskurs an. Auch die Väter der französischen Sozialgeschichte hatten das getan, aber Le Goff scherte sich nicht darum, erzählte von den mittelalterlichen Intellektuellen und sprach damit Stadtkultur, Bohème und die Machtversessenheit der französischen akademischen Elite seiner eigenen Tage zugleich an. Dass er mit seiner Behauptung allerdings unrecht hatte, dass «am Anfang» nicht die Städte waren, sondern die Einsamkeit in der Gruppe, wird unten im dritten und vierten Kapitel deutlich werden.

War Le Goffs Buch der Größe und Tragik des modernen Intellektuellen gewidmet, so handelt es sich bei Alain de Liberas philosophischem Essay *Denken im Mittelalter* (1991) um den postmodernen Gegenentwurf dazu. Es zog seit seinem Erscheinen viel Aufmerksamkeit auf sich, wurde aber niemals zu einem solchen Bestseller wie Le Goffs süffige Geschichtserzählung.[32] Das ist nicht erstaunlich, denn dessen naive Linearität lag dem Philosophen fern. De Libera umkreiste sein Thema lieber; trotz eines vernehmbaren chronologischen Fadens lassen sich die acht Kapitel von *Denken im Mittelalter* in jeder beliebigen Reihenfolge lesen.

Auch hier geht es um Intellektuelle, oder besser: um «das Auftauchen des intellektuellen Ideals» aus innerscholastischen Konflikten heraus, die sich um 1300 ereignet hatten.[33] De Libera meint damit das Ideal einer Lebensführung, deren Träger in Antike und Mittelalter mit dem Begriff *philosophus* belegt wurden: angetrieben von einem rückhaltlosen Willen, die Natur der Dinge zu erkennen und diesem Vorhaben unter Verzicht auf andere Güter das ganze Leben zu widmen. An den Schulen und Universitäten Europas konnte dieses Ideal allenfalls vorbereitet werden, so de Libera, doch letztlich hatte es zur Voraussetzung, dass die Gelehrten bereit waren, sich vom Betrieb der Hochschulen zu lösen. Entscheidend waren also nicht wie bei Le Goff die Professionalisierungsprozesse, denen die mittelalterlichen Gelehrten unterworfen waren, sondern gerade im Gegenteil die «Entprofessionalisierung der Philosophie». Sie war es, die den Intellektuellen als europäisches Phänomen hervorbrachte. Um 1300, als einige Denker das Philosophieren als eine Lebensform für sich entdeckten und konsequent aus der Universität heraustraten, sei dieser Moment gekommen gewesen.[34]

De Liberas Intellektuelle waren eher die Vertreter einer freischwebenden Intelligenz und nicht die saturierten Geheimräte des französischen Königs, die für Le Goffs Verständnis prägend gewesen waren. Keine Beraterverträge und auch keine anderen sozialen Rollenzuschreibungen machten ihre Bedeutung aus, sondern ihr Philosophieren selbst, die Werke, die sie verfassten und die sie ausdrücklich an ein Publikum fernab der Universitäten richteten. Mit Dante und Meister Eckhart sei dieser Intellektuellen-Typus in die Welt getreten, ja Dantes *Convivio* (*Das Gastmahl*) war für de Libera «das erste wirkliche und große Manifest der mittelalterlichen Intellektuellen».[35]

Aber nicht nur seine profunde Institutionenskepsis trägt diesen

Essay, sondern auch die entschiedene Stellungnahme zu der Frage, ob dieser Prozess genuin europäisch war, und wenn nicht, welche Impulse er den kulturellen Transformationen zwischen der lateinisch-christlichen und anderen Welten verdankte. Damit war natürlich vor allem von der islamischen Wissenschaft die Rede. Heute ist diese Frage als Folge globaler Konflikte so naheliegend, dass man sich fragen muss, wieso sie sich vor der Jahrtausendwende *nicht* so massiv hatte aufdrängen können. Sie war gerade in der Philosophiegeschichtsschreibung immer wieder einmal berührt worden, und wenn sie aufgeworfen wurde, schieden sich an ihr konservativere, häufig die Einheit von Wissen und Glauben betonende (und meist katholische) Geister von solchen, die mittelalterliches Philosophieren als Teil einer Gesamtgeschichte des profanen Philosophierens auffassten und daher eher bereit waren, das Wirken anderer Traditionen als der christlichen und der antiken anzuerkennen. Erstere Sichtweise, an prominenter Stelle etwa von Wolfgang Kluxen vertreten, hatte die intellektuelle Autarkie Europas unterstrichen und betont, dass alles Erforderliche in den Eigentraditionen Europas angelegt gewesen sei, was zur Entfaltung eines «Prinzip[s] der Rationalität» nötig gewesen sei.[36] Die anderen hatten in der Tradition der Aufklärung behauptet, dass der Transfer antiker Texte und genuin arabischer Kommentarwerke aus der islamischen Welt entscheidend für die Renaissance der Wissenschaften im lateinischen Westen gewesen sei.

De Libera war und ist einer aus dieser zweiten Gruppe. Seiner Überzeugung zufolge ermöglichten erst die entsprechenden Transferprozesse die Entdeckung der intellektuellen Lebensform, die sich angeblich um 1300 ereignete. Die ersten mittelalterlichen Erben der griechischen Weisheit seien die muslimischen Philosophen des *dar al-islam* gewesen. Ihnen hätten keine Universitäten zur Verfügung gestanden, und so hätten sie fernab solcher schützenden Gehäuse ein philosophisches Lebensmodell entwickelt, das wiederum in Lateineuropa rezipiert und in der Zeitspanne von den antiaverroistischen Lehrverurteilungen von 1277 bis zur Verurteilung Meister Eckharts 1327 in Avignon verwirklicht werden konnte.

Postmodern ist de Liberas Buch schon deshalb, weil ihm eine Vorstellung von Philosophiegeschichte zugrunde liegt, die die westliche intellektuelle Tradition in eine Globalgeschichte der Philosophie einordnet, und weil sich hier die Leistung der arabischen Philosophen nicht wie bei vielen seiner Vorgänger (übrigens auch bei Le Goff) darauf beschränkt, als Zwischenspeicher für griechische Texte auf dem Weg in die Schulen des lateinischen Europa zu fungieren.[37]

Weitere Momente kommen hinzu. Neben den Prozessen der Deprofessionalisierung betonte de Libera die *Pluralität* der mittelalterlichen Wissenschaftsvorstellungen, ohne diese im Stil der älteren Philosophiegeschichtsschreibung als einen Stellungskrieg philosophischer «Schulen» zu verstehen.[38] In Wirklichkeit habe eine bunte Vielfalt von Positionen vorgeherrscht, die durchaus nebeneinander Platz fanden: Die «wirkliche Geschichte» gerade der mittelalterlichen Logik sei die Geschichte einer «Welt von Diskursen, von ‹Puzzles› (*sophismata*) und Rollenspielen (*obligationes*)». Das, was dem heutigen Leser am Mittelalter auf den ersten Blick fremd erscheine, sei gerade das,

> *was es ihm später, wenn er umfassendere Kenntnisse erworben hat, unverzichtbar macht. Dank seiner nämlich wird uns klar, dass die Gedanken nicht das Produkt der Individuen sind, sondern eher durch sie hindurchgehen und sie sogar ohne Schaden zu nehmen überleben können, als dunkle Umrisse eines künftigen Lebens. Mit ihm entdecken wir, dass wir nicht als Selfmademen aus dem Nichts erschaffen, sondern Nutznießer des Denkbaren und Schuldner subjektloser Diskurse sind. […] Die Geschichte des Denkens als eine anonyme Geschichte begreifen – das ist unseres Erachtens die erste Aufgabe des Mediävisten.*[39]

Unser eigenes viertes Kapitel wird sich lesen wie die Probe aufs Exempel zu dieser Position. Und schließlich erscheint bei de Libera die gegenwärtige mit der scholastischen Philosophie insofern verwandt, als in beiden die intensive Reflexion über den ontologischen Status von Sprache und deren Zeichencharakter, das heißt deren Konventionalität, geführt werde – im Zeichen der «linguistischen Wende» eines der Fundamentalthemen gegenwärtiger Kulturwissenschaft.[40] So betont de Libera die Anschlussfähigkeit der analytischen Sprachphilosophie des 20. Jahrhunderts an die scholastische Tradition.

Mit dieser deutlichen Bezugnahme auf analytische Philosophie, Diskurstheorie und Poststrukturalismus stand und steht de Libera nicht alleine da – für die Erstere hat er Verbündete vornehmlich in der angelsächsischen Welt, für die beiden Letzteren bei sich zu Hause.

Die Post-Modernität der Scholastik, so haben auch andere betont, besteht in der Tat in deren Vorliebe für Gedankenexperimente und kontrafaktisches Denken, in der Beschäftigung mit möglichen Welten, die Gott geschaffen haben *könnte*. Scholastik, so Marcia Colish, sei nicht die Summe von Lehrinhalten gewesen, sondern «a set of intellectual methods, whose use and development cut across other categories and informed all players in the game.»[41] Konzeptionen von Autor oder Werk (das heißt solche Größen, die in der Postmoderne erneut fragwürdig geworden sind) seien für das mittelalterliche Denken nicht vorauszusetzen, an ihrer Stelle regiere die auf den ersten Blick anarchische Textproduktion namenloser Glossatoren und Kommentatoren. Wer sich mit den beiden Gelehrtengenerationen vor Abaelard befasst, gewinnt zu den «Wikis» unserer Tage ein durchaus entspanntes Verhältnis.

2. Die Scholastik: Gelehrtes Wissen bezieht sich erstmals auf sich selbst

Gelehrter Eigensinn

Mit der heroischen Meistererzählung von der «Scientific Revolution», Duhems und Maiers Suche nach Galileis mittelalterlichen Vorläufern, Haskins' humanistischer Ex-post-Utopie, Le Goffs Moritat von der schuldhaften Verstrickung der ersten Intellektuellen und de Liberas Befreiungsnarrativ von der Geburt einer intellektuellen Lebensform haben wir uns auf unseren Untersuchungszeitraum zubewegt. Was gerade die Jahre von etwa 1050 bis 1250 für das folgende Unternehmen so attraktiv macht, ist die Tatsache, dass in Europa (im arabisch-islamischen Bereich war man in dieser Hinsicht den Europäern deutlich voraus[42]) während dieser Ära zum ersten Mal seit der Antike ein notwendiges Moment wissenschaftlichen Denkens aufscheint: seine selbstreferentielle Qualität. Damit ist gemeint, dass es sich die Wissenschaft leisten kann, primär auf sich selbst Bezug zu nehmen und sich nicht vorschnell über ihre Zuträger-Funktion gegenüber außerwissenschaftlichen Größen wie der Religion oder der Herrschaft zu definieren – oder auch nur ihre Energien in zeitraubender Außenkommunikation aufzubrauchen. Der *Primär*zweck einer so verstandenen Wissenschaft ist es, wissenschaftliche Ergebnisse zu erbringen, und nicht, einen Beitrag zum Gemeinwohl, zur Vollbeschäftigung, zu internationaler Wettbewerbsfähigkeit oder auch zur Rechtgläubigkeit der Menschen zu leisten.

Dies bedeutet nicht, dass die Wissenschaft gegenüber ihrer außerwissenschaftlichen Umwelt autark wäre, und es ist auch keineswegs gleichbedeutend mit dem, was man traditionell im Bild vom gelehrten Elfenbeinturm einfängt. Im Gegenteil ist auch die Wissenschaft dort, wo sie selbstbezüglich organisiert ist, sehr stark an ihrer Umwelt orientiert, und sei es nur, indem sie die Grenzen zu dieser aufrechterhält und sich damit zu ihr in Beziehung setzt. Aber sie muss es sich leisten können, ihre eigene Logik zu pflegen, auf der Anwendung ihrer Theorien und Methoden zu beharren und ihre Fragen und Projekte als Bestandteile genuin wissenschaftlicher Problemvorgaben zu behandeln. Auch kann es sich die Wissenschaft unter diesen Bedingungen leisten, sich ihre Ziele selbst vorzugeben. Sie darf «eigensinnig» sein.

Wenn im Folgenden von Selbst- oder von Fremdreferentialität gesprochen wird, steht dahinter keine Wertung. Beide Begriffe werden keineswegs zum Lob und Tadel bestimmter Kommunikationsmodi gebraucht. Es ist diese eigensinnige Attitüde selbstreferentiell operierender Wissenschaft, die während der zweiten Hälfte des 11. Jahrhunderts in einem kleinen, aber in seinem Agieren folgenreichen Milieu studienbegeisterter Männer wiederentdeckt wurde. «Wiederentdeckt» insofern, als die Vorstellungen, die man sich in diesem Milieu vom Leben und Wirken antiker Philosophen machte, von großer Bedeutung für die Neuformierung einer gelehrten, «scholastischen» Identität wurden. Während der vorangegangenen Jahrhunderte waren beeindruckende intellektuelle Leistungen erbracht worden, und gerade im Bereich der sogenannten Sieben freien Künste (*septem artes liberales*) war insbesondere in der Ära der Karolinger Bedeutendes geleistet worden.[43] Doch motiviert waren die Anstrengungen in den «schreibenden» und den «rechnenden» Künsten (dem *trivium* beziehungsweise *quadrivium* der *septem artes*, auf sie wird zurückzukommen sein) unmittelbar durch Ziele, die außerhalb der wissenschaftlichen Anstrengungen lagen: bessere Chancen auf die Erlangung des eigenen Seelenheils durch besseres Verständnis der *sacra scriptura*, durch qualitätsvolle Liturgie, durch die rechnerisch richtige Festlegung der Kirchenfeste (*computus*). Für jeden Buchstaben, jede Zeile und jeden Punkt, den er schreibe, werde ihm eine Sünde vergeben, meinte im 11. Jahrhundert ein Mönch aus Arras.[44]

Diese Denkweise endete selbstverständlich im folgenden Jahrhundert nicht, ja sie blieb im monastischen Milieu der Klöster sogar weiterhin dominant. Doch werden wir nachverfolgen können, wie allmählich Schulen entstanden, an denen Buchstaben, Zeilen und Texte mit dem Vorsatz studiert wurden, zu einem besseren Verständnis der Schriften selbst zu kommen und über diese die «Natur der Dinge» zu erfassen, das heißt die Wahrheit. Der Wille zur Wahrheit war der primäre Antrieb dieser Bewegung, der Modus, in dem sie sich realisierte, war die scholastische Wissenschaft, die sich ihre Ziele selbst vorgab.

Wir werden auch sehen, dass diese neue Fixierung auf ein philosophisches Wahrheitsideal mit dem Schwund des Vertrauens einherging, das man bislang in die Stimmigkeit der intellektuellen Tradition gesetzt hatte. Dass Christus im Johannesevangelium (14,6) sagte: «Ich bin die Wahrheit und das Leben», hatte schon der kämpferische Reformpapst Gregor VII. betont: «Er sagt nicht, ich bin die Gewohnheit, sondern die Wahrheit.»[45] Peter Abaelard, der berühmteste unter den frühen Scholastikern, bemühte dieses Argument gegen die intellektuelle Tradition (*consuetudo*) mit derselben Absicht. Ähnlich wie zu Beginn der modernen Wissenschaft im 18. Jahrhundert wuchs im Milieu der Schulen das Bedenken heran, dass bestimmte Überzeugungen vielleicht nur deshalb als wahr akzeptiert würden, weil sie durch die überkommene Lehre – und damit die Tradition und die Gewohnheit – gedeckt waren.[46] Mit dem Zweifel an der Tradition gerieten die Überzeugungen der Lehrergeneration und überhaupt der Autoritäten der Vergangenheit in den Verdacht, nur vordergründig stimmig zu sein. Autoritäten hätten eine wächserne Nase, die man in jede Richtung biegen könne, hieß es in Scholastikerkreisen bald.[47]

 Wie aber zur Wahrheit gelangen, wenn nicht über die Lehre der Lehrergeneration oder der Kirchenväter? Von entscheidender Bedeutung für die Ausrichtung des Schulenmilieus war zum einen, dass an ihnen die Inhalte von Lehre und Studium allmählich nicht mehr nach der Maßgabe der traditionellen Sieben freien Künste betrieben wurden, denn die waren definitionsgemäß gerade *nicht* selbstreferentiell, sondern verstanden sich als Mittel zu außerhalb ihrer selbst liegenden «höheren» Zwecken. An ihre Stelle trat allmählich die Vorstellung von der Philosophie, einer Weisheitslehre und einer Lehre vom rechten Leben, die es wert schien, dass man ihr sein Leben widmete. Den ersten Vertreter eines neuen Standes sollte man den besagten Abaelard nennen, so eine grundgelehrte englische Dichterin des 20. Jahrhunderts, wobei diesen Stand ausmachte, dass man «Gelehrter um der Gelehrsamkeit willen» war.[48]

Damit stand in Verbindung, dass aus dem Ensemble der Artes, dem allmählich mit dem besagten Konzept von «Philosophie» ein Konkurrent gegenübertrat, eine Leitwissenschaft und ein Königsweg zur Erkenntnis des Wahren herauswuchs: die Dialektik. Sie stellte eine Methode bereit, im Medium einer recht technisierten Sprache (heute arbeiten Logiker bekanntlich mit mathematischen Operatoren) Wahrheitsfragen über Dinge der Welt in sprachlicher Form abzuhandeln und einer belastbaren Lösung zuzuführen. Binnen recht kurzer Zeit wurde diese Technik in andere Bereiche hineingetragen, was natürlich für die Theologie am spektakulärsten, aber auch am anfechtbarsten war. Hauptsächlich diesem Methodentransfer innerhalb des gesamten Ensembles der Wissenschaften war es zuzuschreiben, dass das Treiben an den Schulen den kritischen, häufig sogar äußerst missgünstigen Blicken der Außenstehenden ausgesetzt war.

Selbstverständlich sind Konzepte von Wahrheit Jahrtausende älter, als es die hier beobachteten Prozesse sind. Und es wird folglich auch nicht darum gehen, Peter Abaelard oder einen seiner Zeitgenossen zum Entdecker oder Bahnbrecher eines solchen Entstehungsvorgangs zu machen. Wohl aber werden die folgenden Kapitel einen Prozess schildern, innerhalb dessen «Wahrheit» in Konkurrenz mit konkurrierenden Größen (vor allem der «Richtigkeit» und der «Nützlichkeit») zum dominierenden Medium wurde, in dem wissenschaftliche Kommunikation sinnvoll geordnet und von anderen Kommunikationen geschieden wurde. Dieser Prozess war kein langer, gleichförmiger Fluss; er erfuhr in den Jahren, um die es im Folgenden gehen wird, entscheidende Beschleunigungen (Kapitel 4–6), neue soziale Einbettungen (Kapitel 7) und Irritationen durch Verknüpfungen mit anderen Diskursen (Kapitel 8–10).

Scholastik als die Kultur von Schulen

Dieser Prozess, der im Vorgriff auf vieles, was noch zu sagen sein wird, nur ganz summarisch vorgestellt werden konnte, ist gerade von den Historikern der Philosophie als einer akademischen Disziplin häufig behandelt worden. Arbeiten von John Marenbon, Yukio Iwakuma, Constant Mews und anderer verdanken wir, dass seine Bedeutung für die Episteme der mittelalterlichen Philosophie sehr gut erforscht ist, obgleich es doch Mainstreams der Philosophiegeschichtsschreibung gab, die ein solches Verständnis nicht gerade begünstigt haben. So war für lange Zeit eine Sicht auf unseren Gegenstand dominant, die als den Kern und das eigentliche Proprium jener «neuen» Wissenschaft die harmonische Verbindung von Glauben und Wissen beziehungsweise die Synthese von Theologie und Philosophie im Rahmen einer «christlichen Philosophie» (Étienne Gilson) ausmachte und die Scholastik daher wegen ihrer Integrationskraft für Glauben und Intellekt in Ehren hielt.[49] Diesem Verständnis hielt man aber entgegen, dass die Kommunikation der Gelehrten, um die es ging, ständig (und keinesfalls erst seit der Auseinandersetzung der Universität Paris mit den jungen Bettelorden während des 13. Jahrhunderts) Konflikte entstehen ließ und dass daher jedes historiographische Allversöhnungsszenario in die Irre führen musste. Zum Zweiten mussten sich die Erforscher der Philosophie gegen den Reflex immunisieren, die Wiederanfänge einer selbstreferentiellen Wissenschaft im langen 12. Jahrhundert zur Vorgeschichte der großen Entwürfe eines Albertus Magnus (gest. 1280) oder eines Thomas von Aquin (gest. 1274) zu degradieren, das heißt auf die schon angesprochene Weise die Leistungen der späteren Generation auf ihre Kosten kräftig herauszustreichen.

Die folgende Darstellung verdankt den Kollegen, die diese beiden Klippen umschifften, sehr viel, zielt aber in einer allgemeinhistorischen Perspektive in eine andere Richtung. Denn selbst wenn längst als gesichert gelten kann, dass keine Sichtweise auf die scholastische Wissenschaft ohne einen Rekurs auf deren soziokulturelle Dimension auskommt, wird diese Einsicht in den folgenden Kapiteln ganz in die Mitte der Betrachtung gerückt werden: Die neue Wissenschaft des 12. Jahrhunderts muss zwar mit ständigem Blick auf ihre Episteme charakterisiert werden, doch dies geleitet von der Einsicht, dass ihre soziokulturellen Formen zugleich ursächlich und abhängig von der ihr eigenen Wissensordnung waren und dass es folglich darauf ankommt, auch die zentralen Kategorien jener Wissenschaft zum Gegenstand sozialgeschichtlicher Betrachtung zu machen.[50] Genau dies meint nämlich «soziokulturell»: dass die Kultur der Schulen – ihr Wissen sowie Habitus und Lebensentwürfe von deren Angehörigen – in einem kybernetischen Verhältnis zu den sozialen Formen der Vergemeinschaftung stehen, die sie institutionell stabilisieren. Mit dem Wissen der Gelehrten müssen folglich weite, zum Teil sehr handfeste Aspekte von Scholastik als Kultur vermittelt werden: die Arten der Vergemeinschaftung, die sie entwickeln und tragen; die Lebensformen und Lebensentwürfe, die in ihrem Inneren entstehen; der Habitus ihrer Angehörigen, eben: die Kultur, die sie trägt und die von ihnen zugleich gespeist wird.

Zeitgenössischen Angehörigen und Kritikern stand dabei deutlich vor Augen, dass jenes scholastische Milieu einen eigenen Lebensstil und ein dazu gehörendes Sonderwissen kultivierte. Die, die sich dem Schulbetrieb verschrieben, hatten teil an einer spezifischen Weltsicht, an Vorstellungen vom Denken der Mehrheitsgesellschaft, von der Zeit, dem Lebensrhythmus und dem Lebensalter, von ihrem Körper und ihrer Sexualität, von der Wertigkeit des Neuen in Konkurrenz zum Alten und dem Wert von Autorität, Treue und Pflichten, die man sich selbst gegenüber hat. Bei all diesen Elementen handelte es sich um kein arbiträres Beiwerk zur eigensinnigen Wissenschaft, sondern um diese selbst.

Aus der Außenperspektive erschien diese durchaus kritikwürdig. Die Spannbreite der kritischen Einwände war dabei erheblich. Es gab solche, die aus dem scholastischen Umkreis selbst kamen und vom Willen zur Selbstverbesserung und Selbstaufklärung getragen waren – mit Karen Gloy können wir in diesem Fall von «interner» Kritik sprechen. Wer sie vorbrachte, wollte einen Konsens über die Rationalitätsstandards an den Schulen dadurch vertiefen, dass er an diesen arbeitete und auf Fehlentwicklungen und Missstände aufmerksam machte. Gerade in Milieus mit einem hohen Anspruch an Rationalität war solche innere Kritik praktisch unumgänglich. Ganz anders die (in Gloys Diktion) «externe» Kritik. Sie wusste auf der Seite des Kritikers keine solchen geteilten Standards zu benennen und symbolisierte damit, dass es sich bei den kritisierten Schulen um ein schlechthin Anderes handelte.[51] Im monastischen Bereich haben Forscher wie Stephen Ferruolo sie besonders häufig nachweisen können, doch ist man gut beraten, auf Übergänge zu achten. Auch diese bieten freilich Anlass zu Inszenierungen. Dort, wo sich externe Kritik als besonders gravierend in Szene setzen will, kann sie sich als unabwendbar gewordene Steigerungsform von innerer Kritik präsentieren. Sie signalisiert dann, dass sie einen Rationalitätskonsens aufkündigt, dem sie sich vor Kurzem noch selbst verschrieben hatte.[52] Weil dies so war, bezeichneten die Mönche (schon seit den Zeiten des heiligen Benedikt) das Kloster zwar als die *schola Christi*, doch das von *schola* abgeleitete Adjektiv und dessen substantivierte Form *scholasticus* gebrauchten sie nicht für sich, sondern zur Fremdbezeichnung eines Milieus, dem sie weder angehörten noch angehören wollten.[53] Legte man seinen Lesern nahe, eine Streitfrage auf sich beruhen zu lassen, sagte man beispielsweise (wie hier Gottfried von St. Victor): «Wie dem auch sei, diese Frage geht uns weniger an, wir überlassen sie den scholastischen Disputationen» (*scolasticis disputationibus relinquimus*).[54] Rupert von Deutz, im Mönchtum seiner Zeit als einer der größten Gelehrten angesehen, stellte fest, dass jemand, der in Fragen des Altarsakraments anderer Auffassung war als er selbst, kurioserweise «Mönch und doch Scholastiker» sei (*scholastico licet monacho*). Rupert scheint hier in polemischer Absicht ein Paradox gegen die Vertreter einer neuen intellektuellen Spezies in Stellung zu bringen. Man erkannte sie daran, dass sie sich auf ihr Wissen viel einbildeten.[55]

Damit war ein Fremdstereotyp geboren: Der *scholasticus* gehörte einem Milieu an, das den Gebrauch der Dialektik als Wissenschaft und zugleich als entscheidende Methode «schulmäßig» einübte. *Scolastice* zu denken und zu argumentieren, wurde zum Synonym sowohl für *philosophice* als auch für *dialectice*. Erst im 18. Jahrhundert wurde daraus der Pauschalbegriff «die Scholastik» für eine ganze Epoche, die in aufklärerischer Tradition den Inbegriff intellektueller Rückständigkeit, in romantischer einen geistigen Anknüpfungspunkt für die Gegenwart symbolisierte. Die Aufklärer geißelten sie, weil sie angeblich die Philosophie an die Theologie band und damit den frommen Obskurantisten auslieferte, die Romantiker priesen sie, weil sie von den modernen Ursünden der Reformation und der Revolution noch unberührt erschien und für die organische Verbindung von Glauben und Wissen stand.[56]

Wie verhielten sich neben den Philosophiehistorikern aber die Allgemeinhistoriker – Jacques Le Goffs Kolleginnen und Kollegen also – zu dieser Epoche? Es fällt auf, dass die Ära der frühen Scholastikermilieus auf Forscher wie Peter Classen oder Sir Richard Southern einen ganz besonderen Reiz ausübte, und es scheint, als hätte auch dieser Reiz mit ihrer eigenen akademischen Befindlichkeit im 20. Jahrhundert zu tun. Zwar hatten sie noch nicht an akademischen Imagekampagnen teilnehmen müssen, doch auch in ihren aktiven Jahren waren Universitäten administrativ anstrengende, geräuschvolle und damit nicht immer forschungsfördernde Orte gewesen. Gerade die scholastischen Milieus des 12. Jahrhunderts schienen ihnen daher so interessant, weil sie für eine – wie Classen schrieb – «eigenartige Freiheit» standen. Investiturstreit und Gregorianische Reform hatten nämlich zuvor die Herrschaft von Laien über die Kirche beendet und damit den *clerici* neue Handlungs- und Denkspielräume eröffnet. Und erst die Ära seit etwa 1200, also seit Papst Innozenz III. (1198–1216), sollte den Durchbruch für tragfähige innerkirchliche Disziplinierungsmechanismen bringen.

Nicht mehr, aber noch nicht schon: das 12. Jahrhundert als ein libertäres Niemandsland in der Geschichte der intellektuellen Disziplinierungen, eingeklemmt zwischen einer früheren Phase fürstlicher und einer späteren päpstlicher Übermächtigungen! Was Classen hier ausformulierte, hat seit jeher die Anziehungskraft dieser Epoche für Institutionenskeptiker und freie Geister ausgemacht. Wer sich sozialen Fortschritt von Organisationen, Verbeamtungen, Karrieren und Studienordnungen versprach, war besser beraten, sich der universitätsförmigen Phase des Schulenbetriebs zuzuwenden, also der Zeit seit circa 1200. Und doch gehört auch sie zur Geschichte der Schulen, und dies keineswegs unter dem Vorzeichen von «Niedergang». Es wird unten wichtig sein, die Geschichte auch der Universitäten bis zur Ausprägung einer klaren Fakultätenstruktur mit einzubeziehen, weil man nur mit einem Blick bis zur Mitte des 13. Jahrhunderts nachvollziehen kann, wie die neue Wissenschaft durch zweierlei Umweltbeziehungen ihre Spezifik erlangte.

Zum einen war die Relation zu ihrer äußeren Umwelt (also zu all dem, was nicht zu ihrer eigensinnigen Binnenkommunikation gehörte) abhängig davon, dass sich die Wissenschaft mit der Universität eine attraktive Organisationsform gab. Zum anderen erhielt sie ihre charakteristische Form, indem sie sich in ihrem Inneren in Disziplinen ausdifferenzierte: in distinkte «Wissenschaften» (im Plural), die ihre jeweils eigenen Gegenstandsbereiche, Axiomatiken und Wahrheitskriterien ausprägten. Diese Situation soll als die innere Umwelt der Wissenschaft bezeichnet werden: Die Disziplinen fügen sich nicht einfach organisch zu etwas Ganzem, sondern sie interagieren und kommunizieren miteinander, sie schärfen ihre Identitäten aneinander und treten in Konkurrenz um die rechte Sicht auf die Dinge sowie um Prestige und Statuspositionen.

Die okzidentale Universität, die wir unten in ihrem Entstehen um 1200 beobachten werden, ist nicht nur insofern ein Kind der mittelalterlichen Kulturen, als die ersten Hochschulen dieser Art im lateinischen Raum Europas um das Jahr 1200 herum entstanden. Sie ist es auch insofern, als ihre Form einem Muster entsprach, das typisch für das spätere Mittelalter war: Sie war eine Gilde oder Genossenschaft, verfasst als geschworene Einung (*coniuratio*) von Gelehrten oder Scholaren, die sich nach dem Prinzip der *Autonomie* die Regeln für ihre innere Ordnung selbst gab und sich nach dem Prinzip der *Autokephalie* selbst gewählten Magistraten (dem Rektor beziehungsweise den Dekanen) unterwarf.

Die Hochschulverfassung heutiger Tage beruht immer noch auf diesen Setzungen, die im hohen Mittelalter aus der amorphen Schulenlandschaft in Paris und Bologna heraus entstanden. Mit den Fakultäten besteht sie in ihrem Inneren vornehmlich aus Einheiten, die ihrerseits als geschworene Einungen organisiert sind und ihre Statuten und Leitungsorgane (vor allem die Dekanate) selbst geschaffen und verwaltet haben, die Curricula entwickeln und ihren Scholaren Prüfungsanforderungen vorgeben. Wer ihnen angehören wollte, musste durch Eidleistung seine Unterwerfung unter das selbst verantwortete Reglement bekunden. Die Immatrikulation, die auch heute noch die Zugehörigkeit zur Hochschule begründet, fixiert dies mittels Eidleistung und Eintragung in das Buch, dem das Kruzifix und die Evangelieninitien für die Eidleistung vorangestellt sind. Das Voranschreiten in der Dignität der Gelehrten-*universitas* wird durch diejenigen Grade angezeigt, die Universitäten auch heute noch verwalten: Bakkalaureat, Magisterium, Doktorat.

Der organisatorische Konservatismus der Wissenschaft ist demnach zweifellos mittelalterlichen Ursprungs. Wie steht es aber mit der Differenzierungsdynamik der Wissenschaft im Inneren der Universität? Was kann man mit dem Blick auf die Scholastiker dem modernen Prozess der wissenschaftlichen Spezialisierung an die Seite stellen? Diachron vergleichende Darstellungen gehen meist von irrigen Vorstellungen scholastischer Wissenschaft aus und evozieren dort statische und vor allem homogene Bilder, wo in Wirklichkeit eine pulsierende Dynamik und eine große Vielfalt anzutreffen war. Gerade in den Gelehrten-Gilden der Universitäten entstand ein sozialer Raum von faszinierender intellektueller Spannkraft, in dem sich lebhafte Debatten zwischen den Angehörigen der verschiedenen Disziplinen entspinnen konnten. Ähnlich wie in den disziplinären «Fächern» der Moderne differenzierten sich Wissensprovinzen in ihnen aus, wie wir noch sehen werden.

Nach dem Gesagten scheint es, als ob es gar nicht so einfach sein wird, von den Anfängen einer auf sich selbst bezogenen Wissenschaft zu handeln, ohne dabei heroisierend wie Butterfield, latent politisch wie Le Goff oder naiv antiinstitutionell zu sein wie die Nostalgiker, die die hundert Jahre vor der Entstehung der Universität als Idyll gepriesen haben. Der Anachronismus wird sich nur mit einer gewissen inneren Distanz zum Geschehen fruchtbar machen lassen. Fest steht: Die Dimension wissenschaftlichen Denkens, die sich als Anknüpfungspunkt für den produktiven Anachronismus, das Denken «gegen die Zeit» also, aufdrängt, ist der gelehrte Eigensinn, der Luxus der Wissenschaft, sich primär auf sich selbst zu beziehen und seine eigene Logik zu kultivieren.

II. Schule der Loyalität:
Lehren und Lernen im früheren Mittelalter

1. Studieren, um ein guter Christ zu sein? Schulen im früheren Mittelalter

Lesen lernen

Selbstverständlich gab es schon in den tausend Jahren vor dem neuen Wissenschaftsideal des 12. Jahrhunderts Institutionen für die elementare und die höhere Bildung. Das Christentum war im Inneren des Römischen Reiches entstanden, war dort zunächst verfolgt worden und hatte sich schon deshalb zumindest bis zur Ära Kaiser Konstantins des Großen (gest. 337) in Abgrenzung von römischer Kultur und doch zugleich in engem Kontakt mit dieser entwickelt. Von besonderer Bedeutung war dabei gewesen, dass das Christentum die Arbeit, das heißt das Tun manuell arbeitender Menschen – und damit unweigerlich auch Armut und Unbildung –, radikal aufgewertet hatte.[1] Egal, wie arm jemand war und wie mühevoll man den eigenen Lebensunterhalt erwerben musste: Jede Frau und jeder Mann konnte ein vorbildlicher Christ sein, insofern sie beziehungsweise er zu glauben befähigt war. Der Satz der Bergpredigt «Selig sind, die da geistlich arm sind» (Mt. 5,3) meinte auch, dass gerade die ungebildeten Angehörigen der Christengemeinden mit der Gabe des Glaubens alles Notwendige besaßen, um das eigene Seelenheil zu erlangen.

In der Kultur der paganen Mehrheitsgesellschaft hatten die Bildungsgüter der Sphäre der Muße, des *otium*, angehört, also demjenigen Lebensbereich, dem sich nur die vermögenden Freien widmen konnten. Jetzt, unter den Bedingungen des neuen Glaubens, triumphierten die Schüler eines einfachen Fischers über die Weisheit der berühmtesten heidnischen Gelehrten. Dies glaubten jedenfalls die Verteidiger des christlichen Glaubens und seiner Einfachheitsverheißungen.[2] Der *credulus*, der einfältige Mensch, wurde zur respektablen Person; nach dem neuen Verständnis war er der Gläubige, und seine *credulitas*, für die heidnischen Philosophen der Gegensatz zur Weisheit, wurde zu einer Norm.

Das Christentum war jedoch zugleich eine Buchreligion. Als solche verlangte der neue Glaube nach der Kenntnis der Schrift und nach Techniken der Schriftauslegung, die den Schwierigkeiten der biblischen wie auch der patristischen Texte gewachsen waren. Mit Hilfe der Predigt sollten alle Angehörigen der Christengemeinden an der Schriftauslegung teilhaben, und daher sollte diese – etwa nach den Vorstellungen des Caesarius von Arles (gest. 542) – in einfacher, auch für Ungebildete fassbarer Form gehalten werden.[3] Doch die tieferen Sinnschichten der biblischen Botschaft oder der patristischen Literatur zu erreichen, setzte eine viel weiter gehende Vertrautheit im Umgang mit den Texten des Christentums voraus. Nehmen wir als Beispiel das Hohelied des Alten Testaments, in dem ja vordergründig betrachtet von Gott überhaupt nicht die Rede war: Was also war die religiöse Botschaft, die sich hier in offenbar verschlüsselter Form kundtat? Wurde etwas zur Kirche gesagt? Barg das Hohelied einen mystischen Sinn? Oder handelte dieses «schönste aller Lieder» in Wirklichkeit von der Muttergottes? In der Tradition der griechischen stoischen Philosophie und des hellenistischen Judentums hatten die christlichen Gelehrten eine Form der Schriftauslegung aufgegriffen und weiterentwickelt, die es ermöglichte, in diesen sinnlichen Hochzeitsgesängen eine tiefere, verborgene, aber letztlich entscheidende Sinnschicht zu erkennen. Es war der Zweck der christlichen Allegorese, durch die Bloßlegung jenes Schriftsinns hinter dem Literalsinn des Geschriebenen den ekklesiologischen, seelengeschichtlichen oder mariologischen Gehalt dieses *Gesangs der Gesänge* (*Canticum Canticorum*) aufzuspüren.[4]

Mit der Gnade des Heiligen Geistes gesegnet zu sein war Grundvoraussetzung für die Entdeckung des verborgenen Schriftsinns. Doch mit dieser allein kam man als Exeget nicht weit. Schon allein den Literalsinn zu erfassen setzte hohe Sensibilität gegenüber dem Wortlaut der lateinischen Bibelübersetzung voraus, denn dieser bereitete schon für sich genommen einige Schwierigkeiten.[5] Viel Wissen war vonnöten, um überhaupt bei derart anspruchsvollen Studien anzukommen, daher war die grundständige Schulung vor allem in den sprachbezogenen Fächern des römisch-paganen Bildungskanons unverzichtbar.

Gerade die Bischöfe der katholischen Kirche waren schnell beunruhigt, wenn sich Laien und Unberufene ohne sprachlich-methodische Vorbildung an die Erklärung der christlichen Überlieferung wagten. Bleiben wir nur beim Hohelied: Für Hieronymus hatte festgestanden, dass sein Verständnis «die größte Reife der Erkenntnis voraussetzte und deshalb das Bibelstudium der *perfecti* als letztes zu krönen habe» (Friedrich Ohly).[6] Die christliche Hermeneutik war voraussetzungsreich, und daher blieb sie sowohl auf die Ausbildung von Auslegungsexperten als auch auf die Schaffung von Institutionen angewiesen, die die entsprechenden Kompetenzen verstetigten. Hinzu kam, dass seit der karolingischen Ära im 8. und 9. Jahrhundert ein wiedererwachtes Interesse an den Schriften der Kirchenväter auch die Neugier auf deren geistige Hintergründe entfachte: auf ihren Bildungshorizont, ihre Referenzautoren und ihre Reflexion über Sprache. Auf diese Weise gelangten auch die nichtchristlichen Autoren wie Vergil, Cicero, Sallust oder Terenz wieder in prominente Positionen.[7] Die Rolle des Lehrers und das Gehäuse der *schola* waren in den Gemeinden daher noch stärker als zuvor an deren Amtsträger gebunden, an die Kleriker. Zugleich entstand auch dort eine Kultur der Schulen, wo sich Menschen von den Gemeinden absonderten, um besonders effektiv für ihre Mitmenschen zu beten: im Mönchtum.

Nicht nur die Inhalte und die Referenztexte blieben auch in den Schulen der Christen erhalten, sondern die ebenfalls aus der Antike stammende Einteilung des «höheren» Wissens in «Sieben freie Wissenschaften» (*septem artes liberales*), eine Einteilung, die man mit Blick auf das gesamte lateinische Europa seit der Spätantike als «die Fundamentalordnung des Geistes» schlechthin (Ernst Robert Curtius) bezeichnet hat.[8]

Diese sieben Elementarwissenschaften waren teils sprachbezogen (die drei elementaren Wissenschaften des sogenannten Triviums: Grammatik, Dialektik und Rhetorik), teils schulten sie das Rechnen (die vier Disziplinen des Quadriviums: Arithmetik, Geometrie, Astronomie und Musik). In ihrer Gesamtheit überliefert in den Schriften des Martianus Capella, Cassiodors und Isidors von Sevilla,[9] wurden sie im früheren Mittelalter anhand einer begrenzten Menge von Standardwerken unterrichtet, die im Lauf der Jahrhunderte nur sehr vorsichtig ergänzt und ersetzt wurden. Doch gemäß ihrem Konzept kam es bei den *artes liberales* darauf an, nicht bei ihren Teilbereichen stehenzubleiben, sondern sie als Ensemble in ihrer funktionalen Ausrichtung auf den rechten Umgang mit dem Buchstaben und der Zahl sukzessive zu durchschreiten. Wenige meisterten den gesamten Parcours der Sieben Wissenschaften, und doch wusste jeder, der sich auf eine von ihnen einließ, dass die Theorie der Artes auf Vollständigkeit angelegt war, auf ein Fortschreiten von Wissenschaft zu Wissenschaft.

Vor allem bei den rechnenden Disziplinen wurden Abstriche gemacht. Sie blieben eine Sache für Kenner und Liebhaber. Wenn im 11. Jahrhundert der Reichenauer Mönch Hermann der Lahme, einer der größten Gelehrten, die Europa im Mittelalter hervorbrachte, von Wissen und Gelehrtheit sprach, meinte er Mathematisch-Naturkundliches. Aber weder ordnete er sich damit in eine breite Tradition ein noch hätte er selber eine gestiftet; nur wenige konnten sein komputistisches Werk tatsächlich verstehen.[10] Doch zumindest die Vorstellung von einer Trias von Herangehensweisen an die geschriebene und gesprochene Sprache blieb dem Konzept der Freien Künste während des früheren Mittelalters inhärent.

Menschen, die sich etwa so sehr in die Grammatik vertieften, dass sie darüber zu den anderen «trivialen» Fächern überzugehen vergaßen, machten etwas falsch. Gerade den Bewohnern der italischen Halbinsel unterstellte man, in dieser Hinsicht fehlbar zu sein. Für sie besaß der Grammatikunterricht weniger als für die Schüler anderswo in Europa die Qualität des Fremdsprachenunterrichts, denn man bewegte sich ja ohnehin noch im Rahmen des Lateinischen und konnte sich daher gleich stärker um die Inhalte kümmern; man betrieb Eigensprachen- statt Fremdsprachenphilologie. Von einem Mann aus Ravenna namens Vilgard, der irgendwann in der zweiten Hälfte des 10. Jahrhunderts lebte, erzählte man sich, dass er sich vollständig in der Grammatik verlor und darüber beschränkt und eitel wurde. Offenbar hatten es ihm die klassischen Autoren, die als Übungsmaterial eifrig bearbeitet wurden, zu sehr angetan. Als er zu weit gegangen war, suchten ihn nachts Dämonen in Gestalt der Dichter Vergil, Horaz und Juvenal heim und verleiteten ihn dazu, seinen Dichterkult wie eine Religion anzupreisen.[11] Heute erinnert man sich an diesen ansonsten unbekannten Vilgard nur als einen der Ersten, die wegen ihrer Lehre auf dem Scheiterhaufen endeten, als frühen abendländischen Häretiker.[12]

Was sich somit bei der Einbettung der *artes liberales* in die christliche Sphäre geändert hatte, war, dass sie unter den Voraussetzungen des neuen Glaubens nicht mehr als Standesmerkmal verstanden wurden, sondern als eine Größe, die statt durch sozialen *Status* durch soziale *Funktion* definiert wurde. Dabei fasste man sie zugleich konsequent *fremdreferentiell* auf: «Die ‹Artes› dienten dem Heil», sie waren «zielgerichtet, einem Zweck unterworfen.» Sie, die einst unchristlichen, «stärkten den Glauben und führten zu Gott» (Johannes Fried). Rhetorik, darauf besteht Hieronymus, ist nützlich für die Exegese der heiligen Schriften, die Arithmetik hilft, die biblische Zahlensymbolik zu decodieren, die Musik dient der Praxis der Liturgie.[13] Das bedeutet, dass man sie erlernte, um einen außerhalb ihrer selbst liegenden Zweck zu erreichen. Nach der Richtschnur der Richtigkeit (*norma rectitudinis*) dienten sie dem Verständnis der heiligen Texte, über diesen Zweck hinweg allerdings auch der Befähigung für Aufgaben in dieser Welt. Die Kleriker sollten die Predigt und ihre übrigen pastoralen Aufgaben bewältigen können, die Mönche das Gebet und die Liturgie in der klaustralen Abgeschiedenheit.[14] Ihr Sinn bestand darin, die Kompetenz zum fehlerfreien Abschreiben und damit zur richtigen Weitergabe von Bibel und Väterschriften zu vermitteln – zum richtigen Vollzug der christlichen Liturgie, zum richtigen Textverständnis sowie zum Vermögen, die komplizierte Berechnung der Festtage im Kirchenkalender korrekt vorzunehmen, insbesondere das Osterfest zum richtigen Termin zu feiern.[15]

Wer sich mit den *artes liberales* Mühe gab und anschließend Texte adäquat erfassen, verstehen oder abschreiben konnte, wurde für seine Anstrengungen und Leistungen selbst spirituell belohnt – und konnte überdies anderen bei der Erlangung ihres Seelenheils beistehen. Für die Mönche war diese letztere Dimension die entscheidende: Vielen von ihnen mag es um Bußleistungen für Schuld gegangen sein, die sie persönlich auf sich geladen hatten. Gerade ihnen kam es aber – und dies war eine eminent soziale Dimension – stets zugleich auf die *stellvertretende* Fürbitte für die Schuld anderer an. Inständiges Bitten und beharrliches Bemühen waren die Voraussetzung dafür, aber ebenso wichtig war, sich mit den richtigen Worten und in akzeptierten Formen um dieses Ziel zu bemühen. Der *Reinheit* des mönchischen Lebenswandels sollte daher auch die *Richtigkeit* des vollzogenen Gebets entsprechen. Die Lernleistung, die angehende Mönche im Kloster erbrachten, kann nur vor diesem sozialen Hintergrund verstanden werden, der Mönche an Nichtmönche band.

In der westlichen, lateineuropäischen Sphäre der christlichen Ökumene brachten der Erwerb der lateinischen Sprache sowie die Befähigung zur Exegese biblischer und patristischer Texte die Mönche und Kleriker auf diese Weise in dauerhaften Kontakt mit der antikpaganen Schulliteratur. Der antike Kanon der Schullektüren, den man durchlaufen musste, um höheren Aufgaben gewachsen zu sein, wurde keineswegs konsequent durch einen christlichen Kanon ersetzt, wie man vielleicht meinen könnte. Auch während des Mittelalters kamen daher Texte zum Einsatz, an deren Oberfläche nichts oder nur sehr wenig Christliches zu erkennen war. Die Haltung gegenüber der heidnischen Philosophie wie auch der höchst unterhaltsamen, doch aus christlicher Sicht moralisch gefährdenden Dichtung war erst zu klären. Den Bischof Ambrosius von Mailand (gest. 397) hat man als «Kenner, aber Gegner der griechischen Philosophie» (Ernst Robert Curtius) bezeichnet,[16] für den heiligen Bibelübersetzer Hieronymus (gest. 420), dessen Bedeutung ja unmittelbar auf seiner philologischen Kompetenz beruhte, gilt das freilich nicht; als er den Propheten Jeremias kommentierte, zog er Lukrez und Persius heran. Wegen seiner Affinität zu paganen Dichtern zur Rede gestellt, erinnerte er daran, dass König Salomo das Studium der Weisen empfohlen, dass Paulus in seinen Briefen Epimenides, Menander und Aratus verwendet hatte.[17] Das hinderte ihn nicht daran, im Streit mit intellektualistischen Widersachern zu betonen, dass es nicht Aufgabe der Mönche sei zu dozieren, sondern zu trauern und über sich und die Welt betrübt zu sein.[18] Im Verhältnis zwischen den Schulen samt ihrem Lehrstoff und den ethischen Grundlagen des Christentums verblieb daher stets eine Grundspannung, das heißt: ein schöpferisches Potential.

Kloster- und Kathedralschulen

Die Situation der Schulen in der formativen Phase der scholastischen Wissenschaft zu skizzieren setzt daher voraus, dass man die sozialen Formen des Unterrichts und die Denkformen und Wertvorstellungen, die mit der *schola* verbunden waren, gemeinsam betrachtet. Drei Typen von Schule sind dabei zu unterscheiden: der Unterricht freier, womöglich umherziehender Einzelmagister, die Kloster- und die Kathedralschule. Von ersteren, die geradezu unternehmerisch handeln mussten, um von ihrem Unterricht leben zu können, wird im dritten Kapitel ausführlich zu sprechen sein. Auf eine lange und stolze Tradition konnten die Klosterschulen zurückblicken, ja die Anläufe zur Reform des Mönchtums, die im 10. und 11. Jahrhundert unternommen wurden, suchten häufig die Bedeutung der klösterlichen Skriptorien dort in akzeptable Schranken zu weisen, wo sich Konvente stolz mit der geistigen Tradition ihrer *scholae* identifizierten. Weil diese Schulen dauerhaft eingerichtet waren, ihren eigenen Lehrernachwuchs rekrutierten und weil ihre Qualität damit nicht von der physischen Existenz des einzelnen Lehrers abhängig war, waren die Klosterschulen zu den wichtigsten Transmissionswegen für biblische, patristische, aber auch antik-pagane Texte geworden.[19] Dies bedeutete aber, dass gerade dort, wo jenes höhere Wissen tradiert wurde, das Bewusstsein für dessen fremdreferentielle Qualität besonders augenfällig war; immerhin sollten Mönche vorrangig wegen der Sündhaftigkeit der Welt trauern und für ihre Mitmenschen beten und nicht die Regeln der lateinischen Syntax verfeinern oder die logischen Argumentationsfiguren nachbuchstabieren helfen.

Der Beitrag der monastischen Welt des früheren Mittelalters – und insbesondere der benediktinischen Konvente – zur Tradierung und Bereicherung der Schriftkultur kann nicht hoch genug eingeschätzt werden. Man irrte gewaltig, wo man diese Welt in der Tradition der europäischen Aufklärung lediglich als Zwischenspeicher für die antik-pagane Literatur ansah, also als einen Aufbewahrungsort für wertvolle Texte, die erst seit dem Renaissancehumanismus des ausgehenden Mittelalters wieder adäquat gewürdigt werden konnten.[20] Im Gegenteil erreichte die Beschäftigung der klösterlichen Skriptorien mit den vorgefundenen Texten eine solche Intensität, dass die monastische Kultur auch in Regionen produktiv und innovativ sein *musste*, in denen man dies auf den ersten Blick nicht vermuten würde. Den Mönchen ist vieles von dem zu verdanken, was die gelehrte Sphäre Europas ausmachte. Sie waren die Träger der intensiven Beschäftigung mit der Grammatik, der Dialektik und der Rhetorik, die während der Karolingerzeit aufblühte, und sie waren es auch, die den antiken Freundschafts- und Intimitätskult wieder aufleben ließen. Nicht nur die Beschäftigung mit den heiligen Texten wurde in ihnen gefördert, die Klöster brachten daneben auch eine neue Blütezeit der abendländischen Briefkultur hervor, und in Verbindung mit dieser Blüte standen Reflexionen über Freundschaft und Liebe, über Treue und Wahrheit, Eros und Intellekt.

Nicht nur von Inhalten und Techniken ist zu sprechen, sondern auch von habituellen Errungenschaften des Mönchtums, die für die außermonastische Welt der Wissenschaft prägend werden sollten: Es waren die Vertreter des benediktinischen Mönchtums, die die fromme Anachorese und den damit verbundenen Gestus der Abwendung von der Mehrheitsgesellschaft zur Norm erhoben, ein Habitus, der von den Vertretern der Wissenschaft übernommen werden sollte. Von der monastischen Welt konnten Gelehrte lernen, wie man auf akzeptable Weise auf die Interaktion mit seiner Umwelt verzichten konnte – ein wertvolles Erbe gerade in der Ära seit dem 12. Jahrhundert, die für andere, sozial hoch angesiedelte Interaktionen das virtuose Parlieren, die weltliche *urbanitas,* die *hoverede* zur Norm erheben sollte.[21] Das Mönchtum lehrte, die Welt distanziert zu betrachten, etwa ein eingefleischtes Misstrauen zu entwickeln gegenüber dem, was in der Laienwelt als *communis opinio* oder als Maßstab für Erfolg und Ansehen galt.[22] Wiederum hiermit verbunden waren die meditativen Praktiken des Umgangs mit Texten, die von Mönchen perfektioniert wurden und die beim beständigen Changieren des Lesers zwischen der persönlichen Erfahrung und der Objektivation des Gelesenen ansetzten.[23] Dies sollte keineswegs die einzige gelehrte Form des Umgangs mit Texten werden, aber eine entscheidende allemal.

War schon das Klosterleben durch Weltflucht geprägt, so waren die Schulen innerhalb der Klosterkonvente Orte, an denen sich diese Haltung sogar noch steigern ließ. Abzulehnen war an ihnen nicht nur das bunte Treiben der Menschen in der Welt, sondern waren auch ihre kurzlebigen Wertmaßstäbe und Begriffe, ihre Oberflächlichkeit und mangelnde intellektuelle Belastbarkeit. In den Schulen entstand eine besondere Form der monastischen Askese, die für *scholae* überhaupt als Charakteristikum angesehen werden sollte, wie Mia Münster-Swendsen gezeigt hat: das akribische Schreiben und Abschreiben, die ermüdende Lektüre bei schwachem Licht, das Memorieren und das Rezitieren. In ihrer Gesamtheit begründeten diese Tätigkeiten das Virtuosentum der monastischen *magistri*, sie reizten dazu, nicht so sehr den vom Lehrer vermittelten Stoff als vielmehr diesen selbst zu idealisieren und zur unumschränkten Vorbildfigur zu machen.[24]

Doch blieben alle diese habituellen Eigenschaften in der Welt der Klöster dem Gedanken verpflichtet, dass man die *studia litterarum* letztlich nur betrieb, um das geistliche Heil der Menschen zu befördern. Stärker auf irdische Belange ausgerichtet – und dennoch genauso fremdreferentiell – waren die Tätigkeiten in dem letzten Schultyp, den Dom- oder Kathedralschulen.[25] Denn obgleich man über das Ziel hinausschießt, wenn man diese an Bischofskirchen angesiedelten Schulen nur als Kaderschmieden für die Heranbildung von Kanzleipersonal und einer kompetenten Funktionselite frühmittelalterlicher Herrschaftsträger versteht,[26] so war der Unterricht in ihrem Rahmen doch pragmatischer auf die Produktion auch weltlicher Texte ausgerichtet, auf die Kompetenz etwa, Urkunden und Briefe formgerecht auszustellen. Das Trivium der Sieben freien Künste war daher auch an ihnen der zentrale Lehrstoff, und wir dürfen den Schülern an den Kathedralen getrost unterstellen, dass sie sich von diesem Stoff genauso begeistern ließen wie die Mönche. Die Kirchenreform des 11. Jahrhunderts gab den Kathedralen weiteren Auftrieb. Papst Gregor VII. schrieb vor, dass sie an jeder Bischofskirche anzusiedeln seien, und Papst Alexander III. verfügte während des Dritten Laterankonzils (1179), dass jede dieser Schulen einen Lehrer unterhalten musste, der verpflichtet sein sollte, arme Schüler kostenlos zu unterrichten. Nicht alle blieben auch für die fortgeschrittenen Studien interessant, und bereits im 11. Jahrhundert wusste man, dass diejenigen Domschulen, deren Besuch sich auch für Fortgeschrittene lohnte, links des Rheins lagen: in Orléans etwa, in Chartres, in Lüttich und Tournai und schließlich immer dominanter in Paris.[27]

Unter der *schola* wurde mehr verstanden als der Zweckverband der Schüler mit dem Lehrer. Wer sie besuchte, verschrieb sich einer Lebensform, widmete seine gesamte Tätigkeit im Austausch mit Gleichgesinnten dem höheren Wissen. Von «Schulmännern» (*scholastici*) sprach man daher und meinte die Gelehrten und Gebildeten – ein Lexikograph aus der Mitte des 11. Jahrhunderts notierte als Synonyme: *eruditus, literatus, sapiens*. Schulmann zu sein bedeutete also, hohen Ansprüchen auf Bildung und Kultiviertheit zu genügen, so dass die gebotene Bescheidenheit für einen Mönch ausschloss, sich selbst *scholasticus* zu nennen. Er mochte der Überzeugung sein, dass das Kloster die *schola Christi* schlechthin sei, doch ein schon früh zur Ehrenbezeichnung gewordenes Epitheton konnte er nicht auf sich selbst beziehen.[28]

2. Lieben müssen: Normen für das Verhältnis zwischen Lehrern und Schülern

Alles richtig machen: Wissen wird vom Lehrer an den Schüler weitergegeben

Notgedrungen hat dieser letzte Abschnitt große Themen so scherenschnitthaft präsentiert, dass kundige Leser unschwer Lücken erkennen und Differenzierungen anmahnen werden. Doch gelangen wir über ihn auch zu einer klareren Perspektive, die einen Einblick in die sozialen Beziehungen zwischen Lehrer und Schüler in ihrem gemeinsamen Bemühen um Texte und ihren Sinn ermöglichen.

Das Wissen, das Schüler auf ihren künftigen monastischen oder klerikalen Lebenswegen brauchen würden, wurde in den Kloster- und Domschulen des früheren Mittelalters im Rahmen einer totalen Erziehungssituation vom Lehrer an die Schüler weitergegeben. «Total» meint dabei, dass sich die Verhaltenserwartungen, die an Lehrer und Schüler gerichtet wurden, nicht auf den Unterricht beschränkten, sondern prinzipiell alle Bereiche des klösterlich-stiftischen Lebens durchdrangen, dass Lehrerschaft und Schülerschaft daher nicht Rollen, sondern Gesamtentwürfe für zwei monastische Identitäten waren. Schüler und Lehrer waren in der Kloster- wie der Domschule umfassend und dauerhaft aneinander gebunden. So war der klösterliche Lehrer als *custos* die wichtigste Bezugsperson für seine Schüler, die erste Instanz bei der Einübung der erwarteten Normen: richtig sitzen (nämlich am richtigen Ort im Chor), richtig gehen (genau eine Rutenlänge vor dem Magister), richtig stehen (mit parallel ausgerichteten Füßen und ohne die Beine zu spreizen), sich angemessen verbeugen, sich richtig kleiden (wozu man die Gewänder und ihren Gebrauch kennenlernen muss), korrekt essen und trinken.[29] Die Lehrer lebten «fast schon in einer Art Symbiose mit den Kindern», begleiteten diese tags und nachts «wie ein Schatten», und dies selbst «bei den intimsten Angelegenheiten der Körperpflege». Ihre Augen «mussten überall sein».[30] Dies barg Gefahren, und so verlangte man im Konvent von Fleury im zweiten Jahrzehnt des 11. Jahrhunderts, dass nur einem Mönch diese Aufgabe zu übertragen sei, der persönlich von «erprobtester Keuschheit und Reinlichkeit» sei.[31] Schon im Jahrhundert zuvor hatten englische Reformer einen strengen Verhaltenscodex eingefordert, der die Jüngeren vor den Übergriffen der erwachsenen Mönche schützen sollte: Nicht einmal der Abt, geschweige denn die Fratres durften die Knaben umarmen oder leichtfertig küssen; zu schmeicheln war verboten; niemand sollte sie zu irgendwelchen privaten Zwecken aus der Obhut ihres *custos* entfernen dürfen. Doch auch für diesen galt: Nur in Gegenwart eines Dritten, üblicherweise in Gegenwart der gesamten *schola*, solle er sich mit dem Schüler bewegen dürfen.[32]

Kloster- und Domschulen unterschieden sich in vielem, doch wenn wir Stephen Jaegers Darstellung der Kathedralschulen folgen, muss man wohl eher betonen, dass die Beziehung zwischen Schülern und Lehrern in beiden Schultypen sehr ähnliche Ausprägungen erfuhr.[33] Die Metapher von der Siegelprägung, die der Lehrer in der noch formbaren, gleichsam wächsernen Psyche des Schülers vornimmt, scheint vielen Zeitgenossen geläufig gewesen zu sein. Das

Bild enthielt zweierlei Botschaften: zum einen, dass die Weitergabe des Wissens die Inhalte nicht verändern durfte – Schülerwissen bildete Lehrerwissen maßstabsgetreu ab; zum anderen, dass es für Lehrer daher darauf ankam, den idealen Zeitpunkt zu nutzen, zu dem das Wachs weder zu weich noch zu hart, der Schüler also weder zu kindlich noch im Erwachsenendasein erstarrt sein sollte.[34]

Dieser reichlich statischen Sicht auf das höhere Wissen entsprach die Art und Weise, wie sich Zeitgenossen dessen Geschichte vorstellten. Seine Weitergabe beschrieben Zeitgenossen mittels einer Topik der Unverfälschtheit, die die schulische Lehre als eine maßstabsgetreue Tradierung richtiger Inhalte beschrieb. So schilderte dies etwa vor 1028 in matthäischer Diktion der Mönch und Geschichtsschreiber Ademar von Chabannes:[35]

> *Beda unterrichtete Simplicius, und Simplicius unterrichtete Hraban, der von Übersee her kommend von Kaiser Karl aufgenommen und zum Bischof in der Francia gemacht wurde. Dieser unterrichtete Alkuin, und Alkuin schulte Smaragd. Smaragd aber lehrte Theodulf, den Bischof von Orléans, und Theodulf Elias den Schotten, den Bischof von Angoulême. Elias [unterrichtete] den Heirich, und Heirich hinterließ die Mönche Remigius und Hukbald den Kahlen als Erben der Weisheit (heredes philosophie reliquit).*

Solcherlei unmittelbare Lehrer-Schüler-Sukzession stellte man sich offenbar als diejenige soziale Konstellation vor, die der besagten *norma rectitudinis* ihren Bestand garantierte.[36] Mehr noch: Sie suggerierte die Zeitlosigkeit des vermittelten Wissens, was wiederum bedeutete, dass sich in der Lehre der Nachgeborenen der Triumph wiederholte, den die Jünger des Fischers Petrus über die Weisheit eines Plato errungen hatten.[37]

Die Erziehung, die mit diesen Topoi beschrieben wurde, beruhte häufig darauf, dass die zu Bildenden in jungen Jahren aus ihren Verwandtschaftsverbänden herausgelöst und der Schule und ihrem Lehrer überantwortet wurden. Selbst wenn man sich in der monastischen Welt stets der Schwierigkeiten bewusst war, die die Aufnahme von Kindern und Jugendlichen in die Konvente mit sich brachte, galt doch dort, wo man sich als Träger der intellektuellen Tradition verstand: Je jünger die *discipuli* waren, desto besser war dies für ihre

 Formbarkeit und Aufnahmebereitschaft und desto weiter konnten sie sich dem christlichen Ideal des *puer senex* annähern. Christus, der mit seinen Fragen und Antworten schon als Zwölfjähriger die *doctores* im Tempel in Erstaunen versetzt hatte (Lk. 2,46), war bereits im Mutterleib ein perfekter Mensch gewesen.[38] Die in höherem Alter ins Kloster Gekommenen mussten zusehen, dass sie mit dem artistischen und liturgischen Virtuosentum dieser Klosterkinder Schritt halten konnten.[39]

Der Schulbetrieb im weiteren Sinn war für viele gedacht, doch galt als Idealform der *schola* die kleine, intime Gemeinschaft von Menschen, die nach einem intellektuellen Ideal strebten und sich damit an hohen, für die Allgemeinheit nicht erreichbaren Zielen der Geistigkeit orientierten. Davon, dass die Mühen um die Beherrschung der Artes jemals in Konflikt mit dem Bestreben geraten wären, sich als würdiger Schüler des eigenen Lehrers zu erweisen, erfahren wir nirgends. Die *Klostergeschichten*, die der St. Galler Lehrer Ekkehart IV. um die Mitte des 11. Jahrhunderts niederschrieb (die *Casus Sancti Galli*), ruhen dort, wo es um die geistlich-geistige Tradition des Galluskonvents geht, fest auf der Gewissheit, dass die Treue zum Lehrer und zur Tradition gleichbedeutend mit dem Erreichen der selbstgesteckten intellektuellen Ziele war, ja dass die Schule diese Einheit verbürgte.[40] Die hierarchische Beziehung von Alter und Jugend entsprach dem überlegenen Lehrerwissen gegenüber dem Schülerwissen, und der Fortgang der Erziehung konnte mit der Metaphorik der Ernährung des Sohnes durch den Vater umschrieben werden: «ein jeder, der eingeweiht wird, ist Sohn dessen, der ihn einweiht», schrieb Hildemar von Corbie in seinem Kommentar zur Benediktsregel.[41]

In diesem Kontext ist von der Pflicht des Schülers, den Lehrer zu lieben, ja stärker zu lieben als den leiblichen Vater, häufig die Rede: Die Eltern sind der Grund für die leibliche Existenz, der Lehrer aber für die spirituelle und intellektuelle – was war wohl wertvoller?[42] Von großer Bedeutung für die Perpetuierung dieser Beziehung war die Briefkultur, die Schüler und Lehrer auch als Abwesende aneinander band. Der Ton der Schüler-Lehrer-Briefe war sinnlich und intim, weshalb Mia Münster-Swendsen, die Erforscherin der Lehrer-Schüler-Briefe, von «erotics of instruction» gesprochen hat.[43]

Die Briefe, die zwischen Lehrer und Schüler ausgetauscht wurden, thematisierten ein ganzes Repertoire von Emotionen, die sich an der wechselseitigen Zuneigung anlagern: Liebesgeständnisse in reicher erotischer Metaphorik, Anfälle von Verzweiflung und Eifersuchtsdramen: Der ehemalige Schüler sei dem Lehrer süßer als der Geschmack von Honig im Mund – nicht der Honig, nein, die Liebe gibt die Süße und dringt ins Herz ein, wo sie Brust und Brust in einem Bund vereint.[44] Der Lehrer hat festgestellt, dass der angebetete Schüler sich mittlerweile einem anderen zugewandt hat: *alter amatur homo!* Er wird mit seinen Tränen das Bett des Schülers tränken.[45] Unterwerfung wird angeboten, Liebesentzug angedroht, der Schüler fleht den Lehrer an, ihn auch weiterhin zu maßregeln, denn kein Schlag wäre so grausam, als wenn der Lehrer dies fortan unterlassen würde – immerhin, er habe zwar Dritten einiges Geheime anvertraut, doch nur dem Lehrer habe er sich vollständig offenbart.[46] Im Rahmen dieser in Briefen gepflegten Freundschaftssemantik wurde ein auf völliger Vertrautheit, Reziprozität und Dauerhaftigkeit beruhendes Verhältnis inszeniert, angereichert mit dem Vokabular intimer Beziehungen: der Körperlichkeit und der Unterwerfung, der Hingabe und der Eifersucht, der *nuditas* und der vollkommenen *imitatio* des Lehrers durch den Schüler, aber auch des Ausschlusses von Dritten. Es wird wichtig sein, auf diesen Aspekt zurückzukommen.

In den Kontext dieser sehr körperlichen Beziehung zwischen Lehrern und Schülern gehört auch die topische Behandlung der Frage, wie die körperliche Züchtigung des Schülers durch den Lehrer vorgenommen werden solle: in Liebe nämlich und nicht aus Zorn, nicht, um Furcht im Zögling zu erwecken, und nicht auf eine Weise, die diesen vor den Augen Dritter erniedrigt. Der *plagosus Orbilius*, der pedantische Zuchtmeister-Winkellehrer des Horaz, war eine verpönte Figur.[47] Das Thema scheint in den Schriften, die die praktische Erziehung reflektieren, einen hohen Stellenwert einzunehmen. Auch wenn es Texte gibt, die exzessives Schlagen von Schülern kritisierten, scheint dies doch gängige und weitgehend unkritisierte Praxis gewesen zu sein. Es markierte offenbar auch keineswegs das Ende oder das vorübergehende Aussetzen der intimen Lehrer-Schüler-Beziehung, sondern gehörte mit zu deren Realisation. Sofern die Rute zum Einsatz kam («unter der Rute leben» bedeutete ja: man ging zur Schule), ritualisierte und sublimierte das Schlagen ohne unmittelbaren Kontakt der Körper die Aggression, wies dieser eine höhere Bedeutung im Auftrag der Erziehung zu. Schläge waren in diesem Schulzusammenhang eine unterrichtsspezifische Form von Intimität, auch hier gehört das «Lob der Peitsche» zur Geschichte der Sinnlichkeit.[48]

Wo man es übertrieb, konnten die Vorwürfe, die man sich einhandelte, sexuellen Missbrauch meinen: Der Asket Romuald traktierte einen seiner Schüler, einen jungen Adligen namens Romanus, zu sehr. Dieser konterte mit dem Vorwurf, Romuald habe sich an ihm vergangen. Es gibt zu denken, dass die Schülergruppe dem Romanus und nicht dem Romuald ihr Vertrauen schenkte; man hielt den Vorwurf offenbar für so plausibel, dass man den Lehrer in einem kollektiven Ausbruch von Wut lynchen wollte.[49]

Man hat in diesen Briefen in der Vergangenheit zeitweise Zeugnisse für ungezwungenen homoerotischen Austausch gesehen, eine Lesart, die in jüngerer Zeit meist verworfen worden ist.[50] Üblich geworden ist stattdessen, die besagten «Liebesbeziehungen» zwischen Magister und Scholar funktional auf das Ziel einer gelungenen Erziehung hin zu lesen: Die Lehrer-Schüler-Liebe galt als Erfolgsgarant des Unterrichts. So hat C. Stephen Jaeger eine Lesart des Schulbetriebs vornehmlich der Kathedralschulen präsentiert, der zufolge der Unterricht auf eine perfekte Entsprechung von Geist und Verhalten gezielt habe. Die intellektuelle Fruchtbarkeit dieser Epoche sei in der Vergangenheit deshalb so gründlich verkannt worden, weil man sie an den Maßstäben der scholastischen Ära gemessen habe, an deren fleißiger Produktion gelehrter Texte und wissenschaftlicher Theorien. Doch auf die Produktion solcher Arbeiten seien die Protagonisten jener jüngeren, «charismatischen» Ära der Schulgeschichte gar nicht bedacht gewesen – ihnen sei es um die Hervorbringung perfekter Menschen mit einer entsprechenden physisch-moralisch-geistigen Statur gegangen.[51] Lehrer, die ihren Zeitgenossen als Mediatoren höherer Ideen erschienen seien, hätten versucht, dieses Ideal so weit wie nur möglich zu verkörpern, und Schüler hätten an ihrer ethisch-moralischen Verfeinerung gearbeitet, indem sie ihre Lehrer in Wissen, Einstellung und Betragen imitiert hätten.[52] Folglich, so Jaeger, hätten auch in der Kommunikation mit den Schülern entsprechende Verhaltensnormen gegolten: Schüler hätten den Körper und das Betragen des Lehrers als ein *documentum* für die Richtigkeit von dessen Lehre angesehen,[53] und die Liebe und Verehrung, die die Schüler dem Lehrer entgegenbrachten, sei mehr als nur eine Sache des Gefühls gewesen. Vielmehr habe sie einen «moral code» ausgemacht, eine Verhaltensnorm. Man musste den charismatischen Lehrer einfach lieben – der *honor* des Schülers bestand ebenso wie der des Lehrers darin, dieser Norm zu jedem Zeitpunkt gerecht zu werden. «Charisma stimulates imitation», so Jaeger.[54]

Mit dieser charismatischen Kultur aber, so Jaeger, sei es mit dem Beginn der neuen Schulen und der neuen Wissenschaft vorbei gewesen – Peter Abaelard war es, der seinen Lehrer Anselm von Laon mit Hohn und Spott überhäufen sollte.[55] Jaeger, ein intellektueller Nostalgiker mit einer profunden Kenntnis der Überlieferung, will die Memoria dieser «charismatischen Schulkultur» bewahren, weil er meint, dass diese Erinnerung durch die «intellektuelle Kultur» der Scholastik, die seit circa 1100 die Welt des magistralen Charismas zum Erlöschen brachte, verschüttet worden sei.[56]

Zweifel sind angebracht. Es ist doch höchst unwahrscheinlich, dass sich die Geschichte der Schulen und des Wissens derart pragmatisch als Abfolge charismatischer und intellektualistischer Phasen verstehen lässt.[57] Doch eine bleibende Leistung von Jaegers Ansatz besteht in dem Nachweis, dass diejenigen Emotionen, die nach den Vorstellungen des früheren Mittelalters das Schüler-Lehrer-Verhältnis prägen sollten, sich in der Körperlichkeit von Lehrer *und* Schüler niederschlugen. Nicht um körperlose Emotionen ging es im Schulbetrieb, sondern um die Entsprechung von Gefühlen und Verhaltensweisen, um die Disziplinierung des Intellekts und des Körpers, um das Erlernen von normgerechtem Wissen und angemessenem Sichbetragen. Und zu Letzterem gehörte eben auch ein inniger Umgang mit dem vorbildlichen Lehrer.

Jüngere Forscherinnen sind durch Jaeger angeregt worden, dessen Modell zu verfeinern und in Teilen zu korrigieren, so etwa die Kopenhagener Historikerin Mia Münster-Swendsen, die Arbeiten zum «mastery model» der früh- und hochmittelalterlichen monastischen Erziehungspraktiken veröffentlichte. Im Rahmen dieses Modells, so Münster-Swendsen, habe die Liebe des Schülers zum Lehrer (in ihrer Diktion eine «love relationship») und die große lebensweltliche Nähe der beiden zueinander das Kernelement des gesamten Erziehungskonzepts ausgemacht.[58] Auf breiter Grundlage ist Sita Steckel in ihrer Monographie über die «Kulturen des Lernens» diesen Weg weitergegangen. Ihre besondere Leistung besteht darin, die Kommunikation zwischen Lehrern und Schülern in den ethisch-religiösen Vorstellungen des Mönchtums überhaupt verortet zu haben. Für den langen Zeitraum von der Karolingerzeit bis zu den Theologenprozessen der 1140er-Jahre spürte sie den Bezügen zwischen den Lehrkulturen der Schulen und dem religiösen Wissen der monastischen Zeitgenossen nach.[59]

Jaegers, Münster-Swendsens und Steckels Lesarten haben für das Verständnis der Schulen und ihrer Kultur während des früheren Mittelalters große Fortschritte erbracht, weil sie die Totalität der zeitgenössischen Denkhorizonte unter der Vorannahme ausgeleuchtet haben, dass diese mehr als nur eine Vorgeschichte der späteren «hohen Schulen» darstellten. Die Zuschreibungen von Charisma an die Lehrer, die Entsprechung von mustergültigem Wissen und vorbildlichem Lebenswandel stehen in der Tat in einem auffälligen Gegensatz zu der sardonischen Freude, mit denen später ehrgeizige Scholaren ihre Lehrer herausfordern, sie verspotten und als Feinde zurücklassen würden. Und doch ist Jaegers nostalgischer Blick auf eine untergegangene Welt irreführend: Viel kritischer ist zu fragen, ob die Totalität der Schüler-Lehrer-Beziehung nicht vielmehr tatsächlich große Gefahren in sich barg, wie wir gleich am Beispiel Guiberts von Nogent erkennen können, und ferner, was aus der emotionalen Basis des Schulenbesuchs in der Folgezeit wurde. Es hilft, noch für einen Augenblick auf Jaegers Feld zu bleiben und danach zu fragen, ob die Norm der unbedingten Lehrertreue nicht noch andere soziale Folgen zeitigte. Die Konzepte des charismatischen Lehrbetriebs, des «mastery model» Münster-Swendsens, werden auf diese Weise modifiziert und in Fragen nach der spezifisch intimen Dimension der *scholae* umgewandelt werden.

Körper-Sprache und ein überforderter Pädagoge

Um zu verstehen, wie es möglich war, dass die Relation zwischen Schüler und Lehrer in den Briefen derart drastisch als intime Beziehung gezeichnet werden konnte, ist es ratsam, sich zu fragen, auf welchen Wegen die Bilder der Sinnlichkeit in das Milieu der Schulen gelangten. Wir müssen dazu noch einmal zur antik-paganen Schulliteratur zurückkehren, die oben bereits vorgestellt wurde. Da sich der Grammatikunterricht der Texte der lateinischen Dichtung bediente, erlernte man in der Schule auch Elemente des antiken Codes der Liebe und der Erotik. Schon Augustinus (gest. 430), für den der kindliche Spracherwerb und der Erwerb der Befähigung zur Sünde Hand in Hand gingen, hatte sich daran erinnert, dass er als junger Heide unverdächtige lateinische Vokabeln wie *imber*, *aureus* und *gremium* an einem Übungssatz erlernt hatte, in dem Jupiter seinen Goldregen (*imber aureus*) in den Schoß (*gremium*) der Danae ergoss.[60]

Bei solchen Risiken und Nebenwirkungen blieb es auch während des mittelalterlichen Unterrichts. Auch den Nachwuchs an Kloster- und Kathedralschulen ließ man anhand von Merksätzen üben wie «liebe die Gattin» oder «fliehe die Hure».[61] Nur Musterschülern wie Brun von Köln, dem Bruder Kaiser Ottos I., mochte es gelingen, bei der Lektüre der antiken lateinischen Komödien (laut, mit verteilten Rollen) ernst zu bleiben und nur den Stil, aber nicht die Inhalte zu beachten. So viel Selbstbeherrschung wird nicht jedermanns Sache gewesen sein.[62] Weit verbreitet war im Grammatikunterricht der Einsatz des *Liber Catonianus*, eines Lehrbuchs, das unter anderen auch Texte aus Ovids *Remedia amoris* enthielt.[63] Historisch gesehen gab es sicher langweiligere Schullektüren – wie viele zigtausend deutsche Jugendliche haben wohl schon die *Effi Briest* vergeblich nach dem Ehebruchsereignis durchstöbert? Selbst gefestigte Charaktere wie Bernhard von Clairvaux, dem wir noch häufiger begegnen werden, verfügten über *Remedia* und *Metamorphosen* wie über einen Fundus, aus dem sie ihre eigenen Gedanken einkleiden konnten, um von den erotischen Passagen von Abaelards *Historia calamitatum* ganz zu schweigen.[64] Andere hatten an dem, was sie aus der Schullektüre kannten, nicht genug und dichteten ihren eigenen erotischen Ovid dazu. So entstanden die mittelalterlichen *Pseudovidiana*.[65]

Gerade im monastischen Denken war daher noch ein ganz anderes Bild von der *schola* verbreitet als das oben vorgestellte. Man unterstellte den Schulen, dass sie vor allem wegen des Grammatikunterrichts (also fatalerweise wegen des Elementarunterrichts, der die Kleinen, noch Formbaren, betraf) als Pforten zu einer fatalen *urbanitas* fungierten: einer weltlichen, eleganten und amourösen Kultur, die an das städtische Leben gebunden war und die Seelen der Schüler in Gefahr brachte. Es gehört zur Topik von Mönchsbiographien, dass man sich als junger, ehrgeiziger Mann auf den Weg zu den Schulen gemacht habe, doch gerade noch rechtzeitig, gleichsam auf deren Schwelle, umgekehrt sei und sich stattdessen für das bessere monastische Leben entschieden habe. Besonders plastisch hatte Gregor der Große dieses Handlungsschema in seiner Schilderung des heiligen Benedikt bemüht: Indem dieser in Rom die Artes-liberales-Schulen habe betreten wollen, habe er seinen Fuß schon «gleichsam auf die Schwelle zur Welt» gesetzt; doch dann habe er sich anders entschieden und ein gottgefälliges Leben begonnen.[66] Von Caesarius von Arles und auch von Bernhard von Clairvaux waren ähnliche Geschichten im Umlauf: Seine Brüder hatten Bernhard angeblich zu den weltlichen Wissenschaften gedrängt, die Mutter hielt dagegen und bewegte ihn zu der Laufbahn, die er bald einschlug. Statt in die urbane Schule trat er 1112 mit seinen Gefährten ins abgelegene Kloster Cîteaux ein.[67]

Anders die Erziehung Guiberts von Nogent durch einen Privatlehrer. Sie, die sich größtenteils vor Guiberts Entscheidung für ein Klosterleben vollzog, ist es wert, dass wir sie etwas genauer betrachten, denn sie verdeutlicht wie unter einem Brennglas, wie intim – und damit exkludierend – Schüler-Lehrer-Beziehungen auch außerhalb der Klostermauern sein konnten. Guibert berichtet von ihr in seinem um 1115 verfassten Lebensbericht, und zwar aus einer deutlich spürbaren Distanz gegenüber seinem früheren Lehrer und dessen Methoden, wobei er sich in seiner Darstellung an den *Bekenntnissen* des Augustinus orientiert.[68] Als Halbwaise im Haushalt seiner adligen Mutter aufwachsend, hat man einen Lehrer für ihn ins Haus geholt. Zwar hätte es die Möglichkeit gegeben, den Jungen mit anderen adligen Schülern am Ort gemeinsam zu unterrichten, doch veranlasste man den Lehrer, sein bisheriges Domizil zu verlassen, zu Guiberts Mutter umzuziehen und dort mit dem Einzelunterricht zu beginnen. Dass er auf diese Weise die Freundschaft der Mutter erlangen konnte, sei für den Lehrer ein Ansporn gewesen, so weiß Guibert in seiner Autobiographie rückblickend zu berichten.

Seinen Lehrer, den er konsequent anonymisiert und nur als den *grammaticus* bezeichnet, charakterisiert er in der Rückschau als einen «marginal man». Erst spät hatte dieser mit seiner Unterrichtstätigkeit eine Erwerbsquelle gefunden, hatte dabei in einem Zwischenzustand zwischen Hörigem und Hauslehrer gelebt, dies offenbar in materieller Abhängigkeit von den adligen Eltern seiner Zöglinge. In das Haus von Guiberts verwitweter Mutter überzusiedeln, steigerte seine soziale Ortlosigkeit noch: Zusammen mit der Mutter entdeckte er bald seine Neigung zur Weltflucht. Die Beobachter lästerten angesichts dieser merkwürdigen Beziehung zwischen einer adligen Witwe und einem Hauslehrer, sie sagten, die Priester hätten offenbar ein Kreuz an den Lenden der Mutter angebracht.[69] Bis zu ihrem Tod wird Guibert seine Mutter nur noch über den Umweg dieses «marginal man» erreichen können. Der Junge muss fortan fest mit dem Lehrer rechnen, ganz gleich, welche Entscheidungen für sein eigenes Leben anstehen.

Der Lehrer unternimmt mit seinem Übersiedeln aus dem eigenen Domizil in das Anwesen der Mutter offenbar einen riskanten Schritt: Er läuft Gefahr, die anderen Eltern zu vergraulen und im Hinblick auf sein Auskommen eine sozial zwar minderwertige, aber doch immerhin berechenbare Anstellung bei Guiberts Verwandten gegen die ungewisse, sozial diffuse und damit prekäre Anstellung bei der alleinstehenden Frau einzutauschen. Er sollte seinem Zögling bald erzählen, wie er dazu kam, der neuen Verbindung den Vorzug zu geben: Ein Traum habe ihn dazu bewogen:[70]

> *Während er [der grammaticus, F. R.] nachts in seiner Kammer schlief, an die ich [Guibert, F. R.] mich noch erinnere (in ihr wurde das Grundstudium unseres ganzen kleinen Ortes ausgeführt), erschien ihm die Gestalt eines älteren Mannes mit weißem Haar und überhaupt von sehr ehrfurchtgebietender Erscheinung. Er hielt mich an der Hand und führte*

mich an die Tür zu seiner Kammer. Als er am Eingang stehen geblieben war, zeigte er mir, der ich dies sah, das bescheidene Bett des Lehrers und sagte: «Gehe zu ihm; denn er wird dich von Herzen lieben!» Meine Hand, die er gehalten hatte, ließ er los, so dass ich weggehen konnte; ich lief zu dem Mann, und er erwachte, während ich mit vielen Küssen sein Gesicht bedeckte. Er wurde von solcher Zuneigung zu mir ergriffen, dass er sein Zögern völlig aufgab, die Furcht vor meinen Verwandten, von denen er wie seine Familie gänzlich abhängig war, überwand und zu meiner Mutter ging, um in ihrem Haus zu wohnen.

Guibert lässt in der Rückschau keinen Zweifel daran, dass sein Lehrer ein unglaublich schlechter Pädagoge war. Als Spätberufener im Lehramt war er selbst nicht sattelfest im Stoff, und rückblickend sieht Guibert deutlich, dass das Übermaß an Schlägen, das er von diesem Mann bezogen hat, zwar von diesem als Ausdruck einer innigen Liebe gerechtfertigt worden ist, in Wirklichkeit aber eher die Folge von eklatanter pädagogischer Unzulänglichkeit gewesen ist. Es ist kein Einzelfall, wenn hier von Misshandlungsspuren auf dem Körper des Kindes die Rede ist, von Spuren, die vor der Umwelt dieser prekären Zweierbeziehung zwischen einem Mann und einem Kind verborgen werden mussten – wir kennen andere Zeugnisse, die dieselbe Sprache sprechen.[71] Die Mutter entdeckte eines Tages die Striemen auf dem Rücken und die schwarzen Flecken an den Armen. Sie war zwar schockiert, doch sie wollte daraufhin nicht etwa den unbeherrschten Lehrer aus dem Haus werfen, sondern stattdessen ihre Pläne für eine Klerikerlaufbahn des Sohnes aufgeben. Guibert brachte sie davon mit der Beteuerung ab, er wolle lieber sterben, als von seinem Unterricht und seiner Perspektive, Priester zu werden, zu lassen.

Erwachsen geworden, forschte Guibert der Frage nach, wie die eigentlich widersinnige Bindung eines jungen Adligen an einen solchen Lehrer möglich gewesen war. Wie konnte jener Mann, der trotz der gegebenen ständischen Distanz zum Intimus seiner Mutter aufgestiegen war, die totale Kontrolle über seine Existenz erlangen? Wie konnte seine Art, sich zu kleiden, wie konnten sein Umgang, seine Lektüre, seine Zukunftspläne in die Abhängigkeit von einer solchen Gestalt geraten? Wie war es möglich, dass der Grammatiker lebenslang zur Gewissensinstanz für ihn hatte werden können?

Zwei prekäre Intimverhältnisse waren es, die diese unwahrscheinliche Kommunikation möglich gemacht hatten, nämlich die – wahrscheinlich platonische und religiös begründete – Beziehung zwischen Mutter und Lehrer und der *amor* zwischen Lehrer und Schüler, der sich in Küssen und Schlägen manifestierte. Die Erinnerung an jenen *saevus amor*, den sein Lehrer ihm erwiesen habe, veranlasst Guibert bezeichnenderweise zu allgemeinen Reflexionen über das Scheitern von Lehrer-Schüler-Kommunikation. «Du dürftest nämlich nichts schwieriger finden», so schließt er einen Passus über die Inkompetenz und die Bestrafungspraktiken des Lehrers ab, «als wenn du einem etwas auseinandersetzen wolltest, was du selbst nicht verstehst; dunkel [bleibt es] jedenfalls für den, der spricht, noch dunkler für den, der dies hört, nicht anders als wenn beide sich in einen Stein verwandelt hätten.»[72] Liebe – hier allerdings als Konsens-Illusion enttarnt – wurde mit den intimen Praktiken des Küssens und des Schlagens zum Ausdruck gebracht.[73]

3. Soziale Gruppen und Intimität

Esoterik, Agon und Gruppenbildung

Die Bindungen von Schülern und Lehrern, die auf diesem Weg entstanden, dauerten idealerweise lebenslang an. Von den Zeitgenossen wurden sie als schlagender Beweis dafür angesehen, dass ein Lehrer erfolgreich unterrichtet, das richtige Wissen an seine Schüler weitergegeben und mit seinem Handeln diese moralisch darauf verpflichtet hat, es ihm nachzutun und die Transmission einer Lebenshaltung und des mit dieser korrespondierenden Wissens fortzusetzen. Stolz berichtet der Verfasser der *St. Galler Klostergeschichten* davon, dass sich zur Totenfeier des berühmten Lehrers Iso (gest. 871) dessen ehemalige Schüler «von überallher» eingefunden hätten – offenbar glaubte er, dass in der karolingischen Vergangenheit gerade diese Nähe und Intensität der Schüler-Lehrer-Kommunikation die Größe des Konvents versinnbildlichte.[74] Sie war keine Privatsache, sondern sie verbürgte das hohe Niveau der geistigen Produktion, die Qualität von Gebet und Gesang, die Schönheit und Richtigkeit des geschriebenen Textes, der im Skriptorium des Klosters entstand. Die Exklusivität, ja Esoterik der St. Galler *schola* fand ihr Pendant in der Episteme der Sieben freien Künste: Wo so gelebt wurde, standen die Artes hoch im Kurs und erfüllten ihre Zwecke.

Die Einschätzung der sozialen Bindungen an den Schulen verschiebt sich allerdings, wenn man anerkennt, dass mit der Rekonstruktion der Lehrer-Schüler-Beziehungen nicht alles über die Dynamik und das emotionale Regime der *scholae* gesagt ist. Denn nicht minder entscheidend für die Transmission und Veränderung des gelehrten Wissens waren neben diesen auch die komplexeren Beziehungen, die sich zwischen den Schülern ergaben. Abermals widmen ihnen die *St. Galler Klostergeschichten* viel Aufmerksamkeit. An ihnen können wir daher nicht nur mehr über diese Nahbindungen erfahren, sondern wir können danach fragen, welche Bedeutung diesen zukam und welche intellektuellen Dynamiken sie begünstigten.[75]

Um den angesehenen Lehrer scharten sich kleine Gruppen von gleichgesinnten *discipuli*, die in engem Austausch miteinander standen. Im Extremfall bildeten sie eine esoterische «in-group», in die die anderen Schüler nur schwer einzudringen vermochten. An mehreren Beispielen zeigen die *St. Galler Klostergeschichten*, wie Neulinge versuchten, in eine solche Gruppe von Lieblings- und Meisterschülern aufgenommen zu werden. Notker Balbulus («der Stammler»), Ratpert und Tuotilo, alle drei seit Kindesbeinen Angehörige des Konvents, schienen um die Mitte des 9. Jahrhunderts eine verschworene Einheit zu bilden, getragen von einem Wir-Gefühl, das sich auf ihre gemeinsame Schülerschaft bei Iso gründete und das so fest war wie Granit. «Ein Herz und eine Seele» seien die drei gewesen, man konnte die Taten des einen nicht erzählen, ohne auch die anderen zu erwähnen.[76] Als drei Unzertrennliche schildert der Autor die Schüler, sie selbst nennen einander «mein Ratpert» oder auch «mein Herz». Will einer verreisen, wird er vom anderen unter Umarmungen beschworen, sich auf seinem Weg vorzusehen.[77] Gegenüber Neulingen schotten sie sich ab, und selbst wenn ihr Magister Iso auch andere Schüler hat, sind sie es doch, die seinen Ruf als Lehrer weitertragen und so noch 150 Jahre nach seinem Tod einen Klostervorsteher veranlassen, Isos Geschichte aufzuschreiben. Der innere Zusammenhalt dieser Gruppe ermöglicht, dass sie ihre jeweils spezifischen Stärken kultivieren: Notker dichtet, Tuotilo arbeitet gerne künstlerisch und mit den Händen, und weil er ein hübscher, muskulöser Kerl ist, überträgt man ihm den Unterricht der jungen Adligen. Ratpert erscheint im Vergleich zu den beiden blasser, aber das macht nichts, für eine Tätigkeit als Lehrer reicht es auch bei ihm allemal.

Die Angehörigen dieses Dreigestirns sahen zugleich auf die «Nichtstuer und Windbeutel» herab, die sich mit ihnen anlegten.[78] Eifersucht war diesen drei Unzertrennlichen keineswegs fremd: Widmete sich der Magister zu intensiv einem Neuling, wurden ihre Emotionen nachhaltig strapaziert, so wie ihr Konkurrent Salomo sie seinerseits als seine Neider (*invidi*) ansah.[79] Vornehme Herkunft prädestinierte dazu, schon bei der Aufnahme in die Schule die besondere Aufmerksamkeit des Magisters zu gewinnen und in das Zentrum des Lehrer-Schüler-Verbandes zu gelangen, eine Tendenz, die der meritokratischen Mentalität des Dreigestirns entgegenstand. Vor allem Notker sollte später Texte verfassen, in denen die vornehmen Schüler für ihren Schlendrian bestraft und die einfachen für ihren Fleiß belohnt wurden.[80] So, wie der Klosterkonvent im Ganzen ein Ort der Konkurrenz um den Zugang zum *claustrum* als dem Allerheiligsten war, so waren die Nähe zum Lehrer und die Zugehörigkeit zum engsten Zirkel der Lieblingsschüler ein Ziel, das Konkurrenz und Eifersucht produzierte und entsprechende Verhaltensweisen hervorbrachte. Für den Weltkleriker Johann von Salisbury (gest. 1180) sollte es später ein Gemeinplatz werden, dass drei Orte in der Welt den Neid und die Eifersucht förderten: Schule, Kloster und Hof. Gemeinsam ist diesen drei Orten vor allem, dass ihre jeweiligen Positionen charakterisiert sind durch die abgestufte Nähe zu einem Zentrum und durch die beständige Aussicht, die eigene Situierung durch die Annäherung an dieses Zentrum zu verbessern.[81] Eine paradigmatische Situation stand Johann dabei vor Augen: Platon hatte angeblich davon erzählt, dass er unter seinen Mitschülern so viel Neid und Missgunst erweckte, dass er sich bei Sokrates hierüber beklagte und sich knappen, aber deutlichen Rat einhandelte: Man müsse hässlich und verachtenswert sein, um keinen Neid auf sich zu ziehen. Platon bekam damit gesagt, dass er nicht nur Opfer der anderen Schüler, sondern selbst Akteur im Ringen um Aufmerksamkeit und Erfolg war.[82]

Dieser agonale Aspekt des Alltags an den Schulen wird selten so klar thematisiert wie in den St. Galler Anekdoten, doch klingt er in den Erzählungen von der Erziehung vorbildlicher Schüler aus dem früheren Mittelalter durchaus deutlich an. Der spätere Bischof Bernward von Hildesheim (gest. 1022), so heißt es, war «seinen Altersgenossen in jeglicher Hinsicht zehnfach überlegen» gewesen: Er begann seinen Mitschülern zu Hildesheim vorzudozieren und sein Wissen ihrem Gedächtnis einzuprägen.[83] Benno, der spätere zweite Osnabrücker Bischof dieses Namens (gest. 1088), überflügelte «durch Schnelligkeit im Lernen seine Altersgenossen und Mitschüler», er war den Anderen «an Verstand und Wissen beinahe zu jedem Zeitpunkt voraus». Bald zog es ihn «auf den Ringplatz des Geistes», wo er sich «im Wettstreit der Scholaren» (*inter conscolares agonistas*) bewähren wollte.[84] Brun von Köln (gest. 965), der als Sohn eines Königs sicher von vornherein eine Sonderrolle in seiner Utrechter Schule einnahm, wird von seinem Biographen als ein Musterschüler geschildert, der sich seine Begeisterung weder «durch Trägheit und Leichtsinn anderer» noch «durch unnützes und leeres Geschwätz» verderben ließ – gemeint sind natürlich seine Mitschüler. Lachten Andere über die Possen und Schauspiele, die Gegenstand des Grammatikunterrichts waren, so blieb er stets ernst.[85]

Die Binnenhierarchie der Schüler richtete sich nicht nur nach der ständischen Herkunft und der Zahl an Jahren, die die Schüler dem Personenverband um den Magister angehörten, sondern auch nach der Hingabe der Schüler gegenüber dem verehrten Lehrer. Die Position des Lieblingsschülers, des Kronprinzen sozusagen, war zu vergeben, und dem Lehrer bedingungslos zu folgen, war entscheidend dafür. So geriet etwa Johann von Salisbury als Kind an einen Priester, der ihm eigentlich die Psalmen beibringen sollte, der aber lieber in einer Kristallkugel die Zukunft las. Johann blieb skeptisch und wurde daraufhin für unbegabt erklärt und von den mantischen Praktiken ausgeschlossen, während es sein beflissener Mitschüler besser machte und bestätigte, irgendwelche nebulösen Bilder zu sehen.[86] Hierarchiekonflikte innerhalb der Schulen werden nicht selten gewesen sein, doch waren sie von anderer Art als diejenigen, die an der

Außengrenze der Gruppe entstanden, bei Kontakten zwischen Isos *schola* und ihrer klaustralen Umgebung: Ein Neuling wie Salomo macht neidisch und eifersüchtig, und man muss mit ansehen, wie inkompetente Halbschulmeister (*semimagistri*) falsches Latein lehren.[87] Auch wenn der Autor Ekkehart IV. klar Partei für seine Helden ergriff, wird doch deutlich, dass es für die *confratres* des Gallusklosters nicht immer leicht gewesen ist, dieser Elite mit der geforderten mönchischen Demut zu begegnen. Als Mönche ihren Konventen in der Ära der Gregorianischen Reform den Rücken kehrten, um sich in eine Einsiedelei zurückzuziehen, sahen sie frustriert auf das Gehabe jener in-groups, die agonale Seite der Klosterkommunikation, zurück: Die Konfrontation hatte mehr Raum eingenommen als die Psalmen; Wortgefechte und Gerüchte hatten das Leben geprägt.[88]

Die *schola* zeigte also mehr Seiten als die, die sich in dem schönen Modell ungebrochener Weitergabe von Wissen einfangen ließ. Wenn sie von Verehrung, ja hingebungsvoller Liebe zum Lehrer bestimmt war, dann doch zugleich von Konkurrenzen um internen Status und von Allianzen, die sowohl inkludierten als auch exkludierten und damit Anreize zum Austrag von Positionskämpfen schufen. Hieraus gingen durchaus verbale, ja sogar tätliche Kämpfe hervor – so etwa, wenn das St. Galler Schüler-Dreigestirn mit vereinten Kräften seinen Mitbruder Sindolf verprügelte.[89] Konkurrenzkampf um Aufmerksamkeit und Gruppenposition konnten in den *scholae* aber genauso gut sublimiert und objektiviert werden als ein Ringen um die philosophische Wahrheit. Man tut folglich gut daran, einen begrifflich-theoretischen Zugang zu suchen, der die emotionalen Aspekte der Lehrer-Schüler-Beziehung, ihre körperlichen Pendants und die agonale Aufmerksamkeitsökonomie der Schulen zu integrieren vermag. Und weil unsere Suche nach den Verhältnissen an den *scholae* auf das «lange» 12. Jahrhundert und seine jungen Wissenschaften ausgedehnt wird, gilt es, den Blick von der Ära der *St. Galler Klostergeschichten* zu lösen.

Freundschaft und Liebe

Gehen wir dabei zunächst von den besser etablierten Forschungsbegriffen aus, von der Liebe und der Freundschaft. Mit guten Gründen behandeln die historischen Kulturwissenschaften beide heutzutage als symbolische Codes, also als soziale, kulturspezifische und damit auch historischen Veränderungen unterworfene Konventionen.[90] Sprechen mittelalterliche Autoren von der *amicitia* oder dem *amor*, von *caritas* oder von der *dilectio*, dann rekurrieren sie zwar unstrittig auf Gefühle, doch gilt auch für diese, dass sie in einer uns nicht intuitiv zugänglichen kulturellen Semantik verankert sind – sie sind dem Ideengut eingeschrieben, das verschiedene Arten von Liebenden und ihre jeweilige Umwelt teilen. Wie Potentiale stehen sie bereit, wenn zum ersten Mal der Ernstfall ansteht, gewissermaßen der Erlebensfall der Liebe. «Setzt nicht die ‹Liebe auf den ersten Blick› voraus, dass man schon vor dem ersten Blick verliebt war?», fragte Niklas Luhmann mit Blick auf die Moderne.[91] Er hätte sich genauso gut auf Augustinus berufen können: Als dieser siebzehnjährig in das urbane Getümmel Karthagos eintauchte, lauschte er in sich hinein und fragte sich, ob er nun endlich die Leidenschaften empfand, von denen er seit seinem frühesten Grammatikunterricht immer wieder gehört hatte. «Ich kam nach Karthago», so erinnerte er sich ein Vierteljahrhundert später, «und es umgab mich von allen Seiten ein tosendes Gewirr ausschweifender Leidenschaft. Meine Leidenschaft war noch nicht entbrannt, und doch brannte ich auf Leidenschaft und hasste mich aus innerem Verlangen, da ich zu wenig Verlangen trug.»[92]

Dass es gerade der Sprachunterricht an den Schulen war, der die Kenntnis der besagten Codes von Leidenschaft und Begehren vermittelte, haben wir schon gesehen. Die Geschichte von Dido und Aeneas hatte den Schüler Augustinus derart stark berührt, dass sie ihn von da an als Deutungsmuster für sein eigenes Leben begleitete – mit dem Code der lateinischen Sprache war er auch in denjenigen des Begehrens und der Geschlechtlichkeit initiiert worden. Auf den Spuren seines Helden Aeneas reiste er nach Karthago, und Vergil führte ihm sogar dann noch die Feder, als er seine *Bekenntnisse* niederschrieb.[93]

Dass ein entsprechender Code zur Verfügung steht, ermutigte den Einzelnen offenbar, so wie Augustinus seine Gefühle in eine bestimmte Richtung wachsen zu lassen. Nicht erst am Beginn der Moderne wurde der Liebende hierdurch zum Prototyp des Selbst-Erforschers: Im entscheidenden Augenblick lauscht er in sich hinein und fragt sich, ob das, was er gerade empfindet, in Deckung zu bringen ist mit dem, wovon in seiner Umgebung seit seiner Kindheit ständig die Rede gewesen ist. Der Code gibt ihm sowohl für sein Erleben als auch sein Handeln nicht nur Verständnishilfen an die Hand, sondern der Code macht sein Erleben aus. Durch ihn versteht er die Welt und sich selbst.[94]

Dieses Wechselspiel aus der Codierung und der Aktualisierung von Gefühlen für die Erforschung der Schulen und ihres Wissens fruchtbar zu machen, setzt die Unterscheidung verschiedener Ebenen voraus. Diese Ebenen sind von den Erforschern der mittelalterlichen Freundschafts- und der Briefkultur vornehmlich an Texten des 12. Jahrhunderts erarbeitet worden, an einem Zeitalter des Briefs und des Briefesammelns also. Die methodologischen Befunde, die dabei erbracht wurden, sind zweifellos von allgemeiner Bedeutung.

Am statischsten scheinen die Verhältnisse an der Oberfläche des *Wortgebrauchs* gewesen zu sein. Hier regierte Beständigkeit, ein ausgeprägter Konservatismus in der Verwendung bestimmter Wortfamilien um *amor, caritas, dilectio* oder *amicitia*. Dieser Konservatismus wurde noch dadurch gestützt, dass Autoren auf dieselben christlichen und antik-paganen Texte zurückgriffen. Auch in Kombination miteinander konnten die Wörter durchaus nur Floskeln von hoher Konventionalität sein. So hat Julian Haseldine Entsprechendes zu den Konventionen des Briefeschreibens nachgewiesen: Wurde in Briefen ein demonstrativ heiterer, verspielter Gestus gewählt, dann ging es gerade um schwierige, ernste Materien, und des Vokabulars von Freundschaft und Liebe bedienten sich monastische Briefschreiber eher dann, wenn sie einander gerade *nicht* nahestanden oder wenn sogar Konflikte im Raum standen.[95] Echte Freunde kamen auch ohne solche Versicherungen aus. Wollte Petrus Venerabilis, der berühmte Abt von Cluny, doch einmal innige Verbundenheit zum Ausdruck bringen, dann musste er sich schon etwas mehr Mühe geben und ausgefallenere Wörter verwenden. *Carissimus* oder *dilectissimus* scheint er für reine Konvention gehalten zu haben; prinzipiell jedermann, wenn es nicht gerade der Papst, der König oder ein Bischof war, konnte mit diesen Wörtern bedacht werden.[96] Wandte sich Petrus aber an Menschen, die ihm tatsächlich viel bedeuteten, verwendete er die Begriffe *amantissimus* oder *dulcissimus*, und dies offenbar weniger wegen deren semantischem Gehalt als wegen der Signalwirkung, die von der Seltenheit solcher Wörter ausging. Wollte Petrus deutlicher werden und Gefühle und Verbundenheit zum Ausdruck bringen, setzte er *meus* oder den Vokativ *mi*, oder aber er verwendete Begriffe, die demonstrativ Statusgrenzen transzendierten, beging also einen gezielten Regelbruch.[97] Briefsprache, schwere Sprache.[98]

Diese Beispiele, die Briefen entnommen sind, zeigen zugleich, dass sich jenseits der Verwendung von Wörtern auf der zweiten, *syntaktischen* Ebene Varianz und Gestaltungsmöglichkeiten einstellen, in diesem Fall durch das gezielte Abweichen vom Konventionellen, durch überraschende Kombinationen oder natürlich durch das Signal, dass man dem Gegenstand des Schreibens besonders originelle Formulierungen und Gedanken widmete. Hier wurden die elementaren Begriffe in unterschiedliche Kontexte eingebettet, Kontexte, die sich häufig berührten und damit irritierende Mehrdeutigkeiten erzeugten. Solche Polyvalenz der Begriffe ermöglichte etwa, implizite Beziehungen innerhalb des tradierten Ideenguts vorzunehmen, konnte das Alltägliche des Klosterlebens mit dem Erotischen der Liebesliteratur durchsetzen und damit Hinweise darauf geben, dass im Normalen etwas Außergewöhnliches, vielleicht emotional Unerhörtes aufschien. Man verwendete dann beispielsweise nicht einfach den Topos der Schüler-Lehrer-Liebe, sondern schuf Steigerungsformen: Der Lehrer sei bei seiner Arbeit von einem *saevus amor* zum Schüler gesteuert worden. Damit aber spielte man deutlich auf die klassische Tradition der «amour fou» und auf körperlichen Schmerz an, so dass der Leser über das normativ gut abgesicherte Bild von der Schüler-Lehrer-Liebe das Moment der maßlosen Züchtigung – und über dieses hinaus das latent Erotische – erahnen mochte.[99] Wer solches bemerkte, verstand: Es galt, den übrigen Text daraufhin zu befragen, welche emotionalen und körperlichen Aspekte diese spezifische Hinwendung eines *magister* zu seinem Zögling besaß.

Die dritte, entscheidende Ebene ist die der *gesellschaftlichen Diskurse*, die soziale Kommunikationen in Gruppen und größeren Kollektiven im Ganzen steuern. Hier können spezifische Vorstellungen von Liebe und Treue, von Nähe, ja Intimität zu dominanten Organisationsmodi sozialer Institutionen werden. Liebe ist in den Klosterschulen eine solche Elementargröße, daher ist im schulischen Zusammenhang auch unablässig von ihr die Rede. So hat Jaeger dieser Beobachtung mit einer umfassenden Topik der «ennobling love» oder auch «charismatic love», der «aristocratic», «distant», «sublime» oder auch «chaste love» gerecht zu werden versucht.[100]

Dass die Begriffe diskursspezifisch sind, erkennt man, wenn man etwa beobachtet, in welcher Relation die Konzepte von Liebe und von Freundschaft in unterschiedlichen Schreibzusammenhängen zueinander standen, etwa dem der weltlichen Herrschaft,[101] dem monastischen oder dem humanistischen, der mit der verstärkten Wiederaneignung der antiken Freundschaftstexte im langen 12. Jahrhundert ansetzte.[102] Im Hinblick auf die Monastik etwa hat eine Analyse der großen Mönchsregeln durch Ulrich Köpf gezeigt, dass die Liebe (*dilectio, caritas, amor*) des Mönchs zum Abt und zu seinen Mitmönchen nach dem Vorbild des universalen christlichen Liebesgebots eine ebenso fundamentale Norm darstellt wie die *fraternitas* und der *honor*. Doch anders als Liebe war Freundschaft verpönt: Während die Liebe für eine homogene Gruppenstruktur stand, so fürchtete man von der *amicitia* als einer schwer kontrollierbaren Extremform christlicher Nächstenliebe, dass sie unerwünscht exklusive Beziehungen zwischen Einzelnen schuf. Solche intimen Bindungen aber konnten einen Konvent spalten oder ihm doch zumindest unbequem werden.[103] Entgegen unseren heutigen Vorstellungen wurde Freundschaft hier als eine unwillkommene Steigerungsform von Liebe gedacht, die exklusiv und esoterisch war. Sie schien mit den Normen der Mönchsgemeinschaft nicht zu vereinen. «Nach dem Gesetz der Liebe», so Aelred von Rievaulx, *«sind wir verpflichtet, nicht nur Freunde, sondern auch Feinde ans Herz zu ziehen. Doch Freunde nennen wir nur jene, denen wir ohne Furcht unser Herz und alles, was in ihm ist, anvertrauen.»*[104]

Doch paradoxerweise sind es dieselben Konvente, in deren *scholae* zur selben Zeit die Schlüsseltexte der emphatischen Freundschaft rezipiert und im Rahmen des besagten humanistischen Diskurses weiterverarbeitet werden.[105] Unter ihrem Einfluss erreichen die eigenen Äußerungen über Freundschaft eine Intensität, die sie für heutige Leser «schamlos» klingen lassen, wie Ivan Illich meinte.[106]

Aelreds gerade zitierte Aussage skizziert treffend die Stelle, die «Freundschaft» und «Liebe» im monastischen Diskurs einnehmen, integriert diese aber zugleich in einen anderen und zeigt damit an, dass sie in diesem humanistischen Diskurs eine ganz andere Wertigkeit besitzen. In der Liebessemantik berühren sich die beiden Diskurse mit ihren jeweiligen Aussageregeln, und die Rede von Freundschaft und Liebe wird hierüber variantenreich und erfinderisch.[107] In der Klosterschule erhielt man Kenntnis von Ciceros Freundschaftsschrift und von den entsprechenden Texten Sallusts, von Ambrosius und Augustin sowie von Johannes Cassian. «Quelle und Ursprung der Freundschaft ist die Liebe. Denn Liebe kann ohne Freundschaft sein, Freundschaft ohne Liebe aber niemals», heißt es abermals bei Aelred von Rievaulx, der damit ähnlich wie die Klosterregel und die Consuetudines die Freundschaft der Liebe nachordnet, hieraus aber geradezu entgegengesetzte Schlüsse ziehen konnte.[108]

Intimität

Welche Rolle kann nun aber Intimität als Konzeptbegriff spielen, wenn es darum geht, die emotionalen Regimes der Schulen in ihrem Wandel und im Prozess ihrer Differenzierung zu verstehen? Auf den ersten Blick ermutigt der bisherige Gebrauch in den Sozialwissenschaften nicht dazu, sich von ihm Klärung zu erhoffen, denn dort wird er auf ganz uneinheitliche Weise verschiedenen und einander diametral entgegengesetzten Bindungsformen zugeordnet: einmal der dyadischen Paarbeziehung – hier sind nur Liebende miteinander intim, und Intimität findet nur in der Sexualität von Paaren ihre eigentliche Bestimmung.[109] Zugleich aber wird von Intimität dort gesprochen, wo es schlechthin um Sex geht, auch losgelöst von Liebe, Dauer und Erfüllung. Das bedeutet, dass wir den Begriff auf beiden Seiten einer auf den ersten Blick fundamentalen Leitunterscheidung finden: nämlich einmal dort, wo er an die gesellschaftliche Norm einer wechselseitigen, symmetrischen, seelisch-körperlichen und auf Dauer angelegten Beziehung gebunden ist (wo es also die soziale Norm ist, körperlich *und* psychisch intim miteinander zu sein), und zugleich dann, wenn dies gerade nicht der Fall ist, wenn Sex also als rein lustorientiertes Vergnügen, als triebhaftes Abreagieren erscheint.

Völlig losgelöst vom Sex als ihrem «real asset»[110] wird Intimität wiederum in anderen Zusammenhängen dort vermutet, wo es gerade nicht um Körperliches, sondern um eine besonders intensive geistig-psychische Nähe und besondere Formen der mündlich-schriftlichen Kommunikation unter Freunden geht, etwa um das wechselseitige Sich-Bekennen einer intimen Briefkultur.[111] Also finden wir auch hier den Begriff auf den beiden Seiten einer Leitunterscheidung: einmal gebunden an den Körper, ein andermal als Ausweis für die Erhabenheit körperloser psychischer *unio*; auf der einen Seite ist der geschlechtliche Verkehr sein «real asset», auf der anderen Seite die Semantik der Intimfreundschaft, zu deren Aktualisierung man nur ein Schreibwerkzeug braucht.[112]

Über diese Ambivalenz hinweg wird allerdings eine Dimension des Begriffsgebrauchs sichtbar, die dessen Kern auszumachen scheint und die ihn für soziale, also auch für sozialgeschichtliche Zusammenhänge anbietet. «Intimität» meint, dass (zum Beispiel dyadische) Bindungen zwischen Menschen durch Selektion zustande gekommen sind und als exklusiv gedacht werden. Das heißt, dass sie durch die *Wahl* einer Bindung unter Ausschluss anderer Möglichkeiten realisiert und jedenfalls ihrem Anspruch nach auf Dauer in ihrer Exklusivität stabilisiert worden sind.

Dies macht ihre genuin soziale Bedeutung aus: Dass A eine intime Beziehung zu B unterhält, impliziert den Anspruch, dass sie beziehungsweise er zu C oder D keine gleichartige Bindung etabliert und dass dies auch morgen und übermorgen so sein wird. Der Begriff verweist also nicht nur (positiv) auf die selegierten Bindungen, sondern immer auch (negativ) auf den Verzicht darauf, Alternativen zu realisieren. Achten wir abermals auf die oben herangezogenen Briefe, die mit besonderen Beteuerungen von Schüler-Lehrer-Liebe aufwarten, begegnen wir dieser intimen Dimension recht häufig: dem Prinzip der Ausschließlichkeit und der Figur des Dritten, bestehe sie aus einem Kollektiv oder einem Individuum, gegen das sich die intime Bindung abschottet. Keinem anderen habe er jemals sein Inneres so vollständig zu erkennen gegeben wie dem geliebten Lehrer Fulbert, schreibt der ehemalige Schüler Hildegar. Ein anderer versichert seinem Lehrer Wolzo, dass der Brief nur für ihn geschrieben sei, dass er ihn keinem Dritten zeigen werde.

Der imaginäre Dritte ist der ewige Mitanwesende der intimen Gemeinschaft. Überall lauert er auf die Preisgabe, ja sogar auf die Bloßstellung der liebenden Beziehung. Nur oberflächlich betrachtet ist er ein Störenfried, in Wirklichkeit konstituiert und stabilisiert er die intime Bindung, sei es als eine bestätigende Instanz, sei es als eine Gefahr, die die Liebenden aneinanderschweißt.[113] Bemerkenswert sind zwei Briefe einer Tegernseer Briefsammlung aus dem 12. Jahrhundert, in denen sich Nonnen an ihre (weiblichen) Geliebten wenden: Ist man sich körperlich nicht nah, dann will man auch niemand anderen hören oder sehen; die andere sei unter Tausenden ohnegleichen, man liebe sie mehr als alle anderen; sie sei die einzige Frau, die man sich seinem Herzen gemäß ausgewählt habe.[114] «Vor allen anderen auf der Welt bist du befestigt in den Tiefen meines Herzens», um dann fortzufahren: «Der Mädchenkonvent lässt dich schön grüßen, meine liebliche Perle.»[115] Andere Briefe schließen mit der Aufforderung, dafür zu sorgen, dass kein «drittes Auge» den Brief liest, oder mit der Beteuerung, dass der Brief ohne Erlaubnis geschrieben wurde.[116] Komparativ und Superlativ regieren: «Dem Süßesten unter all meinen Verwandten» – «keiner meiner Angehörigen hat mich jemals so freundlich aufgenommen, sowohl mit Worten als mit Taten.»[117] Enttäuschungen führen zu dem Vorsatz, künftig überhaupt nicht mehr kommunizieren zu wollen.[118]

Wahrscheinlich sind diese Briefe niemals tatsächlich versandt worden. Doch kommt es hier auf die Botschaft an, die wie eh und je anhand lateinischer Lyrik zu erlernen war: dass die Intimität den Liebenden in ein reserviertes Verhältnis zur Umwelt setzt, dass sie Konsequenzen für prinzipiell sämtliche anderen Nahbeziehungen nach sich zieht, zumindest aber die größeren Gruppen durch Gefühle und deren körperlichen Ausdruck strukturiert.

Die Selektivität und die Exklusivität sozialer Nahbeziehungen im Kontext sozialer Gemeinschaften – dies soll auch im Folgenden unter Intimität verstanden werden. Damit vermag das Konzept Spannungen und Widersprüche in Gruppen und Milieus sichtbar zu machen, die gemäß ihren Normen derlei Selektion und Exklusion eigentlich nicht gutheißen können – in den monastischen Konventen wegen des Gebots des *mutuus amor*, der Brüderlichkeit, und der Verpflichtung für *alle* Konventualen, «ein Herz und eine Seele» zu sein. Das Gleiche gilt aber auch für das höhere Wissen, denn an die Stelle der ethischen Norm tritt hier das wissenschaftsinterne Prinzip der Kommunalität, das heißt der Gedanke, dass das Wahre unabhängig davon wahr ist, wer es ausspricht. Wissenschaft kennt zwar Fleiß, Begabung und Auffassungsgabe, kann aber Esoterik nur schwer dulden. Intimität steht daher zur Welt der verwissenschaftlichten Schulen in einem ebenso ausgeprägten Spannungsverhältnis wie in der Welt der Mönchsgemeinschaften. Und doch wird sie die Herausbildung von Wissenschaft begleiten, ja deren soziale Ausprägungen formen.

III. Gruppen von Enthusiasten: Die Schule als utopischer Ort in der Ära der Kirchenreform

1. Ein dritter Weg: Die freien Schulen

Verknappung von Aufmerksamkeit

Auf der Suche nach den Anfängen eigensinniger Wissenschaft sind wir in ein Milieu hineingeraten, dem diese Eigenschaft gerade fehlte. Die höhere Bildung, die an den Schulen vor 1050 vermittelt wurde, war weitestgehend auf ein außerhalb ihrer selbst liegendes, vor allem religiös bestimmtes Ziel ausgerichtet gewesen. Sie nahm Maß an den künftigen Tätigkeiten derer, die gebildet werden sollten: an den Pflichten der Diakone und Priester, der Kanoniker und der Mönche.[1] Doch umsonst ist unser Umweg nicht gewesen, denn mit seiner Hilfe sind innerschulische Konstellationen sichtbar geworden, die wir – in Vorwegnahme dessen, was folgt – vertiefend betrachtet und begrifflich fassbar gemacht haben. In diesen Konstellationen wurden drei Dimensionen des schulischen Lehrens und Lernens aufeinander bezogen: ihre epistemische Ordnung, die Gruppenstruktur der *scholae* und die emotionalen Haushalte, die das Innere dieser Gruppenstruktur bestimmten. Die Richtschnur, an der sich das Lernen orientierte, war die *Richtigkeit* des Erlernten: Der Unterricht und die Textproduktion an den Schulen blieb einem Ideal verpflichtet, das man einer idealen Vergangenheit gutschrieb. Das emotionale Band, das Schüler an Lehrer knüpfte (und umgekehrt), sollte gewährleisten, dass die *norma rectitudinis* über Generationen von Schülern hinweg für den richtigen Umgang mit dieser intellektuellen Tradition in Geltung blieb.

Und doch würde man irren, stellte man sich diesen Modus des Umgangs mit höherem Wissen unproblematisch oder gar harmoniefördernd vor. Mindestens zwei Unruheherde, so haben wir gesehen, waren dem Schulenmilieu immanent und boten Ansatzpunkte für Veränderung. Einmal reichte der Inhalt des in der Schule vermittelten Stoffes dank der Lektüre antik-paganer Literatur weit über die Maxime der Richtigkeit hinaus, bot Unterhaltsames und Erregendes, er bewog die Schüler unter anderem dazu, ihre eigene Situation samt ihren Emotionen am Gelesenen zu messen und sich damit selbst in der Welt zu verorten. Dass die Normen, die das gemeinsame Leben in Kloster- oder Kathedralschule bestimmten, anderes über Gruppenbindung und Emotionen aussagten, dass Mönche etwa von Regel und Brauch auf die in der Praxis irrwitzige Norm der «gegenseitigen Liebe» (*mutuus amor*) verpflichtet wurden,[2] produzierte Spannungen und Widersprüche, aber mit diesen eben auch fruchtbare Dissonanzen. So scheinen Freundschaften und andere exklusive Beziehungen oft in vollen Zügen genossen worden zu sein, obwohl sie doch nach den normativen Grundlagen mönchischen Lebens verpönt waren. Überdies setzten Statuspositionen wie etwa hohe Abkunft, die in die *schola* hineingetragen wurden, Energien für die Selbstrechtfertigung und Reflexionen über die Überlegenheit des Verdienstes gegenüber der Herkunft frei. Die Schriften des Notker Balbulus daraufhin zu lesen, des erfolgreichsten Lehrers aus dem Dreigestirn des zweiten Kapitels, wäre ein lohnendes Unterfangen.

Was bewirkten die Emotionen also? Die allgemein gültige Norm der Richtigkeit wurde hier in eine Aufmerksamkeitsökonomie übergeführt, die einer Art von Summenkonstanz verpflichtet war: Die Rolle des Kronprinzen konnte nur einer (oder allenfalls wenige) einnehmen, und die Hinwendung des Lehrers zum einen Schüler (oder Schülertrio) bedeutete weniger Aufmerksamkeit für andere und wahrscheinlich weniger demonstrierte Zuneigung. Ein Geschäft, dessen Erträge prinzipiell beliebig vermehrbar gewesen wären (es sprach ja nichts gegen die Möglichkeit, dass *sämtliche* Angehörigen einer Schule die ihnen übertragenen Aufgaben richtig lösten), wurde durch das emotionale Regime an der Schule in eine agonale Praxis übergeführt, so als würde die erfolgreiche Bewältigung übertragener Arbeiten durch den einen Schüler den Status von dessen *conscolares* mindern. Schülern wurde nahegelegt, ihr Fortkommen in Konkurrenzpositionen zu verstehen.

Diese Beobachtung wird uns weiterhin beschäftigen, auch dort, wo die *Richtigkeit* gegen die – gleichfalls prinzipiell nicht verknappbare – *Wahrheit* ausgetauscht wird. Sie ist auch keineswegs neu, ja sie berührt sich mit Randall Collins' Theorie philosophischer Schulenbildung, die in gruppen- beziehungsweise netzwerkspezifischen «emotional energies» und in Interaktionsritualen, die diese Energien freisetzen, den Kern philosophischer Schulenbildung und damit den soziologischen Kern von Philosophie überhaupt annimmt.[3] Derartige emotionale Energie entsteht nach Collins gerade in der rituellen Interaktion unter Anwesenden und ist daher zunächst eine Eigenschaft von Gruppen. Zugleich aber erlangt sie Macht über das Schaffen des individuellen Gruppenangehörigen.[4] So versteht Collins philosophische Kreativität letztlich als eine Ausprägung derartiger «emotionaler Energie». Ihr idealer Nährboden ist nicht der wunderbare Gleichklang bildungshungriger Seelen, sondern im Gegenteil die Rivalität, die zwischen ehrgeizigen Schülern besteht und die sie veranlasst, Positionskämpfe auszutragen. Der Kampfplatz ist dabei die Schule oder die Konkurrenz zwischen zwei oder mehreren *scholae:* «Der erste Ausbruch von Kreativität tritt mit der Rivalität ein, nicht mit der Einheit.» Das Nebeneinander der Schulsituation wird in erster Linie als ein Gegeneinander empfunden, und aus der Sicht der Beteiligten geht es um mehr als um den Schaukampf. Rivalen, nehmen wir den Begriff für den Augenblick beim Wort, teilen das Wasser aus demselben Bach, sind einander gefährliche Nachbarn; entscheidend ist, wer den Platz am Oberlauf einnehmen kann, näher bei der Quelle.[5]

Philosophiehistorische Annahmen wie die des amerikanischen Soziologen, die den Höhenflug der Erkenntnis auf soziale Ursachen zurückführen wollen, haben es in der Forschung erwartungsgemäß schwer, und so ist es kein Wunder, dass man der empirischen Basis dieses Werkes (die Globalgeschichte der Philosophie auf 1.000 Seiten!) mit Skepsis begegnete. Und tatsächlich ist es für unsere Zwecke hilfreicher, das Problem so zu fassen, dass Mikrogeschichten der «emotionalen Energie» in der Gruppensituation der *schola* besser greifbar werden als die Makrogeschichten ganzer Epochen. Zu diesem Zweck haben wir uns entschieden, die besagte «intime» Qualität von Schulen sehr ernst zu nehmen, und dies nicht nur mit Blick auf die Dom- und die Kathedralschulen. Im folgenden Kapitel werden wir sehen, dass sich die Wissenschaft an den Schulen in Anlehnung an diese Schüler-Lehrer-Intimität und in Abgrenzung von dieser entwickelte: in Anlehnung, insofern die Utopie von der Schule als einer totalen, auf gemeinsame Erkenntnis gegründeten Lebensgemeinschaft die Basis für das gemeinsame Philosophieren bereitstellte; in Abgrenzung, insofern die Treue gegenüber dem eigenen *magister* der Treue gegenüber einem neuen, so noch nie dagewesenen Wahrheitsideal weichen musste. Welches die Voraussetzungen hierfür waren, schildert der Fortgang dieses Kapitels.

Die Sieben freien Künste unterwegs

Wie oben bereits angedeutet, hatte es neben diesen ortsgebundenen Einrichtungen noch einen dritten Schultypus gegeben: die «freie» Schule eines Lehrers, der gegen Leistung und Entgelt Unterricht anbot. Ein Magister, der eine solche Schule unterhielt, handelte unternehmerisch, insofern er sein Wissen denjenigen Personen anbot, die zu ihm kamen oder die ihn – meist für begrenzte Zeit – bei sich beschäftigten. In den meisten Fällen wird es das Ziel dieser Lehrer gewesen sein, in absehbarer Zeit eine weniger riskante Existenz an einem festen Ort zu führen. Werke, die sie während ihrer rastlosen Tätigkeit verfassten, konnten dann Talentproben sein, die sie zu gegebener Zeit dem potentiellen Gönner und Mäzen überreichen würden. Anselm von Besate, Spross eines angesehenen oberitalienischen Geschlechts, bereitete sich während seiner wandernden Lehrtätigkeit in konzentrierten Schreibphasen auf den Augenblick vor, an dem er einem potentiellen Mäzen gegenübertreten und sich selbst als hoch gebildeten *clericus* anbieten konnte. So entstand ein exzentrisches, schillerndes Werk über den Rednerkampf. Anselms Rechnung ging auf: Nachdem er seine *Rhetorimachia* auf seiner Reise in den Städten Italiens, Frankreichs und Deutschlands vorgezeigt hatte, nahm auch der Salierkaiser Heinrich III. sie gnädig zur Kenntnis. Anselm durfte fortan in der Hofkapelle mit seinem Wissen glänzen.[6]

Wo dies nicht gelang, boten nur die Städte und die Wohnsitze örtlicher Adelsfamilien den *magistri* einen Rahmen für einen längeren Aufenthalt. Als sich ein gewisser Herbert, der als *clericus* bei einem Verwandten der Normannenherzöge beschäftigt war, weiterbilden wollte, ging er nach Orléans, denn diese Stadt schien ihm groß genug, um seine Bedürfnisse zu befriedigen. Dort angekommen, hörte er auf das Insiderwissen der Ortskundigen: Geh' zu Stephan und

 Lisoius, die sind klug und fromm. Herbert folgte diesem Rat, kam dadurch aber in große Schwierigkeiten, denn die Art und Weise, wie die beiden Lehrer das Verständnis der Heiligen Schrift mit dem der Natur verbanden, war verdächtig und drohte in den Strudel örtlicher Rivalitäten gerissen zu werden.[7] Der Lehrer Guiberts von Nogent, den wir schon kennen, hatte sich erst im fortgeschrittenen Alter auf die Lehre verlegt, hatte eine kleine Gruppe von Kindern des örtlichen Adels in seinem Wohnraum empfangen und mit den abecedarischen Anfängen vertraut gemacht. Wohl um ein besseres Auskommen zu finden, hatte er auch Unterricht für Fortgeschrittene angeboten – erst einem hübschen, lebhaften Jungen, den es zum Spielen und zu Streichen in die umliegenden Weingärten hinauszog, dann fatalerweise dem introvertierten und leicht beeinflussbaren Guibert. Mit Küssen und Schlägen wollte er Guibert von seiner Liebe überzeugen, der Schüler bekam diesen Horrorpädagogen sein Lebtag nicht mehr aus dem Kopf.[8] Jugendliche im Umkreis von Würdenträgern lernten als Teil der Entourage: Benedikt von Chiusa, Neffe eines Abtes, lernte gemeinsam mit acht Mitreisenden bei wechselnden Lehrern. Er soll gesagt haben, dass sich sein Onkel diesen Luxus 2000 *solidi* kosten ließ – eine Investition in eine Karriere, war der Neffe doch zuversichtlich, dass er der nächste Vorsteher von San Michele della Chiusa in Piemont sein würde.[9]

Das Konzept der *artes liberales* förderte diese Existenzform der freien *magistri*, ja es pflanzte sie sogar aus eigenem Antrieb fort. Denn die Vorstellung vom Parcours nacheinander zu durchlaufender Disziplinen heischte nach Vollständigkeit, zumindest, was die «schreibenden» Künste des Triviums anbelangte. Wer an einer örtlichen Schule nur ein wenig Grammatik mit auf den Weg bekommen hatte, über diese aber die Idee der Sieben Künste ernst zu nehmen begann, den zog es möglicherweise selbst dann zu vertieften Grammatikstudien, zur Dialektik und zur Rhetorik hin, wenn ihn dies zwang, die Heimat zu verlassen. Wo Lehrer im Umherziehen Unterricht erteilten, schlossen sich Schüler an, indem sie selber für befristete Zeit ein unstetes Leben wählten, und sobald man gewisse Fortschritte gemacht hatte, bot man sein Wissen dann selbst der nächsten Schülergeneration gegen Entgelt an. Recht häufig begegnen deshalb Berichte von jungen Männern, die «lernend und lehrend» (*discendo et docendo*) umherzogen. In dieser Doppelfunktion reiste etwa ein Udalbert durch Frankreich und Aquitanien, dann durchs Baskenland und schließlich bis Navarra. Ganz Spanien habe er schließlich mit dem Licht des Wissens erfüllt, und eine Menge Schüler habe dieser Ausnahmelehrer (*eximius doctor*) dabei um sich geschart.[10]

Doch gab es, wie gesagt, zunächst nur wenige solche Lehrer. Zu schwierig war es wohl, mittels dieser unsteten Existenz zu überleben. Nur wenige brachten entsprechende Qualifikationen mit, selbst für den Elementarunterricht. Es sei noch gar nicht lange her, so erinnerte sich Guibert von Nogent als betagter Mann an seine Kindertage Mitte des 11. Jahrhunderts, da seien Grammatiker so selten gewesen, «dass man in kleineren Burgorten (*oppidis*) praktisch keinen, in den Städten (*urbibus*) kaum einmal einen von ihnen finden konnte. Und wenn man doch einmal einen entdeckte, dann waren seine Kenntnisse schütter und ließen sich nicht einmal mit denen der heutigen umherziehenden Kleriker vergleichen.»[11] Man merkt: Als er um 1115 die Zeilen niederschrieb, hatte sich in seiner Umwelt etwas Entscheidendes verändert.

Wer sich dennoch auf solch ein Leben einließ, konnte auch in der früheren Ära des 11. Jahrhunderts eine gewisse Reputation erlangen, zumal dann, wenn dieser Lebensabschnitt schließlich in die Übernahme eines kirchlichen Amtes mündete. Die unsteten Wanderjahre erschienen dadurch nachträglich in einem guten Licht. Lanfrank, der spätere Prior der normannischen Abtei Bec und Erzbischof von Canterbury, erwarb seine ersten Meriten als ein solcher lehrender Scholar. Aus guter Paveser Familie stammend, ließ man ihm zunächst eine juristische Ausbildung zukommen, denn dies schien in seiner Familie angebracht zu sein. Dann gab er seinem Hang zum Grundsätzlichen nach und verlegte sich jahrelang auf die *artes liberales*, überquerte dabei die Alpen, und schon als er Frankreich durchreiste, nahm er selber Schüler an. Er zog weiter in die Normandie, lehrte eine Weile in Avranches, begann sich aber zu fragen, ob ihn seine literarischen Studien tatsächlich dauerhaft erfüllten. Auf der Weiterreise nach Rouen dann die Katastrophe: Nachts wurde er in einem Wald überfallen, ausgeraubt und an einen Baum gefesselt. Als die Räuber sich entfernt hatten, blieb genug Zeit zum Nachdenken und zum Gebet. Lanfrank wurde zu einem frommen Mann, war aber klug genug, zu bemerken, dass er seine Artes-Kenntnisse nicht aufgeben, sondern dem Dienst an Gott widmen sollte.[12]

Lanfranks Lebensweg folgte gängigen und allgemein akzeptierten Mustern, denn den Ruhm des fahrenden Lehrers schließlich, und sei es «nach vielen Umwegen»,[13] gegen das regulierte Leben des Mönchs oder Kanonikers (und womöglich sogar gegen eine verantwortungsvolle Position) einzutauschen, das war genau, was von den Angehörigen der intellektuellen Elite erwartet wurde. Lanfrank ging daher in die Memoria der Nachgeborenen als jemand ein, der alles richtig gemacht hatte, hatte er doch vorübergehend den Ruhm der Welt und der irdischen Weisheit erlangt und wurde dann aber von Zweifeln heimgesucht, ob damit tatsächlich das Entscheidende erreicht worden sei. Letztlich die verantwortungsvollen Ämter, die nur noch wenig Raum für Studien und Muße übrig ließen – Bischöfe, selbst die gebildetsten, finden nur noch gelegentlich Zeit, in die Bücher zu schauen.[14] Keiner von denen, die Lanfranks Werdegang beurteilten, musste die konservativen Werte infrage stellen, nach denen die literarische Muße (*otium*) gegen die Geschäfte (*negotia*) des Bischofslebens einzutauschen war.

Immerhin ein Werk eines solchen reisenden Lehrers ist uns überliefert, und an seinem Beispiel lässt sich das Bemühen ablesen, mit dem die unstete Existenz des Wanderlehrers mit den Normen der fest institutionalisierten Schulen in Deckung gebracht werden sollte: der *Rednerkampf* Anselms von Besate, von dem schon die Rede war. Diese Schrift zeigt eindrucksvoll, wie ein Lehrer der Freien Künste, ein Mann aus hervorragender Familie die Quadratur des Kreises unternahm: die reisende Tätigkeit des Artes-Magisters offensiv zu rechtfertigen und gleichzeitig dadurch unantastbar zu machen, dass sie in die Filiation einer Schule eingereiht wurde, nämlich die *secta* beziehungsweise *disciplina* seines im Werk ständig präsent gehaltenen Lehrers Drogo von Parma.[15] Anselm kokettiert in seinem zwischen 1046 und 1048 verfassten Werk geradezu mit seiner reisenden Existenz, nennt sich bescheiden-unbescheiden «der Peripatetiker» und zählt stolz die durchweg städtischen Stationen seiner Lehrtätigkeit auf: Mailand und Parma, dann Reggio Emilia und überhaupt Italien, dann weiter nach Bamberg, Mainz und in andere nordalpine Orte. Nicht nur als intellektuellen Wandervogel präsentiert er sich dabei, sondern auch als jemanden, der Gelerntes für die verschiedensten Wissensbereiche und Tätigkeiten bereitstellt, für die Breite der Artes und die Intensität der philosophischen Wahrheitssuche, für die Gerichtsrede, die Kenntnis des Kaiserrechts und die Gottesgelehrtheit.[16] Lernt bei mir, so signalisiert er in seinem Werk, das er mit der Terminologie gleich mehrerer Disziplinen sowie mit Klassikerzitaten anreichert, und ihr werdet auf jegliche gelehrte Tätigkeit optimal vorbereitet.

Wie preist man aber derartige Güter an, ohne auf die Reputation einer Kloster- oder Kathedralschule zurückzugreifen? Ganz einfach: Man betont seine Abstammung aus der Schule Drogos. Bei diesem, dem *philosophus* schlechthin, hatte er begonnen, war dann zu dessen Meisterschüler Sichelm übergesiedelt, um bei diesem seine Kenntnisse der Rhetorik und des Rechts zu intensivieren (Rh. 99). Dies war keineswegs reine Erfindung: Wir wissen von Drogos Renommee auch von unabhängiger Seite, und es gab zweifellos guten Grund zum Stolzsein, wenn man sein Schüler war.[17] Über diese bloße Tatsache hinaus ist an der *Rhetorimachia* allerdings auch aufschlussreich, wie sehr dem Verfasser daran gelegen ist, die intime Dimension dieser Schulverhältnisse anklingen zu lassen. Er wird überschwänglich, wo er seinen Lehrer nennt. Die Betonung der Schülerfiliation Drogo – Sichelm – Anselm wird markant herausgestellt, er greift auf die kühnen superlativischen Stilmittel, die wir aus den Briefen kennen, bewusst zurück, fügt einen Brief bei, den er «Drogo, dem Superlehrer und seinen Superschülern» (*Droconi Magistrissimo et eius discipulissimis*, Rh. 181,4) gesandt hatte.[18] Von Drogo gelobt zu werden, dem Präzeptor und hervorragenden Patron, dem höchsten Lehrer, dem es an keinerlei Wissen gebricht, das ist für ihn, als ob er gekrönt würde (Rh. 96,6). Drogo bleibt trotz des späteren Unterrichts bei Sichelm sein verehrungswürdiger Meister, die Bindung, in der er zu ihm steht, ist unverbrüchlich und nur mit den Worten des römischen Rechts zu beschreiben: Besitz, Adoption (Rh. 103,11).

Erst eine solch starke Bindung bietet die Möglichkeit, auch die Figur des Dritten einzuführen, die das intime Setting erst komplett erscheinen lässt: den Gegner im Rednerkampf, hier: seinen Vetter Rotiland, der ein feiner Kerl ist, jetzt aber in die Rolle des Rivalen schlüpfen und sich verbal prügeln lassen muss (Rh. 103,3). Vor allem aber sind es die Außenstehenden, die Gegner in der dialektischen Disputation, die das intime Verhältnis innerhalb der *Droconica secta* beneiden (v. a. Rh. 181,17) und daher Anselms gelehrtes Werk ablehnen (Rh. 103,16; 180,7). Auf die Geborgenheit der Schule unter Anwesenden konnte man notfalls verzichten, nicht aber auf die positiven wie negativen emotionalen Energien, die den gelehrten Agon anheizten.

Ähnlich wie Lanfrank von Bec war auch Anselms Biographie dadurch gedeckt, dass seine Wanderlehrer-Existenz irgendwann ein Ende hatte und einer hoch angesehenen Position wich. Schwerer tat sich die allgemeine Meinung mit Lehrern, deren intellektueller Hunger nicht in solcherlei sichere Bahnen mündete. Geradezu mythisch sind die Schilderungen eines Magisters Manegold, die sich auf die Jahre um 1060 beziehen, die aber größtenteils erst hundert Jahre später niedergeschrieben wurden: Mit Frau und Töchtern sei dieser *philosophus*, dieser «Lehrer der heutigen Lehrer» (*modernorum magister magistrorum*), in Deutschland ansässig gewesen, und die Frauen der Familie seien so schriftgelehrt gewesen, dass sie selbständig unterrichtet hätten.[19] So verführerisch es ist, diese Aussage beim Wort zu nehmen und zu den anderen wenigen Zeugnissen für die Teilhabe von Frauen am freien Bildungsbetrieb hinzuzurechnen: Die Botschaft dieser um 1160 verfassten Schilderung war wohl, dass hundert Jahre zuvor die Dinge um den Unterricht bei freien Lehrern noch archaisch waren, dass sich in ihnen allerdings ein Aufbruch abzeichnete. Schon als nach 1100 der Pariser Schulbetrieb eine erste Blüte erreichte, sprach man von Manegold wie von dem Erfinder einer neuen Lebensform.[20]

Wanderlehrer und was so verwerflich an ihnen erschien

Während der zweiten Jahrhunderthälfte scheint die Zahl der mobilen Lehrer-Unternehmer doch größer geworden zu sein, jedenfalls wurde ihr Tun aufmerksamer beobachtet. Der kritische Blick mancher Zeitgenossen richtete sich gerade deswegen auf sie, weil man sie mit der Lehre von falschem, ja schädlichem Wissen in Verbindung brachte. Da ist die Rede von obszöner Lehre der Grammatik, für Mönche so schlimm wie der Gang des verheirateten Laien zur Hure aus dem Schaustellermilieu, eine Sache für Dichter, Philosophen und Zauberer, Teufelswerk.[21] Die Rede ist weiterhin von der Naturbetrachtung, die angeblich völlig falsche, bibelferne Vorstellungen von der Welt in Umlauf brachte, eine ungefilterte Art von Heidenwissen aus der Vergangenheit, für die vor allem die Gegner des römischen Papstes besonders empfänglich zu sein schienen.[22] Und letztlich und ganz besonders ist die Rede von der Dialektik, dieser Unglücksdisziplin, die jungen Männern ein fatales Vertrauen in ihre wohlfeile Rationalität einflößte. Ja, die Dialektik leugnete sogar die dienende Funktion des weltlichen Gelehrtenwissens, so hieß es.[23]

Man warf den Dialektikern vor, dass sie ihr Metier zum Fundament des Denkens überhaupt erheben wollten: ein Wissen, das für den diskursiven Sprachgebrauch grundlegend war und dem deshalb fast zwangsläufig die zentrale Bedeutung für alle höheren Studien zuwuchs. Die dialektische Logik, die schon von Denkern der Karolingerzeit stark gefördert worden war, zeigte nach und nach die Tendenz, keine schlichte Teildisziplin der *artes liberales* mehr zu sein, sondern stattdessen zum methodischen Fundament der sprachbezogenen Wissenschaften überhaupt zu werden, ja diese im Extremfall zu kolonisieren. Dialektik und Philosophie wurden gerne in eins gesetzt, denn Erstere schien nicht auf das trügerische Verständnis der Dinge gerichtet, sondern auf die Betrachtung der Vernunft selbst, wo die Wahrheit klar zutage zu treten schien.[24] Was wollte man mehr als Philosoph?

Gerade dieser Optimismus aber nährte – im Verein mit der technischen Sprache, derer sich die Dialektik bediente – die Ressentiments argwöhnischer Beobachter. Das Tun der Logiker und deren Intentionen waren schwer einzuordnen, ging es ihnen doch weder um das kontemplative Erfassen von Schriftsinn noch darum, auf eine bestimmte Tätigkeit in der Welt vorzubereiten. Ihre Lehrer waren weder Meister der Meditation noch Karrieristen, überhaupt fand man sie im vertrauten Katalog weltlicher Untugenden nicht wieder. Was waren sie also? Es ist unvermeidlich, erste Anhaltspunkte in den Äußerungen der Kritiker zu sammeln.

Vor hundert Jahren haben Historiker die Kritiker der Schulen, die sich nach 1050 verstärkt zu Wort meldeten, überspitzt zu einer Gruppe der «Antidialektiker» zusammengefasst. Sie verwiesen dann auf den Kardinalbischof Petrus Damiani und den Mönch Otloh von St. Emmeram, auf den Kanoniker Manegold, der ein Buch gegen Abt Wolfhelm von Brauweiler verfasste, auf Abt Williram von Ebersberg und auf Lanfrank, den Abt von Bec und Erzbischof von Canterbury. Die Polemik dieser Männer gegen den Gebrauch dialektischer Techniken setzte in den 1060er-Jahren ein. Sie wurde genährt von dem Bemühen, die eucharistische Lehre des Scholasters Berengar von Tours zu bekämpfen, und wurde darüber hinaus von der Meinung der Kritiker befeuert, dass der rationalistische Rigorismus der «Dialektiker» (deren erster und für die ganze Bewegung ursächlicher Vertreter Berengar angeblich war) leicht in Häresie und in die Feindschaft gegen Papst Gregor VII., seine Partei und seine kirchenreformerischen Positionen überging.[25]

Tatsächlich kritisierten die besagten Autoren den Gebrauch der Dialektik scharf. Dennoch führte das Etikett des «Antidialektikers» in die Irre, und dies nicht nur, weil sich ihre Abneigung ja auch gegen andere Zweige der *artes liberales* und der Philosophie richtete, wie wir gesehen haben. Es war allzu evident, dass sie in ihren Polemiken selbst profunde Kenntnisse dieser Lehrstoffe nicht nur durchscheinen ließen, sondern auch praktisch anwandten. Kokett führten sie ihre dialektischen, klassisch-literarischen und naturphilosophischen Kenntnisse vor, also ihre Vertrautheit mit denjenigen Texten, auf die sich die Männer an den neuen Schulen angeblich zu sehr verließen.[26] Ausgerechnet sie sind es, die etwas von Platon wissen, andere führen nur den Namen im Mund.[27] Leser, schau' her, so signalisierten sie, wir widerlegen ihre Anschauungen, und dabei schlagen wir sie auch mit ihren eigenen Waffen, wenn es sein muss. Ihre Zuhörer hielten mit Genugtuung fest, was sie mit diesem Rüstzeug leisteten: Wo immer sich die Gelegenheit geboten habe, habe Lanfrank, Gelehrter und Erzbischof, die Paulusbriefe «nach den Gesetzen der Dialektik» behandelt, so ein zeitgenössischer Bewunderer.[28]

Die Grenze zwischen den Dialektikern und ihren berühmten Gegnern, die die erste Forschergeneration um Josef Anton Endres angenommen hatte, wurde dadurch brüchig. Arbeiten von André Cantin, von Wilfried Hartmann, Toivo Holopainen, Robert Ziomkowski und anderen haben das ältere Bild stark relativiert: Es ging den Kritikern nicht um die Dialektik schlechthin, sondern um die

Rettung der Einsicht, dass es mit dem Wirken Gottes eine Sphäre gab, die sich der Zwangsläufigkeit logischer Schlüsse von vornherein entzog.[29] Mit der Logik konnte man allenfalls die Erkenntnis der Natur befördern. Dem, der sich mehr von ihr versprach, standen Enttäuschungen bevor. Als sich Petrus Damiani um 1064 im Refektorium des Konvents von Montecassino in eine Grundsatzdiskussion über die göttliche Allmacht verwickeln ließ, musste er sich einem klassischen logischen Argument stellen: Konnte Gott etwa nachträglich bewirken, dass Rom nie gebaut wurde? Konnte er einer Frau «nach dem Fall» (*post ruinam*) ihre Jungfernschaft zurückgeben?[30] Konnte eine Sache zur selben Zeit sein und nicht sein? Petrus, dem diese Auseinandersetzung nach seinem Besuch keine Ruhe ließ, schien vom Erlebten stark bewegt zu sein und verfasste einen Brief, der vordergründig gewohnt polemisch, im Detail aber vorsichtig-tastend war. Den Verweis auf den Satz vom Widerspruch jedenfalls nahm er nicht auf die leichte Schulter, Petrus kannte ganz offensichtlich die Debatten um Notwendigkeit und Unmöglichkeit.[31] Die Kenntnis der ansonsten gescholtenen Naturphilosophie half ebenfalls weiter; Petrus hatte seinen Plinius und Augustinus gut genug gelesen, um die bei ihnen genannten paradoxen Naturphänomene zu kennen und nun als Argumente anzuführen: Es gibt zweifellos Naturgesetze, aber auch Situationen, in denen diese nachweislich nicht gelten.[32] Genüsslich listet Manegold falsche Vorstellungen heidnischer Philosophen von der Seele auf – schon allein die Vielzahl solcher Fehler sprach gegen das Philosophieren.[33] Andere wie Lanfrank nutzten verstärkt die Rhetorik, um ihre Position zu untermauern.[34]

Die Bedeutung der jüngeren Disziplinen, zumal der Dialektik, ließ sich also nicht aus der Welt schaffen, indem man sie verteufelte und gegen sie wetterte, auch wenn andere das mitunter versuchten. Auch haben die jüngeren Forschungen gezeigt, dass die Verfasser von Streitschriften während der Investiturkontroverse äußerst sparsam mit der Anwendung der Dialektik umgingen, wenn es um den Kerngegenstand des Streites ging, um die fürstlichen und päpstlichen Rechte. Sie agierten hier nicht deshalb so vorsichtig, weil sie derlei nicht gekonnt hätten, sondern weil ihnen die Dialektik angesichts der Schwere der Auseinandersetzung als ein zu heißes Eisen, eine zu gefährliche Waffe erschien.

Völlig anders liest man die Schriften der vermeintlichen Antidialektiker, wenn man eine andere Stoßrichtung ihrer Polemik ins Zentrum der Betrachtung rückt: ihre Frontstellung gegen die neue *Lebensform* und den *Habitus* der freien Lehrer – gegen ihr Verhalten, ihre Denkformen, ihre Art, sich zu bewegen und zu geben, ihre Neudefinition der Rollen, die Schüler und Lehrer einnehmen. Das Übel, das sie mit der Popularität der Logik in ihrer Gegenwart seit den 1060er-Jahren beklagten, hatte soziale, genauer: soziokulturelle Ursachen, es äußerte sich in dem verstörenden Verhalten gewisser Leute. Offenbar konnte man sie an zwei Merkmalen erkennen: dem übermäßigen Vertrauen in die rationale Ordnung neuen Wissens und dem nicht an einen Ort und eine Kirche gebundenen Dasein.[35] Dieser Zweiklang war es, der die Polemik der Zeitgenossen nährte. Deren Schriften stellen uns daher noch einmal vor die Herausforderung, in den Äußerungen der Kritiker das wahrscheinlich Richtige zu ermitteln – keine unübliche Aufgabe für Mittelalterhistoriker, denn auch andere gesellschaftliche Innovationen lernen sie zunächst aus den Äußerungen von deren Feinden kennen.[36] Deren Standpunkt zu ermitteln, ihre Agenda im Blick zu behalten und auf dieser Grundlage ihre Gegenwartskritik vorsichtig zu gewichten, muss unser nächstes Anliegen sein, denn dadurch erst werden wir befähigt, die neuen Lehrer und ihr Wissen als Bestandteile einer umfassenden Revolutionierung der zeitgenössischen Gruppenkultur zu verstehen.

Auch wenn der idealtypische Dialektiker letztlich eher durch seinen Habitus als durch sein Wissen so viel Anstoß erregte, müssen wir dennoch noch einmal zu seinen epistemischen Eigenarten zurückkehren. Der Dialektiker, so meinten die Kritiker, beurteilte Aussagen auf der Grundlage rein sprachbezogener Maßstäbe und verfügte so über ein zwar kompliziertes, aber durchdachtes Set von Kategorien, Tests und Schlüssen. Damit bot sein Spezialwissen eine plausible Strategie an, Sachprobleme als Fragen der Sprachlichkeit zu betrachten und so als Teile einer Wahr-falsch-Ordnung zu behandeln. Es war dieser Optimismus, der Kritiker reizte, zumal dann, wenn es sich um Fragen des auf göttlicher Offenbarung beruhenden Glaubens handelte.[37]

Auch stand hinter der Kompetenz der Dialektiker eine andere Vorstellung von Schulung und Training, als es diejenige des Artes-

Programms war. Dies konnten Kritiker leicht als ein alternatives Bildungskonzept verstehen, das dem religiös motivierten Bemühen um den Schriftsinn angeblich etwas wegnahm, jedenfalls den Artes ihre propädeutische Bedeutung für das Schriftverständnis entwand. Dialektik war schwer und daher keine Teilzeitbeschäftigung, das wusste man, und wer sich ihr wirklich verschrieb, wurde von einem Impuls geleitet, noch tiefer einzudringen statt weiterzuziehen zu neuen Herausforderungen.

Hierdurch aber, durch den Umstand, dass Dialektiker keine Tätigkeit auf Zeit mehr ausübten, sondern ihr Tun einer Lebensaufgabe widmeten, wurde es eng in ihren Reihen. Streit um Meinungen und die Bildung von rivalisierenden Schulen überdeckten den Konsens, dass es um ein gemeinsames Ziel ging. Die Tätigkeit als Logiker drohte daher unangenehme individuelle Eigenschaften freizusetzen: Selbstbezüglichkeit, szientistische Enge, Arroganz, Streitlust, Faktionalismus.

Und obwohl dies Eigenschaften waren, die in individuellem Verhalten ihren Ausdruck fanden, galt als deren Heimat das Leben in der Gruppe. Man hatte es offenbar mit einem genuin sozialen Phänomen zu tun. Nur wo der Logiker sich mit seinesgleichen stritt, nur wo er sich unter seinesgleichen von der Richtigkeit seines Tuns vergewissern konnte, drohte er dem moralischen Kosmos der bisherigen Bildungswelt abhanden zu kommen. Die Gruppe nährte ihn dann in dem Irrglauben, auf dem rechten Weg zu sein. Nur weil sie der Dynamik einer ganzen Gruppe folgten, wagten es die Logiker, beim Studium der Grammatik und der Dialektik stehenzubleiben und die Heilige Schrift völlig zu vergessen – und zwar so weit, dass sie von den Schriftkundigen, die sich offenbar abgeschottet haben gegen derlei Tun, ausgelacht statt verbessert würden, so Abt Williram von Ebersberg.[38] Konkurrierende Meinungen und einander widersprechende *sectae* sind eine logische Folge dieses Überangebots an Meinungen und Positionen. Dieser Dissens, so die Kritiker, war gestiftet von Satan, dem Urheber aller Schismen. Daher die Wanderschaft von Sokratikern und Pythagoräern, Platonisten und den Angehörigen der zahllosen anderen Bekenntnisse.[39] Schon in den Väterschriften wurde so argumentiert, doch hier speisten sich die Stereotypen aus zeitgenössischen Beobachtungen.

Hilfreich mag sein, eine aussagekräftige Kritik dieser neuen Lebensform ausführlicher zu Wort kommen zu lassen, gerade weil deren Autor sich nicht auf den Höhenzügen des zeitgenössischen theologischen Denkens bewegt, sondern zur Kategorie der konservativen Gesinnungstäter unter den Domschullehrern gehört und Dinge offen und zugespitzt zum Ausdruck bringt, die anscheinend tief in seinem Weltbild verwurzelt sind. Es handelt sich dabei um den Mainzer Domscholaster Goswin (oder Gozechin), der sich während seiner Lehrtätigkeit seit den 1040er-Jahren einen gewissen Namen gemacht hatte und der in seinen späten 60er-Jahren, irgendwann zwischen 1066 und 1070, einen Brief an seinen früheren Schüler Walcher nach Lüttich sandte.[40] Goswins Anliegen war es in diesem Brief, Walcher für ein heikles Vorhaben zu gewinnen: Der Magister, vor seiner Berufung nach Mainz durch Erzbischof Luitpold (circa 1058) selbst in Lüttich ansässig (wo Walcher sein Schüler war), wollte nämlich etwa zehn Jahre später der Stadt Mainz den Rücken kehren und seinen Lebensabend in Lüttich verbringen.[41] Dieser Schritt wollte aber begründet werden. Es gab da zunächst das peinliche Hindernis, dass er bei seinem Weggang vor Jahren gehässige Zeilen über die Stadt Lüttich geschrieben hatte, und so musste er befürchten, dass man sich nun daran erinnern würde. Im Weg stand die Peinlichkeit, dass er Lüttich damals in seiner Sottise «wertlose Schlacke» (*vilem [...] scoriam*, 210[42]) genannt hatte. Offenbar hatte er damals ein Reimwort auf *gloriam* benötigt und sich dabei im Ton vergriffen – eine schwierige Situation für jemanden, der einmal Kanzler der örtlichen Kathedrale gewesen war, sich dann aber aus Karrieregründen davongemacht hatte.

Die größere Herausforderung, die Goswin zu meistern hat, ist aber, seinen Wunsch nach einem Ortswechsel ganz grundsätzlich zu rechtfertigen: Unter welchen Bedingungen steht es einem Endsechziger-Schulmeister zu, sich noch einmal zu verändern und sein Lager anderswo aufzuschlagen? Ist dies nicht ein Zeichen von Leichtsinn, ja eine ernsthafte geistige Verirrung (147, 181)? Die Kritiker und Feinde stehen schon bereit, seine Entscheidung zu geißeln. Welche Bedingungen sind daher an diesen Entschluss zu knüpfen, welches sind akzeptable Motive für einen alten Magister, sein Bündel zu schnüren und sich auf die Reise zu begeben?

Dies war keine Allerweltsfrage, denn mit den Wanderlehrern der jüngeren Vergangenheit hatte sich vor Goswins Augen ein Schulbetrieb eingestellt, der in schärfsten Worten zu kritisieren war. Das Unstete der neuen Pseudomagister und ihrer fehlgeleiteten Jünger, so Goswin, war geradezu ein Indiz für deren intellektuelle Unbeholfenheit, für die Heimatlosigkeit von Geistern, von denen nichts Gutes zu erwarten war.

Ein Magister von altem Schrot und Korn, der weiterziehen wollte, befand sich daher unter Rechtfertigungsdruck. Goswin musste beweisen, dass dieses Verhalten für einen Magister nicht a priori zu tadeln war, ja dass ein Ortswechsel durchaus geboten sein konnte. Er fuhr daher Beispiele für umherziehende große Geister der paganen Antike auf, ja er verwies sogar auf die Apostel, die nun wahrlich eine reisende Lebensweise gepflegt hatten. Überhaupt biete die Kirche vielen Lebensformen einen legitimen Raum (301). Kontemplation sei nicht die einzige Art, das Ringen um den Glauben auszutragen.

Entschieden argumentiert Goswin, indem er seine eigene Tätigkeit mit dem Lob des herkömmlichen Unterrichts und der intimen Kommunikation in der Schule rechtfertigt, denn diese hoben sich scharf vom Treiben der intellektuellen Neutöner ab. Ein Hoch auf die gute, alte Zeit, auf den Knüppel und die Schläge, auf die grundständige Schulung in den Sieben freien Künsten und die totale Anverwandlung des Schülers! Er identifiziert sich mit einem Schulmodell, nach dem der Unterricht ein geschlossener sozialer Raum ist: Dort zu sein hieß glücklich beisammen zu sein, auch wenn das für den Schüler und den Lehrer nicht dasselbe bedeutete.[43] In ihren gemeinsamen Anfängen in Lüttich hatte Goswin Walchers Rücken mit Schlägen traktiert, um ihm die Anfängerfehler und die Sünden der Jugend auszutreiben (15). Lange hatte Walcher unter der Rute des Magisters geweint (37, vgl. 620, 626, 954), bevor er sich mehr als alle anderen *conscolares* förmlich in den Meister zu verwandeln schien (49). Wen wundert's, dass er zum Lieblingsschüler wurde, zum Kronprinzen, der den Meister sogar ab und zu vertreten durfte (66)?

Die Mühe hat sich gelohnt, bilanziert der Meister: Die Verbundenheit der beiden, sei es im Privaten oder in der Gesellschaft anderer, hätte sich nicht weiter steigern lassen (57). Wie könnte ich dich nicht lieben, dich, dessen Talent ich damals erkannte und der du zu einem über sein Alter hinaus klugen jungen Mann gereift bist (75)? Auch wenn Goswin wahrlich keinen Mangel an Gesellschaft erdulden muss – keiner hat Walcher seither das Wasser reichen können (79).

Dagegen das Bild von den heutigen Zuständen! Aus eigener Anschauung scheint Goswin die neuen Schulen nicht zu kennen, aber er nimmt wahr, welche Folgen das neue Denken und neue Handeln auf die Schüler der Konvente hat. Anhand der Situation, in der sich derzeit die Lehrer an den Domschulen befinden, spiegelt er die Unarten seiner Gegenwart.

Hinter diesen schulischen Untugenden steht eine neue Art des Unterrichts, die auf einer neuen Konstellation zwischen materiellen Antrieben, Verhalten und Lehre beruht: Wie eine vergiftete Wurzel speist die Habgier jetzt die Lehrer (608, 616) und veranlasst sie, ihren Unterricht anders zu gestalten als früher. Die Fächer der Artes werden von Schauspielern übernommen, die in Gasthäusern betteln gehen – dort philosophieren sie jetzt gegen Geld (604)! Vorbei ist es mit dem Gleichklang von gelehrter und moralischer Formung, ein unheilvoller Verlust von Sitten und Disziplin hat eingesetzt (617, 627). Das bekommen auch die Konvente zu spüren: Die Älteren verbessern die Jüngeren nicht mehr, die Rute kommt nicht mehr zum Einsatz (618), es herrschen Zustände, die der zweite Timotheusbrief (4,3) schon angekündigt hat: Die Schüler werden sich solche Lehrer aussuchen, nach denen es ihnen in den Ohren kitzelt – eine verkehrte Welt (630)! Sie verschreiben sich falschen, unheilbringenden Neuheiten der Lehre (*vocum*) und neuen Fragen, und dies in einem Lebensabschnitt, in dem sie wie formbarer Lehm auf der Töpferscheibe der Disziplin behandelt werden sollten. Das Resultat: keine Gefäße des Ruhms, sondern solche der Schande, Deformationen (633).

Und so verstetigen sie diesen Zustand, indem sie sich selbst auf die Wanderschaft begeben. Haben sie nur ein wenig von dem neuen abwegigen, aber wortreichen Wissen aufgeschnappt, betreiben sie geistige Vagabondage, und dies, obwohl niemand sie richtig versteht (635). Weil sie aber keine Moral kennen, bleiben sie unter sich – eine heillose Art zu leben (637)! Wer derart oberflächlich gebildet ist, kann allenfalls ein Pseudomagister sein. Und solche jungen, leichtsinnigen und neuerungssüchtigen Pseudomagister sind es wiederum, die heimatlos herumwandern durch Dörfer und Städte, sich die schwierigsten Bücher der Bibel vornehmen und den Nachwuchs in ihre Welt hineinlocken (649). Sie lauern auf unvorsichtige und neugierige Geister, beschäftigen sie mit dem wörtlichen, gleichsam fleischlichen Verständnis des Schriftsinns, wobei sie sich sophistischer Disputationen bedienen (685). Aus Fragen ergeben sich auf diese Weise neue Fragen, wahrlich ein Labyrinth! Sie vertrauen der Sprache zu sehr, wo diese doch menschliche Konvention ist; über die göttlichen Dinge kann man damit nicht sprechen.

Mit den Wanderlehrern schien für diesen grämlichen Mann alles in Unordnung geraten zu sein, was die Schule früher zu einer Anstalt der Menschenformung gemacht hatte. Die neuen Schulen waren zugleich von der unternehmerischen Seite des Magistertums und den neuen Erwartungen selbstbewusst gewordener Scholaren aus zu verstehen. Dies war ein fruchtbarer Boden für Laster und falsche Selbstsicherheit, für Leute vom Schlag des häretischen Scholasters Berengar von Tours. Dieser war von denen, die ihn aus früheren Zeiten kannten, als stolz und leichtsinnig angesehen worden, als hochmütig gegenüber den Mitschülern. Da er den eigentlichen Lehrstoff nicht zu fassen vermochte, habe er sich eine andere Art von Wissen angemaßt, neue Verständnisweisen, gepaart mit andersartigem Verhalten – einem wichtigtuerischen Gang, der Gebärde des Lehrers, den Kopf dabei tief in seine Kapuze versteckt, um tiefe Meditation vorzutäuschen.[44]

Das Paradox, dass hier eine neue Handlungsform so viel Aufmerksamkeit auf sich zog, obwohl es sich bei ihr in den Jahrzehnten nach etwa 1060 unmöglich um ein Massenphänomen gehandelt haben kann, lässt sich durch folgende Beobachtung auflösen: Die neuen *magistri* und ihre Schulen wurden von den zeitgenössischen Beobachtern in die viel reichere zeitgenössische Gruppenkultur eingeordnet, sie hatten an dem enormen Aufschwung Anteil, den die Formierung von sozialen Gruppen auf der Basis von Freiwilligkeit in genau jenen Jahrzehnten nahm. Wir sollten den Kontext genauer betrachten.

2. Leben in Gruppen: Persönliche Bedürfnisse und kollektive Lösungen in der Umwelt der Schulen

Die Apostel der Ordnung und der Verlust der klaren Kategorien

Mögen Polemiker wie Petrus Damiani, die die neuen Schulen und ihr Vertrauen auf die Philosophie angriffen, ihre Stichwörter auch aus den Väterschriften gegen die heidnischen Philosophen bezogen haben,[45] so verstanden sie ihre Mission doch als einen Kampf gegen Gegenwartsphänomene, gegen den Zeitgeist. Die Unarten, gegen die sie anschrieben, verorteten sie im Verhalten von Menschen in neuen, mobilen Gruppenformen, die sich vor ihren Augen eingestellt hatten. Wir sind daher gut beraten, die Gruppenformen, die die Zielscheibe der Kritiker waren, dort aufzusuchen, wo sie aus einer sozialgeschichtlichen Perspektive hingehören: in der breiten zeitgenössischen Bewegung zur Vergemeinschaftung, die die zweite Hälfte des 11. und das gesamte 12. Jahrhundert entscheidend geprägt und die dominierenden sozialen Ordnungskategorien der Zeit außer Kraft gesetzt hat. Männer und Frauen, Kleriker und Mönche, Verheiratete und Laien – Angehörige *aller* sozialen Kategorien ließen sich von dieser Bewegung infizieren und folgten den Angeboten freiwilliger Vergemeinschaftung, die für diese Jahrzehnte typisch waren. Diese Vielgestalt neuer Gruppenformen besser zu verstehen muss unser nächstes Anliegen sein – dies zumal, da sie während des 12. Jahrhunderts durch immer neue Bildungen bereichert wurde und damit mindestens ebenso prägend für die «Wende» des langen 12. Jahrhunderts wurde wie die neue Wissenschaft. Auch diese war von der Mitte des 11. Jahrhunderts an (und nicht erst seit den ersten Universitäten) eng verbunden mit dem Handlungsrepertoire und den Denkformen der sozialen Gruppen, der freien Einungen, der Gilden.[46] Diesen Kontext mit einem besonderen Interesse an den Vergemeinschaftungen auszuleuchten zwingt zu einem Umweg, einem

Wechsel in die Totale, der auf den nächsten Seiten vollzogen wird. Deutlich wird hierdurch werden: Indem sie die neue Wissenschaft zum Inhalt ihres Lebens machten, folgten junge Gelehrte im ausgehenden 11. Jahrhundert einem utopischen Muster von Lebensgemeinschaften, das auch die eremitischen Bewegungen derselben Zeit prägte und das sich aus paradoxalen Vorstellungen von *gemeinschaftlichem Eremitentum* speiste. Die Gemeinschaft des Magisters mit seinen Schülern wurde unter diesen Bedingungen neu gefasst und als ein Raum verstanden, in dem das bohrende Fragen nach wissenschaftlicher Wahrheit den Mittelpunkt der geistig-spirituellen Existenz ausmachen konnte.

Ausgelöst wurden diese Gruppenbildungen durch die Erschütterungen der sogenannten Kirchenreform, also durch jene Umbrüche, die ihrerseits von den Reformanstrengungen der Päpste seit etwa 1050 vorbereitet und dann während der Auseinandersetzung zwischen Papst Gregor VII. und den weltlichen Herrschern (allen voran dem Salierkönig Heinrich IV.) geprägt wurden.[47] Die Zeitgenossen taten sich oft schwer, die sozialen Formen, die sich als Folge dieser Impulse einstellten, adäquat zu erfassen, weil diese sich geradezu programmatisch gegen die kategoriale Scheidung der Menschen in Kleriker, Laien und Mönche richteten, also gegen eines der Hauptziele der Reform selbst. Was jedoch schon nach dem ersten Hinsehen gesagt werden kann, ist, dass sich eine Vielzahl von Menschen zu neuen Gemeinschaftsformen zusammentat, die ihrem Bedürfnis nach der Gestaltung ihres Lebens sowohl im Diesseits als auch im Jenseits entgegenkamen. Wir sprechen damit über einen Aufschwung in Quantitäten, aber auch in Qualitäten.[48] Nicht Gregors VII. Pläne zu einer umfassenden «Klerikalisierung der Kirche»,[49] nicht die Unterordnung des *ordo laicorum* unter die Kleriker, nicht die Reservierung der Predigtpraxis für den Klerus, das heißt nicht die Scheidung einer klerikalen *ecclesia docens* von einer laikalen *ecclesia discens*[50] nahmen sich die Betroffenen zum Vorbild, sondern das Leben in der urkirchlichen Gemeinde, die Erzählung der Apostelgeschichte, nach der die frühen Jerusalemer Christen «alles gemeinsam» (Apg. 2,44, 4,32) hatten.[51]

Die Suche nach dem Heil und zugleich nach einem besseren Leben im Diesseits führte die Menschen in Gilden und Bruderschaften zusammen, ganz gleich, ob sie aus den Bischofsstädten, vom Land oder aus den Konventen des benediktinischen Mönchtums stammten, und ganz egal, ob sie Männer oder Frauen waren. In schwäbischen Dörfern entwickelten Bauernsöhne und -töchter den Ehrgeiz, «einander gegenseitig durch Heiligkeit der Sitten unaufhörlich zu übertreffen», und dies wirkte dann offenbar ansteckend. Staunend registrierte der zeitgenössische Beobachter, wie ganze Dorfgesellschaften unter den Einfluss dieser Bewegung gerieten. Die *communis vita* habe vor seinen Augen «an vielen Orten in Blüte» gestanden, so schrieb Bernold von St. Blasien zum Jahr 1091 in seine Chronik nieder. Demütig hätten sich Laien den Kleriker- und Mönchskongregationen angeschlossen, hätten als Laien «nach dem Vorbild der ursprünglichen Kirche» gemeinsam leben wollen, hätten auch ein Leben nach einer Regel erstrebt und «im Gehorsam gegenüber Klerikern oder Mönchen» das gemeinsame Leben gelebt.[52] Wo aber einige in diesem Sinn zusammenkamen, kamen noch mehr dazu, denn solche Leute, «so wurde gesagt, drängten viele, ihnen zu folgen».[53] Mönche und Laien, die ein Bedürfnis nach einem Leben in unmittelbarer Christusgefolgschaft ersehnten und deshalb in Einöde, Wald und Gebirge ein Eremitendasein führen wollten, schlossen sich von jetzt an verstärkt zu Eremiten*gruppen* zusammen.

Wir müssen dieses sogenannte «neue» Eremitentum deutlich vom Mönchtum einerseits, andererseits aber auch von den traditionellen Lebensformen der Einsiedler absetzen. Denn konstitutiv für diese Gemeinschaften war seit jenen Jahren gerade die Kombination von Einsamkeit und Gruppendasein, wie wir dank Henrietta Leyser und anderen gelernt haben.[54] Bruderschaften von Laien entstanden, Assoziationen von Menschen aus ein und derselben Herkunftsregion, die sich selbst Statuten gaben und Amtsträger wählten, die sich aus frommen Antrieben und weltlichen Zwecken zugleich zusammentaten, zusammen aßen, gemeinsam feierten, die Fürsorge für die Bedürftigen ebenso wie ihre Totenmemoria und überhaupt ihre Bestattungen in Gemeinschaft miteinander organisierten. An einigen Orten, zumal in England, aber auch etwa in Valenciennes, Saint-Omer oder Modena, sind ihre Statuten überliefert. In Tiel am Niederrhein mussten sich die Kaufleute schon früh, um 1020 herum, dafür beschimpfen lassen, dass sie ihre Interessen durch den Zusammenschluss in einer Gilde wahrten und nach einer Ordnung betrieben, die sie sich selbst gegeben hatten: Nicht nach Recht, sondern nach Willkür (*non secundum legem sed secundum voluntatem*) lebten sie, so der Mönch Alpert von Metz.[55]

Er hatte durchaus richtig beobachtet: Das statutarische Recht, das sich die Angehörigen solcher Gilden gaben, galt, weil es menschengemachtes, auf Übereinkunft beruhendes, «gesatztes» Recht war. Es gab nicht vor, transzendenten Ursprungs und ewig gültig zu sein. Die überlieferten Statuten dieser Gilden und Bruderschaften geben Auskunft darüber, dass die durch derartige «freie Einung» in die Welt gekommenen Gruppen «totale soziale Phänomene» (Marcel Mauss) sein sollten, dem Seelenheil ebenso zu Diensten wie den kaufmännischen Interessen ihrer Mitglieder.[56]

Man kann diese Vergemeinschaftungsform seit dem 6. Jahrhundert nachweisen, für die Karolingerzeit wird sie deutlicher greifbar – jetzt aber, in der Ära der Kirchenreform, nahm sie ihren großen Aufschwung.[57] Ein breites Wortfeld um das Leben in der Gruppe wurde bemüht, um das eigene Wollen in Worte zu fassen: *collegium, consortium, societas* und *corpus*, die Mähler und die praktische Liebestätigkeit in *convivium, agape, caritas* und *fraternitas*. Das vorhandene Vokabular schien den Betroffenen dennoch nicht auszureichen. Neue Wörter mussten gebildet werden, und so war die Rede von der *fraterna*, der *confraternitas* und *confratria*, in den nichtlateinischen Umgangssprachen von der *fraglia*, der *confraglia* und der *confrairie* (*confrérie*), oder in lateinischen Neologismen der *gilda* beziehungsweise der *gildonia*.[58] Besonders viel Aufsehen erregten bekanntlich diejenigen zeitgenössischen Zusammenschlüsse, in denen Stadtbewohner die Normen der Gilde offensiv für den Raum ihrer Stadt reklamierten und – häufig gegen den Widerstand der Stadtherren – durchsetzten: die städtischen Kommunen. Die Organisation der Stadt als Gemeinde, als Bürgerverband, als Schwureinung, die mindestens teilweise autonom und autokephal war und Städte schließlich als Gebietskörperschaften begriff, gab den Städten des lateinischen Europa ihre historisch prägende Richtung vor.[59] Auch diese «kommunale Bewegung» ist Bestandteil jenes umfassenden Trends zur Vergemeinschaftung in sozialen Gruppen, um die es uns gehen muss.

Sind diese Prozesse auch durch die Aktivitäten der kirchlichen

Reformer, durch ihren leidenschaftlichen Kampf gegen Ämterkauf (Simonie) und Priesterehe (Nikolaitismus) und gegen die Rechte von Laien zur Investitur ins kirchliche Amt, ausgelöst, so können sie doch aus diesem Kampf um die rechte Ordnung in der Welt, einer ebenso großartigen wie naiven, weil unrealistischen Vision (Gerd Tellenbach), keineswegs kausal hergeleitet werden.[60] Aus der Kirchenreform gehen durchaus konkurrierende Impulse hervor, die gleichzeitig im Raum stehen und gleichsam miteinander zu kommunizieren beginnen: solche einer verstärkten Kategorienbildung im sozialen Raum, einer zunehmenden Festlegung von Menschen auf vorgegebene Rollen und Rollenerwartungen; gleichzeitig aber solche der Dekategorisierung, der Öffnung einer Vielzahl von Handlungsoptionen, vor die sich der Einzelne für die Gestaltung seines Lebens gestellt sah. Kategorisierung und Entkategorisierung, Einheit und Differenz, wirkten dialogisch, das heißt gleichzeitig und stets nur in der Spannung, die sich aus ihrer Polarität ergab.[61]

Die Kategorisierungsprozesse haben in der Vergangenheit immer dann im Zentrum historischer Betrachtungen gestanden, wenn die rationalisierenden Effekte der Reform, des sogenannten Investiturstreits, der «Gregorianischen Reform» thematisiert, ja im Extremfall zu einer «ersten europäischen Revolution» zusammengefasst wurden.[62] Die Denkform, die dem Engagement der Reformer gegen die Simonie und die Priesterehe beziehungsweise die Laieninvestitur zugrunde lag, war die strikte Scheidung von Klerikern und Laien. Diese Vorstellung war alt, wurde jetzt aber intensiv propagiert. Institutionen und Ideologien entstanden, die die Trennung der Kategorien erzwangen: Ständebildung, Hierarchie, das immer dringlicher geltend gemachte Prinzip, nach dem gesellschaftliche Verhältnisse durch rechtliche Normen und ihre Erzwingung reguliert sein sollten, die Lehre von den drei Menschenkategorien der Krieger, Beter und Arbeiter, letztlich ein eigenes Recht der Kirche.[63] Die Päpste, zuvor an den meisten Orten Europas als «erhabene, fast legendäre Gestalt in weiter Ferne» angesehen,[64] beanspruchten seit Leo IX. (1049–1054) immer erfolgreicher, letztgültige Instanz für die Bereinigung von Unklarheiten zu sein. In ihrem Umkreis entstanden Institutionen, die halfen, nicht nur Normen zu setzen, sondern auch deren Einhaltung zu erzwingen: die römische Kurie als Verwaltungszentrum, ein Legatenwesen, das Institut der päpstlichen Reise selbst, letztlich die Exkommunikation als disziplinierendes Rechtsinstitut. Für den gewaltigen Zeitraum von 922 bis 1059 nennt ein älterer Katalog für Deutschland gerade einmal 16 Diözesansynoden, für französische Diözesen zwischen 888 und 987 scheinen es 27 gewesen zu sein, wobei an Orten wie Dol, Embrun, Auch, Rouen oder Tarentaise gar keine stattfanden.[65] Dies änderte sich jetzt entschieden. Der Ortsbischof hörte auf, die entscheidende Stimme zu haben, oder musste doch jedenfalls stets mit der Einmischung seitens der römischen Kurie rechnen. Papst Leo selbst verbrachte allein 20 Monate seines Pontifikats auf Reisen nördlich der Alpen und ebenso viel Zeit in Süditalien, der Rest ging zu gleichen Teilen an Rom und Nord- sowie Mittelitalien. Sogar mehr als ein Jahr verbrachte sein Nachfolger Victor II. (1055–1057) in Deutschland.[66]

Diese Straffung der Hierarchien war im Ganzen prägend für die Zeit; die Beziehungen zwischen den Menschen wurden mehr und mehr als Über- und Unterordnungsverhältnisse begriffen und objektiviert. Wenn es einen ideellen Sieger der Gregorianischen Reform auf dieser Seite gab, dann war es das Prinzip der Hierarchie.[67]

Dass sich in der Auseinandersetzung zwischen Papst Gregor VII. und seinen Gegnern beide Seiten mehr oder weniger auf dieselben Texte beriefen und denselben Normen verpflichtet fühlten, führte zu Irritationen, schwächte die Tendenzen zur Typisierung und Generalisierung von Positionen aber nicht ab. Die, die den Kampf publizistisch austrugen, waren immer mehr darum bemüht, Argumente ins Feld zu führen, die auch für die gegnerische Seite bindend sein sollten. Die Forschungen zu den Reform- und den Streitschriften der Kirchenreform haben deutlich gemacht, dass die Austragung der Konflikte zumal seit den späten 1070er-Jahren rationaler und damit intellektuell voraussetzungsreicher wurde. Ja man hat das Niveau der gelehrten Debatte, das in der scholastischen Wissenschaft der Zukunft gewahrt und ausgebaut wurde, als den Vorläufer einer modernen politisierten Öffentlichkeit gesehen (Sir Richard Southern).[68] Der Trend zur Intellektualisierung von Fragen und Konflikten, der damit angesprochen ist, blieb keineswegs auf die wenigen Publizisten beschränkt; wollte ein Bischof künftig während der Synodalversammlung mithalten, wenn die Beratungen theologisch grundsätzlich wurden, brauchte er entweder profundes Wissen oder kompetente Berater, sonst drohten Ratlosigkeit, ja Blamage.[69] Wer seit dem ausgehenden 11. Jahrhundert verstehen wollte, was Autoren wie der Schwarzwälder Bernold oder Alger von Lüttich zur Frage der Exkommunikation vorbrachten, musste sich auf deren gelehrten Blickwinkel einlassen *können*, musste die hier verwendete Technik der Texthermeneutik und der Argumentation im Wesentlichen nachvollziehen können.[70]

Sich schlicht auf autoritative Textstellen zu berufen, half nicht weiter – wie gesagt, die Parteien des Kirchenkampfs beriefen sich auf dieselben Texte und auf die gleichen Normen und Werte. Offenbar konnte die Wirklichkeit, an die man sich gewöhnt hatte, konnte der Brauch, die *consuetudo*, von der Wahrheit abweichen. Nur derjenige Verstand, der den Mut besaß, sich vom Gewohnten zu lösen, vermochte die Wirklichkeit adäquat so zu ordnen, dass wahre Einsichten zu gewinnen waren. Immerhin hatte Christus nicht gesagt «Ich bin die Gewohnheit», sondern «Ich bin die Wahrheit». Schon Tertullian, Cyprian und Augustin hatten dies so oder ähnlich betont. Nun wurde diese Provokation geradezu programmatisch bemüht – nach der Absicht der Sprecher, um Ambiguitäten auszumerzen, tatsächlich aber mit dem Effekt, dass die Wissenschaft als ein neues Feld entstand und mit ihr eine ausgeprägte Diskussionskultur, die sich an Wahrheit als ihrem höchsten Wert orientierte.[71] Man wird vor diesem Hintergrund das neue, verjüngte Interesse unserer Magister an den alten Schulfächern Dialektik und Rhetorik anders verstehen, als wenn man sich auf die Aktivitäten an den Schulen selbst konzentriert.

Nicht nur wurden die Begriffe in der Auseinandersetzung geschärft, sondern auch stärker auf Kollektive und Großkollektive bezogen. Die kategoriale Scheidung zwischen kirchlichen und weltlichen Rechten, zwischen *iura spiritualia* und *iura imperialia*, machte den Streit um die Investiturrechte weltlicher Herrscher schließlich lösbar.[72] Einige Generationen später sollte man behaupten können, diese Scheidungen seien schon seit der Menschwerdung Gottes bekannt, doch in Wirklichkeit waren sie ebenso neu wie bahnbrechend.[73] Zugleich war nicht mehr nur von «Päpsten», sondern vom «Papsttum» (*papatus*) die Rede, nicht nur von Bischöfen, sondern vom Bischofsamt (*pontificatus*), nicht nur von den Rechten und Freiheiten einer bestimmten Kirche, sondern von der Freiheit der Kirche schlechthin (*libertas ecclesiae*).[74] «Reformiert» hatte man zuvor Einzelkirchen und individuelle Konvente, aber nicht «das Mönchtum» – die Rechte des Domkapitels von Arezzo, aber nicht «die Bischofskirchen» schlechthin. Jetzt brach sich die Vorstellung Bahn, dass letztlich die gesamte Christenheit einer umfassenden *reformatio* bedürfe, ja dass es ein Charakteristikum der Kirche sei, immer erneuerungsbedürftig zu sein.[75]

Für unser Thema sind diese Tendenzen der Kategorisierung und deren Verrechtlichung, ja der Rationalisierung und Hierarchisierung nicht deswegen so wichtig, weil sie Kleriker als Träger von Bildung und höherem Wissen betrafen, sondern weil von ihnen ein Druck auf den Einzelnen ausging, dem man sich nicht entziehen konnte. Dieser Druck provozierte nicht nur Anpassungsprozesse, sondern zugleich massive Widerstände. Er führte daher zugleich zur Erosion jener Kategorien, die die Kirchenreform einschärfen wollte. In diesem Sinn ist hier von gleichzeitig wirkenden Tendenzen zur *Entkategorisierung* sozialer Rollen und Verhaltenserwartungen die Rede. Dass Sakramente zu spenden *und* zu predigen den Klerikern vorbehalten sein sollte, – dieser Forderung beugten sich nicht alle ordinierten Mönche und Laien leicht. Das Seelenheil aller lag offenbar in den Händen der Kleriker, und die Fragen nach dem rechten Leben und der Selbstheiligung der Menschen erschien nur den Ordnungsfanatikern der Kirchenreform damit zufriedenstellend beantwortet. Denn im selben Zug, in dem sie die Theorie von der Unterordnung der Laien unter die Kleriker propagierte, untergrub die Kirchenreform die Autorität der Kleriker. Polemisiert wurde gegen simonistische und unkeusche Priester und Bischöfe, und die Erfahrung der Schismen in Rom und an den Bischofssitzen, die mit der Einsetzung von Gegenpäpsten durch die Partei Heinrichs IV. einhergingen, verunsicherte die Gläubigen in den Diözesen. Schisma galt als Häresie, Kompromisslösungen waren praktisch ausgeschlossen.[76] Was aber, wenn sogar Bistümer von der Bedeutung Mailands von der kaiserlichen zur römischen Obödienz wechselten? Wenn die Konvente von Cluny und Montecassino nicht mehr wussten, wer ihr rechtmäßiger Abt war, wenn einer ihrer Äbte gar einen elenden Tod in einem Ker-

 ker erlitt, was ein Skandal ohnegleichen war?[77] Laien, einfache Leute wie Herren, meinten in ihrer Lebenswelt persönlich für die Beseitigung simonistischer und nikolaitischer Zustände kämpfen zu müssen – die Unterordnung der Laien unter den Klerus wurde in genau jenen Prozessen pervertiert, in denen sie eigentlich hatte durchgesetzt werden sollen. Man mochte dem Kleriker in der Nachbarschaft, der mit einer Frau zusammenlebte, zwar sein Kanonikat wegnehmen, ja ihn sogar exkommunizieren; aber wenn dieser anschließend einfach «frei» (*libere*) die Messe feierte und an seiner Frau «festhielt» (*retenta etiam uxore*), dann hatte man den Zustand der Welt nicht geklärt, sondern verschlimmbessert.[78]

Diese Autoritätskrise der Amtskirche wurde an konkreten Orten in konkreten Ereignissen spürbar, in Cambrai 1076/77 etwa im Skandal um den Priester Ramihrdus, der unter fragwürdigen Umständen sein Leben verlor. Dieses Ereignis ist vor allem deswegen zur Illustration geeignet, weil es veranschaulicht, wie im Spannungsfeld zeitgenössischer Kategorisierungen und Dekategorisierungen soziale Gruppen entstanden und handlungsmächtig wurden. Auf der einen Seite wurden die neuen Rollen des Simonisten und des Ketzers verteilt, auf der anderen spielte die Sinnsuche von weiblichen und männlichen Dorfbewohnern, die bereit waren, ihre selbstgewählte Praxis der Frömmigkeit und der religiösen Unterweisung notfalls im Untergrund weiterzuführen, eine tragende Rolle. Ramihrdus predigte auf dem Land Dinge, die ihm eine treue Schülerschaft von Männern und Frauen einbrachte. Von einer *secta* ist die Rede, ein Begriff, der keineswegs negativ konnotiert war. Gerade dies aber, *secta* und Schülerschaft, rief im Umfeld des Ortsbischofs Misstrauen hervor. Was predigte, was glaubte dieser Mann eigentlich? Bischof Gerhard II. von Cambrai beraumte eine Untersuchung an, die keine inkriminierenden Dinge zutage förderte, doch sicher war sicher: Man verlangte Ramihrdus ab, dass er zum Zeichen seiner Orthodoxie das Herrensakrament nehmen solle.

In genau diesem Moment wurde die Sache zum Skandal. Der Priester weigerte sich, von den anwesenden Äbten oder Priestern die Hostie zu empfangen. Er sagte, diese seien wohl Simonisten, jedenfalls habgierige Leute, und somit verbot sich für ihn der Empfang des Sakraments. Aus der harmlosen Untersuchung machten die versammelten Kleriker und Äbte einen Ketzerprozess, und da man von seiner Gefolgschaft wusste, erklärte das Gericht den Priester nicht einfach zu einem Häretiker, sondern zum Häresiarchen, zum Ketzerlehrer. Ramihrdus wurde umgehend zu einer Hütte geschleppt, in der man ihn, zum Gebet am Boden ausgestreckt, verbrannte.

Seiner *secta* konnte man damit allerdings kein Ende bereiten, sie blieb wohl für Jahrzehnte heimlich aktiv. Der Chronist des Vorgangs, ein anonymer Mönch von St. Andreas in Cambrai, betont fast 60 Jahre nach Ramihrdus' Tod, dass die Lehre des Priesters noch zu seiner Zeit in den Dörfern weiterwirke.[79] Papst Gregor, dem der Fall umgehend zugetragen wurde, war empört: Hatte man etwa jemanden verbrannt, weil er sagte, man solle von Simonisten keine Sakramente empfangen? Auf den Bischof von Cambrai wartete deshalb in Rom die Exkommunikation. Nur mit viel Mühe konnte Gerhard sein Amt schließlich zurückerlangen.[80]

Zu denken gibt weiterhin, dass diese Vorgänge der Verschwörung der Bürger von Cambrai unmittelbar vorangingen – offenbar trug die Autoritätskrise der hierokratischen Kirche, hier drastisch zugespitzt durch den Justizskandal vom Frühjahr 1077, zur Bildung der bürgerlichen *coniuratio* bei. Lange schon sollen die Bewohner der Bischofsstadt davon im Geheimen gesprochen haben, jetzt jedenfalls schlugen sie los, als frühe Teilnehmer an einer Bewegung, die Nordfrankreich durchlaufen sollte.[81] Mit Hilfe eines militärischen Verbündeten bezwang der Bischof die *profanam communiam* der Bürger hier noch einmal. Dort, wo gekämpft wurde, gerieten Kategorien und Fronten freilich weiterhin durcheinander. Als einige Jahre später die Kommune von Laon die Waffen erhob, als der Kampf in der Stadt tobte und der bischöfliche *vicedominus* Ado mit dem Speer in der Hand einen Fluchtweg für sich und seine Frau bahnen wollte, befahl er einem seiner Bediensteten, ihn von hinten mit einem Schild zu schützen. Der Mann begann ihn wüst zu beschimpfen, ja fiel ihm in den Rücken. Ado hatte nicht bemerkt, dass sich der, den er wahrscheinlich lange und gut kannte und der ihm gerade noch bei Tisch aufgewartet hatte, der örtlichen Kommune angeschlossen hatte, ja einer ihrer Anführer geworden war.[82] Es war diese Auflösung von Kategorien und Rollen, die die Kommunen aus der Sicht ihrer Kritiker so ruchlos erscheinen ließ.

Persönliche Entscheidungen, Folgen für das Kollektiv: Gruppen von Eremiten

Diese Prozesse der Entkategorisierung in einem Klima, in dem die Reformer unablässig von der Notwendigkeit der Einhaltung sozialer Grenzen sprachen, waren der Nährboden der neuen Gruppenkultur. Auch die Bildungen, die von den sogenannten Antidialektikern kritisiert wurden, waren daher ein allgemeines Phänomen der Jahre ab etwa 1050. Hinter ihrer Entstehung sind im Einzelfall durchaus individuelle Entscheidungen zu erkennen, wie sie jede Schülerin des Ramihrdus, jeder Angehörige einer Laienbruderschaft oder Eremitengemeinschaft, jeder zum Schwur bereite Bürger von Cambrai oder Laon, von Mans, Saint-Quentin, Beauvais, Noyon, Amiens oder Valenciennes für sich getroffen hatte. Doch *dass* sie ihre Entscheidungen trafen, setzte die besagte neue, erst seit der Jahrhundertmitte deutlicher zutage tretende Kultur der Gruppe und des Gruppenhandelns voraus, einer Kultur mit eigenen Leitbildern und spezifischen Konfliktzonen, die sich gegenüber anderen Organisationsmodi von Gesellschaft auftat. Es wird hilfreich sein, zu fragen, welchen Stellenwert individuelle Entscheidungen im Kontext jener Kultur besaßen, in welche Wechselwirkung das Handeln Einzelner zu seinen sozialen Konsequenzen trat.

Abermals helfen die *Monodiae* Guiberts von Nogent weiter. Wo dieser sensible Selbsterforscher im ersten Buch seiner Autobiographie die Umstände erläutern will, unter denen er und seine Mutter ihre Entscheidung für ein Klosterleben getroffen haben, glaubt er offenbar ausholen zu müssen und fängt in einem Exkurs den Zeitgeist jener Jahre um 1070 ein. Er integriert in die *Monodiae* daher einen geradezu strukturgeschichtlichen Exkurs, der seine Lebenserzählung plausibilisieren und in größere Zusammenhänge einbetten soll.[83]

Guibert, der ein scharfes Gespür für den Wechsel von Stimmungslagen innerhalb der von ihm durchlebten Zeit besitzt, will dabei nachvollziehen, wie das Klosterleben während seiner Jugendjahre wieder aufgewertet wurde.[84] Um die Zeit seiner Geburt, so meint er, hatte es schlecht gestanden um die einstmals großen Konvente. Neueintritte gab es wenige, tonangebend waren in den Klöstern ehemalige Oblaten, also Menschen, die niemals in der Welt draußen ernsthaft gesündigt hatten. Was konnten sie wohl mit dem Bedürfnis nach Buße anfangen, das einen Mönch antreiben und das Leben im Konvent steuern sollte? Auch von dem benediktinischen Gebot zu arbeiten hielten sie nicht viel. Dann aber kam das neue Eremitentum, die Entscheidung vorbildlicher Männer zum Leben in der Einöde, und «ihnen schlossen sich fortwährend Scharen von Männern und Frauen an; beständig kamen Leute aus jeglichem Stand zusammen».[85]

Guiberts Urteil über diese Massenbewegung fiel ambivalent aus, sie schien ihm auf keinen Fall ein positives Gegenstück zum monastischen Leben zu sein. Die vagierende Existenz der religiös Begeisterten war nur dann zu loben, wenn dieser Weg erstens aus den richtigen Beweggründen eingeschlagen wurde und wenn er zweitens wieder in ein ordentlich reguliertes Leben in einem Mönchskonvent mündete, in den Gehorsam gegenüber einer Regel und in die Norm der *stabilitas loci* überführte. Wo nur der Wille zur Freiheit regierte, führte er die Moral der Menschen in die Irre. Das wusste er aus eigener Erfahrung, denn er hatte selber manches ausprobiert und sich dann erst für den richtigen Schritt entschieden. Auch dies ist wohl ein Gedanke, den er aus Augustins *Confessiones* übernommen hatte: Die Antriebe, die eine Person zum Handeln bewegen, mögen rundherum lobenswert sein – gibt man ihnen ohne Sinn für ihre sozialen Implikationen nach, können sie fatale Wirkungen zeitigen, oder anders: Letztlich kommen persönliche Entscheidungen stets in Gruppen und mit Konsequenzen für jene Gruppen zustande.[86]

Um dies zu veranschaulichen, erzählte er eine Abfolge von drei Lebensläufen, die mit der Bekehrung erst zum Eremitendasein einsetzten, dann aber zum regulierten klaustralen Leben führten. Guibert reihte diese Fälle in der chronologisch korrekten Folge, und er disponierte sie so, als ob die problembehaftete Entscheidung Einzelner zum Leben in der eremitischen Gemeinschaft mit der Zeit akzeptabler und unproblematischer geworden wäre. Der erste davon, also der riskanteste, ist für uns besonders instruktiv.[87]

An seinem ersten Beispiel, der Bekehrung Eberhards von Breteuil zu einem monastischen Leben (circa 1073), demonstrierte er, wie das neue Eremitentum falsche Signale setzen konnte. Der junge Graf ahnt: Wenn *er* den Schritt in die Einöde wagt, wird dies womöglich Konsequenzen auch für andere, vor allem für seine schutzbedürftigen Untertanen haben. Immerhin sollte auch Papst Gregor VII. 1079 Stellung dagegen beziehen, dass Fürsten in ein Kloster eintraten, und bei Eberhard ging es sogar um den noch radikaleren Schritt zum Eremitentum.[88] Also beriet sich Eberhard heimlich mit «den Seinen», einer kleinen Gruppe von Männern aus seinem Umkreis, und mit ihnen zog er in einer Nacht-und-Nebel-Aktion in eine Einöde, führte nach dem Vorbild des jüngst verstorbenen und unter Papst Alexander II. (1061–1073) kanonisierten Theobald von Provins das Leben eines Köhlers.[89] Wer von seinen Leuten ihn begleiten durfte, entschied er persönlich. Der Verkauf der im Wald hergestellten Holzkohle ernährte die Gruppe, zwang aber auch zu Inkognito-Reisen übers Land.

Als Eberhard eines Tages in einem Dorf Station machte, traf er dort einen jungen Mann – purpurroter Mantel, seidene Strümpfe, die unten abgeschnitten waren, Haare wie bei einer Frau von der Stirn bis auf die Schultern herabfallend.[90] Die Gestalt war schwer einzuordnen, jedenfalls hatte man es eher mit einem *amasius* als einem Eremiten zu tun, einem lasziven Jüngling.[91] Eberhard sprach ihn an und fragte ihn, wer er sei – und staunte über das Ausmaß an Affektiertheit im Benehmen des jungen Mannes: rollende Augen, hochgezogene Augenbrauen, Schamlosigkeit, gekünsteltes Zögern, dann die schockierende Antwort. Der junge Mann sagte: «Ich bin, aber ich bitte Euch, es keinem zu sagen, Eberhard von Breteuil, früher, wie ihr wisst, ein wohlhabender Graf in Frankreich; ich habe mich selbst verbannt und büße freiwillig für meine Sünden.»[92] Der Graf, der als Köhler durchs Land zog, stand sich selber gegenüber – jedenfalls einem effeminierten Stutzer, der vorgab, er zu sein.

Für Eberhard war das ein Erlebnis, das seine Entscheidung, gemeinsam mit seinen *amici* als Eremit zu leben, in einem neuen Licht erscheinen ließ. Wenn eine hochstehende Person wie er diesen Schritt ging, musste sie die Verantwortung für ihre Nachahmer übernehmen, und seien es Pseudo-Anachoreten wie dieser offenbar aus der Bahn geratene junge Mann, der ein entfesseltes Leben führte und sich dazu gleich noch den Luxus einer runderneuerten Biographie leistete.[93] Wahrscheinlich hatte Eberhard dies auch zuvor schon geahnt und deshalb die Brücken zu seinem Herkunftsmilieu so radikal abgebrochen.

Es wäre sicher nicht zulässig, diesen suggestiven Einzelfall mit zu viel Bedeutung aufzuladen. Zieht man allerdings die Forschungen zu den «neuen» Eremiten und den Wanderpredigern hinzu, wird das sozialgeschichtlich Relevante daran durchaus erkennbar. Der Entschluss zum Wegzug in die Fremde mochte von Einzelnen ausgehen, war aber in der Durchführung eine Sache für eine Personengruppe. Auch die anderen Eremiten, die Guibert erwähnt, handelten so.[54] Getragen waren diese Gruppen offenbar von positiven Leitbildern, die neu waren und die das Leben in der Eremitengemeinschaft in ihrem Inneren formten. Wer solch eine Eremitengruppe initiierte, brachte seine soziale Reputation in die Gemeinschaft ein und galt als deren Haupt und Mittelpunkt. Sozialer Status erregte gerade dann Aufmerksamkeit, wenn er im Akt religiöser *conversio* negiert wurde. Nach den neuen Maßstäben Eremit zu werden, bedeutete zunächst, sich gegen ein Mönchsleben zu entscheiden, ohne doch in ein völlig anomisches Dasein einzutreten. Es gab Alternativen zum mönchischen Gehorsam, zur *stabilitas loci*, zum Leben nach der Regel. Deren wichtigste war: Dem Vorbild und Gebot des einen, charismatischen Meisters zu folgen.

Meister und Schüler – ein utopisches Projekt

Dies ist der letzte, aber entscheidende Grund dafür, dass wir auf dem Weg zurück zum wissenschaftlichen Wissen noch einen Moment bei eher wissenschaftsfernen Gruppen verbleiben müssen. Die Eremitengemeinschaften, die schon viel Beachtung fanden (wenngleich nicht für ihre Anfänge, die hier besonders wichtig sind), sind den Gruppen der Dialektik-Begeisterten näher verwandt, als man auf den ersten Blick annehmen möchte, wie schon Jan Ziolkowski feststellte. Weil es für die Zeitgenossen besonders problematisch war, dass sich viele Mönche und Kleriker dieser Bewegung anschlossen, wurde der Sinn und Unsinn dieser neuen Gruppenformen vornehmlich als eine Frage nach den Verdiensten von Mönchtum, Regularkanoniker- und eremitischem Aussteigertum betrachtet, und davon blieb auch die historische Forschung nicht unbeeinflusst. Tatsächlich aber gehören die neuen Schüler-Lehrer-Gemeinschaften wie die Eremitengruppen zur Geschichte der Vergemeinschaftungen des 11. Jahrhunderts im Ganzen, und das utopische Potential, das in der organisatorischen Einfachheit, Einheit und Ganzheit dieser Gruppen bestand, wirkte in ihnen: Ein vorbildhaft lebender *magister* gab allen Angehörigen des Verbandes durch sein Vorbild Richtung und Struktur. Auch zeitgenössische Bruderschaften wählten einen der Ihren zum *magister* und orientierten sich daran, dass dieser hoch geachtet und schriftgelehrt war und schärften dann ihren Mitgliedern ein, ihm in allen Dingen zu gehorchen.[95]

Dies ist das Erbe der Ideale, die an den Kloster- und Kathedralschulen maßgeblich gewesen waren und die Lehrer als totale Vorbilder, nicht nur als Wissensvermittler, erscheinen ließen. Neu an den neuen Gruppenformen war, dass sie ohne die übliche organisatorische Anbindung an Konvente gedacht waren. Eher regierte utopisches Denken, das das Leben in der magistralen Gruppe zum Zweck seiner selbst erklärte. Im Inneren dieser neuen Kultur, die durch die Zumutungen der Kirchenreform und die mit ihnen verbundenen Konflikte ausgelöst worden war, wirkte die Vision einer totalen Gemeinschaft. Die Denkform von der Magister-Schüler-Gemeinschaft bezeichnete eine charismatische Lebensweise, denn sie idealisierte das Verhältnis zwischen dem einen Lehrer und seinen diversen *discipuli* und verwendete es als Modell für ein besseres Leben, das sich in einer gerichteten Gemeinschaft führen ließ – «gerichtet» nämlich auf das Vorbild des einen, perfekten Menschen hin, der wiederum das Ideal einer vollkommenen Lebensführung verkörperte.[96]

Die Eremitengemeinschaften symbolisierten dieses Ideal am deutlichsten, aber nicht ausschließlich. Früh hat man in der Forschung gesehen, dass diese Gruppen von dem zeitgenössischen Engagement gegen Simonie und Priesterehe getrieben wurden, aber lange Zeit hat man sich unzulässig stark auf die großen Einzelpersönlichkeiten unter den sogenannten «Wanderpredigern» konzentriert: vor allem auf Robert von Arbrissel (gest. 1116), auf Bernhard von Tiron (gest. ebenfalls 1116), Vitalis von Savigny (gest. 1122), Gérauld de Salles (gest. 1120) und Norbert von Xanten (gest. 1134), den Gründer des Chorherrenordens der Prämonstratenser.[97] Zwar bestand in diesem

Forschungszweig Einigkeit darüber, dass das Phänomen im 11. Jahrhundert einsetzte, doch wegen der Fixierung auf die prominenten Einzelfälle verlegte man sich stark auf die Exegese entsprechender Biographien, und diese entstanden erst im Jahrhundert Bernhards von Clairvaux.

Einen Umbruch brachte die Studie, die die Oxforder Historikerin Henrietta Leyser 1984 dem Thema widmete und von der spätere Arbeiten beeinflusst wurden.[98] Das Phänomen wurde programmatisch als «neues» Eremitentum bezeichnet und damit von früheren ähnlichen Lebensformen *in eremo* abgesetzt. Verschiedene Beobachtungen legten dies nahe. So war das Dasein dieser «neuen» Eremiten im Unterschied zu früheren Formen des Eremitentums und gleichzeitigen Formen des Inklusen- und Anachoretentums dem Willen zum Leben in einer Gruppe geschuldet, nicht der Abwendung einzelner Individuen von der Welt.[99] Mit diesen Gruppen waren nicht die diffusen Versammlungen gemeint, die sich um predigende Eremiten herum scharten, sondern stabilere Gebilde von Gleichgesinnten, die eine Lebensgemeinschaft (zumindest auf Zeit) eingingen. Weiterhin sah man, dass die Gemeinschaften, die so entstanden, nicht als Negation gleichzeitiger sozialer Neuerungen wie der Kommunebewegung verstanden werden durften, sondern ganz im Gegenteil in enger Verbindung mit dieser. Hatte Jean Leclercq recht, dann blieb kaum eine zeitgenössische Lebensform vom Vorbild des Eremitendaseins unberührt.[100] Auch lassen sich die Antriebe einer Gruppe, diesen Weg einzuschlagen, nicht in negativen Begriffen fassen. Die neuen Eremiten waren keine Aussteiger, denn es ging ihnen nicht darum, sich schlicht aus bestehenden sozialen Kontexten zu lösen und Klosterregel und Konventualendasein abzulehnen sowie gleichzeitig das Leben als Graf oder Dörfler, als Bäuerin oder Städter aufzugeben. Vielmehr wirkte ein positiv zu fassendes «neuartiges Verständnis von christlicher Gemeinschaft und individueller *perfectio*», wie Gert Melville schrieb, und dieses neuartige Verständnis war untrennbar mit der Existenz von Menschen in sozialen Gruppen verbunden.[101] Keine Aussteiger also, eher Kommunarden.

Die Bewegung, die so entstand, nahm ein Ausmaß an, das schon von den Zeitgenossen staunend registriert wurde.[102] Man erkannte die Gruppen, die sich ihnen zuordneten, an einigen charakteristischen Merkmalen. Sie blieben klein, und statt einer Regel folgten sie dem Vorbild einer Führungsfigur, einem *magister*.[103] Die enorme Härte des Lebens unter freiem Himmel begrenzte die Dauer der Eremitage meist. Offenbar dachten die Beteiligten nach einiger Zeit daran, dass man vielleicht doch besser das Leben in einem Kloster oder einem Regularkanonikerstift, also mit einem Dach über dem Kopf und einer garantierten Mahlzeit auf dem Tisch, dem Frieren und Hungern im Wald vorziehen sollte. Hat Cécile Caby recht, dann war die enorme Härte des Eremitenlebens die Ursache für die Tendenz zur «regularisation de l'érémitisme irregulier». Eremitentum scheint zwar für viele eine Option gewesen zu sein, biographisch gesehen allerdings eher ein Lebensabschnittsplan – ein Erfolgsmodell, aber eines, dessen individuelle Realisationen bald verschwanden und bestenfalls im regulierten Leben der Konvente aufgingen.[104]

Solange sie existierten, wurden die Anführer der Eremiten in der Umgebung verehrt. Sie schienen sich kompromisslos allen Komplikationen des Lebens entzogen zu haben, was Anreize zur Identifikation schuf. Ihre Randständigkeit, so Leyser, befähigte sie, die «common troubles of mankind» zu überwinden, ähnlich wie Peter Brown dies für den spätantiken «holy man» gezeigt hat. Auch der Eremit wurde als «the bearer of objectivity in society» angesehen. Norbert von Xanten etwa wurde während der Zeit seiner Eremitage in der Diözese Cambrai häufig als Streitschlichter angerufen.[105] Äußerlich mochten die schmutzstarrenden Gestalten Furcht einflößen, zumal sie ja gleich in ganzen Gruppen auftraten. Die Leute um Bernhard von Tiron erinnerten in ihrer armen, fremden Kleidung eher an die Schafe, von denen die Wolle ihrer schlechten Kleider gewonnen wurde, als an Menschen. Die Bewohner der Gegend fürchteten sich, glaubten, sie stünden Sarazenen gegenüber, die durch unterirdische Gänge (der Schmutz!) zu ihnen gekommen wären, um sie auszuforschen. Erst als Bernhard seine Bußpredigt anstimmte, richteten sie ihre Furcht auf die richtigen Gegenstände. Sie bekehrten sich und unterwarfen sich Bernhards Lehramt (*magisterio illius sese submittebant*).[106]

Da die – offenbar zahlreichen – Gruppen dieser Art auffällig waren, wurden Sinn oder Unsinn des neuen Eremitentums bald diskutiert. Ihr Leben am verborgenen Ort sei eher spektakulär als tatsächlich nützlich, schrieb Ivo von Chartres an einen Mönch namens

Rainald, der sich der Bewegung angeschlossen hatte. Rainald konterte diese Kritik gleich zweimal, zunächst mit einem Brief, der die Vereinbarkeit des Eremitentums mit dem Evangelium beweisen sollte, dann aber mit einer epischen Attacke auf die Aspekte seines vergangenen Klosterlebens, unter denen er offenbar am meisten gelitten hatte. Er beklagte die Banalität des mönchischen Alltags, das ständige Geschwätz über Essen, Trinken und Pitanzen, das Maulen über die Sparsamkeit des Abtes und über seine Bediensteten, das verbale Herumstreunen in der Welt draußen, das Interesse an Schlachtensiegen und den ewigen Klatsch und Tratsch.[107]

Dabei hatte sich Ivo durchaus Mühe gegeben, seinen Standpunkt hinreichend zu erläutern und dabei zu betonen, dass er nicht von vornherein gegen das Leben in Anachorese eingestellt sei.[108] Dennoch rügte er die Entscheidung von Mönchen für das Eremitendasein. Gefährliche Autodidakten liefen herum, Männer, die Meister sein wollten, selber aber niemals Schüler gewesen seien (*Ambiunt fieri magistri qui nunquam fuerunt discipuli*, 2c1C) – wir erinnern uns an den rätselhaften Wiedergänger Eberhards von Breteuil.[109] Dies gehe zulasten aller, denn sie seien keine echten Lehrer (*quia non sunt quod ipsi sunt*). Kurzum: Sie seien weder Eremiten noch Zönobiten, sondern Herumtreiber (*gyrovagos aut Sarabaitas*).[110]

Doch offenbar war das neue Eremitentum so attraktiv, dass sich Ivo mehr einfallen lassen musste, um dagegen anzuschreiben: Die Gruppen folgten der totalen Utopie einer in sich undifferenzierten Gruppe, in der sämtliche Mitglieder von denselben Werten getrieben dieselben Tätigkeiten zum selben Zweck ausübten. Dies war wahrscheinlich, was ihre Mitglieder aus der Apostelgeschichte herauslasen, und in der stupenden Einfachheit dieser Vision lag sowohl das Faszinosum für die Zeitgenossen als auch die Fehlperzeption der *ecclesia*, wie Ivo meinte.

Im Rückgriff auf die Paulusbriefe plädierte Ivo daher für die innere Differenziertheit der Kirche und die funktionale Differenzierung der Konvente: Diese Neuerer irrten, denn sie wollten das *corpus Christi* auf ein einziges Glied reduzieren. Sie bedachten nicht, dass ein jeder seine besondere Gabe von Gott erhalten habe, dass im Haus Gottes der eine so, der andere so wandle und nicht alle Glieder dieselbe Funktion ausübten. Das höchste Glied sage nicht: ich gehöre nicht zum Körper, da ich das höchste bin, und erhebe sich nicht über die unteren Glieder. Diejenigen, die sich dafür engagierten, dass die Kirche Gottes einzig den wenigen Alleinlebenden gehöre (201D), richteten sich gegen die gegliederte Gesamtheit des Leibes Christi (*universitatem […] corporis Christi*).

Apologien des Mönchtums, auch solche, die den monastischen mit dem eremitischen Gedanken versöhnen wollten, sollten diese Kernbotschaft wiederholen: Nur in ihrer Verschiedenheit bei gleichzeitiger Aufeinanderbezogenheit erfüllten Klöster, Einsiedeleien und Stiftskirchen ihren Sinn. Ein französischer Traktat des folgenden Jahrhunderts schildert die kirchlichen Vergemeinschaftungsformen nach dem Grad ihrer Komplexität, setzt ein bei den Eremiten und arbeitet sich über die Mönche zu den Kanonikern vor, wobei er ein Plädoyer für Diversität und Differenzierung hält. Liebe an anderen, was du selbst nicht hast, dann wird es der andere genauso machen. Lass' dich nicht verwirren von der Verschiedenheit und davon, dass der andere sein Leben anders organisiert: der eine lebt allein, der andere mit zweien, dreien oder mehreren; was dem einen leichtfällt, fällt dem nächsten schwer. Wenn einer von einer Daseinsform zur nächsten wechseln will – warum nicht?[111] Die Mahnung, Diversität nicht als Gefährdung, sondern als Bereicherung anzusehen, verfasst von einem nord- oder ostfranzösischen Kanoniker irgendwann zwischen 1121 und 1161, war gezielt an die Eremiten gerichtet, die offenbar am meisten gefährdet waren, ihre Lebensweise für allein selig machend zu halten.

Dies aber war genau das utopische Moment an den neuen Gemeinschaften: das Leben in der überschaubaren Gruppe von total Gleichgesinnten, nicht am Wortlaut eines Textes orientiert, sondern am lebendigen Magister, dessen charismatisches Vorbild eine unzweideutige Richtschnur für das eigene Dasein zu bieten versprach. Die Alltagsroutinen des Mönchtums mussten vermieden werden. Der Vorsatz der Gruppen, gemeinsam als ein Herz und eine Seele einzig dem Vorbild Jesu und seiner Jünger sowie der ersten Christengemeinde zu folgen, bedeutete, die Einfachheitsutopie des Eremitentums antithetisch gegen die Kompliziertheiten des sonstigen Lebens in Stellung zu bringen.[112]

In der Folgezeit, während des 12. Jahrhunderts, sollten derartige

Lebensgemeinschaften, die zugleich Denkgemeinschaften und Gemeinschaften des Handelns waren, nach spätrömischem Vorbild als *scholae* bezeichnet werden – als Gemeinschaften von Menschen, die durch ein einigendes Ziel verbunden waren und gemeinsam im Dienst einer leitenden Person auf dieses Ziel hinarbeiteten.[113] Daher wird der Begriff der *schola* von der Ära Abaelards an zwei Bedeutungen gleichzeitig transportieren: die konventionelle, die die Organisationsformen der Bildung und der Erziehung bezeichnet, und die emphatische, die die utopische Dimension der totalen Lebensgemeinschaft meint. Die erstere Bedeutungskomponente brachte die Schulen neuen Typs in einen recht unproblematischen Zusammenhang zu den anderen Schultypen des Klosters und der Kathedrale;[114] letztere aber ließ sie als Konkurrentinnen erscheinen – mochte das Kloster auch als die *schola Christi* gelten, die Wortfamilie um *scholasticus* bezeichnete bald das Andere, das Gegenüber des Mönchtums. *Consortium* oder *schola* – das seien in der Umgangssprache seiner Heimatregion Bezeichnungen dessen, was technisch-allgemein als *universitas*, *collegium* oder *corpus* bezeichnet werde, schrieb am Ausgang des 12. Jahrhunderts der Jurist Pillius.[115]

Gert Melville hat demonstriert, wie programmatisch das utopische Modell des Lehrer-Schüler-Lebenszusammenhangs in der Vita des Eremiten Stephan von Obazine (gest. in den 1150ern) ausgeführt war und wie stark es in der Antithese von charismatischem Magistertum und totem Glauben an die «gesatzte» Ordnung des Konvents verdichtet war. Das Wort des Lehrers wirke in der Gemeinschaft von Lehrer und Schülern «wie brennendes Feuer, welches die Seelen der Zuhörenden entzündet und mit derart viel Liebe berauscht, dass [...] die Beschaffenheit ihres Lebens und ihrer Sitten verändert wird. Und seine äußere Erscheinung wie auch sein Auftreten und alles, was er tut, sind gleichsam eine Predigt und zeigen nichts anderes an als Lebensordnung und Zucht der Sitten und Handlungen.» Von daher, so die Zeugen dieser eigenartigen Gemeinschaft, sei es «nicht verwunderlich, dass es solche Schüler sind, die einen solchen Meister haben, der sie auch ohne Worte hinreichend belehren kann».[116]

Die «Anweisungen des Meisters» galten anstelle eines pergamentenen geschriebenen Gesetzes, «und um pharisäische Traditionen kümmerte man sich nicht».[117] Vom Beispiel des Magisters geformt, erstrahlten die Schüler – dies jedenfalls während Stephans eremitischer Phase. Der anonyme Autor von Stephans Vita ist sehr sensibel für die Veränderungen in Stephans Führungsrolle beim Übergang zum regulierten Klosterleben. Dieses beruht dann weniger auf Charisma als vielmehr auf den Regularien des Ordens, in den Stephan seine beiden Konvente, den für Männer und den für Frauen, integrieren lässt.[118] Auch hier gilt: Das Leben der charismatisch begnadeten *magistri* ist ein transitorischer Zustand.

Richtige Lehre garantierte hier richtiges Leben, dies jedoch nicht mehr im Sinne der vorbildhaften Lehrer an Klosterschulen, die Stephen Jaeger ins Zentrum gerückt hat, sondern jetzt im Sinn der (idealerweise) dauerhaften Gemeinschaft der unablässig um ein einigendes Lebensziel Bemühten. Dieses Modell ließ sich leicht auf die Wissenschaft anwenden, auf das Bemühen nicht um Askese und Weltflucht, sondern um schwierige, aber verheißungsvolle Texte. *Disciplina*, ein Leitbegriff für die erstere Gruppe (bei Stephan von Obazine erscheint *disciplina* als Mitte aller seiner Bemühungen), wurde mit verwandeltem semantischem Gehalt auch zum Leitwert der letzteren und bezeichnete das vorbehaltlose Sicheinlassen auf wissenschaftliche Gegenstände, auf Referenztexte und die Eigenlogik, der man sich zum Verständnis dieser Gegenstände verschreiben musste. Das folgende Kapitel wird verdeutlichen, wie sich dies im Leben der Schulen – jetzt im engeren, gelehrten Sinn – niederschlug.

IV. Die Renaissance des wissenschaftlichen Denkens und Wissens (um 1070 – 1115)

1. Das gelehrte Wissen wird eigensinnig

Lehren, ein Lebensentwurf: Wilhelm von Champeaux um 1111

> *Mittlerweile bin ich in Paris, in Meister Wilhelms Schule, des höchsten Mannes unter allen Zeitgenossen, die mir in allen Arten zu lehren bekannt sind. Hören wir seine Stimme, glauben wir, dass kein Mensch spricht, sondern gleichsam ein Engel vom Himmel herab. Denn sowohl die Süße seiner Worte als auch die Tiefe seiner Sentenzen scheint das Menschenmaß zu übersteigen.*[1]

Der unbekannte Scholar, der hier an seinen Prior nach Hause schreibt, hat sich wie viele vor und nach ihm auf den Weg zu den Schulen im westlicher gelegenen Teil Europas gemacht. Er ist schon eine Weile unterwegs und stößt an die Grenzen seines Unterhalts. Also nimmt er mit diesem Brief nach längerer Pause den Kontakt wieder auf. Der Prior soll ihn wieder finanziell unterstützen.

Meister Wilhelm, so schreibt er, sei als Pariser Archidiakon fast der erste Mann beim König gewesen, habe aber zum vergangenen Osterfest alles, was er besaß, zurückgelassen und sich bei einem «überaus armen Kirchlein» niedergelassen, um dort allein Gott zu dienen. Allen, die zu ihm gekommen seien, habe er «ohne Entgelt und nur um Gottes willen» seine Dienste erwiesen, dies nach der Art des Meisters Manegold seligen Andenkens. Nun leite er eine Schule in göttlichen und menschlichen Wissenschaften, «wie ich sie zu meiner Zeit auf der ganzen Welt weder gesehen noch gehört habe».

Der Mann, von dem der anonyme Scholar sprach, war Wilhelm von Champeaux, einer der berühmtesten Gelehrten seiner Zeit und seit 1106 Archidiakon der Kathedrale von Notre-Dame.[2] 1108 hatte er auf gewisse Rechte, die mit seinem Archidiakonat verbunden waren, förmlich verzichtet – dies wird im Brief des Scholaren zu einem bewussten Karriereverzicht aufgewertet.[3] Wiederum einige Zeit danach, wohl im Jahr 1111, hatte Wilhelm sich von der Kathedrale auf der Pariser Seineinsel an das linke Ufer zurückgezogen.[4] Ein paar hundert Meter entfernt an der Straße, die nach Corbeil und Melun führte, stand bei den Ausläufern des Genovevahügels eine «alte Zelle» (*cella vetus*), die dem heiligen Victor geweiht war und die bereits von Eremiten und Reklusen bewohnt worden war.[5] Dort fing er zu lehren an, und zwar geistliche wie weltliche Wissenschaften, wie der anonyme Briefschreiber betont. Dies ist ihm offenbar wichtig, will er den Verdacht, dass er die falsche Art von Wissenschaft erlernen könnte, doch gar nicht erst aufkommen lassen. Sein Kernanliegen ist es, den Adressaten seines Briefes (wohl den Bamberger Dompropst Egilbert) davon zu überzeugen, dass finanzielle Zuwendungen an ihn eine sinnvolle Investition seien, da er seine Tage mit sinnvollem Wissenserwerb zubringe. Ganz im Stil späterer Scholarenbriefe weist er mehrmals auf seine drückende Armut hin, betont das Elend der Fremde, in die er sich auf der Suche nach dem optimalen Unterricht begeben habe. Er sei schon lange unterwegs, und obwohl er selber in seinen jungen Jahren stehe und damit empfänglich für Anfechtungen aller Art sei, seien seine Absichten doch untadelig.[6] Den Anweisungen des Priors folgend, habe er sich bei einer Wormser Begegnung im Vorjahr vergeblich an «den Herrn Bischof» gewandt (wohl den Bamberger Otto I.). Die Mittel, die ihm der Prior selbst hatte zukommen lassen, reichten nicht aus. Sie waren willkommen, «mehr noch wegen der Zuneigung des Senders als wegen der Größe der Gabe» – ein Wink an den Adressaten, dass es wieder einmal an der Zeit für Nachschub wäre.[7]

Dieser Brief ist von großer Bedeutung. Er bietet uns Anhaltspunkte dafür, wie aus höherem Wissen allmählich eigensinnige Wissenschaft wurde, Wissenschaft, die es sich leisten konnte, ihren eigenen Ansprüchen zu genügen, ihre Zwecke in der Beförderung und Verbesserung ihrer selbst zu suchen. Denn charakterisiert wird die Schule Wilhelms von Champeaux in einem besonders kritischen Moment. Der Brief dokumentiert Wilhelms Situation gerade in jenen Monaten, die der königlichen Dotation der Victorskapelle von 1113 vorangehen und damit vor dem Zeitpunkt liegen, an dem die Grundlage für die dauerhafte Existenz des Regularkanonikerstifts von St. Victor geschaffen wurde.[8] Drei Aspekte der Schilderung sind es, die dabei eine Rolle spielen: die Tatsache, dass Wilhelm mit seinen Schülern eine bestens etablierte Schule verließ, um den Unterricht unter den Bedingungen eremitischen Lebens fortzusetzen; dass er (offenbar nach dem Vorbild seines eigenen Lehrers Manegold) das Muster der unternehmerischen Schule negierte, indem er sein Wissen allen, die zu ihm kamen, kostenfrei anbot; und schließlich, dass er mit dem Wegzug zu St. Victor seinen Verzicht auf eine konventionelle Karriere signalisierte, und die Lehre ein Lebensentwurf per se war, eine dauerhaft zu erstrebende Tätigkeit. Anders als die Narrative, von denen schon die Rede war und in denen der Besuch von Schulen zum biographischen Ausgangspunkt entweder für religiöse Erfüllung oder für klerikale Laufbahnen gemacht wurde, finden wir hier ein neues Muster, nach dem Karrieren aufgegeben oder bewusst vermieden werden, um dem eigentlichen Ziel gerecht zu werden: sein Dasein dem Studium zu widmen mit dem Ziel, das höhere, wissenschaftliche Wissen zu bereichern und zu verbessern.[9] Von Wilhelms Zeitgenossen Anselm, der zur selben Zeit in Laon die Theologie lehrte, erzählte man sich später sogar, er habe zum Schutz behauptet, Sohn eines Diakons zu sein, also Klerikerkind; dieser Makel verbot es nämlich, ihm ein Kirchenamt zu übertragen, so dass er weiterhin hochkonzentriert die heiligen Schriften studieren konnte.[10]

Dieser Übergang ist in Wilhelms Fall freilich nicht von Dauer, da auch dieser angesehene Lehrer binnen kurzer Zeit mit einem Bistum versehen und dadurch mit anderen Aufgaben konfrontiert wird. Doch gerade deshalb sind die etwa zwei Jahre, in denen er seine Pläne bei St. Victor in Angriff nahm, für uns so wichtig. Sie müssen rekonstruiert werden, so gut das eben möglich ist.

Die Tatsache, dass aus der Victorskapelle im Lauf weniger Jahre ein einflussreiches Regularkanonikerstift wurde, ja eines, das seit der Tätigkeit Hugos von St. Victor gerade wegen seiner Schule glänzte, hat Wilhelm für viele spätere Betrachter an den Anfang einer Erfolgsgeschichte rücken lassen.[11] Sein Rückzug von der Kathedrale erschien unter diesem Blickwinkel auf die Gründung des Stifts hin ausgerichtet, war also verständlich als eine Tat im Kontext der zeitgenössischen Regularkanoniker-Bewegung. Doch diese Sichtweise ist falsch, denn sie glättet die Dissonanzen, die sich bei genauerem Hinsehen zu erkennen geben.

Allgemein bekannt war seit jeher der gehässige Kommentar, den

Wilhelms prominentester Schüler Peter Abaelard aus etwa 20 Jahren Abstand in seinem autobiographischen Brief, der *Historia calamitatum*, zu Wilhelms Wegzug von der Kathedrale abgegeben hatte. Dessen Entscheidung, so Abaelard, habe gerade keinen Verzicht auf eine kirchliche Laufbahn bedeutet, sondern sei Teil einer völlig rationalen Karrierestrategie gewesen. Man habe sich erzählt, dass er dies getan habe, «um frömmer zu erscheinen» und sich damit für die Übernahme eines höheren Kirchenamtes zu empfehlen.[12] Das war natürlich Ex-post-Prophetie, wusste man doch zu der Zeit, zu der Abaelard seine *Historia* schrieb, dass Wilhelm tatsächlich schon 1113 zum Bischof von Châlons erhoben wurde und damit eine politisch exponierte Position einnahm.[13] Auch verbargen sich hinter Abaelards Erklärung noch andere Absichten und Empfindlichkeiten, die mehr mit dem Schüler als dem Lehrer zu tun hatten: In seinem Lebensbericht baute der Schüler den Lehrer als frühen Antipoden auf und setzte damit einen narrativen Anfang für seine, Abaelards, eigenen Kalamitäten. Seine Konflikte mit Wilhelm und vor allem dessen führenden Schülern seien der Start seiner bis in die Gegenwart reichenden Schwierigkeiten gewesen, so urteilte er im Rückblick.[14] Auch favorisierte Abaelard selbst das monastische Leben als Alternative zur kirchlichen Normalkarriere – dass Wilhelm den Weg zum Regularkanonikertum gesucht hatte, war aus seiner Sicht eine halbherzige Entscheidung.[15] Souverän überging er auch, dass sein Lehrer anders als seine späteren Gegner in der Auseinandersetzung mit ihm niemals die institutionelle Macht, die ihm zu Gebote stand, gegen ihn ausgespielt hatte. Genau genommen, begann die Macht der Institutionen sich zu eben dem Zeitpunkt gegen Abaelard zu wenden, als sein früherer Lehrer 1121 gestorben war.

Über Abaelards zweifelhafte Erklärung hinaus wird man allerdings ernst nehmen müssen, dass sowohl das Stift von St. Victor im Ganzen als auch seine prominentesten Angehörigen Wilhelm kaum je einen Platz in ihrer Memoria einräumten. In der Chronik, die in den 1180er-Jahren am Stift selbst entstand, kam er überhaupt nicht vor. Sie setzte die Gründung des Stifts für 1114 an, erwähnte allenfalls Wilhelms Nachfolger Gilduin, um schnell zu dem brillanten Kanoniker Hugo überzuleiten.[16] Hugo selbst hatte dem Stift mit der Besorgung von Reliquien des heiligen Victor früh einen entscheidenden Dienst erwiesen und wurde zum bedeutendsten Lehrer, der jemals am Stift tätig sein sollte.[17] Die Tatsache, dass gerade Hugo nirgendwo in seinem umfangreichen gelehrten Œuvre seinen Vorgänger Wilhelm erwähnte, wiegt besonders schwer.[18]

Bemerkenswert ist auch, dass Wilhelm in das Anniversar des Victorstifts wie ein gewöhnlicher Mitbruder eingetragen wurde: «An diesem Tag [dem 25. Januar, F. R.] wird die Jahrfeier von Magister Wilhelm begangen, des Bischofs von Châlons, unseres Kanonikers.»[19] Stattdessen heißt es zu Wilhelms unmittelbarem Nachfolger Gilduin, der die Leitung des Stifts 1113 übernahm: «Feierlicher Jahrtag unseres verehrungswürdigen Vaters Gilduin, des ersten Abtes dieser Kirche [!], eines Mannes von großem Ansehen und Ehrwürdigkeit. Er besaß Eifer für Gott und den Orden und stellte die kanonische Ordnung wieder her, die fast gänzlich heruntergekommen war.»[20]

Heruntergekommen also unter Gilduins einzigem Vorgänger Wilhelm? Innerhalb kurzer Zeit zwischen Ostern 1111 und dem Moment, zu dem Gilduin 1113 die Leitung übernahm? Fest steht, dass sich der Konvent von St. Victor 1113 eine neue Identität schuf, und dies wahrscheinlich, um ein starkes Band zu König und Ortsbischof zu knüpfen, die sich von der Förderung der Regularkanoniker einen Zuwachs an Macht versprachen. Die Erinnerung an Wilhelm war hierfür offenbar bedeutungslos, vielleicht sogar hinderlich. In der Gründungsurkunde des Stifts wurde er nicht erwähnt, obwohl er deren Vorlage, die Dotationsurkunde für Puiseaux, wahrscheinlich entworfen hatte und nun auch hinter der Ausstellung der neuen Urkunde für St. Victor stand.[21] Statt auf das Vorbild des Lehrers vertrauten die Kanoniker auf die Augustinerchorherrenregel und schufen sich mit einem *Liber Ordinis* ein geschriebenes Statut – wir begegnen hier abermals dem zeittypischen Prioritätenkonflikt zwischen charismatischem Magisterium und rationaler statutarischer Ordnung.[22] Wilhelm scheint bei denen, die in St. Victor vornehmlich die Stiftskirche sahen, keinen guten Eindruck hinterlassen zu haben. Überhaupt behält man ihn als Zauderer in Erinnerung. Dreimal habe er sich der Übernahme des Bischofsamtes entwunden, bevor er dann nolens volens doch noch zu diesem Amt kam, so erinnerte sich ein Zeitzeuge später.[23]

Ganz anders fiel seine Memoria als Lehrer aus, die Erinnerung an den Mann, der sich «mit seinen Schülern» vom Zentrum der Macht entfernt und am abgeschiedenen Ort seine Lehre auf eine neue Grundlage gestellt habe. Eine hervorragende Schule habe er betrieben, sei von Gotteseifer beseelt gewesen und habe mehr als alle anderen französischen Bischöfe von den heiligen Schriften verstanden.[24] In England bewahrte man besonders gute Erinnerungen an seine Lehrtätigkeit.[25]

Beide Sichtweisen, die positive wie die negative, scheinen ihre Berechtigung gehabt zu haben, ist es doch wahrscheinlich, dass Wilhelm schon mit dem Umzug zu St. Victor einen Prioritätenkonflikt auszufechten hatte: den zwischen der Gründung eines Stifts für Regularkanoniker und dem einer Schule neuen Typs, die nicht auf dem unternehmerischen Handeln des freien Lehrers beruhte, sondern sich selbst der letzte Zweck war. Es war durchaus üblich geworden, in unmittelbarer Nähe zu den Bischofskirchen Kanonikergemeinschaften anzusiedeln, und gerade in Paris gab es starke politische Kräfte, denen eine solche Gründung hochwillkommen war. Von dieser Warte aus betrachtet, war St. Victor keine Eremitage: Nur wenige hundert Meter von der Kathedrale auf der Île-de-France entfernt, so dass «tout le bouillonement de la vie parisienne» herüberklang, war es an das Zentrum der Macht unmittelbar angebunden – und die suburbikarische Siedlung um die Abtei von Sainte-Geneviève lag sogar noch näher![26] Zugleich aber *war* St. Victor ein Ort für Eremiten, hatten sich dort doch bereits Reklusen aufgehalten.

Wilhelms Schritt scheint so motiviert gewesen zu sein: Er zielte nicht strategisch auf die Nähe von Stiftskirche und Kathedrale, sondern, dem Vorbild der eremitischen Gruppen folgend, auf intensive Lehrer-Schüler-Gemeinschaft abseits des Machtzentrums. Das Vorbild seines eigenen Lehrers Manegold, der allmählich zu einer mythischen Figur wurde, stand dabei Pate, wie der anonyme deutsche Briefschreiber betonte.[27] Möglicherweise hatte dieser Weg ins Eremitendasein einen Überfall auf die Seineinsel zum Anlass, der sich drei Wochen vor Wilhelms Wegzug ereignet hatte.[28] Jetzt galt es, zwischen zwei naheliegenden Handlungsoptionen hindurchzusteuern: zwischen dem monastischen Weg der konsequenten Weltflucht (der es nicht ermöglicht hätte, dass der Schulbetrieb der eigentliche

 Zweck des Lebens bei der Victorskapelle gewesen wäre) und der Etablierung einer Kirche, an der eine Stelle für einen bepfründeten *magister scholarum* geschaffen worden wäre.

Sprechendes Zeugnis für die heikle Situation, in der sich Wilhelm in den Jahren 1111 und 1112 wegen dieser Absicht befand, ist ein Brief, den Hildebert von Lavardin, der Bischof von Le Mans, an ihn richtete. Hildebert bestärkte Wilhelm in seiner Suche nach einem dritten Weg: ernst zu machen mit dem stoischen Gedanken, dass es nicht ausreicht, für sich viel zu wissen, sondern dass dieses Wissen in eine bestimmte Lebensform münden muss, dass das Philosophieren sich in einer gelebten Haltung zur Welt ausdrückt.[29] Sinnbild für diese Lebensform ist zwar Diogenes, der in seiner Tonne einen Zustand «reicher Armut» erreicht hat (*locupletem transegit paupertatem,* 142A), doch wird diese Art von Armut zugleich als genuin soziale Tatsache gedacht. Sie ist nur in der Gemeinschaft des Lehrers mit seinen Schülern erreichbar: «Geteiltes Wissen erfährt Zuwachs, vorenthaltenes entgleitet dem geizigen Besitzer, wenn es nicht veröffentlicht wird. Verschließe also nicht die Ströme Deiner Lehre, vielmehr sollen, nach Salomo, ‹deine Quellen auf die Straße fließen. Verteile Deine Bäche auf die freien Plätze›» (143A, nach Prov. 5,16). In diesem Sinn verwendet Hildebert die Begriffe *philosophus* und *philosophari* leitmotivisch fünf Mal: Zu lehren ist für das Dasein eines Philosophen essentiell, nur derjenige Weise lebt richtig, der lehrt.[30] Solches Leben ist weit entfernt von der magistralen Tätigkeit in «krämerischer» Absicht (*quod institoriam abdicas lectionem*, 141B). Das Philosophenleben birgt seinen Zweck in sich selbst, darf nicht auf Karriere und Gelderwerb ausgerichtet sein und muss in seiner Totalität wahrgenommen werden. Es muss dem Brandopfer (*holocaustum*) gleichen, bei dem der Gebende «alles, was er besitzt, alles, wofür er lebt, alles, was er weiß, dem allmächtigen Gott opfert».[31] Alles andere, jedes Partialopfer, ist dagegen nur eine halbe Sache (142BC).

Zugleich bringt Hildebert die Widerstände zur Sprache, auf die Wilhelm mit seinem Vorhaben stieß: «Es geht aber das Gerücht, dass Du von gewissen Leuten überzeugt wurdest, dich von jeglicher Lehrtätigkeit gänzlich fernzuhalten» (142A).[32] Es liegt nahe, hinter diesen unbekannten Kräften das Milieu derer zu sehen, die von Anfang an auf die Gründung des Kanonikerstifts nach eingespieltem

Muster hinarbeiteten und nach dessen Dotation 1113 die Memoria an Wilhelms ursprünglichen Plan tilgten.[33] Der Bischof widmet seinen gesamten Brief der Begründung dafür, warum das Gegenteil anzustreben war: Der zaudernde Initiator von St. Victor kann wie einst Diogenes den idealen Mittelweg zwischen Ambition und Furcht einhalten, indem er an dem eingeschlagenen Weg festhält und für Gotteslohn unterrichtet – und damit einen Raum schafft, in dem das Philosophieren zum eigentlichen Lebensinhalt wird. Wissenschaft an einer *schola* zu treiben, die nicht auf karriere-relevante Kompetenzen abzielte, erscheint nach diesem Vorhaben als eine Handlungsoption in der Nähe von eremitischem, reguliertem und monastischem Leben, aber eben doch als eigener Lebensentwurf. Beheimatet waren sie gemeinsam in den Gruppenformen des ausgehenden 11. Jahrhunderts. Alle hatten ihre Zukunft, alle prägten eigene Denkformen, Lebensweisen und ihren speziellen Habitus aus. Eine bessere Vorstellung von der Option für die Wissenschaft zu erlangen, setzt voraus, dass deren Kultur rekonstruiert wird.

2. Höheres Wissen: Neu verstanden, neu gebraucht

Schul-Betrieb

Auf dem Weg von den ephemeren Schulen freier Lehrer-Unternehmer zu den neuen Gruppenformen der Magister und Scholaren stand Wilhelms Schulprojekt von 1111/12 keineswegs am Anfang. Vorangegangen waren 30, vielleicht 40 Jahre, in denen sich das neue Verständnis von Wissenschaft als einer eigenen Lebensform bereits kräftig entwickelt hatte. Interessierte Zeitgenossen fingen daher in den 1110er-Jahren an, die neue Wissenschaft mit Historikeraugen zu betrachten, interessierten sich plötzlich für Anfänge, Genealogien und spezifische Leistungen. Fast in denselben Tagen, in denen der begeisterte Bamberger Schüler von Wilhelms Plan einer Versöhnung von geistlichem und weltlichem Wissen unter den Bedingungen quasi immaterieller Lehrer-Schüler-Gemeinschaft berichtete und in denen Hildebert seinen wohlgeformten Brief in derselben Sache verfasste, entschied sich ein anonymer Chronist aus dem Umkreis des Klosters Fleury, in seine Chronik auch einen Eintrag zur Gelehrsamkeit der letzten Jahrzehnte aufzunehmen.[34] Er steht damit am Beginn einer ganzen Reihe von Geschichtsschreibern wie Otto von Freising, Johann von Salisbury, Robert von Torigny, Wilhelm von Tyrus oder Gerald von Wales, die die Wissenschaft als neue, die Wirklichkeit überformende Kraft im sozialen Raum registrieren.[35] Die Wissenschaftsgeschichte rückte als Zeitgeschichte in den Horizont der Interessen.

Dass aus zarten Anfängen eine ganze Bewegung hervorgehen sollte, ist der Kern jener kurzen, zunächst unscheinbaren Passage, die zwanglos an Berichte über den Investiturstreit, über die Grafschaft Anjou und den Tod Wilhelms des Eroberers (1087) angefügt wird:

> *Zu dieser Zeit blühten in der göttlichen wie der menschlichen Weisheit: Lanfrank, der Bischof von Canterbury, der Lombarde Guido, der Deutsche Manegold [und] Bruno von Reims, der später ein Eremitenleben führte. In der Dialektik waren dies die herrschenden Sophisten [das heißt Logiker, F. R.]: Johannes, der lehrte, dass die dialektische Wissenschaft eine Wissenschaft von der Sprache ist; Robert von Paris; Roscelin von Compiègne [sowie] Arnulf von Laon. Letztere waren Anhänger des Johannes, sie hatten wiederum zahlreiche Hörer.*[36]

Wie bei Hildebert und dem anonymen Bamberger, so zeigt sich auch dieser Zeitgenosse Wilhelms interessiert an Gelehrten jener Schwellenzeit, die einen Weg zur effektiven Integration theologischen und weltlichen Wissens gefunden hatten. Das Kernproblem früherer Jahre, als Petrus Damiani die Vermischung von geistlichem mit Grammatikerwissen wie eine Spielart der Promiskuität geißelte (oder allenfalls als Werkzeugkasten für theologische Probleme gelten ließ), es schien lösbar zu werden![37] Und genauso wie der anonyme Bamberger und der Bischof von Le Mans hielt es auch dieser Geschichtsschreiber für wichtig, dass deren Gelehrtenbiographie nicht mit der Übernahme von Kirchenämtern oder der Flucht aus der Welt endete, ja dass sie im Gegenteil dafür sorgten, dass sich die Zahl der Gelehrten in der Welt multiplizierte. Dies war es offenbar, was den Schreiber zu einer Zweiteilung seiner Aufzählung veranlasste:

Die erste Gruppe enthielt mit Lanfrank und Bruno (und wohl auch mit Manegold) Personen, die als bedeutende Lehrer begonnen hatten, sich dann aber aus der Schule hinausbewegt und zur monastischen oder quasi-monastischen Observanz übergegangen waren.[38] Die zweite Gruppe führte mit ihren vier *sophistae* reine, gleichsam professionelle Gelehrte auf: Personen, deren Namen weniger glänzten in der Welt, die aber die Sozialform der *schola* propagiert und dabei eine spezifische philosophische Position verbreitet hatten. Alle betrieben sie eine Dialektik, die sich auf grammatische Positionen stützte und – wir dürfen ergänzen: entgegen konkurrierenden Sichtweisen – keine Wirklichkeitswissenschaft war, sondern Aussagen über sprachliche Repräsentationen dieser Wirklichkeit traf.[39] Der Abschnitt der anonymen Chronik dokumentierte den Beginn eines neuen gelehrten Paradigmas, wie es sich in den 1070er- und 1080er-Jahren eingestellt hatte. Er stellte die Mehrzahl biographischer Möglichkeiten vor, die sich aus dem Magisterium heraus ergaben.[40]

Auf eben jenen Wandel, den der Eintrag in die anonyme Chronik repräsentiert, gründen wir unsere Entscheidung, von dieser Zeit an programmatisch von *Wissenschaft* statt wie bislang von *höherem Wissen* zu sprechen. Wir verwenden die folgenden Seiten darauf, die Aspekte des grundlegenden Wandels nachzuzeichnen, die dazu Anlass geben: An den neuen Schulen wurde Wissen nicht mehr gepflegt, bewahrt und für außerwissenschaftliche Zwecke aufbereitet, sondern als ein sich stets selbst verjüngendes Projekt betrieben. In dieser Form erhielt es seine charakteristische – eben: wissenschaftliche – Mehrdimensionalität: Es wurde reflexiv und produktiv und schöpfte aus sich selbst heraus neues Wissen. Ferner wurde es als ein Plural von Disziplinen gedacht, die sich nicht einfach durch Über- und Unterordnung strukturieren ließen. Es wurde mit einem eigenen Zeitindex ausgestattet; und zumindest in Ansätzen wurde es erleichtert durch neue Vorstellungen von dem Verhältnis, in dem sich Wahrheit und Irrtum zueinander befanden.

Über diesen Veränderungen entstand ein soziales Feld, das allmählich von einer anderen Art von Schulen-Intimität bestimmt wurde als das, das wir oben kennengelernt haben. In ihm wurde Wissen überdies nicht lediglich bewahrt und organisiert, vielmehr *produzierte* es neues Wissen. Die Wissenschaft war, wie wir sehen werden, von

 Anfang an autopoietisch. Sie erzeugte ihre neuen Elemente aus sich selbst heraus.

Sinnvoll ist, bei einer für dieses Feld charakteristischen neuen Literaturform einzusetzen: den anonymen Glossenkommentaren, die für keinen Magister der älteren Generationen (Bruno von Reims, Manegold, Berengar) bekannt sind. Zu einem frühen Zeitpunkt anzusiedeln ist der ominöse Johannes, den die Chronik wie einen Gründervater einer neuen Philosophie nennt. Man hat in ihm einen Grammatiker vermutet, der vor 1076/77 in Reims lehrte, und man hat ihn mit einer der originellsten und mutigsten Arbeiten jener Jahre in Verbindung gebracht: einem Glossenwerk, das die ersten 16 Bücher von Priscians *Institutiones grammaticae* erschloss, dabei seinen Gegenstand aber anders als Priscian als eine Teilwissenschaft der Logik behandelte. Einer der besten Kenner der früh- und hochmittelalterlichen Philosophie bezeichnete die Arbeit als «one of the most remarkable records of intellectual life at this period».[41] Diesen sogenannten *Glosulae* zufolge ging es der Grammatik nicht mehr darum, zur korrekten Fügung von Wörtern zu Sätzen anzuleiten, sondern viel grundsätzlicher zu wahren Aussagen über die Welt.[42] Eine Lehrergeneration nach Johannes anzusiedeln sind Robert von Paris, Roscelin von Compiègne (Abaelards erster prägender, aber in der *Historia calamitatum* totgeschwiegener Lehrer) sowie Arnulf von Laon. Über die beiden Letzteren wurden satirische Gedichte verfasst, in denen ihre Lehre der Dialektik verulkt wurde, dies jedoch nicht mehr im Stil der moralisierenden vermeintlichen Antidialektiker,[43] sondern weil sie angeblich einer irrigen Sprachbetrachtung aufgesessen waren.[44]

Ob man Roscelin und Arnulf erhaltene Werke zuweisen kann, ist umstritten. Wahrscheinlich ist allerdings, dass Roscelin die besagten *Glosulae* zu Priscians Grammatik, die sein Lehrer Johannes möglicherweise begonnen hatte, übernahm und weiterverarbeitete, ja aus ihnen sein Verständnis von Sprache überhaupt bezog. Charakteristisch für die Lehrsituation der Zeit ist, dass wir Roscelin recht gut zu sehen glauben, allerdings nur in der Fremdsicht durch Lehrer-Konkurrenten, die seine Position ablehnten: Anselm von Canterbury und Peter Abaelard, seinen eigenen Schüler.[45] Ersterer mokierte sich in einem Brief an Papst Urban II. über ihn – Roscelin hatte daraufhin auf einer Synode der frühen 1090er-Jahre für seine Position einzustehen.[46] Sir Richard Southern hat aus diesen Befunden das Bild eines Mannes geformt, der aneckt, wo er geht und steht.[47]

Sehr schwer zu fassen ist ein Magister Gerland, den man nur mit Mühe von gleichnamigen Lehrern unterscheiden kann, der aber als Verfasser eines ungewöhnlich monographischen Traktats zur Dialektik auf sich aufmerksam machte: Er orientierte sich an den klassischen Werken zur Logik, verarbeitete ein schon existierendes Kompendium zu diesen, schuf daraus aber eine Arbeit von einiger Geschlossenheit – eine frühe mittelalterliche Monographie zur Logik![48] Populär war der Unterricht eines Rainbert, der in Lille nach den Gesichtspunkten der neuen, über Sprache reflektierenden Dialektik unterrichtete und damit anderen Lehrern die Schüler abspenstig machte.[49]

Schließlich Wilhelm von Champeaux selbst, von dessen charismatischer Wirkung als Lehrer schon die Rede war. Forscherakribie hat ermöglicht, ihm eine Reihe überlieferter Glossenwerke und Einführungsschriften zuzuschreiben, so dass er uns klarer vor Augen steht als etwa Roscelin oder sein eigener Lehrer Manegold.[50] Auch er lehrte die Grammatik mit Hilfe der besagten *Glosulae super Priscianum*, veränderte das Werk dabei und reichte es erneut an seine Schüler weiter – an Abaelard auf jeden Fall, vielleicht auch an Goscelin (Jocelin, Gauslenus), den späteren Bischof von Soissons, sowie an Alberich von Paris.[51] Selbstverständlich gab es auch außerhalb dieser Schulen Gelehrte, die dieselben Gegenstände behandelten, aber sozial ganz anders beheimatet waren – Lanfrank und Anselm von Bec etwa,[52] Ivo von Chartres,[53] Anselm von Laon als Magister an einer Kathedralschule – auch er von Abaelard erst als Lehrer besucht, dann bekämpft. Wenn er sich als Erforscher der Bibel auch eher im Rahmen traditioneller Methoden bewegte, muss man ihn doch als Gelehrten ansehen, für den die Wissenschaft keine Lebensabschnittsstation, sondern ein ständiges Ringen um ein besseres Verständnis von Texten und Dingen war.[54]

Anfänge wissenschaftlicher Kommunikation

Umfangreich und ganz neu in seinem Zuschnitt ist das Schrifttum, das aus diesem Unterricht hervorging. Als Ergebnis einer Renaissance wiederentdeckter antiker Texte kann man es dabei nicht verstehen. Die Referenztexte, auf die sich diese neuen Arbeiten beziehen, waren schon seit hundert Jahren in Gebrauch: die aristotelischen Schriften *Categoriae* und *De Interpretatione* sowie die *Isagoge* des Porphyrios, die in die aristotelische Logik einführte, indem sie deren Leitkategorien erklärte.[55] Diese drei Werke, zusammen als die *logica vetus* bezeichnet (im Unterschied zu den erst im 12. Jahrhundert rezipierten übrigen logischen Werken des Aristoteles, der *logica nova*), waren teils didaktisch auf Anfänger zugeschnitten (Porphyrios), teils schwere Kost (Aristoteles) – schon in der Spätantike spotteten Zeitgenossen über die Magister, die dünkelhaft die Backen aufbliesen, wenn sie nur den Titel *Categoriae* aussprachen.[56]

Den Magistern und Scholaren, um die es uns geht, waren diese Werke in den Übersetzungen des Boethius bekannt, des «Philosophen der Lateiner». Bereichert wurden sie durch Kommentarwerke und Monographien, die von Boethius selbst stammten, dem spätrömischen Aristokraten und Vermittler griechischer philosophischer Bildung.[57] Die Konzentration auf die Übersetzungen und selbständigen Arbeiten des Boethius war es, die die Ära von circa 980 bis 1135 im Hinblick auf Referenztexte als eine Zeit der Kontinuität, nicht des Bruchs erscheinen lassen, als «l'époque boécienne».[58] So reflektierten die Magister des neuen Schulbetriebs dann, wenn es um die Dialektik ging, über dieselben logischen Schriften, über die sich schon ein Jahrhundert zuvor Gerbert von Reims gebeugt hatte.[59] Den Boethius zu studieren bedeutete für diese Gelehrtengenerationen auch, nachzuverfolgen, wie logisches Denken die Behandlung theologischer Fragen beeinflussen konnte: Boethius' eigene theologische Texte, vor allem die Abhandlung *De Trinitate*, wurden ebenfalls steuernd für die frühe Wissenschaft. Neben den Schriften der Kirchenväter sollten sie über den größeren Teil des 12. Jahrhunderts hinweg der wichtigste Referenzpunkt für theologisches Denken bleiben.[60]

Ähnlich verhielt es sich mit der Lehre der Grammatik, die sich traditionell auf die Erschließung von Priscians lange bekannten *Institutiones grammaticae* stützte. Der Rhetorikunterricht war auf Ciceros Schrift *De Inventione* fokussiert, ebenso auf einen Kommentar dazu, den der spätrömische Rhetor Gaius Marius Victorinus verfasst hatte, sowie auf die *Rhetorica ad Herennium*, die man fälschlicherweise für eine Arbeit Ciceros hielt. Die Schriften, die den Zeitgenossen mit platonischem Gedankengut vertraut machten, waren sogar schon seit der Karolingerzeit kanonisch: Platos *Timaeus* in der Übersetzung des spätrömischen Philosophen Chalcidius, der Kommentar des Macrobius zu Ciceros *Traum des Scipio*, die Enzyklopädie des Martianus Capella, die unter dem Titel *Von der Hochzeit der Philologie mit Merkur* bekannt wurde, und abermals ein Werk des Boethius: die Schrift *Über den Trost der Philosophie.* Wie gesagt: Alle diese Schriften waren lange vertraut. Und doch wandelte sich das Verständnis von Wissen und mit diesem der Umgang mit den Texten.

Nicht die Begeisterung an Neuentdecktem, sondern ein gefühltes Ungenügen vor allem an den boethianischen Kommentaren scheint die Produktion der praktischeren und billigeren Arbeiten ausgelöst zu haben, die charakteristisch für die ersten Generationen der entstehenden Wissenschaft wurden. Schwierige Texte zu glossieren, das heißt mit sprachlich-sachlichen Erläuterungen zu versehen, war eine seit Jahrhunderten geübte Praxis. An den Werken, die seit den 1070er-Jahren entstanden, fällt ein neues Bemühen um die flächige, keinen Gedankengang auslassende Glossierungstechnik auf, die in ihrer Gesamtheit zur vollständigen Kommentierung der Referenzwerke neigte – minutiöser, als das die boethianischen Kommentare selbst geleistet hatten. Man hat vermutet, dass es die Sorge um das Textverständnis gerade auf der Seite relativ junger, unerfahrener Scholaren war, die dieser Praxis zugrunde lag. Doch mobilisierte der Wille zur vollständigen Erschließung unter dem Primat des Textverständnisses auch intellektuelle Energien: Selektiven Zugriff abzulösen durch den Willen zum Verständnis der schwierigen ebenso wie der nur scheinbar evidenten Passagen, hat den Kommentatoren zu einer ganz neuen Tiefe der Erschließung verholfen.[61]

An den Schulen produzierten Magister Texte, die das Bedürfnis nach einem Wort-für-Wort-Verständnis der antiken Schriften befriedigten. Erst im weit fortgeschrittenen 12. Jahrhundert, ab den 1140er-Jahren, lösten Entdeckungen neuer Texte weitere Veränderungen des wissenschaftlichen Denkens aus: Die *Neue Logik*, zumal die aristotelische *Topik*, bescherte den Gelehrten erstmals das Hochgefühl des wiederentdeckten alten Buches, das die Wissensgrundlagen revolutionierte; dann, seit der Wende zum 13. Jahrhundert und vermittelt durch Übersetzungen meistenteils aus dem Arabischen, die naturphilosophischen Schriften des Aristoteles, die Zweiten Analytiken und schließlich dessen Schriften zur praktischen Philosophie: die *Nikomachische Ethik*, die *Politik* und eine *Ökonomik*, die man dem Stagiriten zuschrieb.[62]

Immer mehr Glossenwerke des ausgehenden 11. und frühesten 12. Jahrhunderts zur *Älteren Logik* sind bekannt geworden, seit man begann, sich für sie zu interessieren. Die Tendenz, ihre Entstehung früh anzusetzen und sie den letzten Jahrzehnten des 11. Jahrhunderts zuzuschlagen, scheint derzeit noch zu steigen.[63] Ihre Katalogisierung und mehr noch das Verständnis ihrer Bezugnahmen und Abhängigkeiten ist ein immer wieder in Angriff genommenes Desiderat, dem sich eine internationale Gruppe von Spezialisten verschrieben hat.[64] Ihre Kataloge wurden und werden von Experten wie John Marenbon, Yukio Iwakuma, Irène Rosier-Catach, Anne Grondeux, Cédric Giraud, Constant Mews und anderen fortgeschrieben und differenziert.

Als größtes Hindernis zu ihrem Verständnis hat es sich dabei erwiesen, dass man versuchte, sie unter den Prämissen moderner Autor- beziehungsweise Werk-Konzepte zu verstehen. Denn die Werke, die vor der Eigenproduktion Peter Abaelards allesamt anonym überliefert sind, gingen nicht aus den Gedanken von Individuen, sondern aus beständig fortschreitenden Kommunikationen hervor.[65] Diese wiederum fanden auf einer synchronen Ebene innerhalb der Gemeinschaften des jeweiligen Magisters mit seinen Scholaren statt, auf einer diachronen mittels der Übernahme des erreichten Textes durch den Schüler, der sich irgendwann seine eigene Hörerschaft aufbaute. Wer lehrte oder lernte, griff bei bereits bestehenden Arbeiten zu (so, wie wir das an den sogenannten *Glosule* schon beobachten konnten), modifizierte sie, schrieb weiter an ihnen, setzte sie in seiner Lehre ein. Nicht linear sind sie entstanden, sondern in Schichten.[66] Orientierung bot dabei die Entscheidung, die Gliederung der glossierten Primärtexte des Aristoteles, Porphyrios oder Boethius beizubehalten, und dies selbst dort, wo die neuen Arbeiten zu Traktaten oder Einführungswerken (*Introductiones*) anwuchsen.[67]

John Marenbon brachte das angemessenere Verständnis der Texte auf den Punkt: Diese Logikkommentare waren keine literarischen Werke, die von einem bestimmten Autor verantwortet und möglichst getreu der auktorialen Absicht weitergegeben worden wären, sondern Lehrwerke und zugleich Dokumente zeitgenössischer Lehrpraxis. Als solche mochten sie aus den Vorlesungen durchaus mehrerer Magister hervorgegangen sein, denn Lehrer *und* Schüler fühlten sich offenbar frei, die Kommentare anderer zu benutzen, zu ergänzen und zu verändern. Sie seien, so Marenbon, «essentially anonymous» – anonym nämlich nicht in dem landläufigen Sinn, dass uns Nachgeborenen bedauerlicherweise ihre Urheber unbekannt wären, sondern anonym, insofern es *einen* solchen Urheber niemals gegeben hatte: «they do not have *an* author»![68]

Oft scheinen hinter den Veränderungen die Schüler zu stehen, die ihre Reportationen, ihre Mitschriften des mündlichen Vortrags, bearbeiteten; noch Jahrzehnte später sprach man davon, dass man die Logik in Paris womöglich nicht aus Büchern lernte, sondern von Zetteln und Konvoluten.[69] Wo wir heute auf Editionen zurückgreifen können, die diese Abweichungen zum Beispiel durch synoptischen Druck hinreichend visualisieren, können wir ermessen, wie schöpferisch die Schüler mit den Vorlagen ihrer Lehrer umgingen.[70] Bemerkungen wie «Dies […] sind die Einführungen nach Wilhelm» oder «Einführungen in die Dialektik gemäß Magister G. Paganellus» sind Spuren dieser Entstehungsweise.[71] Diese Texte muss man sich so vorstellen, als ob sie aus Schichten aufgebaut wären, die einander nach mehreren Abschreibe- und Bearbeitungsgängen durchstreiften und durchkreuzten: auf Aristoteles und Porphyrios aufbauend eine breite Schicht des boethianischen Textes, und dann, sich aufeinander beziehend und doch ineinander übergehend, zeitgenössische Ergänzungen durch mehrere Generationen von Angehörigen der *scholae*.[72]

Dies war eine gute Gelegenheit für Spaßvögel, den Text nach ihren Vorstellungen anzureichern. Ihre Zutaten und Beispiele, möglicherweise einmal am Rand hinzugefügt, wanderten in einer späteren Abschrift dann in den Haupttext hinein. Was Kontingenz ist, wurde in diesem Zustand dann an Beispielen erläutert wie «sie wird ficken (*haec futuet*) / sie wird nicht ficken», «Peter schließt die Tür / Peter schließt nicht die Tür», «Peter fällt ins Klo / Peter fällt nicht ins Klo». «Beachte, dass es Verben gibt, die nur prädiziert sind, wie ‹Sokrates liest›, ‹G. fickt›.» Offenbar hatte ein Schüler nach dem konventionellen Sokrates-Beispiel noch eine zündende Idee gehabt, wie man die Botschaft ein wenig eingängiger vermitteln konnte. Mitten in einem Text daher auch die Feststellung, dass ein gewisser Adam ein Geräusch von sich gegeben habe: *Adam pepedit.*[73]

3. Eine neue Episteme im Werden

Reflexivität, Disziplinarität, Zeitindex, operativer Begriff von «Wahr» und «Falsch»

Wenn sich diese neuen Praktiken auch nur in Ansätzen rekonstruieren lassen, so kann man doch einige Elemente erkennen, die bald wissenschaftliches Denken ausmachen sollten. Die erste dieser Neuerungen besteht in dem Ausmaß an *Selbstreferentialität und Reflexivität*, das sich in den Glossen und Kommentaren zu erkennen gibt – und dem wir später werden zusehen können, wie es sich in der Ära Abaelards fest etablierte. Selbstreferentialität und Reflexivität zeigten sich in der Lehre der Logik, wurden aber wegen deren Grundlagenfunktion allgemein relevant. Dass Aristoteles in *De Interpretatione* von der Sprache handelte, war klar. Doch wie stand es mit den anderen Schriften? Wer sich ihnen über die *Isagoge* des Porphyrios näherte (was der didaktisch sinnvolle Weg war), wurde gleich in deren Eingangspassage auf ein Problem verwiesen, das nur angerissen und dann offengelassen wurde, und zwar, so Porphyrios, weil es für ein Lehrbuch zu vertrackt sei: Wenn Aristoteles von *genera* oder *species* spreche, meine er dann Größen, die in der außersprachlichen Realität tatsächlich existierten, oder meine er damit rein sprachliche Konzepte?[74] Traditionell und intuitiv richtig erschien den meisten Zeitgenossen offenbar, dass die Logik sich mit tatsächlichen Dingen (*res*) befasste. Wo der Unterricht dieser Prämisse folgte, sagten die Zeitgenossen, hier werde die Dialektik *in re* gelehrt.

Doch gerade weil diese Position als der Normalweg galt, zogen andere Schulen, die von der gegenteiligen Annahme ausgingen, die Neugier der Scholaren auf sich. Wir hören von ihnen möglicherweise schon für die 1070er, spätestens aber für die 1080er-Jahre: Genera und Spezies seien *voces*, also rein sprachliche Konzepte. Wo die Dialektik *in voce* unterrichtet wurde (wie man sagte), lernten Schüler, dass diese Disziplin nicht die Dinge der Wirklichkeit erklärte. Vielmehr war sie dazu da, über die *sprachlichen Repräsentationen* der Wirklichkeit zu reflektieren. Sie behandelte mit dem Blick auf Genera nicht das Tier, sondern das Konzept «Tier», im Hinblick auf Spezies nicht den Menschen, sondern das Konzept «Mensch». In diesem Sinn erzählte die eingangs vorgestellte Chronik von dem Magister Johannes, dem angeblich frühesten Vertreter dieser Denkweise, dass er gelehrt habe, die Dialektik sei eine Wissenschaft von der Sprache (*qui artem sophisticam vocalem esse disseruit*), wobei die Verwendung von *vox* sogar auf den Akt der Versprachlichung selbst verwies, auf Sprechen als Praxis statt auf Sprache als Arsenal, als «parole», nicht als «langue».[75]

In den anonymen zeitgenössischen Werken, die die *Isagoge* des Porphyrios erschließen, können wir sehen, wie die Ankunft der neuen (*in voce*-)Position sachlich und unaufgeregt registriert wurde. In anderen Zeugnissen dagegen, etwa in den oben genannten, in Bamberg überlieferten Satiren auf die Magister Roscelin und Arnulf von Laon, machte man sich eher darüber lustig: Die Dialektik sträube sich dagegen, auf Sprache reduziert zu werden, Aristoteles klage laut wegen der Dinge (*res*), die man ihm entwendet und zu Lauten (*voces*) deklariert habe, Porphyrios seufze, weil sein Leser ihm seine Sachen (*res*) weggenommen habe.[76] Bereits schärfer klang das bei Anselm von Canterbury. Er zählte Roscelin zu Beginn der 1090er-Jahre zu den «häretischen Dialektikern», «die die Universalien für nichts als einen von der Stimme erzeugten Lufthauch halten» und die deshalb von Gesprächen über geistliche Dinge ferngehalten werden sollten.[77] Noch nach der Mitte des 12. Jahrhunderts, als die Position längst von noch drängenderen Fragen überlagert worden war, erinnerten sich

 Otto von Freising und Johann von Salisbury an diese Theorie und an Roscelin als ihren Vertreter.[78]

Die Herausbildung zweier konträrer Standpunkte war also steuernd für die weitere Entwicklung: War die Dialektik eine Wirklichkeits- oder eine Sprachwissenschaft? Diese beiden Paradigmen bezogen sich auf das höhere Wissen selbst, nicht auf dessen Gegenstände. Das Wissen wurde um eine *selbstreferentielle Dimension* bereichert, und diese schlug sofort in der Kommunikation an den Schulen in gelebte Praxis um, gab Anlass zu Loyalität und Abgrenzung, zu Allianz und Gegnerschaft. Die beiden Positionen scheinen ihre lebensweltliche Bedeutung nicht zuletzt aus dem Umstand bezogen zu haben, dass es den jeweiligen Gegen-Standpunkt gab. Selbstvergewisserung durch «Othering» war die Folge, das höhere Wissen wurde reflexiv in Prozessen, in denen von Konkurrenzpositionen die Rede war.

Aus diesem Grund, weil sie nämlich das entstehende wissenschaftliche Feld in seiner Frühphase strukturierte, ging die Opposition auch in die Memoria der Nachfolgegenerationen ein. Als in Lille ein Magister namens Rainbert die Dialektik *in voce* zu lehren begann, so erzählte ein Geschichtsschreiber, seien die Schüler im nahen Tournai unruhig geworden, denn dort lehrte Magister Odo (der sich als Lehrer Odardus nannte) im Einklang mit der Tradition *in re*. Die Schüler scheinen die neue Position interessanter gefunden zu haben als den gewohnten Mainstream. Unruhe machte sich breit: Wer hatte recht? Rainberts Richtung wurde von einem parteiischen Berichterstatter als neumodisches Zeug verunglimpft, und man erzählte sich, dass ein stadtbekannter Seher, ein Taubstummer, als Schiedsrichter angerufen worden sei. Der Seher tat in Zeichensprache kund, dass Odos konservative *in-re*-Position solide, Rainberts *in-voce*-Lehre dagegen luftiger Nonsens sei: Zu Odos Position zog er die Finger seiner rechten Hand wie einen Pflug über die linke Handfläche – Odos Lehre sei profund, weil hundertprozentig richtig (*doctrinam eius esse rectissimam*). Wohl weil Rainbert nicht anwesend war, zeigte er anschließend mit dem Finger in Richtung Lille, führte seine Hand zum Mund, blies darüber – und zeigte damit an, «dass die Lehre des Magisters Rainbert nichts als windige Geschwätzigkeit ist».[79] So alt wie die Wissenschaft ist der Spott über ihre abstrakteren Positionen.

Bestandteil der reflexiven Attitüde zum eigenen Tun war also das

Bewusstsein, dass es zu den Positionen, die der eigene Lehrer bezog, Alternativen gab. In der Schule des Alberich (Albericus) de Monte sollte Mitte des 12. Jahrhunderts das Bewusstsein eine wichtige Rolle spielen, dass sich der Meister in seinen Grundsätzen (*principales positiones*) von Abaelard abhob. Man legte Listen mit Sätzen an, die man als charakteristisch für den eigenen Magister ansah: Unter der Überschrift *De sententia magistri nostri Alberici* stand dann etwa zu lesen: «Daher soll man wissen, dass es vierzehn Hauptpositionen unserer Sentenz gibt, von denen fünf aus hypothetischen und neun aus kategorischen [Propositionen] bestehen.» Wenngleich nur implizit, beziehen die anschließenden Sätze ihre Bedeutung aus dem Bewusstsein, dass hier eine gegen Abaelard gerichtete Lehre skizziert wird.[80]

Die zweite Neuerung in der Ordnung des Wissens betraf die allmähliche Entdeckung der disziplinären Wissensordnung. Dass es verschiedene Wissensprovinzen gab, dass diese unterschiedlich arbeiteten und auf verschiedenen Wegen unterschiedlichen Prämissen folgten, war ein Gemeinplatz. Die vermeintlichen Antidialektiker hatten seit der Mitte des Jahrhunderts die Begrenzungen menschlichen Wissens in Erinnerung gebracht, wenn sich Logik oder Naturphilosophie an den Fragen göttlicher Omnipotenz versuchten.[81] Auch künftig blieb diese Relation zwischen logischem Menschenverstand und einem Wissen, das sich der göttlichen Offenbarung zu nähern suchte und daher den Glauben des fragenden Menschen zur Bedingung hatte, schwieriges Gelände. Oft genug fungierte sie als Testfeld für die Akzeptanz oder Nichtakzeptanz von Wissen, bestenfalls stellte sie eine große intellektuelle Herausforderung dar, wie wir am Beispiel des Petrus Damiani gesehen haben. Der Standardweg zur Lösung solcher Widersprüche hatte in der Über- und Unterordnung der Wissenschaften in ihrem Binnenverhältnis zueinander bestanden; um akzeptiert zu werden, musste sich die Dialektik in einer sichtbar dienenden Beziehung zur Theologie befinden.

Eine weniger aufgeregte und belastete Reflexion über die Relativität von Fachwissen setzte daher in der Differenzierung der «trivialen» Wissenschaften ein, das heißt in einem Gelände, das weniger vermint war und nicht so leicht zur mentalen Totalmobilmachung reizte. In einem der 28 Werke zur Logik, die in einer Handschrift aus Orléans überliefert sind, glossiert ein anonymer Scholar, was Wilhelm von Champeaux zu einer Textstelle aus einem boethianischen Traktat gelehrt hatte:[82]

> *Doch Magister W. sagt, dass jede Proposition und [jede] Frage zweierlei Sinn hat: einen grammatischen und einen dialektischen. So hat zum Beispiel «Sokrates ist weiß» den grammatischen [Sinn]: «Sokrates ist ein weißes Ding» und den dialektischen: «Die Weiße ist in Sokrates begründet». Ferner hat die Frage, «Ob Sokrates ein Mensch ist oder kein Mensch», den grammatischen [Sinn], den sie eigentlich erzeugt, und den dialektischen: «Ob das Prädikat dem Subjekt innewohnt». Dieser letztere Sinn, so Boethius, sei allen prädikativen Fragen gemein.*

Wilhelm hatte offenbar in seinem Lehrvortrag zu der Stelle des Boethius eingewandt: Die Dinge sind komplizierter, Grammatik und Dialektik sehen Verschiedenes, wenn sie dieselbe Aussage betrachten. Seine Schüler übernahmen diese Lehre teilweise, teilweise nicht. Abaelard erinnerte sich später an Wilhelms «Gefolgsleute», die fortan von zwei distinkten «Sinnen» von Propositionen ausgingen.[83] Doch der Hörer, der die Notiz in sein Glossenwerk notierte, lehnte die Lehre wegen der Implikationen ab, die mit ihr verbunden waren. Wenn das stimme, so meinte er, dann gebe es ja womöglich noch mehr solche Sinne, nämlich vier: außer dem grammatischen und dialektischen einen physischen und einen ethischen.[84] «Physisch» und «ethisch» waren mit Bedacht gewählt, um anzuzeigen, dass *sämtliche* Bereiche der *philosophia* dann mit zu berücksichtigen waren.[85] Das bedeutete: Wenn man schon zwischen einem grammatischen und einem dialektischen *sensus* unterscheidet, muss man dann nicht annehmen, dass sämtliche Disziplinen ihren eigenen Begriffen und ihrer eigenen Logik folgen? Und tatsächlich war es genau diese Annahme, der die Zukunft gehörten sollte: Wissenschaftslehren des 12. und 13. Jahrhunderts, die von al-Fārābī inspirierte des Spaniers Domingo Gundisalvo (Gundisalvi, Domincus Gundissalinus) etwa, sollten genau auf diesem Gedanken aufbauen: Sie werden in die Disziplinen einführen, indem sie zum Beispiel deren jeweilige Gegenstände, Teile, Aufgaben, Ziele, Instrumente und Referenztexte erläuterten.[86] «Jede Wissenschaft stützt sich auf ihre Regeln als ihre je eigenen Fundamente», sollte Alanus von Lille hundert Jahre nach Wilhelm feststellen, «und abgesehen von der Grammatik, die ganz im Wohlgefallen und im Willen der Menschen steht, sowie von deren Regeln, die allein durch die Setzung der Menschen bestehen, haben alle übrigen Wissenschaften ihre eigenen Regeln, auf die sie sich stützen und von denen sie wie von sicheren Grenzen umschlossen werden.»[87]

Wenn man so dachte, war auch aus der Verschränkung der disziplinären Perspektiven Erkenntnisgewinn zu schöpfen: Was passierte, wenn man Priscians Grammatik durch die Brille der Dialektik betrachtete, also etwa dessen Ausführungen zur grammatischen Person («Ich» als erste Person Singular) einer dialektischen Betrachtungsweise unterwarf und die Spannung untersuchte, die darin lag, ob dieses Ich *realiter* oder *vocaliter* verstanden wurde? Der anonyme Autor der schon genannten *Glosule* war von dieser Sichtweise fasziniert, und offenbar übertrug sich seine Faszination auf die Abfolge von Lehrern und Schülern, die dieses Werk in ihrem Unterricht verwendeten und darüber reflektierten.[88] Die Relation zwischen der Grammatik und der Dialektik veränderte sich darüber. Erstere wurde der Letzteren fast einverleibt, erhielt dadurch aber zugleich eine neue Rolle bei der Erkenntnis der Wahrheit zugeschrieben: «Die Grammatik wird zur Logik gleichwie zu ihrem Genus zurückgeführt.»[89]

Solche «Crossover»-Reflexionen setzten nicht nur ein Bewusstsein von der Verschiedenheit grammatischer und dialektischer Referenztexte voraus, sondern auch eines von der Differenz von Fragen und Betrachtungsweisen. So aber ermöglichten sie nicht nur Erkenntnisfortschritte, sondern auch eine Sensibilität für die *Möglichkeit* von Erkenntnisfortschritten. Man konnte, wenn man so arbeitete, über Boethius, ja sogar über Aristoteles hinauskommen. Die modernen Autoren konnten Positionen einnehmen, die für die alten undenkbar gewesen wären.[90] Wissensfortschritt wurde verstanden als Interpretations- und Verständnisfortschritt.

Damit war dem Umgang mit dem höheren Wissen ein *neuer Zeitindex* gegeben. Hier setzt eine Begriffsverschiebung von «alt» und «neu» beziehungsweise «jung» ein, die schon Richard Southern beobachtet hat: Als «die Jungen» (*moderni*) hatte man bislang Autoren bezeichnet, die als Mittler zwischen antik-paganen oder mindestens patristischen Autoren und der Gegenwart fungiert hatten, selbst wenn sie vor drei bis vier Jahrhunderten gelebt hatten. Nun aber, am

 Ausgang des 11. Jahrhunderts, begann man erst die Lehrer der vorletzten Generation als die *moderni* zu bezeichnen, selbst wenn ihre Meinungen nur unklar in den besagten Glossenwerken aufschienen und von einem Œuvre im klassischen Sinn keine Rede sein konnte. Der Begriff *modernus* rückte an die Gegenwart heran, bezeichnete Zeitgenossen, jüngst Verstorbene und damit die Lehre und das Schrifttum von Autoren, die auf eine evidente Weise Gegenwartsrelevanz besaßen: Sie hatten vor Kurzem gelebt und gewirkt. Die Grenze zwischen den *antiqui* und den *moderni* wurde zu einer «moving wall»,[91] die anzeigte, welche Schriften, welche Œuvres *derzeit* besondere Aufmerksamkeit verdienten.

Ein Theodul-Kommentar, der spätestens 1099 geschrieben worden sein muss, verkündete, dass die *moderni* Literaturkommentare nicht mehr nach den Kriterien der *antiqui* strukturieren würden, sondern eigene Parameter vorzögen und dass sie damit erfolgreicher seien. Respektvoll wägt Bernhard von Utrecht, der Autor dieses Kommentars, die Autorität der Alten und der Modernen gegeneinander ab, um die Überlegenheit Letzterer festzustellen. Immerhin hatte Priscian schon gesagt, dass die Menschen in ihrer Jugend besser sehen als im Alter (*tanto iuniores, quanto perspicatiores*). So zweideutig diese Metapher war, sie wurde fortan auch in dem Sinn verwendet, dass die Zeitgenossen die Leistungen der respektgebietenden Tradition übertreffen konnten.[92] Also trug man in seinen Handschriften zusammen: Welches waren die Meinungen *zeitgenössischer* Lehrer zum substantivierten Verb?[93]

Und einer von Wilhelms Schülern notierte in einem Glossenwerk: Magister W. habe, als er die *loci* bei Boethius besprach, bemerkt: Es gebe noch viel mehr *loci* als die, die Boethius kenne, und er fügte eine Aufzählung hinzu. Einer von beiden müsse hier lügen, meinte dazu der Schüler (*Aut hic mentitur Boethius aut magister W.*), beeilte sich aber gleich zu sagen, dass es auch dazu zwei Meinungen gebe: «Doch meinen Manche, dass weder Boethius noch Meister W. lüge, denn Boethius hat in diesem Buch nur von *loci* gehandelt, die zu seiner Zeit in Gebrauch waren, Magister W. dagegen spricht [eben] von anderen.»[94] Ansätze zur Verhandlung eines Wahrheitsdiskurses mit einer ganz anderen Leitgröße, der Historizität? Jedenfalls ein Zeugnis dafür, dass sich Wissen und die Techniken zu seiner Erschließung diesem neuen Zeitindex gemäß nicht nur veränderten, sondern dass das *Bewusstsein* derartiger Veränderungen zu einem Teil des wissenschaftlichen Denkens selbst wurde.

Der *Liber pancrisis*, eine der Sentenzensammlungen, aus denen wir von der theologischen Lehre unserer Magister erfahren, hat deswegen schon häufiger die Aufmerksamkeit der Forschung auf sich gezogen. Programmatisch verkündete die älteste Handschrift dieses nur grob datierbaren Textes (wohl nach 1131, spätestens 1170), dass sie Sentenzen und Quaestionen der heiligen Väter Augustin, Hieronymus, Ambrosius, Gregor, Isidor, Beda «sowie der modernen Meister, des Bischofs Wilhelm von Champeaux, des Bischofs Ivo von Chartres, Anselms und seines Bruders Radulf», enthalte.[95] Hier ging es darum, eine Generation von *moderni* zu dokumentieren, die gleichberechtigt an die Seite der Väter gestellt wurde. Oder manchmal noch mehr: Die ersten Sentenzen des *Liber*, die die göttliche Natur, die Schöpfung und Ursünde sowie die Natur Christi behandelten, stammten ausschließlich aus der Lehre Wilhelms, ähnlich die zu Schisma, Simonie und Häresie von Ivo von Chartres und Wilhelm.[96] In der etwas späteren Handschrift des *Liber*, die wohl erst im ersten Viertel des 13. Jahrhunderts entstand, hat der Schreiber die Bedeutung dieser Gelehrtengeneration dann gemindert: Ihr Beitrag sei es gewesen, die Schriften der Heiligen zu «exzerpieren» und «auszulegen». Die «moving wall» hatte sich mittlerweile vor Wilhelm und seine Zeitgenossen geschoben.[97]

Eine letzte Veränderung der neuen Wissensordnung steht damit noch aus. Als Wilhelms Schüler darüber reflektierte, ob sein Lehrer mit seiner Aussage über die boethianischen *loci* «gelogen» habe, bediente er sich einer eingeübten Semantik, die der gelehrte Widerspruch aus dem Wortfeld um Lüge, Sünde und moralische Verfehlung bezieht und die wir von den Helden des vorangegangenen Kapitels kennen.[98] In seinem *Buch gegen Wolfhelm* hatte der Kanoniker Manegold von diesem Vokabular weidlich Gebrauch gemacht, ja er hatte den Irrtum gar mit der Häresie in Verbindung gebracht.[99] Andere stellten in ihrer Polemik gegen Berengar von Tours dessen moralische Integrität und sein geistiges Vermögen infrage, um seine Positionen zu diskreditieren.[100] Überhaupt schloss die Polemik «gegen die unflätigsten Stimmen Berengars und seiner Gefolgsleute» deren moralische Defizite mit ein.[101] Anselm von Canterbury kommentierte Roscelins Ansichten über die Trinität, als seien sie sterile Ideen eines Stümpers. Und er schaltete Papst Urban II. ein, sicher war sicher – von Roscelin war ein paar Jahre lang in dieser Frage nichts mehr zu hören.[102] Selbst Abaelard sollte bestimmte Überzeugungen seines Lehrers Roscelin so schildern, als ob sie ihren Urheber als einen pathologischen Fall erwiesen.[103]

Derlei konnte sich eine Wissenschaft, die das von ihr verwaltete Wissen als diskutabel und verbesserbar begriff, nicht leisten. Sinnvoller war es, zwischen einem Wahrheitsurteil über Gesprochenes und dem moralischen Urteil über den Sprecher eine Grenze zu ziehen. Als Wissenschaft konnte das Wissen nur in einem Raum existieren, der zwar auf methodischem *rigor* besteht, in dem man es sich aber dennoch leisten konnte zu irren. Der Fehler musste Teil der Wissensordnung selbst werden, er durfte nicht zugleich der moralischen Parallelwelt von Tugend, Sünde und fehlgeleiteter Moral angehören. Immerhin war es sein Verdienst, zu zeigen, wie etwas nicht geht.[104]

Auch hier leistete die junge Dialektik Entscheidendes, bot sie doch in Verbindung mit ihrer Wahrheitskonzeption, die die Erkenntnis des Wahren an wahre sprachliche Aussagen band, auch eine säkularere, gleichsam harmlosere Fassung des Irrtums, des Fehlers, des falschen Schlusses. Schauen wir uns mit dem sogenannten *Pseudo-Raban* einen der Kommentare an, der im Umkreis Wilhelms von Champeaux entstand: Erläutert wurde die *Isagoge* des Porphyrios, herangezogen zu diesem Zweck die boethianischen Kommentare dazu. Dort konnte man auch eine Definition des Falschen finden: «Denn dasjenige ist falsch», so hatte Boethius im zweiten Kommentar geschrieben, «das anders verstanden wird, als eine Sache ist.»[105] Dies gab Wilhelm und seinen Schülern die Gelegenheit, über das Falsche, den Fehler, den Irrtum zu reflektieren.

Falsche Urteile entstehen durch Fehlperzeptionen. Sie sind *falsum et vanum*, *falsum et vacuum*, das heißt, dass man sie nicht weiterverfolgen muss. Fehler erweisen eine Aussage oder einen Schluss als Sackgasse. Solche *falsitates* kommen durch unrichtige mentale Kombinationen zustande, etwa wenn ein Verstand ein Pferd mit einem Menschen kreuzt und daraus einen Zentaur macht.[106] Aber sie sind weder bösartig noch im engeren Sinn gefährlich. Nomina und Verben sind für sich genommen ohnehin nicht wahrheitsfähig, erst aus Zusammenfügung und Teilung entsteht Wahr- und Falschheit, war bei Aristoteles zu lesen. Boethius und im Anschluss an ihn beide unsere anonymen Glossatoren machten sich diese Sicht zu eigen.[107] Propositionen sind Aussagen, die richtig oder eben falsch sind, «falsch» und «wahr» sind symmetrische Gegenbegriffe, und nur dort, wo gedankliche Ordnungen absichtsvoll auf das Falsche zusteuerten und es als wahr umetikettieren wollen, mussten Gelehrte schwerere polemische Geschütze auffahren und eine klare Grenze zwischen legitimer Dialektik und falscher Sophisterei ziehen.[108] Auch Abaelard sollte sich in *Sic et Non* für das forschende Fragen engagieren, indem er den Irrtum von den Vorstellungen von Lüge und der Sünde abkoppelte – schwer fiel ihm das nicht.[109] Welche Bedingungen aber gegeben sein müssen, damit eine Aussage als wahr oder eben falsch qualifiziert werden kann, beschäftigte die Glossatoren nachhaltig.[110] Was geschieht, wenn «Bock» und «Hirsch» zu «Bockhirsch» (*hircocervus*) kombiniert werden? Wie kann es sein, dass eine wahre Aussage durch Hinzufügung von *omnis* falsch wird: «Jeder Sokrates ist ein Mensch»?[111] Es ist der Zweck der Dialektik, hier das Urteil zu fällen.[112]

Es verstand sich von selbst, dass dieser säkulare Begriff von Fehler und Irrtum in einem Ambiente, in dem viele sprachen und schrieben und in dem Schüler ihre Lehrer unter der Prämisse bewerteten, ob sie recht oder unrecht hatten, durch das Vertrauen auf die Überlegenheit wahrer Aussagen stabilisiert werden musste. Die Unterwerfung unter ein Verfahren war hierfür der wichtigste Helfer: Der gelehrte Streit fand in der Disputation eine Form, die die Konfliktbereitschaft der Kombattanten förderte, deren Agon aber festen Regeln unterwarf. So mussten die Teilnehmer nicht fürchten, am Ende moralisch diskreditiert zu sein. Freilich machte zu siegen auch hier mehr Spaß als zu unterliegen, doch auf dieser Grundlage war es möglich, Wahrheit wie eine regulative Idee der gelehrten Praxis zugrunde zu legen. Hierin bestand eine Leistung der antiken Referenztexte: eine Vorstellung von der Wahrheit zu vermitteln, die zu Anstrengung und Abstraktion und daher zu dem Bemühen, nichts falsch zu machen, veranlasste, ohne moralischer Verdammung Tür und Tor zu öffnen. Wo sich Boethius in seinem zweiten Kommentar zur *Isagoge* selbst erklärte, konnten seine Exegeten Maß nehmen: In der Schrift des Porphyrios werde «nach der Erkenntnis der Dinge» gesucht, also habe er, der Übersetzer und Kommentator, sich nicht um «die Anmut einer glanzvollen Sprache, sondern [um] die unverfälschte Wahrheit» bemüht.[113]

Dieser Erkenntnisprozess, so fassen wir zusammen, war in der Wahrnehmung seiner Träger uralt, war aber in langen Phasen der Geschichte in Vergessenheit geraten. Dass er nun wieder aufgenommen und mit dem Optimismus fortgesetzt wurde, dass neueres Wissen älteres verfeinern, verbessern, ja überholen konnte, ist evident. Man hat die Einsicht, dass neues Wissen älterem überlegen sein kann, späteren Phasen der europäischen Geschichte zugeschrieben, wie wir im ersten Kapitel gesehen haben. Hier allerdings begegnen wir ihr im nachantiken Europa zum ersten Mal. Und wir werden sehen, dass sie bald, noch vor der Mitte des 12. Jahrhunderts, viel Aufmerksamkeit auf sich ziehen wird.

Wahrheitstreue und ritualisierter Widerspruch: Transformationen der Schüler-Lehrer-Intimität

Diese veränderten Deutungsmuster scheinen in der Praxis der Schulen auch die Handlungsweisen der Betroffenen verändert und darüber den Umbau der intimen Beziehungen in den *scholae* herbeigeführt zu haben. Auf der gedanklichen Basis der Schüler-Lehrer-Treue, die wir im zweiten Kapitel rekonstruierten und der wir im dritten wiederbegegneten, hätten sie keinen Platz gehabt. Hatte diese auf der getreuen Wiedergabe von «richtigem» Wissen von einer Generation zur nächsten beruht, auf der auf Konkurrenz und Beliebtheit ausgerichteten Aufmerksamkeitsökonomie der *scholae*, auf dem emotionalen Regime, das sich im Inneren dieses intimen Settings ausgeprägt hatte, so wurden die Lehren der Magister unter dem erneuerten Verständnis von Reflexivität, Disziplinarität sowie unter dem Einfluss des neuen wissenschaftlichen Zeitindex und des neuen Wahrheitsparadigmas durchaus anfechtbar. Die Welt der neuen Schulen ist es, in der der Zweifel an der Lehre des eigenen Magisters akzeptabel, ja sogar zum Bestandteil des Erkenntnisfortschritts wird. Die folgenden Beobachtungen bieten einen Indizienbeleg dafür. Das nächste Kapitel, das Abaelard gewidmet ist, wird – wegen Peter Abaelards Neigung zur Grundsätzlichkeit – nachvollziehen, wie diese neue Konstellation von einem Zeitgenossen gründlich reflektiert und diskutiert wird.

Die Namen von Lehrern werden in den Glossenwerken in unterschiedlichen Zusammenhängen angeführt: um zu referieren, was diese lehrten (was sagte Magister Anselm zu *est* im Komparativsatz?), um ihren Namen in Beispielsätzen zu verwenden («Ich höre: ‹Wilhelm!› und verstehe: ‹komm'!› oder ‹hör' zu!› oder dergleichen»), um ihre weiteren Ausführungen wiederzugeben («Magister G. sagt, er könne sich überhaupt nicht daran erinnern, etwas entsprechendes in den Glossen gelesen zu haben. Aber vielleicht hat das auch jemand anderer an seiner Stelle hinzugefügt»).[114]

Und, vor allem: In diesem neuen Milieu werden Lehreraussagen kritisiert. In diesem Schulenmilieu entstand so, bereits im ausgehenden 11. Jahrhundert, jene freiere Diskussionskultur, die Forscherinnen wie Sita Steckel und Claire Nouvet als ein Kennzeichen der erneuerten Intellektualität des hohen Mittelalters ausgemacht haben.[115] Von dem Schüler-Glossator, der darüber nachdachte, ob wohl Boethius oder sein Lehrer gelogen hat, war oben schon die Rede, ebenso von der Skepsis gegenüber dessen Sicht von den unterschiedlichen Zugriffen der Dialektik und der Grammatik.[116] Abaelard sollte gegen die Lehrmeinungen seines Lehrers Roscelin anschreiben,[117] und er arbeitete sich seit seinem Frühwerk an den Meinungen seines Lehrers Wilhelm von Champeaux ab, um sich schließlich weit von ihm zu entfernen.[118] Auch Wilhelms Schüler Goscelin, der spätere Bischof von Soissons, notiert, wo er mit seinem Lehrer nicht einer Meinung ist – und setzt nach seinem Widerspruch zu einem Versuch an, Wilhelms Theorie zu verbessern![119] Das neue gelehrte Feld, das hier in Ansätzen sichtbar wird, kennt nicht nur Kritik und Zweifel, es scheint diese auch in die Praxis des Hörens, Mitdenkens und Schreibens und damit in die Kommunikation innerhalb der *scholae* integriert zu haben.

Wo es nicht um Grammatik, Rhetorik oder Dialektik ging, sondern um theologische Aussagen der Lehrer, scheint man vorsichtiger agiert zu haben. Als rundweg konservativ dürfen wir uns diese gänzlich andere Disziplin dennoch nicht vorstellen, auch hier erbrachten die neuen Schulen eine signifikante Änderung des Stils. Entschiedener als sein Zeitgenosse Anselm von Laon löste sich Wilhelm von Champeaux von der Aufgabe der Bibel- und Patristikexegese und widmete sein Textstudium theologischen Problemen statt Textstellen: Fragen der Trinität, der göttlichen Vorsehung oder der Prädestination.[120]

Weil dabei mehr auf dem Spiel stand und vielleicht auch weil Äußerungen in theologischen Fragen zu Sanktionen führen konnten (wie Roscelin hatte feststellen müssen), stellten sich bei der Textproduktion der theologischen Scholaren und Magister gewisse «Checks and balances» ein. Für die Entstehung der Sentenzensammlung zur Trinität, die Hugo von St. Victor veranlasste, sind sie von einem Schüler namens Laurentius beschrieben worden. Die Mitschüler, so Laurenz, hätten ihn dazu bestimmt, die Sentenzen des Lehrers zu verschriften. Laurenz übernahm damit viel Verantwortung, doch das Risiko, den Lehrer falsch verstanden und in seinem Text falsch wiedergegeben zu haben: dieses Risiko alleine zu tragen, verweigerte er. Er berichtet davon, wie er einmal die Woche mit seinen Aufzeichnungen zu Magister Hugo gegangen sei und diesen um Kürzung, Ergänzung und Änderung gebeten habe.[121] Weniger magistral kontrolliert, aber dennoch von «halboffiziellem» Charakter (Constant Mews) war der *Liber pancrisis* – auch hier haben offenbar Schüler Lehrermeinungen gesammelt und zu einem Werk vereint.[122]

Zweifel und Widerspruch scheinen in den performativen Vollzug der Lehre miteinbezogen worden zu sein: Man wusste, wann und wo ein *litteratus* seine Vorlesungen halten oder gar mit seinesgleichen in Anwesenheit der Schüler strittige Fragen besprechen würde, und damit bekam man die Möglichkeit eröffnet, diesen Ort zur einschlägigen Zeit aufzusuchen. Gilbert Crispin schildert ein solches Ambiente – zwar in einer allegorisierten Form, doch decken sich Elemente seines Berichts mit anderen Zeugnissen seiner Zeit. Daher können wir das Ambiente seiner *Disputation eines Christen mit einem Heiden* von circa 1092/93 vorsichtig in eine Rekonstruktion der performativen Seite jener veränderten Kommunikationsformen an den *scholae* einbringen.[123]

Die *philosophi*, die hier letztlich eine Disputation über theologische Fragen hielten, hatten offenbar zunächst Fragen der Dialektik, der Grammatik und der Wissenschaftslehre im Sinn gehabt. Gilbert hatte von dem bevorstehenden Ereignis erfahren, wurde gedrängt, hinzugehen, scheute aber davor zurück, weil der Weg zum Ort des Ereignisses weit war und man sich verlaufen konnte.[124] Offenbar widerwillig gab er nach, ließ sich von seinem Führer mit liebevoller Gewalt hinter sich herziehen – und erreichte schließlich eine Herberge (*diversorium*), den Ort des gelehrten Ereignisses. Sein Begleiter ging hinein, gesellte sich zur Kerngruppe im Gebäude, wie man offenbar von ihm erwartete – er war «einer von den Inneren» (*quia erat de intraneis*). Gilbert dagegen blieb lieber draußen, er gehörte als «einer von den Äußeren» nicht dazu (*remansi, quia eram de extraneis*). Dass er einen der Türsteher kannte, verschaffte ihm immerhin einen Sitzplatz draußen im Eingangsbereich. Drinnen sah er eine Gelehrtengruppe, offenbar Logiker. Das schloss er daraus, dass die Gruppe zunächst Fragen danach behandelte, was vorrangig sei: erste Substanzen, Spezies und Genera oder die Einzeldinge? In dieser Sache nämlich schienen sich Aristoteles und sein Exeget Porphyrios zu widersprechen. Und noch für eine zweite Quaestio blieb Raum: War die Grammatik tatsächlich ein Teil der Logik (das hieß hier: der sprachbezogenen Philosophie)? Auch hier gab es Anlass zum Zweifel, und damit standen die gängigen Einteilungen der Wissenschaften insgesamt infrage. Beide Quaestiones betreffen genau diejenigen Diskussionen, die im Schulenmilieu des ausgehenden 11. Jahrhunderts en vogue waren: Wie waren *genera* und *species* in Relation zu den Realien der Welt zu sehen, und wie verhielt sich die Grammatik zur *logica dissertiva*, deren Bestandteile den oben besprochenen *Glosule* zufolge *inventio* und *iudicium* waren?[125]

Gilbert wartete noch auf Antworten, als eine «würdig aussehende Person» aus dem Innenraum zu den draußen Sitzenden kam und sie mit gravitätischer Geste aufforderte, sie sollten jetzt ruhig sein und mit dem gebotenen Respekt zuhören, was «drinnen» gesprochen werde. Gilbert entschloss sich daraufhin, doch hineinzugehen. Dort wurde er Zeuge, wie sich der *sermo* auf zwei berühmte, aber unterschiedlichen *sectae* angehörende Philosophen konzentriert hatte: einen Heiden und einen Christen, die versuchten, die Wahrheit des christlichen Glaubens dadurch festzustellen, dass sie diesen ausschließlich mit Vernunftgründen beziehungsweise mit wahren Aussagen behandelten.

 Sosehr es auf Abwege führen würde, wenn wir uns auf den Inhalt der Disputation einlassen würden, so aufschlussreich ist doch, was Gilbert in den frühen 1090er-Jahren über die Performativität jener Akte aussagt, in denen von der Logik, der Grammatik und der Theologie gehandelt wird. Diese werden anberaumt, das heißt sie ergeben sich nicht mehr so, wie wir das von dem Kanoniker Manegold oder von Gilberts anderem Streitgespräch wissen, in Momenten der Muße.[126] Stattdessen folgen sie der Expressivität eines Rituals, denn sie binden die Ermittlung von Wahrheit an die Einhaltung einer vorgegebenen Ordnung: Drinnen und draußen, sitzen und stehen, sprechen und schweigen, Ruhe gebieten, dem Einerseits-Andererseits folgen und die Sprechenden als Inhaber von Rollen begreifen, denen in abgestuftem Maß Würde zukommt. Als der heidnische Philosoph unversehens aufsteht und geht, berät die Versammlung der Umstehenden (*fere tota circumstantium contio*), wie sie mit dieser Malaise umgehen sollen – hören sie auf, dann behält der Heide das letzte Wort! Auf Vorschlag des verbliebenen Diskutanten übernimmt einer der Umstehenden (wer, ist gleichgültig, der Erzähler kennt ihn jedenfalls nicht) die Rolle des Schülers, so dass die streitende Wechselrede wenigstens als lehrhafter Dialog zu Ende geführt werden kann.[127]

Rituale scheitern eben, wenn sie ihre zeitliche und performative Rahmung verlieren, und solches Scheitern galt es hier wenigstens zu mindern. Das Ritual der Disputation schafft nun einen Verfahrensraum, in dem man sich auch einmal irren kann und in dem die Dialogpartner ihrer sozialen Identität entkleidet und zur Übernahme von Rollen (*personae*) veranlasst werden.

Selbstverständlich monopolisierten die Schulen der neuen Wissenschaft das Artes-Wissen in jener Zeit nicht, ließen im Gegenteil anderen Zugangsweisen genügend Raum. In denselben Jahren, in denen sich die Glossenkommentare zu einer mäandernden Überlieferung auswuchsen, entstanden etwa in Regensburg Briefe, die ebenfalls vom Philosophieren, von der Rolle der Dialektik und der Apologie des Disputierens handelten. Kokett gaben ihre Schreiber vor, sich mit der Philosophie überhaupt nicht zu befassen, und ließen dann die Muskeln ihrer Belesenheit spielen. Doch stammen sie ganz offensichtlich aus einem Milieu, in dem der Streit um die Philosophie in einem geschützten, existentiell wenig bedeutenden Raum zur Schau ausgetragen wurde – eher zu Zwecken der Einübung in die Briefkunst als in der Absicht, im Ringen um Erkenntnis haltbare Positionen zu beziehen.[128]

Es ist deutlich geworden, dass der Raum, von dem wir hier gehandelt haben, anders zugeschnitten war. Unter der Ägide Peter Abaelards werden wir sehen, wie er weiter profiliert wurde. Und wir werden sehen, wie die Außenwelt der Nichtwissenschaft verstärkt begann, über diese neue Wissenschaft zu reflektieren und deren Experten zu nutzen.

V. Peter Abaelard und die neue Wissenschaft

1. Traditionen beschleunigen

Der Ausnahme-Magister

Mit Peter Abaelards Auftritt auf der Bühne der neuen Schulen änderte sich vieles – wenn auch nicht im Sinne eines Bruchs mit der neuen wissenschaftlichen Episteme, so doch im Sinne einer Zuspitzung und Radikalisierung vorhandener Elemente. Jurij Lotman hätte wohl von einer «Explosion» gesprochen, die sich mit Abaelards beginnender Lehrtätigkeit in der Kultur der Schulen ereignete.[1] Deren neue Normen und Praktiken, die uns veranlasst haben, im letzten Kapitel von wissenschaftlichem (statt wie bislang von gelehrtem) Wissen zu sprechen, hätten sich womöglich noch über Generationen gleichförmig weiterreproduziert, wenn dieser Rittersssohn aus der Bretagne nicht die Welt der Schulen betreten hätte und wenn er sich dort nicht so aufgeführt hätte, als sei diese Sphäre eigens für ihn geschaffen worden. Entschlossen verzichtete er zu Hause auf seine Erbansprüche, «um ein Ritter der Feder zu werden», und an seinen Glauben scheint er erst gedacht zu haben, als er von dem Entschluss seiner Eltern zum Klosterleben überrascht wurde. Bis dahin betrieb er die Wissenschaft wie andere die Kunst des Turniers. Er spitzte zu, was er bei seinen Lehrern vorfand, schärfte die Techniken der Abgrenzung nach außen (und damit der Autonomisierung des neuen Feldes) und versah es mit einem ebenso apologetischen wie polemischen Gewand, neben dem die Anwürfe der sogenannten Antidialektiker gegen die Lebens- und Denkformen der Dialektiker geradezu harmlos wirken.

Die Ära Abaelards hat man schon heroisierend als den entscheidenden Take-off in der Verwissenschaftlichung des höheren Wissens beschrieben. Dieser Gedanke mag naheliegen. Richtig ist er aber ebenso wenig wie die Radikalkritik strenger Historikerinnen, die in Peter nur einen fahrigen Projekteschmied und Bruder Leichtfuß sehen.[2] Beurteilt man ihn mit Blick auf die Interaktionsformen, die man für seine Schule bestimmen kann, könnte man die Ära Abaelards mit Gewinn als die Flegeljahre der jungen Wissenschaft verstehen: Dass Peter, zur Berühmtheit geworden, so viel Aufmerksamkeit auf sich zog, vermittelte den Zeitgenossen eine (zugegebenermaßen klischeehaft-überzeichnete) Vorstellung von der neuen Wissenschaft. Sein Ruhm, seine europaweite Rezeption waren nicht einfach ein Abglanz seiner Tätigkeit, sondern seinerseits von gesellschaftlicher Bedeutung; denn aus der Perspektive der anderen wurde hier Wissenschaft, eine neue Größe in der eigenen Lebenswelt, als eine eigene Lebensform erkennbar.[3]

Abaelard war ein Ereignis. Er wurde früh berühmt, und dies weit über seinen persönlichen Wirkungskreis hinaus.[4] Seine Anhänger überschlugen sich im Lob seiner intellektuellen Fähigkeiten. Auf seinem Epitaph hieß es:

Jener nur wusste, was immer dem Menschen nur wissbar, besiegte
all' die Künstler, die Kunst lehrt' er erneut aus dem Grund.
Elf Tage vor den Kalenden des Mai entrissen den Petrus,
Logik-Königes Hof raubten sie dann seinen Herrn.
Ist nun dahin im Grabe, hier liegt Petrus Abaelardus,
ihm allein offenbar, wissbar was immer nur sei.[5]

Dies war so übertrieben wie in Nekrologen üblich. Es gab Zeitgenossen wie Wilhelm von Conches oder Theoderich von Chartres, die sich die Lehre von der Natur konsequenter als Abaelard erschlossen und sich länger mit dem herumschlugen, was man von Platon kannte, und er hatte in Johann von Salisbury einen Schüler, der viel belesener war als er. Mit den rechnenden Wissenschaften gab sich Peter überhaupt nicht ab, weil er sich in der Welt der Zahlen, Punkte und Geraden nicht zu Hause fühlte.[6] Doch sowohl die Dialektik als auch die Theologie wurden durch sein Werk und seinen Einfluss auf neue Grundlagen gestellt. Noch heute gilt er den Philosophen als einer der bedeutendsten Logiker aller Zeiten, und ganz gleich wie knapp eine Anthologie wissenschaftshistorischer Texte ausfallen würde, zumindest das Vorwort zu seiner theologischen Sentenzensammlung *Sic et Non*, das wir unten genauer betrachten werden, hätte es verdient, enthalten zu sein.[7] Sogar die Jurisprudenz, der er eigentlich fernstand, bereicherte er durch eine völlig überraschende

 Intervention: Er unternahm jene «Crossover»-Erkundungen über die Grenzen der Fächer hinweg, mit denen bisher Unerkanntes erst sichtbar gemacht wurde.[8]

Abaelards wahrlich europaweite Popularität auf sein wissenschaftliches Werk zurückzuführen, reicht aber nicht aus. Auch der 13 Jahre nach Abaelard gestorbene Gilbert von Poitiers wurde von seinen Zeitzeugen als Koryphäe angesehen, als einer der bedeutendsten Geister seiner Zeit; doch mit einer bescheidenen Ausnahme charakterisierte niemand Gilbert auf ähnliche Weise wie Abaelard als Berühmtheit, als Zelebrität, als Star.[9] Gilberts Lehre zu goutieren schaffte nur, wer durch beharrliches Zuhören und Mitdenken irgendwann auf den Geschmack kam. Dagegen teilten sich Peters Eigenschaften jedem Hörer sofort mit: Witz, Humor, Brillanz, Schlagfertigkeit und, sehr unterhaltsam: eine ausgeprägte Neigung zur Polemik. Andere versuchten mitzuhalten. «Leg' dich nicht zu den Nonnen», lesen wir in einem Cicero-Kommentar wahrscheinlich Wilhelms von Champeaux, «denn deswegen hat neulich jemand gewisse Körperteile verloren.»[10]

Legenden über Abaelard kamen in Umlauf: Als der König ihm verboten habe, auf seinem Land zu lehren, sei er auf einen Baum geklettert und habe von dort aus doziert. Der König habe präzisiert: Lehrverbot zu Lande und in der Luft – Abaelard habe sich in ein Boot gestellt, das am Seineufer lag, und vom Wasser aus weitergemacht. Der König, der vorbeikam und das Schauspiel sah, habe gelächelt und sich geschlagen gegeben. Peter durfte fortan überall lehren.[11] Doch Geschichten wie diese, aufgezeichnet nach Peters Tod, täuschen darüber hinweg, dass das, was man als Abaelards «Schule» bezeichnen kann, dessen Tod kaum zehn Jahre überlebt hat. Allen möglichen Schulen wurde während der zweiten Hälfte des 12. Jahrhunderts Dauerhaftigkeit in der Tradition der magistralen Lehre zugesprochen. Die Rede war von «Adamiten», «Alberichianern», «Gilbertinern», «Melunensiern», «Montanern» und «Robertinern», doch niemals von den Schülern des Berühmtesten unter allen, von «Abaelardianern». Peter war ein Solitär, und man hat schon vermutet, dass seine Epigonen zu sehr dazu gezwungen waren, sein Lebenswerk aufzuarbeiten und zu verteidigen, und es darüber versäumt haben, dieses produktiv weiterzuentwickeln.[12]

Und anders als bei seinen Zeitgenossen können wir tief in sein Leben hineinschauen. Diesen Umstand verdanken wir nicht nur der *Historia calamitatum*, seinem um 1132 verfassten autobiographischen Brief an einen unbekannten Freund, sondern auch der Tatsache, dass er von seinen Zeitgenossen beobachtet, ja studiert wurde.[13] Geschichtsschreiber spielten dezent auf seine Liebesaffäre mit Heloise und die Katastrophe seiner Kastration an und waren zuversichtlich, damit verstanden zu werden.[14] Vorsicht ist bei der Übernahme der Urteile über ihn geboten: Wegen seiner Popularität plapperten auch lesefaule Leute Urteile über seine Werke nach, die sie irgendwo aufgeschnappt hatten.[15] Für Jahrhunderte würde es kaum einen Gelehrten geben, der so populär war und von so vielen Mythen umrankt wurde. Er beschäftigt heute postmoderne Philosophen und die Historiker der Subjektivität, die Genealogen des europäischen Atheismus und die Erforscher der Liebe, des Rittertums und der Autobiographie, die Experten des Mönchtums und kommerzielle Filmemacher. Sein Biograph Michael Clanchy verzichtete bezeichnenderweise darauf, ihm als Individuum am Faden der Chronologie durch sein Leben zu folgen, denn erstaunlich groß war das Ausmaß an sozialer Ortlosigkeit, das dieses Leben bestimmte. Es lohnt sich, die *Historia calamitatum* als ein Dokument derartiger Ortlosigkeit und den anschließenden Briefwechsel als den Versuch zu lesen, diese zu überwinden. Wie in einem Mehrfarbdruck setzte Clanchy sein Bild aus den verschiedenen sozialen Rollen zusammen, in denen Peter agierte: «der Scholar» – «der Magister» – «der Logiker» – «der Ritter» – «der Liebhaber» – «der Mann» – «der Mönch» – «der Theologe» – «der Häretiker».[16] Mit diesen Rollen gehen jeweils Transgressionen anderer eigener Positionen einher: Der Magister beschreibt die Konkurrenzsituation der Pariser Lehrer im Jargon der ritterlichen Welt; ein Nebenprodukt seines Liebeslebens ist eine Theorie der gelehrten Anachorese; der Dichter Abaelard äußert sich in der Rolle des Theologen plötzlich abfällig über die Dichtung; und der Bahnbrecher der dialektischen Methode hat als Theologe massive Vorbehalte gegen den naiven Szientismus dieser *scientia scientiarum*.[17]

Ortlosigkeit hielten ihm auch seine zeitgenössischen Kritiker schon vor: «Ein Mönch ohne Regel, ein Vorgesetzter ohne Sorge um sein Amt, stützt weder seinen Orden noch wird er von seinem Orden gestützt. Er ist sich selber unähnlich, im Inneren ein Herodes, nach außen ein Johannes, absolut zweideutig. Von einem Mönch hat er den Namen und die Kutte. Sonst nichts.»[18] Es war neben anderem auch Peters intellektuelle Begeisterung an unaufgelösten Widersprüchen, die Bernhard von Clairvaux verabscheute. Dass er als Lehrer ein Usurpator war, nicht gedeckt durch den Umstand, jemals Lieblingsschüler einer anerkannten Koryphäe gewesen zu sein, war ein Gemeinplatz, und es wog wahrscheinlich schwer, dass ihm gerade Roscelin, bei dem er tatsächlich einmal Unterricht gehabt hatte, derartige gelehrte Heimatlosigkeit vorwarf.[19]

Wer einmal auf Abaelard aufmerksam geworden ist, begegnet ihm in der europäischen literarischen Überlieferung, ja sogar in der zeitgenössischen Popkultur immer wieder.[20] Zwar ist das neue Kulturphänomen des prominenten «freien» Lehrers eine Generation älter, denn es hat mit Anselm von Laon und Wilhelm von Champeaux eingesetzt;[21] doch Abaelard stellt alle seine Weggefährten und Konkurrenten in den Schatten. Nicht nur über sein Leben sind wir im Bilde, wir kennen auch den größten Teil seines Werks, und noch mehr: Im Spiegel seines Œuvres können wir verfolgen, wie sich sein Denken in vier Schaffensjahrzehnten verändert hat. Heute führen ihn Philosophen als Kronzeugen im Streit um die Historizität philosophischen Denkens an, als Gewährsmann für die Bedeutung von Entwicklung und Veränderung in der Philosophie.[22]

Reine Heldengeschichte bietet dieser Stoff dabei keineswegs. Nicht allein die Tatsache, dass die Affäre zwischen Abaelard und Heloise ein so blutiges Ende fand, taucht die Erinnerung an die Anfänge der Wissenschaft in Rot, sondern auch der Umstand, dass sich Peter gleich zweimal kirchlichen Lehrverurteilungen ausgesetzt sah und dass diese Verfahren im Vergleich mit den früheren gegen Berengar und Roscelin an Profil gewannen. Die Denkformen und Praktiken der Wissenschaft selbst erneuerten sich durch Abaelard, verstetigten ihre Begriffe von Autorschaft und Werk, vom Diskurs und vom Zweifel als der eigentlichen Währungseinheit (dem Parsons'schen «real asset») der Wissenschaftskommunikation.[23] Aber auch die Organisationsformen, mit denen der wissenschaftliche Diskurs von seiner Umwelt in Schranken gewiesen wurde, schulten sich an ihm.[24] Dies hat Jürgen Miethke als Erster gesehen: Es waren Abaelards Gegner, die die kirchlichen Häresieverfahren nicht mehr auf die inkriminierten Schriften der beklagten Gelehrten stützten, sondern auf selbstverfasste Irrtumslisten. So verringerten sie das Risiko, dass sich der Kläger im Disput mit dem Beklagten blamierte. Gerade weil Abaelard als Diskutant so gefürchtet war und auch selbst nicht vor drastischen Mitteln zurückschreckte, wurden seit dem Prozess von Sens 1141 die Sprechakte der gelehrten Disputation, der forensischen Rede und des Konsistoriums allmählich voneinander geschieden. Brutal sollten die Beklagten fortan daran erinnert werden, dass in der Welt außerhalb der Schulen andere Regeln des Sagbaren galten als im Hörsaal.[25]

Zu monumentalischer Geschichtsschreibung taugt Abaelards Lebensbericht aber auch wegen seiner irritierenden Brechungen nicht: Das Ich der *Historia calamitatum* klagt sich an, zu hochmütig und selbstverliebt gewesen zu sein, doch kann der Selbstankläger dabei seine eingefleischte Eitelkeit nicht verbergen. Der Erzähler der frühen 1130er-Jahre steht dem Leser der *Historia* als Mann vor Augen, der zu Egozentrik und zur Verachtung seiner Gegner neigt und dem Eigenlob nur allzu leicht aus der Feder fließt. Selbstanklage geht mit der Überzeugung einher, von seinen Widersachern zutiefst ungerecht behandelt worden zu sein. So beginnen die *consolatoria*, die er seinem anonymen Freund eigenem Bekunden nach spenden will, mit einer selbstbewussten Ankündigung: Du denkst wohl, das Leben habe dir übel mitgespielt? Dann hör' dir erst einmal an, wie es mir ergangen ist![26]

Leben und Werk

Peter, geboren um 1079, war der älteste Sohn eines Geschlechts, das in Le Pallet bei Nantes in der Bretagne ansässig war, ohne selbst bretonisch zu sein.[27] Elementarunterricht war in dieser ritterlichen Familie so üblich wie die Schulung im Gebrauch von Waffen. Was Peter von seinem Vater lernte, machte ihn so hungrig auf weitere Bildung, dass er seine Rechte als Erstgeborener seinen jüngeren Brüdern überließ und sich auf die Suche nach Lehrern machte. In den 1090er-Jahren kam er auf diese Weise auch zu Roscelin von Compiègne.

Um 1100 gelangte Peter nach Paris und trat dort in die Schule Wilhelms von Champeaux ein. Nach ersten Auseinandersetzungen mit diesem ließ er sich selbst als Magister nieder: zunächst in Melun und bald danach in Corbeil, das nahe genug bei Paris lag, um von dort aus Wilhelm Konkurrenz zu machen. Eine Erkrankung (wegen Überarbeitung, wie er selbst schrieb[28]) veranlasste ihn, einige Jahre bei seiner Familie in Le Pallet zu verbringen, und er kehrte erst um die Zeit nach Paris zurück, als sein Lehrer Wilhelm im Begriff war, seine Position am Domkapitel aufzugeben und den Weg in die gelehrte Eremitage einzuschlagen. Abaelards Verhältnis zu Wilhelm blieb ambivalent: Auf der einen Seite besuchte er dessen Rhetorikvorlesungen, auf der anderen profilierte er seine eigene Unterrichtstätigkeit, indem er sich demonstrativ als Wilhelms Kritiker in Stellung brachte und dabei vor allem seine Position in der Frage der Universalien angriff. Dass er in dieser Kontroverse allgemein als Sieger angesehen wurde, hätte ihm fast die Stelle des Domschullehrers bei Notre-Dame eingebracht, wenn Wilhelm nicht interveniert hätte. Also lehrte Peter zunächst weiterhin in Melun und anschließend am Genovefaberg außerhalb (und zugleich in nächster Nähe) von Paris. 1113 folgte Abaelard seinem Bedürfnis, seine Fähigkeiten in den *artes liberales* in den Dienst theologischer Fragen zu stellen, und ging nach Laon zu Magister Anselm, dem angesehensten Theologen seiner Zeit. Auch mit ihm geriet er in Konflikt, da er schnell anfing, selbst theologischen Unterricht anzubieten. Peter kehrte nach Paris zurück, und dieses Mal konnte er tatsächlich die Stelle bei Notre-Dame einnehmen.

Dort begann 1115 oder 1116 seine Affäre mit Heloise, der Abaelard im Auftrag ihres Onkels Fulbert, eines Kanonikers von Notre-Dame, Unterricht in den *artes liberales* erteilte. Als Heloise schwanger wurde, sandte Peter sie zu seiner Schwester nach Hause in die Bretagne. Dort kam ihr Sohn Peter zur Welt, dem Heloise den Beinamen Astralabius gab und den Abaelard später als die «Freude seines Vaterdaseins» bezeichnen sollte.[29] Astralab wuchs in Abaelards Familie auf, Peter und Heloise heirateten heimlich, was die Empörung des Onkels Fulbert allerdings noch steigerte. Heloise wurde einem Nonnenkonvent in Argenteuil übergeben, Fulbert und die Angehörigen seines Haushalts verschworen sich (wohl 1117) gegen Abaelard. Peter wurde im Schlaf überfallen und kastriert: «Sie beraubten mich der Körperteile, mit denen ich begangen hatte, worüber sie klagten.»[30]

Abaelard hatte immer großes Interesse am Mönchtum gezeigt. In dieser Situation nun trat er in den Konvent von St.-Denis ein, und Heloise wurde in Argenteuil Nonne. Peter machte sich im Konvent sofort unbeliebt, da er verlauten ließ, dass das tatsächliche Leben dort nicht seinen hohen Erwartungen an monastisches Leben genügte. Die Lösung bestand darin, dass er in eine *cella* übersiedeln konnte, die wohl dem Konvent von St.-Denis gehörte, um dort wieder zu lehren und dabei zu seinen Logik-Studien solche der Theologie hinzuzunehmen. Hier entstanden seine ersten theologischen Werke, für die er sich vor einer Synode in Soissons unter Leitung eines päpstlichen Legaten 1121 verantworten musste. Die *Theologia «Summi boni»* wurde verurteilt, unter Tränen musste ihr Verfasser sie eigenhändig den Flammen übergeben.

Symbolisch verurteilte ihn die Synode zu lebenslanger Klosterhaft. Der Konvent des örtlichen Medardusklosters nahm ihn freundlich auf, doch Peter konnte sich mit dieser Lage nicht abfinden. Er schilderte seine Klosterhaft, als sei mit ihr seiner körperlichen Verwundung eine soziale gefolgt: «Ich beklagte weniger den Schaden meines Leibes als den Verlust meines Ruhms, da ich zu jenem mit einer gewissen Schuld gekommen war, doch in diese so augenscheinliche Vergewaltigung mich lautere Absicht und Liebe zu unserem Glauben lockten, die mich zum Schreiben gedrängt hatten.»[31] Peter blieb nicht lange, er wurde buchstäblich zurücküberwiesen nach St.-Denis, wo er sich neue Feinde machte: Er stellte infrage, dass der heilige Dionysius, der Klostergründer, tatsächlich der gleichnamige Bischof von Athen (Dionysius Areopagita) war. Neue disziplinarische Maßnahmen waren fällig, doch Peter floh nachts heimlich aus dem Konvent zu Graf Theobald von Blois und der Champagne.

Mit dem Tod des Abtes von St.-Denis wurde Peters Situation erträglicher, ja er erreichte dank einiger mächtiger Fürsprecher die Erlaubnis, an einem selbst gewählten Ort zu leben. Er entschied sich für eine Stelle bei Troyes, ließ dort ein äußerst bescheidenes Oratorium erbauen, das zunächst der Trinität und dann dem Paraklet (dem Heiligen Geist als Tröster) geweiht wurde, und empfing abermals Scholaren, die nach dem Vorbild der antiken Philosophen die asketische Gemeinschaft mit ihm den bequemen Quartieren ihrer Herkunft vorzogen. «In dieser Weise bauten sich auch meine Schüler ihre Hütten am Ufer des Flusses Ardusson, und man sah in ihnen eher Einsiedler als Studenten.»[32] Die Gemeinschaft hielt sich unter Peters Leitung fünf Jahre lang, dann regte sich abermals Widerstand gegen Abaelards Tun, dieses Mal vonseiten «gewisser neuer Möchtegern-Apostel», womit wohl Bernhard von Clairvaux (der «heimliche Papst» jener Jahre) und Norbert von Xanten gemeint waren.[33]

Zwischen 1126 und 1128 wurde Abaelard das Abbatiat im St.-Gildas-Kloster im bretonischen Rhuys angeboten, und in der Hoffnung, dort den Konflikten mit seinen Gegnern zu entgehen, nahm er an. Schockiert von der Undiszipliniertheit des Mönchslebens in diesem Konvent, bereute er bald, das Paraklet-Oratorium verlassen zu haben – er fürchtete sogar, dass die bretonischen Mönche ihn wegen seines Reformeifers umbringen würden. Als Abt Suger von St.-Denis 1129 Heloise und ihre Schwestern aus Argenteuil vertrieb, überließ Peter den Frauen den Paraklet, eine Lösung, die sogar päpstliche Approbation fand. Heloise wurde die Äbtissin des Konvents, Peter ihr spiritueller Helfer. Er selbst floh um 1132 vor den Konflikten, die er mit seinen Mönchen von St. Gildas auszutragen hatte, ohne sein Abbatiat tatsächlich aufzugeben, und begann wieder in Paris zu lehren.

Von dieser fruchtbaren Schaffensphase erfahren wir nichts mehr aus der *Historia calamitatum*, sie bricht hier ab. Als man Abaelard wieder attackierte, ging es abermals um seinen Schulbetrieb und seine Theologie. 1141 musste er sich in Sens ein zweites Mal vor einer Synode für sein Werk verantworten. Diesmal war Bernhard von Clairvaux sein Hauptwidersacher, und trotz unbestreitbarer Sympathien in den Reihen des römischen Kardinalskollegiums stellte Papst Innozenz II. für den 16. Juli 1141 eine Exkommunikationsbulle gegen Abaelard aus und verfügte, dass dieser in Klosterhaft genommen werden sollte. Seine Werke sollten verbrannt werden. Abaelard versuchte, der Promulgation der Bulle zuvorzukommen und Rom zu erreichen, bevor Tatsachen geschaffen waren. Als er auf diesem Weg in Cluny eintraf, stand es so schlecht um seine Gesundheit, dass Abt Petrus «der Verehrungswürdige» ihn aufnahm. Der Abt brachte eine Aussöhnung zwischen dem schwer kranken Abaelard und Bernhard zuwege und erreichte die Aufhebung der Exkommunikation. Peter verbrachte seine letzten Lebensmonate in Frieden in der cluniacensischen Priorei von Chalon-sur-Saône. Am 21. April 1142 starb er dort.

Peters Werk ist das umfangreichste, das es in der Welt der Gelehrten bis zu seiner Zeit jemals gegeben hatte, wenngleich es nicht so viele Bereiche umfasste wie das des Aristoteles. Ein großer Teil davon war der Logik, ein anderer der Theologie gewidmet, wobei letzterer auch beispielsweise Arbeiten zur Ethik enthielt – für Abaelard, der auf keinen antiken Referenztext zur praktischen Philosophie zugreifen konnte, ein theologisches Feld, in dem es darum ging, einen Begriffsapparat zur Bestimmung ethischer Grundsätze zu entwickeln. Die Einzelwerke zu datieren, und sei es auch nur relativ zueinander, hat Gelehrte seit den Tagen Heinrich Denifles zu vielen scharfsinnigen Überlegungen veranlasst.[34]

Es ist üblich geworden, drei Schaffensphasen in Abaelards Werk zu unterscheiden. Eine frühe Phase bis ungefähr 1118 (also bis zu dem katastrophalen Ende seiner Affäre mit Heloise) zeigt Peter als einen Lehrer der Dialektik, der mit seinem Ton, seinen Methoden und seiner erheblichen Aggressivität auf dem Feld der Schulen in weitem Umkreis die Aufmerksamkeit auf sich zog. Wahrscheinlich schon vor 1117 entstand vor allem seine *Dialectica*, ein Frühwerk also und keine Synthese einer Lebensleistung, wie man früher einmal vermutet hat. Das Interesse an der Theologie, das sich dann in den Vordergrund schob, brachte seine erste theologische Synthese hervor, nach dem Initium ihres ersten Buches bezeichnet als die *Theologia «Summi boni»* (circa 1120).[35]

Deren Verurteilung in Soissons stimulierte zu Werken, die insgesamt eine zweite Schaffensphase ausmachten: Seine zweite «Theologie», die *Theologia «Christiana»*, ein Werk mit erkennbar apologetischen Erweiterungen gegenüber der früheren Theologie, zeugte von dem Bedürfnis, die Materie ganz neu und anders zu ordnen als beim ersten Mal. Dies geschah in einer Phase, in der Abaelard mit seinen Schülern das freie Leben des peripatetischen Philosophierens erprobte und das Lob der griechischen Philosophen als ein Lob ihrer Lebensform mit in sein Werk einschloss. In den 1130er-Jahren dann, als Peter das Gildaskloster in der Bretagne verließ und wieder in Paris zu lehren begann, waren abermals neue Bedingungen für ihn geschaffen: Die «Theologie», die dieser dritten großen Phase entsprach, war die *Theologia «Scholarium»*. Die Produktion jener Jahre weist auf die Konflikte um seine Lehre voraus, die vor allem während der Synode von Sens 1141 ausgetragen werden sollten.

Eine nähere Charakterisierung seines Werks muss hier unterbleiben, doch sind zwei Besonderheiten bemerkenswert. Zum einen sollten wir uns klarmachen, wie im Rahmen des Gesamtwerks aus Arbeiten, die typisch für die gelehrte Produktion an den Schulen waren, sehr individuelle Texte herauswuchsen. Ununterscheidbar von der sonstigen anonymen Überlieferung der *scholae* begegnen zunächst Glossen, Materialien für die Lehre und Schülermitschriften. Dann aber erkennen wir zunehmend Arbeiten, denen ihr Autor bewusst den Stempel der Unverwechselbarkeit und der Selbstreferenz aufgedrückt hat. Es ist kein Zufall, dass es Peters Werke sind, die in der Überlieferung erstmals gemeinsam mit dem Namen ihres Urhebers überliefert sind: «Hier beginnt der Prolog des Peter Abaelard zu *Ja und Nein*» – so oder ähnlich heißt es in fast sämtlichen Handschriften.[36] Wir werden noch sehen, dass Peter versuchte, mit der Zuweisung solcher Titel die Rezeption seiner Arbeiten zu fördern, sie unverwechselbar zu machen, und nicht allen gefiel diese Taktik.[37] In der *Dialectica*, einem Frühwerk, bemüht er sich um unterhaltsame Beispiele, die auf ihn selbst und seine privaten Umstände anspielen. «Peter liebt sein Mädchen», «Die Freundin soll mich küssen»: Man tut gut daran, sich solche Sätze im praktischen Lehrvortrag vorzustellen und sich dabei zu vergegenwärtigen, dass auch die, die Abaelard kritisch sahen, vom Unterhaltungswert des Umgangs mit Peter sprachen.[38] Peters Œuvre hatte auch deshalb eine besondere Note, weil seinem Verfasser an der Unterscheidbarkeit seiner Produktion viel gelegen war.[39] Das gilt auch für seine Dichtungen. Über längere Zeit sammelte er seine Distichen, ergänzte sie durch Übersetzungen landläufiger altfranzösischer Spruchweisheiten, beschloss dann aber am Ende seines Lebens, dass auch hieraus ein «Werk» nach dem Vorbild der *Distichta Catonis* werden sollte. Die Widmung an seinen Sohn Astralab wies es als einen echten, höchstpersönlichen «Abaelard» aus. Dritte griffen zu und exzerpierten daraus nach eigenem Gusto.[40]

Der zweite Umstand betrifft die Einschätzung von Abaelards

autobiographischem Brief (der *Historia calamitatum*, im Folgenden kurz *Historia* genannt) und dem Briefwechsel mit Heloise, der sich entspann, als Heloise die an einen Unbekannten gerichtete *Historia* gelesen hatte. Da diese Texte bei der Analyse der Abaelard'schen Schulen von zentraler Bedeutung sein werden, müssen wir kurz auf sie eingehen.

Die Echtheit dieser Briefe ist lange Zeit angezweifelt worden, und in den 1970er- und 1980er-Jahren hat dieser Verdacht den Umgang mit ihnen dominiert.[41] Seither hat sich die Ansicht durchgesetzt, dass die Briefe echt sind, und zwar in dem Sinn, dass sie mindestens von Abaelard, wahrscheinlich aber tatsächlich von Abaelard *und* Heloise verfasst wurden.[42] Geschrieben um 1132, sollte die *Historia calamitatum* möglicherweise ursprünglich als ein Werk der Trostliteratur für sich alleine stehen. Wahrscheinlich zwischen 1132 und 1135 wurde sie jedoch durch die Erweiterung um eine Sequenz von Briefen Heloises (Nr. 2, 4 und 6) und Abaelards (Nr. 3, 5, 7, 8) in ein neues Licht gerückt. Diese Sequenz von Texten sowie die von Peter verfasste anschließende *Regel* für den Paraklet-Konvent wurden als eine literarische Einheit geplant und für lange Zeit als eine solche angesehen, wie die handschriftliche Überlieferung klar zu erkennen gibt.[43] Dass die Briefe nicht in der überlieferten Form hin- und hergelaufen sind, dass sie wohl eher im Rahmen der Brief*sammlung* sehr sorgfältig redigiert, vereinheitlicht und aufeinander abgestimmt wurden, ist angesichts der zahlreichen Verschränkungen und Querbezüge, insbesondere aber wegen des ausgeklügelten narrativen Spannungsbogens, den sie beschreiben, naheliegend.

Sie angemessen zu lesen setzt voraus, dass man sich die ursprünglich intendierte Rezeptionsweise vergegenwärtigt, die die besagte Plotstruktur des Briefwechsels samt der *Regel* bestimmt. Denn Briefe und Regel sind im Mittelalter stets als Einheit angesehen worden, und als solche zielten sie auf die Lektüre durch die Nonnen des Paraklet-Konvents. Dort nämlich sollten sie einen doppelten Läuterungsprozess nachvollziehbar machen, an dessen Ende ein hochfahrender Mann und eine ihrer Sexualität ausgelieferte Frau ihre Erfüllung im regulierten monastischen Leben eines Konvents finden.[44] Die Schilderungen von Abaelards früher konfliktbeladener Lehrtätigkeit, die wir unten in einem eigenen Teilkapitel analysieren wollen, stehen daher dem Bild vom idealen geordneten Leben im Kloster antithetisch als eine frühe Phase der persönlichen Verirrung gegenüber. Dasselbe gilt für Heloises verblüffende Konkubinatsreklame der ersten beiden Briefe: Sie wolle, so sagt und schreibt sie, lieber seine «Konkubine oder Hure» als seine Ehefrau genannt werden.[45] Abaelard durchschreitet von dort eine ganze Abfolge von Konflikten, die vor allem von seiner Doppelexistenz als Mönch und Magister herrühren. Abhilfe sollte der Umzug vom Hauptkloster von St.-Denis in eine Zelle schaffen – ein Schritt hin zum Eremitentum, doch die inneren Widersprüche und Rollenkonflikte waren auch dadurch nicht zu heilen.[46]

Am Ende der Entwicklung dann ganz andere Verhältnisse: Die beiden Liebenden, die doch einst unfreiwillig zu Nonne und Mönch geworden waren, sind mit ihren Rollen versöhnt. Das «Wir» der Liebesbriefe ist einem neuen «Wir» gewichen, mit denen Heloise ihre Gemeinschaft mit den anderen Klosterfrauen zur Sprache bringt. Abaelard wird dazu aufgefordert, sie in Glaubensfragen und Dingen des monastischen Lebens zu unterweisen. Nach den Liebesbriefen (1–6) bedürfen die Frauen der Lehrbriefe (6-*Regel*), denn es ist abzusehen, dass das Charisma des großen Lehrers mit dessen Tod nicht mehr Grundlage des gemeinsamen Lebens sein kann. Er soll jetzt zu ihnen sprechen, sie werden sich aufs Zuhören verlegen, kündigt Heloise am Ende von Brief 6 an: *Loquere tu nobis, et audiemus*.[47] Wir kennen diese Sorge um das Ende des magistralen Charismas von jener Gruppenform der eremitisch lebenden *magistri*, die oben als das Paradigma der neuen Schulen identifiziert wurde. Folglich werden für den Paraklet-Konvent geordnete Verhältnisse für die Über- und Unterordnung von Männern und Frauen geschaffen.[48]

Auch das auffallend ritterlich-kriegerische Vokabular zu Beginn der *Historia calamitatum* ist als Bestandteil dieser narrativen Logik zu sehen. Belagerungen, strategische Finten, Truppenbewegungen (von Magistern und Schülern), die «recréantise» (bei Hartmann von Aue das «Verliegen») des träge gewordenen liebenden Ritters oder Lehrers – paradigmatisch verweisen diese Erzählmomente auf Peters ritterliche Herkunftswelt und seine frühe Erziehung, syntagmatisch zugleich auf den Beginn eines Spannungsbogens vom jugendlichen Helden, der seine Kräfte überschätzt, bis zum Konventsgründer, der

der Welt entsagt.[49] Eine solche narrative Struktur legte den mittelalterlichen Rezipientinnen der ersten Stunde bestimmte Verständnisweisen nahe, ohne doch Ungereimtheiten vollständig aufzulösen. Dass Heloise zu Beginn des sechsten Briefes beispielsweise übergangslos von ihrer sehr sinnlichen Tonlage zum Gespräch über die rechte Klosterordnung übergeht, ist eine dieser Merkwürdigkeiten.[50] Ebenso unklar ist, in welchem Verhältnis die von Abaelard entworfene Soziologie der *schola* zum normativ klar regulierten Konventualen-Leben der *Regel* steht. Dies werden wir bei ihrer Auswertung zu berücksichtigen haben.

2. Das neue Wissen und seine erneuerten Bedingungen

Übernahmen und Katalysen

Es drängt sich die Frage auf, welche Elemente seiner Wissenschaft an Dinge anknüpfen, die uns schon bekannt sind, und welche Elemente seiner gelehrten Praxis die besagten Veränderungen, Verschärfungen und Zuspitzungen zur Folge hatten.

Wir untersuchen dies durchaus in dem Bewusstsein, dass die Forschungen der letzten Jahre dazu neigten, Abaelards wissenschaftliches Werk und Wirken stärker in die vorgefundenen Traditionen einzubetten, als man dies zuvor getan hatte. Und tatsächlich besteht auch heute noch die Gefahr, den Verführungen der *Historia calamitatum* zu erliegen: Deren Verfasser lässt den Leser einem tragischen Helden begegnen, der wie ein junger Haudrauf in die Welt der Schulen stürmt; der Held übernimmt sich dabei vor lauter Angriffslust, doch dank seines unvergleichlichen *ingenium* zeigt er sich seinen Gegnern dennoch haushoch überlegen.

Die Wirklichkeit sah anders aus: Hier hatte ein Autor offenbar Schwierigkeiten mit dem Umstand, dass er gewissen Lehrern etwas schuldete. Auch neigte Abaelard dazu, die Originalität seines Tuns zu übertreiben. Man darf in dieser Hinsicht nicht auf sein suggestives Erzählen hereinfallen,[51] denn das geistige Rüstzeug, das ihm im Disput mit Wilhelm von Champeaux und Anselm von Laon zur Verfügung stand, hatte er in Jahren der Schülerschaft erworben; es entsprang keineswegs seiner genialen Eingebung, wie der Autor suggeriert.[52] Heute wird dieser Umstand energisch betont: Abaelard sei kein Autodidakt gewesen, der versucht habe, ungebahntes Feld zu überqueren, so Clanchy in seiner Biographie, sondern ein bestens ausgebildeter Geist, der 20 Jahre «in and out of the best schools» verbracht habe, bevor er selbst zu lehren begann.[53] *Sic et Non* etwa, eines seiner bedeutendsten Werke, begründete kein neues Genre, sondern stand in der Tradition jener Dossiers autoritativer Textstellen, wie Abaelard sie spätestens während seiner Schülerschaft bei Anselm von Laon kennenlernte. Lehrer legten sich diese Dossiers für ihren Unterricht an, doch Peter versah diese vorgefundene Form mit neuen Funktionen. Vor allem das Vorwort ist ein frühes Zeugnis für die Selbstreflexion der Wissenschaft, die Programmschrift eines ungeheuer selbstbewusst gewordenen forschenden (und auf den Zweifel gegründeten) Wegs der Wahrheitssuche.[54]

Bleiben wir bei den Textgenres, die wir im vergangenen Kapitel als charakteristische Elemente der beiden Lehrergenerationen vor Abaelard kennengelernt haben. Weiterhin ist es schwer, zwischen dem zu unterscheiden, was der Magister während seines Lehrvortrags gesagt haben soll, und dem, was seine Schüler verschrifteten. Der Patchwork-Charakter der Glossen- und Sentenzensammlungen, die Gemengelage von Gesagtem (der Magister) und Verstandenem (der Schüler, die sich Notizen machten), blieb. Wir kennen *abbreviationes* seiner Lehre, Glossenwerke, die auf seinen Texten aufbauen, Reportationen zu seinen Theologie- und Ethikvorlesungen, Sentenzensammlungen von Schülerhand, teilweise mit dem expliziten Verweis auf ihn (*secundum magistrum Petrum*).[55] Abaelards Kommentar zum paulinischen Römerbrief ist aus solcher Lehre hervorgegangen, wie die Parallelen zu einem anonymen Kommentar sämtlicher Paulusbriefe zeigen, der häufig auf die Lehre des *philosophus* (hier eindeutig: Peters) Bezug nimmt.[56]

Allerdings wurden diese Mitschriften in seinem Fall schließlich als Gefahrenquelle angesehen, weil Peter stärker unter Beobachtung stand als seine Vorgänger. Der sogenannte *Liber Sententiarum Magistri Petri*, der 1140 mächtige Männer gegen ihn aufbrachte, wird heute als eine solche Schülermitschrift angesehen. Abaelard distanzierte sich entschieden von dem, was darin stand, lehnte die Verantwortung dafür ab, von seinen Schülern stets richtig verstanden und wiedergegeben zu werden.[57]

Da auch Gilbert von Poitiers, der Beklagte des nächsten großen Theologenprozesses, zur öffentlichen Distanzierung von einer solchen Mitschrift gezwungen wurde, können wir sagen: Aufgerüttelt durch das Ereignis Abaelard, fürchteten die Gegner der Wissenschaft fortan, dass Schulen nicht nur Orte des gefährlichen Irrtums, sondern zugleich Verbreitungsmedien ihrer eigenen Lehre würden.[58] Wir werden sehen, dass sich der Kampf gegen Abaelard zu einem Zeitpunkt zuspitzte, als eine abtretende Generation besorgt die Verbreitung Abaelard'scher Gedanken durch dessen Schüler über den möglichen Tod des Meisters hinaus zu befürchten begann.[59]

Abermals begegnen wir bei Abaelard auch der Denkform, dass die Lehrtätigkeit mit einer Rollenübernahme einhergeht, die durchaus mit einem eigenen Namen angezeigt werden kann: Odo von Tournai nannte sich als Lehrer Odardus, wohl weil seine Schüler ihn so bezeichneten. Peters extravaganter Beiname taucht ebenfalls um die Zeit auf, als er zu lehren beginnt. Sein früher Lehrer Roscelin nannte ihn jedenfalls weiterhin schlicht Peter, aber der Beiname war es, der die Runde machte. Er diffundierte in unzähligen Formen durch Europa: Abaalardus, Abaalarz, Abaielardus, Abaillardus, Baalaurdus, Habaelardus und so weiter.[60] Die Formen zeigen vor allem, dass wir seinen Namen heute falsch aussprechen: Die Zeitgenossen nannten ihn «Aba-helardus», «Abe-alardus», «Aba-ielardus» oder ähnlich. Auch ein qualifizierendes Attribut wurde populär: *peripateticus palatinus*, also wahlweise (nach seinem Heimatort) der Peripatetiker aus Le Pallet oder (nach seiner Fähigkeit, auch in einem *palatium* Staat zu machen) der höfisch-gewandte, ergo gesellschaftsfähige Philosoph ohne festen Wohnsitz (*peripateticus*). Ein wandelndes Paradoxon eben.[61]

Auch Abaelards Praxis, seinen Werken prägnante Titel zu geben und hierüber deren Rezeption zu steuern, spitzte zeitgenössische Ansätze zu. Wissenschaftliche Arbeiten trugen meist überhaupt keine Titel im engeren Sinne. Sie wurden benannt, indem man ihre Zugehörigkeit zu einer Textgattung bezeichnete und hinzufügte, auf welche Primärtexte sie sich bezog (*Glossen zu De Interpretatione*). Wo der Problembezug stärker war als der Überlieferungsbezug, mochten Gelehrte diesem Umstand mit einem entsprechenden Titel Rechnung tragen: Er habe das folgende Werk nach dem Stoff, den es behandelt, *Warum Gott Mensch geworden* genannt, hatte Anselm von Canterbury 1098 geschrieben. Der Versuch gelang, die Leser lernten das Buch als den *Liber Cur Deus homo* kennen.[62] Abaelard reihte sich in die konservativere dieser beiden Traditionen ein und verfasste etwa *Kleine Glossen zu Porphyrios*, *Kommentare zum Paulusbrief an die Römer* oder eine *Auslegung des Vaterunsers*.[63] Die jüngere Tradition des freien Titels nutzte er allerdings zu seinen Zwecken in einer Weise, die seine Gegner stark gegen ihn aufbrachte. Außerhalb jeder Tradition stand vor allem, dass er jede seiner drei theologischen Synthesen als *Theologia* bezeichnete. Seine Kritiker fanden diese noch nie dagewesene Benennung anmaßend, reagierten empört oder konterten höhnisch mit Verunglimpfungen: Statt von Theologie solle man eher von Frivologie oder Tumbologie sprechen.[64] Ähnlich unerhört war, dass er sein Hauptwerk zur Ethik, deren Stoff in der Systematik der Theologien keinen Platz gefunden hatte, mit einem Satz bezeichnete, der gerade auf die antik-paganen Aspekte praktischer Philosophie statt christlicher Theologie verwies: *Scito te ipsum – Erkenne dich selbst.* Abaelard scheint hier einer Eingebung gefolgt zu sein, als er das Werk fertig vor sich auf dem Tisch liegen hatte. Lange hatte er sich mit diesem Plan getragen, ja er hatte seine *Ethik* schon angekündigt, als diese noch gar nicht geschrieben war. Abermals war sein Widersacher so erbost, dass er seine eigene Arbeit unterbrach, um zu intervenieren. Er fand den Titel «monströs», und dasselbe galt für *Ja und Nein* (*Sic et Non*).[65] Wahrscheinlich war es für seine Gesundheit besser, dass er von Peters *Büchern der Phantasien* erst gar nichts erfuhr.[66]

Diese neue Praxis des prägnanten, auf Unverwechselbarkeit zielenden Titels stand im Zusammenhang mit der Art und Weise, mit der Abaelard die jungen Traditionen wissenschaftlicher Reflexivität und Selbstreferentialität aufnahm, die wir im vergangenen Kapitel kennengelernt haben. Wie bei seinen Vorgängern äußerte sie sich darin, dass die Wissenschaft über sich selbst, über ihren Geltungsbereich und ihre Grenzen reflektierte. Aus der *in-voce*-Position, die angeblich mit dem ansonsten unbekannten Magister Johannes in die

Welt gekommen war und die behauptete, dass der Erkenntnisgegenstand der Dialektik die Sprache und nicht die außersprachliche Wirklichkeit war, wurde bei Abaelard das umfassendere metaphysische Problem der Existenz von Universalien. Universalien waren keine bloßen Sprechgeräusche (*voces*), sondern *sermones:* mentale Repräsentationen, die Dinge der Welt evozieren, wobei diese ihrerseits partikular und keinesfalls universal sind.[67] Ein weiterer Ausdruck gelehrter Reflexivität war damit gegeben, dass Abaelard seine einzelnen Werke als Zwischenberichte zu Fragen und Problemen ansah, nicht als letztgültige Lösungen. Daher die zweimalige Überarbeitung seiner *Theologien*, daher die Ausgliederung von deren ethik-affinen Aspekten, für die in seiner Systematik der *Theologien* kein Raum war.

Peter steuerte damit zwischen zwei Extrempositionen hindurch. Auf der einen Seite erinnern seine Pläne an Berengar von Tours, der seinen Gegnern antworten will, die Antwortschrift aber wegen seines Bedürfnisses nach Grundsätzlichkeit niemals fertigstellen kann. Auf der anderen Seite erinnert er an Gelehrte wie Anselm von Canterbury, die in dem Wissen um die Vorläufigkeit des Geschriebenen nach dem Motto handeln: Ich publiziere einfach einmal auf dem Stand der Dinge.[68] Abaelards Lösung bestand darin, nicht in Einzelwerken, sondern in der Größenordnung des Œuvres zu denken, des Gesamtwerks, das Anlass zu Änderung, Korrektur und Ergänzung gab. Er scheint seine eigenen Texte beständig mit Zusätzen und Korrekturen versehen zu haben, und entweder seine Exegeten mühten sich in ihren Manuskripten um deren anschließende Integration, oder er selbst besorgte Neufassungen und Totalrevisionen. Als Marcia Colish ihn als einen Autor charakterisierte, der nie eine Sache tatsächlich zu Ende gebracht habe, unterlag sie einem Missverständnis. Wir haben es bei Abaelard mit einem Gelehrten zu tun, der die Erfindung dynamischer Publikationsformen sicher frenetisch gefeiert hätte.[69]

Hatten Fragen Vertiefung verdient, dann konnte man auf andere Teile des Œuvres verweisen, wie Peter das beispielsweise in seinem Römerbrief-Kommentar tat: «Mehr haben wir dazu in unserem Werk zur Theologie zusammengetragen.» – «Davon haben wir im ersten Buch unserer Theologie hinreichend gehandelt.» Im selben Werk beobachten wir ihn auch dabei, wie er auf Schriften vorausverweist, die bislang nur in seiner Phantasie existieren, weil er sie erst noch schreiben muss: «Aber Lösungen zu den präsentierten Fragen behalten wir uns für die Untersuchung in unserer *Theologie* vor.»[70] Vor allem weist er gleich dreimal auf die noch ungeschriebene Ethik voraus, also auf *Scito te ipsum*.

Falsch wäre es zu glauben, dass die intersubjektive Dimension von Wissenschaft durch ihn damit bereichert worden wäre. Auf die Werke anderer weist er nur andeutungsweise hin, er schreibt dann: «Es gibt welche, die …» oder «Einige meinen, dass …». *Scito te ipsum* etwa enthält keine explizite Referenz auf einen Zeitgenossen.[71] Manchmal wurde er polemisch, wie das Roscelin oder seine eigenen Schüler zu spüren bekamen.[72]

Weitere Aspekte wissenschaftlicher Selbstreferenz sind dann wieder sehr deutlich ausgeprägt. Der Primat der Dialektik für alle sprachbezogenen Disziplinen wird ihm ein wichtiges Anliegen. Abaelard praktizierte diese Leitfunktion nicht nur, sondern er brachte sie auch unmittelbar zur Sprache, indem er Programmatisches zitierte, anderes selbst verfasste und über die Differenz der Erkenntnisformen verschiedener disziplinärer Zugangsweisen reflektierte. Die Wissenschaft war für ihn gehalten, sich selbst zu erklären und zu beobachten, und gemessen an der Anschaulichkeit seiner Beispiele und Analogien darf man annehmen, dass ihm die exakte Einschätzung dessen, was die Dialektik soll und wie sie sich zu den übrigen Wissenschaften verhält, unabdingbar für richtige Wissenschaft schlechthin erschien.[73] Der Dialektik seien sämtliche Wahr-Falsch-Urteile unterworfen, schreibt er zu Beginn des vierten Traktats seiner *Dialectica*, eines Textes, der mit apologetischen Bemerkungen begann.[74] Die Kritiker waren immer noch aktiv, also startete er einen Gegenangriff und verfasste eine «Invektive gegen einen, der von der Dialektik nichts versteht und dennoch ihr Studium ablehnt».[75] In dieser legte er dar, wie man die Dialektik auf legitime und nutzbringende Weise handhabt und was die Pseudodialektiker falsch machen, die die Reputation der Leitwissenschaft schädigen. Dies gab Gelegenheit, Setzungen und Definitionen wieder und wieder zu zitieren, ja zu kanonisieren: Die Sentenz aus Augustins Schrift *De Ordine*, in der die Dialektik als die Fundamentaldisziplin schlechthin (*disciplina disciplinarum*) bezeichnet wurde, taucht strategisch gut platziert immer wieder auf: in dem Brief an den Ignoranten, aber auch in allen drei Theologien (und dort wiederum, damit kein Blätterer es übersieht, in einem Abschnitt, der mit *Laus dialecticae* überschrieben ist) sowie im *Dialog zwischen einem Philosophen, einem Juden und einem Christen.*[76]

Neue Zuordnungen: Begabt gegen fleißig, jung gegen alt, wahrheitstreu gegen lehrertreu

Dass sich Peter nicht auf die Apologie seines Treibens beschränkte, sondern Angriffe auf seine Kritiker und Gegner unternahm, war mit einer Reihe von Zuspitzungen verbunden, die bisherige Elemente des gelehrten Imaginariums geradezu auf den Kopf stellten. Denkformen der Gelehrtenwelt wurden völlig neu ausgerichtet und einander zugeordnet. So trat in der Polemik gegen die Dialektik-Kritiker schnell in den Vordergrund, dass Abaelard wegen der Elementarfunktion der Dialektik die Rolle von persönlicher Begabung in der Welt der Gelehrten stark aufwertete. Begabung in der Dialektik, im logischen Denken, das auf Sprache rekurrierte, war für ihn Grundbedingung für (in der Sprache unserer Zeit) wissenschaftliches Arbeiten.

Freilich: Von hervorragendem Intellekt, von phantastischer Auffassungsgabe und früh erworbenem Wissensfundus hatten alle biographischen Erzählungen gehandelt, die in den Jahrhunderten zuvor von der schulischen Ausbildung ihrer «Helden» handelten, und manche von ihnen hatten sich angeschickt, dieses Wissen nicht nur in der Breite, sondern auch in der Tiefe zu erweitern. Als Johannes, der spätere Abt des Klosters Gorze, hundert Jahre vor Abaelard Augustins Gedanken zur Trinität gelesen hatte und dabei auf die Bedeutung aufmerksam geworden war, die sprachlogische Regeln im Denken des Kirchenvaters einnahmen, beschloss er zunächst, diese Sache gründlich aufzuarbeiten – er besorgte sich erst einmal die Einführungsschriften «und stürzte sich in die Mühsal ihrer Lektüre». Doch sein Abt verbot ihm das bald, denn er wusste aus eigener Erfahrung, dass man dabei einer intellektuellen Versuchung erliegen konnte, und dies stand einem Mönch nicht an. Johannes gehorchte umgehend und wurde lieber ein richtiger Mönch als ein halber Gelehrter.

 Daher auch der in Mönchs- und Bischofsbiographien verbreitete Topos, nach dem man die Schulen als junger Mann allenfalls kurz zu besuchen hatte, wenn man es richtig machen wollte.[77]

Neu aber war die Tatsache, dass Abaelard die Denkform von der wissenschaftlichen Begabung in einen anderen Zusammenhang rückte, indem er sie in ein Spannungsverhältnis zum Fleiß, zum Schatz des erworbenen Wissens und damit zur Anciennität brachte. Wer unbegabt war, so suggerierte seine schon genannte Invektive gegen den Dialektik-Ignoranten, dem erschloss sich das Geschäft der Logik auch durch große Anstrengung nicht. Anders gesagt: Die Vorbehalte der Ahnungslosen gegen die Dialektik fielen auf diese zurück, sie ließen Rückschlüsse auf ihre Begabung zu. Daher waren sie so ernst zu nehmen wie das Urteil des Fuchses über die Trauben, die zu hoch hingen.[78]

Noch weiter ging er in der *Historia calamitatum*, wo er sein *ingenium* in ein ausgeprägtes Konkurrenzverhältnis zum *usus* seiner Lehrer setzte: Männer wie Anselm von Laon mochten viel gelesen und lange gelehrt haben, sie verließen sich auf ihre Bildungsreservoirs, konnten aber mit seinem Genie nicht mithalten. Ihre prall gefüllten Wissensspeicher machten sie zu würdevollen Dozenten, nützten ihnen aber im disputativen Streben nach der Wahrheit wenig. Möglicherweise waren sie sogar eher Ballast als Hilfe. Berühmt geworden, fast so berühmt wie Augustins beißende Passage über den Manichäer Festus, ist Peters Charakterisierung Anselms von Laon, immerhin des prominentesten Gelehrten in der Generation seiner Lehrer:

> *Ich besuchte also die Schule dieses alten Mannes, der freilich seinen Namen mehr einer langjährigen Routine (longeuus usus) zu verdanken hatte als seiner Begabung oder Gedächtniskraft (ingenium uel memoria). Wer in irgendeiner Frage unsicher an seine Tür pochte, um ihn aufzusuchen, der kehrte noch unsicherer zurück. Bewundernswert war er zwar in den Augen von Hörern, aber ein Nichts im Anblick von Fragern. Er verfügte über eine ungewöhnliche Redegewandtheit (verbosum usum), aber sie war gedankenarm und vernunftleer. Das Feuer, das er entzündete, füllte sein Haus nur mit Rauch, statt es zu erleuchten.*[79]

Als Abaelards Mitschüler ihn auf die Probe stellen wollten und ihn dazu reizten, die Auslegung einer schwierigen Bibelstelle zu übernehmen, rieten sie ihm, diese Sache nicht zu übereilen und gründlich zu bedenken, da er ja völlig unerfahren in diesem Metier sei. Indigniert antwortete Peter, es sei nicht seine Art, sich auf seine Erfahrung zu verlassen, sondern auf seine Begabung.[80] Und ein vernichtendes Urteil über den Wert von magistraler Routine fällt er dort, wo er sein Dasein als Liebeskranker schildert, als Mann, der völlig dem Eros verfallen war. Denn wenn in diesem Zustand die Lust am Lehren auch dahin war – seine Hörsaal-Routine steuerte ihn doch durch den Alltag wie ein Autopilot. Er trug einfach vor, was er früher schon gesagt hatte, und wenn sein Genie sich in ihm regte, verwandte er diese Stimmungen auf Liebeslieder statt auf Philosophie.[81] Selbst in liebestrunkenem Zustand war er immer noch so gut wie ein Anselm von Laon.[82]

Usus und *ingenium* war eines der asymmetrischen Gegensatzpaare, das seine Sicht auf die gelehrte Welt leitete, und wer ihn verletzen wollte, konnte hier ansetzen: Verächtlich spricht ein Gegner von seinem *ingeniol[um]*, seiner Minderbegabung.[83] Weil der *usus* aber eine Funktion des Lebensalters war, brachte Peters Denkweise notwendigerweise die zeitgenössischen Vorstellungen von magistraler Ehre und Anciennität durcheinander. Wir werden den Klischees von den senilen Würdebolden und den blöde gewordenen Alten von jetzt an ebenso oft begegnen wie denen vom unreifen, aber arroganten Dialektiker-Nachwuchs. Die neue Wissenschaft schien umso mehr ein Feld für junge Wilde zu sein, je stärker sie die Dialektik zu ihrer Leitwissenschaft machte. Wegen Letzterer hat man die Scholastik in der Vergangenheit schon eine «philosophy for teen-agers» genannt.[84] Abaelard hätte dem zweifellos zugestimmt, betonte er doch bei der Abfassung von *Sic et Non*, dass dies ein Buch für junge Leute sein solle.[85]

Damit war auch eine der Stützen der älteren Ordnung in Schieflage geraten, die in unserem zweiten und dritten Kapitel zutage getreten ist: Dass es nämlich ein Wert an sich sei, wenn Lehrer das ihnen überantwortete Wissen ohne Verfälschungen an die nächste Generation weitergaben und ihre Schüler ihnen dies durch lebenslange Loyalität, ja Liebe vergalten. Im Gegenteil, die Jüngeren konnten selbstverständlich weiterkommen und im Erkenntnisprozess mehr leisten. Staunend hörte der junge Johann von Salisbury Abaelard in einem seiner Lehrvorträge sagen, es sei einfach, ein Buch wie das aristotelische *De Interpretatione* zu schreiben, das hinsichtlich der Erfassung der Wahrheit und der Eleganz der Sprache nicht hinter antiken Werken zurückstehe. Nur dass es jemals auf dieselbe Weise als Autorität anerkannt werde, sei nahezu ausgeschlossen.[86] Den Gedanken, dass die Jüngeren den Älteren etwas voraushatten, hatten sicher viele Scholaren bei Priscian zur Kenntnis genommen. Doch gehörte es sich eigentlich, ihn demütig zu relativieren, so wie Bernhard von Chartres das mit seinem ingeniösen Bild von den Zwergen auf den Schultern von Riesen tat.[87]

Lehrertreue und Lehrerliebe waren aber zentrale Bestandteile jener Kultur gewesen, wie wir gesehen haben. Beide Denkformen bestanden selbstverständlich in der Nachbarschaft der Schulen, um die es uns hier geht, weiter fort.[88] In diesen allerdings wird die Loyalität zum *magister*, die auch Treue zu dessen Positionen implizierte, zum Problem. In der Tradition jener anonymen Scholaren, die wir im vergangenen Kapitel dabei beobachteten, wie sie die Positionen ihrer Lehrer infrage stellten (oder sogar für möglich hielten, dass diese gelogen hatten), wird Abaelard auch hier zum Verkünder des Grundsätzlichen: Schüler tun gut daran, nicht die vorgefasste Meinung des Lehrers zu wiegen, sondern den Vernunftgehalt einer Lehre selbst, schreibt er im Vorwort von *Sic et Non*. Es stehe ja auch geschrieben: «Prüfet aber alles, und das Gute behaltet.» (1. Thess. 5,21)[89]

Wem war im Zweifelsfall der Vorrang einzuräumen, fragte er programmatisch in seinem späten Gedicht für seinen Sohn Peter Astralabius: dem Lehrer oder der Wahrheit? Die Frage zu stellen, hieß, sie zu beantworten:

> *Kümmere dich nicht darum, wer etwas sagt, sondern darum, was die Worte wert sind […]. Vertraue den Worten deines Lehrers nicht aus Liebe zu ihm, und lasse nicht zu, dass ein Gelehrter einzig durch seine Liebe Einfluss auf dich nimmt. Nicht die Blätter der Bäume nähren uns, sondern die Frucht.*[90]

Der Blick auf den oder die eigenen Lehrer wird damit notwendigerweise ein anderer. Johann von Salisbury, einer von Abaelards Schülern aus den 1130er-Jahren, der zwölf Jahre lang bei mindestens zwölf Lehrern hörte, verschafft uns einen Eindruck davon, wie sich die Relativierung der persönlichen Autorität auf die Wahrnehmung der

Lehrer auswirkte.[91] Hinter dieser Reminiszenz, die Johann von Salisbury Ende der 1150er-Jahre verfasste, stehen zweifellos Gespräche zwischen Scholaren. In diesen spielte der Ruhm, den ein Magister erlangt hatte, eine wichtige Rolle, und dies nicht nur im Falle Abaelards, sondern etwa auch bei Magister Alberich oder Robert von Melun. An den Letzteren beiden beobachteten die Scholaren, wie verschieden die Sonderbegabungen von Lehrern sein konnten: Dem einen fiel zu jeder Sache eine intelligente Quaestio ein, der andere erschien als der Meister in deren Durchführung und Lösung – zwei archetypische Erscheinungen wie in späteren Jahrhunderten die Sinnhuber und die Stoffhuber, die Wolkenschieber und die Mikrologen! Heikel war dabei immer noch, so lässt Johann durchblicken, dass das Übersiedeln von einem Lehrer zum anderen das Einverständnis des Ersteren voraussetzte – andernfalls musste man mit seiner Eifersucht klarkommen. Magister Adam von Petit-Pont (alias von Balsham), selbst eine Berühmtheit unter den Lehrern, scheint misstrauisch gewesen zu sein, wenn er wusste, dass ein Schüler auch bei einem anderen Lehrer hörte, doch nach einer Phase des Fremdelns teilte er Johann sein Wissen doch mit. Kleinigkeiten und Äußerlichkeiten wurden zum Gesprächsstoff. Vom Sprachfehler des Reginaldus de Monte etwa berichtete später Jacobus von Vitry: Der Lehrer bringt kein richtiges «R» heraus, es klingt immer wie ein «L», also verspotten ihn seine Schüler. Letztlich ringt ihnen Reginald doch noch Respekt ab: Er verfasst eine Vorlesung, in der der gefürchtete Laut nicht vorkommt.[92] Lehrer werden auf ihre Marotten hin befragt, ihre scholastische Brillanz lässt sich losgelöst von ihren charakterlichen Eigenheiten bewerten.

Neben die Relativierung der Tradition tritt so die Infragestellung der autoritativen Gewalt magistraler Lehrmeinungen. So wie auch Abaelard das Diktum «Christus hat gesagt, ich bin die Wahrheit, nicht, ich bin die Gewohnheit» bemüht, geht von ihm die Tradition der Aufwägung von Lehrermeinung und Fürwahrgehaltenem aus, von Vernunft, Autorität und Herkommen: «Die Vernunft steht über dem Gesetz, dieses über der Gewohnheit.»[93] Die Meinung stützt sich auf Gewohnheiten, und diese sind uns ansozialisiert worden; es ist menschlich, das für wahr zu halten, was uns von unseren Eltern und unserem Geschlecht beigebracht wurde, aber der Philosoph darf hierbei nicht stehenbleiben.[94] Andere hielten dagegen: Niemals dürfe Wahrheit gegen Liebe aufgewogen werden; nur wo beide zusammenkämen, könnten divergierende Sichtweisen auf einen Nenner gebracht werden, mahnte ein Zisterzienserprediger, der es selbst mit der Scholastik versucht hatte, seine Hörer.[95]

Das Thema ist damit gesetzt, wir begegnen ihm in Zukunft wieder: Nicht *wer* etwas sagt, ist entscheidend, sondern das Gesagte selbst.[96] Kurioserweise war es mit Abaelard gerade der Prototyp des «modernen» gelehrten Autors, ein Mann, der froh wie der Held zum Siegen in seine Disputationen zog, der diese zutiefst autoritätskritische Botschaft vorbrachte. In diesem Sinn war bald von der wächsernen Nase der Autorität die Rede, die man in die gewünschte Richtung biegen kann, und schon Abaelard scheint das Sprichwort gekannt zu haben: «Plato ist mein Freund, aber eine noch bessere Freundin ist die Wahrheit.»[97]

3. *Sic et Non:* Die Domestizierung des Irrtums und die Apologie des Zweifels

Verschieden und durchaus gegeneinander gerichtet

Seit der Zeit der Kirchenväter selbst wurde diskutiert, dass sich Aussagen in den heiligen Schriften bisweilen widersprechen und sich damit bei den Gläubigen Verständnisfragen, ja Zweifel auftun. Auch in Abaelards unmittelbarer Gegenwart war daher die Formel gebräuchlich, diese Sentenzen seien zwar mitunter *diversae,* aber keineswegs *adversae* – voneinander abweichend, aber nicht gegeneinander gerichtet. Der Gläubige durfte ihnen also getrost eine tiefer liegende Harmonie unterstellen.[98]

Solche Formeln waren nicht Abaelards Sache. Seine Sammlung von Vätersentenzen stand in der Tradition einer theologischen Textgattung, die er wahrscheinlich in seiner Zeit bei Anselm von Laon kennengelernt hatte, und möglicherweise veranlasste ihn die Lehrverurteilung von Soissons 1121, dieses Unternehmen zu beginnen. Seine Vorbilder, die Sentenzensammlungen, die im Umkreis Anselms von Laon entstanden waren, hoben sich von den älteren, kaum strukturierten Florilegien ab, insofern sie sich, konsequenter am Leitfaden der Schöpfung orientiert, auf Kernelemente des christlichen Glaubens konzentrierten: Gott, Schöpfung, Sündenfall, Alter Bund, Erlösung und Sakramente, Ethik, letzte Dinge, das Jenseits. Eine geistige Heldentat war das zugegebenermaßen noch nicht, doch ob man sie tatsächlich mit dem Bedarf der einfachen Kleriker für die Seelsorge hinreichend erklären kann, wie Valerie Flint das getan hat, darf mit Recht bezweifelt werden.[99]

Etwa zur selben Zeit entstand in Bologna eine vergleichbare Sammlung, die für die Rechtsordnung der Kirche relevant wurde und in einer erweiterten Fassung bald als die *Concordantia discordantium canonum* bekannt und binnen kurzer Zeit in der Lehre des Kirchenrechts verwendet wurde. Sie zielte darauf ab, derartige «Diskordanzen» zunächst ausfindig zu machen, zu ordnen und dann in gelehrten *dicta* miteinander zu harmonisieren.[100] Abaelard selbst ging einen anderen Weg. Er kündigte an, eine möglichst vollständige Sammlung theologisch widersprüchlicher Sentenzen zu liefern, damit «junge Leser» (!) dazu «angeregt» würden, «äußerste Anstrengungen in der Suche nach der Wahrheit zu unternehmen, und durch dieses Forschen scharfsinniger» würden (S. 103, 330).[101] Gefragt war damit «die Problemphantasie der Schüler», die Väterzitate dienten einem «geradezu lustbetonten Scharfsinntraining, einem Spiel, das der Meister wahrscheinlich nicht durch die Beigabe eigener Lösungsvorschläge verderben wollte» (Peter von Moos).[102] Totale Übereinstimmung, etwas zu verstehen, ohne dass ein Rest übrigbliebe, produziert Langeweile – Abaelard schätzte dieses Diktum Ciceros.[103]

Eine Arbeit über die Widersprüchlichkeit (*contrarietas*) schlechthin sollte es also sein. Da Peter griffige Formulierungen mochte, nannte er dieses Werk *Sic et Non – Ja und Nein.*[104] Dessen Besonderheit bestand nicht in deren *Auflösung* der Widersprüche, sondern in deren *Sichtbarmachung,* in deren Handhabe für die Reflexion, das Studium, das Forschen. Unter diesem Vorverständnis behandelte *Ja und Nein* in 158 Abschnitten (*quaestiones*) Grundfragen des Glaubens: «Dass der Glaube nicht durch Menschenvernunft ergänzt werden soll, und das

Gegenteil» (Qu. 1); «Dass Gott dreigeteilt sei, und das Gegenteil» (Qu. 6); «Dass Gott keine Substanz sei, und das Gegenteil» (Qu. 9); «Dass auch Sünden Gott erfreuen, und nicht» (Qu. 30); «Dass Gott alles weiß, und nicht» (Qu. 38); «Dass Adam gerettet wurde, und das Gegenteil» (Qu. 58); «Dass man unter keinen Umständen lügen darf, und das Gegenteil» (Qu. 154) und so weiter.

Die neue Wissenschaft, die hier nicht nur ihr Geschäft praktiziert, sondern sich selbst erklärt, wirbt also einmal mehr um die Jugend. Sie glaubt, in einem frühen Lebensabschnitt diejenige geistige Neugierde und intellektuelle Spannkraft nutzen zu müssen, die den denkenden Menschen weiter bringt als das Abtragen eines Bildungsberges. Der junge Christus, so Abaelard, habe zunächst als Zwölfjähriger fragend im Kreis der Gelehrten (*in medio doctorum*) gefunden werden wollen und damit gezeigt, dass zuerst die Gestalt des fragenden Schülers komme und erst dann die des predigenden Lehrers (S. 104,340). Der Weg wurde in dieser Programmschrift zum Ziel, die Verheißung der methodisch abgesicherten Wahrheits*suche* trat an die Stelle, an der manche wahrscheinlich die Verheißung der Wahrheit selbst vermutet hätten.

Wegen dieser Verlagerung konnte es sich Abaelard auch leisten, mit einer Provokation zu beginnen: Er kehrte die traditionelle Formel *diversae, sed non adversae* in ihr Gegenteil um und schrieb im Eingangssatz, es gebe eine große Menge von Väterzitaten, die nicht nur voneinander abwichen, sondern sogar gegeneinander gerichtet schienen (S. 89,2).[105] Das Verb «schienen» milderte diese Provokation leicht ab, doch jeder, der weiterlas, wusste bald, dass es um mehr als bloßen Schein ging. Denn wenn Abaelard doch wie selbstverständlich davon ausging, dass der Text der Bibel das Wort Gottes und damit die Wahrheit schlechthin wiedergab und sich somit jeder Gedanke an Lügen von vornherein verbot, so wartete er doch mit einer ganzen Reihe von Gründen dafür auf, dass das Gotteswort in kontaminierter Form auf die Rezipienten niedergekommen war: Die Sprache der Bibel, so Abaelard, sei für sich genommen schon ungewohnt, die Wortbedeutung weiche vom derzeitigen Wortgebrauch ab; ja der Text spreche sich absichtlich nicht in völliger Evidenz aus, damit die Wachheit und Neugier des gläubigen Exegeten nicht verloren gehe – das war Abaelard pur (S. 89,11). Bekanntlich sei der

Wortlaut der Bibel zugleich auf Anschaulichkeit und auf Fassbarkeit durch Ungebildete ausgerichtet, meide daher die Eloquenz der Gelehrtensprache (S. 89,18). Gleichzeitig treffen wir echte Fehler an, die philologisch zu erklären sind: Schlechte Textüberlieferung (*scripturae [...] corruptione*, S. 91,56), Schreiberfehler (*scriptorum vitio*, S. 91,58), evidente Verwechslungen und Fehleinschätzungen des griechischen Originaltextes (S. 92,67): Christus wurde bei Matthäus und Johannes in der sechsten Stunde gekreuzigt, bei Markus in der dritten, wahrscheinlich ein Abschreibfehler, der auf dem falschen Lesen eines griechischen Buchstabens beruhe, so Abaelard. Es sei kein Gelehrtenstolz, sondern eine demütige Geste, sich beim Studium der Evangelien einzugestehen, dass man Stellen für unzulänglich übersetzt oder verdorben hält – oder sich schlicht sage, dass man sie nicht verstehe (S. 92,83).[106]

Wo es um die Schriften der Heiligen geht, also um die Väterliteratur, muss mit noch mehr Quellen der Verunsicherung gerechnet werden. Selbst Augustinus widerrief, was er zuvor selbst geschrieben hatte. Leser hatten darauf zu achten, wo die Heiligen ihre eigene Meinung niederschrieben und wo sie eher die Meinung anderer referierten. Manchmal war es ihre Absicht, ihre Rezipienten eher mit einer Frage als einer letztgültigen Klärung zurückzulassen (S. 93,92). Gefährlich ist es sogar, nicht darauf zu achten, wo die Väter in ihren Schriften bewusst Ketzerisches zitieren – der Umgang mit den häretischen Ansichten des Origenes wird selbst für Hieronymus zu einer echten Herausforderung, und noch gefährlicher ist die Situation für Leser des Hieronymus selbst: Was ist Referat, was sogar Ketzer-Referat, was ist die Lehre des *doctor ecclesiae* selbst? Weit wagt sich Abaelard dort aus der Deckung, wo er schreibt: Selbst in den Evangelien scheine es solche Verfremdungen zu geben – wie sonst wäre es möglich, dass Maria im Lukasevangelium (2,48) zu Jesus sagt: «Ich und dein Vater haben dich mit Schmerzen gesucht»? Immerhin meinte sie damit Joseph (S. 94,135). Und nicht nur die Propheten haben sich getäuscht, sondern auch Petrus, er musste sich von «seinem Mitapostel» Paulus öffentlich, aber streng und heilsam korrigieren lassen (S. 97,203).

Ist das patristische Schrifttum aber erst einmal derart entzaubert, dann drängen sich Abaelard allgemeine Überlegungen zur Texthermeneutik auf. Er zieht das Beispiel der Philosophen und der Dichter dazu heran: Autoren neigen dazu, sich eher in den Bahnen der kulturellen Konvention zu äußern und damit zur Wahrheit zu erklären, was doch ganz offensichtlich von ihr abweicht (S. 95,149). Beim Schreiben regiert Kritiklosigkeit. Gefragt ist stattdessen Kontextwissen: Sprechabsichten und intendierte Wirkungen des Gesprochenen. Vorschriften sollen einmal den Einzelfall betreffen, ein andermal als Regel für alle gelten. Verfügungen zu verstehen heißt, ihre Zeitstellung und Gründe (*tempora [...] et dispensationum causae*, S. 96,182) zu berücksichtigen. Leichte Lösungen wird es kaum geben, wenn wir Widersprüche aufdecken.

Allgemeine Regeln findet man in Peters programmatischem Vorwort praktisch nicht. Wo er zu ihnen voranschreiten will, bricht er gleich wieder ab, so wie sich sein Verstand überhaupt immer schwer damit tut, Rezeptwissen anzubieten – vielleicht hat er auch deshalb niemals eine tragfähige Schule etablieren können.[107] Nur ein recht konventioneller Gemeinplatz zum Autoritätskriterium fließt ihm aus der Feder: Bei völlig offensichtlichen Widersprüchen ist der älteren und würdigeren Stimme zu folgen (S. 96,188). Den irrenden Autoren Lüge zu unterstellen, führt seinerseits in den Irrtum hinein, böse Absicht sei schwerlich anzunehmen (S. 97,211). Nicht wirklich konsequent ist Abaelard auch dort, wo er Vorschläge für die Urteilsbildung anbietet. Unverständliches im Alten und im Neuen Testament könne aufgelöst werden mit drei Erklärungen: die Handschrift sei fehlerhaft, der Übersetzer habe geirrt oder man müsse sich eingestehen, dass man die Stelle nicht versteht. Er hat aber selbst gezeigt, dass dies nicht ausreicht, dass auch Petrus irrtumsfähig war und dass auch ein Positivist im Umgang mit den Evangelien an seine Grenzen stoßen wird. Kategorial zwischen kanonischem Bibel- und kritikwürdigem Vätertext zu unterscheiden ist keineswegs, was sich nach dem Studium seiner hermeneutischen Grundsätze anbietet.

Am meisten beeindruckt an dieser Programmschrift des neuen Forschens die Vorstellung vom Forschungsprozess selbst. Diese rückte Abaelard ans Ende seines Vorworts, gleichsam als Auflösung der Provokation, mit der er eingesetzt hatte (S. 103,330). Jetzt seien die Vätersprüche zu versammeln, die einander zu widersprechen scheinen. «Diese ziehen aus ihrem anscheinenden Missklang die Frage zusammen (*quaestionem contrahentia*). Sie veranlassen junge Leser zu äußersten

Anstrengungen in der Wahrheitssuche und machen sie durchs Untersuchen (*inquisitio*) scharfsinniger. Dies nämlich ist der erste Schlüssel zur Weisheit: das beharrliche und häufige Fragen (*interrogatio*) […] Zweifelnd kommen wir nämlich zum Fragen; durch das Fragen aber erfahren wir die Wahrheit.»[108] Entscheidend für die Ermöglichung eines wissenschaftlichen Diskurses, der sich nicht in der Anhäufung gelehrten Materials erschöpft, ist, dass Peter Abaelard die Ansätze zur Säkularisierung des Fehlers und zur Emanzipation des Zweifels von der Gewissheit grundsätzlich thematisierte und befestigte. Beiden sind wir im Milieu der Glossatoren und Kommentatoren im vergangenen Kapitel begegnet, hier werden sie grundsätzlich zur Sprache gebracht.

Theorie und Praxis der Respektlosigkeit

Sic et Non ist nicht nur ein Grundlagentext der Hermeneutik, sondern auch Ausdruck des gelehrten Habitus, den wir seit dem vergangenen Kapitel in seinem Entstehen beobachten konnten. Abaelards eher beiläufig vertretene Ansicht, dass der Geist der Jungen, die intellektuelle Neugier des zweifelnden Menschen die Basis für eine Betätigung war, die den Zweifel zum Ausgangspunkt der Methode machte und zu einer Technik der Wahrheitsfindung erhob, begegnet uns von nun an im Lob und in der Klage über die Arroganz der Jungen, der Dialektik-versessenen Halbgelehrten, und über ihr Verhalten in der Kommunikation mit dem Lehrer wieder.

Selbstkritisch erinnert sich etwa Abaelards Schüler Johann von Salisbury später daran, wie ihm in seinen jungen Pariser Jahren die Dialektik so vollständig in Fleisch und Blut übergegangen war, dass er glaubte, sie so gut zu kennen wie seine eigenen Fingernägel. Dass irgendwann seine Instinkte einsetzten, rettete ihn, andere erlagen dieser Hybris. Sein eigener Schüler Wilhelm von Soissons baute sich eine Apparatur, mit der er anscheinend das logische Schließen mechanisieren wollte.[109] Dies schien den Jungen sicher nicht abwegig, hatten sie doch Erbsen und Bohnen zum Unterricht mitgebracht, um Affirmationen und Negationen abzuzählen und zu entscheiden, ob am Ende ein Ja oder ein Nein herauskam.[110] Die dialektische Monokultur wird als Fehler der Jugend betrachtet, und man sieht eine große Gefahr darin, wenn Schüler aus diesem Zustand ihr Leben lang nicht mehr herausfinden. Als Johann nach auswärtigen Studienaufenthalten nach Paris zurückkehrte und seine ehemaligen *socii* aufsuchte, war er enttäuscht, denn die Dialektik hielt diese immer noch gefangen. Vor allem hatten sie sich kein Stück weiterentwickelt.[111]

Das Verhalten der Jungen wird als zeittypische Respektlosigkeit beklagt, und gelobt wird stattdessen das «pythagoräische» Unterrichtsmodell der Vergangenheit: zunächst einmal sieben Jahre lang den Mund halten, zuhören und einfach glauben, was der Lehrer sagt. Erst ab dem achten Jahr sollte man allmählich Fragen stellen. Wie sah es dagegen jetzt in den *scholae* aus? Selbst Wilhelm von Conches, wahrlich kein Traditionalist, klagte über den neuen Geist, mit dem die Lehrer klarzukommen hatten: «Stattdessen fragen sie [die Schüler, F. R.] vom ersten Schultag an, noch bevor sie sich hingesetzt haben, und, was noch schlimmer ist: sie urteilen! Nachdem sie ein Jahr oberflächlich studiert haben, glauben sie, dass die ganze Weisheit ihnen zugefallen sei, während sie doch nur Fetzen davon zusammengerafft haben; sie verlassen die Schule voll von Geschwätz und Arroganz, ohne Sachverstand. Wenn sie dann von ihren Eltern oder anderen angehört werden, wird in ihren Worten wenig oder nichts Brauchbares gefunden, und sofort nimmt man an, dass sie nur das von ihren Lehrern empfangen haben. Dadurch wird die Autorität der Lehrer gemindert.»[112]

Auch die Abaelardianer wissen vom «pythagoräischen» Bildungsideal des schweigenden Schülers, aber sie lehnen es vehement ab. Heloise betont in dem Brief, der Abaelard zur Abfassung seiner *Problemata* veranlasst, dass die heilige Marcella gerade *nicht* dem Prinzip des Pythagoras gefolgt sei, ja ihrem Lehrer Hieronymus *nicht* alles unbesehen geglaubt habe. Statt bedingungsloser Schülertreue wird hier der leidenschaftliche Ton des Hieronymus selbst angestimmt: Marcellas Eifer, das Feuer im Herzen, der Paukenschlag, die raue See: «Die Autorität, die nicht auf ein Verstandesurteil gegründet ist, verfing bei ihr nicht; stattdessen untersuchte sie alles, bedachte alles mit scharfem Verstand, so dass sie mir eher als meine Richterin denn als meine Schülerin erschien.»[113] Es scheint sich zu lohnen, Abaelards Praxis an der Schule allgemeiner daraufhin zu befragen, inwiefern er dieser Norm gerecht wurde.

VI. Abaelards Schulen: Eine Sozialgeschichte der Wahrheit

1. Schulen, lebenslang

Die Anfänge

Abaelard betrat die Welt der Schulen wohl in den frühen 1090er-Jahren als Jugendlicher, wahrscheinlich nachdem er im Haushalt seiner Familie (so wie seine Brüder) elementaren Unterricht erhalten hatte.[1] Schon sein Vater Berengar war mit dem Wissen der *litterati* in Berührung gekommen, doch er war noch überzeugt davon gewesen, dass der Unterricht letztlich der Übung an den Waffen zu weichen hatte – ein weiterer biographischer Normalweg neben dem, den wir bei den späteren Äbten und Bischöfen beobachten konnten.[2] Abaelard war so begeistert von dem, was er lernte, dass er entgegen den Plänen seines Vaters auf sein Erbe verzichtete, um sich vollständig dem gelehrten Wissen zu widmen. Nahe stand er der Welt der Ritter auch weiterhin, insofern er einer schnell entdeckten Neigung folgte und sich in einer Phase des Umherziehens, wie er schrieb, auf die Dialektik verlegte. Diese begriff er als eine agonale Kunst, als die Fortsetzung des Ritterkampfs mit anderen Mitteln – die Parallelen zum Verhalten angehender, aber noch unverheirateter Ritter, wie es Georges Duby beschrieben hat, sind auffällig.[3]

Schulen sollten sein Leben bis zu seinem Tod 1142 bestimmen, und wie stark sich sein Denken doch im Lauf seiner Tätigkeit veränderte, die Rückbindung der Lehre an den Dialog von Magister und Scholar blieb für ihn die entscheidende Konstante.[4] Die Versöhnbarkeit von Lehrtätigkeit und gelehrter Produktion mit einem mönchisch-eremitischen Habitus sah er als große lebenspraktische Herausforderung an. Als er um 1122/23 am Ufer des Ardusson eine philosophische Einsiedelei gründete, in der er und seine Schüler nach dem Vorbild der antiken Philosophen in Hütten schliefen und von trockenem Brot und Wurzeln lebten, schien er am Ziel angelangt zu sein. Doch dieser Eindruck täuschte. Selbst wenn man den Magistern und Schülern jener Jahrzehnte eine hohe Leidenstoleranz unterstellen kann, scheint das Eremitenleben doch auf die Dauer zu hart für sie gewesen zu sein.[5]

Andere hatten behauptet, die Existenzformen des Mönchs oder Kanonikers und des schaffenden Gelehrten könne man auf Dauer nicht kombinieren. Hildebert von Lavardin hatte Wilhelm von Champeaux in bewegenden Worten dazu aufgefordert, gegen alle Widerstände den gleichen Weg weiterzuverfolgen. Gehen wir im Krebsgang weiter durch das Material zurück, das wir bereits gesichtet haben, erinnern wir uns daran, dass es genau diese Herausforderung war, die die Magister der neuen Schulen meistern wollten: eine gottgefällige Lebensform finden, die die gemeinschaftliche Sorge um die intellektuelle Tradition zur Hauptsache machte und dabei mehr sein sollte als ein Lebensabschnitt. Abaelard zögerte und zweifelte gleichfalls, und weil er ohnehin auf Grundsätzlichkeit bedacht war, finden wir in seinen Schriften die ausführlichsten Reflexionen zu diesem Problem. Auch er versprach sich viel von der monastischen Lebensweise, suchte wie andere nach vielen Enttäuschungen, die er im Leben im Konvent erfahren hatte, sein Heil um 1122 vorübergehend in eremitischer, radikal-asketischer Lebensweise – und wollte anschließend, ein intellektuell begründetes, auf Wissenschaft gestütztes Leben der Bedürfnislosigkeit in der Gruppe führen.

Wenig kann man über jene frühe Phase seiner reisenden Existenz als jugendlicher Scholar während der 1090er-Jahre in Erfahrung bringen, da er sich selbst darüber nicht ausspricht. Im Tableau der *Historia* setzt er für sie nur einen breiten Pinselstrich: Als junger Hochbegabter sei er durchs Land gezogen und habe an Disputationen teilgenommen, genau wie ein junger Ritter während seiner *aventure* nach Möglichkeiten zur Bewährung im Kampf sucht.[6] Abaelard schöpfte tief aus dem Vokabular des Rittertums, als er diese Kapitel verfasste, und beteuerte dennoch, in dieser Zeit wie ein wahrer peripatetischer Philosoph gelebt zu haben (Hc 2, S. 4).[7] Er hörte damals auch bei namhaften Lehrern, und er hatte diesen mehr zu verdanken, als er selbst zugeben wollte. Doch berichten will er davon nichts. Einer seiner Lehrer erinnerte sich später an ihn als an einen Knaben, der «als der geringste der Schüler» zu seinen Füßen gesessen habe. Doch neigte dieser Mann sowieso zum Übertreiben. Auch ihm sollten wir nicht unbesehen glauben.[8]

188 Seine Schilderung der Schulen lässt Peter erst mit dem Zeitpunkt einsetzen, als er nach Paris gelangt war und anfing, den Unterricht bei Wilhelm von Champeaux zu besuchen. Warum? Weil mit seiner Teilhabe an diesen Gruppen diejenigen Probleme begannen, die er in der *Historia* schildern will: «Von da nahmen meine Schwierigkeiten ihren Anfang, die noch immer fortdauern, und je weiter mein Ruf sich verbreitete, desto heftiger entbrannte gegen mich fremder Neid.» (Hc 3, S. 6)[9]

Abaelards Charakterisierung dieser Schulen nimmt deren soziale Formen sehr ernst. Von ihm erfährt man Dinge, die in den früheren Zeugnissen nur undeutlich zu erkennen sind. Methodisch unverzichtbar ist dabei, den Bericht über die Hüttensiedlung am Ardusson, der eine zentrale Position für jede Untersuchung von Peters Vorstellungen von der Schule einnimmt, nicht mit den übrigen Schilderungen zu vermengen. Er verlangt weiter unten nach einer besonderen Betrachtung.

Was uns zunächst zu interessieren hat, ist die soziale Gestalt der *scholae* in ihrer Normalform: Personal und Rollen, die Beziehungen zwischen Magistern und Scholaren, innerhalb der Scholarengruppe und zwischen verschiedenen (und womöglich konkurrierenden) *scholae*. «Intimität» bleibt ein wichtiger Konzeptbegriff, und zwar zunächst in der Weise, wie er oben eingeführt wurde: Es geht um besonders intensive Bindungen, ihre Dauerhaftigkeit (oder aber den Mangel an einer solchen), um Bewunderung und Neid, Eifersucht, Rangkämpfe und formell-informelle Machtbeziehungen. Indem wir uns anschließend Abaelards utopischen Vorstellungen von der Wahrheitssuche in idealer Lehrer-Schüler-Gemeinschaft zuwenden, werden wir den Begriff um eine epistemologische Dimension zu erweitern haben. Wir werden sehen, wie das inständige Drängen von Schülern, der Geist des Zweifels und des Widerspruchs als Motor einer endlosen Bewegung auf die Wahrheit zu begriffen wird – Wahrheit verstanden als eine regulative Idee, als ein letztlich nicht zu erreichendes Endziel. Doch immer der Reihe nach.

Wie entstehen die Schulen?

Beginnen wir bei den Magistern, den Schul-Leitern. Ihr Entschluss, sich irgendwo zur Lehre niederzulassen, ist der Existenzgrund der Lehrer-Schüler-Gemeinschaft. Keineswegs ist Abaelards Ruhm die Ursache für seine Schule, sondern umgekehrt gründet er als unbeschriebenes Blatt seine erste Schule einfach so und erarbeitet sich anschließend mit deren Hilfe Aufmerksamkeit und Reputation. Die Ortswahl wird dabei von der Nähe anderer Lehrer beeinflusst: «Endlich kam ich nach Paris!» – man spürt förmlich Peters Emphase, als er schildert, wie er diesen Zentralort dialektischer Lehre erreicht hat (Hc 3, S. 4).[10] Wer hier einmal gewesen ist, wird wiederkehren – das Vorhaben Wilhelms von Champeaux, seine Tätigkeit von Paris nach Puiseaux zu verlegen, entpuppt sich schnell als Fehlentscheidung, und er kehrt zur Victorskapelle zurück. Dass Paris den Scholastiker nicht mehr loslässt, wird zu einem allbekannten Topos. Die Stadt wurde früh zum Mythos der europäischen Bildungsgeschichte.[11]

Doch gleichzeitig war es nicht ohne Weiteres möglich, dort, wo schon Schulen bestanden, einfach weitere zu gründen. Zu labil war das ökologische Gleichgewicht der Schulen, das gewahrt werden musste. Gerade weil der junge Abaelard auf seinen Lehrer Wilhelm als Konkurrenten fixiert war, richtete er den Ort seiner Lehre zunächst an dessen Präsenz aus: Nicht zu nahe bei diesem, aber doch so, dass man selbst Schüler gewinnen und Wilhelms *discipuli* abwerben konnte. Melun zunächst, zwei Tagesreisen entfernt vom gewesenen Lehrer. Doch das war zu nah – Wilhelm ahnte (*presensit*), was Abaelard vorhatte und arbeitete hinter den Kulissen daran, seinen ehemaligen Schüler noch weiter von sich fernzuhalten. Er konnte seine Eifersucht kaum verbergen, was wiederum Abaelard zuarbeitete – Peters Schule siedelte von Melun nach Corbeil über, «wo wegen der Nähe zu Paris sich meiner Angriffslust gewiss mehr offene Flanken zum Streitgespräch boten» (Hc 4 f., S. 6 f.).

Bewegungen Wilhelms ermöglichten und bedingten von da an Peters eigene Bewegungen. Konstitutiv für das Feld ist, dass diejenigen, die sich für dieses interessierten, Wissen um persönliche Positionen mitbrachten und ihr eigenes Handeln daran ausrichteten. Abaelard ging zu Wilhelm, weil dieser als der beste Lehrer *galt*, und er konnte später bestätigen, dass es auch so *war* (Hc 3, S. 4).[12] Keinen Geringeren als den Besten wollte er in der Disputation herausfordern – der schnelle Weg zur Spitze des Ruhms!

«Ehre» war die Währung, in welcher der Erfolg des Magisters gemessen wurde. Ehre war, was in den Disputationen erweitert oder geschmälert wurde, sie schlug sich im Besuch des Lehrvortrags (das heißt des öffentlichen Glossierens und Kommentierens, Hc 12, 20) nieder. Nicht alle Niederlagen im Disputieren gegen die eigenen Schüler waren fatal, aber ein quantitatives und ein qualitatives Maß wollten doch beachtet werden: Niederlagen sollten nicht zu häufig vorkommen, so erfuhr Wilhelm von Champeaux, und es gab Gegenstände des Streits, die die magistrale Lehre an ihrer Wurzel packten. War seine Grundsatzposition in der Universalienfrage erst einmal angetastet, wurden Wilhelms Positionen auf breiterer Front angezweifelt – wozu also überhaupt noch zu ihm kommen (Hc 6, S. 10)?

Zu lehren brachte Ehre, und Ehre war konvertibel: «Wie viel Geld, welchen Ruhm mir dies brachte, weißt du ja», spricht Peter seinen anonymen Adressaten an (Hc 13, S. 22, vgl. 32, S. 50 und 53, S. 84). Wie beim Blick aufs Barometer ist in der *Historia* immer wieder vom Wachsen und Schrumpfen der Hörerschaft die Rede, beides wurde ständig beobachtet. Die verbleibenden *scholares* zogen ihre Schlüsse aus dem, was sie registrierten: Sie bewunderten den erfolgreichen Dozenten, aber sie registrierten auch, wenn einer der Hörer nur noch unregelmäßig erschien (Hc 10, S. 16). Sollten sie sich darüber entrüsten, oder sollten sie es selbst einmal mit dem Besuch der Konkurrenzveranstaltung versuchen? Abaelards Hörerschaft wurde größer, also fürchteten seine Konkurrenten (*emuli*), dass dies seine Ehre und ihre Schande vergrößerte (Hc 53, S. 84) – abermals scheint sich das Niveau der Aufmerksamkeit summenkonstant zu verhalten, nur dieses Mal verteilt auf die konkurrierenden Schulen.[13]

Trotzdem stellte man sich die Bindung, die mit dem Lehrer-Schüler-Verhältnis eingegangen wurde, als dauerhaft, ja als lebenslang vor. Ohne Ironie nennt Abaelard Wilhelm auch aus 20 Jahren Distanz noch «mein Lehrer», dieser wiederum ist und bleibt Schüler Anselms von Laon. Die Schüler des Schülers ehren ihren Magistergroßvater, Großvaterautorität scheint Vaterautorität zu schlagen (Hc 7, S. 10, 8, S. 12 f.). Anders Peter selbst: Es wiegt schwer, dass er seinem ersten theologischen Lehrer Anselm von Laon diese Bezeichnung verweigert und ihn stattdessen durchweg «den Alten» nennt (Hc 10, S. 14. 12, S. 20 zweimal). Doch ist die Schülertreue als Norm nicht mehr stark genug, die *discipuli* vom Abwandern ins Lager des Konkurrenten abzuhalten – in den Artes-Disziplinen sowieso, aber zu einem gewissen Grad auch in den theologischen *scholae*, wo man sich in der Tradition der Apostel und der Kirchenlehrer verortet, wo Treue also ein eigentlich unhintergehbarer Wert ist.

Ein weiteres neues Moment – oder doch eines, das wir erst hier deutlicher fassen können: Zu den Schülern, die dem Lehrer als Anwesende begegnen, tritt im Fall des «Autors» Abaelard als neue Kategorie die Leserschaft hinzu. Sein Hesekiel-Kommentar wurde «bei dessen Lesern so günstig aufgenommen, dass sie glaubten, ich hätte keine geringere Ausstrahlungskraft in der theologischen Vorlesung erreicht, als sie sie in der philosophischen erlebt hatten» (Hc 13, S. 20 f.). Die dritte Fassung seiner *Theologie* schreibt er auf Bitten von Schülern, die sein Werk zur Dialektik *gelesen* hatten, obgleich sie ihm als Anwesende begegneten – Magister Petrus zu verstehen setzte offenbar mittlerweile voraus, dass man sich lesend erst einmal auf den Stand der Dinge brachte und sich so in einen Zustand versetzte, der seine aktuellen theologischen Ausführungen fassbar machte.[14]

Es scheint, als habe die frühere Begegnung mit Peters dialektischer Lehrtätigkeit ehemalige Scholaren dazu veranlasst, dieses verloren gegangene theologische Frühwerk in der verschrifteten Form für sich selbst zu sichern und zu studieren. Es sind diese Beziehungen, die David Luscombe in seinem frühen Buch über die «Schule» Peter Abaelards in den Mittelpunkt gestellt hat: Diskursgemeinschaften, die neben der Kommunikation unter Anwesenden auch an Werklektüre geknüpft waren.[15]

Was tun Lehrer und Schüler, was tun Schüler unter sich?

Schüler hören dozierenden Lehrern zu, disputieren aber auch gegen sie. Vom Magister angenommen zu werden, erfordert etwas Geduld, und verhält man sich in dieser Zeit falsch, zeigt der Lehrer Zeichen der Abneigung, wie Abaelard früh erfährt (Hc 3, S. 4 f.). Die Disputation gehört einerseits zum Normalprogramm dessen, was getan wird, scheint aber zugleich risikobehaftet zu sein: Erfolg ermutigt den Schüler Abaelard zu häufigen Scharmützeln mit Wilhelm, ein kleiner Abnutzungskrieg ergibt sich, und der Jüngere trägt manchmal den Sieg davon (Hc 3, S. 4 f.).

Dass dies möglich ist, liegt ex post betrachtet daran, dass der Magister kaum über formale symbolische Kapitalien verfügt. Mag sein Alter für ihn sprechen, so kann auch dieses «asset» genauso gut gegen ihn sprechen, wie Abaelard am Beispiel Anselms von Laon zeigt. In einer Kippfigur vereint sind der in Ehren ergraute Würdenträger und der senile Monologiker (Hc 10 f., S. 14 f.). Informelle Kapitalien können hinzukommen: Der Lehrer entscheidet über die Nachfolge auf einer Stiftspfründe, die mit Lehrverpflichtungen verbunden ist, daher ist es empfehlenswert, sich so gut mit ihm zu stellen, wie Alberich von Reims und der Lombarde Lotulf es getan haben. Im Handlungsverlauf der *Historia* beobachten wir die beiden dabei, wie sie vom Status der Lieblingsschüler und akademischen Kronprinzen zu Leitern eigener Schulen aufsteigen, ja nach Wilhelms und Anselms Tod versuchen, sich als scholastische Alleinerben zu installieren (Hc 36, S. 56).[16]

Schmeichelei hilft dabei, wie Peter anhand der Anselm-Schule zeigt. In dem *Gespräch eines Philosophen, eines Juden und eines Christen*, das er um 1130 verfasste, sollte Abaelard illustrieren, wie «das Öl der Schmeichelei» die Beziehungen geschmeidig macht: dein Ruhm, dein Scharfsinn, deine Begabung, deine Schriftkenntnis, du bist allen gewachsen, dein bewundernswertes Werk, das die Neider kaum ertragen können und das durch deren Machenschaften noch heller glänzt.[17] Ohne den Dritten, den Neider, geht es auch hier nicht.[18]

Die Beziehung zum Lehrer strukturiert die Beziehungen der

Schüler zueinander. Eine klare Rangordnung gibt es nur, solange das Prinzip der Anciennität, der Zugehörigkeit zum Schülerkreis, entscheidend ist – und selbst dort werden die Verhältnisse nicht immer eindeutig gewesen sein, weil sowohl die Jahre, die einer der Schule angehört hatte, als auch das Lebensalter Beachtung fanden (Hc 3, S. 6). Zur Herausforderung geriet dann der Umstand, dass die disziplinäre Schwerpunktverschiebung hin zur Dialektik das Moment der *Begabung* aufwertete, denn logisches Denken hing stärker von dieser ab als die anderen Materien der *artes liberales*.[19] Das Klischee des primanerhaft-arroganten Logiker-Schnösels setzt hier ein, des À-la-mode-Scholaren ohne profunde Textkenntnis oder Lebenserfahrung. Johann von Salisbury sollte gleichzeitig Abaelard verehren und in zwei Werken (*Metalogicon*, *Entheticus*) gegen diesen Typus anschreiben.

Die Schüler lachen, wenn sie unter sich sind. Aber gerade die scherzhafte Rede im Kreis von Anselms *discipuli* entpuppt sich als abgründig: Ungeschütztes Sprechen öffnet der Selbstanpreisung und dem Austragen von Statuskonkurrenzen Tür und Tor, der Sprecher erlangt leicht Oberwasser und sagt keck Dinge, die es anderen ermöglichen, ihn anschließend bei seiner Ehre zu packen (Hc 11, S. 16 f.). Anselms Lieblingsschüler hinterbringen dem Magister, was in der Schülerschaft vor sich geht, und schon hat Abaelard einen Feind mehr auf der Welt. Anderswo ist von aufrichtiger Bestürzung der Schüler die Rede, als der Magister auf amouröse Abwege gerät und die Lust am Lehren verliert (Hc 19, S. 30), und «vor allem» seine Schüler sind es, die an dem Lager weinen, auf dem Abaelard nach der Kastration in seinem Blut liegt (Hc 30, S. 46). Obwohl es keine Anzeichen dafür gibt, dass bestimmte Scholaren dieser Kerngruppe von Anwesenden dauerhaft angehören, scheint es doch immer Schüler gegeben zu haben, die Peter besonders verbunden waren. Sie bilden das Gegengewicht zu der anderen unverzichtbaren Rolle, die die Handlung vorantreibt: den *emuli*, seinen «allgegenwärtigen Neidern». Doch keinem von ihnen tut Abaelard die Ehre an, ihn in seinen Schriften beim Namen zu nennen.

In diesem Spannungsfeld entfalten sich die Emotionen, die zugleich Folge und Kitt der Beziehungen innerhalb der Gruppen sind: Zuneigung, Verehrung und Liebe, mindestens genauso stark aber

Stolz, Lust, Ärger, Scham, Aggression und vor allem Eifersucht. Von dieser ist andauernd die Rede. Das Thema geht auch in Abaelards wissenschaftliches Werk ein, wird in der *Dialectica* in denselben Worten wie in der *Historia* angesprochen.[20] Seine Cicero-Lektüre veranlasst ihn, die Gelehrten-Missgunst in der Wissenswelt der Schulen theoretisch zu verankern: Wer seine Intelligenz ohne Gerechtigkeitsgefühl gewähren lässt, wird neidisch und verdächtig werden.[21] Schülerschaft gibt nicht nur der Hoffnung auf Erkenntnis und Besserstellung Nahrung, sie führt auch zu Trauer, ja Verzweiflung. Was Abaelard als ein Problem des Spannungsfeldes erachtet, das sich aus der Konkurrenz von Vernunftgebrauch und Autoritätenhörigkeit, von Scharfsinn und Gerechtigkeitsgefühl ergibt, schlägt sich im Mikrokosmos der Gruppen als Kampf um Statuspositionen nieder.

2. Wahrheit, Wahrscheinlichkeit, Frechheit: Disputative Annäherung an das Unerreichbare

Am Ardusson

Als Abaelard in der *Historia calamitatum* auf die Hüttensiedlung zu sprechen kommt, deren Entstehung er um 1122 durch sein eremitisches Leben auslöst, schlägt seine Rede von den *scholae* in auffälliger Weise um. Im Normalfall nämlich gebraucht er den Begriff technisch und im Einklang mit der Tradition: Man verdient sein Brot und sein Ansehen (Hc 13, S. 22) mit dem *scolarum regimen*, man spricht von «seiner» Schule und «seinen» Schülern und meint damit Lehrvortrag, Schülerdiskussion und Broterwerb zugleich. Was machen Sie so beruflich? Ich bin Schulleiter.

Mit den *scolares* der Siedlung am Ardusson (Hc 52, S. 80, vgl. S. 82: *discipuli nostri*) ist dagegen eine andere, nicht mehr derart technisch zu fassende Größe bezeichnet. Gemeint sind nämlich Menschen, die Städte und Burgen verlassen haben und an diesem kargen Ort zusammenkommen. Was sie eint, ist nicht die gemeinsame Präsenz in der Vorlesung, sondern die Selbstverpflichtung auf einen totalen Lebensentwurf – der Zweckkontrakt (Max Weber), auf dem Unterrichtsbesuch normalerweise beruht, soll durch den die Totalität der persönlichen Existenz umfassenden Statuskontrakt ersetzt werden.[22] Entsprechend heißt es in dem Kapitel, das ihnen gewidmet ist (Hc 53, S. 84), dass man sie eher als Eremiten denn als Scholaren ansehen solle (*heremite magis quam scolares uidebantur*). Und so hebt das Vokabular, das er verwendet, die Naturbezüge und das Asketische dieser Lebensform zugleich hervor: Die erste Kapelle und das Lager der Schüler waren aus Binsen und Stroh errichtet, die Schüler, die seinetwegen ihre Städte und ihre geräumigen Häuser verließen, ernährten sich von wilden Kräutern und trockenem Brot und sorgten mit ihren eigenen Händen für das Essen. Abaelard selbst sollte sich in dieser Zeit dem Denken widmen können. Der Gabentausch zwischen Schülern und Meister betrifft elementare Dinge, Sachleistungen – und: Wissen. Und erst als das weitere Wachstum der Siedlung abzusehen war, wurden Holz und Steine für den Bau eingesetzt (Hc 52 f., S. 80–85). Ein Chronist schrieb nach Heloises Tod (1164) bezeichnenderweise, Peter habe sein *coenobium* «auf einer Wiese» errichtet, «auf der er üblicherweise seine Vorlesungen hielt».[23]

Es sind diese Verwendungsweisen, in denen die Wortfamilie um *schola* jene emphatische Aufladung erfährt, die der oben geschilderten Vision von der Schule als einem utopischen Projekt entspricht: Die Liebe zum Wissen sucht sich die ihr gemäße Lebensart, der Wille zum gemeinsamen Leben wird auf die gemeinschaftliche intellektuelle Anstrengung gegründet.[24] Amorph war die Ardusson-Gruppe keineswegs. Heloise erinnert den Adressaten ihres ersten Briefes später daran (Brief 2, 6, S. 128), dass *clerici siue scolares* zu ihm geströmt seien.[25] Man wusste, wer primär für das Gebet und wer zum Philosophieren gekommen war. Als Abaelard seine Glossen zu Porphyrios neu organisiert, meint er eingangs, dieses Werk sei auf Bitten «meiner Genossen» entstanden, nicht etwa «meiner Schüler» oder «Scholaren».[26]

Utopisch ist dieses Projekt, insofern die Hüttensiedlung als eine Alternative zu den Lebensentwürfen der Städter, der Kanoniker und der Mönche gesehen wird, als ein auf vollkommener Freiwilligkeit beruhendes Lebensmuster, das sich an die Schilderung der Apostelgemeinschaft anlehnt: Sie hatten «alles gemeinsam» – Abaelard zitiert mit Bezug auf diese Lebensphase gerne die Apostelgeschichte. Und neben die Handarbeit rückten sie die lehrend-lernende Gemeinschaft von Schülern und Magister. Askese und Armut immunisieren gegen Reize aus der Umwelt – ausführlich zitierte Abaelard die Gedanken des Hieronymus zu dieser Botschaft, und gemeinsam mit Hieronymus nahm er auf die Welt der griechischen Philosophen Bezug, um dies zu illustrieren.

Wenig überrascht den Erforscher mittelalterlichen utopischen Denkens der Umstand, dass das Vorbild der Mönche und der Eremiten im Hintergrund von Peters Vorstellungen stand – allgemein war die Welt der Klöster ein Hauptideengeber für vormodernes utopisches Denken, sogar in der *Utopia* des Thomas Morus (1516) ist dies noch spürbar.[27] Umso mehr verdient die Tatsache Hervorhebung, dass um 1122 eine Gemeinschaft entstand, die mit ihrer Wunschwelt zumindest für kurze Zeit tatsächlich ernst machte. Sie war zu fragil und scheiterte wie andere Eremitensiedlungen daran, dass sich dieses schwere Leben nicht verstetigen ließ.[28] Die Hüttensiedlung am Ardusson konnte kein tatsächlicher *nucleus* späterer Wissenschaftsorganisation sein, obwohl sie belegt, wie essentiell für die Wissenschaft das Leben in der sozialen Gruppe war – und dies Jahrzehnte vor dem Auftauchen der ersten Universitäten.

Doch nicht weil von hier aus die allmähliche Entstehung der Universitäten erklärt werden könnte, bleiben wir noch bei Peters utopischem Projekt, sondern weil er uns in anderen Schriften Aufschlüsse darüber verschafft, wie im Lauf seiner Tätigkeit eine Theorie von den *sozialen* Bedingungen wahrer Aussagen entstanden ist – eine Wissenschaftstheorie, die nicht vom Stoff ausgeht, sondern vom Leben. Wollen wir diese Theorie umreißen, müssen wir zwei weitere Schriften zur *Historia calamitatum* hinzunehmen: das zweite Buch seiner zweiten *Theologia* als seine ausführlichste Apologie der vorchristlichen Philosophen und das Vorwort zu seiner dritten und letzten *Theologia*. In ihnen skizziert er, unter welchen Bedingungen der Lehrer-Schüler-Dialog zum Vehikel der Annäherungen von Meinungen an Gewissheiten, von Wahrscheinlichem an das Wahre werden kann. Nur Gott ist sich tatsächlich der Wahrheit, der Notwendigkeit und des Immergültigen gewiss. Gerade dies aber lässt die Menschen in der Zuversicht ihrer Existenz nach der Erhärtung von Annahmen streben.

Philosophieren, eine Lebensform

Als Peter mit seiner Schülergemeinde am Ardusson lebte, arbeitete er sein Hauptwerk zur Theologie um, das ihm 1121 den Vorwurf der Häresie und eine Lehrverurteilung eingebracht hatte.[29] In Soissons hatte man ihn dafür kritisiert, dass er in großer Zahl philosophische Belegstellen aus vorchristlicher Zeit in die *Theologia «Summi boni»* eingebracht hatte; nun, da diese Erlebnisse noch frisch waren, war es sein Ziel, sich in einer Neufassung, der *Theologia «Christiana»*, mit diesem Vorwurf in aller Grundsätzlichkeit auseinanderzusetzen. Daher der merkwürdige Umstand, dass ein Werk, das im Ganzen den Fragen der Trinität und des Einen Gottes gewidmet ist, anhaltend über die heilsgeschichtliche Stellung antiker Denker und über den Grad an Offenbarung reflektiert, der ihnen zuteil geworden ist (das ist ein wichtiger Bestandteil von Buch I der *Theologia «Christiana»*), und sich gleichzeitig über das gegenwärtige Mönchsleben mokiert. Letzteres ist weniger erstaunlich als der Bezug auf die *philosophi*, wenn man bedenkt, was er nach «Soissons» im Dionysioskloster erlebt hatte.[30]

Ein Ausdruck dieser Grundsätzlichkeit ist Peters Entschluss, das zweite von fünf Büchern der *Theologia «Christiana»* ganz auf die heidnisch-antiken Philosophen und auf ihre Nähe zur biblischen Überlieferung zu verwenden. Aus zahlreichen Zeugnissen der Heiligen erfahre man, dass die platonische Schule mit dem katholischen Glauben übereinstimme – dies war eine Position, hinter die man schwerlich wieder zurückweichen konnte.[31] Sie war zwar kein Freibrief für die Verwendung sämtlicher heidnischer Texte (so wie ja auch die christliche Überlieferung Beispiele für Verirrungen bereithielt, siehe Origenes), doch die Lehre der platonischen Schule war unstrittig wertvoll und in theologischen Zusammenhängen akzeptabel. Im zweiten Buch der *Theologia «Christiana»* rückt Peters Vorsatz, seine Arbeit mit heidnischer Literatur ein für alle Mal zu rechtfertigen, in den Vordergrund der Erörterung. Wenn die Apostel und Väter dies getan hätten, wie könnte dergleichen dann falsch sein? Heidnische Philosophen waren erlösungsfähig, sie glaubten an die Unsterblichkeit der Seele und an eine jenseitige Belohnung und Vergeltung, ihre Ziele waren die des Christentums, auch wenn sie selbst dies noch nicht gewusst haben mögen. Sie erkannten viel Richtiges: Horaz etwa, dass der gute Mensch die Sünde aus positivem Antrieb hasst, aus Liebe zur Tugend nämlich.[32]

Die Befähigung zur Erkenntnis der Wahrheit war für Peter vor allem an die philosophische Tugendlehre und die eigene tugendhafte Lebensführung gebunden, die die griechischen Philosophenschulen geprägt hätten. Verborgene Ursachen der Dinge zu erkennen setzte eine entsprechende Ethik als Erstbegründung des Philosophierens voraus. Daher das quasi-evangelische Leben der Philosophen, die von Christus noch nichts wussten.

In der *Historia calamitatum* war es Heloise, die diese Gedanken im Zusammenhang mit Abaelards Heiratsplänen eingeführt hatte. Heloise hatte das entsprechende Prinzip eine *vitae religio* genannt: Zu philosophieren heißt nicht, dass man einen bestimmten Wissensbestand handhabt, sondern dass man ein entsprechendes Leben führt (Hc 26, S. 40). Und um zu verstehen, was es damit auf sich hat, muss man die Gemeinschaften der antiken Philosophen befragen, denn diese kamen in Fragen der Ethik und der rechten Lebensführung zu wahren Ergebnissen, obwohl sie von Christus nichts wussten. Armut, gute Absicht, Demut, kompromisslose Wahrheitssuche – sie verhalfen den heidnischen Philosophen zu wahrer Erkenntnis, die auch ohne Wissen um Gott zu richtigem moralischem Urteilsvermögen und damit zu einer gottgefälligen Lebensweise befähigte.[33] Die Übergänge zu den Idealen des Eremiten- und des Mönchtums waren evident – in der Wissenschaft ereignete sich die «Wiederkehr gelehrter Anachorese» (Ernst Kantorowicz). Die Flucht vor den Menschen sollte gelingen, indem sie dank der Einsamkeit unter gleichgesinnten Menschen erträglicher wurde.[34]

Dieser Lebensform entsprachen nach Abaelard daher nicht nur asketische, sondern auch soziale Formen. Luisa Valente hat sie jüngst genauer untersucht und nach ihren Vorbildern befragt.[35] Neben der Bevorzugung von Einsamkeit und Enthaltsamkeit äußerten sie sich in der Sorge um den Staat (*res publica*), seine Bürger (*cives*) und deren Zusammenleben (*civium [...] conuiuentium*).[36] Die *civitates* waren für sie *conventus*, die nach apostolischem Vorbild «alles gemeinsam» hatten, gegliederte und gemäß den Tugenden der Liebe (*caritas*) und der Billigkeit (*aequitas*) organisierte Gemeinschaften, die das Philosophieren aus sich selbst hervorbrachten. Sie ermöglichten denen, die an ihnen teilhatten, das Denken in Einsamkeit und in der Gemeinschaft zugleich. Einsamkeit nämlich schützte vor den Ablenkungen der Sinne. Plato hatte seine Akademie bewusst nicht nur in der Einöde, sondern sogar in einem Seuchengebiet gegründet, damit seine Schüler von keiner anderen Lust heimgesucht würden als der, die ihnen der Lehrstoff bot.[37] Doch auch das Leben in Gemeinschaft war sinnvoll, es erzog alle (auch die Vorsteher) zur Demut. Handelte es sich um Wahrheits-Suchende, war die «überaus arrogante» Selbstbezeichnung als «Weise» (*sapientes*) zu verwerfen zugunsten der Selbstsicht als «Wahrheits-Liebende» und «Um-die-Wahrheit-Bemühte» (*philosophi*). Demut prägte nicht nur den Umgang miteinander, sondern auch den zum Gegenstand der Reflexion. Die Rolle des Lehrers war hiervon unmittelbar betroffen, lehrte doch Christi schlechtes Urteil über die Pharisäer und Schriftgelehrten, dass Rede und Leben in Einklang zu stehen hatten: «Und ihr sollt euch nicht Lehrer nennen lassen; denn einer ist euer Lehrer: Christus.» (Mt. 23,10)[38]

Frechheit in Demut: Die Intimität zwischen Schülern, Lehrern und dem Gegenstand des Forschens

Essen muss man aber trotzdem. Es war seine Armut, die Abaelard schließlich zwang, «eine regelrechte Schule einzurichten» und zu konventionelleren Formen der Gemeinschaft mit seinen *discipuli* und zum Lehrvortrag zurückzukehren.[39] Doch erregte er weiterhin gerade als Lehrer Aufmerksamkeit; auch seine Pariser Tätigkeit in den 1130er-Jahren wurde von den Zeitzeugen registriert – bewundernd oder mit abermals zunehmender Feindseligkeit, je nachdem. Seine *scholae* (oder genauer: die Außenansichten, die diese boten) ließen ihn auf seine zweite Lehrverurteilung von 1141 zusteuern.

Es sind nur knappe, aber höchst aussagekräftige Bemerkungen, die er in der dritten Fassung seiner Ende der 1130er-Jahre verfassten *Theologie* der Relation zwischen Lehrer und Schülern und deren Bezug zur Wahrheit widmete. Sie betreffen das Verhältnis zwischen drei Größen: Lehrern, Schülern und dem Gegenstand ihres intellektuellen Strebens. Sie demonstrieren daher die Transformation jener sozialen Relationen, die wir oben als intime Beziehungen bezeichnet haben. Denn deutlich ist im Durchgang durch die vergangenen drei Kapitel geworden, dass die ideale Treue der Schüler zu ihrem Lehrer auf der Ebene explizierter Normen zwar noch gegenwärtig war, mittlerweile aber mit neuen Inhalten vermengt und an veränderten Wirklichkeiten abgeschliffen worden war. Präsent war immer noch die formale Unterordnung der Schüler unter die Autorität des *magister*, gegenwärtig war fernerhin das Potential an Energie, das im Vorhandensein von Konkurrenzpositionen, im Ringen um Aufmerksamkeit und Anerkennung steckte. Immer noch war dort, wo vom richtigen Wissen gehandelt wurde, schnell vom «Dritten», vom Widersacher, Neider und Inhaber konkurrierender Positionen die Rede. Randall Collins' Feststellung, dass Kreativität aus Rivalität und nicht aus Harmonie hervorgeht, hat sich dabei immer wieder bewahrheitet.[40] Und selbst wo wir keine Rivalen erkennen konnten, haben die emphatischen Autoren gerne von ihnen gesprochen.

Ein weiteres Element war nun sichtbar geworden. Immer häufiger wurden an den neuen Schulen, die im ausgehenden 11. Jahrhundert in größerer Zahl entstanden waren, während des Kommentierens von Grundlagentexten Zweifel an der Richtigkeit von Lehrermeinungen geäußert. In diesem Zusammenhang wurde der falsche Schluss, der argumentative Fehler gleichsam säkularisiert – wir sprachen oben von einem «operativen» Verständnis des Fehlers, von der Entkopplung von falscher Lehrmeinung und moralischer Abwertung des Lehrers.[41] Was im vierten Kapitel wie ein Indizienbeleg erschien, brachte Peter Abaelard schließlich in aller Grundsätzlichkeit zur Sprache.

Peters eigene Biographie zeigt allerdings Veränderungen seines Denkens, die im Spannungsbogen der *Historia calamitatum* allenfalls angedeutet erscheinen und die mit seiner allmählichen Schwerpunktverlagerung von der Dialektik auf die Theologie und der Erfahrung seiner Schulen zu tun haben. So hat Peter von Moos herausgearbeitet, wie sich in seinen Arbeiten neben dem Lob der Dialektik, neben Wahrheit, Notwendigem und *ratio*, neben seiner optimistischen Sicht von der Leistungsfähigkeit der dialektischen *scientia scientiarum* eine zweite Dimension etablierte: die beständige Reflexion über das allgemein für wahr Gehaltene und das Wahrscheinliche (*endoxon, probabile*), das «Meinungsmäßige» und den Status der Autoritäten.[42] Die Meinung der Menschen (*opinio hominum*), das Scheinen und das Zweideutige (*ambiguum*), der Gegensatz zwischen Innen und Außen – sie werden von Abaelard im Lauf seines Werks sowohl für die Philosophie als auch für die Theologie theoretisch passförmig gemacht und gerade in den theologischen Schriften aufgewertet. Menschliche Erkenntnis ist zwingend auf die Sinne angewiesen, daher produziert sie Meinungen und keine Intelligenzen, und «vor dem religiösen Geheimnis» macht sie «apophatisch Halt» und verlangt nach einem anderen Denkstil.[43]

Das Meinen, das an die Stelle des Wissens tritt, wo keine Gewissheit erlangt werden kann, ist in den theologischen Schriften positiv konnotiert und wird in einen Zusammenhang mit dem Glauben des Christenmenschen gebracht (wenngleich nicht damit identifiziert oder unreflektiert vermengt). Zu reiner Erkenntnis (der Spitze aller kognitiven Leistungen) befähigt ist allein Gott; dem Menschen bleiben Vorstellungen, Meinungen und bestenfalls das Wissen vorbehalten, das menschlicher Vernunft möglich ist. Von der *opinio* spricht Peter daher im Zusammenhang so, dass Aussagen wie «Demutsformeln» (Peter von Moos) klingen: Hier äußere ich mein «bescheidenes eigenes Urteil», meine «persönliche Sicht der Dinge».[44]

Dass sich hier keine Theorie der erkenntnismäßigen Beliebigkeit anbahnte, versteht sich von selbst. Peter von Moos hat angenommen, dass es drei Instanzen waren, denen der denkende Lehrer Verantwortung schuldete: der Schülerkreis, die große Gemeinschaft der gläubigen Christen und letztlich Gott selbst. Wir schließen uns dieser Sichtweise einerseits an, formen sie aber dennoch in einer Weise um, die die soziale Dimension dieser Konstellation als den Mittelpunkt des Erkenntnisprozesses erscheinen lässt. Wie von Moos betrachten wir die knappe *Praefatio* der dritten Theologie, der Ende der 1130er-Jahre geschriebenen *Theologia «Scholarium»*, als Schlüsseltext.

Das Streben nach der Wahrheit, das sich letztlich mit begründeten

 Meinungen begnügen muss, vollzieht sich in der Interaktion zwischen drei Größen, nämlich dem Lehrer, den Schülern und dem Gegenstand der Reflexion. Die letztere Größe ist wegen der potentiellen Unerreichbarkeit des Gegenstandes dynamisch gedacht. Hinter ihr steht die Annahme der Wahrheit, doch so, dass sie zu methodisch geleitetem Vorgehen anhält und einziger Garant dafür ist, dass immerhin Annäherungen an das Wahre stattfinden können.

Aus der älteren, «intimen» Lehrer-Schüler-Beziehung ist damit ein Dreiecksverhältnis geworden: Lehrertreue und die Verpflichtung auf die Förderung der Schüler stehen unter dem Wahrheitsvorbehalt, wie er im oben zitierten Sprichwort «Plato ist mein Freund, aber meine bessere Freundin ist die Wahrheit» zum Ausdruck kommen wird.[45] Irrtum, Erkenntnisfortschritt, Widerspruch bis hin zur radikalen Negation von Gesagtem sind notwendige Bestandteile dieses Prozesses, ein Parcours, der nur im Dialog von Lehrern und Schülern durchschritten werden kann. Denn Wissen wird dabei nicht in Form von Sätzen in den Geist des Schülers geprägt, wie ein Siegel Wachs prägt; entscheidend ist vielmehr der Prozess, in dem dieses Wissen erarbeitet wird. Die Aufgabe der Zukunft ist, diesen Vorgang mit Hilfe zunächst vornehmlich disputativer Verfahren zu methodisieren.[46]

In der Einleitung seiner *Theologia «Scholarium»* verdichtet Abaelard diese Gedanken. Seine Schüler hätten zunächst seine philosophischen Schriften gelesen und ihn danach hartnäckig gedrängt, «eine Summe der heiligen Bildung gleichsam als Einführung in die göttliche Schrift» zu verfassen.[47] Er löse diese Bitte mit seinem Werk ein, «wobei wir weniger versprechen, die Wahrheit zu lehren (*veritatem docere*), als den Sinn unserer Meinung, den sie einfordern, zu erklären (*opinionis nostrae sensum, quem efflagitant, exponentes*)».

Die Schüler-Argumente lesen sich geradezu grotesk konservativ: Einer meint, seine philosophische Laufbahn werde fruchtlos bleiben, «wenn ich ihr Studium nicht in Gott, auf den alles bezogen werden muss, beende». Je schwieriger die Probleme seien, die das Verständnis des Glaubens bereite, desto stärker müssten die «Schanzen aus Vernunftgründen» sein, mit denen dieser zu befestigen sei. Als der «Dritte», die Figur, die die Abgrenzung der intimen Erkenntnisgemeinschaft erzwingt, fungieren hier überraschend die Philosophen, oder besser: die, die vorgeben, solche zu sein (*se philosophos profiten-*

tur). Wer glaubt, die Wahrheit schon gefunden zu haben, hat in der neuen epistemologischen Triade keinen Platz, er markiert das Andere, die Gegenwelt der intellektuellen Selbstgenügsamkeit. Das war kein Widerspruch zu Peters früheren Sichtweisen auf die Dialektik – auch in seinem Brief an die Dialektik-Ignoranten hatte er betont, dass zwischen gewissenhaftem Umgang mit der Logik und sophistischem Missbrauch (in der Forschung hat man gerne von «Hyperdialektik» gesprochen) eine Grenze zu ziehen sei.[48]

Es sind die Schüler, denen all dies in den Mund gelegt wird, und sie wagen sich noch weiter vor, werden noch indiskreter: Man wusste von Abaelards eremitisch-monastischen Bestrebungen und drängte ihn deshalb, endgültig die Lehre um des Geldes willen gegen die Gewinnung von Seelen einzutauschen. Dies alles brachten sie so lange vor, bis sie «wenn schon nicht durch Vernunft, dann doch durch Frechheit unsere Zustimmung erlangten».

Abaelard gibt an, er löse mit dem vorliegenden Buch ein, «was sie fordern». Fehler gingen auf sein Konto. Solle er vom katholischen Verständnis des Glaubens abweichen, habe er keine Schwierigkeiten damit, zurechtgewiesen zu werden – ein Gedanke, den er ausführlich (und besonders mit dem späten Augustinus der *Überarbeitungen,* der *Retractationes*) begründet.[49] Eigene Meinungen korrigieren oder gar zurücknehmen, das Risiko des autoritativen Sprechens selbst verantworten: Nichts Falsches wolle er «durch Rechthaberei verteidigen oder durch Anmaßung für wahr behaupten».

Die erste Eigenschaft, die die Schüler gezeigt haben, um ihn zu dieser Anstrengung zu bewegen, war ihre hartnäckige Frechheit (*propter improbitatem*). Mit ihr äußerten sie ihren Wunsch auch dann, wenn Peter für ihre Vernunftargumente nicht zugänglich gewesen war. Peter bezieht diese Vorstellung von der legitimen, weil wirksamen Unverfrorenheit aus Christi Gleichnis vom bittenden Freund (Lk. 11,5). Dieser klopft um Mitternacht an die Tür und bittet um Brot, und er kommt letztlich «wegen seines unverschämten Drängens» zum Ziel. Christus billigt diesen Bruch der Konvention ausdrücklich: Bittet, so wird euch gegeben; suchet, so werdet ihr finden; klopfet an (und sei es um Mitternacht und so lange, bis der schlaftrunkene Freund seinen Widerstand aufgibt, zur Tür torkelt und das verdammte Brot hinausreicht), so wird euch aufgetan.[50]

Dynamisch ist die Trias aus Lehrer, Schüler und Wahrheitsidee auch insofern, als sich Lehrer wie Schüler unter ihrem Einfluss ständig verändern: der Lehrer, indem er sich der Suche nach der besten begründbaren Meinung (und damit der scheuen Annäherung an die Wahrheit) verschreibt, und dies in dem Bewusstsein, dass sein Resultat unter dem Vorbehalt der menschlichen Neigung zum Irrtum steht. Die Schüler verändern sich in diesem Ambiente aber ebenfalls, gemäß der von Augustinus stammenden Idee vom «inneren Lehrer», «der die, die er will, auch ohne Geräusch belehrt».[51] Denn wer wäre schon so töricht, so stand bei Augustinus zu lesen, seinen Sohn in eine Schule zu schicken, nur damit er lerne, was der Lehrer denkt? Stattdessen sollen Schüler von einem guten Lehrer veranlasst werden, die «innere Wahrheit» zu betrachten. Nicht der Moment der Wissensaufnahme im Augenblick, in dem der Lehrer spricht, sei der Moment des tatsächlichen Lernens. Vielmehr müsse Zeit vergehen, in der die Schüler das Gesagte bedenken können; «wenn sie innerlich entdeckt haben, dass Wahres gesagt worden ist, spenden sie Lob».[52]

Es sollten noch über hundert Jahre vergehen, bis in der Ära Bonaventuras zur Wortfamilie um *intimus* das Abstractum *intimitas* hinzutreten würde, ein Prinzip der Innerlichkeit, das ein neues Verständnis von der intersubjektiven Dimension des Denkens markierte.[53] Hier aber, in der Erkenntnis, dass die soziale Gemeinschaft die Bedingungen für die Annäherung an die Wahrheit bot, einer Erkenntnis, die Abaelard drängenden und drängelnden Schülern verdankte, bahnte sie sich an. Die Lehrsituation, der magistrale Vortrag und die Disputation, lassen die philosophische Erkenntnis in der Zeit reifen, und das Wesentliche an diesem Vorgang ereignet sich trotz der Notwendigkeit des Sprechens und Belehrens im Inneren der Beteiligten.

3. Die neue Wissenschaft in der Kritik

Walter von Mortagne und Abaelard

Abaelard hatte zu der Zeit, als er diese Gedanken im Vorwort der *Theologia «Scholarium»* festhielt, schon lange unter Beobachtung gestanden. Erste Skeptiker und Gegner waren bereits gegen ihn aufgetreten, als er sich im Umkreis Anselms von Laon angemaßt hatte, schwierige theologische Fragen auf dialektischer Grundlage zu erörtern. Entschiedenerer Widerstand gegen ihn, etwa die Gegnerschaft Bernhards von Clairvaux, hatte keineswegs so früh eingesetzt. Erst seit den späten 1130er-Jahren baute sie sich auf, wie schon Arno Borst gesehen hat: Als Bernhard merkte, dass sich Abaelards Lehre über dessen Schüler und Adepten auszubreiten drohte, sei er auf Konfrontationskurs umgeschwenkt, dabei unterstützt von mediokren Gestalten wie Hugo Metellus, getrieben von der Befürchtung, dass auf Abaelard dessen aufsässige, nassforsche Schüler folgen würden.[54] Völlig unberechtigt war diese Befürchtung nicht; überzogene Schülerschriften konnte man nicht mehr zurückrufen, wenn sie erst einmal in Umlauf gekommen waren.

Es wäre vermessen, zu behaupten, dass seinen Kritikern dabei die Zusammenhänge zwischen sozialen und epistemologischen Vorstellungen, die uns oben am meisten interessierten, vollständig bewusst geworden wären. In ihren Bestandteilen allerdings waren sie tatsächlich Steine des Anstoßes, wie vor allem ein Brief belegt, den Walter von Mortagne um 1136 an Abaelard richtete. Auch Walter war ein ehemaliger Student der Theologie aus Laon und stand Peter nicht rundheraus ablehnend gegenüber.[55] Keinesfalls wolle er sich anmaßen, Peter zu belehren, überrage dieser in Dingen der Heiligen Schrift doch alle anderen.[56] Was er allerdings im mündlichen Gespräch mit Peters Schülern gehört habe,[57] habe ihn stutzig gemacht. Abermals: auch das komme ja häufig vor – Schüler wichen oft vom Sinn der Lehreraussagen ab, sei es, weil sie aus Mangel an Erfahrung dessen Rede schlecht auslegten, sei es, weil sie in ihren Referaten Neuheiten einführten und diese wegen der höheren Autorität des Lehrerwortes ihren Magistern zuschrieben.[58]

Doch in dem Werk, das Peter *Buch der Theologie* nenne (gemeint war die Erstfassung der *Theologia «Scholarium»*[59]) sei ihm klargeworden, dass es sich bei dem Gehörten, das sein Missfallen erregt hatte, zumindest in Teilen tatsächlich um Peters eigene Aussagen handelte. Wie könne Abaelard nur schreiben: Er habe eine Summe der Heiligen Schrift quasi als Einführung verfasst, verspreche aber nicht, die Wahrheit zu lehren, «als vielmehr den Sinn unserer Meinung, den sie einfordern, zu erklären»? Welcher rechtgläubige Mensch, der vom katholischen Glauben handeln wolle, verspreche, statt der Wahrheit den «Sinn seiner Meinung darzulegen»? Wie viel Vertrauen wecke dies wohl bei den Hörern?[60]

Was man an diesem Brief erkennen kann, ist, wie viel Raum für Missverständnisse die Praxis der wissenschaftlichen Beschäftigung in den 1130er-Jahren bot, wenn sie auf Personen traf, die sich selbst um theologische Fragen bemühten, ohne doch selbst tatsächlich Teil der scholastischen Gruppenkultur geworden zu sein. Die Angehörigen anderer Milieus, die sich in verwandten, aber verschiedenen Diskursen bewegten, arbeiteten sich an denselben Texten und Problemen ab, doch dies ausgehend von gänzlich anderen Denkvoraussetzungen. In der von Walter aufgespießten Textstelle war es Abaelards Theorie von der allmählichen Annäherung an das Wahre beim Disputieren, die vor dem kritischen Blick des Zeitgenossen wie ein Akt intellektueller Willkür dastand. Ein Blick auf die folgenden Kontroversen, die in Abaelards zweite Lehrverurteilung zu Sens mündeten, wird zeigen, wie die wechselseitige Abgrenzung der Milieus und der Diskurse, die sie unterhielten, voranschritt.

Wilhelm von Saint-Thierry und Bernhard von Clairvaux

Etwa vier Jahre nach Walters Brief, im Frühjahr 1140, erhielten Abt Bernhard von Clairvaux und Gottfried von Lèves, der Bischof von Chartres, gleichlautende Schreiben des Zisterziensermönchs Wilhelm von Saint-Thierry.[61] Ihr Schweigen verwundere ihn, war dort zu lesen. Es sei offenbar an ihm, Wilhelm, das Wort zu ergreifen, denn zur Sprache müsse endlich eine Sache von allgemeiner und schwerwiegender Notwendigkeit gebracht werden, für die man notfalls zu sterben bereit sein müsse: der Glaube an die Trinität, die Person Christi als des Mittlers zwischen Gott und Mensch, der Heilige Geist, Gottes Gnade, das Altarsakrament.

> *Peter Abaelard lehrt wieder neue Dinge, er schreibt Neues, und seine Bücher überqueren die Meere und überspringen die Alpen. Seine neuen Glaubenssätze und Dogmen werden durch Provinzen und Reiche verbreitet, spektakulär gepredigt und freimütig verteidigt, und dies in einem Ausmaß, dass gesagt wird, sie würden auch an der römischen Kurie schon in Geltung stehen.*[62]

Wilhelm nahm damit Bezug darauf, dass Abaelard ja schon 1121 in Soissons für Aufregung gesorgt hatte. Abaelard war danach als Lehrer immer prominenter geworden, hatte immer mehr Aufmerksamkeit auf sich gezogen – irgendwann musste er sich Sorgen darum machen, mit jener Summe an Projektionen und Zuschreibungen verwechselt zu werden, mit denen seine Verehrer und Feinde seine Person gleichermaßen versahen.

Auf diese Bilder bezog sich Wilhelm von Saint-Thierry in seinem Brief, und er konnte sicher sein, von seinen beiden Adressaten verstanden zu werden. Zufällig, so Wilhelm, habe er neulich ein Buch jenes Menschen gelesen, dessen Titel *Theologie Peter Abaelards* gelautet habe. Er gestehe, dass ihn gerade dieser Titel neugierig gemacht habe. Noch ein anderes Buch sei diesem Werk beigebunden gewesen. Für dieses vermag er keinen solchen Titel zu nennen, doch geht aus einem Brief Bernhards von Clairvaux hervor, dass es sich dabei um Schülermitschriften von Abaelards Vorlesungen handelte.[63] Wilhelm schreibt auch, er habe gehört, dass es noch andere Werke gebe; deren Namen seien *Ja und Nein* und *Erkenne dich selbst*. Von weiteren lichtscheuen und schwer auffindbaren Schriften wolle er lieber schweigen, fürchte er doch, dass deren Inhalt genauso monströs sei wie ihre Titel.[64]

Was ihn so sehr aufbrachte, war vor allem Abaelards Prinzip, Fragen der Heiligen Schrift mit den Mitteln der Dialektik zu behandeln. Eigene Erfindungen und Neuheiten seien das! Was maße sich dieser Mensch an, über den Glauben zu urteilen statt sich ihm als Schüler zu nähern? Ein Besserwisser sei er in Glaubensdingen, kein Nachahmer.[65] Dabei sah sich Wilhelm keineswegs als Peters Gegner auf der ganzen Linie, im Gegenteil: «Auch ich habe ihn geliebt», schrieb der Zisterzienser, «und Gott ist mein Zeuge, dass ich ihn noch lieben will.» Doch diese Sache sei zu groß, sie dulde keine falsche Rücksichtnahme.[66]

Wilhelm ergänzte sein Schreiben um eine Liste von 13 Fundstellen aus den Abaelard'schen Werken, die ihm anstößig erschienen, und fügte überdies eine *Disputation gegen Peter Abaelard* bei, die er anhand seines Syllabus verfasst hatte. Gemeinsam mit der *Theologia* und den besagten Schüler-Reportationen ging das Schreiben auf die Reise und stieß anlässlich der folgenden Synode von Sens (1141), von der man sich eine Entscheidung erhoffte, einen erbitterten Kampf an. In diesem ging es letztlich nicht nur um die 13 Irrtümer, sondern um Abaelard, sein Œuvre und seine Schulpraxis – und über diesen hinaus um den Umgang von Bischöfen, Päpsten und Synoden mit gelehrten Werken.

«So begann der Kampf der Giganten des 12. Jahrhunderts», kommentierte Ferruccio Gastaldelli den Vorgang.[67] Diese Lesart bietet sich vor allem deshalb an, weil durch diese Vorgänge eine zweite prominente Figur in die Rolle von Abaelards Antipoden gedrängt wurde: Abt Bernhard von Clairvaux, Wilhelms langjähriger Freund und einer der beiden Adressaten seines Briefes. Die Geschichte jener frühen Auseinandersetzung um den Geist der Wissenschaft ist daher häufig als Kampf zwischen zwei Männern erzählt worden, die für antagonistische metahistorische Prinzipien standen: auf Abaelards Seite den Geist der freien, voraussetzungslosen Wissenschaft und auf Bernhards die Sphäre des demütigen, frommen Glaubens, der Introspektion und der mystischen Annäherung an Gott durch die Aufdeckung religiöser Selbsterfahrungen.[68] Scholastische und monastische Daseinsform, eine objektive Wissenschaft und ein subjektivierender Umgang mit der Transzendenz – hier schienen sie in zwei starken, gegensätzlichen Charakteren personifiziert zu sein.

Wilhelms Brief wartet mit einer ganzen Abfolge von Gedanken, ja Gefühlsaufwallungen auf: mit dem pathetischen Ich-kann-nicht-länger-schweigen des empörten Glaubenswächters; dem Eingeständnis früherer Liebe zu Peter Abaelard, verbunden mit dem Vorsatz, dass solche Emotionen unter den gegenwärtigen Umständen keine Rolle spielen dürften; dem Eingeständnis, dass die publikumswirksamen *Neuheiten* von Peters Theologie an die Neugier der Menschen appellierten, ja dass gerade dessen ungewöhnliche Praxis, wissenschaftlichen Traktaten zugkräftige Titel zu geben, in dessen theologisches System hineinlocke.

Üblich geworden ist, den Brief vor dem Hintergrund dessen zu beurteilen, was er auslösen sollte: einen Schlüsselmoment in der Geschichte der kirchlichen Lehrverurteilungen gegen Theologen.[69] Und tatsächlich lässt sich an ihm exemplarisch die soziale Eigendynamik gelehrter Konflikte ermessen, die alle Beteiligten – Abaelard, Bernhard, die Synodalversammlung, den Papst und die römischen Kardinäle – zu Zuspitzungen verleitete, die ihnen zunächst persönlich ungelegen gewesen waren. Gerade an der Korrespondenz Bernhards kann man studieren, wie eine abwartend-retardierende Haltung und das Bemühen, sich mit Abaelard nicht zu überwerfen, der Logik eines Konfliktes weichen mussten und in einen Konfrontationskurs mündeten, der keine Schonung mehr zuließ.[70] Bernhards Versuch, Person und Sache voneinander zu trennen, sowie seine Strategie, während der Synode einer argumentativen Auseinandersetzung mit dem Autor jener *Theologia* aus dem Weg zu gehen, scheiterten beide, ja sie schlugen in ihr Gegenteil um. Denn an die Stelle des Bemühens um Begrenzung trat die Strategie, die Auseinandersetzung um Abaelards Bücher als paradigmatischen Kampf um gefährliche Fehlentwicklungen der Gegenwart schlechthin erscheinen zu lassen.

Während der Synode von Sens selbst regierte daher ein Jahr nach Wilhelms Brief hektische Geschäftigkeit: «Der Abt von Clairvaux war da, und der Bischof von Chartres belagerte unsere Häuser», berichtet einer der Anwesenden in einem Brief an den Abt von Cluny. Polemische Briefe wurden komponiert, die Abaelard nicht nur als Gelehrten diskreditieren, sondern moralisch vernichten sollten.[71] Bernhard erklärte seinen Gegner jetzt zum pathologischen Fall: Von früher Jugend an habe er mit der Dialektik herumgespielt und gebärde sich nun im Studium der Heiligen Schrift wie ein Wahnsinniger; was er Disputationen nenne, seien in Wirklichkeit Verrücktheiten.[72] Auch behauptete er, dass Abaelards Theologie in bedrohlichen politischen Zusammenhängen stehe. In Wirklichkeit sei sie noch viel gefährlicher als das verlustreiche Papstschisma der vergangenen Jahre (1130–1138), sie verknüpfe sich mit der sozialrevolutionären Gefahr, die in Italien von dem Prediger Arnold von Brescia ausgehe. Im Honig verborgen, übermittle hier eine Biene aus Frankreich einer italienischen Artgenossin ihr Gift: ein neues Evangelium, einen neuen Glauben.[73] Wilhelm von Saint-Thierry, der Verfasser unseres Brandbriefes, insinuierte Verbindungen von Abaelards «neuer» Theologie zu dem gleichzeitigen neuen Interesse anderer Forschergeister an der Natur. Wieder war es ein Buchtitel, der ihn in Wallung brachte: Hatte doch nach Abaelards *Theologie* Wilhelm von Conches eine *Summe der Philosophie* vorgelegt.[74]

Auch auf der Seite von Abaelards Apologeten ging die anfängliche Beißhemmung allmählich verloren. Im Stil der zeitgenössischen Vagantenlyrik berichtete einer von Peters Schülern davon, wie sich die Synodalen von Sens über die Schriften des Gelehrten hermachten und dabei so hemmungslos dem Wein zusprachen, dass sie bald nur noch mit den Köpfen wackelten und schnarchend den Schlaf des Säufers schliefen. Von dem Wort des Anathems, das ihnen abverlangt wurde, dem *damnamus*, konnten sie nach dieser Schilderung nur noch die Schlusssilben lallen: *namus*, «wir schwimmen».[75]

Die Denkformen und Praktiken, die der Eigendynamik dieses Konflikts zugrunde lagen, waren offenbar schon da, als Wilhelm von Saint-Thierry im Frühjahr 1140 seine Feder ansetzte. Betrachten wir seinen Brief also ausnahmsweise nicht als Auftakt zum Drama Abaelards und Bernhards und auf die Synode von Sens hin, sondern befragen wir ihn mit dem Augenmerk auf die Interaktionsformen, die bereits zum kulturellen Repertoire von Wilhelms Gegenwart gehörten, an denen er selbst teilhatte und die sein Brief zugleich reflektierte. Dabei sind Hintergründe zu skizzieren, die in dem Brief allenfalls zu erahnen sind. Um diese sichtbar zu machen, können wir von denjenigen Motiven ausgehen, die in Wilhelms Brief besonders ins Auge stechen: Seiner Rede von der Traditionsferne von Abaelards gelehrter Praxis (für die etwa die besagten Buchtitel symptomatisch waren); von der Liebe, die man für Abaelard empfinden konnte; und von der Furcht, dass Abaelards Art von Wissenschaft langfristig erfolgreich sein könnte, weil die Gelehrten, die ihm auf Augenhöhe widersprechen könnten, bald alle tot sein würden.

Fangen wir bei diesem letzteren Motiv an. Wilhelm und die beiden Adressaten seines Briefes waren keineswegs gleichaltrig, sie standen zwischen ihrem 50. und ihrem 65. Lebensjahr. Wilhelm war wahrscheinlich um 1075 geboren[76] und damit noch etwas älter als der wohl 1079 geborene Abaelard, der also zum Zeitpunkt des Konzils von Sens um die 62 Jahre alt war. Gottfried von Lèves mag etwa gleichaltrig gewesen sein, jedenfalls ist er schon um 1105 als Kanoniker am Domstift von Chartres bezeugt.[77] Der um 1090 geborene Bernhard, der prominenteste unter den dreien, war um einiges jünger. Doch trotz dieser Differenz gehörten sie im Hinblick auf ihre Karriere einer Generation (und als Söhne niederadliger Familien überdies derselben sozialen Schicht) an. Was sie miteinander verband, war der Umstand, dass sie im selben Zeitraum in ihre prominenten Positionen eingerückt waren. Bernhard hatte 1115 den Abbatiat des praktisch von ihm gegründeten Zisterzienserkonvents von Clairvaux übertragen bekommen, Gottfried wurde 1116 als Nachfolger des großen Ivo von Chartres Bischof seiner Diözese. Wilhelm gelangte etwas später zu höheren Würden: Die Mönchsgelübde hatte er schon um die Jahrhundertwende abgelegt, doch erst 1121 wurde er, Bernhards enger Vertrauter, Abt der benediktinischen Abtei von Saint-Thierry bei Reims.[78] Für alle drei hatte die Übernahme von Verantwortung bedeutet, dass sie sich mit den Affären dieser Welt auseinanderzusetzen hatten: mit militärischen Aktionen, und sei es um die Ansprüche an einer Grundherrschaft,[79] mit zähen Verhandlungen und politischen Positionierungen, die ihnen nicht nur Verehrung eintrugen. Gottfried hatte sich als Administrator und vortrefflicher Verhandlungsführer einen Namen gemacht.[80] Als es auf einer Synode in Reims 1131 darum ging, dass einer der Anwesenden eine Schmähschrift gegen den Gegenpapst Anaklet vortragen sollte, verfiel man wohl nicht ganz zufällig auf ihn.

Üblich scheint unter Personen ihres Standes die Denkform gewesen zu sein, die wir oben charakterisiert haben und die wir als Normalbiographie bezeichnen wollen.[81] Verantwortlichkeit für solche Ämter wog schwerer als jede literarische Neigung. Dignitäre mochten über die schwindenden Möglichkeiten zu Kontemplation und

 Studium klagen, doch das half letztlich nichts.[82] Literarische Tätigkeit musste einem Episkopat oder einem Abbatiat förmlich abgetrotzt werden, war auf jeden Fall als nachrangig zu betrachten. Das Amt nahm Einfluss auf den Intellekt, ja auf den gesamten Habitus. Der frisch ordinierte Abt und der gerade zum Bischof geweihte Mann muss an Geld statt an die literarische Überlieferung denken, und «sogleich nach der Handauflegung» wird er zu allem Überfluss «an Backen und Bauch, um nicht zu sagen: am Herzen, zunehmend fett».[83] Bernhard war die Ausnahme von der Regel. Es machte einen erheblichen Teil seines Charismas aus, dass er neben der Vielzahl seiner Aktivitäten ständig schriftstellerisch fruchtbar war und dabei Texte produzierte, deren literarische Qualität sich Hörern und Lesern auf der Stelle kundtat. Gottfried von Lèves schrieb nichts! Bernhards Freund Wilhelm von Saint-Thierry war durchaus literarisch ambitioniert, doch hatte er sich die Freiräume hierfür erst dadurch schaffen müssen, dass er sich altersbedingt von seinen Pflichten entbinden ließ. Nach 14 Jahren als Abt eines benediktinischen Konvents hatte er 1135 verkündet, dass er die *militia* nun gegen das *otium* eintauschen wolle, immerhin hätten auch bei den Römern die Sechzigjährigen ihren Rückzug aus öffentlichen Ämtern erlangt. Einer spirituellen Neigung folgend, hatte er sein Abbatiat gegen die Position eines zisterziensischen Mönchs im noch jungen Konvent von Signy eingetauscht. So hatte er sich die Möglichkeit geschaffen, wieder zu schreiben.[84]

Abaelards Leben war ganz anders verlaufen, und es gab keine akzeptierte Normalbiographie, die sein Leben und Handeln hätte plausibel machen können. Er war berühmt geworden, ohne einen derartigen *cursus honorum* durchlaufen zu haben, und er hatte niemals dauerhaft Zugeständnisse bei seiner literarischen Tätigkeit gemacht. Zwar war er nach seiner Kastration auch Mönch geworden, doch als bemerkenswerteste Ereignisse seiner Klosterlaufbahn haben wohl die Konflikte, Anfeindungen und vielleicht sogar Attentate zu gelten, denen er in dieser Rolle ausgesetzt war. Seine bleibende Leistung für das Mönchtum war, eine höchst originelle Regel für einen von ihm selbst ins Leben gerufenen Frauenkonvent zu schaffen, der überdies mit der ungewöhnlichen Dedikation an den «Paraklet» des Johannesevangeliums auf sich aufmerksam machte. Im Alter von etwa 54 Jahren war er nach Paris zurückgekehrt, um sich in einer reichlich veränderten Schulenlandschaft abermals als Lehrer niederzulassen.

Wilhelms polemischer Brief betraf daher einen Mann, für den der Alltag der Schule und das Schreiben zu keinem Zeitpunkt als die Vorbereitung für etwas Verantwortungsvolleres, außerhalb der Schule Liegendes gegolten hatte. Dies war nicht ohne Vorbild, wie wir an den beiden Lehrergenerationen vor ihm gesehen haben. Doch war er unter den neuen Nur-Magistern die Berühmtheit und der erste Verfasser eines umfangreichen, mit seinem Namen in Verbindung gebrachten Œuvres.

Weil sein Leben und seine Produktivität ungewöhnlich waren, taten sich seine Gegner schwer, ihn einzuschätzen, aber leicht, ihn zu verunglimpfen. «Dieser Mann ist sich selber unähnlich», schrieb Bernhard und meinte damit nicht nur, dass äußere Erscheinung und innere Haltung auseinandergingen, sondern vielmehr, dass es kein akzeptiertes Rollenschema gab, auf das man Abaelards Wirken hätte zurückführen können.[85] Der Generation Bernhards, Wilhelms und Gottfrieds erschien Abaelards Lebensplan wie falsch aus Bestandteilen zusammengesetzt, die jeweils für sich genommen vertraut waren – die Zeitgenossen sagten gerne: Er erschien monströs. Wenn der Abt von Clairvaux schon die Monstrosität seiner eigenen Lebensgeschichte beklagte und sich selbst als moderne Chimäre bezeichnete, was sollte man dann erst von diesem ewigen Scholaren halten?[86] Statt eines traditionellen Lehrers ein neuer *theologus*, was war das?[87] Einer, der mit Knaben diskutiert, aber mit Weibern verkehrt![88] Mönch ohne Regel, Prälat ohne Amtspflichten, eine durch und durch zweifelhafte Figur. An einen Mönch erinnerten bei ihm nur die Bezeichnung und die Kutte.[89]

Aber er war eben auch ein Konkurrent um die Deutung der heiligen Texte. Nicht nur Abaelard beschäftigte sich mit dem Hohelied, sondern auch Bernhard und Wilhelm. Wilhelm glaubte, diese erfreuliche Arbeit unterbrechen zu müssen, um der Vandalisierung des Glaubens durch Abaelard Einhalt zu gebieten.[90] Und nicht nur Abaelard arbeitete sich an dem Problem ab, dass die Aussagen der Kirchenväter einander widersprachen, auch Wilhelm war mit diesem Problem befasst.

Doch nun, um das Jahr 1140, standen die Dinge anders. Zu erwarten war, dass die Generation Abaelards, Wilhelms und auch Bernhards bald ebenso von der Bühne abtreten würde wie die zahlreichen großen Gestalten der vergangenen Jahrzehnte. Wilhelm sah Anzeichen dafür, dass die Abaelard-Biographie bei all ihrer Singularität ihre eigene Tradition stiften würde, der Widerstand gegen sie aber nicht. «Denn da der Kirche fast alle Lehrer der kirchlichen Lehre weggestorben sind, drang der heimische Feind gleichsam in das unbewehrte Gemeinwesen der Kirche ein und riss das alleinige Lehramt an sich», schrieb Wilhelm in seinem Brief.[91] Bernhard nahm diesen Gedanken während der Synode von Sens auf. Mit dem Schaden, den der brüllende Löwensohn Petrus (Petrus Pierleoni, der 1138 gestorbene Gegenpapst Anaklet II.) angerichtet habe, sei mit dessen Tod immerhin Schluss gewesen. Doch dieser Peter, der sogar Sohn eines Drachens sei, habe «Vorsorge getroffen, wie er sein Gift auf die Nachkommen ausgießen, wie er ‹jeder künftigen Generation› (Ps. 70,18) schaden könne».[92]

Diese Praxis war zeittypisch. Neue Strukturen und kollektive Prozesse zu personalisieren, indem man sie auf das Wirken einer Haupt- und Zentralfigur im Inneren einer anonymen Gruppe von Gefolgsleuten zurückführte, war eine Denkform, mit der man sich im Hochmittelalter häufig Dinge begreiflich machte, für die nach unseren heutigen Begriffen eine Vorstellung von der Eigenlogik des Sozialen adäquat gewesen wäre.[93] Obgleich die Angreifer massiv gegen Abaelard polemisierten, ging es also in ihren Briefen und Traktaten doch keineswegs nur um den Drachenpetrus oder seine Schüler.

Prägend war vielmehr die Furcht, dass die im engsten Umkreis um Abaelard geschaffenen neuen Kommunikationsmodi in der Welt bleiben würden, wenn dieser aus dem Leben scheiden sollte. Denn die Theorie des Zweifels, die der Autor von *Sic et Non* gelehrt hatte, war mittlerweile mit einem sozialen Körper versehen: einer neuen Form der Schule, die sich nicht in der Kommunikation unter Anwesenden erschöpfte, die Autorenwerke und die traditionellen Schülermitschriften zugleich kannte und deren Programm in der Kultivierung eines neuen Wahrheitsideals bestand. Diese Wahrheit war eine Idee, die auf den Erkenntnisgewinn der Zukunft vertraute, auf Erkenntniszuwachs durch die Methodisierung des Zweifelns und Fragens, und die darauf beruhte, dass man den Fragenden gestattete, ihr Geschäft nach ihren eigenen Regeln zu betreiben.

VII. Das Milieu der Schulen in Paris

1. Andere Köpfe, andere Horizonte

Alternative Wege des Denkens und Arbeitens

Wir haben uns in den vergangenen Kapiteln chronologisch voranbewegt, wie Historiker das eben meistens tun. Dabei ist uns vor allem daran gelegen gewesen, zu zeigen, wie sich in den Jahrzehnten von etwa 1070 bis in die 1140er-Jahre hinein Denkformen und Handlungsweisen eingestellt haben, die Wissenschaft als eine neue epistemische Praxis ermöglichten. Wiederum dabei hat sich gezeigt, wie sich bestimmte Gruppenformen (samt den ihnen zugehörenden Verhaltensweisen) und bestimmte Modi des Denkens wechselseitig bedingten: Hier die Lehrer, die Schüler und ihre gemeinsame intellektuelle Reise auf das (vorausgesetzte und zugleich für unerreichbar gehaltene) Ziel der Wahrheit hin; dort die neuen Denkformen: Erkenntnisfortschritt, disziplinär begründete Relativität der Erkenntnis, Prozesshaftigkeit, Reflexivität, der wissenschaftliche Zeitindex. Als historisch relevant haben sich dabei Verhaltensweisen erwiesen, die man andernfalls wohl eher als zufällige Begleiterscheinungen eines sozialen Prozesses und nicht als dessen Treibstoff begreifen würde: Liebe und Verehrung, Skepsis und Aufbegehren, Konkurrenzkampf um Aufmerksamkeit und Anerkennung, Rivalität, Neid und Eifersucht, Beharrlichkeit, Aggression und ihre Sublimierung im gelehrten Ritual der Disputation.

Mit dem Ende der Abaelard-Ära ist ein Punkt erreicht, an dem das weitere Vorgehen geradezu determiniert wäre, würden wir an dieser historisch-genetischen Perspektive festhalten. Unser künftiges Vorgehen wäre dann nämlich so fest vorgegeben wie der Plan des Ethnologen, der zum ersten Mal in seine afrikanische Kleinstadt hineinschaut und sieht, dass sie wie gemacht ist für eine buchförmige Publikation: Sozialtopographie, Wirtschaftssystem, «Religionssystem», Verwandtschaftsbeziehungen, «Politik-System», alles lag da, vor den Augen des jungen amerikanischen Postdoktoranden. «The place was not only made for a monograph; it sorted itself into chapters.»[1]

Auch unser Gegenstand würde sich wie von selbst in Kapitel aufblättern, wenn wir an dem bisherigen Weg festhielten. Die Wissenschaftslehre weiterzuverfolgen, deren Entstehen ein Hauptanliegen der vergangenen Kapitel war, würde ein Folgekapitel über Johann von Salisbury nicht nur nahelegen, sondern erzwingen. Denn es würde sichtbar werden, wie ein Gelehrter, der der Welt der Schulen in der zweiten Hälfte der 1140er-Jahre den Rücken kehren sollte, eine veritable Theorie der Annäherung an das Wahre über das Plausible, das Wahrscheinliche und damit das Thesenhafte zustande brachte. Dies lag daran, dass er lesehungriger war als die übrigen Schüler des Peripatetikers von Le Pallet, dass ihm deren aufgesetzte Traditionsferne auf die Nerven ging und dass er begeistert auf weitere Werke (vor allem die aristotelische *Topik* sowie stärker auf Ciceros Arbeiten) zugriff.[2] Dank ihrer konnte Johann die Relation zwischen dem begründeten Meinen, dem Wissen und dem Kommunizieren klarer fassen als Abaelard.

Johann warb um die Mitte des Jahrhunderts offensiv für das von ihm Erkannte. In seinem *Metalogicon* legte er die Logik des Stagiriten so aus, als ob nicht das demonstrative Beweisverfahren ihre Mitte sei, sondern das Denken in Kategorien des Wahrscheinlichen. Ohne die Bescheidenheit, die ein Forscher nur aus Respekt vor der intellektuellen Tradition gewinnen kann und die ihn notwendig dazu führt, sein Heil nicht im Aufstellen letzter Wahrheiten, sondern in begründeten, erhärteten Meinungen zu finden, werden aus jungen Männern Windbeutel, aber keine wirklichen Gelehrten. Sie glauben, ihre Disziplin so gut zu kennen wie ihre eigenen Fingernägel, sie bringen Erbsen mit zum Logikunterricht, um Affirmationen und Negationen abzuzählen und so zu entscheiden, ob am Ende ein Ja oder ein Nein steht, ja sie kommen gar auf den Gedanken, logische Operationen mit einer Maschine zu mechanisieren.[3] Sie schwimmen im eigenen Saft und vergeuden so ihr Leben, sie drohen in ihren Materien zu ertrinken statt zu würdigeren Gegenständen weiterzuziehen. Verlieren sie sich in der Dialektik, nimmt die an sich gesunde Skepsis bei ihnen so sehr überhand, dass für sie am Ende gar nichts mehr Bestand hat. Skepsis steht eigentlich jedem Gelehrten an, sie soll ihn demütig machen; doch Logiker, die sich zu sehr auf diese einlassen, finden nicht mehr auf den Weg zurück, der das Wissen nutzt, um ein besseres Leben zu ermöglichen. Das Resultat: der lächerliche Logiker-Greis – schwacher Körper, erschlaffte geistige Spannkraft und immer noch befangen in den dialektischen Spielchen des Knabenalters. Der milchbärtige Greis war daher eine besonders peinliche Figur, weil er die Inversion eines christlichen Ideals bedeutete, des «Jünglings als Greis» nämlich. Immerhin hatte Christus schon in jungen Jahren die Reife des Alters erlangt. Gleichzeitig konnte der Logiker-Greis als Symbol für die Gegenwart schlechthin herhalten – äußerliche Zeichen von Alter waren unverkennbar, aber darin steckte ein kindischer Geist, der es versäumt hatte zu reifen.[4]

Johanns autobiographische Reminiszenz, die er dem zweiten Buch des *Metalogicon* einverleibte, diente dem Zweck, diese Warnung durch eigene Erfahrungen zu untermauern. Es gibt Strategien gegen die scholastische Selbstgenügsamkeit: weggehen und anderswo weiterstudieren, das Fach wechseln, das vermeintlich Sichere verlernen. Sie machen alle bescheiden gegenüber dem, was man zu wissen glaubt, und stärken doch den Vorsatz, mit einer gesunden Distanz zur eigenen Erkenntnisfähigkeit und zumal im Austausch mit Gleichgesinnten weiterzukommen. Die, die das alles nicht beherzigen, fand Johann im Zustand totaler Stagnation wieder, als er nach einer längeren Abwesenheit zu seinen alten Kommilitonen zurückkehrte: *Inuenti sunt qui fuerant et ubi* – ich traf sie als dieselben und am selben Ort an, wie ich sie verlassen hatte. Wie für Herrn Keuner, so auch für Johann ein Grund zum Erbleichen.[5]

Liebe und Einsicht sind gleichermaßen im Inneren des Menschen zu Hause, so lehrt der *Entheticus*, Johanns wohl frühestes Werk, beruhend auf den Erfahrungen (und wahrscheinlich Aufzeichnungen) seiner eigenen Pariser Ära.[6] Die Klugheit (*fronesis*, *prudentia*) ist die Schwester der Wahrheit, es gibt sie nur, wo richtiges Wissen mit richtigem Leben vereint wird.[7] Wo sie im Lernenden wächst, wo dieser beständig liest und sich um die Tradition bemüht, kann der klug Gewordene selbst den hohlen, oberflächlichen Phrasen aus der Welt der Äußerlichkeiten einen Sinn abgewinnen. Das Schreckgespenst der Oberflächlichkeit wird uns noch einmal begegnen.[8]

Abermals erkennen wir, wie aus der Reflexion über Wahres,

Wahrscheinliches und Soziales allmählich eine *Theorie der Innerlichkeit* entsteht: Nur im gemeinsamen Ringen um den Sinn der Worte kann dieser Zustand erreicht werden, dann wird statt Geschwätz richtiger Sinn erfassbar. Kümmern muss man sich dazu um Freunde, und die Augen soll man offen halten nach solchen, denen man zutraut, ebenfalls den rechten Weg einzuschlagen.[9]

Eine solche Lebenshaltung bedarf der Vorbilder, und so geht Johann in seinem Gedicht den Weg von Abaelards Antiken-Imaginationen im zweiten Buch seiner *Theologia «Christiana»* weiter und entwirft eine Geschichte des antiken Philosophierens. Sie wird imaginiert als ein Kosmos philosophischer Schulen mit jeweils spezifischen Profilen – eine jener «adoptions inverses» (Rémi Brague), in denen sich Europäer ein Bild von der Antike schufen. An ihm arbeiteten sie sich künftig ab, um ihre Gegenwart sinnhaft zu ordnen.[10]

Abermals ist auf Peter von Moos hinzuweisen, der die Bedeutung des *endoxon*, des Fürwahrgehaltenen, für Johann verdeutlicht hat. Johann, der Leser Ciceros, mahnte in Verbindung mit dieser Erkenntnislehre folgerichtig den *praktischen* Nutzen philosophischer Reflexion an, eine Botschaft, die in dem nur geringfügig später verfassten *Policraticus* ins Zentrum gerückt werden sollte. Kein Buch für Fürsten verfasste er mit diesem, sondern eine «Klugheitslehre für Amtspersonen aller Art (*politici*) über die philosophische Bewältigung ihrer *officia* im ‹Theater der Eitelkeiten›». Ein Werk also für solche wie Johann selbst, da er ja noch in den 1140er-Jahren von den Schulen in die Welt der Verwaltung und des kanzleimäßigen Schrifttums eingetreten war.[11] Johanns Œuvre ist das Werk eines hauptberuflichen Diplomaten und Administrators, der die Wissenschaftslehre mit der Ethik und die Praxis des Briefeschreibens mit der des Zeithistorikers vereint. Er scheint es sich in nur etwa zehn Jahren von der Seele geschrieben zu haben, und doch übertrifft es alles Zeitgenössische an Umsicht, Tiefe und Bildungsreichtum.

Würden wir es schaffen, uns von Johann nicht gänzlich vereinnahmen zu lassen, so würden wir dem Abschnitt über ihn und sein Werk mit der gleichen Zwangsläufigkeit zwei flankierende Großabschnitte an die Seite stellen müssen. Denn die Perspektive auf ihn wäre einseitig ohne ein Kapitel zu den robusten Exekutoren der ersten gelehrten Großprojekte, das heißt die Summen- und Konkordanzenverfasser Gratian und Petrus Lombardus. Was sie in Angriff nahmen, war nicht jedermanns Sache; derart grundgelehrter Fleiß war es vielleicht, der Johann das Verlassen der Wissenschaft nahelegte, ihn dazu bewog, sich lieber draußen in der Welt praktisch zu erproben.[12]

Und gleichsam zu Johanns rechter Hand wäre zusätzlich ein Abschnitt einzuplanen, der dem gleichzeitigen Bemühen um die antike Naturphilosophie gewidmet wäre, das heißt der Sphäre Wilhelms von Conches und Theoderichs von Chartres. Als deren besondere Leistung wäre dann herauszustellen, dass sie einen Kanon weiterer antiker Referenztexte nicht nur gelegentlich heranziehen, sondern in zähem Ringen um deren spezifische Herausforderungen beharrlich erschließen. Gemeint ist Platos *Timaeus*, soweit er in der lateinischen Übersetzung und dem Kommentar des Chalcidius bekannt war. Auch Wilhelm von Champeaux und Abaelard wussten von Plato, doch es war Wilhelm von Conches, der während seiner ganzen gelehrten Tätigkeit mit dem *Timaeus* rang, sich etwa darum bemühte, die Bedeutung der «Weltseele» zu verstehen und mit seinem Glauben in Einklang zu bringen.[13] Gemeint ist fernerhin die Enzyklopädie *Über die Hochzeit der Philologie mit Merkur* des Martianus Capella,[14] der Kommentar, den der Philosoph und Grammatiker Macrobius zu Ciceros *Traum des Scipio* verfasst hatte,[15] sowie (einmal mehr) Boethius mit seinem Werk über den *Trost der Philosophie*.[16]

Die Crux bei diesem Vorgehen wäre, dass sich ein Gerechtigkeitsprinzip nicht unterdrücken ließe: Wie könnte man über Wilhelm und Theoderich sprechen und Bernhard von Chartres dabei übergehen, der die uns bekannte Technik der Glossierung auf Platos *Timaeus* anwandte und damit einen direkteren Zugriff auf die platonische Lehre und weniger Abhängigkeit von deren Kommentator Chalcidius ermöglichte?[17] Und wenn von Wilhelms von Conches Beschäftigung mit Priscian die Rede wäre, müsste dann nicht auch von Petrus Helias gesprochen werden, den man als den Erfinder der «Summe» bezeichnet hat, der literarischen Form der Zukunft schlechthin, und hier noch dazu in einer lebendigen, zum Mitdenken reizenden Form?[18]

Sträflich wäre es auch, die neugierigsten unter den Erforschern der Natur zu übergehen, die weite Reisen unternahmen, um neue Texte kennenzulernen, und die auf den Reichtum der arabischen Überlieferung aufmerksam wurden. Prägend für die Naturphilosophie wurde Adelard von Bath, für die Theorie der Wissenschaften der Spanier Domingo Gundisalvo, der im Rückgriff auf den muslimischen Aristoteliker al-Fārābī eine Enzyklopädie der philosophischen Disziplinen verfasste.[19] Von seinem Gewährsmann, dessen Werk er in Toledo kennenlernte, bezog Gundisalvo zwei entscheidende Einsichten: die von der Einheit der Wissenschaften und den Gedanken, dass sämtliche Wissenschaften in einem historisch gewachsenen Zusammenhang miteinander standen, dass sie daher bei allen Unterschieden auf ein gemeinsames Telos ausgerichtet waren. Achtet man auf die philosophischen Einführungswerke, die im folgenden Jahrhundert in Paris zur Anwendung kamen, kann man ermessen, wie folgenreich Gundisalvos Intervention für die Standortbestimmungen der Wissenschaft waren.[20] Auch auf den um eine Anthropologie bemühten Daniel von Morley könnte man eingehen, der ebenfalls nach Toledo gezogen sein will – Zweifel sind hier angebracht.[21]

Für die Theologie hätten wir uns Gilbert von Poitiers (Porreta) zuzuwenden, der gerade von kritischen Geistern wie Otto von Freising als die seriösere (manche hätten gesagt: sprödere) Alternative zu Abaelard angesehen wurde.[22] Clarembald von Arras wäre zu nennen, der beim Kathedralklerus seiner Zeit in dem Ruf stand, Schriften zu fabrizieren, die man auch verstehen konnte. Als Gilbert von Poitiers 1154 starb und die Nachwelt ratlos blieb, wie sie zu seiner komplizierten und voraussetzungsreichen Trinitätslehre stehen sollte, wandte man sich an Clarembald mit der Bitte um einen Kommentar zu Boethius' *De Trinitate*, der die Dinge ins rechte Licht rückte, statt sie noch mehr zu verdunkeln.[23]

Schließlich wäre Clarembalds wichtigster Lehrer, Hugo von St. Victor, zu nennen, der systematisches und historisches Denken miteinander versöhnen wollte und der den Abaelard-Hype, das Treiben an der Schule des Peripatetikers, früh kritisiert hatte. Demonstrativ griff er auf die Fülle des bekannten antiken Wissens zurück, demonstrierte in seinem wohl 1128 geschriebenen *Didascalicon* die Breite seiner Literaturbasis, erörterte eine Fülle von Lesetechniken und holte dann zur Rundum-Kritik gegen das Treiben der jungen Philosophen-Arroganz aus. Jeder Leser wusste, wen und was der Verfasser meinte, und die Zeitgenossen registrierten aufmerksam, dass es offenbar andere Strategien als diejenige Abaelards gab, Philosophie zu *leben*. Hugo rief den notwendigen Respekt vor der Wissenstradition in Erinnerung, bis zu den Ägyptern reichte sie zurück. Er erinnerte an die Demut, in der echte Gelehrte der Vergangenheit lebten und alterten, an den Respekt vor den Grenzen der einzelnen Wissensfelder, der jegliche vorschnelle Vermischung von Materien und Begriffen verbot – und an die Arroganz des gegenwärtigen Nachwuchses: Junge Männer nannten sich Philosophen und mischten munter Wissenschaft mit Dichtung.[24]

Dieser Kreis ließe sich noch erheblich erweitern. Allein Johann von Salisburys autobiographische Reminiszenz an seinen eigenen Schulbesuch, die wir oben schon einmal herangezogen haben, listet für die zwölf Jahre ab 1136 insgesamt zwölf Lehrer auf, unter denen sich einige der Genannten finden: Abaelard, Wilhelm von Conches und Theoderich von Chartres, ebenso Petrus Helias und Gilbert von Poitiers.[25] Doch weitere Namen machen neugierig: ein Richard mit dem Beinamen «der Bischof», angeblich ein Generalist, der überall Bescheid weiß; der subtile Alberich, der aus schlechterdings allem ein Problem entwickeln konnte, und sein Widerpart, der Engländer Robert von Melun, der kein Problemhuber, sondern eher ein Problemlöser war; dessen Landsleute Robert Pullen und Adam. Letzterer fremdelte, wenn er wusste, dass ein Schüler von anderen Lehrern kam – über ihn gab es unter den Scholaren mehr als eine Meinung. Erwähnt wird ein Deutscher namens Hardewin, ein unbeschriebenes Blatt, aber offenbar mutig genug, sich an das Quadrivium heranzuwagen; und schließlich Simon von Poissy, der für ordentliche Vorlesungen und schlechte Disputationen stand – Abaelard hätte es nicht brutaler sagen können. Weitere Berichte sind bekannt und wurden für die Rekonstruktion vornehmlich des Pariser Lehrermileus ausgewertet, am gründlichsten von Sir Richard Southern.[26]

Viele der prominenteren Lehrer einte die Skepsis gegenüber den Kommunikationsformen, die man in der Abaelard-Schule vermutete. Bernhard von Chartres, von dem das Diktum stammte, die modernen Gelehrten seien wie Zwerge, die auf den Schultern von Riesen stünden, führte in eleganten Worten aus, welche moralischen Bedingungen für erfolgreiches Studieren unerlässlich seien, und nannte die heiklen Punkte, ohne doch die Konfrontation zu suchen:[27]

Demut im Sinn und eifriges Forschen und ruhiges Leben,
Schweigsam und zäh untersuchen und arm sein, weit in der Fremde,
Diese erhellen für viele das dunkle Gebiet des Studierens.

Hugo von St. Victor knüpfte hieran an und integrierte in sein *Didascalicon* einen Kommentar zu diesen moralischen Voraussetzungen richtiger Gelehrsamkeit. Wilhelm von Conches klagte über Schüler, die vorschnell kritische Fragen stellen und schlecht zuhören. Clarembald skizzierte eine Elementargrammatik der unseriösen Lehre – an ihren Finten sollt ihr sie erkennen …[28]

Abschied vom eremitischen Ideal: Stadt, Antiken-Imaginationen und die Einsamkeit unter den Menschen

Allen diesen Kritikern ist jedoch gemein, dass sie an dem neuen Schulenmilieu Anteil hatten, dass sie glaubten, an ihm nicht einfach vorbeigehen zu können, ja dass sie sich mit den veränderten Formen der Interaktion zwischen Lehrenden und Lernenden auseinandersetzen mussten. Ihr Werk zu erforschen hat für moderne Gelehrte stets auch bedeutet, nachzuvollziehen, wie sie einander rezipierten, wie sie die Werke der anderen aufnahmen und so weiterentwickelten, wie wir das oben bei den frühen Glossenkommentaren schon beobachten konnten.[29] Auffällig war auch in ihrer Zeit etwa die Bedeutung von Schülermitschriften, von forschen Zuspitzungen, die sich beim zweiten Hinsehen als die Werke des Nachwuchses erwiesen haben. Die Gelehrten nannten die Kritisierten meist nicht beim Namen – es wusste ohnehin jeder, der das dritte Buch von Hugos *Didascalicon* las, dass dessen primärer Referent Abaelard war. Die physische Nähe der Schulen ließ diese im Pariser Raum, vor allem auf dem linken Seineufer, zu einem Schulenmilieu zusammenwachsen.

Hier eröffnet sich uns daher ein sinnvoller Weg für das weitere Vorgehen: nicht über die Einzelfiguren, von denen es jede verdient hätte, genauer betrachtet zu werden, sondern über den von ihnen gemeinsam geschaffenen *Raum*, der bisher nur angedeutet wurde, als wir vom *Milieu* der Schulen in und bei Paris sprachen. Auch wenn wir unser Thema von der Universität aus perspektivieren, die um 1200 an die Stelle der einzelnen Schulen treten wird, ist ein solches Vorgehen attraktiv. Denn die Frage drängt sich nun auf, wie es sein konnte, dass sich die neue Wissenschaft, die sich im Fahrwasser zeitgenössischer Vorstellungen vom gottgefälligen Leben in Einsamkeit entwickelt hatte, schließlich als ein Bestandteil *urbaner* Kultur etablierte. Immerhin war es die Stadt und nicht die «Waldeinsamkeit» des Victorsstifts (Joachim Ehlers), in der die Universitäten Europas – *sämtliche Universitäten Europas* – angesiedelt sein sollten.[30]

Gerade Abaelard und seine genannten Zeitgenossen haben die entscheidende Vorarbeit dazu geleistet. Sie haben das eremitische Vorbild der neuen Lebensweise, das für Wilhelm, seine Lehrergeneration und noch für den Abaelard der Hüttensiedlung am Ardusson so wichtig war, allmählich durch ein neues Ideal ersetzt, das tragfähiger war als die eremitische Bewegung, schon insofern es nicht Gefahr lief, in die innerkirchlichen Normenkonflikte um Mönchtum und Regularkanonikertum hineingesogen zu werden. Ein neues Erinnerungsbild trat an die Stelle des eremitischen Ideals, geformt aus bereits vorhandenen Vorstellungen von vergangener Intellektualität. Gemeint ist der Kosmos der antiken Philosophenschulen als Bestandteil «politischer», mithin urbaner Verbände.

In dieses Ambiente haben uns die vergangenen Teilkapitel bereits hineingeführt. Denn ausgehend von Abaelards Eremitensiedlung über seine Apologie des antiken Philosophierens, über die Reflexionen antiker Vorstellungen von der Polis, die man bei Macrobius und dem *Timaeus*-Kommentar vorfand, und insbesondere in den Werken des Johann von Salisbury haben wir beobachten können, wie sich vor die älteren Bilder von der idealen Daseinsweise der reklusenhaft lebenden Gelehrten allmählich die Bilder von den antiken Philosophenschulen schoben. Der Scholar war hier Bestandteil einer idealen stratifizierten Gesellschaft. Gruppen von Denkern, unterscheidbar nach ihrer Lehre, ihren Eigenschaften und Konkurrenzen und eingebettet in Gesellschaften, von denen sie sich in erster Linie habituell abhoben, boten ein Muster dafür, wie man gerade *unter* den Menschen seinen Eigensinn pflegen konnte. Im urbanen Gewimmel seine Konzentration hochzuhalten, machte die Würde des Gelehrten aus. «Glücklich das Exil, dem ein solcher Ort zugewiesen wird», schrieb Johann von Salisbury in einem Brief, den er 1164, nach Paris zurückgekehrt, an Thomas Becket sandte.[31]

Johanns *Entheticus* spiegelte dieses Denken schon in seinem Aufbau wider: Vorbildlich ist die Struktur des Wissens, das in seinem ersten Teil entworfen wird. Wo sich Menschen ernsthaft um wahres Wissen bemühen, dort ordnet sich Wissen zu einer stimmigen Struktur, die von der grammatisch richtigen Aussage über die Harmonie von Wort und Sinn und über disziplinäre Ordnungen bis hinauf zum höchsten, geoffenbarten Wissen der Bibel reicht. Ein zweiter Teil ist gestützt auf Aufzeichnungen zu den Besonderheiten antiker Denkschulen und Lehrer, er bietet einen Fluchtpunkt einer angenommenen Vergangenheit, bevor im dritten Teil (der zu dem *Policraticus* als Johanns politischstem Werk hinführt) das Gemeinwesen und seine Bedingungen für richtiges Leben erörtert werden. Der Wissensordnung des ersten Teils entspricht in der besten aller denkbaren Welten die gesellschaftliche Ordnung des dritten; Gefährdungen der Episteme finden ihre Entsprechung in Gefährdungen der sozialen Welt (Oberflächlichkeit und Arroganz finden bei Hof ihre Heimat); umgekehrt schaffen gute weltliche Gesetze Räume, in denen sich die wahre Philosophie entfalten kann. *Graecia* und *Roma* sind Vorbild: mit «gerundeter Rede» (*sermone rotundo*) konnte man ihren Bewohnern nichts vormachen, denn sie waren daran gewöhnt, dass man «gemäß gutem Gesetz lebte und sprach».[32]

Es war diesen Überlegungen zufolge die Bestimmung der Philosophen, unter den Menschen und für die menschlichen Sozietäten zu leben, allerdings unter Wahrung ihrer Eigenarten, das heißt ihrer spezifischen Lebensweise.[33] In der Gesellschaft der Menschen seinen meditativen Geist auf Kurs zu halten und der Versuchung des mentalen Abschweifens zu entgehen, konnte man auch in der klaustralen Gemeinschaft üben. Auch vorbildliche Konventualen der Klöster und Stiftskirchen verfügten «mitten im Gedränge» oder «mitten in der fröhlichsten Tischgesellschaft» über die Gabe, «wie allein» zu sein.[34] Doch erst als Stadtbewohnerin erhob die Wissenschaft diese Anforderung zum Dauerzustand. Sich konzentrieren zu können, wird den Gelehrten als Individuen abverlangt, es wird aber zugleich in einem Mikrokosmos von Gleichgesinnten verankert, und dies inmitten des pulsierenden, geschäftigen Lebens anderer Gruppen und

Verbände. Der ideale Scholar ist von da an kein Klausner mehr, sondern er bahnt sich seinen Weg durch die Stadt, disputierend mit seinesgleichen.

Das Wissen um die Antike, das freilich niemals völlig gefehlt hatte, bot sich dabei als Muster für die Deutung und die Gestaltung des eigenen Zusammenlebens an. An die Stelle der Einöde, die Wilhelm von Champeaux am Anfang des Jahrhunderts gelockt hatte, trat mit der Stadt die Sphäre, die das Leben einfacher machte und dennoch Gelegenheit bot, sich von seiner Umgebung abzusetzen. Die Rede muss sein von den *scholae* im Zusammenhang der Stadt Paris.

2. Die erstaunlichste Stadt des scholastischen Universums

Doppelter Aufschwung: Zentrum der Monarchie, Zentrum der Wissenschaft

Dass Paris zum Anziehungspunkt des Schulenmilieus werden würde, zeichnete sich um 1100 schon ab, als sich so unterschiedliche Charaktere wie Abaelard, Robert von Arbrissel und Goswin von Anchin wie automatisch hier einstellten – der begeisterte Brief des deutschen Scholaren, der Wilhelm von Champeaux als Lehrer erlebte, ist ein aussagekräftiges Zeugnis für solchen Enthusiasmus.[35] Junge Männer kamen nach Paris wie einst der junge Augustin nach Karthago: Hellwach und in der Erwartung, belehrt und zugleich gut unterhalten zu werden. Der weitere Ausbau des Schulenmilieus fiel zusammen mit dem Aufschwung der Stadt von einer amorphen, ungleich besiedelten Fläche zur Hauptstadt der französischen Monarchie und einer der führenden Städte des lateinischen Europa.[36]

Erst in der Ära Chlodowechs (gest. 511) erlebte das antike *Parisiorum castellum*, das noch bis ins 4. Jahrhundert hinein *Lutetia* genannt worden war und allenfalls im regionalen Rahmen wichtig gewesen war, einen ersten Aufschwung. Die Normannen hielten es im 9. Jahrhundert immerhin schon für attraktiv genug, um es gleich mehrfach zu überfallen, ja ab dem November 885 ein Jahr lang aufwändig zu belagern.[37] Als die westfränkische Königsherrschaft 987 an die Kapetinger fiel, wurde das Seinebecken und damit Paris abermals eine Königslandschaft. Die Voraussetzungen für die enge Verbindung zwischen der Stadt und der französischen Monarchie waren erst von da an gegeben – die königlichen Aufenthalte in der Stadt fangen im 12. Jahrhundert an, jede andere Itinerarstation zu übertreffen.[38]

Zentrum der Stadt war die große Seineinsel – dicht besiedelt, mit Palatium und Bischofskirche versehen und immer bedeutender als Heimat des königlichen Haushalts. Das römische Praetorium und seit dem 4. Jahrhundert dann eine Bischofskirche waren dort gelegen gewesen, hinzugekommen war die merowingische Königspfalz. Seit den 1160ern, in einer anhaltenden Wachstumsphase der Stadt, wuchs auf der Insel die neue Kathedralkirche Notre-Dame heran und setzte die Serie gotischer Bauten in und um Paris fort, die mit St.-Martin-des-Champs und der Abteikirche St.-Denis begonnen worden war. Notre-Dame verdrängte die frühere, dem heiligen Stephan geweihte *ecclesia Parisiaca*.[39]

Auf dem rechten, nördlichen Ufer wurde allmählich die gesamte Fläche zwischen St.-Gervais im Osten und St.-Germain-l'Auxerrois im Westen sowie im Norden bis über St.-Merry hinaus bebaut.[40] Hier hatten sich seit dem 10. Jahrhundert Handwerk und Gewerbe konzentriert. Das *macellum Parisiense*, der Fleischmarkt, ist für das 12. Jahrhundert bezeugt und stiftet eine Tradition, die bis zu den Verkaufsständen der Moderne reicht. Die Existenz eines Flusshafens ist wahrscheinlich, ebenso eine Kaufleutesiedlung mit Markt in der Vorstadt. Eine Kaufleute-Gilde wurde vom König 1121 privilegiert, seit 1124 standen am Flussufer Mühlen. Eine Mauer umfasste das Areal, gebaut etwa zwischen 1115 und 1125.[41] Ein Ort der Schulen war das rechte Ufer nie, durchaus aber ein Ort, an dem man das Lebensnotwendige, Förderer und damit ein Auskommen finden konnte.

Das linke, südliche Ufer, der Ort der Römerstadt des 1. bis 3. Jahrhunderts, war durch die Normannen verwüstet worden. Seither dominierten dort Wiesen und Weinberge. Der Bezirk des Klosters von St.-Germain-des-Prés war seit dem 10. Jahrhundert wahrscheinlich befestigt, die Genovefakirche allmählich wiederhergestellt worden. Wer sich hier niederließ, befand sich außerhalb des bischöflichen Jurisdiktionsbezirks, ja genau genommen auch außerhalb von

Paris und damit auf Gebiet, das dank der Seinebrücken die Anbindung an den Hof, den Kathedralbezirk und die Händlerstadt auf dem Nordufer mit einem Zustand der Ungebundenheit vereinte. Wo am rechten Ufer Mühlen das Schwimmen zu einem gefährlichen Vergnügen machten, boten sich am Südufer bequemere Badestellen an. In einem gelehrten Werk mit dem beziehungsreichen Titel *Quelle der Philosophie* lesen wir von Scholaren, die von der kleinen Brücke aus schwimmen gingen und Sonnenbäder nahmen.[42] Die kleine Brücke sei ein Platz für Spaziergänger und Logiker, die miteinander disputierend umhergingen, schrieb Gui von Bazoches im letzten Viertel des Jahrhunderts. Man gewöhnte sich offenbar daran, dass sich Gelehrte im öffentlichen Raum anders bewegten als andere Menschen.[43]

Jede Schätzung der Gesamteinwohnerzahl ist willkürlich. Für 1300 sind vorsichtige Stimmen von etwa 80 000 ausgegangen, weniger zurückhaltende setzen 200 000 an, doch sollte bis zu dieser Zeit mehr als ein Jahrhundert starken Wachstums vergehen – das Paris des 12. Jahrhunderts muss man sich ungleich bescheidener vorstellen. Und gerade die Angehörigen der Schulen und der Universität sind unmöglich zu zählen, glücklichen Überlieferungsfunden wie einem Zensus von 1329/30 zum Trotz.[44] Für den *bourg* St.-Germain hat man die Bewohnerzahl von 1176 beziehungsweise 1182 auf 600 (in 121 Häusern) geschätzt, danach erst setzte auch hier das Wachstum ein, wie der Straßenbau zeigt. Die Mauer, die unter Philipp II. entstand, fasste die Stadt stärker als zuvor zu einer Einheit zusammen: 1189 oder 1190 ordnete der König ihren Bau für das rechte Ufer an, bevor er sich auf den Kreuzzug begab, und ab der Jahrhundertwende wurde sie auf dem südlichen Ufer fortgesetzt.[45]

Die Stadt der Studenten und Gelehrten wuchs in drei städtischen Zonen heran: Selbstverständlich zunächst auf der Seineinsel selbst, also in der Nähe der Kathedralschule, da die Kanoniker ihre Häuser oder einzelne Zimmer als Unterrichtsräume gegen Miete anboten. In Fulberts Räumen waren sich ja auch Heloise und ihr Privatlehrer Abaelard begegnet. Die zweite Region war die besagte «kleine» Seinebrücke samt der südlich angrenzenden Region, das heißt den Pfarreien der jüngst aufgegebenen Kirchen St.-Julien-le-Pauvre und St.-Séverin.

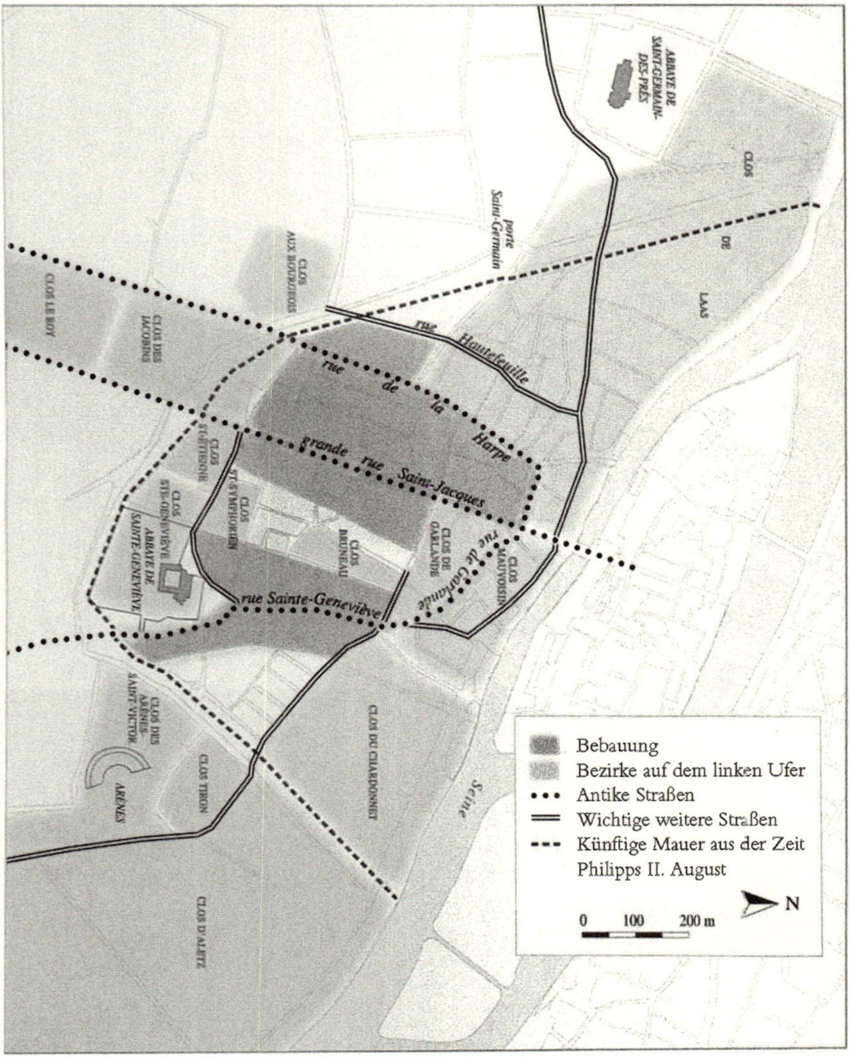

Paris Ende des 12. und 13. Jahrhunderts: Straßen und Bebauung des linken Seineufers sowie die Befestigung aus der Ära des Königs Philipp II. August **Karte 1**

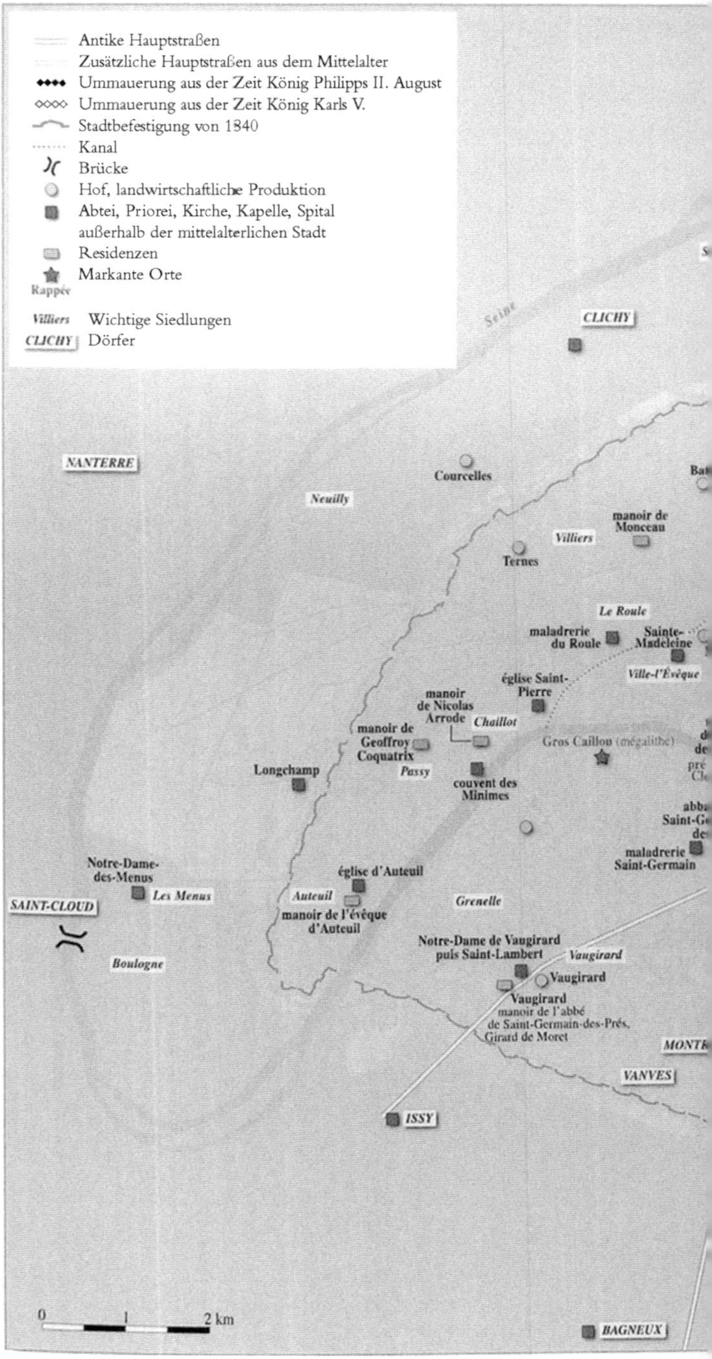

Paris und seine Umgebung am Ende des Mittelalters

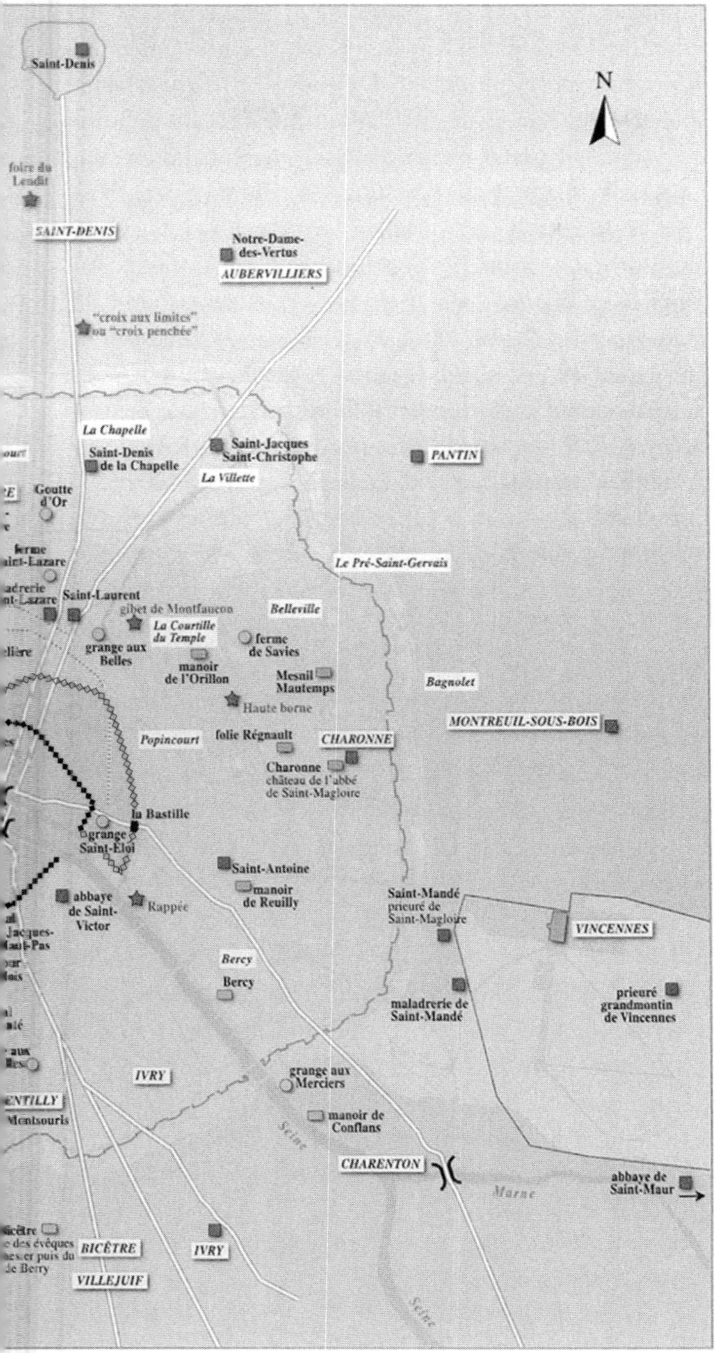
Saint-Denis
N
foire du Lendit
SAINT-DENIS
Notre-Dame-des-Vertus
AUBERVILLIERS
"croix aux limites" ou "croix penchée"
La Chapelle
Saint-Denis de la Chapelle
Saint-Jacques Saint-Christophe
La Villette
PANTIN
Goutte d'Or
Le Pré-Saint-Gervais
Saint-Laurent
gibet de Montfaucon
Belleville
La Courtille du Temple
ferme de Savies
grange aux Belles
manoir de l'Orillon
Mesnil Mautemps
Bagnolet
Haute borne
MONTREUIL-SOUS-BOIS
Popincourt
folie Régnault
CHARONNE
Charonne château de l'abbé de Saint-Magloire
la Bastille
grange Saint-Eloi
Saint-Antoine
manoir de Reuilly
abbaye de Saint-Victor
Rappée
Saint-Mandé prieuré de Saint-Magloire
VINCENNES
Bercy
Bercy
maladrerie de Saint-Mandé
prieuré grandmontin de Vincennes
IVRY
grange aux Merciers
manoir de Conflans
Seine
CHARENTON
Marne
abbaye de Saint-Maur
Montsouris
BICÊTRE
IVRY
VILLEJUIF
Seine

Karte 2

Die dritte sollte diejenige sein, die man langfristig mit der Welt der Schulen und der Universität verband. Sie erstreckte sich weiter südwärts an den Straßen entlang, die zur Kirche Sainte-Geneviève hinaufführten und deren *bourg* füllten.[46] Das Bevölkerungswachstum auf dem südlichen Ufer stand mit dem Bedeutungsaufschwung dieser Schulen in engem Zusammenhang. Den jungen Studier- und Vergnügungswilligen folgte das Rotlichtmilieu, dessen Sozialtopographie für spätere Jahrhunderte vor allem von Bronisław Geremek vorbildlich aufgearbeitet wurde.[47] Für unsere Zeit gibt es kaum empirisch gesichertes Wissen. Was man immerhin kennt, sind die Berichte von der unmittelbaren Nachbarschaft von Scholaren und Prostituierten in den Häusern der Gegend – die berühmte Klage Jacobs von Vitry aus den 1220ern etwa: Oben wohnten die Scholaren, unten die Frauen. Oben wurde doziert, unten angeschafft. Lärm verursachte beides: Unten stritten die Frauen mit ihren Zuhältern, oben disputierten die *clerici* mit- oder besser: gegeneinander.[48] Was das Image von Straßen wie der Rue du Fouarre künftig ausmachen sollte, war diese Doppelung: Die Welt der Wissenschaft war zugleich die Welt der Unmoral, der Armut und der Krankheit.[49] Aus dieser speziellen Gemengelage sollte später die Vorstellung von der libertinen Welt des «rive gauche» werden, von der Bohème, einem romantischen Ort in der Phantasiewelt der Europäer.[50]

Insbesondere die Könige Ludwig VII. (reg. 1131–1180) und Philipp II. «Augustus» (reg. 1180–1223) förderten Paris, und zwar mit gutem Grund. Zu Anfang des 13. Jahrhunderts würde die Stadt mehr als 14 Prozent der Kroneinnahmen stellen.[51] Später als das politische Zentrum wurden auch die Schulen durch die weltlichen und die geistlichen Mächte unterstützt, nicht nur die örtlichen: 1169 wollte Heinrich II. von England seinen Streit mit Thomas Becket, dem Erzbischof von Canterbury, vor dem König und den Prälaten von Frankreich samt den Pariser Gelehrten verhandeln lassen.[52] Die aktive Förderung durch die Päpste, denen die Bedeutung der neuen Wissenschaft seit der Jahrhundertmitte deutlich vor Augen stand, sollte sich mit dem Pontifikat Innozenz' III. (reg. 1198–1216) einstellen, von da an wurde sie zu einem entscheidenden Faktor der gesamten Universitätsgeschichte. Päpstliche Förderung von Paris bedeutete die Förderung der Schulen. Betreten haben die Petrusnachfolger die

Stadt vergleichsweise selten, und Konzilien hielten sie niemals dort ab.[53] Schon bald aber galt die Stadt als die *omnium studiorum nobilissima [...] civitas*, und bis in das Zeitalter der Aufklärung hinein betrachteten deutsche Universitäten die Pariser Hochschule als ihre Mutter.[54] Dauerhafte informelle Verbindungen zwischen den Schulen und der Kurie bestanden schon seit der Mitte des 12. Jahrhunderts, denn bereits da nutzten die römischen Geschlechter der Pierleoni, der Bobonen und möglicherweise auch der Capossi und Frangipani ihre Kontakte zum Hof und zu den Pariser Abteikirchen, um ihren Nachwuchs in die Schulen zu schicken. Aus diesen Jugendlichen wurden später Kardinäle – Erinnerungen, Freundschaften und Loyalitäten bleiben. Rombesucher wie Gerhoch von Reichersberg staunten schon 1126 über die Präsenz «französischer» Wissenschaft im unmittelbaren Umkreis des Papstes.[55] Neben dem Topos von dem aufregenden Parisbesuch taucht bald ein weiterer auf: Paris ist die Stadt, in die es den Gelehrten immer wieder zieht. Von Johann von Salisbury bis zu dem spätmittelalterlichen Gedächtnisakrobaten Ferdinand von Cordoba – man schien immer mindestens zweimal hierher zu kommen.[56] Marie-Dominique Chenu sollte sogar so weit gehen, zu behaupten, dass ein komplexes Werk wie das des Thomas von Aquin überhaupt nur hier auf fruchtbaren Boden fallen konnte – der Aquinate sei «außerhalb von Paris nicht zu verstehen» gewesen, Paris sei «sein natürlicher Ort». Das scholastische Latein bezeichnete man daher als die *lingua Parisiensis*.[57]

Eine Untersuchung der Namen von Magistern, die in den Jahren 1170 bis 1215 erwähnt werden, macht die überregionale Bedeutung der Stadt als Bildungszentrum deutlich: Über drei Viertel der lokalisierbaren Magister kommen offenbar aus Regionen außerhalb der französischen Krondomäne. 16 kamen aus England, fünf aus dem Poitou oder aus Blois, drei aus Flandern und je einer aus der Normandie, aus Dänemark, der Provence und Spanien. Zehn kamen von der französischen Krondomäne, keiner aus Deutschland – ein irritierendes Ergebnis, aber John Baldwin konnte keinen Dialektiker namentlich ausfindig machen, obwohl diese gut vertreten gewesen sein müssen. Die Dunkelziffer ist also offenbar hoch, und hier mögen sich auch deutsche Magister verbergen.[58] Gute Lehrer zogen Schüler an. Zu Gilbert von Poitiers kamen der deutsche Hochadlige Otto von

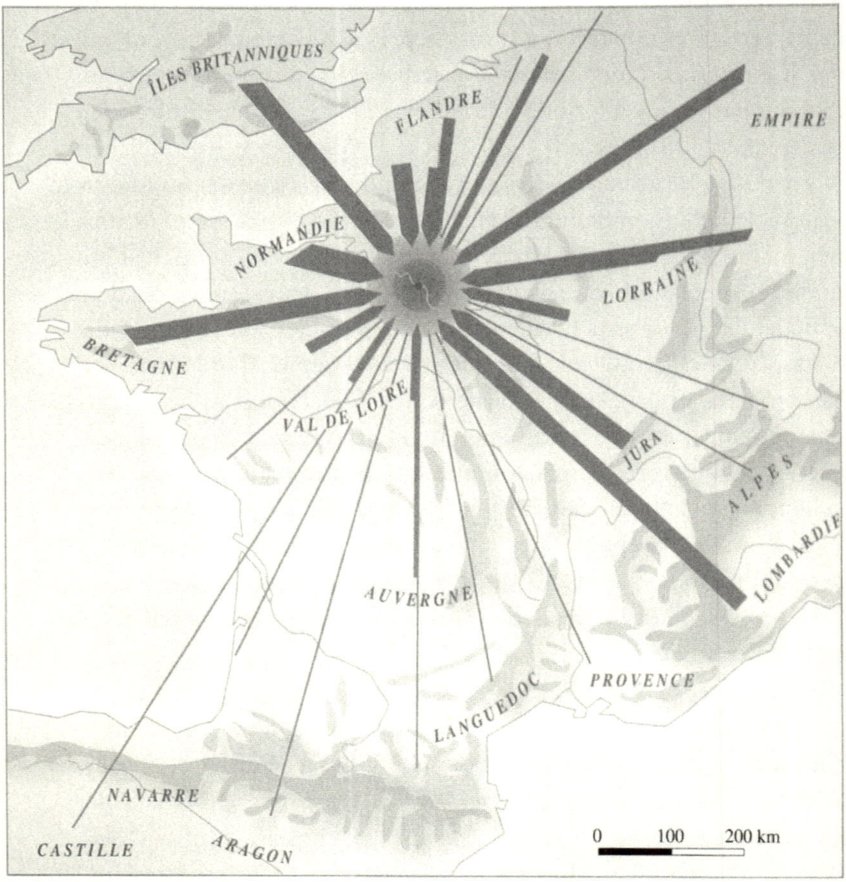

Karte 3 Die Zuwanderung nach Paris nach den Herkunftsangaben in einem Steuerverzeichnis von 1313

Freising, aus dem Heiligen Land Wilhelm von Tyrus, aus Italien Petrus Lombardus, aus England Johann von Salisbury – und möglicherweise von weither ein Grieche, der sich Ratius nannte und der von sich behauptete, er habe dem Meister Griechischstunden gegeben. Dass er zunächst in Chartres vier Schüler hatte, an der Seine dann aber 300, ist sicher eine Übertreibung, und vielleicht ist Ratius überhaupt eine fiktive Figur.[59]

Paris, ein Mnemotopos

Nutzen wir die Chance, dass schon die Zeitgenossen vom studentischen Paris fasziniert wurden, ja dass Paris für sie zum Raum wurde, mit dem sie sich die Existenz der Wissenschaft begreiflich machten. Soziales Gedächtnis bedarf seit jeher der Verräumlichung auch seiner abstrakteren Inhalte, Räume werden zu topographischen Texten des kulturellen Erinnerns geformt, wie Jan Assmann gezeigt hat. Sie werden zu «Mnemotopen» – so auch hier das mittelalterliche Paris der Scholaren.[60] Betrachten wir diesen Topos also und fragen wir uns, welche sozialen Umstände in den Bildern von Paris reflektiert wurden und was Historiker daraus gemacht haben. Dies zu tun ist sinnvoll, und zwar nicht in der Zuversicht, dass sich darin soziale Wirklichkeit maßstabsgetreu spiegeln würde, sondern in der Annahme, dass derartige literarische Zeugnisse sich an einer vorgegebenen Wirklichkeit mit den Mitteln der fiktionalen und der moralisierenden Literatur abarbeiteten.

Als Ausgangspunkt bietet sich ein recht später Text an: die Verssatire vom *Architrenius* (dem «Erz-Weiner», wie Bernd Roling übersetzt hat), die der Magister der Kathedralschule von Rouen, Johannes de Hauvilla (Alta Villa), 1184 schrieb.[61] Der Leser dieses Werks lernt in neun Büchern einen jungen Mann an der Schwelle zum Erwachsenwerden kennen, der von seiner eigenen Gefühlswelt verstört wird und sich daher auf die Suche nach dem Ort begibt, an dem er die *natura* finden kann. Auf dieser Reise wird er einen Zusammenhang erkennen zwischen der Unordnung, die in seiner eigenen, pubertären Seele herrscht, und der Unordnung der Welt im Allgemeinen. Herumvagabundierend trifft er auf die Lust, den Ehrgeiz, die Habgier und die Völlerei. Nach ersten Stationen im Haus der Venus und bei der Völlerei entschließt sich der Architrenius, die Pariser Schulen aufzusuchen. Von dort wird es noch weitergehen, unter anderem zum Palast der *ambitio*, zum Berg der *praesumptio* und schließlich zu einem utopischen, paradiesischen Raum, an dem ihn die *natura* über die Welt belehrt und ihm die Jungfrau *moderatio* zur Braut gibt.

Viel Hoffnung setzt der junge Mann auf Paris, einen Ort voller stolzer und wohlhabender Menschen. Er stellt sich die Stadt bücherreich vor wie Griechenland, er glaubt, sie sei mit Schulen gesegnet wie Indien und an Dichtern reich wie Rom! Doch was findet er vor? Arme Philosophen werden von drückender Bedürftigkeit gequält, denn die Reichen wollen von ihnen nichts wissen. Auf rastloser Suche nach Wissen ergrauen die Scholaren. Sie hungern, fristen ihr Dasein in schäbigen Kleidern und in ebenso armseligen Quartieren. In ihrer Schüssel schwimmen ein paar Erbsen und eine Zwiebel. Bohnen und Lauch setzen ihnen zu, sie trinken üblen Wein. Das Leben des jungen Mannes, der so intensiv nach Weisheit sucht, ist von Schlaflosigkeit geprägt, sein unbändiger Wille zu wissen lässt ihn die Nächte mit Büchern und Meditation durchwachen, die Öllampe verdirbt ihm dabei das Augenlicht. Einmal bewegt er sich mühelos über den Stoff seiner Texte hinweg, ein andermal nagt er in höchster Konzentration an verzwickten Textstellen, die ihm widerstreben und sein Verständnis umgarnen. Dass er studierend die Nacht zum Tag macht, erschöpft über den Büchern einschläft und anschließend den Schlummer verflucht, der ihm die Zeit zum Studieren nimmt, wird zu seinem Hauptcharakteristikum. Selbst im Schlaf lässt ihn seine Tätigkeit nicht los, im Träumen werden ihm Dinge klar, die ihn wachend in die Verzweiflung getrieben haben.[62] Schlafentzug betäubt seine Zunge und führt dazu, dass er seine eigene Sprache nicht mehr unter Kontrolle hat, er spürt ein Trunkenheitsgefühl.[63]

Die Reise zu den Pariser Schulen war offenbar zu einem Gemeinplatz der lateineuropäischen Kultur geworden. Sogar pragmatische Schwaben machen sich auf den Weg in die Stadt der Weisheit:[64]

In das fremde Frankenreich
Ruft das Studium mich jetzt gleich.
Ich muss wandern,
Lass' die andern
Weinend nun im Rücken.
Ihr Scholaren, klagt mit mir,
Die der nahe Abschied schier
Traurig muss bedrücken.

Begeisterung für die Schulen und die dort vermittelten Inhalte, freiwillige Armut aus Liebe zum Wissen, aber auch Begeisterung für die Kultur der Schulen, ihre urbane Umgebung und die Mobilität ihrer Besucher – alle diese Elemente wurden in Liedern und Briefen gepriesen und von ihren Kritikern zugleich unter Generalverdacht gestellt. Der Esel Brunello in Nigellus Wirekers *Speculum stultorum* aus den 1180er-Jahren, der nach Paris kommt, weil er gerne einen längeren Schwanz hätte, lässt sich bei der Ankunft in Paris erst einmal die Haare schneiden, wird zur Ader gelassen, kleidet sich neu ein, betritt eine Kirche zum Gebet und begibt sich dann zu den Schulen. Paris zu verlassen fällt weniger leicht, denn dann gilt es zu Hause den Eltern Rede und Antwort zu stehen, was man denn in der Fremde eigentlich gelernt hat.[65] In der Verssatire *Geta* des Vitalis von Blois von circa 1125–1130, einer Nachdichtung von Plautus' *Amphitruo*, kommt dem Mann, der nach Athen (lies: Paris) zog, um sich dort zum Dialektiker ausbilden zu lassen, das letzte Restchen an gesundem Menschenverstand abhanden. Er kann bei seiner Rückkunft vom Studienort zwar mit zwingenden Syllogismen beweisen, dass ein Mensch ein Esel oder ein Rindvieh ist, doch dass seine Ehefrau bei seiner Ankunft gerade dem Lotterbett mit seinem Doppelgänger entsteigt, das bemerkt er nicht.[66] Gerade das Denken des Logikers wird hier in ein Spannungsverhältnis zur normalen Welt gesetzt, in der Männer und Frauen das Lager teilen: «Lass Jupiter in Alkmenes Schlafzimmer studieren, während ihr Ehemann in Athen herumphilosophiert», spottet der laszive Jupiter, lass Jupiter lieben und Amphitryon lesen, lass Amphitryon disputieren und Jupiter täuschen. Lass ihn Wissenschaft treiben, Jupiter wird es [derweil] mit seiner Alkmene treiben.[67] Wahrscheinlich wird die Rede von der andersartigen, in der einen oder anderen Richtung devianten Sexualität so eingesetzt, wie sie auch in vielen anderen Fällen zur Sprache kommt. Sie wird als Signal verwendet, mit dem Fremdartigkeit und Hermetik eines alternativen Lebensentwurfs bezeichnet werden können – bei fremden Ethnien, in der Kultur der Gilde, in der vermeintlich ihren Prinzipien entfremdeten Sphäre eines verweltlichten Klerus. Die deviante Sexualität ist das narrative Signal, mit dem man traditionell das Fehlverhalten der jeweils «Anderen» symbolisiert.

Sozialhistoriker haben die Dichtung, die im Zusammenhang der Schulen entstand oder sich doch mit diesen auseinandersetzte, schon durchaus wörtlich verstanden und maßstäblich auf die soziale Situation der Scholastiker und ihrer Verwandten, der Poeten, bezogen. Einflussreich war etwa Robert Bolgars These vom «intellektuellen Proletariat» des 12. Jahrhunderts. Durch die Überfüllung («crowding») der Pariser Schulen seien die Karrierewünsche der Scholaren, die der eigentliche Ansporn zum Aufsuchen eines Magisters gewesen seien, enttäuscht worden. Sie hätten in einer Welt des wachsenden Wohlstands gelebt, und für solche Wachstumsphasen sei ja die Begeisterung für Bildung überhaupt typisch. Hier aber habe das Angebot an gut ausgebildetem Personal die Nachfrage überstiegen, «and we begin to hear of men whose intellects were capable of dealing with abstract problems, who could interest themselves in theology or philosophy, but who were forced to live unsatisfactory lives embittered by failure and uninfluenced by the responsibilities of office».[68] Zu ihrem Charakteristikum sei ihr unstetes Leben geworden, wie man vor allem an dem enigmatischen Dichter Hugo Primas sehen könne: Dieser sei «an idle, insolent, greedy and utterly unprincipled individual; but he was more than an individual. He was a type. Others, who lacked his poetic genius, sank as low or even lower». Eine «underworld of learning» sei herangewachsen, in der die allmählich einsickernden arabischen und aristotelischen Schriften auf fruchtbaren Boden gefallen seien. Auch der zeitgenössische Aristotelismus ist nach diesem mit breitem Pinsel gemalten Tableau der Ausdruck einer Gesellschaft, in der es schwelt und gärt und die für Veränderung brennt.

Bolgars These war arg zugespitzt, aber alleine stand er mit ihr keineswegs. Möglicherweise galt es für eine ältere Generation von Historikern als Ausdruck von besonderem Realitätssinn, die sogenannte

Vagantendichtung der vielbeschworenen «fahrenden Scholaren» aus dem Klammergriff der Burschenschafter-Herrlichkeit zu befreien und stattdessen in derartige «underworld»-Szenarien einzuspeisen. Selbst der sensible Sir Richard Southern verfiel auf eine Kapitelüberschrift wie «The contribution of the losers», und unter dieser Rubrik handelte er mit Blick auf Hugo Primas und den sogenannten Archipoeta von der «ever-growing number [...] of disappointed scholars of whom we know little or nothing», von Verbitterung und Enttäuschung, von einer «Literatur des Versagens» und den vergeblichen Versuchen vieler, sich einem Mächtigen zu verpflichten. Stephen Ferruolos glänzende Studie zur zeitgenössischen Kritik an den Pariser Schulen kann sich ebenfalls von solchen vorschnellen Deutungen nicht frei machen.[69] Und in der Tat ist ja die Versuchung groß, Dichtung, die ihre Bilder in so schillernden Farben malt wie der Archipoeta oder Walter, wörtlich zu verstehen und jede Äußerung eines lyrischen Ichs auf ihren Autor zu beziehen. So saftig Interpretationen wie diese auch ausfallen, so sehr muss man doch zu bedenken geben, dass diese Werke sich zwar zweifellos mit ihrer Zeit auseinandersetzen, dass sie dies aber in einer dichterisch sublimierten Form tun – sie arbeiten sich am «Mnemotopos» von der Wissenschaft mit all ihren lebensweltlichen Unwägbarkeiten ab, nicht an der Wissenschaft selbst.

Eine Außenperspektive: Die Deutschen und die neue Wissenschaft

Hilfreich ist es daher, die Schulen gleichzeitig aus einer weniger prominenten, dafür aber empirisch besser abzusichernden Perspektive als der der Dichter und Satiriker zu vermessen. Daher sei das Pariser Milieu hier von einer Region aus betrachtet, die dem Treiben an der Seine auf den ersten Blick nicht sonderlich nahestand, die aber dennoch allmähliche Verknüpfungen erkennen lässt: von östlich des Rheins nämlich, aus dem Reich der Deutschen. Auffällig ist dabei zunächst eine Absenz: Unter den Magistern, die die Schulen trugen, scheinen zunächst ausgesprochen wenige Deutsche gewesen zu sein. Dies ist erstaunlich, weil doch immerhin drei der bedeutendsten Lehrergestalten aus dem unmittelbaren Vor- und Umfeld der scholastischen Schulen Deutsche waren: der legendäre Magister Manegold, der während des 12. Jahrhunderts allmählich wie eine mythische Figur, wie der Gründervater des neuen Schultyps angesehen wurde; der Reimser Magister Bruno, der ursprünglich aus Köln stammte, aber seine Lehrtätigkeit aufgab, sich dem frommen Leben widmete und den Kartäuserorden gründete; und letztlich Hugo von St. Victor selbst, den wir im Einvernehmen mit den meisten gegenwärtigen Forschern für einen Sachsen halten.[70] Doch unter den zwölf Lehrern, bei denen Johann von Salisbury ausgebildet wurde, war nur ein Deutscher namens Hardewin. Das war immerhin einer mehr als im Fall Wilhelms von Tyrus: 13 Lehrer in seiner französischen Zeit, darunter kein Deutscher. Von John Baldwins Negativbefund in seiner Erhebung zu den Jahren 1179 bis 1215 ist schon die Rede gewesen.[71] Gehen wir nicht den Namen, sondern der gelehrten Produktion nach, werden wir im Umkreis Peter Abaelards auf einen Mann namens Hermann aufmerksam, der 1139 die Theologie seines Lehrers bearbeitete. Man weiß praktisch nichts von ihm.[72]

Ein wenig besser stellt sich die Situation dar, wenn man nach Studenten Ausschau hält. Lange ist bekannt, dass eine Ausbildung an höheren Schulen nicht zum Normalweg deutscher Bischofskarrieren gehörte, dass der deutsche Episkopat im Vergleich mit dem der westeuropäischen Reiche strukturkonservativ war und Abkunft gegenüber Bildung als Zugangskriterium bevorzugte.[73] Von den 646 Männern, die im Reich des 11. und 12. Jahrhunderts zu Bischöfen geweiht wurden, haben gerade einmal 25 nachweisbar eine höhere Bildung erfahren, und unter diesen ist wiederum nur für 15 ein Besuch der französischen Schulen nachweisbar. Denn statt Bildung zählte an den deutschen Bischofskirchen Zugehörigkeit: 210 der 646 entstammten dem eigenen Domkapitel, von diesen waren wiederum 86 sogar Pröpste und Dekane gewesen, 33 Archidiakone. Mönche und Regularkanoniker brachten es noch auf 64 Repräsentanten. Königsweg zum Bischofsthron war demzufolge die Zugehörigkeit zum Domkapitel, nicht das Studium. Auch in Frankreich wurden Gelehrte nicht automatisch zu Bischöfen, auch wenn es mit Wilhelm von Champeaux, Alberich von Reims, Gilbert von Poitiers, Petrus Lombardus, Petrus von Corbeil oder Stephan von Tournai prominente Beispiele für eine solche Karriere gab. Aussagekräftig ist allerdings, dass in Frankreich anders als in Deutschland die Ämter der Archidiakone und der Kanzler der Diözesen mit *scholastici* besetzt wurden – Ämter für Funktionseliten, das heißt für Gebildete.[74]

Wozu also studieren? Abermals war es Joachim Ehlers, der in den biographischen Erzählungen von jungen Adligen, ihrer offenbar früh geplanten Karriere und ihrer Bildung ein Muster erkannt hat. Nach diesem begann ihr Bildungsweg mit dem Elementarunterricht an einer der deutschen Domschulen – Hildesheim, Halberstadt und Bamberg standen hoch im Kurs, ebenso Rechtsstudien in Köln und Mainz. Sie galten offenbar als Vorbereitungsstationen für eine «Tour de France» oder für Studien in Norditalien. Diese Teenager reisten in der Obhut eines persönlichen Tutors und wenn möglich in Begleitung von Gleichaltrigen. Sie blieben eine Weile am Ort der Schule, um anschließend mit ihrer Entourage wieder nach Hause zu reisen und ihrer dortigen Karriere entgegenzusehen.[75] Der Aufenthalt an den Schulen von Reims, Laon oder Paris war Teil einer von langer Hand geplanten biographischen Laufbahn.

An dem Bericht über den Mainzer Erzbischof Adalbert können wir sehen, wie dabei der Ruf der Schulen von Paris in den 1130er-Jahren im Vordergrund stand: Solide, aber wohl etwas brav ging es zu, als Adalbert zunächst in Reims studierte. Doch man wusste, dass die Elite der Lehrerschaft in Paris ansässig war. Adalbert hielt sich gleich an den bedeutendsten unter ihnen und ging zu Theoderich von Chartres.[76] Am Werk Ottos von Freising, insbesondere an den gelehrten Exkursen seiner *Taten Friedrichs* und seiner Berichte von Abaelard und Gilbert von Poitiers, können wir sogar erkennen, wie das Studium das Denken dieses jungen Hochadligen beeinflusste.[77]

Neben dieser Kategorie von hochadligen, von Geburt an zum Herrschen bestimmten Männern haben sich auch die Kinder des Niederadels, der Ministerialenfamilien oder gar der ländlichen Oberschicht zu den französischen Schulen aufgemacht – man findet ihre Spuren verstreut in der regionalen Geschichtsschreibung ihrer Zeit. Abermals ist es ein bestimmtes Narrativ, das auffällt. Männer wie Vizelin von Oldenburg oder Gottschalk von Seelau besuchten die französischen Domschulen, holten sich dort Hunger auf mehr, gerieten dann allerdings in eine Lebenskrise, etwa durch eine schwere Krankheit. Diese veranlasste sie, ihr Bildungsvorhaben abzubrechen und ein Leben als Mönch, Regularkanoniker, ja sogar als Slavenapostel dem der Wissenschaft vorzuziehen.[78] Leicht erkennt man die wohlbekannten Erzählmuster aus der Welt der Klöster: Die Schulen sind das Sinnbild raffiniert-kultivierter, urbaner Verhaltensweisen, so dass Weltflucht durch die Entscheidung gegen die Schulen symbolisiert werden kann.[79] Als Bernhard von Clairvaux um 1140 in Paris predigte und seine Zuhörer beschwor, die Schulen zu verlassen, tat dieser eingespielte Topos seine Wirkung – 21 an der Zahl folgten seinem Ruf, darunter der junge Gottfried von Auxerre.[80] Die weniger gut gestellten Besucher der Schulen profitierten offenbar auch von der gleichzeitigen Präsenz der Hochadligen. Adalbert, der spätere Mainzer Erzbischof, von dem schon die Rede war, unterhielt einen Mittagstisch und sorgte für Wein.[81] Nach dem Bericht, den Roger von Hoveden dem großen Konflikt zwischen Scholaren und Städtern im Jahr 1200 widmete, wusste man in Paris, wohin man gehen musste, um «die Deutschen» in ihrer Herberge anzutreffen. Ein deutscher adliger Scholar unterhielt dieses Haus – dies war ein Vierteljahrhundert, bevor man in Bologna ein «Haus der Deutschen» nachweisen kann.[82]

Neben den positiven, ja begeisterten Stimmen von einzelnen Schulenbesuchern klangen allgemein auch negative Töne an. Es gab Kritiker, die die Schulen nicht kategorisch verurteilten, sondern stattdessen aus dem Inneren der französischen Bildungswelt heraus einzelne Missstände anprangern wollten: Das übertriebene Interesse am Neuen, verbunden mit der Vernachlässigung der geistigen Tradition, die Arroganz der Jungen gegenüber den Alten, die Bevorzugung der Disputation gegenüber dem Lehrvortrag. Stephen Ferruolos und Peter Godmans Studien sind voller Beispiele dafür.[83] Solcher «internen» Kritik (die die Wertmaßstäbe der kritisierten Welt nicht völlig verwirft, sondern von innen heraus verbessern will) standen Formen und Inhalte «externer» Kritik an der Seite: Hier wurde das neue Milieu der Schulen kategorisch abgelehnt, etwa als Bernhard von Clairvaux in seiner Predigt sein pathetisches «Flieht aus der Mitte Babylons! Flieht und rettet eure Seelen!» anstimmte.[84] Auch hier spielten die neuen Stereotypen des Studienbetriebs eine tragende Rolle: Jugend, Arroganz, Blindheit für die Werte der geistigen Tradition, Illoyalität gegenüber dem Lehrer und seinem Wissen.

Gab es auch nationale oder protonationale Vorurteile? Wurde die neue Wissenschaft, die in den Schulen der Île-de-France und vor allem in Paris ansässig war, vom Reich aus als etwas genuin Französisches angesehen? Der Gedanke läge nahe, da es für das 12. Jahrhundert charakteristisch war, die alten, in tiefen Traditionen wurzelnden Bilder vom Anderen zu aktualisieren und zuzuspitzen. Betroffen waren auch die wechselseitigen Wahrnehmungen der Franzosen und der Deutschen. Von der Arroganz, die westlich des Rheins unerträglich sei, war die Rede, umgekehrt von deutscher Derbheit.[85] Das bayerisch-österreichische *Spiel vom Antichrist*, um 1160 entstanden, enthielt Bilder von der besonderen Nähe Frankreichs zu den finsteren Mächten: Der Antichrist küsst den Franzosenkönig![86] Umgekehrt wetterte Johann von Salisbury um dieselbe Zeit gegen Barbarossa (in seinen Briefen ist er der archetypische Tyrann) und die Deutschen im Allgemeinen.[87] «Wer hat die Deutschen zu Richtern über die Nationen bestellt? Wer hat diesen dummen und aufbrausenden Menschen Autorität verliehen, nach ihrer Willkür den Fürsten über die Häupter der Menschenkinder zu setzen? Fürwahr, dies hat ihr Wüten schon allzu häufig versucht, doch wurde es ebenso häufig durch Gott gezüchtigt und verwirrt und schämte sich seines Unrechts.»[88] Das Wüten, von dem hier die Rede ist, ist das Klischee vom *furor teutonicus*, mit dem einmal der Einfall der Kimbern und Teutonen in Italien erklärt worden war.

Doch in der Zeit, in der die deutsche Grobheit Einzug hielt in den Bilderhaushalt der Europäer, geschah dasselbe nicht ebenso intensiv mit der französischen Neigung zu formaler Bildung und dialektischer Raffinesse. Die Theorie von der *translatio studii*, in karolingischer Zeit erstmals anzutreffen, wurde seit den 1160er-Jahren im Umkreis der Schulen selbst kräftig verbreitet und weitergetragen: Die Weisheit sei ursprünglich in Athen zu Hause gewesen, im Verlauf der irdischen Geschichte dann aber über Rom schließlich nach Frankreich, genauer: nach Paris, weitergezogen. Chrétien de Troyes beispielsweise kannte und nutzte den Topos in dieser Zeit.[89] Ein Negativstereotyp von der unangemessenen französischen Intellektualität sollte auf der östlichen Seite des Rheins hieraus nicht entwickelt werden. Dies wäre auch nicht zu vermuten gewesen, weil den Zeitgenossen die Internationalität der scholastischen Bewegung klar vor

 Augen stand: Was sich in Paris zutrug, war ein Ereignis der europäischen Geschichte, nicht der französischen.

Dennoch lohnt es sich, einen Beobachter der Szene genauer zu betrachten: den oberösterreichischen Augustinereremiten Gerhoch von Reichersberg. Er war ein Altersgenosse Bernhards von Clairvaux, und sein eigenes Œuvre steht dessen geistiger Welt (und mehr noch derjenigen Hugos von St. Victor und Ruperts von Deutz) näher als der Welt der Scholastiker. Er war der einzige deutsche Autor, der die scholastische Wissenschaft explizit als etwas Französisches ansprach.[90] In einem Widmungsbrief an Papst Innozenz II. geißelte er die neue Wissenschaft mit ähnlichen Worten, wie wir sie von Bernhard kennen: «Weil die Heuschrecke fressen will, was die Larve gelassen hat (Joel 1,4), folgt ein Übel dem anderen. Denn aus dem Dienst des Höllenschlundes sind, wie Johannes in der Apokalypse voraussah (9,3), jetzt viele Heuschrecken hervorgekommen, nämlich die Schüler Peter Abaelards.»[91] In einem fiktiven Dialog zwischen einem Weltkleriker und einem Regularkanoniker vom Frühjahr 1131, gleichfalls an Papst Innozenz gerichtet, lobt der Erstere, deutlich Vertreter der falschen Position, die Meinungen der Leiter der Schulen «in ganz Frankreich». Die Vertreter gegnerischer Positionen, die er während seines Aufenthalts an der päpstlichen Kurie ausmacht, sind für ihn schlicht *magistri Francigenae*; sie sind dabei keineswegs die geborenen Gegner der Deutschen, stattdessen stehen sie in Antithese zu Rom, dem Hauptsitz der Kirche.[92] Sie zeigen charakteristische Schwächen: Sie sind in ihren *quaestiones* undiszipliniert, sind hohle Schwätzer, versessen auf profane Neuigkeiten. Sprach Gerhoch einen von ihnen direkt an, so fragte er höhnisch: «Wie, fragst du, konnte das sein? Ich antworte darauf: Du bist ein französischer Magister und weißt das nicht?»[93]

Sosehr diese Töne an die Kritiken durch Bernhard oder Wilhelm von Saint-Thierry erinnern: Diesen wäre es sicher nie in den Sinn gekommen, auf dieselbe Weise die «französische» Karte zu spielen. Wichtig ist, zu sehen, dass entgegen der Meinung, die manche Forscher in der Vergangenheit vertreten haben, auch nach Gerhochs hyperkritischem Urteil über die Schulen kein Gegensatz zwischen einer vermeintlich französischen und einer deutschen Geistigkeit bestand. Zweifellos haftete an den Schulen der Ruch des «Französischen»; doch in den Augen des Augustinereremiten handelte es sich dabei um einen Neuankömmling in der Kultur der römischen Kirche überhaupt und nicht nur um einen Antipoden der Deutschen. Man konnte diesem gefährlichen Gegner überall begegnen.

Auslöser für Gerhochs Polemik war wahrscheinlich die Tatsache, dass sich in Wien, also in seiner Nachbarschaft, ein Mann namens Petrus eingestellt hatte, ein Schüler Gilberts von Poitiers. Dieser Petrus begann in Wien zu arbeiten und möglicherweise auch eine Schule zu unterhalten. Wann immer Gerhoch in Wort und Schrift den gelehrten Bischof von Poitiers angriff, scheint er eigentlich dessen Schüler Petrus von Wien gemeint zu haben – seine Heimatregion wurde von der Scholastik heimgesucht, dagegen musste man sich wehren.[94] Alarmiert hatten ihn schon die Erfahrungen seiner Romreisen, denn er hatte bemerkt, dass im päpstlichen Umfeld das Denken der Scholastiker an Einfluss gewann. Und ähnlich wie bei Bernhard und Wilhelm von Saint-Thierry scheint seine Unruhe um 1140 zugenommen zu haben: Die großen Gestalten der monastischen Gelehrsamkeit alterten, und die Scholastiker hatten mit ihren Schulen für die Fortpflanzung, ja möglicherweise die Radikalisierung ihres Denkstils gesorgt.

3. Europa nach 1150: Wissen wird dienstbar und anschlussfähig

Generationenwechsel: Die Macht fängt an, mit der Wissenschaft zu rechnen

Moralisten wie Gerhoch von Reichersberg konnten nur schwer akzeptieren, dass den neuen Wissensarten die Zukunft gehören würde. Und tatsächlich verabschiedeten sich zahlreiche große Gelehrte vom älteren Schlag aus der Welt. Suger von St.-Denis starb 1151, Wibald von Corvey und Anselm von Havelberg 1158. Ähnliches galt für viele Mächtige, im Reich etwa für Konrad III. (gest. 1152), auf dem

 Petersthron für den Zisterzienser Eugen III. (gest. 1153), für Stephan von England und Roger II. von Sizilien (beide gest. 1154). 1153 trat der heilige Bernhard von der Bühne ab.

Diese Herrscher in Welt und Kirche waren unter dem Eindruck des Investiturstreits groß geworden und hatten von diesem ihre politischen Koordinaten bezogen. Zweifellos hatten sie das neue Wissen der Schulen bemerkt, und ihnen war vielleicht bewusst, dass es gelehrte Arbeit war, die diesen Streit einer letztlich unblutigen Lösung zugeführt hat. Aber sie hatten das Wissen nicht entschieden für sich genutzt. Und wenn sie es nutzen wollten, wussten sie möglicherweise nicht recht, wie sie das tun sollten, und ließen die Gelehrten ihre Korrespondenz führen. Wie der brillanteste Geist des 20. Jahrhunderts einmal als «Technischer Experte 3. Klasse» sein Brot im Berner Patentamt verdienen musste, so verbrachte Johann von Salisbury nach zwölfjährigem Studium ab 1147 Jahre seines Lebens damit, für Erzbischof Theobald von Canterbury (gest. 1161) Schriftsätze zu verfertigen.[95] Das hatte freilich auch seine Vorteile: Johann, offenbar nicht ausgefüllt von dieser Tätigkeit, schrieb gerade in diesen Jahren seine großen gelehrten Werke. Wer weiß, ob er unter der Last der Lehrtätigkeit dazu gekommen wäre ... Das war ein willkommener Nebeneffekt, aber war es tatsächlich der Zweck einer zwölfjährigen *pèlerinage* von Magister zu Magister, von Trivium zu Quadrivium? War das Verfassen bischöflicher Appellationen an die päpstliche Kurie tatsächlich die geeignete Tätigkeit für einen philosophischen Kopf von Johanns Format?[96]

Abgelöst wurde diese ältere, wissenschaftsfernere Generation um die Mitte des Jahrhunderts von Herrschern, die anders dachten und eine Symbiose mit dem neuen Wissen einzugehen versuchten: Barbarossa und Heinrich II. von England, Wilhelm II. von Sizilien, der englische Papst Hadrian IV. und vor allem dessen Nachfolger Alexander III. Zu denken wäre auch an Theobalds Nachfolger Thomas Becket sowie die Erzbischöfe und Bischöfe in Köln, Prag und Magdeburg, in Trier, Mainz und Salzburg. Sie alle gehörten zu einer neuen Generation, die von Anbeginn mit der Wissenschaft rechnete und dadurch einem veränderten Verständnis vom Herrschen und Verwalten den Weg bahnte. Achten wir etwa darauf, wie von nun an Konflikte ausgetragen wurden, dann können wir ermessen, wie sich das Know-how der Gelehrten durchsetzte, ja wie es sich die Konfliktparteien nicht mehr leisten konnten, auf deren Mitarbeit zu verzichten. Der Konflikt um Theobalds Nachfolger Thomas Becket, selbst ein Besucher der Schulen und 1070 von Leuten ermordet, die dem König einen Gefallen tun wollten, wäre ein sprechendes Beispiel dafür.[97] Die Textsorten, die von nun an in der Nähe der Herrscher entstanden, verraten den gelehrten Einfluss, der hinter ihnen stand. Der Aufschwung der pragmatischen Schriftlichkeit, so etwa die Revolution in der Gestaltung von Bischofsurkunden, die Christopher Cheney entdeckte, oder der rasante Bedeutungszuwachs päpstlicher Dekretalen sind nur zwei Beispiele hierfür.[98]

An den Verhältnissen im Reich kann man studieren, was dieser Generationenwechsel für die Wahrnehmung der Wissenschaft bei Hof bedeutete. Auf die Situation unter dem Stauferkönig Konrad III. geht Abt Wibald von Stablo und Corvey in einem Brief 1149 ein, in dem er eine Anekdote erzählt. Bei einer heiteren Tischrunde bei Konrad diskutierte man unter anderem den Verstand der Gelehrten und das logische Schließen. Als der König nicht mehr folgen konnte, griff Wibald zu einem (wie er selbst bekannte) unernsten Beispiel, einem Trugschluss. «Habt Ihr ein Auge?» Konrad bejahte. «Habt Ihr zwei Augen?» Der König beteuerte dies. «Eins und zwei sind drei. Also habt Ihr drei Augen.» Konrad war sich ganz sicher, dass er nur zwei hatte. Er schloss aus dem Gespräch, dass die Gelehrten seiner Zeit offenbar ein fideles Leben führten.[99]

Ganz anders sein Neffe und Nachfolger im Königtum, Friedrich Barbarossa, dessen vielgelobte *sapientia* sich darin zeigte, dass er für die Wissenschaften zugänglich war, sei es als Mäzen oder als Zuhörer. Dies galt nicht nur für die Gelehrten des römischen Rechts, die er auf seinen Italienzügen an sich binden wollte, sondern auch für Männer wie Burgundio von Pisa, eine «Autorität für Griechisches» (Peter Classen), der eine Schrift *Über die Natur des Menschen* des spätantiken Autors Nemesios von Emesa übersetzte und dem Kaiser zueignete.[100] «Weil ich in meinen Gesprächen mit Euch, durchlauchtester Kaiser, gemerkt habe, dass Eure Majestät die Natur der Dinge und deren Ursachen kennen lernen möchte, habe ich beschlossen, dies Buch in Eurem Namen zu übersetzen», so der Beginn des Widmungsschreibens an den Kaiser.[101] An Barbarossas Hof, so zeigt Knut

Görich, wurde gelesen, vorgelesen und diskutiert, und dies in Gegenwart eines Herrschers, den man fortan mit Gelehrten und ihren Werken in Verbindung bringen sollte. Die Weltgeschichte, die ihm sein studierter Onkel, Bischof Otto von Freising, übereignete, begleitete ihn auf seinen Zügen über die Alpen.[102] An seinem Hof spielten Berater und Helfer eine Rolle, die aus dem philosophischen und theologischen Wissen ihrer Zeit schöpften.[103]

Gerhoch von Reichersberg, dieser konservative Geist, starb erst 1169. Er mag sich zeitweise wie der letzte Mohikaner vorgekommen sein, denn er musste mit ansehen, wie jene jüngere Herrschergeneration in die Machtpositionen einrückte, für die das neue Wissen eine unabänderliche Tatsache und eine große Chance war.[104] In den drei Jahrzehnten nach Gerhochs und Thomas Beckets Tod (1170) trat überdies eine weitere Ausrichtung der Wissenschaft in den Vordergrund: Neben der Orientierung an sich selbst und ihren selbstgewählten Herausforderungen etablierte sich diejenige zu den Reichen, Institutionen und damit Gesellschaften hin, in die sie eingebettet war. Dies setzte aber nicht nur die besagten Veränderungen in der Welt der Höfe und der Kanzleien voraus, sondern auch Amalgamierungen der Wissenschaft selbst, das heißt Verschränkungen mit anderen Inhalten und Wissensformen: derjenigen der jüdischen und arabischen Kultur (und vermittelt über diese der antiken Wissenschaft), der des Mönchtums und mehr noch der des humanistischen Bildungsmilieus, das seit der Jahrhundertmitte ebenfalls erstarkte. Auf die Erstere ist hier einzugehen, den Letzteren beiden wird das achte Kapitel gewidmet sein.

Die Schulen und das jüdisch-muslimische Wissen: Toledo

Es sollte sich als die entscheidende Voraussetzung für die Rezeption nichtchristlichen Wissens im okzidentalen Europa erweisen, dass die *scholae* schon existierten, als ihre Betreiber auf die hohe Intellektualität jüdischer und islamischer Gelehrter aufmerksam wurden. Denn Wissen verbreitet sich nicht von selbst, es diffundiert nicht automatisch, sondern ist auf Interesse, Rezeption und deren mediale Voraussetzungen angewiesen. Bereits in der ersten Hälfte des 12. Jahrhunderts hatte es vereinzelt derartige Zugriffe gegeben. Die arabischen «rechnenden» Wissenschaften samt der Astrologie, aber auch die Medizin hatten Gelehrte wie Wilhelm von Conches oder Adelard von Bath durchaus interessiert, ja zu *studia Arabica* und zur Anfertigung von Übersetzungen angehalten.[105] Doch in Wilhelms und Adelards eigenständige Werke war wenig von diesem Wissen eingegangen.

Dies änderte sich in der zweiten Jahrhunderthälfte, als man auf die Intensität christlich-jüdisch-islamischen Austausches vor allem in Toledo aufmerksam wurde und sich bei Bedarf selbst auf die Reise dorthin machte. König Alfons VI. («der Tapfere») hatte diese Stadt erst 1085 erobert. Zu den in Toledo bereits bestehenden Literatenzirkeln der Mozaraber, der Juden und der muslimischen Intelligenz (sofern sie die Stadt nicht verlassen hatte) war als neue Kraft die Erstausstattung eines katholischen Kathedralklerus hinzugetreten, in dem Franzosen die dominierende Rolle spielten. Zunächst scheinen die Angehörigen dieser Gruppen eher unter sich geblieben zu sein, doch die geistigen Schätze der jeweils anderen weckten schließlich doch ihr Interesse. Die arabischen Tabellenwerke der Astronomie, Astrolab-Traktate, das astrologische und medizinische Wissen waren zu attraktiv, als dass man sie nur wegen der Sprachbarriere hätte ignorieren können.

Christliche Gelehrte kamen eigens wegen dieser Schriften nach Toledo und nahmen, dort angelangt, Unterricht im Arabischen – wo hätten sie derlei zu Hause auch lernen sollen? Gerhard von Cremona, der vielleicht selbst ursprünglich Mediziner war, übersetzte zuerst medizinische Schriften und weitete von diesen ausgehend (sowie wahrscheinlich im Kontakt mit islamischen und mozarabischen Ärzten) seinen Horizont.[106] Diese jeweils sehr individuellen Kampagnen zu einer «Schule von Toledo» hochzurechnen, verbietet sich, denn es ist fraglich, wie viel der eine Forscher vom anderen wusste. So wurde das pharmazeutische Werk des Toledaner Gelehrten Ibn Wafid *Kitab al-adwiya al-mufrada* gleich zweimal ins Lateinische übersetzt – möglicherweise wusste Gerhard von Cremona nichts von dem Parallelprojekt in seiner Nachbarschaft.

Dass Gerhards Werk uns heute deutlicher vor Augen steht als das von anderen Übersetzern, ist mit dessen Verbindung zum Toledaner

 Kathedralklerus zu erklären. Gerhard scheint der Erste unter den zugereisten Neugierigen gewesen zu sein, der im Umkreis des Ortsbischofs Fuß fassen konnte und die Bestände der Bibliothek nutzte, die man bei der Kathedrale aufgebaut hatte. Ohne dass er das förmliche Amt eines *magister* bekleidet hätte, nannte man ihn dort «Meister Gerhard» und fügte seine Übersetzung von Euklids *Elementen* dem eigenen Bücherschatz hinzu. Um ihn scharte sich allmählich eine kleine Gemeinschaft. Zu ihr gehörten unter anderem der Engländer Daniel von Morley, dem das multikulturelle Ambiente Toledos mehr zusagte als die französischen Schulen, ein Mozaraber namens Ghalib und eine Schülergruppe, die sich selbst als seine *socii* bezeichnete, ganz so wie einige Zeit zuvor Abaelard seine Schüler genannt hatte.[107]

Zwischen 1162 und 1181 ist mit Domingo Gundisalvo ein Forscher in Toledo und der dortigen Kathedrale bezeugt, der nicht nur persönlich auf die jüdischen und islamischen Wissensvorräte zugriff, sondern überdies die bereits existierenden Übersetzungen für eigene Werke auswertete. Als produktiv erwies sich auch seine Kooperation mit dem jüdischen Philosophen und Geschichtsschreiber Abraham Ibn Daūd, den die Christen Avendauth nannten: Abraham übersetzte den arabischen Text von Avicennas *De anima* Wort für Wort in eine Brückensprache (entweder in eine romanische Sprache oder in den Dialekt der Mozaraber), Domingo hörte zu und übersetzte von dort aus weiter ins Lateinische.[108] Gundisalvo selbst war darum bemüht, die Anregungen, die er in Toledo empfing, zur Verfertigung eines eigenständigen Œuvres weiterzuentwickeln. Dabei nutzte er alle verfügbaren Mittel zur Erschließung der aristotelischen Philosophie so überzeugend, dass man sein Wirken schon als den «zweiten Anfang» des europäischen Aristotelismus bezeichnet hat.[109]

Wo die Gelehrten mit den jüdischen und muslimischen Weisen selbst zusammentrafen, konnten sie wie Gundisalvo die Erfahrung machen, dass die Selbstreferentialität des Wissenschaftsdiskurses sogar das schwierigste aller Gespräche ermöglichte: das Reden über Gott über die Grenzen zwischen den Religionen hinweg, jenseits aller Offenbarungsgewissheiten und bar jeder Pflicht zum unbedingten Glaubensgehorsam. Dies war eine große Leistung, setzten solche Gespräche doch die Unterscheidung zwischen rational abgesichertem und göttlich geoffenbartem Wissen voraus. Mutig nutzten der Jude Ibn Daūd und der Christ Gundisalvo die Chance, die der gesonderte Kommunikationsraum der Wissenschaft bot.[110] Die Prägekraft dieser Sichtweise war so stark, dass Männer wie Gundisalvo selbst dann, wenn sie von der Nützlichkeit ihrer Wissenschaft sprachen, einen *immanenten* Nutzen meinten, der den Raum der Wissenschaft nicht übertrat. Der «Nutzen» (*utilitas*) der theoretischen Philosophie bestand für Domingo keineswegs darin, dass sie die Welt besser machte, sondern darin, dass sie «die Verfasstheiten von allem, was ist», erkennen ließ.[111]

Dennoch entstand in Toledo keine Schulenlandschaft, die man mit der Pariser vergleichen könnte, und zwar offenbar wegen eines Zuviel und eines Zuwenig an institutioneller Stabilisierung zugleich. Zu stark scheinen die Aktivitäten einerseits an den Raum der Kathedrale gebunden gewesen zu sein, jenen Raum also, den auch Wilhelm von Champeaux und Abaelard hatten verlassen müssen, um ihr Ziel zu erreichen. Zu schwach ausgeprägt, so kann man vermuten, war andererseits die Organisation in *scholae* – und damit die agonale Grundstruktur – der Toledaner Gruppen. Damit aber fehlte jenes Element, das wir an den philosophischen Schulen des Westens als die treibende Kraft identifiziert haben. Diejenige Kommunikation, die in Paris gleichzeitig Motor der Generierung und Verbreitungsmedium dieses Wissens war, stellte sich in Toledo nicht ein.

Diesen Befund kann man verallgemeinern. Die imposante Leistung von Übersetzern und «cultural brokers», die während des 11. und 12. Jahrhunderts nicht nur in Toledo, sondern auch an anderen Orten der iberischen Halbinsel, in Venedig, in Konstantinopel und Palermo, in Salerno und auf dem Mont-Saint-Michel fremde Texte ins Lateinische übertrugen, erfuhr nur dann eine breitere Rezeption, wenn ihre Arbeiten zum Stoff der Schulen wurden.[112] Es ist sicher kein Zufall, dass Gundisalvos Buch *Über die Einteilung der Wissenschaften* nicht von Spanien aus seine Wirkung entfaltete, sondern im Inneren der französischen Schulen, wo die Arbeiten des Übersetzer-Philosophen bald bekannt wurden. Doch war es einmal dort angekommen und in die scholastische Praxis integriert, so hat Claude Lafleur gezeigt, wurde es zu einem wichtigen Aktanten für den Umbau der «Bildung» zur «Wissenschaft», der *artes liberales* zur Philosophie.[113] Andere Befunde weisen in dieselbe Richtung. Ibn Sīnās (Avicennas) Traktat *Über die Seele* wurde zwischen 1152 und 1166 ins Lateinische übersetzt, doch rezipiert wurde der Text Jahrzehnte später an der jungen Oxforder Universität von John Blund; die Rezeption von Avicennas *Prima philosophia* setzte erst an der Universität Paris ein.[114]

Erst an den Schulen fielen Lehren wie die Gundisalvos auf fruchtbaren Boden. Domingo lehrte, die Wissenschaft durch die Brille der arabischen *falsafa* (das arabisierte Wort *philosophia*) zu sehen, einer epistemischen Ordnung, die a priori in einem Spannungs-, ja in einem Konfliktverhältnis zu anderen Formen des Wissens stand und daher zu Scheidung und Abgrenzung, zu Differenzierung und Grundlagenreflexion einlud. Denn in der islamischen Welt mit ihren hoch entwickelten, mit dem Wissen des Koran befassten Wissenschaften von der Sprache, vom Recht und von Gott wurde das Wissen der antiken Griechen notwendigerweise als etwas Fremdes angesehen, etwas, für das die eigene Sprache kein Wort bereithielt.[115] Das Wissen der Philosophen war Sonderwissen, stand den «arabischen» Wissenschaften als «fremde» Wissenschaft gegenüber und musste von seinen Exegeten wie al-Kindī (um 805 – um 873) und al-Fārābī klassifiziert und legitimiert werden.

Diese Leistungen wurden von den Toledaner Übersetzern für die europäische Reflexion darüber, was Wissenschaft sei, fruchtbar gemacht. Als das aristotelische Textcorpus in den kommenden Jahrzehnten um die Naturphilosophie, die Metaphysik und schließlich die Werke der praktischen Philosophie erweitert wurde, war die Wissenschaftslehre, die derartiges zu integrieren vermochte, dank Gundisalvo und den anderen Pionieren schon da. «Glücklich jenes frühere Zeitalter, das so viele Weise hervorbrachte», so jubelte Domingo in der Einleitung zu seinem Werk, «mit denen es wie durch Sterne die Finsternis der Welt erleuchtete. Wie viele Wissenschaften diese nämlich hervorbrachten, so viele Fackeln haben sie gleichsam zur Erleuchtung der Unwissenheit unseres Geistes zurückgelassen.» Die Vielzahl von Fächern und Zugangsweisen, die man andernorts als Beleg für die Verrücktheit, ja Gottesferne philosophischer Schulen angeführt hatte, erschien hier in einem anderen Licht.[116]

VIII. Wissen erzeugt und ordnet die Dinge der Welt

1. Gelehrte und Ungelehrte, Wissenschaft und Laienverstand

Einen geschlossenen Stand bildeten die Magister und Scholaren zu keiner Zeit. Vielen von ihnen begegnen wir in anderen Rollen wieder, so wie das bei Abaelard zu sehen war, ja wie es sich in seinen sprachlichen Registerwechseln niederschlug.[1] Gestandene Magister wie Petrus Lombardus oder Stephan von Tournai wechselten auf Bischofssitze, andere wie der jüngere Peter von Blois wurden Prinzenerzieher, Kanzler in bischöflichen Diensten und Archidiakone. Wieder andere wie Petrus Cantor oder Odo von Soissons entschieden sich nach langer Lehrtätigkeit für das weiße Gewand der Zisterzienser.

In umgekehrter Blickrichtung können wir manchmal erahnen, wie groß der Kulturschock der Neuen war, die sich, aus anderen Kontexten kommend, bei den Schulen einfanden und zum ersten Mal miterlebten, welche Freiheiten der gelehrte Diskurs in seinem geschützten Raum bot. Die Lehrer förderten das Training des systematischen Vorgehens gerne mit Fragen wie «Ob der Teufel gut ist» – wo in aller Welt gab es sonst so etwas?[2] Ein ambitionierter junger Adliger aus Wales, der Ende der 1160er nach Paris kam, hörte die Koryphäe unter den Theologen tatsächlich sagen, dass der Teufel der Kirche niemals so sehr geschadet habe wie zu dem Zeitpunkt, als die Klerikerehe verboten wurde.[3] Unverzichtbar war die scholastische Diskursfähigkeit, solange man lehrte und schrieb; sollte man sich zu anderen Zeiten von anderen Werten und Logiken leiten lassen, schadete das nicht. Praktisch alle ehemaligen Scholaren kamen aber in diesen anderen, weltlichen oder geistlichen Funktionen irgendwann auf ihre Kenntnisse der Philosophie und der scholastischen Theologie zurück. Der jüngere Peter von Blois etwa, dessen Interesse während seiner Studienjahre eher der allegorischen Bibelauslegung als den Distinktionen und Quaestionen gegolten hatte, ließ in seinen späten Briefen eine profunde Kenntnis der scholastischen Theologie durchblicken, wenn es um Gegenwartsfragen ging.[4] Spät merkte er, wie sehr er in jungen Jahren von der neuen Wissenschaft geprägt worden war. Er nahm sich die alten Quaestionen wieder vor, die er in seiner fern gerückten Pariser Vergangenheit gesammelt hatte, und stellte seine Antworten aus ihnen zusammen. Bald war er als Experte derart begehrt, dass er sich über die vielen Anfragen an ihn beklagte.[5]

Abgrenzungen taten not, und diese erschöpften sich nicht in einer distanzierten Haltung zur außerwissenschaftlichen Welt. Im Gegenteil übernahm man von anderen sozialen Kategorien bestimmte Arten der Weltsicht und bestimmte habituelle Eigenschaften, wie wir sehen werden. Auch gab es Magister, bei denen der Gestus des Andersseins, der Verschiedenheit von der Sphäre der Normalmenschen, besonders ausgeprägt war. Die Logik, so hatte schon Abaelard gegenüber Heloise geklagt, habe ihn «der Welt verhasst gemacht» – merkwürdig nur, dass sich zur selben Zeit seine Gegner darüber mokierten, dass seine Theologie draußen in der Welt zur Sache des Banausenverstandes geworden sei, ja von Knaben und Dummen weiterdiskutiert werde.[6] Es kam also offenbar darauf an, was man unter jener «Welt» verstand, die mit der neuen Wissenschaft angeblich nichts anzufangen wusste.

Gegen die gänzlich ungelehrte Umwelt schotteten sich die Schulen keineswegs ab. Scholaren hatten stets gute Gründe, mit ihren Verwandten, Freunden und Gönnern zu kommunizieren, und sei es auch nur aus reiner Notwendigkeit. Als er völlig überarbeitet war, beschloss Abaelard, nach Hause zu seiner Familie zu reisen, und dort blieb er lange. «Das erste Lied des Scholaren», heißt es in einem italienischen Briefsteller, «ist die Bitte um finanzielle Unterstützung. Einen Brief, in dem nicht um Geld gebeten wird, wird es niemals geben.» Väter ermahnten Söhne, sich anständig zu betragen, Magister warnten Väter davor, dass ihre Sprösslinge über die Stränge schlugen.[7]

Aber auch von einem gelehrten Standpunkt aus betrachtet gab es respektable Gründe dafür, sich mit den Meinungen, Glaubensinhalten und Wahrnehmungsweisen der Ungelehrten zu beschäftigen. Immerhin war es eine der christlichen Kernüberzeugungen, dass jeder Mann und jede Frau, ganz gleich wie ungebildet sie waren, im Besitz aller Voraussetzungen für das eigene Seelenheil waren, sofern sie nur im Glauben lebten.[8] Stimmte der Glaube mit der Lehre der

 Kirche überein, dann musste niemand ein Theologiestudium absolvieren, um sein Seelenheil zu erlangen.

Kein Zweifel: Zu wissen war für das Verständnis der tieferen Sinnschichten der heiligen Schriften, für die Liturgie und die Predigt unverzichtbar. Aber ein Gemeinplatz besagte, dass die geringste, älteste und ärmste Frau (die *vetula*, die sprichwörtlich werden sollte; als Vorbild diente, Mark. 12,41) spirituell gesehen ein respektabler Mensch sei, ja dass man ihre Überzeugungen bisweilen sogar der kalten, positivistischen Sachkenntnis der Gelehrten vorziehen sollte.[9] Als sich ein Jude im Rheinland für das Christentum zu interessieren begann, beschloss er zunächst, zum Studieren nach Frankreich zu gehen – doch erleuchtet wurde er nicht von den *doctores*, sondern von der Güte und den Tränen zweier Kölner Klausnerinnen. Was Vernunftgründe und die Diskussion mit hohen Geistlichen nicht vermocht hätten, schrieb er nach 1144, habe «das fromme Gebet einfacher Frauen» geschafft.[10] Wenn Bileams Eselin Dinge sah, die dem Propheten selbst verborgen blieben (4. Mos. 22, 21), dann war es auch möglich, dass der Ungebildete Einblicke in Wahrheiten erhielt, die dem subtilen Wissenschaftlergeist verbaut waren.

Die Philosophen nähern sich dem Laienwissen anders an als die Theologen, denn ihnen geht es nicht um den Unterschied von Gelehrtenwissen und Glauben, sondern um den zwischen wahrem Wissen und bloßem Meinen. Ihre Äußerungen zur Meinung der Ungebildeten konnten durchaus verächtlich klingen. Als Wilhelm von Conches sagen wollte, dass sich ein weiterer Beweis in einer Sache erübrigt, klang das wie: «Dies begreifen selbst die Triefäugigen und die Friseure.»[11] Gängige Anschauung war, dass in der Welt der Ungelehrten der sinnlichen Wahrnehmung, vor allem dem Sehsinn, zu naiv vertraut wurde. Zu sehen nährte Meinungen, Eindrücke und Wahrscheinlichkeiten, nicht aber Wissen, Wahrheit und Notwendigkeit.[12] Doch war Wahres zu wissen ja, wie wir gesehen haben, ein unter vielen Mühen zu erstrebender und womöglich nie gänzlich zu erreichender Zustand. Auch für Philosophen bestand daher Anlass zur Demut.

Die Epistemologie der Philosophen wies dem Common Sense einen besonderen Platz zu. Die Praxis des Infragestellens verlangte nach einem Ausgangspunkt, an dem die philosophische Erörterung

Die Ablenkungen des Mönchs Hildebert. Gerne würde er sich auf seine Arbeit konzentrieren, doch da ist sie wieder, die Maus. *Pessime mus, sepius me provocas ad iram, ut te deus perdat!* («Verdammte Maus! Schon oft hast du mich erzürnt! Möge Gott dich verderben!»). Der Knabe mit den schönen Beinen, der zu seinen Füßen sitzt, ist sein Gehilfe Eberwin. Augustinus, *De civitate Dei,* Ende von Buch 11. Entstanden um 1140 im Skriptorium der Bischofskirche von Olmütz, heute Prag: Knihovna pražské metropolitní kapituly, cod. A 21, fol. 153r. 1

2 Als Jean de Meung die Geschichte von Abaelard und Heloise in den 1270ern in seinen *Roman de la Rose* aufnahm, wurde aus der Erzählung der doppelten Bekehrung zum monastischen Leben ein Liebesroman. Hier allerdings ist die Konversion noch das Hauptthema: Heloise, in das Schwarz der benediktinischen Nonnen gekleidet, hat sie vollzogen, Abaelard ist noch die ganz und gar weltliche Gestalt. Chantilly, Musée Condé, ms. 482/665, fol. 160v. Handschrift des 14. Jahrhunderts.

Abaelard, auf begrünter Anhöhe meditierend über Heloises ersten Brief. 3
Die Popularität der Geschichte reizte im 19. Jahrhundert einen Unbekannten, diese Fälschung nach dem Vorbild Walthers von der Vogelweide anzufertigen. Einzelblatt (Pergament), Detroit, Institute of Arts. Siehe dazu O. Kurz, Fakes (1967), S. 89 mit Bildtafel 28/29.

4 Der Lehrer, ein Superstar. Außerdem vier seiner Schüler, darunter der Kronprinz und Lieblingsschüler. Magister Gilbert, der Bischof von Poitiers, dominiert die Szene. Zu seinen Füßen Ivo von Chartres (nicht der Bischof!), John Beleth und Jordanus Fantasma. Auf der gegenüberliegenden Seite von ihnen getrennt und über sie erhöht Nikolaus von

Amiens, der gerade eine Schrift seines Meisters auslegt und weiterdenkt. Gilbert von Poitiers, Boethius-Kommentar, Handschrift des 12.–13. Jahrhunderts, ursprünglich aus dem Benediktinerkloster Saint-Amand. Heute Valenciennes, Bibliothèque municipale, ms. 197, fol. 4v f. 5

6 In derselben Handschrift, fol. 7r, abermals Gilbert von Poitiers. Hier übernimmt er die Lehre des Boethius, verarbeitet sie und reicht sie an einen Schüler weiter. Zu der Handschrift Gilbert von Poitiers, *Commentaries,* S. 29 f.

7 Ein anonymes Kommentarwerk zu Aristoteles, *De Interpretatione*, zeigt Details zur Kommunikation an den Schulen. Wo die Symmetrie affirmativer und negierender Aussagen erklärt werden soll, hat jemand freche Beispiele eingefügt: *haec futuet, haec non futuet* (11. Zeile von unten)*; P. cadet in latrinam, P non cadet in latrinam* (7. Zeile- von unten). Diese waren in einem früheren Exemplar wahrscheinlich noch nicht in den Text intergriert, doch hier sind sie zu dessen festem Bestandteil geworden. Siehe oben, S. 135 f. München, Bayerische Staatsbibl othek, clm 14779, fol. 53v.

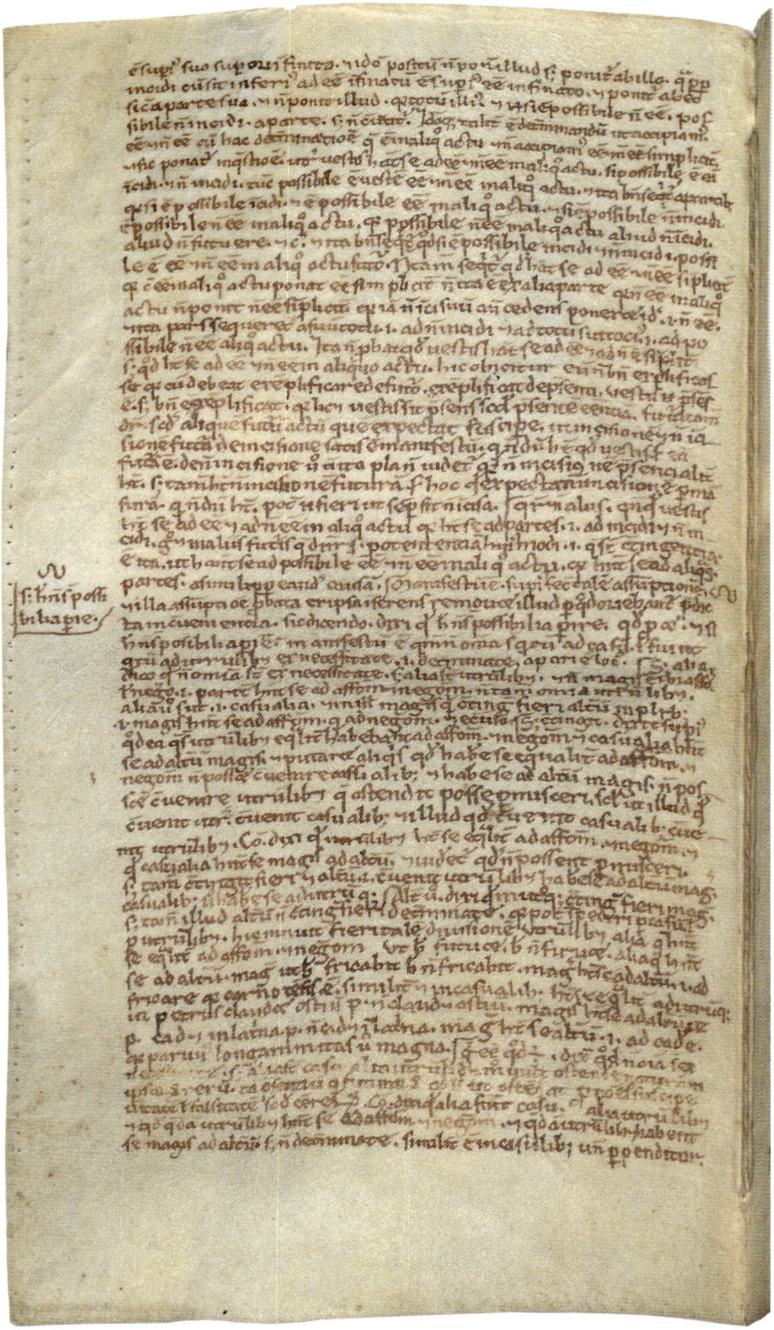

8 König Philipp Augustus überreicht den Magistern und Scholaren der Pariser Universität sein großes Privileg von 1200. Handschriftenillustration Paris, Bibliothèque Nationale Ms. Lat., nouv. acq. 2060, fol. 55r.

ihren Anfang nehmen konnte, und gemäß einer Definition des Stagiriten bot sich hierfür das *endoxon* an, das heißt diejenige Meinung, die «Allen oder den Meisten oder den Weisen wahr scheinen».[13] Auch wenn Aristoteles dabei sicher nicht an die völlig Ungebildeten dachte, galt damit doch als probates Mittel, zunächst festzustellen, was die allgemeine Meinung zu einer Sache war. Olga Weijers hat in ihrer Geschichte der Disputationstechniken deutlich gemacht, wie charakteristisch dieses Verfahren für die antiken Formen der diskursiven Wahrheitsermittlung war. In diesem Sinn gebrauchte Hugo von St. Victor das Sprichwort «Was du nicht weißt, weiß vielleicht Ofellus»; dieser Name, übernommen aus den Satiren des Horaz, stand als Chiffre für den ungebildeten Landmann mit gesundem Urteilsvermögen.[14]

Später sollte die Differenz zwischen dem allgemein für wahr Gehaltenen und dem wissenschaftlich ermittelten Wissen in Gestalt der *communis opinio* wieder in die gelehrte Sphäre eintreten. Gemeint war damit eine positive Aussage darüber, was nicht in der Öffentlichkeit, sondern in einer Disziplin zu einem gegebenen Zeitpunkt hinsichtlich eines Problems für richtig gehalten wurde, analog zu unserer heutigen Rede vom «aktuellen Forschungsstand».[15] Daher entwickelte die Gelehrtensprache eine Reihe von Bezeichnungen dafür, was evident schien beziehungsweise woran man sich reflektierend abarbeiten konnte: den *sensus vulgaris*, die *sana ratio*, die *notitia communis*, den *consensus omnium* und den *consensus gentium*.

2. Schule und Kloster: Wechselseitige Zuschreibungen

Habituelle Nähe: Mönche und Gelehrte

Eine tatsächliche Herausforderung für die Abgrenzung wissenschaftlichen Denkens von anderen Lebensformen und Reflexionstechniken bestand daher nicht in der Distanzierung von den ungebildeten Laien, sondern vielmehr von den Mönchen, den Trägern einer eigenen, höchst respektablen Intellektualität. Zwar grenzt man anders als früher heute in der Forschung nicht mehr «scholastisches» und «monastisches» Denken essentialistisch voneinander ab, aber in den mentalen Selbstverortungen der Zeitgenossen spielten diese Kategorien durchaus eine erhebliche Rolle. Wenn Rupert von Deutz von einem *scholastico licet monacho* sprach, von einem «Scholastiker» also, der «freilich (auch) Mönch» sei, dann sollte das wie ein Oxymoron klingen: der scholastisierende Mönch, ein hölzernes Eisen. Mönche waren ihrerseits von Vorstellungen von der Wahrheit abhängig, nur dass diese gänzlich andere als die der Schulen waren. Ruperts eigene allegorische Ausdeutungen hochsymbolischer Bibelstellen machen den Unterschied deutlich.[16]

Die Kritik, die den Pariser Schulen während des 12. Jahrhunderts aus den Reihen der Mönche entgegenschlug, ist von Jean Leclercq, Stephen Ferruolo, Peter Godman und anderen gründlich erforscht worden. Ohne dass er bereits über die heutige Begrifflichkeit zur Qualifizierung verschiedener Kritikformen verfügt hätte, hat gerade Ferruolo überzeugend den Unterschied zwischen der Praxis interner und externer Kritik nachgewiesen. Erstere, eine Domäne der zeitgenössischen Satiriker, negiert die Existenz der Wissenschaft nicht, weist aber auf Mängel und Auswüchse hin und sucht, gleichsam aus dem Inneren eines gelehrten Konsenses heraus, zu deren Beseitigung beizutragen, indem sie die Absurditäten des gelehrten Betriebs bloßstellt. Letztere dagegen markiert von außen eine klare Grenze zwischen akzeptablen und inakzeptablen Formen der Intellektualität. Bernhards pathetisches «Flieht aus der Mitte Babylons!» ist das bekannteste Beispiel dafür.[17]

Von der Heftigkeit solcher Äußerungen aus zu schließen, wurde der Lebensentwurf derer, die sich auf die Wissenschaft einließen, als gefährlich angesehen.[18] Die Gruppenform der *scholae* erschien aus der Sicht bestimmter Mönche als ernst zu nehmender Konkurrent um Aufmerksamkeit und Legitimität, ihr Einfluss auf Lebenswandel und Denken ihrer Angehörigen sollte zurückgedrängt werden. Und es überrascht sicher nur auf den ersten Blick, dass gerade die habituellen Ähnlichkeiten zwischen monastischer und scholastischer Weltsicht zu Gesten der Distanzierung führten. Denn wie für andere zeitgenössische Strömungen auch, diente das Leben der Mönche für die *scholares* als ein wichtiger Referenzpunkt.

Dies galt etwa für die Haltung zur eigenen Umwelt. Mönchische Profess und Philosophenleben verlangten zwar in abgestuftem Maß, aber doch auf ähnliche Weise nach einer Performanz der Trennung: Der Welt sterben zu wollen oder nach dem Vorbild der antiken Weisen lediglich *sibi et litteris* zu leben, verursachte ähnliche Praktiken der mentalen Abschottung gegenüber der Laienwelt. Damit stand in Verbindung, dass sowohl Mönche als auch Gelehrte dem kognitiven Apparat der Laien misstrauten. Die Sinneserfahrungen schätzten beide als Erkenntnisquellen gering: Der Mönch, dem im Dormitorium der Dämon in Christusgestalt erschien, und der Gelehrte, der um die Verführung des Schließens auf der Basis vermeintlicher Evidenzen wusste, stellten sie gleichermaßen unter Täuschungsverdacht.[19] Und wie für die Mönche, wurde auch für die Gelehrten *disciplina* zu einer unhintergehbaren Norm – für die einen war damit die Zucht gemeint, deren Kern in der Einhaltung der Mönchsregel bestand, für die anderen war sie der Raum, der von den Regeln, Kerngegenständen und Referenztexten einer *ars* abgegrenzt wurde.[20] Beide Daseinsformen mussten unter Entbehrungen erlernt werden, wobei die Rute bei den Mönchen eine reale Bedeutung hatte, in der Wissenschaft immerhin noch als Symbol für die Lehrsituation präsent war. Demut und äußere Einfachheit wurden gerade von den philosophisch-theologisch-gelehrten Scholastikern angesichts der Karriereträchtigkeit anderer Studiengebiete programmatisch gefordert. Äußerliche Unansehnlichkeit konnte zum Symbol der Geistigkeit werden, die sich in Weltabgewandtheit erfüllte. Traurig-bleich wegen ihrer anhaltenden Nachtarbeit seien die Scholaren seiner Zeit, meinte ausgerechnet ein Mönch: Wilhelm von Malmesbury.[21]

Ähnlichkeiten dieser Art kann man mit dem oben eingeführten Schlagwort von der «Wiederkehr gelehrter Anachorese» (Ernst Kantorowicz) prägnant fassen, das eine Form der *Einsamkeit unter den Menschen* meint.[22] Intellektuelle und religiöse Motive der Weltflucht flossen dabei ineinander – es wäre reizvoll, den modernen Kult des gelehrten Studierzimmers, der männlichen Abgeschiedenheit inmitten einer bürgerlichen Familienexistenz, genauer darauf zu befragen, was er dem monastischen Vorbild schuldet.[23]

Hierüber dürfen die Unterschiede nicht in Vergessenheit geraten. Gerade wenn man sie betrachtet, erkennt man allerdings die wechselseitigen Beeinflussungen der monastischen Sphäre und der Schulen. Nicht nur, dass die Abwendung des Mönchs vom Leben der Laiengesellschaft auf die Scholaren Einfluss ausübte, auch umgekehrt wird deutlich, wie sehr sich etwa junge Zisterzienser für die scholastischen Schulen interessierten. Die Novizen wurden angesteckt und schauten ihre *magistri* erwartungsvoll an: Was gab es Neues in der Philosophie? Isaak, Abt des Zisterzienserklosters L'Étoile östlich von Poitiers, selbst ein monastischer Lehrer, begann eine Predigt, um den klösterlichen Schülern den Kopf zurechtzurücken.[24] Er habe seinen Lehrstil mittlerweile absichtlich zum Konventionelleren zurückverlegt, weil ihm die übermäßige Neugier der Mönche allmählich suspekt geworden sei. «Ihr hascht nur nach Neuem», so sprach er seine Mönche direkt an. «Aber woher sollen wir ununterbrochen Neues nehmen?» Sage er, was schon vor ihm gesagt worden sei, reagierten sie mit «Ekel und Unwillen. Nicht weil es nicht wahr, gut und angemessen ist, sondern weil es nicht völlig frisch und neu ist.»

Aber er, Isaak, sei ja selber schuld an ihrer Unverschämtheit. «Wir haben euch nämlich so in diesen Methoden ausgebildet und daran gewöhnt, dass ihr einen anderen als uns kaum hören konntet und auch uns nicht mehr in einem andern Ton hören wolltet. Warum nur waren wir selbst neugierig, indem wir diese Methode befolgten, oder warum sind wir so leichtsinnig geworden, so dass wir das Übliche ließen?» Das war keine rhetorische Frage, und Isaak gab sich große Mühe, sie zu beantworten, ja er wurde dabei bekennerhaft. Ohne dass er Abaelards Namen oder den der anderen scholastischen Magister nennen würde, bietet er uns, ringend um intellektuelle Redlichkeit, ein Zeugnis dafür an, wie er selbst vom scholastischen Milieu angezogen worden war:

> *Aufgetaucht sind einstens Menschen von beachtenswerter Begabung und bewundernswerter Fähigkeit, deren Namen ich nicht nenne. Sie haben zwar nicht die Heilige Schrift wie Häretiker verdreht, aber sie hatten weniger ihre authentische Auslegung im Sinn, sondern sie passten sie geistreich ihrer Sicht an. Mit den anerkannten Schriften der Väter haben sie in sehr angenehmer Weise gespielt und, um niemand Unrecht zu tun, dabei Bewunderung gefunden und oft die Menschen erbaut. Sie haben nichts gegen den Glauben und die Wahrheit gesagt, sondern alles zum*

> *Nutzen und zur Ehrenhaftigkeit des Lebens und der Sitten, aber in einer bewundernswerten neuen Form, wie ihr wisst. Daher beklagt ihr euch, dass wir diese Redeweise verlassen haben. Und es ist in der Tat bewundernswert: aus ihrem Mangel an Sinn sind sie sinnreich geworden. Ihnen sind wir also gefolgt, weil ihnen die Welt folgte. Die ganze Welt lief ihnen nach (Joh. 12,19), und nach der Meinung der Menschen haben Menschen niemals so gesprochen (Joh. 7,46). Wer nicht so sprach, wurde ausgelacht, verachtet und verlassen. Wenn aber einer dagegen sprach, wurde er für neidisch gehalten. Damit man also nicht glaubt, wir würden aus Neid dagegen sprechen oder aus Mangel an Begabung nicht so sprechen, haben wir damit angefangen, und wie ihr wisst, waren wir auf diesem Gebiet nicht allen unterlegen. […] Die Wahrheit, die wir nun sagen, haben wir von Anfang an erfasst, aber damit wir nicht, wie gesagt, des Neides oder der Dummheit beschuldigt werden, haben wir den Umständen nachgegeben und sie bisher zurückgehalten.*

Auffällig ist, wie Isaak Kritik mit Selbstkritik verbindet, wie er auf das geteilte Erlebnis der Scholastik rekurriert: Die Schüler, so betont er, wissen, wovon die Rede ist, denn man konnte sich als interessierter Zeitgenosse den Eindrücken nicht entziehen, die die scholastische Praxis bescherte. Diese war ja auch nicht schlecht, doch wer sich ihr verschrieb, geriet in Gefahr.

Distanzgesten. Die Arroganten, die Naiven und die Oberflächlichen

Wenn es um die Abgrenzung der monastischen von der scholastischen Sphäre ging, waren daher sowohl Distanzierungen von der Wissensordnung der jeweils Anderen als auch Gesten der Selbstzuordnung zum eigenen Milieu erforderlich. Hier soll auf eine Distanzgeste beispielhaft eingegangen werden, die für die Abgrenzung der scholastischen Gelehrten von den durchaus gebildeten Mönchen ihrer Zeit ihre Dienste leistete: den Vorwurf der Gelehrten an die Mönche, über flaches, ja oberflächliches Wissen zu verfügen, und den umgekehrten Vorwurf der Mönche an die doctores, arrogant zu sein.

Als Ausgangspunkt hierfür kann man eine Episode aus den Konflikten heranziehen, die Abaelard mit Mönchen austrug. Sie ereignete sich während Peters kurzer Klosterhaft nach der ersten Lehrverurteilung von Soissons 1121. Im örtlichen Medarduskloster begegnete er dem etwas jüngeren Goswin von Anchin wieder, der ihn angeblich Jahre zuvor als Scholar gehört, dann aber zu einer Disputation herausgefordert und ihn dabei bloßgestellt hatte. Goswins wissenschaftliche Ambitionen waren mittlerweile Vergangenheit, er war stattdessen Mönch geworden und hatte sich einen Namen in Dingen der klaustralen Disziplin gemacht. In dieser Funktion trat er nun auch Abaelard gegenüber, dem frisch verurteilten Verfasser eines anstößigen theologischen Werks. Goswin befand sich also in einer Machtposition. Als Klaustralprior besaß er das Recht, den prominentesten unter den Pariser Magistern zur Räson zu rufen (der sich «wie ein wildes Nashorn» gebärdete, wie es in Goswins 50 Jahre später geschriebener Vita hieß), und sei es mit Hilfe der Rute.[25]

Der Klaustralprior versuchte es zunächst mit dem «Geist der Milde». Er beschwor Petrus, sich ehrbar (*honeste*) zu verhalten, ja allen ein Vorbild in Bezug auf seine Ehrbarkeit zu sein.[26] Abaelard reagierte schroff: «Was predigst du mir immer wieder von der Ehrbarkeit, was rätst du mir zur Ehrbarkeit, was lobst du den Anstand? Es gibt viele, die über die Arten der Ehrbarkeit Disputationen führen ohne zu wissen, was Ehrbarkeit ist!»[27] Das saß, denn Goswin hatte sich mit seiner Ansprache einige Mühe gegeben, dem Magister die Tiefe seiner Bildung zu demonstrieren. Er reagierte entsprechend: Nun gut, es gibt andere Wege, dir Benehmen beizubringen, es bleibt ja immer noch die Peitsche. Abaelard, das Nashorn, erschrak und wurde ruhiger. Der Magister hatte Angst davor, ausgepeitscht zu werden, so Goswins Biograph.

Auch wenn Goswins Vita im Allgemeinen nicht für ihre Zuverlässigkeit bekannt ist, ist diese Anekdote doch recht glaubwürdig. Denn es war charakteristisch für Abaelard, sich in seinem Denken an Kernkonzepte und Kerndefinitionen zu halten, und im Unterschied zu Goswin wissen wir, worauf er sich bezog, wenn er von Anstand und Ehrbarkeit (*honestas*) sprach. Zentral für sein Verständnis war eine Passage aus den Horaz'schen Briefen, die besagte, dass positive Motivationen negativen überlegen sind: Der tugendhafte Mensch lehnt die Sünde ab, weil er die Tugend liebt, der schlechte, weil er sich vor

Strafe fürchtet.[28] Von dieser Warte aus gesehen, entlarvte sich Goswins Ansprache an Abaelard tatsächlich selbst: Wer mit der Peitsche in der Hand zur *honestas* riet, wusste weder etwas von Horaz noch von positiven und negativen Motivationen. Offenbar redete der Klaustralprior von Dingen, die er nicht verstand. Seine unzureichende Vorbildung lag für Abaelard offen zutage, entsprechendes Wissen hätte einzig in gründlichem Studium erworben werden können, das den Weg in die Tiefe der Begriffe nicht scheute. Abaelards übrige Begegnungen mit Mönchen in St. Medardus, in St.-Denis und St. Gildas bestätigten seinen Eindruck: Diese Leute lasen einfach nicht kritisch genug, keine geistige Disziplin!

Oberflächlichkeit, die *levitas* des Wissens anderer, wurde als Stereotyp im Denken der Scholastiker zu einem Indikator für Verschiedenheit. Sie wird bei Abaelards Schüler Johann von Salisbury einen wichtigen Raum einnehmen, wie ganze Passagen von dessen *Entheticus* illustrieren. Oberflächlichkeit und Leichtgläubigkeit (*credulitas*) sind auch Kennzeichen der Redepraxis bei Hof, man muss junge Menschen davor warnen, ihnen zur Beute zu fallen, denn sie korrumpieren das gelehrte Urteilsvermögen.[29]

Es erstaunt daher nicht, dass wir den Gestus von Abaelards Replik in der weiteren Kommunikation zwischen Männern der Wissenschaft und Mönchen wiederfinden, etwa im Umgang, den Gilbert von Poitiers und Bernhard von Clairvaux miteinander pflegten. Das Konzil, das 1148 über Gilberts Trinitätslehre befand, brachte kein richtiges Urteil zustande, und so bemühte sich Bernhard als Hauptgegner des Beklagten mit einer Geste der Versöhnung um Schadensbegrenzung und Gesichtswahrung: Man solle sich doch bald einmal irgendwo treffen, ließ er Gilbert wissen, den Ort dürfe sich dieser gerne aussuchen. Dort solle man dann noch einmal in Ruhe über die Schriften des heiligen Hilarius diskutieren, freundschaftlich und ohne in Streit zu geraten.

Bernhards Bemühen war offensichtlich: Die Wunden, die man sich in den vergangenen Tagen zugefügt hatte, sollten verheilen. Doch der Herr Professor sah das anders. Gilbert ließ ausrichten, sie hätten sich doch nun hinreichend um diese Dinge bemüht. Wenn der Abt ein vollständiges Verständnis des Hilarius anstrebe, solle er sich zunächst einmal in den Wissenschaften instruieren lassen.[30] Der,

der die Episode berichtet, meint, die beiden seien eben auf ganz unterschiedlichen Gebieten versiert gewesen.

Rupert von Deutz, der unter dem Eindruck litt, von der neuen Geistigkeit der französischen Schulen nicht ernst genommen zu werden, hatte nach einer Attacke gegen Magister Anselm von Laon Ähnliches erfahren müssen. Der berühmte Theologe hatte sich nicht einmal dazu herabgelassen, ihn selber anzureden, und hatte stattdessen an Ruperts Abt Heribrand geschrieben, den Vorsteher des Lütticher Klosters. Offenbar behandele man bei Heribrand den Streitpunkt wie ein Wortgeplänkel, so stand da, aber nicht sachlich angemessen. Es sei eine Sache für Männer, die Bedeutung von Wörtern zu diskutieren; Knaben, die nicht richtig verstehen, was sie sagten oder hörten, stritten um Wörtchen.[31]

Derartige Etikettierungen wurden natürlich erwidert. Mönche verbreiteten die Kunde von der unerträglichen Aufgeblasenheit der Gelehrten, brachten die Vorstellungen vom unreifen Dialektiker-Nachwuchs in Umlauf, beklagten die fatalen Schäden, die ein auf Distinktionen beruhendes Gotteswissen anrichtete. Die Betroffenen hielten wiederum dagegen: Hinter der Fassade des mönchischen Betragens verbarg sich die pure Banalität, der Klatsch und das ungebührliche Interesse an den Dingen der äußeren Welt.

3. Scholastischer Wissenschafts- und humanistischer Bildungsdiskurs

Eine «Renaissance des 12. Jahrhunderts»?

Keine geschlossenen Milieus standen sich also gegenüber, wo über die jeweiligen Vorzüge des monastischen und des scholastischen Lebens und Wissens verhandelt wurde. Die Leiter der Schulen zeigten Interesse an der monastischen Praxis (oder traten gar selbst ins Kloster ein), und die jungen Zisterzienser, die dann von ihnen unterrichtet wurden, brannten gleichzeitig auf Neuigkeiten aus der Welt der

Wissenschaft. Doch trotz Überschneidungen und wechselseitigen Übernahmen lassen sich in ihren Äußerungen durchaus Regelmäßigkeiten ausmachen; bekenntnishaft konnte Isaak seine scholastische Vergangenheit zur Sprache bringen, ohne dass seine Zugehörigkeit zu einem rationalitätsskeptischen Orden darüber verwischt worden wäre.

Trugen also zwei unterschiedliche *Diskurse* die Monastik und die Wissenschaft des Jahrhunderts? Immerhin war aufgefallen, dass in den Äußerungen der Betroffenen wesentliche Begriffe wie «Wahrheit», «Anstand» oder «Disziplin» zwar geteilt, aber jeweils ganz unterschiedlich verortet wurden. Dasselbe würde sich leicht auch für «den Zweifel», «den Widerspruch» oder «das Alter» zeigen lassen. Die Diskurse, denen sie gleichzeitig angehörten und die ihnen doch unterschiedliche Bedeutungen und Wertungen verliehen, genauer zu beschreiben und voneinander zu unterscheiden, wäre auf der Grundlage unserer bisherigen Ergebnisse ohne Weiteres möglich. Zutage getreten sind die Medien, die für diese Abgrenzung entscheidend sind, und mit den unterschiedlichen Arten, wie die Sprecher sich wechselseitig etikettierten (als oberflächlich beziehungsweise als arrogant), haben wir auch beobachten können, wie die Diskurse ihre Außengrenzen markieren und hierüber zugleich im Inneren Homogenität suggerieren.

Leicht wird unsere Aufgabe für den Rest der Darstellung aber keineswegs werden, weil notwendigerweise eine dritte Größe ins Spiel gebracht werden muss. Denn die Fülle zeitgenössischer Aussagen darüber, wie höheres Wissen wirklichkeitsrelevant wird, ist für die Jahrzehnte ab der Mitte des 12. Jahrhunderts nicht zwei, sondern insgesamt drei Diskursen zuzuordnen: dem monastischen, dem scholastischen und einem, den wir im Folgenden als den humanistischen Bildungsdiskurs bezeichnen wollen.

Diese dritte Größe ist in den Forschungen der Vergangenheit in den Vordergrund getreten, wenn Historikerinnen und Historiker von einer «Renaissance» des 12. Jahrhunderts sprachen und dieses Phänomen in der Tradition Haskins' primär mit Verweis auf die Erneuerung der zeitgenössischen Latinität und die Hebung des literarischen Standards begründeten. Von einem distinkten Diskurs neben anderen Diskursen zu sprechen, könnte diesen Verortungen gegenüber ein Schritt in die richtige Richtung sein. Denn die Rede von der «Renaissance des 12. Jahrhunderts» («this crude but tenacious ideology», schimpfte Peter Godman), von «Humanismus» 200 Jahre vor Petrarca (höherer Blödsinn, meint Godman) oder gar einem «scholastischen Humanismus» (Gipfel der Verwirrung!) war seit ihren Anfängen niemals beherrschbar gewesen. Für jeden Beleg, den sie für Wiedergeburt und Aufbruchsoptimismus anführten, mussten die Historiker gleichgewichtige Belege für das allseits grassierende Bewusstsein von Niedergang in Kauf nehmen – oder sich vorhalten lassen, dass sie nur sähen, was sie sehen wollten, und auf dem Auge der Dialektik, des Kirchenrechts oder der volkssprachlichen Literatur blind geblieben seien.[32] Jedem euphorischen Urteil über die Leistungen der *moderni* entsprach eine flammende Mahnung, die *antiqui* nicht zu vernachlässigen. Diesem endlosen Wechselspiel einfach gefolgt zu sein und die Belege hin und her gewendet zu haben, war es, was der mittlerweile 90-jährigen Diskussion über die «Renaissance des 12. Jahrhunderts» ihre falsche Jugendlichkeit verlieh. Die konkurrierenden Aussagen Autoren zuzuordnen, verfing auch nicht, denn diese äußerten sich einmal so, ein andermal anders.

Einen wichtigen Schritt weiter kam Stephen Jaeger, der Textsorten und Kernthemen (zum Beispiel Geschichte, Wissenschaft, Dichtung, Liebe) getrennt betrachtete, um einen besseren Überblick zu erhalten. In der Fortführung dieser Strategie liegt der Versuch der Scheidung von zeitgenössischen Diskursen und die Frage, inwieweit sie interferieren, miteinander konkurrieren und unter welchen Bedingungen sie gar in eine antagonistische Beziehung zueinander treten – Jan-Hendryk de Boer hat dies gerade für «Scholastik» und «Humanismus» um 1500 glänzend nachgewiesen.[33] Im Folgenden kann dies für unsere Zeit nur skizzenhaft durchgeführt werden. Vorteile hat diese Scheidung von Diskursen schon deswegen, weil sie konkurrierende Positionierungen (etwa zur Wertigkeit «der Alten» versus «der Modernen») nicht mehr gegeneinander abwägen muss, sondern als Eigenschaften der verschiedenen Diskurse (oder als deren Kopplungen) begreifen und ihre einzelnen Versprachlichungen jeweils unterschiedlichen Aussagelogiken zuordnen kann.[34]

Humanismus, Bildung, Briefkultur

Während der zweiten Jahrhunderthälfte formierte sich ein Kreis von *litterati* anderen Zuschnitts, der das literarische Bildungsgut der christlichen und der klassisch-antiken Überlieferung zum Mittelpunkt seiner Interessen machte. Er tat dies unter weitgehendem Verzicht auf diejenigen Denkformen, die den Umgang der Scholastiker mit den Werken des Aristoteles, Porphyrios, Boethius, Platon oder Macrobius prägten: die Expansivität des Wissenschaftsverständnisses, das philosophische Spekulieren, das Bemühen um klare Definition und logische Stringenz, den eigenen Zeitindex und den operativen Wahrheitsbegriff der Wissenschaft. Mit Johann von Salisbury, der der Wissenschaft den Rücken kehrte und zu einer wichtigen Figur dieses Kreises wurde, haben wir schon einen Autor kennengelernt, der sich, als er schließlich Ämter in Kirche und Welt eingenommen hatte, in diesen Diskurs selbstbewusst einschrieb. Anders als bei den von Godman gescholtenen Etiketten von der «Renaissance» und dem «Humanismus» des 12. Jahrhunderts geht es uns also nicht darum, den genuin humanistischen oder renaissancehaften Charakter *des* 12. Jahrhunderts zu bezeichnen, sondern nachzuweisen, dass in diesem Jahrhundert ein *Diskurs* gepflegt wurde, den man sinnvollerweise als humanistisch bezeichnen kann. Er stand mit den gleichzeitigen Diskursen der Scholastik und der Monastik in Abgrenzungs- und zugleich in Austauschbeziehungen.

Die Bezeichnung «humanistisch» verweist auf eine bestimmte Art und Weise, mit der Vorstellungen vom Individuum und vom rechten Wissen mit solchen vom rechten Leben verbunden wurden. Die Konzepte von menschlicher Individualität, die schon bei so gegensätzlichen Protagonisten wie Abaelard und Bernhard von Clairvaux eine Rolle gespielt hatten, wurden hier nach dem Ideal klassischer lateinischer, vor allem an Cicero geschulter Sprache mit einem neuen Ausdrucksrahmen versehen.[35] Rhetorik, die Artes-Wissenschaft, mit der die Scholastiker seit jeher wenig anzufangen wussten (ja der sie sogar misstrauten), spielte hier eine wichtige Rolle.[36] Zugleich wurden die Konzepte mit Reflexionen über den Nutzen der Bildung für das Gemeinwesen verknüpft. Emotionalität, geteilte Erfahrungen und verbindende Meinungen wurden zu Grundlagen für kleine Kreise von Männern, die «im Leben standen», sich zugleich aber über dieses Leben brieflich austauschten und glaubten, über diesen Kontakt innerlich zu wachsen. Diese Denkformen und die Praktiken, die sie trugen, waren andere als die der Schulen.

Nach Wolfgang Kluxens Vorbild verwenden wir daher die Begriffe «Bildung» und «Wissenschaft», um antithetisch zwei solche voneinander zu scheidende Diskurse zu bezeichnen.[37] Was Kluxen den «Begriff der Wissenschaft» nannte, haben wir in den Kapiteln 4 bis 6 im Entstehen beobachtet. Dieser war getragen von einer neuen Vorstellung von Rationalität, die vornehmlich von der Anwendung der dialektischen Logik getragen wurde. Er beruhte auf den strengen sprachlichen Regularien, die die Dialektik vorgab, kultivierte die Kritik und den Zweifel und entledigte sich überdies vieler Kontingenzen, indem er das, was sich nicht definieren ließ, für nicht wissenschaftsfähig erklärte. Dies galt etwa für die irritierende Vielfalt der historisch gewachsenen Gesellschaften, nicht aber für die Beschäftigung mit der Natur, die zu einem Kerngegenstand jenes Wissenschaftsdiskurses wurde. Was diesem Exkurs eigen war, war sein «Fortschrittspathos» (Wolfgang Kluxen), das auf die Verbesserung der Wissensgrundlagen durch rational gestütztes, methodisches Vorgehen setzte.[38]

Kluxens «Begriff der Bildung» dagegen rekurriert auf die Kultivierung einer geschätzten, ja verehrten literarischen Tradition. Dieser Gestus wurde einmal von einem ausgeprägt ästhetischen Impetus getragen, ein andermal von der Zuversicht, dass sich der Lernende über diesen Materien auch charakterlich perfektionierte und zugleich ein wertvolles Glied des Gemeinwesens wurde. Es war dieser Bildungsdiskurs, der seit Charles Homer Haskins über Sir Richard Southern bis zu den Erforschern des hochmittelalterlichen Freundschaftskults viel Aufmerksamkeit erfahren hat. Die Art und Weise, wie der Diskurs die junge Wissenschaft behandelte, hat auch dazu geführt, dass Haskins und einige seiner Nachfolger mit der Erfolgsgeschichte der mittelalterlichen Dialektik so wenig anfangen konnten. Zu sehr identifizierten sie sich mit dem Sprachenthusiasmus, der den humanistischen Bildungsdiskurs trug und der mit dem spröden Stil der Dialektiker wenig anzufangen wusste. Dort, wo die technische Diktion der Kommentare und Quaestionen regierte, schauten nicht nur die Humanisten des 12. Jahrhunderts weg. Auch Haskins war pikiert.

Der Bildungsdiskurs lebte dagegen von der Wiederaneignung bestimmter antiker Gedanken und Texte. Die begeisterte Rezeption von Ciceros *Über die Freundschaft* ist ein guter Indikator hierfür. Etwa 50 Abschriften dieses Lehrdialogs sind aus dem 12. Jahrhundert bezeugt, und Zeitgenossen ließen sich von der Kenntnis dieser Schrift zur Abfassung eigener Freundschaftstraktate anregen.[39] Doch nicht der Lehrdialog und auch nicht der Traktat waren die wichtigsten Textformen, die diesen Diskurs trugen, sondern der Brief war «die entscheidende Form für die literarische Selbstdarstellung der Gebildeten» (John van Engen).[40] Inhaltlich weniger festgelegt, formal gebunden, sprachlich aber orientiert an der lebendigen mündlichen Kommunikation und daher rhetorisch ambitioniert, hatte der Brief seine Leistungskraft in der Vergangenheit immer wieder unter Beweis gestellt. Schon für die theologischen Hauptanliegen der Kirchenväter war er das einschlägige Medium gewesen: In Briefen hatten Ambrosius, Augustin und Hieronymus um die korrekte Auslegung von Bibelstellen gerungen, und das richtige Verständnis ihrer Anschauungen hatte für die Nachgeborenen bedeutet, sich auch auf das Medium einzulassen, das die Auslegungen nicht nur transportierte, sondern formte. In der Karolingerzeit hatten Gelehrte wie Alkuin Schülern in Briefen das Verständnis der Trinität nahezubringen versucht. Der Streit um die Abendmahlslehre des Turonenser Magisters Berengar wurde im 11. Jahrhundert teils in Traktaten, teils aber auch in Briefen ausgetragen, und oben ist deutlich geworden, welche Rolle Briefe für die Konstitution der Schüler-Lehrer-Beziehungen älterer Art spielten.[41] Als sich Petrus Damiani zur Allmacht Gottes oder zum schändlichen Treiben der Mönche und der Nonnen äußern wollte, hatte er Briefe verfasst, die sich wie eine verlebendigte Form des Traktats lasen. Wie Petrus, so waren überhaupt Mönche für einige Zeit in den Kreisen der Briefeschreiber tonangebend gewesen. Die Briefe Anselms von Bec, Bernhards von Clairvaux und des Cluniacenser Abtes Petrus Venerabilis wurden regelrecht verehrt, ebenso die des Bischofs Hildebert von Lavardin. Ambitionierte Schüler lernten sie auswendig.[42]

Der Kreis der Briefschreiber, die den humanistischen Bildungsdiskurs trugen, wuchs allmählich aus dem monastischen Milieu der Briefschreiber und -herausgeber heraus, ohne dass er schreibfreudige Mönche ausgeschlossen hätte. Nur die wichtigsten Autoren seien genannt: Johann von Salisbury und sein enger Freund Peter, Abt von Montier-la-Celle bei Troyes (circa 1145–1162), Abt des Reimser Remigiusklosters (1162–1181) und Johanns Nachfolger auf dem Bischofssitz von Chartres (1181–1183);[43] Gilbert Foliot, Vorsteher der Benediktinerabtei von Gloucester (1139–1148), der erst Bischof von Hereford (1148–1163), dann von London (1163–1187) wurde;[44] Arnulf, der ab 1141 vierzig Jahre lang dem Bistum Lisieux vorstand; der jüngere Peter von Blois, für den die Edition seiner eigenen Briefe zu einer veritablen Karrierestrategie wurde, ja der uns überhaupt besonders interessieren muss.[45] Viele weitere Adressaten und Briefschreiber sind über die großen Briefcorpora dieser Autoren zu ermitteln.

Die Jahre, die uns beschäftigen müssen, waren eine erste «goldene Ära» (Giles Constable) des Briefs und zugleich der Versprachlichung von Emotionen, in denen starke Vorstellungen vom Ich und vom Du expliziert wurden.[46] Wo man sich in der Forschung an ihnen begeisterte, erschien die vorangehende Zeit (vielleicht abgesehen von der kurzen Blüte der karolingischen Intellektualität) recht naiv, das folgende Jahrhundert dagegen rationalistisch. Im 13. Jahrhundert, im Zeitalter des Aquinaten und Alberts des Großen, mochten beeindruckende gelehrte Œuvres entstanden sein, doch die Ära der brieflichen Freundschaftsbekundungen war zur Zeit der «Summa Theologiae» schon vorbei.

Abermals erleben wir, dass eine Überlieferungssituation wie geschaffen ist für die Rekonstruktion von Beziehungen: Wer schrieb wem, wer verwendete welches Vokabular, welches waren die Regeln des *decorum*?[47] Die Erforschung der Briefe regte die Erforschung von Freundschaft und Verwandtschaft an, ebenso die der Gefühle und der Sexualität, gab Anlass zu Theorien über die Entstehung von Individualität und Praktiken des Selbst, machte neugierig auf andere literarische Formen, die ergänzend an dem Unternehmen teilhatten, Wissen zu ästhetisieren und zu reflektieren.[48] Kurz: Sie stand am Anfang von Vielem, was uns heute noch lieb und teuer ist.

Doch wo blieben im Rahmen dieser Forschung die Scholastiker? Männer wie Gilbert von Poitiers hielten sich vom Bildungsdiskurs und seinem wichtigsten Medium fern. Die scholastischen *magistri* schrieben wenige Briefe, und fast keine fanden Eingang in entsprechende Sammlungen. Möglicherweise hatte Wilhelm von Champeaux ja auf jenes bewegende Anschreiben Hildeberts von Lavardin geantwortet, das dessen Briefsammlung eröffnete und das wir oben ausgewertet haben; überliefert ist eine solche Epistel allerdings nicht. Im Hinblick auf die allgemeine Überlieferungslage ist Zufall auszuschließen: Im Jahrhundert des Briefs, der Briefsammlungen und der epistolarischen Freundschaftsbekundungen blieben diejenigen Magister, die schreibend die scholastische Wissenschaft förderten, weitestgehend brief-abstinent oder beschränkten sich auf Briefe, die der rein pragmatischen Schriftlichkeit zuzurechnen waren und die daher nur in Ausnahmefällen überliefert wurden. Anselm von Laon beschäftigte sich zwar intensiv mit den Paulusbriefen, doch kennen wir von ihm selbst nur das oben herangezogene Schreiben an Heribrand von Lüttich.[49] Keine Briefe sind überliefert von Bernhard von Chartres, von Wilhelm von Conches und Theoderich von Chartres, von Petrus Helias, Adelard von Bath, Dominicus Gundissalinus oder Robert von Melun. Dasselbe gilt für Gratian, für Petrus Lombardus, Petrus Comestor und Petrus Cantor.[50] Von Gilbert von Poitiers glaubt man zwei Briefe zu kennen, doch bedürfte dies einer kritischen Überprüfung.[51] Von Clarembald von Arras gab es einige wenige, was durchaus einleuchtet: Er gehörte als «Expert mediator» zu den Scholastikern, als jemand also, der sich verständlich auszudrücken wusste und daher vom Kathedralklerus seiner Zeit zurate gezogen wurde. Ähnliches gilt für Hugo von Amiens und Alberich von Reims, zwei Schüler Anselms von Laon, die in der Welt außerhalb der Schulen an Einfluss gewannen.

Die wirklichen Ausnahmen von diesem Befund sprechen jeweils für sich. Völlig extravagant sind natürlich die überlieferten Abaelard-Heloise-Briefe. Beide waren gelehrt *und* an Dichtung interessiert und bedienten sich aller möglichen Literaturformen. Vielleicht müssen wir uns ihre Briefe ja so erklären: Der Peripatetiker von Le Pallet fand in Heloise eine Frau, die jene Texte in besonderen Ehren hielt, aus denen sich der humanistische Diskurs bald speisen sollte.[52]

 Briefe waren außerdem charakteristisch für Walter von Mortagne, von dessen Epistel an Abaelard schon die Rede war, sowie für die Träger einer anderen, besonders «lebensnahen» (Ludwig Ott) Form von Gottesgelehrtheit, die sich von den Scholastikern absetzte, ohne dass man sie pauschal der klösterlichen Tradition zuschlagen könnte: die Victoriner, vor allem Hugo und Richard von St. Victor.[53] Sie standen der scholastischen Wissenschaft ohnehin kritisch gegenüber und suchten nach eigenen Wegen der Systematisierung, die beispielsweise auch die Geschichte wissenschaftsfähig machte. Eine weitere Ausnahme zeigt, dass für die Gelehrten des Rechts nicht unbedingt dieselben Regeln galten: Von Stephan von Tournai, dem Verfasser einer Dekretsumme und scharfen Kritiker der Schulen, sollen über 300 Briefe überliefert sein.[54]

Zweierlei Lebensentwürfe

Wer scholastische Sentenzensammlungen, Summen, Kommentare oder Quaestionen verfasste, hielt sich im Normalfall also offenbar weitestgehend fern vom humanistischen Genre des Jahrhunderts. Der Verdacht liegt nahe, dass dies an den unterschiedlichen Regeln zu der Frage liegt, was in scholastischen Texten und was in Briefen sagbar war. Aussagen über Wissen, Erfahrung und Zeitlichkeit orientierten sich in den beiden Diskursen, denen die Texte als Medien dienen, unterschiedlich. Darauf ist zunächst einzugehen.

Denkbar groß war die Distanz schon dort, wo es um die ideale Lebensform und die Werte, die diese tragen, ging. Die Scholastiker sahen die Beschäftigung mit ihrem Wissen keineswegs als eine Betätigung an, die typisch für einen frühen Lebensabschnitt wäre, sondern vielmehr als eine zeitlich prinzipiell unbegrenzte, idealerweise lebenslange Mitarbeit im Weinberg des wissenschaftlichen Textes. Der Prozess der autopoietischen Generierung von Wissen schien ihnen unendlich, und mittels der Disputation, der Quaestio und des Verfassens wissenschaftlicher Texte an diesem «scholastic programme» (Richard Southern) teilzuhaben, ließ den Gedanken an eine zeitliche Begrenzung dieser Teilhabe nur schwer zu. Wer sich dem entsprechenden Lebensplan nicht unterordnete, desavouierte sich.[55] Daher rührt auch die charakteristische Kombination von Lernen, Lehren, Disputieren und Schreiben, die das Leben an den *scholae* ausmachte.

Im humanistischen Diskurs galten andere Regeln, wenn von sinnvoller Nutzung von Wissen in einem vernünftig geführten Leben die Rede war. Musterbiographien waren hier dreiteilig. Der Besuch von Schulen galt als formative frühe Phase, an die sich eine zweite Phase der Alltagsexistenz mit Ämtern, Verantwortung und Tätigkeiten, aber auch mit Belastungen und Nöten anschloss. War die erste Phase mit Jugend und geistigem Überschwang konnotiert, so die zweite mit aktivem Leben, aber auch mit dem Älter- und Schwächerwerden, mit dem Nachlassen der Spannkraft und des Augenlichts. Die Teilhaber am humanistischen Diskurs identifizierten sich mit diesen Tätigkeiten und beklagten doch ihre Überfülle – dies nicht zuletzt, weil ihre geistige Neugier darüber zu ersticken drohte und sie gezwungen waren, Neigungen zugunsten von Pflichten zu vernachlässigen. Dieser zweiten Phase wiederum musste eine dritte förmlich abgerungen werden: die besonders wertvollen Augenblicke der Muße (*otium*) – sei es in Stunden, in denen man die *negotia* vorübergehend beiseiteließ, sei es im Alter, gleichsam im Ruhestand. Die Muße, die im scholastischen Diskurs praktisch nicht vorkam und im monastischen eine Sonderbedeutung annahm, indem sie – in Abgrenzung von der anstrengenden *lectio* von Texten – die meditative Annäherung an Gott bezeichnete,[56] war hier ein wichtiges Element, sofern sie den Bildungsgütern und der Teilhabe am Diskurs gewidmet war. Denn «Muße ohne geistige Betätigung ist der Tod, heißt, lebendig begraben zu sein».[57] Kann aber ein gebildeter Mann wie Geoffrey, der Erzdiakon von Norfolk, um 1203 den «glühenden Ofen der höfischen Geschäfte» verlassen und «die ruhige Freiheit der Seele» finden, dann treffen Gratulationsbriefe von Freunden ein. Lesen und studieren könne er jetzt![58]

Der biographische Spannungsbogen, der dieser Dreigliedrigkeit entspricht, bestimmt den Blick zurück auf die Jugend. Unterricht hat den eigenen Intellekt ausgebildet, und dieser wurde danach zur Grundlage für richtiges Handeln in Amt und Würden. Zwar zehrt man lebenslang von dem, was man in den *scholae* gelernt hat, und man ist glücklich, dass Freundschaften und Bekanntschaften aus jener Zeit bestehen bleiben; vielleicht kann man sogar Kontakte zu

 Kurialen, ja Päpsten aufbauen, weil man einmal ihr «Mitschüler und Sozius» gewesen ist.[59] Doch auch wenn man an die damalige geistige Spannkraft nicht mehr anknüpfen kann, bleibt doch die Zuversicht, dass das weitere Leben den Überschwang und die Euphorie der Anfänge zu Recht gebremst hat. Man war in seiner Jugend eben zu empfänglich fürs Glänzende, man hatte sich am Urbanen berauscht.[60] Alterswissen ist weniger brillant, aber belastbarer, so Arnulf von Lisieux in dem Text, der seine Briefsammlung einleiten soll. Seine frühen Briefe, so schrieb er, seien «Stücke aus einer besseren Zeit», sie hätten nach Schulübungen geduftet (*exercitia scolaria redolebant*), weil ihre Aussagen (*sententie*) von einem schärferen Verstand gefasst worden waren. Wegen seines Alters, das die geistige Spannkraft erschlaffen lasse, und wegen seiner Geschäfte zeigten die späteren Briefe demgegenüber gewisse Mängel. Statt mit Sprachfiguren müsse man sich jetzt eben mit dem Seelenheil seiner Schutzbefohlenen befassen. Der apologetische Unterton ist gewollt: Was Gelerntes wert ist, wie belastbar die Knabenmorgenblütenträume junger Autoren sind, erweist sich nicht an den Schulen, sondern erst später im Amt.[61] The proof of the pudding lies in the eating.

Schon allein wegen dieser narrativen Relevanz für die Stilisierung des eigenen Daseins ist in den Briefen des 12. Jahrhunderts so viel von den Lebensverhältnissen der Schüler die Rede.[62] Und Autoren, die den Reifungsprozess vom brillanten, aber moralisch gefährdeten Jüngling zum verantwortungsbewussten Tatmenschen unterstreichen wollten, wiesen auf die Ausgelassenheit ihrer Jugend, ja womöglich auf eigene Dichtungen hin![63] Damit, so sollte man meinen, war der abermaligen Kritik an der Wissenschaft Tür und Tor geöffnet, an der vermeintlichen Lebensferne und der Sprachfixiertheit der Dialektiker. Die Humanisten machten durchaus Gebrauch von ihr, doch dies – wie wir sehen werden –, ohne dass ihre Briefe in das Fahrwasser der sogenannten Antidialektiker des vergangenen Jahrhunderts geraten wären.

Zunächst muss aber die Epistemologie skizziert werden, die den Briefen zugrunde liegt. Sie ist eine andere als die der Schulen, denn wo die zeitgenössische Wissenschaft unter der Anleitung der Dialektik nach Vernunftwahrheiten suchte, dort zogen die Briefeschreiber Erfahrungstatsachen vor. *Experientia* konnte dabei empirisch gesichertes Wissen meinen, sie konnte aber auch spirituell-religiös begründet sein oder sich auf Gelesenes stützen. «Ich aber zweifle nicht an Eurer Weisheit», schreibt Johann von Salisbury an den Kanzler der Kirche von Bayeux, «die Ihr durch vieles Lesen und durch sachliche Erfahrung (*rerum experientia*) erworben und die – was das Wichtigste ist – Ihr durch Gnade empfangen habt.»[64] «In vielen Geschäften der Welt habe ich erfahren, dass …» Was die Scholastiker für gefährliche Einfallstore des Vorurteils und des Irrtums hielten, galt den Humanisten als der Königsweg.[65] Und tatsächlich steht auch für sie die empirische Erfahrung in einem Spannungsverhältnis zum reinen Wissen der Philosophen.[66] Macht man sich in Arnulfs von Lisieux oder den Briefsammlungen Peters von Blois auf die Suche nach derartigen Bezügen, wird der Unterschied evident, denn die Wortkombinationen sprechen für sich: «erfahren und bewährt», «bekräftigt mit dem Argument der Erfahrung», «angeleitet durch Gewohnheit und Erfahrung», «Erfahrung lehrt täglich», «weil ihr aber aus Erfahrung wisst», «ein Mann mit viel Erfahrung» und Ähnliches. Peter kleidet diese Überzeugung mehrfach in die Formulierung vom «Buch der Erfahrung», dem Beweiskraft in einer Sache zukomme.[67] Gerade er wird deshalb auch zu einem Meister des Expertenbriefs werden: Hilfesuchende, vor allem niedrige Dignitäre der Kirche, beginnen, ihre Fragen an ihn zu richten, und er verfasst unter Einsatz seines Wissens und seiner Erfahrung konzise Briefe, die den Problemhorizont durchaus nicht verflachen, aber doch eine klare Antwort anstreben.[68]

Mit der Erfahrung stehen drei weitere Leitvorstellungen in Verbindung: der Nutzen (*utilitas, commodum*), die Evidenz (Dinge, die sich *publice* oder *aperte* zu erkennen geben) und die Klugheit (*prudentia*). Nützlichkeit ist ein Kriterium für Richtigkeit, das in den Briefsammlungen wieder und wieder bemüht wird. Peter von Blois präzisiert und beruft sich auf den gemeinen Nutzen, die *utilitas publica*, was zum einen Dinge meint, die den Menschen allgemein zugutekommen, zugleich aber Dinge, deren Wert sich in der Schätzung durch die Menschen zu erkennen gibt.[69] Letztere ist eine Begründungsinstanz, die auch verallgemeinert werden kann: Neben dem «Buch der Erfahrung» steht in Peters mentaler Bibliothek das «Buch der öffentlichen Meinung». Diese, die doch für die Scholastiker der Ausgangspunkt für Abgrenzungen, Widerlegungen und Präzisierungen war, erscheint hier abermals in diametral entgegengesetzter Funktion![70]

 Klugheit, *prudentia*, steht mit den anderen Größen in direkter Austauschbeziehung, denn sie speist sich aus Erfahrung statt aus der Anwendung reiner Vernunft, sie bedenkt die sozialen Implikationen von Tatsachen und Handlungen und zielt auf Nutzen. Auf der Grundlage aristotelischen Denkens ist sie der *scientia* unterzuordnen, da sie auf schwankenden Erkenntnisgrundlagen beruht. Doch im Denken der Humanisten dominiert sie.[71]

Damit aber tritt das Humanistenwissen in eine noch größere Distanz zum Wissen der Scholastik. Denn während das Wissen der Scholastik sozial praktisch indifferent ist, ist *prudentia* eine Qualität, die man mit Trägern verantwortungsvoller, hoher Positionen verbindet, eine typische Herrentugend (*domini*). «Kluge Leute» sind Würdenträger, idealerweise in fortgeschrittenem Alter, und ihre Klugheit geht mit *auctoritas* einher: Es sind die «Bischöfe und andere kluge Männer» und «die Klügeren im Lande», die mit wichtigen Dingen befasst werden.[72] Wichtige Dinge – das sind auch die großen Affären der Gegenwart: der Kreuzzug, der Aufschwung der Anjou-Herrschaft, das Papstschisma und Barbarossas Intervention. Von Arnulf von Lisieux hat man gesagt, dass er in «allen großen Ereignissen seiner Zeit» eine aktive Rolle einnahm, und auch in anderen Briefsammlungen bildet sich Zeitgeschichte ab.[73] Johann von Salisbury behauptete 1159, er habe bislang zehnmal die Alpen überquert, viele Male davon, um im Auftrag seiner «Herren und Freunde» Geschäfte an der päpstlichen Kurie zu erledigen.[74]

Abermals zieht gerade Peter von Blois alle Register, um das semantische Feld abzubilden: Man ist klug und ehrbar, Klugheit ist eine Eigenschaft der Gerechten. Die «klügeren Männer» sind die Entscheidungsträger, Erzbischöfe bestellen die «Klügeren und Ehrbareren aus dem Reich», oder man bezieht seine Informationen «von einem großen und überaus klugen Mann».[75] Verlässt Peter den humanistischen Diskurs einmal in Richtung Monastik, sieht dieselbe Sache gleich ganz anders aus: Die «Klugheit dieser Welt» erscheint dann vergänglich und oberflächlich, sinnlos und leer; «diese Klugheit ist bei Gott Torheit».[76] Doch innerhalb des Diskurses regiert die positive Haltung zu weltlicher Erfahrenheit, und indem die Kompilatoren von Briefsammlungen bei der Auswahl und Platzierung ihrer Episteln auf thematische Vielfalt achten, inszenieren sie ihre eigene

Klugheit und Gewandtheit in den Dingen dieser Welt. Sie können sich zu vielen verschiedenen Dingen kompetent äußern, so signalisieren sie. Arnulf von Lisieux setzt diese Selbstinszenierung sogar in Gedichten fort. Eines davon belehrt seine Hörer, wie man richtig schenkt – klug zu sein ist eben praktisch.[77] Auch dies ist ein Zweck der Briefsammlungen: Im Sinne der Zeit erweisen sie ihre Verfasser als «urban»: als fähig, sich stilsicher in ihren Rollen zu bewegen und gekonnt zwischen diesen zu changieren. Wie man richtig um eine Stelle bittet, zeigt ein Musterbrief – ein Kopist überschreibt das Stück *Urbana imploratio beneficii*.[78]

Dieser Konstellation von Begriffen, die innerhalb des Diskurses Wahrheitskriterien bereitstellt, drückt dessen Medium seinen Stempel auf. Denn durch die sprachliche Emphase des Briefstils, durch den Ton der Emotionalität und der Freundschaft, werden auch die «Erfahrung», die «Nützlichkeit» oder die «Klugheit» emphatisch aufgeladen.[79] Aus Normen werden so Werte. Gemessen an der Scholastik erscheint die Episteme der Humanisten daher so, als ob sie nicht isoliert von der liebenden Verbindung zwischen Schreibern bestehen könnte. Wo Briefschreiber sie verlassen, wird der Leser hellhörig und staunt über den Tonartwechsel. Ein Brief, der sich theologische Probleme vornimmt, wird plötzlich scholastisch, indem er in den charakteristischen Jargon der Entpersönlichung verfällt: «Gefragt wird, ob ...», «Manche sagen, dass ...», «Es gibt aber solche, die fragen, ob ...», «Ein berühmter Autor sagt ...».[80]

Der intensive Ton wird unterstrichen durch die Betonung der Freundschaft, die Absender und Empfänger solcher Briefe angeblich aneinander band. Denn diese beruht auf der gemeinsamen Teilhabe an Werten und Eigenschaften und ihrer sozialen Schätzung. Sich dieser Gemeinsamkeiten zu versichern, ist ein wesentlicher Zweck der epistolarischen Praxis der Humanisten, was zugleich bedeutet, dass die Aussagen nicht als intime Bekenntnisse gelesen werden dürfen. Sie bekräftigen Vorstellungen von *amicitia,* die man von Ciceros Dialogschrift *Über die Freundschaft* kennt und die für die Einschreibung in den humanistischen Diskurs maßgeblich sind. Daher auch das Ausmaß an Selbstreferentialität von Briefen: Immer wieder räsoniert Peter von Celle darüber, was Freundschaft überhaupt ist.[81]

Briefe unter Freunden erlangen hierdurch auch ihren besonderen

Klang und mit diesem eine Intensität, die die wissenschaftlichen Werke niemals erreichen, weil sie sie nicht erreichen wollen. Als sich Peter von Celle bei Johann von Salisbury für die Übersendung von Briefen bedankt, kommt er darauf zu sprechen, wie man mit den Schreiben eines geliebten Freundes richtig umgeht: Man liest sie wieder und wieder, man achtet darauf, wie sich ihr Geschmack bei jeder rélecture verändert, man sucht sie zu erschöpfen wie ein Trinkgefäß, das man leert – im Bewusstsein, dass man niemals tatsächlich seinen Grund erreichen wird. Diese Ausdrucksweise ist nicht untypisch: Man «schmeckt» Briefe – selbst die Mahnungen, die sie enthalten, schmeicheln dem Gaumen. Stellen wir uns das genüssliche Lautlesen vor, auf das Peter von Celle hier anspielt. Man staunt über die Harmonie von Inhalt, Form und Anordnung (*narrationis seriem*), über die Kombination von Philosophischem, Rhetorischem, von Gesetzen und der fundierenden Autorität der Evangelien.[82] Das humanistische Lesen, gerade das Lesen von Freundesbriefen, steht der Lektüretechnik der Mönche näher als der der Scholastiker. Diese machen sich in denselben Jahrzehnten eher Gedanken darüber, wie sie die Bücher mit ihren Schriften besser benutzbar als lesbar machen: durch Systematiken, Findbuchstaben, Folio- und Seitenangaben.[83]

Die Humanisten und die scholastischen Techniken

Kein Wunder, dass das Wissen der Scholastiker in den Humanistenbriefen auch schon des 12. Jahrhunderts kritisiert wurde. Die Arbeit in den Schulen lässt das Wissen manchmal anschwellen wie einen Tumor, schreibt Johann von Salisbury an Thomas Becket. Städte, in denen dieses Geschäft betrieben wird, erscheinen ihm geschwätzig und windig.[84] Dahinter steht die klischeehafte Vorstellung von der lebensfernen Sprachfixiertheit der Wissenschaft: Scholastiker liefern sich Wortgefechte, schlaue Disputation ist Blendwerk, Logiker sind wie quakende Frösche.[85] Wo sie in Dingen der Religion das Sagen haben, werden einfache Dinge kompliziert. Die liturgische Formel, die den Einsetzungsworten gemäß dem Canon Romanus vorangeht und mit der Gott um die Annahme der Gabe gebeten wird, ist ein andachtsfeindliches Satzmonster. Warum? Ganz einfach, ein Scholastiker hat sie verbrochen![86] Auch die Behandlung theologischer Fragen gerät durch diese Unarten auf die schiefe Bahn.

Doch nicht das Wissen selbst ist es, das zu beanstanden ist, sondern nur dessen Anwendung durch die Scholastiker. Die drängenden Fragen, die etwa die zeitgenössischen Theologen behandeln, stellen sich ja zu Recht, man kann sie nicht unterdrücken. Gerade in seinen späteren Briefen widmet ihnen Peter von Blois viel Raum, ja er nimmt seine Aufzeichnungen aus Schülerjahren wieder zur Hand, als man ihn um Belehrung bittet.[87] Zahlreich sind die Similien zu den zeitgenössischen gelehrten Werken, die die Herausgeberin seiner späten Briefe ausfindig gemacht hat: Peter befasst sich in seinem letzten Lebensjahrzehnt mit denselben Problemen, die auch in den großen Werken des Petrus Lombardus, Odos von Ourscamp, Roberts von Melun, Simons von Tournai, Peters von Poitiers oder Stephen Langtons verhandelt werden.[88]

Auf die philosophische Grundlegung kann er dabei nicht verzichten. Können zwei gegensätzliche Begriffe gemäß der aristotelischen Lehre kategorial identisch sein, kann also das Gegenteil einer Sünde wiederum eine Sünde sein? Tun und Unterlassen sind in diesem Sinne gleichermaßen Handlungsweisen. Bestandteile und Aspekte einer Sache sauber voneinander unterscheiden zu können, so hat man an den Schulen gelernt, ist essentiell. Wenn ein Mann eine Frau allzu sehr liebt, muss man differenzieren zwischen drei Arten von Liebe: der christlichen, der fleischlichen und der natürlichen – Problem erkannt, Problem gebannt.[89] Grammatisches Wissen (bezieht sich das Adverb eines Satzes auf das Modalverb oder das Vollverb? Was macht das für einen Unterschied für die Lesarten?), das Wissen um Genus, Spezies und Differenz: Schulstoff hilft weiter, die aristotelischen *Topica* werden ausdrücklich zitiert.[90]

Dass der humanistische Diskurs keine Neuauflage dessen ist, was man im Hinblick auf das 11. Jahrhundert sogenannten Antidialektikern unterstellt hat, ist deutlich. Diesen war es am wichtigsten gewesen, zu signalisieren, dass sie selber in Dingen der Logik nicht unbeschlagen waren. Die Humanisten dagegen machten tatsächlich in konstruktiver Absicht Gebrauch von dem, was sie einst an den Schulen gelernt hatten, ließen deren Wissen in ihre weltlichen Aktivitäten einfließen.

Zu der praktischen Seite, die die Briefschreiber dem theoretischen Wissen der Schulen hinzufügten, kam die Beobachtung hinzu, dass diese allmählich zu einer wirkenden Macht in der Welt geworden waren. Peter von Blois musste das während seiner letzten Lebensjahre am eigenen Leib erfahren, als der Druck auf ihn wuchs, eine seiner Pfründen seinem Neffen Peter von Saint-Martin zu überlassen. Denn nicht nur die Bischöfe Frankreichs engagierten sich in dieser Sache, sondern auch «alle Magister, die zu Paris lesen» – ein frühes, bisher übersehenes Zeugnis für die Konstituierung der Universität und zugleich ein Beleg dafür, wie selbstbewusst sich das Kartell der Lehrer zu Wort meldete.[91]

Expertenbriefe, Experten, Expertenkulturen

Scholastische Elemente begegnen in bestimmten Briefen jenes humanistischen Diskurses auffällig häufig, ja sie geben diesen Stücken eine so besondere Note, dass es sinnvoll ist, sie als einen Sondertypus herauszustellen: als Expertenbriefe.[92] Man kann sie recht trennscharf von anderen Briefsorten unterscheiden. Sie sind anders als die Freundschaftsbriefe und anders als die Geschäftsbriefe, wie sie bei Gilbert Foliot oder in der ersten Sammlung des Johann von Salisbury das Gesamtbild dominieren. Auch unterscheiden sie sich von solchen Briefen, in denen sich Schreiber selbstbewusst und mit den Waffen der geschliffenen Sprache an Päpste und andere hohe Würdenträger wenden und Anliegen von allgemeiner Wichtigkeit vorbringen, die sie von Amts wegen nichts oder doch wenig angehen. Man ist versucht, diese als Intellektuellenbriefe zu bezeichnen: Einzig mit der Macht der virtuosen Formulierung mischen sich ihre Verfasser in Dinge ein, die zum Wohl der Allgemeinheit verändert werden sollten. Möglicherweise sind sie ein Produkt jener Rollenkonflikte, die John Cotts als das charakteristische «clerical dilemma» der Zeit beschrieb: Wie konnte man gleichzeitig Seelsorger, Administrator, Lehrer und Zeitzeuge sein, ohne seinen eigenen Prinzipien untreu zu werden, und welchen Ausweg aus diesem Dilemma bedeutete die Textproduktion in weltlicher Absicht?[93]

Die Expertenbriefe folgen, wie gesagt, einer anderen Logik. Hugo

Metellus verschreibt sich ihnen, und abermals ist Peter von Blois derjenige, der sie perfektionierte.[94] Sie gehen allesamt auf eine spezifische Anfrage zurück, auf die der Briefschreiber eingangs Bezug nimmt und die er dann in konzisem Stil mit einer Antwort bedenkt. «Ihr habt mir, der ich derzeit weder körperlich entlastet noch geistig erholt bin, schwierige und heikle Fragen vorgelegt, damit ich Euch diese Dinge sorgfältig erläutere», so antwortet Peter auf eine Anfrage, die ihn vom Abt des Zisterzienserklosters von Coggeshall in Essex erreichte.[95] Die Fragen, die anstehen, treffen einzeln oder – wie in diesem Fall – gebündelt ein, sie sind in den späten Briefen durchweg theologischen oder liturgischen Problemen gewidmet. Das war nicht immer so, früher war Peter auf dieselbe Weise auch wegen eherechtlicher und anderer juristischer Fragen konsultiert worden, in einem Fall sogar von einem Studenten des Rechts.[96] Doch in seiner Zeit als Londoner Archidiakon galt er als Experte in Dingen des Glaubens: Wie ist die Auferstehung des Lazarus zu verstehen? Können sich Schlafende oder Irre Verdienste erwerben, setzt also das Verdienst intentionales Handeln voraus oder nicht?[97] Manchmal haben sich die Fragen aus vorangegangenen mündlichen Unterredungen zwischen Peter und den Verfassern der Briefe ergeben, und Peters Antworten fanden offenbar so großen Anklang, dass er über die Belastung zu klagen begann, die von den häufiger werdenden Anfragen ausging. Auch bei niedrigen Dignitären der englischen Kirche hatte sich Peter offenbar einen Ruf als Experte erworben. Eine Abwendung von juristischen Annäherungen an die besprochenen Probleme, wie Richard Southern einmal behauptet hat, bedeuten seine Briefe eher nicht. Sie signalisieren, dass Peter maßgeschneidertes Wissen für die Beantwortung der Fragen besaß, und dies ohne Einschränkung durch Fächergrenzen.[98]

Solche Expertenbriefe pflegen einen *medias-in-res*-Stil. Sie lassen ihre Leser beobachten, wie sich der Schreiber-Experte durch die Sichtung der Literatur von Autoritäten, durch diskursive Problembehandlung und durch Abwägen einer Antwort annähert. Über die Antwort hinaus kommunizieren die Briefe daher die diskursive Annäherung an die Fragen. In der Interaktion zwischen Fragenden und Respondierenden nehmen die Expertenbriefe diejenige Stelle ein, die wenige Jahrzehnte später von einer neuen Textsorte besetzt werden wird: den

 Gutachten. Und auch diese erinnern in ihrem Aufbau noch an die Epistolographie des 12. Jahrhunderts.[99] Peter ist es als Verfasser von Expertenbriefen wichtig, seine Wissensgrundlagen zu nennen, also einfließen zu lassen, was seine Aussagen qualifiziert, und auch er ist gerade in jenen Expertenbriefen um einen objektivierenden Stil ohne Abschweifungen und bekennerhafte Selbstaussagen bemüht.

Expertenbriefe wie diejenigen des Hugo Metellus oder Peters von Blois zeigen zugleich, dass sich auch an den Schnittstellen zwischen den zeitgenössischen Diskursen, an den Verbindungspunkten von gelehrter Sphäre und Umwelt Institutionen ansiedeln, die die Verantwortung für Übersetzungsleistungen übernehmen – Übersetzungen voraussetzungsreichen Wissens in solches, das für die Laien fasslich ist. Das Wissen der Experten hat mit dem Common Sense und dem Alltagswissen der Laien zunächst wenig zu tun, im Gegenteil, es ist darauf aus, beide eines Besseren zu belehren. Wegen seiner Nähe zum Wissen der Wissenschaft haftet dem Expertenwissen eine Betonung des Methodischen, Systematischen und Diskursiven an, nur dass es in der Kommunikation mit den Ratsuchenden dem Laien die Details erspart.

Das Wissen der Wissenschaft ist voraussetzungsreich, aber es kann der außerwissenschaftlichen Welt in einer Gestalt präsentiert werden, die es fassbar und anwendbar macht. Kundige Menschen schlüpfen in die Rolle des Experten, der seinem Klienten mit der Verheißung maßgeschneiderten, an dessen Bedürfnisse genau angepassten Wissens gegenübertritt.[100] Auch der Experte ist ein Kind dieses Prozesses, um den es uns geht, und man darf ihn nicht mit dem Weltweisen verwechseln, der die Menschen die großen Zusammenhänge sehen lehrt, oder mit dem Intellektuellen, den man schon als «unerwünschten Experten» bezeichnet hat: Er meldet sich ungefragt zu Wort, selbst in Bereichen, die ihn von Amts wegen nichts angehen, und mahnt, über dem Handeln die zugrunde liegende Werteordnung nicht zu vergessen.[101] An der Existenz von Experten erfahren die Europäer dagegen, dass das Universum des Wissens komplex geworden ist und dass es in einer strittigen Sache geboten ist, den Spezialisten für das jeweils Richtige, Einschlägige zu finden. Zugangswissen wird auf gleich mehreren Feldern zu einer Alltagsressource: Am Hof, in der Kirche, in den Städten und in den Anwendungsbereichen der Wissenschaft wird es seit dem 12. Jahrhundert zwingend für alle erforderlich, die sich in der jeweiligen Sphäre noch zurechtfinden wollen. Kulturen, in denen derartiges Zugangswissen zur unverzichtbaren Ressource geworden ist, sollten sinnvollerweise als Expertenkulturen bezeichnet werden.

Im Inneren europäischer Expertenkulturen wird seit dem 12. Jahrhundert der Experte als Träger einer sozialen Rolle zum Symbol einer epistemischen Differenziertheit und Arbeitsteiligkeit einer immer komplexer werdenden Gesellschaft. Weil diese Komplexität von den Betroffenen häufig als Autonomieverlust, ja als Prozess der Entmündigung, empfunden wird, tritt im Inneren dieser Kulturen gleichzeitig mit den Experten auch deren Kritik auf. Je stärker die Zeitgenossen gezwungen waren, den Wissensfeldern – und damit auch den ihnen zugehörigen Experten – zu vertrauen, desto mehr wuchs ihre Neigung, die Experten als die Repräsentanten dieser Ordnung anzuzweifeln. Man hat daher in jüngster Zeit von einer «Dialogik» von Systemvertrauen und Expertenkritik gesprochen und betont, dass diese seit dem 12. Jahrhundert für europäische Gesellschaften charakteristisch ist. Dabei ist die Kritik des Experten keineswegs reiner Ausdruck von Realitätsverweigerung, hat sie doch ihre inhärenten schöpferischen Seiten. Ein Blick auf die Traditionen utopischen Denkens in Europa zeigt beispielsweise, dass utopische Entwürfe auffallend häufig mit Visionen einer von Experten befreiten, einfacheren, ganzheitlicheren Gesellschaft aufwarten. Gerade von einer Gesellschaft ohne gelehrtes Recht und Juristen träumen diese Gegenentwürfe oft. Dies ist nicht verwunderlich, denn Ausfälle gegen die Experten des Rechts avancierten schon im Laufe des 12. Jahrhunderts zu einem Dauerbrenner mittelalterlicher Kulturkritik. Der Advokat, so James Brundage drastisch, wurde zum «moral leper». Karriere machen sollten die Sprichwörter «Jurist, böser Christ» und – allgemeiner – «die Gelehrten, die Verkehrten». Wenn Shakespeare einen englischen Bauernaufstand schildert, lässt er, ganz dieser Tendenz folgend, einen der Rebellen sagen: «The first thing we do, let's kill all the lawyers.»[102]

IX. Wahrheit und Nützlichkeit

1. Experten der Nützlichkeit: Jura und Juristen

Reisen befremdet: Die Scholastiker und die neue Wissenschaft vom Recht

Es war eine Grundvoraussetzung für die Entstehung der scholastischen Wissenschaft gewesen, dass sich das dort verhandelte Wissen weitestgehend auf sich selbst beziehen durfte, das heißt, dass es sich mit selbst verantworteten Methoden Fragen aufgeben, nach Antworten suchen und aus diesen wiederum neue Fragen generieren durfte. Zum Vergleich: Wo Magister und Scholaren völlig an dem entschieden fremdreferentiellen, auf fremde Zwecke gerichteten Schema der Sieben freien Künste festhielten, folgten sie einem traditionsbestimmten Konservatismus, der seit dem Aufschwung philosophischer Betrachtungsweisen immer stärker theoretisch desavouiert war. Seine praktische Bedeutung verlor das Artes-Modell freilich dennoch nicht, regte es doch den Appetit der Scholaren auf andere Disziplinen, Referenztexte und Fragestellungen an, die ja dann durchaus durch die Brille der Philosophen betrachtet (und durch diesen Blick verändert) werden konnten. Selbst Peter Abaelard, einer der Väter der neuen Wissenschaft, hatte sich nach seinen ersten Erfolgen in der Logik gesagt, dass es doch reizvoll wäre, sich nun auch mit der Rhetorik und der Grammatik zu beschäftigen und zu ihnen möglicherweise auch zu publizieren.[1]

Bei den monastischen Gelehrten und den Anhängern des älteren Bildungsideals weckte die ausgeprägte Selbstbezüglichkeit des philosophischen Schulbetriebs Misstrauen und Vorbehalte, erschien sie doch weltfremd, prätentiös und schlimmstenfalls als sündhafte Profanierung der christlichen Bildungstradition. Aus der Perspektive derer, die sich der neuen Wissenschaft selbst verschrieben, sah das anders aus, zumal sie auf Zuruf sicher betont hätten, dass die scholastische Wissenschaft zu treiben keineswegs einen Bruch mit christlichen Traditionen bedeutete. «Ich nehme Gott nichts weg», beteuerte mit Adelard von Bath einer derjenigen Magister, die die Naturbetrachtung ins Zentrum rückten. «Alles nämlich, was ist, ist von ihm und durch ihn. Aber es ist nicht verworren, und es ist nicht ohne Ordnung, und wir müssen vernehmen, wie weit das menschliche Wissen diese Ordnung erschließt [...] Nur wenn dieses Wissen vollständig versagt, sollte man auf Gott zurückgehen.»[2] Man konnte das Dasein der Scholastiker sogar als einen Königsweg zu einem gottgefälligen Leben begreifen – mit Diogenes in der Tonne taten sich Christen eben leichter als mit Pharisäern oder Höflingen.[3]

Nun ist im vergangenen Kapitel aber deutlich geworden, dass es bei diesem Lob der Selbstbezüglichkeit nicht blieb. In der zweiten Hälfte des 12. Jahrhunderts machte sich der Wissenschaftsdiskurs in der Welt verstärkt bemerkbar, indem er sich den Zumutungen aussetzte, die von dem benachbarten, dem äußeren Leben zugewandten humanistischen Diskurs ausgingen. Im selben Zug wurden die europäischen Wissenskulturen zu Expertenkulturen. So erschlossen sich ihm in der zweiten Jahrhunderthälfte ganz neue Anwendungsfelder. Die zuletzt vorgestellten Briefe haben gezeigt, wie die Wissenschaft für die Welt passförmig gemacht werden konnte: Sie musste mit erfahrungsgesättigter Klugheit amalgamiert werden, und Größen wie das Amt, der Dienst, der gemeine Nutzen, die weltliche Würde und das Expertentum gerieten vor den Horizont der Scholastiker. Ihr Wahrheitsideal traf auf ein ganz anders gefasstes, weltlicheres Verständnis von Nützlichkeit. Die Frage nach der *utilitas* von Wissen stellte sich unter diesen Bedingungen anders, und die Wissenschaft wurde anschlussfähiger an die sie umgebende Welt. Da wir oben schon gesehen haben, dass diese andere Semantik von einem anderen Medium, dem Brief und der Briefsammlung, transportiert wurde, sehen wir uns veranlasst, nach weiteren primären Differenzen zwischen der reinen und der nützlichen Wissenschaft zu suchen.

Eine solche Differenz gibt sich sofort räumlich-disziplinär zu erkennen: Die reinen Scholastiker studierten nicht in Italien, das heißt an den oberitalienischen Rechtsschulen, diejenigen, die das neue Wissen in den humanistischen Diskurs integrierten, dagegen schon. Der Aktionskreis eines Roscelin oder Wilhelm von Champeaux, Anselm von Laon, Abaelard, Bernhard von Chartres, Wilhelm von

 Conches, Gilbert von Poitiers sowie der anderen scholastischen Gelehrten war weitestgehend auf Kern-Frankreich begrenzt und holte nicht nach Italien aus. Ganz anders die Träger des humanistischen Diskurses. Gilbert Foliot war wahrscheinlich in den 1120ern oder 30ern schon dort gewesen (wohl in Bologna), ebenso Arnulf von Lisieux, der am Ort nicht nur Kenntnisse im Recht, sondern auch in der *ars dictaminis* erwarb und sich im noch schwelenden Streit in der Kirche mit einer Invektive zu Wort meldete. Etwas später zog Peter von Blois nach Bologna. Andere Personen aus dem humanistischen Umfeld sind zu ergänzen: Der ältere Peter von Blois verfasste einen Traktat über die römischrechtlichen Grundlagen des kirchlichen Rechts. Bischof Jocelin von Salisbury studierte ebenso in Italien wie Thomas Becket. Schon dessen Amtsvorgänger in Canterbury hatte den Bologneser Juristen Vacarius nach England gelockt. Gilbert Foliot schickte in den 1160ern seine Neffen und einen Magister David zum Rechtsstudium nach Italien; dieser spricht dann in einem Brief nach Hause mit einer solchen Selbstverständlichkeit von den Bologneser Starjuristen Bulgarus und Martinus, als rechne er damit, in England verstanden zu werden. Für Stephan von Tournai, ebenfalls ehemaliger Bologneser Rechtsstudent, wird die Beschäftigung mit den Jura gar zur Hauptsache.[4]

Und wieder ist Johann von Salisbury hervorzuheben: Zwar ging er nicht zu den Rechtschulen, aber er beobachtete interessiert andere, die dies taten, und registrierte, wie das Jurastudium sie veränderte. Abermals war er es, der die Sache ins Grundsätzliche wendete und danach fragte, was philosophisches Wissen für die Rechtskenntnis bedeuten konnte – und umgekehrt.

Es lohnt sich, nach den Qualitäten dieser Studienaufenthalte zu fragen, statt sie nur aufzuzählen. Nicht der lange und intensiv erforschten Frühgeschichte der Bologneser Rechtswissenschaft wollen wir daher fürs Erste nachgehen, sondern der Perspektive junger Männer, die zunächst mit den scholastischen Schulen der Île-de-France in Verbindung kamen und von dort aus dem Ruf der italienischen Rechtslehrer über die Alpen folgten. Denn fast parallel zur Frühgeschichte der Scholastik, mit einer recht geringfügigen Phasenverschiebung, erlebte in Italien die Wissenschaft vom Recht ihre Renaissance. Ihr Ruf verbreitete sich schnell, und wie Paris wurde auch Italien zum Anziehungspunkt für Scholaren von überallher – jedenfalls, sofern sie sich für die Jura interessierten.[5]

Arnulf von Lisieux fühlte sich schon um 1133 von jener anderen «Wissenschaft von den Gesetzen der Römer» angezogen, die gerade in Bologna und bald auch in anderen Kommunen gelehrt wurde und die bereits Reisende aus dem übrigen Europa in die Stadt lockte.[6] Das bedeutete aber nicht, dass sich die Besucher der Artes-Schulen darüber im Klaren waren, was sie in Italien erwartete. Wie wir im dritten Kapitel gesehen haben, legte es das Konzept der Artes den Scholaren nahe, die Schule auch einmal zu wechseln, denn es verlangte nicht nach dem Studium eines Einzelfachs, sondern eines Fächerkanons. Hatte man am ersten Ort gerade einmal Grammatikunterricht erhalten, dann lag es nahe, anderswo sein Glück mit der Dialektik oder der Rhetorik (oder sogar den rechnenden Artes des Quadriviums) zu versuchen. Zwar zählte das Recht nicht zu diesem Kanon, doch war es bekanntermaßen eng mit der Rhetorik verbunden und stand daher im Ruf, eine gediegene Ausbildung in der Rednerkunst zu bieten.[7] Schon allein deshalb erschienen die Rechtsschulen dem Artisten-Nachwuchs attraktiv. Weitere Assoziationen drängten sich auf: Die Beschäftigung mit Rechtsnormen beinhaltete stets ethische Unterweisung, berührte daher den Kern philosophischer Reflexion. Auch suchte man im Rechtsstudium eine ästhetische Dimension, wie sie schon im Grammatikunterricht geschult wurde, wusste man doch von der schönen, rhetorisch geschliffenen Sprache der forensischen Redner.

Einer von denen, die von dieser rhetorischen und ästhetischen Seite des Rechtsstudiums angezogen wurden, war der jüngere Peter von Blois. Man konnte sich am virtuosen Sprachgebrauch dieser Leute förmlich «berauschen», urteilte er in der Rückschau. Als er dann selbst nach Bologna gezogen war, merkte er, dass er mit dieser Einschätzung völlig danebengelegen hatte – und verließ Bologna fluchtartig. Für einen Kleriker berge die Rechtspraxis lauter Gefahren, so schrieb er später, und zwar nicht wegen irgendwelcher sinnlicher Verlockungen, sondern weil das Recht, so wie es in Italien gelehrt wurde, «den ganzen Menschen fordert». Es lenkte den, der es betrieb, von anderen Dingen ab, denn die Rechtsbetrachtung schien neben sich keine anderen Blickwinkel auf die Welt zuzulassen.[8] Die neue Wissenschaft vom Recht war keine Schönsprech-, sondern eine Scheidekunst, sie schulte mit ihren vorgegebenen Distinktionstechniken den analytischen Blick, nicht das Sprachgefühl.[9]

Gerade erst in der Welt der Dialektik und ihrer Selbstbezogenheit angekommen, trafen die jungen Philosophen, die nach Bologna weiterzogen, dort auf ein Milieu, das höchsten Wert auf die Eigenständigkeit seines Umgangs mit der eigenen Texttradition legte und diese wie einen Besitz behandelte. Mehr noch: Es gab den Pariser Neuankömmlingen zu verstehen, dass sie ihr Philosophenwissen am besten an der Garderobe abgaben, wenn sie sich in den juristischen Denkstil hineinzufinden versuchten. Johann von Salisbury berichtete von seinem Lehrer Alberich, er sei nach Bologna gegangen und habe dort alles «verlernt», was er vorher gelehrt hatte. Nach seiner Rückkehr sei er nicht mehr der Alte gewesen.[10] In Paris scheint man die Rückkehrer vom Studium des römischen Rechts nicht mehr verstanden zu haben. «Sie sprachen dann in neuen Zungen und ellenlangen Wörtern», so konsequent hatten sie sich in Italien akklimatisiert, so ein Satiriker.[11]

Gut möglich, dass Magister Alberich nach seiner Rückkehr dies seinem Schüler Johann so geschildert hat. Denn in Bologna scheint das notwendige Verlernen des Pariser Philosophenwissens gängige Rede gewesen zu sein; in einem fast zur selben Zeit entstandenen legistischen Text wird fast dieselbe Formulierung vom notwendigen Verlernen des Artes-Wissens gebraucht, und von diesem ausgehend wird sie in der Rechtsliteratur weitertradiert.[12] Überhaupt legte die junge Rechtswissenschaft den allergrößten Wert auf die Feststellung, dass sie dem Aufschwung der Philosophie und den Finessen der anderen Disziplinen nichts schuldete. Noch heute sind die Experten davon überzeugt: Welten lagen zwischen dem «Bildungszierat» der zeitgenössischen rhetorischen Literatur und der Strenge juristischer Stoffbehandlung bei jenen Lehrern, auf die unsere Humanisten in Italien trafen.[13] Und auch der Brückenschlag von der Dialektik zur Rechtswissenschaft war nicht ohne Weiteres möglich: Unter den circa 100 000 Glossen des Legisten Accursius hat man gerade einmal sieben Bezugnahmen auf das Werk des Aristoteles ausfindig machen können. Das wiegt schwerer, als wenn Accursius das Werk des Stagiriten gar nicht verwendet hätte; man kannte es irgendwie und irgendwoher, was ja angesichts der Bologna-Studien früherer «Pariser» und der leistungsfähigen italienischen Artes-Schulen kein Wunder war. Aber über erratische Zitate hinaus erlangte es für die Jurisprudenz keine Bedeutung.[14]

Wer bei den Bologneser Juristen etwas werden wollte, musste einen bestimmten Stoff und die wohldefinierten Techniken des Umgangs mit der Rechtsmaterie beherrschen, um sich dann selbst an der disziplinären Gemeinschaftsaktion des Sammelns und Sortierens, des Auslegens und Scheidens zu beteiligen. Gerade dass diese Anforderung derjenigen an die Pariser Logiker derselben Zeit so sehr ähnelte, wird den Gestus der Abgrenzung und der Autarkie auf der Seite der Juristen befeuert haben. Vielleicht gerade weil die angehenden Juristen während ihrer vorausgegangenen Ausbildung an den Artes-Schulen – zum Beispiel Italiens – wie selbstverständlich mit dem Kanon logischer Schriften und Einführungswerke in Verbindung kamen und an diesen auch sensibilisiert wurden für das begriffliche Differenzieren, das Distinguieren und das Gliedern, betonten sie die Verschiedenheit ihres Metiers von der Dialektik, jener vermeintlichen *disciplina disciplinarum*.[15] Man war in Bologna überzeugt davon, keine Wissenschaft von Aristoteles' oder gar des Boethius Gnaden zu betreiben. Im *Corpus iuris*, so betonte Accursius, fand der Jurist alles vor, was er für sein Geschäft benötigte.[16]

Versuchen wir also im nächsten Schritt, uns zu vergegenwärtigen, was die zeitgenössische Jurisprudenz auszeichnete, wo wir Parallelen und wo wir Differenzen zum Bekannten erkennen können und welche wechselseitigen Stereotypisierungen sich aus diesen ergaben.

Funktionale Wissenschaft: Legistik und Kanonistik

Um zweierlei Ausprägungen der Rechtswissenschaft müssen wir uns dabei bemühen: das kanonische (oder Kirchen-) und das römische Recht, also um Kanonistik und Legistik. Um ersteres deshalb, weil es während des 12. Jahrhunderts zum Muster für jegliche positive Rechtsordnung wurde und zugleich für ein lebendiges Recht, das ständig erweitert wurde und das in der Symbiose von Gesetzgebung, Rechtsprechung und Rechtswissenschaft existierte. Damit wurde es für das europäische Rechtsdenken zu einem maßgeblichen Vorbild. Dass seit dem späteren Mittelalter auch andere Rechtsordnungen allmählich verwissenschaftlicht wurden, war maßgeblich ihm zu verdanken. Wo Denkern wie Max Weber in der Vergangenheit daran gelegen war, europäische Sonderentwicklungen zu erklären, verwiesen sie auf die Existenz dieses kirchlichen Rechts und seiner Wissenschaftsdimension und betonten, dass in der Ausdifferenzierung und Trennung der Kanonistik – einmal von der Theologie und zugleich vom weltlichen Recht – eine Eigenheit europäischer Gesellschaften bestand. Weil es «in beträchtlichen Partien wesentlich rationaler und stärker formal juristisch entwickelt» war als die anderen «heiligen Rechte» anderer Religionen, sei mit seiner Existenz «die Entstehung theokratischer Mischbildungen» in Europa gehemmt worden, «wie sie überall sonst eingetreten sind».[17] Verwissenschaftlichung hieß im Hinblick auf das kanonische Recht, dass die Aufgabe der gelehrten Auslegung des Rechts von den Aufgaben des Richters und des Gesetzgebers geschieden wurde. Nur im Hinblick auf die Kanonistik «kann man von einer gegenseitigen Durchdringung von Rechtswissenschaft, Normgebung und Praxis» sprechen (Christoph H. F. Meyer).[18] Die Interaktion zwischen den Gelehrten des Kirchenrechts (Kanonisten), den Gesetzgebern und den Rechtspraktikern war daher eine Selbstverständlichkeit.

Der Blick auf das römische Recht ist notwendig, weil dieses den Europäern seit dem 12. Jahrhundert als der Inbegriff eines in sich geschlossenen Rechtscorpus vor Augen stand. Auch wenn weite Teile des römischen Rechts sachlich überholt und daher nicht mehr relevant waren (wozu das antike Sklavenrecht studieren?), lernte man an diesem doch exemplarisch den Umgang mit jeglicher Rechtsmaterie. Auch lehrte das Recht der Römer, dass die Legitimität des Rechtshandelns sich nicht nur über die richterliche Wahrheitssuche, sondern auch über die Einhaltung einer Verfahrensordnung begründen ließ. Dass weniger die Wahrheit und mehr das Verfahren Legitimation stiftet, war eine der zentralen und folgenreichsten Botschaften der Legistik.[19]

Beginnen wir mit ihr. Man hat im römischen Recht «ohne jeden Zweifel das weitaus bedeutendste, nachhaltigste Stück römischer Tradition» in der europäischen Geschichte gesehen (Christian

Meier).[20] Vermittelt wurde es dadurch, dass mittelalterliche Juristen es seit dem ausgehenden 11. Jahrhundert erschlossen, glossierten und kommentierten. Was war passiert? Mit den Digesten (oder Pandekten, gemeint sind «Falllösungen» oder «Problemanalysen») war im ausgehenden 11. Jahrhundert ein zentraler Text des römischen Rechts wieder aufgetaucht, der als «umfänglichster und wissenschaftlich wertvollster Bestandteil des Corpus iuris» (Hermann Lange) die Beschäftigung mit dem antiken römischen Recht forcierte und steuerte. Im frühen 7. Jahrhundert war er in Vergessenheit geraten, jetzt erst, im letzten Drittel des 11. Jahrhunderts, begann er wieder eine Rolle zu spielen.[21]

Es handelte sich bei den Digesten um eine Sammlung von Auszügen aus römischen Juristenschriften, das heißt aus der Feder von etwa 40 römischen Juristen, die zwischen circa 100 v. Chr. und 250 n. Chr. gewirkt hatten. Eine Kommission, der kaiserliche Palastbeamte, Rechtslehrer und Anwälte angehörten, stellte in der Ära Kaiser Justinians (527–565) diese Texte zusammen. Die Digesten dienten schon in dieser Zeit dem Zweck, die teilweise schwer zugänglichen und kaum noch überschaubaren Materialien aus der großen Tradition des klassischen römischen Rechts für den Gebrauch durch Richter und vor allem durch Rechtslehrer bereitzustellen. Die vergangene große Zeit der römischen Jurisprudenz hatte Werke und ein Denken hervorgebracht, das man in der Spätantike (und eben auch in der justinianischen Ära) nur noch mit der Hilfe der Digesten für die gegenwärtige Rechtspraxis glaubte nutzen zu können.

Ähnliches wiederholte sich jetzt, 600 Jahre später, im Zeitalter der Schulen. Dank der Wiederentdeckung der Digesten erschlossen sich Gelehrte das Verständnis des römischen Rechts im Ganzen. Ohne die Wiederentdeckung dieses Textes gäbe es daher keine Legistik.

Die Digesten boten das Know-how für den Umgang mit den anderen Schriften des römischen Rechts, Texten, die im früheren Mittelalter schon zum Gegenstand von Rechtsliteratur geworden waren, ohne dass hieraus eine Rechtswissenschaft im strengen Sinn entstanden wäre. Dies waren die kaiserlichen Konstitutionen des *Codex Iustinianus*. Zu ihnen traten die *Institutionen* (oder *Elementa*) hinzu, ein von höchster Stelle approbiertes Anfängerlehrbuch für Juristen, das weitgehend aus juristischer Literatur («Institutionen-Literatur») und kaiserlichen Einzelkonstitutionen zusammengesetzt war und das man für den Unterricht an den Juristenschulen von Konstantinopel und Beirut gedacht hatte. An vierter Stelle kamen die sogenannten justinianischen *Novellen* hinzu, eine Reihe weiterer Gesetze, die der Kaiser erst nach dem Inkrafttreten des Codex erlassen hatte. Also waren auch diese drei Textcorpora Produkte der Justinianischen Reform.

Alle vier Teile zusammengenommen – Digesten, *Codex Iustinianus*, Institutionen und justinianische Novellen – bildeten das *Corpus iuris*, eine Bezeichnung, die schon im 12. Jahrhundert aufkam, im 13. zu *Corpus iuris civilis* erweitert wurde und die anzeigte, wie geschlossen, wie wohldefiniert – auch im Vergleich zu den gleichzeitigen Referenztexten des philosophischen Denkens – der Kanon der Wissenschaft vom römischen Recht war. Wer das Vorwort der Digesten las, erfuhr dort, dass Justinian sogar jegliche Kommentierung dieses Werks verboten hatte und ankündigte, Kommentierungen wie Fälschungsdelikte zu behandeln.[22]

Um die spätantike Entstehung des *Corpus iuris civilis* binnen weniger Jahre unter Kaiser Justinian verstehen zu können, muss man sich seine politische Signifikanz vor Augen führen. Es war auf Veranlassung und unter der Aufsicht des Kaiserhofs in Konstantinopel zusammengestellt worden. Dies war ein genuin politischer Akt, der die Leistung des klassischen römischen Rechts bereitstellen wollte, nachdem das Reich eine Krise nach der anderen durchlaufen hatte – eine gewünschte, obrigkeitlich geförderte Renaissance klassischer römischer Kultur unter gänzlich veränderten Bedingungen.[23] In Oberitalien wurden Gelehrte seit dem ausgehenden 11. Jahrhundert abermals auf die Digesten aufmerksam, und dies im Zusammenhang einer Kultur, in der antike Traditionen der schriftgestützten Rechtspraxis niemals vollständig abgebrochen waren und in der jetzt zugleich neue Impulse zu wirken begannen.[24] Doch setzte sich allmählich die Sichtweise durch, dass die Entdeckung der Digesten und die dadurch intensivierte Beschäftigung mit dem römischen Recht ein Einschnitt von allergrößter Bedeutung gewesen war. Bis zur Zeit des legendären Rechtslehrers Werner (Irnerius) seien die Rechtsbücher vernachlässigt worden. Niemand habe sie studiert, schrieb Burchard von Ursberg in der Rückschau und verglich die

Entwicklungen in Italien und Frankreich miteinander: hier die Fortschrittsgeschichte der jungen Rechtswissenschaft, dort das entschlossene Auftreten heiligmäßiger Männer «gegen den Häretiker Peter Abaelard».[25]

Auch in Italien war das Bewusstsein dafür gewachsen, dass die große Auseinandersetzung zwischen päpstlicher Kirche und weltlichen Herrschern schließlich durch begriffliche Differenzierung gelöst werden konnte, also durch intellektuelle Leistung statt durch das Schwert. Allgemeine Werte in die verbindlichere Form von Gesetzen zu fassen und mit Strafandrohungen zu bewehren, versprach eine Besserung der Situation – das Prinzip der Legalität ließ im Konfliktfall trennschärfere Urteile zu als der Appell an weichere ethische Normen. Die *Verschriftung* dieser Normen lag nahe, und es entwickelte sich ein allgemeiner Trend zur *Verschriftlichung* der Normen in Gesetzeswerken.[26]

Ähnliche Erfahrungen machten die örtlichen Kommunen. Innere Konflikte um soziale Fragen und politische Partizipation, wie sie seit dem 11. Jahrhundert immer häufiger auftauchten, ließen sich beilegen durch die Einführung von Stadtverfassungen. Die Rats-, Potestats- und Senioratsverfassungen der Städte, die allmählich an die Stelle des stadtherrlichen Regiments traten, waren ein willkommenes Feld für Anwälte und Notare, für *iudices* und *causidici*, für die *sapientes* oder die *legum docti*.[27] Die Rationalisierung der Rechtsordnungen wurde hier nicht als Bruch mit der Vergangenheit, sondern als Nutzung eigener Stärken angesehen. Auch dass das Recht im Konflikt zwischen den Städten und den Kaisern und Päpsten zu einer brauchbaren Waffe wurde, trug dem Rechtsstudium Reputation ein. Hatten die Bologneser Lehrer des Rechts seit der Mitte der 1150er-Jahre zunächst im Sinne Kaiser Friedrich Barbarossas geurteilt, waren sie etwas später auch den Kommunen und der lombardischen Liga nützlich, das heißt einem Städtebund, den Barbarossa als seinen Erzfeind ansah und behandelte. Anders als in den Philosophenschulen, deren Häupter sich als *magistri* bezeichneten (und dieser eigentlich blassen Bezeichnung dann ein bestimmendes Wort hinzufügten, beispielsweise *scholarium*), nannten sich die Lehrer des Rechts *doctores*.[28]

Die junge Wissenschaft kommunizierte mit Herrschern und Städten, doch sie schien sich nicht von politischen Verhältnissen vereinnahmen zu lassen. Sie blieb Wissenschaft, auch wenn sie an der Entstehung einer Schicht von «urban professionals» an den Höfen und in den Städten maßgeblich beteiligt war.[29] Lästern konnte man an den Schulen ja trotzdem: Die nordalpinen Könige könnten zwar Machtpositionen füllen, doch unfähig seien sie zugleich, das römische Recht zu begreifen, schrieb ein anonymer Italiener.[30]

Gleichzeitig war die Situation der juristischen *doctores* in der Stadt selbst im Umbruch. Für den Beginn dieses Prozesses, der am Ende des 11. Jahrhunderts einsetzte, müssen wir uns die größtmögliche Distanz zu den Verhältnissen an den Philosophen- beziehungsweise Artistenschulen Frankreichs vorstellen: keine Wandervögel, sondern Ortskräfte. Soweit man ihre Herkunft rekonstruieren kann, stammten die frühen Juristen aus der Stadt selbst. Sie lehrten aber nicht, sondern galten als Praktiker und Kundige des Rechts.[31] Mit dem Beginn des eigentlichen Schulenbetriebs um 1150 herum wurde die Lehre der *leges* dann auch für Auswärtige attraktiv. Der *doctor iuris* (*doctor legum*) wurde zu einer lehrenden Existenz, sein Handeln wurde überregional beachtet, nachgefragt und in die politischen Verhältnisse von Städten und Reichen eingebunden. Während des gesamten 12. Jahrhunderts entstammten die *doctores* allerdings sehr häufig der Oberschicht der Stadt und ihres *contado:* Von den 14 Legisten des 12. Jahrhunderts, über die Nikolai Wandruszka geforscht hat, kamen elf aus diesem Milieu.[32]

Um diese Verhältnisse angemessen beschreiben zu können, müssen wir mit den Begriffen «selbst-» beziehungsweise «fremdreferentiell» sorgfältig umgehen. Die frühe Wissenschaft vom Recht erscheint in ihrer Binnenkommunikation ausgesprochen selbstbezüglich, insofern Referenztexte, akzeptierte Argumentationsweisen, Distinktionstechniken und damit das genuin juristische Arbeiten präzise vorgegeben waren und Außeneinflüsse, zum Beispiel über die gleichzeitigen europäischen Rechtskodifikationen, kaum Chancen auf Gehör hatten. Dies setzte so viel Schulung voraus, dass Juristenwissen aus der Sicht ihrer Träger etwas Esoterisches an sich hatte; Kollegialität bedeutete insofern gemeinsame Teilhaberschaft an den «Geheimnissen des Rechts».[33]

Doch gerade *weil* sie in ihrem Inneren eigenen Regeln und Logiken verpflichtet bleibt, wird die Jurisprudenz zu einer wirkenden Größe in der Welt draußen.[34] Stärker als die Philosophie und die Theologie (die sowieso ständig von allgemeinen Positionen zum rechten Glauben beeinflusst wurde) tritt sie in den europäischen Gesellschaften als System in eine funktionale Beziehung zu Herrschaft, Religion und Ökonomie.[35] Dies war die wichtigste Lektion, die die Wissenschaft vom Recht den anderen Disziplinen erteilen konnte: wie man eine Rolle in der Welt einnahm und sich darüber selber treu blieb. Ein Funktionalitätsoptimum, das nur durch Geschlossenheit erreicht werden konnte: Gerade weil man kein Jedermannswissen handhabte, diente man der Gesellschaft im Ganzen. Man praktizierte nicht nur eine *Wissenschaft*, sondern formierte überdies eine *Profession*, einen Stand von Wissensträgern im Dienst des sozialen Ganzen.

Unter diesen Bedingungen hatte die Rechts*praxis* für die Lehrer des Rechts eine entscheidende Bedeutung. Zahlreichen namhaften Lehrern des Rechts begegnen wir in der Funktion von Richtern und Advokaten, aber auch von städtischen Podestà, ja von Bischöfen, Erzbischöfen und Päpsten wieder. Gerade in diesem Prozess der Nutzung von Rechtskenntnissen im außerwissenschaftlichen Raum spielte jene zweite große Rechtsordnung, das Kirchenrecht, eine tragende, ja die wichtigste Rolle überhaupt; ein Zeitzeuge des ausgehenden 12. Jahrhunderts schrieb sogar, das gelehrte Recht sei von weltlichen Fürsten zunächst abgelehnt, dann aber durch Pflege und Förderung durch die Kirche doch zur Kenntnis genommen worden.[36] Anders als bei der Legistik ging es hier um lebendes, sachlich aktuelles Recht, nämlich das Recht der gegenwärtigen Kirche. Dabei interessierten sich die Kanonisten stark für die Legistik, selbst wenn sie deren Grundsätze im Detail mitunter brutal fanden und bekundeten, dass diese christlich gemildert werden mussten. Auf Gegenseitigkeit beruhte dieses Interesse zunächst nicht. Kirchenrecht gewann für die Legisten erst allmählich an Bedeutung, letztlich ein *acquired taste.*[37]

Deshalb verfügte das kanonische Recht auch über keinen hermetischen Kanon von Referenztexten, jedenfalls nicht vor 1582, als eine Gruppe von Texten in einer *Editio Romana* analog zum Corpus des römischen Rechts zum *Corpus iuris canonici* zusammengestellt wurde.

 Die kohärentesten Sammlungen zum Recht der Kirche waren seit der Spätantike sogenannte Kanones-Sammlungen gewesen (daher die Bezeichnung «kanonisches Recht»), das heißt Sammlungen von Beschlüssen («Dekreten»), die auf regionalen Synoden und auf allgemeinen Konzilien gefasst worden waren. Hinzu kamen päpstliche Rechtsentscheide («Dekretalen»). Die Sammlungen dieser verschrifteten kirchlichen Normen (beispielsweise das *Dekret* des Wormser Bischofs Burchard) wurden häufig abgeschrieben, überliefert und zur Grundlage von Entscheidungen gemacht.

Doch zum richtungweisenden Werk der kirchlichen Rechtswissenschaft wurde – zunächst in einer kürzeren Erstfassung, dann um 1140 in einer längeren Form – das sogenannte *Decretum Gratiani*, das Werk eines Mannes, dessen Identität fast vollständig im Dunkeln liegt.[38] Etwas früher begonnen als Abaelards *Sic et Non*, erhebt es gleichfalls den Anspruch, einander widersprechende *canones* zu versammeln, die Widersprüche dann aber anders als bei Abaelard aufzulösen. Daher der Name, den Gratian selbst seinem Werk gab und der deutlich anspielte auf die Harmonie der Musik und der Gestirne: *Concordantia discordantium canonum*, also etwa: «Einklang einander widersprechender Rechtsregeln».[39] Zusammengesetzt wurde das Werk aus Exzerpten (fast 4000!) von Dekreten der Synoden und Konzilien, aus päpstlichen Verfügungen und Stellen aus der Väterliteratur, aus der Bibel, aus Bußbüchern und anderen Quellen. Mit ihm ging eine Phase des Kirchenrechts zu Ende, in der verschiedenartige und jeweils unvollständige Kanonessammlungen in Anwendung gewesen waren. Die Kanonistik erhielt ihren Referenzpunkt, und dies, indem sie legistische Elemente in sich aufnahm – über 600 Handschriften der *Concordantia* sind erhalten, wir haben es mit einem der meistgelesenen Werke des Mittelalters zu tun. An die Seite von Gratians Dekret mussten nur bald Versuche treten, die zeitgenössische päpstliche Gesetzgebung in den Griff zu bekommen. Seit Papst Alexander III. wurden solche Dekretalen so häufig erlassen, dass Sammlung, Sichtung, Systematisierung und die Ausscheidung von Widersprüchlichem nottat. Hier setzte in der Frühgeschichte der Universitäten, seit dem Pontifikat Papst Innozenz' III., die junge Wissenschaft vom Kirchenrecht an mit dem Ziel, gesetzgeberische, richterliche und gelehrte Aufgaben aufeinander abzustimmen. Angestrebt war, wie beim römischen Recht, also ein Höchstmaß an Funktionalität. Die Wissenschaft vom Recht schärft ihre Identität, indem sie sich als das Gegenüber der Rechtswahrung und der Gesetzgebung etabliert.

2. Wechselseitige Wahrnehmungen prägen den Habitus

Nähe und Differenz

Die Renaissance des gelehrten Rechts, die sich im selben Zeitraum ereignete, in dem in Frankreich die Philosophie auf neue Grundlagen gestellt wurde, hatte – jedenfalls nach der Anschauung ihrer Protagonisten – mit der «époque boécienne», dem Streit zwischen Vokalisten und Realisten oder der Auseinandersetzung um die Universalien rein gar nichts zu tun.[40] «Der Autorität des römischen Rechts müssen wir mehr Glauben schenken als derjenigen der Rhetorik», heißt es in einem frühen Paveser Rechtsbuch. Dessen Verfasser erläuterte seine Referenztexte folgerichtig nicht mehr nach sprachlichen Gesichtspunkten, wie man das von älteren Werken dieser Art kannte, sondern forschte nach einem genuin juristischen Gesamtzusammenhang, der zur Erläuterung der einzelnen Textstelle heranzuziehen war.[41] Eine Glosse des Accursius zum Dekret fragte später sicherheitshalber noch einmal nach: Setzte die Rechtswissenschaft etwa theologisches Wissen voraus? Die Antwort fiel deutlich aus und blickte weiter als nur bis zur Gotteswissenschaft: «Nein, denn im *Corpus iuris* findet man alles.» Die Wissenschaft vom Recht wurde schon in den Digesten selbst (D. 1.1.1.1) als die «wahre Philosophie» bezeichnet.[42] Die Kanonistik hielt es genauso, indem sie sich gegen die Übertragung philosophischer Techniken verwahrte. Alanus von Lille, ein Theologe auf der Höhe der Zeit mit sensiblem Sinn für die Relativität disziplinärer Herangehensweisen, hätte lebhaft zugestimmt, wenn er von alledem gewusst hätte. Alle Wissenschaften, so war er überzeugt, stützten sich auf ihre je eigenen Regeln, und diese Regeln markierten ihre Grenzen zu den jeweiligen Nachbardisziplinen.[43] Nichts Erstaunliches war daran, und in den

 Jahrzehnten seit dem Aufkommen der philosophischen Schulen hatten viele Gelehrte ja erfahren, wie fruchtbar es sein konnte, aus dem Bewusstsein dieser Verschiedenheit gelehrtes Kapital zu schlagen – das Befragen fremder Referenztexte auf der Grundlage der eigenen Regeln verhieß neue Erkenntnis.

Wissen wir nun aber zugleich, dass die auf Wahrheit zielende Episteme der Philosophie dennoch mit dem Nützlichkeitsparadigma der Jura zu kommunizieren begann, müssen wir noch etwas weiterfragen, und zwar zunächst nach den Ähnlichkeiten und Differenzen, die ungeachtet aller Abgrenzungsrhetorik derartige Kommunikation ermöglichten. Ähnlich war zunächst einmal die lokale Konzentration: Was für die Philosophen und Theologen die Magnetwirkung von Paris bedeutete, war für die Juristen das Phänomen Bologna.[44] Ein Unterschied bestand zunächst darin, dass in den Schulen am Reno noch deutlicher als an der Seine zunächst die Söhne ortsansässiger Familien den Ton angaben. Erst während der zweiten Jahrhunderthälfte sicherten sich die zugereisten Lehrer des Rechts ihren Platz, und Bologna wurde auf der «mental map» der Europäer zum Hauptort des neuen europäischen Rechtsstudiums.

Bologna war aber mehr als das: Es stand innerhalb der Rechtswissenschaft für einen bestimmten juristischen Stil, es veranlasste zugezogene Rechtslehrer wie beispielsweise einen Engländer namens Richard, ihre Zitierweise zu verändern und ihr bisheriges Schrifttum «alla bolognese» umzuschreiben. Wo Bologna lag, war vorne! Mit der disziplinären Entwicklung mitzuhalten, hieß zu beobachten, wer in dieser Stadt worüber schrieb.[45] Für die Kirchenrechtler, die sich mit den päpstlichen Dekretalen befassten, hat Kenneth Pennington diese Entwicklung beispielhaft für die Jahre um 1200 nachgezeichnet. Er demonstriert, wie sich die Rechtswissenschaft von der Gesetzgebung emanzipierte und ihren Gegenstand in einer Zeit stillstellte, in der die Päpste eine Überfülle von Dekretalen erließen, und überdies, wie die junge Wissenschaft von den Dekretalen autopoietisch wurde, das heißt neue Fragen und Themen aus sich selbst heraus zu entwickeln begann.[46]

Die frühe regionale Bindung an Bologna und einige wenige andere Orte der Rechtslehre entlastete das System, schuf Raum für diese innere Dynamik, indem sie über Zugehörigkeit und Nichtzugehörigkeit entschied. Erst im neuen, dem 13. Jahrhundert wurde die Wissenschaft dann im disziplinierenden Rahmen der Universitäten an zahlreichen Orten fest etabliert, wobei Bologna weiterhin der entscheidende Erinnerungsort blieb, nicht nur eine Stadt in der Emilia Romagna, sondern ähnlich wie Paris ein topographischer Text zur kulturellen Selbstverständigung.[47] Für unsere Jahrzehnte gilt daher zunächst: Werke von Außenseitern wurden kaum beachtet, eine Praxis, an der auch die moderne Rechtsgeschichte lange Zeit festhielt.[48]

Selbstbezüglich wurde diese Wissenschaft einmal in ihren Techniken (die Glossierungen von Vorgängern übernahmen die Autoren wie selbstverständlich in ihre eigenen Werke), ein andermal aber auch, indem sie in der Lehre die Anfänger auf eine bestimmte, eben: juristische Weise des Denkens einschwor. Diese Neigung war bei den Juristen noch ausgeprägter als bei den Theologen, die doch immerhin auch eine mit Normen arbeitende Disziplin betrieben (und im Folgejahrhundert mit den Juristen leidenschaftlich um Geltungsansprüche und Einflussnahmen ringen sollten).[49]

Das gezielte Enttäuschen des gesunden Menschenverstandes spielte bei dieser Eingewöhnung eine mindestens genauso wichtige Rolle wie in den anderen Disziplinen. Angenommen, ein Fischer fängt einen Fisch, der so groß ist, dass er, an Bord gezogen, mit seinem Gezappel das Boot zum Kentern bringt. Nehmen wir ferner an, dass beide, Fischer und Fisch, ins Netz eines zweiten Fischers geraten und von diesem in sein Boot gezogen werden. Welchem der beiden gehörte dann der Fisch? So würde der Fall vom *doctor legum* seinen Studenten präsentiert werden, von diesen würde er dann Argumente erwarten, die sich zustimmend oder ablehnend auf eine mögliche Lösung beziehen. Der Professor würde abschließend seine Lösung präsentieren, dabei die einschlägigen Belege aus dem römischen Recht liefern, darüber hinaus aber auch demonstrieren, dass man mit papageienhaftem Aufsagen des Gesetzestextes nicht weit kam. Vielmehr galt es, den Umgang mit dem Gesetz (beziehungsweise die Reflexion über dieses) einzuüben sowie auf ähnlich gelagerte andere Fälle hinweisen zu können, denn ähnliche Fälle sollten nach den Erwartungen der Disziplin zu ähnlichen Lösungen führen.

Eine weitere Herausforderung für den Common Sense bestand in der Bedeutung des Verfahrens für den juristischen Umgang mit Normen. Nehmen wir hierfür an, so wurde gelehrt, dass ein Richter die Wahrheit in seinem Fall kennt, dass er aber weiß, dass er bei strenger Befolgung sämtlicher Verfahrensnormen zu einem Ergebnis kommen würde, das der von ihm gekannten Wahrheit zuwiderliefe. Dürfe er dann die Rechtsnormen beiseitelassen und nach Gewissen urteilen? Die richtige Antwort: Nein, denn das Urteilen nach dem Gewissen führt nur in endlose Rechtsstreitigkeiten hinein.[50] Die Vorlesungen waren in beiden Rechtswissenschaften der Ort, an dem man üben sollte, wie ein Jurist zu denken. Raum für Dissens blieb auch so, da sich schon früh Schulen, konkurrierende Sichtweisen und damit Rivalitäten zwischen Doktoren und ihren Schulen ausprägten. Eine konkurrierende Position zu «skandalisieren» (*scandalizare*), das heißt mit gelehrtem Scharfsinn zu widerlegen und dadurch öffentlich in Misskredit zu bringen, war eine Leistung, die einem Doktor bei seinem Anhang, aber auch bei einem Fürsten Ansehen einbrachte.[51]

Über diesen Parallelen in den Verhältnissen von Philosophen und Juristen dürfen die Unterschiede nicht aus dem Blick geraten. Dass es um die Anwendung von Normen auf lebensweltliche Sachverhalte ging, um das Hin- und Herwandern des gelehrten Blicks zwischen Lebenssachverhalt und Gesetz, hatte zur Folge, dass die Norm der Richtigkeit (*rectitudo*), die wir von den Denkformen der *artes liberales* kennen, nicht vom Wahrheitsideal der Scholastiker abgelöst wurde. Weniger um Wahrheitsfindung ging es vor Gericht als um das richtige Hin- und Herwandern zwischen Sachverhalt und Rechtslage.[52] Ein *formeller* Wahrheitsbegriff, der von der *materiellen* Wahrheit geschieden wurde und der den vom Gericht festgestellten Sachverhalt bezeichnete, trat dabei zur Norm der Richtigkeit hinzu, und erst in der Ära der Kommentatoren, als die Jurisprudenz und die Philosophie an der Universität aufeinander einwirkten, befruchteten sich der philosophische Wahrheitsdiskurs und der juristische Diskurs um die Richtigkeit wechselseitig. An Bartolus de Saxoferrato (gest. 1357) und Baldus de Ubaldis (gest. 1400) wird man dies sehen können.[53]

Früher als bei den anderen Wissenschaften wurde bei den Juristen auch der Praxisbezug ihres Tuns evident, ja er war es, der sie von Anfang an dem Verdacht auf Karrierismus, Habgier und Machtstreben aussetzte. Als sich die Theologen im folgenden Jahrhundert darum bemühen sollten, an Höfen Gehör zu finden, waren es die Gelehrten des Rechts, an denen sie in ihren Texten Maß nahmen und in denen sie ihre ärgsten Konkurrenten sahen.[54] Prägend wurde für die Juristen schon früh die Überzeugung, dass Theorie ohne Praxis nichts taugt, und mit dieser Einsicht konfrontieren sie die Gelehrten in den anderen Fächern: «Klassifizierungen und Unterteilungen vornehmen, Definitionen und Beschreibungen geben, Regeln aufstellen und immer nur Vorschriften erteilen – das ist doch nichts anderes als Donner ertönen lassen, aber danach keinen Regen spenden.» Für die römischrechtlichen Glossatoren hat man festgestellt, dass sie alle auch im Gericht tätig waren. Selbst wenn ihre wissenschaftliche Produktion nicht unmittelbar aus ihrer forensischen Tätigkeit hervorging, so erwarteten sie doch offenbar, dass ihre rechtsgelehrte Tätigkeit auf Gerichtspraxis zurückwirkte, dass Theorie und Praxis nur in Abhängigkeit voneinander ihre Dienste leisten könnten.[55]

Verschieden war auch ihre Einstellung ihren Referenztexten gegenüber, denn während die antiken philosophischen Schriften in Schüben zur «alten» Logik hinzutraten, änderte sich die kanonistische Textgrundlage vor allem seit der zweiten Jahrhunderthälfte ständig. Dekrete und Dekretalen kamen immer wieder hinzu (und wurden manchmal auch widerrufen). Die Kanonisten hatten ihre Vorstellungen von den Grundlagen ihres Geschäfts hieran auszurichten: Schon Gratian bejahte die Aussage, dass der Papst «neue Gesetze erlassen darf», vehement.[56] Mehr als bei Philosophen und Theologen war der kanonistische Referenztext ein ‹Texte vivant›. Anders sahen die Dinge bei den Legisten aus, denn zum *Corpus iuris* kamen allenfalls einige wenige moderne Ergänzungen hinzu (so etwa das berühmte Scholarenrecht Friedrich Barbarossas von circa 1155). Der Überlieferungsträger der Digesten, die sogenannte *Littera Florentina* (auch *Codex Florentinus* genannt), die bis 1406 allerdings nicht in Florenz, sondern in Pisa aufbewahrt wurde, wurde verehrt wie eine Reliquie. Man näherte sich der Handschrift barhäuptig und in Demutshaltung, wenn man den Raum betrat, in dem sie ausgestellt wurde.[57] Beide Positionen, die Ehrfurcht gegenüber dem antiken Schrifttum der Digesten und die Beobachtung der päpstlichen Produktion von

 Gesetzen, erzeugten den Wettstreit um rechte Auslegung und rechte Systematisierung. War ein guter Zustand erreicht, wurde ein Glossenwerk zur *Glossa ordinaria* erklärt, das heißt dem Lehrbetrieb verbindlich zugrunde gelegt. Fortan machten sich die Fachleute daran, wiederum diese nun ihrerseits kanonisierten Schriften auszulegen.

Ein gravierender Unterschied zum Milieu der Philosophen und der Theologen bestand darin, dass sich während des 12. und frühen 13. Jahrhunderts in Italien ein Juristen*stand* formierte, ein *ordo* mit einem Verhaltenskomment, mit Ehrvorstellungen und einem Heiratsverhalten, wie es für die Philosophenschulen niemals möglich gewesen wäre. Für Bologna hat Johannes Fried diesen Prozess nachgezeichnet. Man erkennt in seiner Schilderung die adligen Vorbilder der juristischen Habitusformen, ganz gleich, ob die Legisten wie Martinus Gosia tatsächlich von adliger Herkunft waren oder ob es sich um soziale Aufsteiger handelte wie Hugo de Porta Ravennata, der als Zeichen für sein Fortkommen einen Turm in der Nähe der Piazza di Porta Ravegnana baute. Die Doktoren des Rechts hielten an der Würde und Grandezza der höfischen Richter (*iudices*) fest, beherrschten womöglich auch das Waffenhandwerk.[58]

Dies war ein meilenweiter Abstand zu den an ihrer eigenen Körperlichkeit ostentativ desinteressierten Philosophen. Schon an dieser Stelle sollten wir uns einen Augenblick des Erstaunens darüber gönnen, dass zwei derart grundverschiedene Milieus bald unter dem Dach ein und derselben Organisationsform vereinigt, das heißt ständig miteinander konfrontiert werden sollten: in der Universität, deren Aufbau die Symbiose von Wahrheit und Nützlichkeit zum Prinzip erhob. Gefragt werden soll jetzt allerdings noch vertiefend nach den wechselseitigen Wahrnehmungen dieser beiden Milieus.

Abgrenzungsgesten: Die Kopfmenschen und die Schönlinge

Zeitgenossen wie Johann von Salisbury oder der Spanier Domingo Gundisalvo, die sich für beide Milieus interessierten, betonten die Verschiedenheit der Denkweisen und des Auftretens, ja Johann sparte auf beiden Seiten nicht mit Kritik. Karrierismus war zu verurteilen, aber die Abgehobenheit des philosophischen Betriebs auch. Wieso beschäftigte sich «der reine, schlichte Dialektiker» zwar damit, ob eine Affirmation auch eine Enuntiation sei, nicht aber mit der Frage, ob Vergnügen gut sei oder ob man arbeiten solle, wenn man in Not gerate? Dieses Wissen war tief, aber es führte in der Welt zu nichts, wenn man es dem hermetischen L'art pour l'art der Dialektiker überließ. Die alten Griechen, so hatte Otto von Freising wenige Jahre zuvor sinniert, hätten alle übrigen Völker auf geistigem Gebiet überragt; aber ihr Saatgut hätten sie importieren müssen. Die Athener hatten die weisesten Gesetze der Welt. Aber Brot hatten sie nicht.[59] Dass man theoretische und praktische Reflexionen miteinander verbinden müsse, war Johann ein zentrales Anliegen, daher ist er auch der wahrscheinlich lesenswerteste Autor des humanistischen Diskurses und der scholastischen Selbstreflexion zugleich.

Auf der Seite der Philosophen und Naturforscher spotteten manche über das übersteigerte Selbstbewusstsein der zeitgenössischen Jurastudenten. Ihre Intelligenz stehe in einem Missverhältnis zu ihrem Auftreten. Gravitätisch machten sie sich im Hörsaal breit, benötigten dabei gleich zwei oder drei Plätze, damit sie darauf ihre übergroßen, in Gold geschriebenen Digestenhandschriften ablegen konnten. Mit Bleistiften malten sie dann Sternchen und Striche (*asteriscos et obelos*) in diese hinein – Blei zu Gold, das sagte alles! Wenn sie dann den Mund aufmachten, wusste man Bescheid: Kindsköpfe waren sie. Doch was sie taten, war modisch und erregte Aufsehen. Selbst zu Hause in England, so der Verfasser dieses beißenden Berichts, vergesse man derzeit seinen Aristoteles und Plato, um sich stattdessen mit «Titius» und «Seius» zu befassen. Dies war der Jargon der Legisten. Daniel von Morley rechnete offenbar damit, dass seine Leser wussten, wie dieser klang.[60]

Im Extremfall war es den Kritikern solcher verweltlichter Gestalten schon verdächtig, wenn Wissen *überhaupt* auf praktische Nutzanwendung zielte. Astrolabien etwa seien ein wissenschaftliches Instrument, sie gehörten zum theoretischen Raum des Artes-Quadriviums und dienten nicht der praktischen topographischen Orientierung. Sicherheitshalber nannte man sie jetzt wieder *planisphaerum* – je theoretischer, desto antikischer.[61] Griechische Titel waren aus diesem Grund chic bei den Philosophen, wie wir schon bei zahlreichen Werktiteln gesehen haben; ihr Sinn ist teilweise bis heute rätselhaft. Praxisferne war das Schönheitsideal. Raimund von Marseille, der Verfasser eines Astrolab-Traktats und gleichfalls ein Zeitgenosse, mahnte, man müsse Schüler streng daraufhin prüfen, zu welchem Zweck sie denn den Umgang mit der raffinierten Scheibe erlernen wollten. Vielleicht gehe es ihnen um materiellen Gewinn, und das war für den wackeren Gelehrten ein Ausschlusskriterium.[62]

Auf der Seite der Juristen und ihrer Parteigänger herrschte die Apologie der Nützlichkeit: Aristoteles und Plato, so mahnt der Engländer Richard von Ely, sind gut für Leute, die sich an Erfindungen ergötzen und sich ins Klein-Klein flüchten – «Schreib' du nichts Subtiles, schreib' Nützliches!»[63] Ein spanischer Kanonist behauptete, dass seine Landsleute Männer der Tat, die Franzosen dagegen Maulhelden seien – so flossen protonationale Klischees und disziplinäre Wahrnehmungen ineinander. Die Männer aus Garlandia-Paris waren in den Augen des Iberers Schwätzer, weil sie eine Wissenschaft für Wortklauber betrieben. Bei den Juristen dagegen etablierte sich eine praxisnahe Ratgeberliteratur, in der erfahrene Advokaten den Unerfahrenen beibringen wollten, wie sie aus ihrem Know-how in der forensischen Praxis das Beste machen könnten.[64] Und unter diesem Vorverständnis kann man entspannter über die Chancen nachdenken, materiellen Gewinn aus geistiger Tätigkeit zu ziehen und gut zu leben: Die Jurisprudenz «adelt die Lernenden, verdoppelt die Ehren und Einkünfte, lässt die Professoren zu Herrschern über den Erdkreis werden und am kaiserlichen Hofe einhergehen».[65]

Man glaubte also schon im 12. Jahrhundert, die Bewohner der verschiedenen Wissensprovinzen an ihrem jeweiligen Habitus zu erkennen, und darüber hinaus, dass dieser in den beiden Wissenschaftskulturen der Wahrheitshuber und der Nützlichkeitsjünger völlig gegensätzlich war. Tatsächlich kultivierten die scholastischen Philosophen und Theologen in ihren Werken einen entsubjektivierten Stil. In ihren gelehrten Schriften (freilich nicht außerhalb von diesen) hielten sie ihr Ego ostentativ im Hintergrund, bevorzugten unpersönliche Wendungen wie «zu sagen ist dazu, dass …», statt ihren Meinungen und Ergebnissen eine individuelle Note zu geben. Hierzu passte gut die aus der Antike übernommene, jetzt wieder häufiger zur Sprache gebrachte lebenspraktische Unfähigkeit und Schusseligkeit des Philosophen, seine sprichwörtliche Vergesslichkeit, eine Art Außenseite seiner Selbstvergessenheit. Thales von Milet, der beim Blick auf die Sterne in ein Loch fällt und sich von einer thrakischen Magd verspotten lassen muss, schien in ihm seinen würdigen Nachfolger gefunden zu haben.[66]

Die zeitgenössischen Juristen dagegen betonten nicht nur ihre Parkettsicherheit und lebenspraktische Tauglichkeit, sie scheinen im Gegensatz zu den Philosophen ständig «ich» gesagt zu haben, ja diese Rede wurde zum Bestandteil ihres Stils. So etwa Vincentius Hispanus, der zwischen 1210 und 1220 in Bologna römisches und kanonisches Recht lehrte: «Gandulphus und Andere von den *antiqui* haben gesagt, die Ehe sei unauflöslich – das glaube ich, Vincentius, nicht»; «Johannes Teutonicus hat es so gesagt, damit weicht er in der Diktion von mir, Vincentius, ab»; «Aber ich, Vincentius, sage …»; «Ich aber sage …». Wir erinnern uns an das blasse «Andere aber meinen, dass …», das wir selbst bei Abaelard angetroffen haben, der ja kein Mann übertriebener Rücksichtnahme war.[67] «Ich», «aber» und die Nennung von Namen sind dagegen charakteristisch für Juristen. Wo sie übereinander sprechen, treten die Juristen forsch auf, reiben sich schnell aneinander. Der disziplinäre Agon scheint das Elixier zu sein, das Lehre und gelehrte Produktion antreibt. Es war offenbar von Vorteil, wenn man selbstbewusst wie Placentin war – die legendären vier Bologneser Doktoren, die Schüler des Irnerius, seien armselige Figuren, ließ er verlauten. Natürlich musste man auch selbst einstecken können, wenn man so auftrat.[68] Pillius sprach von seiner Meinung, als sei sie identisch mit der Wahrheit (*iudicio meo, quod est veritas*), und Männer mit anderer Ansicht verrieten mit dieser nur ihre eigene Ignoranz, meinte er.[69] Huguccio mäkelte an früheren Verständnisweisen des Dekrets herum, um seine eigene Lesart ins rechte Licht zu rücken, und machte dabei auch vor den unbedeutenden Köpfen nicht halt – wer in sein Blickfeld geriet, konnte sich auf etwas gefasst machen. So zu Rufinus: «Aber das ist falsch», schrieb Huguccio, «das ist keine Lösung, und wenn doch, dann ist sie unverständlich.»[70] Ein andermal hörte man ihn sagen, dass alles, was zu einer bestimmten prozessrechtlichen Frage bisher gesagt worden sei, schlecht sei; es war an ihm, «genau, sicher und katholisch» festzustellen, dass sich die Sache so und so verhalte.[71] Wenig Zurückhaltung auch bei Vincentius Hispanus: Dem Alanus und dem Tancred glaube er nicht, denn Ersterer sei Engländer und feige, Letzterer ein hirnloser Lombarde.[72] Denk- und Lebensstil der Juristen berührten sich offenbar in diesem agonalen Habitus. So, wie ihre Haltung zur Welt generell elitär war, so präsentierten sie sich auch in der Konkurrenz um die Handhabung der Rechtsmaterie; abermals muss hier auf Johannes Frieds großartige Studie verwiesen werden. Kein Wunder, dass dieser Habitus auch sichtbar war. Die bildliche Repräsentation der Juristen vornehmlich in Handschriften und Grabmälern, die Andrea von Hülsen-Esch untersucht hat, verdeutlicht, wie die Lehrer des Rechts ihrer Nachwelt erscheinen wollten, nämlich prächtig und durchaus wohlhabend.[73]

Sahen die Juristen nun aber tatsächlich besser aus als die Philosophen? Immerhin betonte ja auch Abaelard, dass er überdurchschnittlich attraktiv war und auf Frauen wirkte.[74] Der Mönch Rupert von Deutz, der die Philosophenszene seiner Zeit als Gefahr ansah, musste fürchten, schon allein wegen seiner Leibesfülle und seines kleinen Wuchses in der öffentlichen Konfrontation mit den Philosophen schlecht abzuschneiden.[75] In den philosophischen Visionen vom perfekten Menschen (zum Beispiel dem *homo quadratus*) spielte das Aussehen jedenfalls keine besondere Rolle, und die einzige Wissenschaftsallegorie, über deren Aussehen wir etwas erfahren, ist in Adelards von Bath *De eodem et diverso* – wenig überraschend – die Rhetorik.[76] Nicht untypisch für den Philosophenhabitus scheint eher im Gegenteil gewesen zu sein, sein Äußeres zu vernachlässigen, ja sogar auf die Kluft zwischen äußerer Erscheinung und Intellekt hinzuweisen: Oft steckt die Weisheit eben unter einem schmutzigen kleinen Gewand, hatte schon Cicero gesagt. Alanus von Lille wollte, dass auf seinem Grab betont werde, dass er zwar ein kleiner Mann mit einem Kropf gewesen sei, dass er aber alles gewusst habe, was man als Mensch nur wissen könne. Auch Hugo Primas war ungestalt, aber eben ein bedeutender Geist. Aristoteles selbst stellte man sich als blassen Greis mit ausgemergeltem Körper vor, die Dame Dialectica als Frau, die von den Mühen des Studiums arg gezeichnet war.[77]

Bei den Juristen nun hat man den Eindruck, dass das Äußere auf ganz andere Art von Bedeutung war. Wer etwa den Sinn für Schönheit kennt, mit dem im 13. Jahrhundert Chronisten wie der Franziskaner Salimbene von Parma über Rechtsgelehrte urteilen, erinnert sich wahrscheinlich auch an den von Salimbene häufig angezeigten Nexus von Eloquenz, Schönheit, Stärke, Wohlstand und juristischer Praxis: Ein Verwandter des Salimbene, «ein berühmter Richter, bewährt im Kampf»; ein Rechtsgelehrter namens Martin, «dessen Palast am Meere lag»; «und manche, vor allem die Richter unter ihnen, kleideten sich in Scharlachgewänder»; Hugo, Sohn des Gerhard von Cassio, war ein «gebildeter Mann, Richter und Beisitzer, ein Mann von höchst freundlichem Wesen, der stets mit den Podestà umherzog, um ihnen als Advokat zur Verfügung zu stehen»; «eine schöne Frau, feist und üppig [...] Sie stammte aus Trient, wo sie zuerst mit einem Notar verheiratet war, aus welcher Ehe sie zwei außerordentlich schöne Töchter besaß.»[78] Selbstverständlich sind es nicht nur die Rechtskundigen, die der Franziskaner wegen ihrer äußeren Gestalt lobt. Doch die Verbindung zwischen der Rechtspraxis und der Verkörperung irdischen Erfolgs registriert er doch sehr deutlich.

Hinter diesen Unterschieden steht mehr als nur Stilfragen. Sie zeigen an, dass die beiden Diskurse der Scholastiker und der Humanisten, die uns nun zwei Kapitel lang beschäftigt haben, nicht durch die Binnendifferenzierung eines älteren, homogenen Prinzips des höheren Wissens entstanden sind, sondern dass sie offenbar im Gegenteil erst nachträglich amalgamiert wurden. Der Ort, an dem diese Leistung erbracht werden sollte, war die Universität, die zum Haus sowohl der Wahrheitsjünger als auch der Ingenieure der Nützlichkeit wurde.[79] In ihr hatten beide Kulturen sich aufeinander einzulassen und sich wechselseitig zu befruchten, und ihre Diskurse wurden miteinander vernetzt. Dieser Prozess spielte sich in der Alltagspraxis (auch der der gelehrten Literaturproduktion) ab, nicht in der Theorie der Wissenschaftslehre, die auf Dauer völlig an der Gestalt der Universität vorbei geschrieben werden sollte. Die Voraussetzung dafür, dass dies gelang, verweist uns abermals auf die sozialen Bedingungen der jungen Wissenschaften: Beide siedelten sich in der Kultur der Gruppenform der *schola* an, beide kannten sie die Dynamik der Lehrer-Schüler-Bindungen, der Intimität und der Konkurrenzverhältnisse, die dort den Ton diktierten. Der Universität, die schon so oft als Ausgangspunkt für die Betrachtung der Wissenschaft fungiert hat, muss daher unser Abschlusskapitel gewidmet sein.

X. «Wir, die Universität»: Die Gelehrtengilde

1. Paris, gleich nach 1200

Zellteilungen und Amalgame

Weit hatte sich die Welt der Schulen während des 12. Jahrhunderts von jenem Programm der Sieben freien Wissenschaften entfernt, das doch einmal an ihrem Anfang gestanden hatte. An die Stelle eines ursprünglich formalen Verständnisses von «Bildung» war eine stärker an der Sache ausgerichtete Idee von «Philosophie» getreten. Unter dieser verstanden die Kenner mittlerweile nicht mehr den Inbegriff jeglichen abstrakten Wissens, sondern vielmehr einen in sich differenzierten Erkenntnisgegenstand und zugleich eine bestimmte Lebensform – zu philosophieren bedeutete nicht zuletzt, das Leben eines Philosophen zu führen. Die Bindung der *artes liberales* an die äußeren Zwecke des gelehrten Wissens wurde dagegen als nicht mehr zeitgemäß angesehen. Auch die für sie charakteristische Koppelung des Ästhetischen mit dem moralisch und spirituell Wertvollen konnte nicht mehr als Königsweg für den Erwerb gelehrten Wissens gelten.[1] Im folgenden Jahrhundert sollte Thomas von Aquin nüchtern die Einsicht festhalten, die spätestens um das Jahr 1200 schon fällig gewesen war: «Die sieben freien Künste unterteilen die theoretische Philosophie nicht hinlänglich.»[2] Die Inhalte der beiden Bezeichnungen hatten sich zu seiner Zeit schon gekreuzt: «Philosophie», zunächst Sammelbegriff für das Wissen der Antike, war «verinhaltlicht» worden (Gangolf Schrimpf), die «Sieben freien Künste» dagegen waren zum Container für das mutiert, was man unterhalb der höheren Studien der Medizin, des Rechts und der Theologie alles treiben konnte.[3]

Das ist wenig erstaunlich, denn zu viel Neues und Aufregendes war aufgetaucht und hatte die Aufmerksamkeit auf sich gezogen: das kosmologische Wissen des Macrobius und Platons; das um 1200 bekannt gewordene naturphilosophische Schrifttum des Aristoteles; die theoretischen Erörterungen zur Organisation des Wissens, die durch die Kenntnis arabischer Wissenschaftseinteilungen auf sich aufmerksam machten. Interessiert registrierten die Pariser, wie der Gelehrte al-Fārābī (gest. um 950) einst die Scheidung in «arabische» und «fremde» Wissenschaft überwunden und in ein elastischeres und anschlussfähigeres System überführt hatte.[4] Gelehrten wie Gerhard von Cremona und Domingo Gundisalvo hatte man die Kenntnis dieses erneuerten arabischen Wissenschaftssystems zu verdanken, auch wenn sich dessen maßstabsgetreue Übernahme freilich verbot; so hatte sich al-Fārābī etwa nicht für die Medizin interessiert, was für den Cremoneser Gerhard so nicht hinnehmbar war. Doch was die übersetzten und weiterverarbeiteten Werke ausstrahlten, war die große Unbefangenheit, mit der sie Wissensprovinzen identifizierten und mit einer Stelle im gedachten Kosmos der Philosophie versahen. Warum beispielsweise die Nigromantie, die Landwirtschaft und die Navigation, die Optik und die Alchemie nicht als Bestandteile der Physik ansehen? Im Rahmen theoretischer Erörterungen sprach nichts dagegen, fand Gundisalvo.[5]

Aber nicht nur auf dem Reißbrett, im wissenschaftstheoretischen Schrifttum, wurden Disziplinen entdeckt und benannt. Auch die Praxis gab Anlass zu derartigen Reflexionen. Wir haben ja schon gesehen, wie während der zweiten Hälfte des 12. Jahrhunderts Theologie und Kirchenrecht auseinandertraten. Und was genau war der Unterschied zwischen Rechtsnormen und den Normen des Nützlichen oder des sittlich Guten?[6] Offenbar waren die Jura von der Ethik und den klugen Ratschlägen des rhetorischen Schrifttums zu scheiden. Das Recht, so erfuhr man anhand der jungen Legistik und der Kanonistik, war etwas anderes als praktische Philosophie und schon gar als das Normenwissen, das die Texte des Grammatik- und des Ethikunterrichts vermittelten. Lange bevor man auf eine Übersetzung von Aristoteles' *Nikomachischer Ethik* zugreifen konnte, setzte zugleich das Interesse an der Ethik als eigenem Fach ein.[7]

Ähnlich verhielt es sich mit der Politik, für die man sich schon im 12. Jahrhundert zunehmend interessierte, also lange bevor die aristotelische *Politeia* durch die lateinische Übersetzung Wilhelms von Moerbeke bekannt wurde.[8] Überdies verselbständigte sich zur selben Zeit das naturphilosophische Denken; diesen Prozess hat man in der Rückschau als die «Entdeckung der Natur» (Marie-Dominique

 Chenu) bezeichnet, einen anderen als das «Erwachen der Metaphysik».[9] Auch die Aspekte pragmatischer Schriftlichkeit gaben Anlass, über Fächer und Disziplinen nachzudenken: Die Lehre vom richtigen Schriftsatz (*ars dictaminis*) und die Notariats- und die Dichtkunst (*ars notaria, ars poetriae*) wurden nun nicht nur voneinander geschieden, es entstanden auch entsprechende Lehrwerke. Allein sechs Traktate über die Kunst des Versbaus sind aus den hundert Jahren ab 1175 bekannt. Aus dem Inneren der Rhetorik wurden die Predigtlehre (*ars praedicandi*) und die Anleitung zum richtigen Disputieren (*ars disputationis*) ausgegliedert.[10] Moderne Spezialisten für die besagten Fächer haben nicht zufällig immer wieder von disziplinären «Revolutionen» gesprochen, die von hier ihren Ausgang genommen hätten: Harold Berman von einer Revolution des Rechts, Walter Ullmann von einer «conceptual revolution» des 13. Jahrhunderts; Curtis Wilson sprach von der revolutionären Mathematisierung der Physik, Michael Wilks von einer philosophischen Revolution schlechthin.[11]

Wahrscheinlich erschien den zeitgenössischen Beobachtern der neue Wissenskosmos noch vielfältiger, wenn sie noch genauer hinsahen und nicht nur die neuen Fächer, sondern innerhalb dieser die Vielzahl an Strömungen und Positionen registrierten. Hoch war die Aufmerksamkeit für deren Differenzen und jeweilige Besonderheiten, wie wir ja schon an Johann von Salisbury hatten beobachten können. Überhaupt sah dieser kritische Denker die neue, sich vor seinen Augen entwickelnde Heterogenität der gelehrten Szene als ein wertvolles Gut an. Als er 1164 wieder einmal nach Paris kam, lobte er neben der Situation auf dem Lebensmittelmarkt und der allgemeinen Heiterkeit der Bewohner gerade die «Vielfalt in den Beschäftigungen der Philosophen» in der Stadt.[12] Die Pluralität der Wissenschaften konnte man jetzt – sprechen wir es offen aus – als Fortschrittsindikator ansehen, nicht mehr wie zu den Zeiten der sogenannten Antidialektiker als verräterisches Indiz ihrer Gottferne, die sich ja angeblich im beständigen Streit der Schulen und Positionen zu erkennen gab.[13] Gundisalvo selbst scheint hier seine Einschätzung im Lauf seiner Arbeit verändert zu haben, zeigte sich zunächst als Kulturpessimist und deutete die Disziplinen als Beleg dafür, dass Weisheit und Philosophie sich aus der Welt zurückgezogen hatten und dass nur Stückwerk von ihnen übrig geblieben sei. Dann aber, als Autor eines selbständigen Werks *Über die Einteilung der Wissenschaften*, bewertete er dasselbe Phänomen neu: Die Vielzahl der Disziplinen sei eine gute Sache, ein Indiz dafür, dass die Gegenwart mithalten könne mit dem «glücklichen früheren Zeitalter» antiker Weisheit.[14]

Und doch strebte das Wissen nicht einfach in ganz unterschiedliche Richtungen auseinander. Die Zukunft gehörte in Europa keinen Spezialschulen für diese oder jene Disziplin oder Strömung. Denn wegen der Erfahrung der Verschiedenheit wurden auch Reflexionen über deren Kohärenz und ihre letztliche Zusammengehörigkeit unter einem ideellen Dach angeregt.

Die Gilde der Magister und der Scholaren

Ältere Erörterungen darüber, warum dies so war, haben auf die Verklammerung der Denkweisen und der Inhalte der verschiedenen Disziplinen hingewiesen, auf die dominierende Bedeutung der Dialektik etwa oder auch auf die insgesamt nicht sehr umfangreiche Zahl von Referenztexten, die sich die verschiedenen Wissenschaften zugrunde legten. Zu bestreiten ist das nicht, doch als entscheidend sollte sich die soziale Gestalt der *schola* und der Kommunikationsformen erweisen, die ihr entsprachen: die Art, wie sich Lehrer und Schüler in Auseinandersetzung miteinander an ihrem Stoff abarbeiteten, das emotionale Band zwischen ihnen, die Gemengelage intimer Bindungen in dem oben vorgestellten Sinn, die das Leben und Arbeiten an den Schulen hervorbrachten und zugleich unterhielten. Die Identität dieser sozialen Form, der *schola* nämlich, ermöglichte bald nach 1200 die Zusammenfassung der örtlichen Schulen zur *universitas magistrorum et scholarium*, zur Universität.

Mit Blick auf sie schrieb einer der namhaftesten Juristen des 13. Jahrhunderts: Die Art und die Studieninhalte der einzelnen Wissenschaften seien zwar verschieden, doch bildeten sie *einen* Körper, sie hingen gleichzeitig zusammen und würden miteinander verbunden.[15] Die einzelnen Schulen müssen wir daher als soziale Gruppen im Sinne Leopold von Wieses ansehen. Wir betrachten sie dann als Personenverbände, die mindestens von mittlerer Dauer waren und nach bestimmten Regeln agierten, in ihrem Inneren strukturiert waren (schon allein beispielsweise durch die Verteilung von Funktionen, durch die Lehrer-Schüler-Scheidung, das Prinzip der Anciennität von Zugehörigkeit, die Position von Lieblingsschülern) und die einen Begriff von ihrer eigenen Beschaffenheit, vor allem von ihren Traditionen und Gewohnheiten hatten.[16] Wie man es machte, solche Gruppen zu formalisieren und rechtlich abzusichern, wussten die Zeitgenossen des ausgehenden 12. Jahrhunderts gut, taten die Bewohner von Städten oder Kultgemeinschaften doch dasselbe, wenn sie sich zu einer «Bürgergemeinde» (*universitas civium*) oder ähnlichen förmlichen Verbänden zusammenschlossen. Für sich genommen meinte *universitas* nicht mehr als «Gesamtheit», «Gruppe». Spricht der Schreiber eines Briefes die Adressaten als *universitas vestra* an, sagt er damit nur «ihr alle». Doch wenn der Begriff näher bestimmt wird, wenn beispielsweise von einer *universitas judaeorum* die Rede ist, dann signalisiert der Sprecher, dass aus einer amorphen Menge von Menschen ein kollektiv handelndes Wesen geworden ist, das auch rechtsfähig ist – eine «Judengemeinde» als Körperschaft.[17]

Diese Bestimmung wurde in der zeitgenössischen Lehre vom Recht erst im Lauf des 13. Jahrhunderts abgesichert; man konnte die *universitates* erst allmählich explizit als Rechtssubjekte, als juristische Personen, bezeichnen. Doch die Praxis und das allgemeine Dafürhalten gingen der juristischen Theorie um Jahrzehnte voraus und bestimmten schon vor 1200 die Aktionen der Angehörigen wie der Gegner dieser Gruppen. Um 1180 etwa wurde der Begriff zum ersten Mal in Köln verwendet – Richter und Schöffen handelten dort als ausführende Organe einer Korporation, die alle Kölner umfasste. Aus der weniger formellen sozialen Gruppe wurde durch freie Einung auf diese Weise eine Gilde. Derart freie Einungen, so hat man treffend formuliert, hatten «den letzten Grund ihres Verbundenseins im freien Willen der Verbundenen». Sie beruhten auf Konsens und Vertrag, und dieser wurde im Normalfall eidlich eingegangen.[18]

Genau dieser Prozess ereignete sich um 1200 in Paris, Bologna und Oxford. Die örtlichen Magister oder die Scholaren fanden sich zu einem Kartell zusammen, zu einer *universitas* eben. Sie leisteten sich wechselseitig einen Eid, der sie zu einer rechtsförmigen Einheit zusammenschmolz und zu umfassendem wechselseitigem Beistand verpflichtete. So gesehen, im Hinblick auf die Qualität ihrer sozialen Vergemeinschaftung also, stand die junge Universität nicht in der Tradition der Kloster- und der Kathedralschulen, sondern in der der mittelalterlichen Gilden, wie es sie seit dem 8. und dann verstärkt seit dem 11. Jahrhundert gab.[19]

Als Selbstzeugnis taucht diese Bezeichnung in Paris recht spät auf, nämlich 1221, als die Lehrer und ihre Schüler Rechte an die örtlichen Dominikaner übertrugen und sich selbstbewusst einführten: «Wir, die Gemeinschaft (*universitas*) der Pariser Lehrer und Schüler».[20] Doch in Wirklichkeit war die Universität zu diesem Zeitpunkt schon über zehn Jahre alt: Als der rechtskundige Papst Innozenz III. 1208/09 auf einen Brief der Pariser Magister antwortete, bezeichnete er sie mit auffälligen Wendungen als eine «Gesellschaft» (*societas*), eine «Gruppe» (*universitas*), «Gemeinschaft» (*communio*) und «Teilhaberschaft» (*consortium*).[21] Offenbar hatte sich die junge Universität mit einer Bitte an den Papst in die Lage versetzen wollen, Abweichler zu disziplinieren: Von außen holte sie sich Unterstützung, ließ sie sich bei dem Unterfangen helfen, ihre eigenen Mitglieder zu reglementieren, indem sie die Erlaubnis zur Bildung eines Exekutivausschusses aus acht Magistern einholte. Wahrscheinlich hatte sie sich zu diesem Zeitpunkt bereits Statuten für den eigenen Gebrauch gegeben.[22]

Vermutlich hatten die Magister derartiges ohne fremde Hilfe bereits 1201 versucht, waren zu diesem Zeitpunkt aber noch ausgebremst worden. Ihre Gegner hatten zu diesem Anlass die abwertenden Bezeichnungen verwendet, mit denen Gilden üblicherweise von ihren Feinden diffamiert wurden: als «Komplotte» (*conspirationes*) und «Verschwörungen» (*coniurationes*), als unrechtmäßig «gesatzte» Ordnung (*constitutio*) zu dem Zweck, ihren Angehörigen gegen das Recht Eide abzuzwingen (*aliquam obligationem juramento*).[23] Dies war charakteristisch für die Bewertung der Gilden durch ihre Umwelt: Den einen waren sie ein attraktiver Weg, das Leben besser zu gestalten, den anderen ein «Geschwür am Volk» (*tumor plebis*).[24]

Und von hier aus können wir wiederum im Krebsgang weitergehen und nach Spuren dafür suchen, zu welchem Zeitpunkt die Pariser Lehrer-Unternehmer ihre Schulen als ein Gemeinschaftsprojekt ansahen. Wir werden abermals 20 Jahre früher fündig. Ein ehemaliger Besucher der Schulen beschrieb in der Rückschau, wie man sich um 1180 herum versammelt hatte: Die Magister hätten sich mit ihren Scholaren an einem Ort eingefunden, so dass es nicht leicht gewesen sei, für so viele Personen eine geeignete Bleibe zu finden. Dort habe dann einer der Anwesenden ein besonders schwieriges Thema aus dem römischen Recht, dem Kirchenrecht oder der Theologie angefasst und einen entsprechenden Lehrvortrag gehalten. Als der, der hiervon berichtete, selber eines Sonntags (offenbar der jour fixe für kanonistische Fragen) an der Reihe war, seien fast alle dagewesen. Der Vortrag initiierte ihn offenbar in die Runde der Magister, und stolz erinnerte er sich noch nach Jahrzehnten an den gefeilten, von literarischer Bildung strotzenden Text, der ihm angeblich viel Lob eingebracht hatte. Zugegebenermaßen neigte dieser Mann ein wenig zur Übertreibung der eigenen Leistungen, doch Spuren solcher «Antrittsvorlesungen» (*inceptiones*) vor der versammelten örtlichen Lehrer- und Schülerschaft hat man auch anderswo ausgemacht.[25]

Die Formierung der Universität, so wird deutlich, war zunächst eine Folge der gemeinsamen gelehrten Arbeit und der geteilten politisch-sozialen Interessen. Diese Gemeinsamkeit führte spätestens seit etwa 1180 zu regelmäßigen Treffen, die dem intellektuellen Austausch einerseits und der Formalisierung des Zugangs zur eigenen Gruppe andererseits gewidmet waren. Wann man seinen Mitgliedern überdies einen förmlichen Eid abverlangte, ist unklar, aber bis um 1208 war auch dieser Zustand erreicht. Man fühlte sich offenbar stärker, wenn man aus den vielen *scholae* die eine *universitas* machte (was nicht bedeutete, dass man seine wissenschaftlichen Ansichten tatsächlich hätte gleichschalten wollen).[26]

Nathalie Gorochov hat geschätzt, dass sich zum Zeitpunkt ihrer Entstehung um 1208 etwa 130 bis 140 Magister aller Fächer in Paris aufhielten – die sicher erhebliche Dunkelziffer derer, die keine literarischen Spuren hinterließen, ist dabei unberücksichtigt geblieben.[27] Nicht einmal in Athen oder in Ägypten habe es so etwas gegeben, begeisterte sich ein Zeitgenosse. Dies liege nicht nur an den Qualitäten des Ortes und seines Marktes, sondern auch am Schutz, den der derzeitige König Philipp II. und schon dessen Vater den Scholaren gewährten – die Artes und die Jura, die Medizin und die Theologie, sie alle standen hier hoch im Kurs.[28] Der Konkurrenzdruck, unter dem die Magister standen, konnte mit der Bildung eines solchen Kartells der Lehrer vermindert, wenn möglich sogar vermieden werden.

Auch die Desorganisation, die aus der gleichzeitigen Anwesenheit so vieler Scholaren resultierte, spielte bei der Vereinigung zur Universität sicher eine Rolle. Wie viele es genau waren, lässt sich nicht sagen, aber seriöse Schätzungen rechnen mit 3000 bis 4000.[29] In jedem Fall haben wir an Quantitäten zu denken, die notwendigerweise in Qualitäten umschlugen. Die Scholaren, die sich auf dem örtlichen Wohnungs- und Lebensmittelmarkt als Konkurrenten begegneten, schlossen sich zur Besserung ihrer Situation zu anderen und größeren Verbänden als nur den jeweiligen *scholae* zusammen. Typisch waren landsmannschaftliche Verbindungen wie jene, die 1200 anlässlich einer Schlägerei sichtbar wurde. Der Chronist Roger von Hoveden berichtet davon: In einem Gasthaus der Stadt geriet der Bedienstete eines adligen deutschen Studenten in Streit mit dem Wirt. Der Diener wurde verprügelt, sein Weingefäß ging zu Bruch. Der Student, immerhin ein Aspirant auf den Lütticher Bischofssitz, wollte dies nicht auf sich beruhen lassen. Gemeinsam mit seinen deutschen Landsleuten («Es entstand ein Aufruhr der deutschen *clerici*», schrieb der Chronist) suchte er die Taverne auf und schlug den Wirt zusammen. Als dies bekannt wurde, erhitzten sich die Gemüter in der Stadt, man verlangte Genugtuung. Der königliche Propst (*praepositus*) wusste, wo die Deutschen wohnten. Mit einer Gruppe Bewaffneter überfiel er ihr Haus, und diesmal blieb es nicht bei Verletzungen. Mehrere Deutsche starben. Wahrscheinlich nach langen Verhandlungen urteilte der König zugunsten der Scholaren und stellte sein berühmtes Scholarenprivileg aus, das diesen mehr Rechtssicherheit gewährte und sogar ihre Immunität von der weltlichen Gerichtsbarkeit verbriefte.[30] Dies war nicht die erste physische Tätlichkeit zwischen Städtern und Scholaren (man spricht von «town-and-gown»-Konflikten), und solche Schlägereien, ja Tötungsdelikte sollten die weitere Geschichte der Universitäten begleiten und formen. Jede einzelne von ihnen war Symptom einer Oberflächenrealität, unter der die komplizierter werdende Textur der sozialen Gruppen in der Stadt verborgen lag: ihre Interaktionen, ihre Rivalitäten um Ressourcen, ihre Männlichkeitsbilder.[31]

2. Die Universität der Gegensätze

Die konservative Revolution: Ordnung, Gruppenzwang, Präsenzpflicht …

Die Entstehung, besser: die Emergenz der Universität lag daher in den ersten Jahren des 13. Jahrhunderts in der Luft. Wie gesagt, ist sie um dieselbe Zeit auch an zwei anderen europäischen Orten eingetreten: in Bologna nämlich, der Heimstatt der legistisch-kanonistischen Rechtskultur, und in Oxford, einem unscheinbaren englischen Städtchen am Oberlauf der Themse.

Begeistert man sich an dem Schutz, den Wissenschaftsorganisationen dem Wissen bieten, kann man die europäische Wissenschaftsgeschichte von hier aus als Fortschrittsgeschichte erzählen. Denn das Modell der Universität verbreitete sich von Paris, Bologna und Oxford aus zunächst über Europa und dann auch auf den anderen Kontinenten, und mit der Universität drangen auch deren Besucher in neue Rollen und Funktionen ein. Wissen wurde Macht, wie Martin Kintzinger treffend formuliert hat.[32] Doch lässt das organisatorische Gehäuse die wissenschaftliche Frucht, die es doch schützen soll, nicht unangetastet. Daher sollte man schon für die Anfänge der Universität die Frage aufwerfen, was diese der Wissenschaft «an-tat», was ihr spezifischer Beitrag zur Weiterbildung des gelehrten Eigensinns war und was ihre Folgen für die fröhliche Scholastik waren.

So fällt an der frühen Pariser Universität schon einmal auf, dass sie, scheinbar im Widerspruch zu Vielem, von dem bisher die Rede war, zur Reinstallation der Sieben freien Künste führte, dass die Pariser Universitätsscholaren in eine Fakultät der *artes liberales* und nicht in eine Philosophische Fakultät eintraten. Diese Wiederbesinnung auf ein Wissensschema, von dem die Schulen sich seit Jahrzehnten emanzipierten, fällt zusammen mit anderen Auffälligkeiten der frühen Universitätsgeschichte: der Entstehung förmlicher Curricula nämlich wie der expliziten Lehr- und Leseverbote für bestimmte

Materien; der Festlegung der Studierenden auf bestimmte Kleidung, die ihre Zugehörigkeit zum Klerus betonen sollte; ihrer disziplinarischen Bändigung, zum Beispiel durch die Einbindung in die Universität als eine Memorialgemeinschaft. Wieso war das so? Achten wir, wenn wir uns einer Antwort annähern, auf die Tatsache, dass mit der Entstehung der Universität äußere Gewalten für die Weiterentwicklung der Wissenschaften prägend wurden. Dies galt vor allem für die Päpste und die zuständigen Bischöfe.

Als Einstieg muss der besagte Brief dienen, in dem Papst Innozenz III. 1208/09 die junge Universität als *universitas* und *consortium* ansprach.[33] In ihm benannte der Papst die Übel, die «gewisse heutige Lehrer der Freien Künste» zu verantworten hatten – also nicht die Artisten schlechthin, sondern ein Zirkel von Männern, die die freien Künste auf irgendeine Weise «modern» oder «zeitgenössisch» lehrten. Offenbar wollten sie sich nicht ohne Weiteres auf die Reglements einlassen, die die junge Genossenschaft der Pariser Magister derzeit verlangte. Der Zusammenschluss der Pariser Theologen, Kanonisten und Artisten, so Innozenz, sei eine Reaktion darauf, dass diese *moderni* unter drei Aspekten vom Pfad ihrer Vorgänger abwichen: Sie trügen unangemessene Kleidung, hielten die gebotene Ordnung der Vorlesungen und Disputationen nicht ein und ignorierten die Memorialgemeinschaft der Kleriker, wenn ein Kleriker gestorben sei.

Offenbar hatte sich ein anonymer Magister geweigert, einen Eid auf diese drei Punkte abzulegen. Dies hatte die korporationsfreundlicheren Magister veranlasst, sich an Papst Innozenz zu wenden, der ihnen gut vertraut war und von dem sie Förderung erhoffen konnten. Ob die drei Klagen berechtigt waren, werden wir niemals erfahren. Doch wahrscheinlich standen hinter ihnen diejenigen scholastischen Freiheiten, die uns gut vertraut sind. Da war zunächst die relative Freiheit in der Behandlung der Materie, was ja geheißen hatte, dass der Glaube an einen curricularen Königsweg und den deutlichen Hierarchieunterschied zwischen Magister und Scholar geschwunden war. Da war weiterhin die relative Freiheit in der Lebensgestaltung der Scholaren, die sie vom Habitus des Klerikers und des regulierten klerikalen Lebens entfernt hatte. Und letztlich war da die Freiheit der Mobilität und der Zuordnung zu wechselnden Lehrern, die sich aus der größeren Flexibilität und Fluidität der Philosophenschulen ergab.[34]

Mit dieser Gegenwartsdiagnose steht der Brief nicht alleine da. Die Konstitutionen, die der päpstliche Legat Guala Bichieri zur selben Zeit in Paris verkünden ließ, zielten darauf, das Verhalten unbotmäßiger Magister und Scholaren als eine besondere Ausprägung klerikaler Disziplinlosigkeit zu brandmarken und mit der Androhung von Exkommunikation zu ahnden. Die Anordnungen, die die Haartracht, den Habit und die Umgangsformen von Klerikern allgemein betrafen, so die Botschaft des Kardinals, galten auch für die Angehörigen der Schulen, und entsprechende Mahnungen sollten in der Schule vorgenommen werden. Allerdings sah der Legat in den Magistern und Scholaren eine Kategorie von Klerikern, mit der man nachsichtiger umgehen musste – die Strenge, die dem Weltklerus gegenüber angemessen erschien, musste in ihrem Fall gemildert werden.[35]

Das ideale Verhältnis zwischen Lehrern und Schülern, das Papst Innozenz III. in seinem Brief vorschwebte, muss uns angesichts der Entwicklungen seit der Ära Wilhelms von Champeaux als frappierend konservativ erscheinen: Der Magister bricht «den Kindern, die darum bitten» (*parvulis petentibus*), das Brot und labt die hungrigen Seelen mit der Speise des Gottesworts. Eine lästige Masse an Magistern sei dagegen nicht erwünscht, immerhin habe Gott ja alles nach Zahl, Gewicht und Maß geschaffen.[36] Konservativer hätte man das Verhältnis zwischen Lehrern und Schülern schwerlich fassen können! Jene einseitige Relation von Geben und Nehmen, wie sie von den jungen Wilden des 12. Jahrhunderts aufgekündigt worden war, wurde hier als Wunschbild reanimiert.

Eine Reform in diesem Geist wollten auch die frühesten erhaltenen Pariser Universitätsstatuten vornehmen, die sämtlichen Magistern und Scholaren (*universis magistris et scolaribus Parisiensibus*) 1215 vom päpstlichen Legaten Robert von Courçon in Urkundenform ausgehändigt wurden.[37] Wenn man sich diesem Zentraldokument der europäischen Universitätsgeschichte annähert, muss man allen Versuchungen, etwas Großes und Feierliches sehen zu wollen, widerstehen und darauf gefasst sein, dass man ein Durcheinander von Materien vorfindet. Altersgrenzen und Mindeststudienzeiten stehen unmittelbar neben curricularen Bestimmungen und Indizierungen unwillkommener Gegenstände (der aristotelischen *Metaphysik* und der Naturphilosophie nämlich, der Schriften Davids von Dinant und Amalrichs von Bena und eines obskuren Spaniers namens Mauritius); gemeinsame Mähler werden vorgeschrieben und in ihrem Aufwand zugleich begrenzt; eine Kleiderordnung wird beigegeben, die Präsenz bei Totenfeiern geregelt, ebenso der Status des Anwesens von Saint-Germain-des-Prés. Danach wird es vogelwild: Die Niedergerichtsbarkeit über die Scholaren geht an ihre jeweiligen Magister, die simonistische Praxis der Lehrlizenz-Vergabe soll unterbunden werden, das Bündnis der Magister und Scholaren wird auf gewisse Zwecke begrenzt, das Promotionsrecht der Theologen wird gesondert behandelt, der sogenannte Magisterzwang festgelegt: «Keiner sei ein Pariser Scholar, der nicht einen bestimmten Magister hat.»[38]

Am leichtesten taten sich Forscher mit diesem Text, wenn es ihnen lediglich darum ging, das Vorhandensein von landsmannschaftlichen Vereinigungen (der universitären «Nationen») und Disziplinen nachzuweisen, oder wenn man nach der Rolle der Päpste beim Zustandekommen der Universität fragte.[39] Jüngere Lesarten bemühten sich stärker darum, den historischen Ort der Statuten zu verstehen. Laut Stephen Ferruolo entsprangen sie dem friedlichen Konsens des päpstlichen Legaten und der Pariser Magister, bedeuteten kein päpstliches Diktat, sondern gaben in ihren Bestimmungen den Willen zumindest eines großen Teils der Magister wieder.[40] Es sei die frühe Universität selbst gewesen, die sich für die Verbesserung ihres *status* einsetzte, das heißt schon wenige Jahre nach ihrer Entstehung eine Reform anstieß.

Diesem Verständnis widersprach Luca Bianchi energisch. Aus seiner Sicht griff mit dem Statutentext eine Allianz aus päpstlichem Vertreter und örtlichen Theologen brutal in die junge Praxis der Pariser Artistenmagister ein, auch andere als die logischen Werke des Aristoteles zu lesen und das Programm der Philosophen weiterzutreiben.[41] Wiederum anders urteilt Nathalie Gorochov. Sie erinnert daran, dass Robert von Courçon in den Monaten vor der Ausstellung der Statuten mit seinen Predigten den Unwillen des französischen Klerus auf sich gezogen hatte, weil Kleruskritik in ihnen eine wichtige Rolle gespielt hatte. Gorochov vermutet, dass die Statuten vor allem die örtlichen Theologen versöhnen und im Hinblick auf das Vierte Laterankonzil, das im November desselben Jahres zusammentrat, als Verbündete gewinnen sollten.[42]

Es scheint jedoch eher so, dass die Statuten jene genannten Tendenzen der jüngeren wissenschaftlichen Autonomisierung bremsen sollten. Es geht zum einen um die Emanzipation vom curricularen Königsweg der *artes liberales*, es geht zum anderen um die Freiheit, neue Materien zu erproben und sich neuen Werken zu widmen. Letztlich berühren die Statuten die Freiheit der Scholaren in ihrer Selbstzuordnung, vor allem die Lockerung ihrer Bindung an jeweils nur einen Magister. Indem Robert von Courçon und die Magister Curricula und Standardwerke festlegten, agierten sie gegen die sichtbar gewordene Selbstreferentialität des philosophischen Betriebs. Offenbar wollten sie die Lehre zu Paris an das konservative Ideal der Bildung rückbinden, indem sie eine Mindestdauer für Studien und ein Mindestalter vorgaben, Leseverbote aussprachen und die obligatorischen von den fakultativen Gegenständen schieden. Alle diese Belange zielten auf die Reglementierung von Aktivitäten, von denen sie fürchteten, dass sie zu Wildwuchs führen würden. Und der besagte Magisterzwang, die eindeutige Zuordnung eines jeden Scholaren zu genau einem Magister, der sein oberster Lehrer und Gerichtsherr sein sollte, richtete sich auf die Tendenz der Scholaren, ihre Lehrer je nach Interessen und Vorlieben häufiger zu wechseln. In dieser Maßnahme kommt am deutlichsten die Verpflichtung auf ein konservatives Ideal zum Ausdruck, ein Ideal, das dem Denken der *artes liberales* und der ihnen entsprechenden Schulformen entsprach. Auf die befürchtete Entklerikalisierung der Scholaren zielen die Kleidervorschriften und die Regelung der Mähler. Der runde, schwarze Talar wird Pflicht, die Kleiderordnung wird überhaupt vom Habit der Kleriker diktiert, ebenso der Vorlesungsplan, der auf den örtlichen Festtagskalender Rücksicht nehmen muss. Die Reglementierung der Festmähler und der Totenmemoria sowie das Recht zur Statutengebung betrifft überdies auch das Miteinander der universitären Korporation: Wenn alle Magister alle Totenfeiern besuchen müssen, bricht der Betrieb zusammen; deshalb glaubt man hier regulierend eingreifen zu müssen.

... und innere Freiheit

Von außen betrachtet wirkt das Gehäuse, in dem das wissenschaftliche Wissen sesshaft wurde, wie ein goldener Käfig. Die enorme Dynamik der gelehrten Entwicklung, die das 12. Jahrhundert bestimmt hatte, wurde in ihm zwar nicht gebremst, aber immerhin kanalisiert. Die Träger dieses Wissens zogen aus der Privilegierung ihres Rechtsstandes großen Nutzen: Sie besaßen ein Kooptationsrecht und die Befugnis, sich selbst Statuten zu geben und ihre Magistrate aus ihrer Mitte selbst zu wählen (Autonomie und Autokephalie). Sie genossen Rechtssicherheit und Abgabenfreiheit während der An- und Abreise sowie einen eigenen Gerichtsstand, der sie vor den Begehrlichkeiten der städtischen Kommune und ihrer Angehörigen zu schützen versprach. Hinzu kam die Graduierung, das heißt die Erlangung der Lehrlizenz. Und mehr noch: Man erteilte ihnen mit dieser die Befugnis, die Lehrlizenz an jedem beliebigen anderen Ort einzulösen, das heißt in praktizierte Lehre umzusetzen (das sogenannte *ius ubique docendi*).[43]

Dieser herausgehobene Rechtsstand, so lästig er für die Umwelt der Universitäten manchmal war, trug doch zu deren Reputation bei. Nicht die Wissenschaft, sondern die Universität wurde zur anerkannten Autorität, auf die man sich künftig berief, wenn man seinem Standpunkt die höheren Weihen der Richtigkeit und der Wahrheit verleihen wollte.[44] Selbst der anonyme deutsche Utopist, der um 1500 mit einem kruden General-Weltrettungsplan aufwartete, glaubte genau zu wissen, was in einer strittigen Frage «zu Paris von den Hochgelehrten beschlossen und versprochen worden war».[45]

Der Preis für diese Förderung und für die Aufwertung der eigenen Position lag in den Selektionsprozessen, die von den Einrichtungen der Universität in Gang gesetzt wurden. Curriculare Anforderungen und Prüfungswesen banden den Lernenden stark an die Person «seines» Magisters, denn dessen Stimme und nicht seine eigene Leistung war im Graduierungsverfahren ausschlaggebend. Der Magister präsentierte den Vorsitzenden seinen Schüler, dieser schwor, die für die Prüfung vorgeschriebenen Texte studiert zu haben. Der Magister beeidete seinerseits, dass der Prüfling kompetent sei, dann gelobte der Prüfling abermals, dass er im Erfolgsfall bestimmte Verpflichtungen einhalten werde. Determinieren, das heißt sein Wissen produktiv einsetzen, musste er dann natürlich auch noch, aber dass er durchfallen würde, war offenbar ganz unwahrscheinlich – selbst ein später satirischer Text handelte von einem, der zweimal zurückgewiesen worden war, den man aber «der Ehre der Universität zuliebe» doch noch durchwinkte.[46] Die Examina überprüften mehr die *fama* als den Verstand, eher das soziale Standing als die gelehrte Kompetenz, und über diese entschied die Zugehörigkeit zu einem bestimmten Lehrer und das Durchhaltevermögen, das man während seiner Zeit an der Hochschule bewies.[47]

Die Spannungen, die sich so im Inneren des privilegierten und sich zugleich selbst reglementierenden Wissenschaftsbetriebs einstellten, werden in den Pariser Studienführern des 13. Jahrhunderts deutlich, einer Textgattung, die aus der Tradition der «Einteilungen der Philosophie» schöpfte, wobei sie deren Wissen mund- und prüfungsgerecht zurechtschnitt. Etwa 20 solche Arbeiten sind mittlerweile bekannt. Sie zeigen, wie das an den Schulen generierte Wissen zugleich tradiert und enggeführt wurde – die Neuerungen des 13. Jahrhunderts, vor allem die aristotelische Metaphysik und Naturphilosophie (die das artistische Quadrivium diskreditieren sollte) sowie die praktische Philosophie des Stagiriten, berührten sie wenig.[48] Doch zugleich treten unter dieser traditionsbestimmten Oberfläche auch selbstbewusste Apologien der Philosophie und des Philosophierens zutage. Sie orientieren sich dabei an einem Weisheitsideal, das an antiken Vorstellungen geschult ist und das mutig an die erste Stelle vor das christliche Weisheitsideal eines Augustinus gerückt wird. Ihre Botschaft ist, dass es eine philosophische Weisheit sui generis gibt und dass man das Leben eines Philosophen führen müsse, wenn man diese erreichen wolle. Jüngst hat Marcel Bubert den unterschwelligen «Enthusiasmus für die Philosophie» freigelegt, der in diesen auf den ersten Blick so kompendienartigen Nutztexten zum Ausdruck kommt. Er betont in diesem Zusammenhang, dass zur Zeit der Studienführer «in zunehmendem Maße Artes-Magister begegnen, die deutlich länger an der Artistenfakultät blieben als offiziell vorgesehen» – Roger Bacon etwa zehn Jahre, Herveus Brito zwischen zehn und 20, Petrus von Auvergne rund 25 Jahre lang.[49] Es gab also Leute, die hier nicht studierten, um anschließend zu den höheren Studien überzugehen, sondern weil sie philosophieren wollten.

Man sieht: Es hilft nicht weiter, die Universität gegen die Wissenschaft auszuspielen. Die eine sollte fortan ohne die andere nicht mehr denkbar sein. Letztere hatte sich längst als einer der beweglichsten, am stärksten auf Erneuerung und Veränderung angelegten Sektoren des gesellschaftlichen Ganzen erwiesen. Und nicht *im Gegensatz* zu dieser Fluidität und Beweglichkeit, sondern *gerade wegen dieser* nutzte die Wissenschaft die konservierende und kanalisierende Organisationsform der Universität. Weil sich dort bis zur Mitte des 13. Jahrhunderts die Zuteilung der Disziplinen zu einer kleinen Zahl von Fakultäten entwickelte und weil sich dort der Modus des Examens und der Graduierung einstellte, der sich naturgemäß nicht beständig ändern durfte, waren die Wissenschaftler, die an ihr ausgebildet wurden, zu entsprechenden Selbstzuordnungen veranlasst. Sie konnten damit rechnen, im Kontakt mit ihrer Umwelt auf Vertrauen zu stoßen: Sie hatten teil an einem überschaubaren und leicht fassbaren System, das auch die Außenstehenden bald kannten und an dem sie ihre Vorstellungen von der Wissenschaft schärften.

Doch trotz dieser symbiotischen Beziehung zwischen dem, der forscht, und der Universität wäre es natürlich abwegig, Letztere für die Wissenschaft schlechthin zu nehmen. Und natürlich hat es seine Gründe, dass seit circa 1300 auch außerhalb der Universitäten Wesentliches geleistet wird.[50] Immerhin wäre es ja auch falsch, die Kirchen mit dem Glauben, den Staat mit der Politik oder den Justizapparat mit dem Recht gleichzusetzen.

Diese dialogische Spannung zwischen der Erweiterungsdynamik der Wissenschaft und dem Konservatismus der Universität wird für die Zukunft in der Wissenschaftskommunikation fest verankert bleiben. Eine zweite Dialogik dieser Art war das Spannungsverhältnis zwischen dem universellen und dem disziplinären Wissenschaftsideal, zwischen der Einheit der Wissenschaft und dem Eigensinn ihrer jeweiligen Disziplinen.[51] Dies galt nicht nur, weil die Bandbreite von philosophischen Milieus, die sich an dem neuen Wahrheitsideal orientierten, und den auf Nützlichkeit bedachten Juristen unter dem einen Dach der hohen Schule Platz fand. Ganz allgemein war überdies der Eigensinn der Disziplinen in der Struktur von Fakultäten unter dem Dach der einen Universität angesiedelt. Von wissenschaftlichen Ausrichtungen (*facultates*) war von Anfang an die Rede gewesen – um die Mitte des 13. Jahrhunderts waren unter dem Druck, ein akzeptables Lehrangebot und eine funktionierende Promotionspraxis zu organisieren, Fakultäten nach unserem Verständnis daraus geworden.[52] Einer ihrer Angehörigen fungierte als Dekan, wiederum einige Zeit später scheinen sie eigene Siegel geführt zu haben.[53] Diese Einteilung in Organisationseinheiten ermöglichte es, die Anforderungen je nach Fach zu spezifizieren und die Gesamtuniversität von fachspezifischen Fragen und Auseinandersetzungen zu entlasten.

Vor allem den Päpsten und Prälaten war von Anfang an daran gelegen, die Vermischung der Disziplinen, die Verschränkung von Perspektiven und Fragen zu unterbinden. «Man fasst die Schulen zusammen, und es kommt eine Monstrosität dabei heraus», so der Kanzler der Pariser Kathedrale über die junge Universität in seiner Nachbarschaft; «ein Monstrum ist das Zusammentreffen verschiedener Naturen in einem Körper. Wenn man nun aus mehreren Nationen eine *universitas* bildet, was heißt das dann anderes, als dass man ein Monster schafft? […] Die vier Köpfe dieses Monsters sind die vier Fakultäten: Logik, Physik, kanonisches und göttliches Recht.» Was den einen fruchtbare, ja notwendige Verschränkung, ist den anderen ein unheimliches Zwitterwesen.[54] Besondere Vorbehalte galten dabei natürlich der drohenden Behandlung theologischer Fragen auf philosophischer Grundlage. Ein päpstlicher Legat mahnt 1247, alle sollten sich mit den althergebrachten, von «unseren Vätern» errichteten «Grenzen zwischen den Wissenschaften und Fächern» zufriedengeben.[55] Auffällig auch das Vermischungs- und Vergiftungsvokabular, mit den wechselseitige Einflussnahmen von den Päpsten bedacht wurden. Artisten sollten sich nicht in die Belange der Theologen «einmischen», also in Dinge, «die sie nichts angingen». Umgekehrt sollten die Theologen «nicht wie Philosophen auftreten». Die «Reinheit des Studiums» stehe auf dem Spiel, wenn logische Figuren in theologische Materien eingefügt würden, der «Schmutz von Irrtümern» würde diese dann beflecken; zu «vermischen und vermengen» sei verboten, meint der päpstliche Legat 1247.[56]

Als Herr über die disziplinäre Ordnung inszenierte sich Papst Honorius III., als er die Lehre der Legistik 1219 gänzlich verbot, um die örtliche Theologie damit vor einem Konkurrenten zu schützen.[57] Machtansprüche gegenüber der sich emanzipierenden Wissenschaft ließen sich auf diese Weise wie Wahrheitsansprüche erheben, appellierten die Päpste und Legaten doch an das scheinbar Evidente, an den Wunsch, dass die komplizierter werdende Welt überschaubar bleiben sollte wie ein sauber aufgeräumter Werkzeugkasten. Dieses Unbehagen einer mächtigen äußeren Gewalt angesichts der offenkundigen Nähe und des Interesses der Disziplinen aneinander blieb nicht unwidersprochen. Es bildete den Hintergrund für die heroischen Bekundungen der Einheit und der Ganzheit, wenn die Magister mit einer Stimme sprachen: «Wir, die Universität».

Bologna, Oxford und die Ausbreitung der Universitäten

In Bologna, dem Zentrum des Rechtsstudiums in Europa, ist schon etwas früher als in Paris von der *universitas* die Rede, dort allerdings im Sinn von landsmannschaftlich gebundenen Scholarengruppen. Gemeint sind diejenigen Verbände, die andernorts als akademische «Nationen» (*nationes*) bezeichnet werden. So scheinen Studenten aus England früh einen Altar zu Ehren des 1170 ermordeten Thomas Becket unterstützt zu haben, was ihre Zusammengehörigkeit zum Ausdruck brachte. Nach der Wende zum 13. Jahrhundert verengte sich der Begriffsgebrauch auf zwei bis drei solche Zusammenschlüsse: eine Universität der *citramontani*, das heißt der diesseits der Alpen geborenen Scholaren, eine der *ultramontani* von jenseits der Alpen – und am Ende des Jahrhunderts zusätzlich eine der Artisten, hier also doch ein disziplinär bestimmter Zusammenschluss.[58] Von außen besehen, beispielsweise aus der Perspektive des Papstes Honorius III., wirkten die Bologneser Scholaren – nur sie, nicht die Magister – allerdings früh als eine einzige *universitas*. Die Magister selbst waren zu eng an die Kommune angebunden, ja sie hatten um 1190 der Forderung der Bologneser nachgegeben, einen Eid auf ihren Verbleib in der Stadt zu leisten: «Ich, Herr Lothar», so ein Cremoneser Doktor vor dem städtischen Rat, «schwöre, dass ich von heute an und inskünftig keine Rechtsschule an einem anderen Ort als Bologna leiten werde.»[59] Zu lukrativ war das Geschäft der Legisten, und der Preis, den sie für die guten Bedingungen am Ort (und für die Aussicht auf das Bürgerrecht) zahlten, bestand darin, als jeweils Einzelner und nicht als Teil einer durchsetzungsfähigen Gruppe behandelt zu werden. Mit ihrer Hilfe wollte die Stadt mittelbar auch die Scholaren an sich binden, doch diese Rechnung ging nicht auf – die *universitates* der Studierenden wurden durch den Druck, den die Kommune auf sie ausübte, nur fester zusammengeschweißt.[60] Das Bild von der Bologneser Universität sollte von diesem Umstand dauerhaft bestimmt werden. Man wusste auch anderswo, dass es hier die Scholaren waren, die das Sagen hatten.

Im englischen Oxford sprach man spätestens seit 1216 von einer *universitas*, zunächst in einer sehr allgemein gehaltenen Formulierung, zehn Jahre später aber eindeutig mit Bezug auf eine Universität. Gemeint war die «masters' guild», hier also nicht die Scholaren.[61] Für die Jahre von circa 1190 bis 1209 hat man die Zahl der Magister auf mindestens 70 geschätzt, die Zahl der Schulenbesucher ging wohl in die Hunderte.[62] Einen verheerenden «town-and-gown»-Konflikt im Jahr 1208/09 oder genauer: die Entschlossenheit, mit der die Magister und Scholaren in dieser Auseinandersetzung auf Leben und Tod ihre Interessen durch Streik und Abwanderung durchsetzten, kann man sich nur mit der Annahme erklären, dass sie als Gruppe auftraten und handelten. Tatsächlich ist in zeitgenössischen Quellen von einem «Vorsteher der Oxforder Schulen» (*magister scholarum Oxoniae*) die Rede. Um 1230 beobachten wir die Magister dabei, wie sie das universitäre Leben mit Hilfe von Statuten zu regeln versuchten.[63]

Die engen Verbindungen zu Paris, aber auch die Bedeutung der Oxforder Schulen im gesamtenglischen Rahmen waren entscheidend für die Entstehung der Universität, und dennoch prägte sich an der Themse im Lauf des 13. Jahrhunderts eine andere Verfassung aus.[64] Denn der bischöfliche Kanzler, wie auf dem Kontinent zunächst als Träger bischöflicher Macht mit der Überwachung der Graduierungen betraut, emanzipierte sich bald von seinem Herrn, war nicht länger Träger abgeleiteter Macht und wurde stattdessen in die Universität selbst einbezogen. Der Kanzler – und mit ihm ein

Amtsträger, der zu Paris in dauerhaftem Konflikt zu den örtlichen Gelehrten stand – förderte in Oxford die Emanzipation vom zuständigen Bischof von Lincoln, war also fortan ein Verbündeter im Kampf um die Bewahrung der akademischen Freiheit. Auf diese Weise wirkte die Universität eher in die Führungsriege des englischen hohen Klerus hinein, als dass dieser umgekehrt die Hochschule hätte instrumentalisieren können.[65]

Paris, Bologna und Oxford – das waren die drei frühesten Universitäten, die ohne die planende Hand eines Gründers entstanden. Sie «emergierten», wie man auch im Deutschen mittlerweile sagt, wenn man anzeigen will, dass eine Sache in die Welt eintritt, ohne dass man diesen Prozess zu Kausalketten ordnen könnte.[66] Von ihnen aus breitete sich das Modell der Universität (sei es der Schwureinung von Lehrern, von Schülern oder von beiden) in Schüben weiter in Europa aus. Hierfür standen zwei Modi zur Verfügung: der Exodus und die Stiftung, so dass man schon von «Exodus-» und von «Stiftungsuniversitäten» gesprochen hat.[67] Ersteres besagt, dass eine neue Universität durch Abwanderung von einer bereits bestehenden entstand. Der schon erwähnte «town-and-gown»-Konflikt der Oxforder von 1208/09 gibt ein gutes Beispiel dafür. Nachdem ein Oxforder Student in diesem Jahr eine Frau getötet hatte und aus der Stadt geflohen war, verhafteten Vertreter der Bürgergemeinde mit Rückendeckung des englischen Königs drei Mitbewohner und hängten sie. Dies veranlasste einen erheblichen Teil der jungen Universität, die Stadt aus Protest zu verlassen. Wiederum ein Teil dieser Exodusgemeinde ließ sich in einem kleinen Städtchen der Diözese Ely nieder und nahm den Lehrbetrieb dort wieder auf. England hatte seine zweite Universität: Cambridge.[68]

Diese Strategie griff auch anderswo. Als 1222 in Bologna Konflikte zwischen den Universitäten und der Stadt ausbrachen, verließ eine große Zahl von Scholaren die Stadt – die Universität in Padua verdankt ihren Ursprung diesem Ereignis.[69] Abermals sechs Jahre später sandte die Bürgergemeinde von Vercelli Boten zu Geheimverhandlungen nach Padua, um dort Studenten mit dem Versprechen großartiger Studienbedingungen abzuwerben und zu sich zu locken. Die Vertreter der Scholaren ließen sich darauf ein und sagten zu, mindestens so viele Kommilitonen zu stellen, dass in Vercelli 500 Wohnungen mit ihnen belegt würden. Mindestens acht Jahre lang, so der Vertrag, würden sie dort bleiben.[70] Schauen wir einmal mehr nach Paris, fällt uns der Exodus der Jahre 1229–1231 auf, der abermals von Tötungen ausgelöst wurde – er führte dazu, dass in Orléans und in Angers Universitäten entstanden.[71]

Stiftungsuniversitäten gründeten dagegen auf der Initiative von Individuen – meist Fürsten, das heißt dem jeweiligen Landesherrn – oder Gruppen. Als Stifter sorgten diese für die Rahmenbedingungen, die als «Erstausstattung» die Ansiedlung einer Gelehrtenkörperschaft ermöglichen sollte.[72] Dies galt etwa – besonders früh – für Toulouse, wo Graf Raimund VII. als Landesherr im Zusammenwirken mit König Ludwig IX. von Frankreich und Papst Gregor IX. 1229 seine Universität gründete.[73] Sofern Gruppen solche Initiativen starteten, waren dies in erster Linie die städtischen Kommunen. Für Italien hat man summarisch von «Stadtuniversitäten» gesprochen, im Reich gehen etwa die Universitäten zu Köln (1388/89), Erfurt (1392) oder Basel (1460) auf Beschlüsse des jeweiligen Rats zurück.[74] Solche Initiativen reizten benachbarte und konkurrierende Fürsten: Die Prager Universitätsstiftung von 1348 wurde in Krakau, Wien und Pécs beobachtet und kopiert, allerdings zunächst mit weniger Erfolg.[75]

Maßgeblich beteiligt an den Gründungen waren erfahrene Professoren anderer Universitäten, die ihr Know-how in Fragen der Hochschulverfassung, in der Verschränkung von Universitäts- und Fakultätskompetenzen sowie in der Vermittlung zwischen den unterschiedlichen Selbstbildern der Fakultäten einbrachten.

Irrig ist auf jeden Fall die Ansicht, dass sich mit dem Aufschwung dieses Stiftungstypus der Charakter der Hochschulen grundlegend verändert habe, dass die Universitäten mit dem Auftreten von Stiftern und ihren Erben zu reinen Instrumenten der weltlichen Obrigkeit geworden seien.[76] Tatsächlich hörten die freien Einungen der Magister und der Scholaren auch unter den Bedingungen der Stiftungsuniversität und der Landesherrschaft nicht auf, ihrem Anspruch nach paritätisch organisierte Genossenschaften zu sein. Die geistlichen und weltlichen Herren interessierten sich normalerweise wenig für das Programm der Hochschulen, räumten ihnen (jedenfalls im Normalbetrieb) keine hohe Priorität ein. Achtmal mehr Geld als

Europäische Universitäten, an denen um 1300 tatsächlich gelehrt wurde **Karte 4**

Karte 5 Aktive Universitäten beim Ausbruch des Großen Abendländischen Schismas (1378)

Aktive Universitäten um 1500 **Karte 6**

 für die Leipziger Universität wandte der Kurfürst von Sachsen 1471 für seinen Weinkeller auf.[77] Erst in Krisenzeiten, so etwa während der Reformationsära, sollte sich dies grundlegend ändern. Und umgekehrt: Wenn Fürsten glaubten, die Universität als Waffe im politischen Kampf einzusetzen, half es einer Universität keineswegs, *nicht* gestiftet worden zu sein. Die Pariser Hochschule, nach einem ihrer Kollegien bald als die «Sorbonne» bezeichnet, litt zur Zeit des Großen Abendländischen Schismas (1378–1417) unter der Politik, die die «beflissenen Geheimräte» des französischen Königs umsetzen wollten.[78] Stiftungsuniversitäten waren – zumindest im Mittelalter – ebenso wenig Staatsanstalten wie die frühen, aus wilder Wurzel entstandenen Hochschulen.

Machen wir uns die Ausdehnung der Universitäten mittels einiger Zeitschnitte bewusst.[79] Bis circa 1300, das heißt während des ersten Jahrhunderts der europäischen Hochschulgeschichte, gelangen Neugründungen vor allem in Norditalien, so beispielsweise in Vicenza, Reggio, Arezzo oder Siena. Zu erwähnen sind für den Süden der Apenninen-Halbinsel die Studien an der römischen Kurie sowie in Salerno und Neapel, doch hat man für die Letzteren beiden keine universitäre Schwureinung nachweisen können, so dass wir hier vielleicht von Hochschulen sprechen sollten, aber nicht von Universitäten (die Bezeichnung von Neapel als «Staatsuniversität» führt deshalb in die Irre).

In Frankreich erlangte das schon genannte Orléans einen hohen Rang wegen seiner Ausbildung von Juristen – das Verbot des römischen Rechts zu Paris seit 1219 wirkte sich hier fördernd aus, so dass man diese Gründung schon als die legistische Fakultät der Pariser Hochschule bezeichnet hat. Toulouse und Angers kennen wir schon. Auf der Iberischen Halbinsel konnte sich Salamanca früh und prominent etablieren, Valladolid und Lissabon kamen hinzu. Universitäten waren in dieser Phase also im Wesentlichen konzentriert auf die maßgeblichen frühen Zentren Bologna, Paris und Oxford samt ihren primären Ablegern (Padua, Orléans, Cambridge) sowie auf die mediterrane Welt.

Bis zur Reformation sollten neue Universitäten niemals an die Bedeutung der frühen Zentren heranreichen, sowohl was die Anziehungskraft auf die Studierenden als auch die wissenschaftliche Ausstrahlung anbelangt. Gründungen bis zum Ausbruch des Schismas 1378 hatten es meist schwer. Selbst im Prag Karls IV. sind die Verhältnisse für die ersten Jahrzehnte ab 1348 schwer durchschaubar. Die Universität scheint sogleich in zwei Teile zerfallen zu sein, die sich ganz unterschiedlich organisierten.[80] Die Schulen in Wien, Krakau und Pécs dümpelten lange vor sich hin, die Wiener beispielsweise eher als Kostgängerin der Bürgerschule von St. Stephan denn als selbständige Einrichtung.[81] Die Hauptursache für diesen unbefriedigenden Zustand war der Mangel an qualifizierten Magistern für die drei «oberen» Fakultäten der Medizin, der Jura und der Theologie. Wenig förderlich war auch die Politik der Päpste, die Lehre der Theologie durch Konzentration in Paris kontrollieren zu wollen – bei den Neugründungen der Jahre bis 1378 wurde im päpstlichen Privileg daher sehr häufig die theologische Fakultät verweigert.[82] Dass sich diese Politik mit dem Ausbruch des Schismas, das heißt mit der Existenz zweier (zeitweise sogar dreier) konkurrierender Päpste, nicht mehr durchhalten ließ, gab den Anstoß für eine ganze Welle von Gründungen, die nun gelangen: Die Stifter konnten den Hebel bei der Konkurrenz der Päpste ansetzen und dadurch eine volle Universität mit den erwarteten vier Fakultäten bewilligt bekommen. Der «römische» Papst Urban VI. musste damit rechnen, dass er mit der Verweigerung der Theologie den jeweiligen Petenten seinem Rivalen in Avignon in die Arme trieb. Die Politik der Paris-Protektion ließ sich so nicht mehr durchhalten. Hinzu kam, dass der König von Frankreich massiven Druck auf die Pariser Professoren ausüben ließ, sich der Obödienz von Avignon zu unterstellen. Gerade für deutsche Professoren, die in Paris lehrten, wurde die Situation in der französischen Hauptstadt kritisch. Sie wanderten ab und standen neuen Gründungsinitiativen im Reich zur Verfügung: abermals in Wien, nun aber, im Jahr 1384, sehr erfolgreich; ebenso in Heidelberg, Köln und Erfurt.

Am Vorabend der Reformation existierten im Reich 17 Hochschulen (bei einer geschätzten Gesamtzahl von 250 000 Besuchern, Auslandsstudien einbegriffen),[83] etwa gleich viele im Bereich der französischen Krone, elf auf der Iberischen Halbinsel und fünf auf den Britischen Inseln (neben Oxbridge St. Andrews, Glasgow und Aberdeen). Die einzige skandinavische Hochschule bestand seit 1479 in Kopenhagen.

 Sie alle bildeten ein dichtes Netz aus Hochschulen, wobei «dicht» angesichts der ungebrochenen Bedeutung der frühen Universitäten durchaus als Euphemismus für «klein», ja für «provinziell» gelesen werden kann. Wer studieren wollte, musste sich unter diesen Bedingungen nicht mehr unbedingt der Erfahrung der Fremde und des Auslands (auf Frühneuhochdeutsch: des «Elends») aussetzen – man zog dann nach Erfurt statt nach Pavia, nach Prag statt nach Orléans. Zwar reiste der, der es sich leisten konnte, weiterhin an die alten Zentren, und wer ehrgeizig, aber nicht vermögend genug war, studierte die Jura zu Hause und ging nur zur Graduierung nach Oberitalien. Das war immer noch kostspielig genug. Als sich in Frankfurt zu Beginn des 16. Jahrhunderts einmal der Stadtarzt und der Apotheker stritten, meinte Letzterer: Das sei doch komisch, dass der Arzt nach gerade einmal zwei Monaten in Italien als Doktor der Medizin zurückgekommen sei.[84]

Exzellenzwettbewerbe

Entstanden war eine europäische Wissenschaftslandschaft, die von jungen, wissbegierigen und oft karrieredurstigen Männern durchstreift wurde. Im Ganzen überblickte man diese Landschaft und ihre universitären Hauptorte allenfalls an der päpstlichen Kurie, wo beständig Delegierte der einzelnen Hochschulen empfangen wurden, wo man ihre Wünsche hörte, gegen stattliche Gebühren die erbetenen Privilegienbriefe ausstellte und Bitten um Pfründen prüfte.[85] Vereinzelt begegnen wir aber auch abseits der Kurie neugierigen Beobachtern, so etwa dem anonymen Autor einer 1499 gedruckten Kölner Chronik. Dieser nennt sich gerne in der Ich-Form, und er versucht in seinem Text, die Geschichte seiner Stadt in ältere universalgeschichtliche Denkmuster zu integrieren. Zu seiner Lebenszeit, so schreibt er im Rückblick, habe er die Leute sagen hören, dass die beste Schule der Sieben freien Künste und der Naturphilosophie die Pariser sei. Die beste Theologie befinde sich (Überraschung, Überraschung) in Köln. Bologna in der Lombardei sei «die höchste und beste Schule in geistlichem und weltlichem Recht». Was die Medizin anbelange, so gelte dasselbe für Pavia, und das polnische Krakau sei die beste Schule für die Astronomie, das heißt die Wissenschaft von den Gestirnen.[86]

Hier kommt zweifellos der Lokalpatriotismus eines Kölners zum Ausdruck – ob die Theologen am Mittelrhein tatsächlich die europäische Crème de la Crème bildeten, wird man wohl bezweifeln müssen. Doch wichtiger als der Patriotismus des Anonymus scheint die ökumenische Denkform zu sein, die der Aussage zugrunde liegt: Trotz der Gliederung der Welt in Reiche und adlige Herrschaften stellte sich dieser Anonymus die lateinische Christenheit als eine Einheit vor, die in ihrem Inneren differenziert war. Spezialisierte Schulen fügen sich zu einem gedachten Ganzen, das die Fülle der Wissenschaften beherbergt. Zweifellos wurde dieses Verständnis (die polyzentrische Struktur einer funktional differenzierten Bildungswelt) durch die Konkurrenzen zwischen Reichen und Fürsten beeinflusst, doch hatte es offenbar dennoch Bestand. Und trotz der bald einsetzenden Konfessionalisierung Europas können wir erst für das 18. Jahrhundert beobachten, wie dieses ökumenische Deutungsschema allmählich verschwindet.

Was diese Vorstellung jedoch nicht verhindern konnte, war, dass die Universitäten einander zu Konkurrentinnen wurden. Toulouse setzte sich von Paris ab, Orléans ebenso. Padua stand im Wettstreit mit Bologna, und dasselbe galt im späteren Mittelalter auch für die kleineren regionalen Hochschulen. In der Breisgaustadt Freiburg schaute man auf das besser gestellte Basel, in Valence auf Grenoble, ja die beiden Letzteren trugen bis zur Französischen Revolution einen veritablen «Bruderkrieg» gegeneinander aus (Alain Balsan).[87]

Die Hochschulen rangen miteinander um Rang und Zulauf, und sie verfielen dabei darauf, dass disziplinäre und inhaltliche Schwerpunktbildung sie attraktiver machen würde. Folglich grenzten sie sich wissenschaftlich voneinander ab. In Toulouse schuf man für die Grammatik eine Extrafakultät neben der eigentlichen Artes-Fakultät, weil man mit Blick auf Letztere mit Paris ohnehin nicht mithalten konnte. Immerhin profilierte man so seinen Grammatikunterricht und schuf damit etwas, das wir gegenwärtig als Alleinstellungsmerkmal bezeichnen.[88] Grenoble, das Mitte des 15. Jahrhunderts auf die bescheidene Konkurrenzgründung in Valence herabsah, registrierte immerhin, dass sich die Rivalen durch die

 Profilierung ihrer Legistik ein Sondermerkmal geben wollten, also machten sie sich selbst auf die Suche. Ein berühmter Professor musste her, idealerweise ein Italiener. So warb man der Konkurrenz denn ihr Zugpferd ab, den Piemontesen Gribaldi de Moffa. Die Beziehungen zwischen Grenoble und Valence besserten sich dadurch nicht.[89]

Schon als die Tolosaner Hochschule gegründet wurde, verfassten die Initiatoren ein Einladungsschreiben, das sich in erster Linie an die Pariser Scholaren und Magister richtete. Diese befanden sich einmal mehr wegen eines «town-and-gown»-Konflikts in einer schwierigen Situation, so dass man im Süden auf die Bereitschaft zur Abwanderung hoffen konnte. Bezeichnend ist, dass in dem Einladungsschreiben auch auf das Pariser Verbot naturphilosophischer Lehrveranstaltungen hingewiesen wurde. Die Bücher über die Natur, die man an der Seine verboten habe, könne in Toulouse hören, wer den Busen der Natur gründlich studieren wolle, so versprach der Werbebrief. Und weitere gute Gründe für den Wegzug aus der Königsstadt wurden aufgeblättert:[90]

> *Was also wird euch fehlen? Akademische Freiheit? Mitnichten, denn da ihr an keinem Gängelband geführt werdet, werdet ihr eure eigene Freiheit genießen. Oder fürchtet ihr die Bosheit des rasenden Mobs? Oder die Tyrannei des ungerechten Fürsten? Fürchtet euch nicht, denn die edle Gesinnung des Grafen von Toulouse schafft uns ausreichende Sicherheit. Dies gilt für unser Salär wie für unsere Bediensteten, die nach Toulouse kommen und wieder abreisen.*

Auch anderswo betrachtete man die Pariser Universität nicht nur als Mutteranstalt, sondern auch als die Hauptrivalin. 1287 berichtete der Bischof von Amiens einem Amtskollegen, dass er gerade Zeuge akademischer Disputationen zunächst in Paris, dann in Orléans geworden sei. Sein Eindruck sei, dass die Magister und Scholaren an der Loire mehr vom Recht verstünden als die von der Seine und dass sie alles in allem intelligenter seien.[91]

Eine veritable Strategie: Man achtete auf die Schwächen der Konkurrenzunternehmen und trachtete danach, es besser zu machen, ja sich ein abweichendes, attraktives Profil zu geben. Manchmal standen die großen, alten Zentren sich ja selbst im Weg, wenn es um Besserung und Reform ging, und die Hochschulen der zweiten

Garde konnten überholen, ohne sie einzuholen. Wenn es um die Erschließung des Corpus Iuris ging, scheinen die Bologneser so sehr auf das bewährte Medium der Glosse und die große Leistung «ihres» Accursius konzentriert gewesen zu sein, dass sie die Rechtsfortbildung als eine neue große Aufgabe der Jurisprudenz nicht ernst genug nahmen. Die jüngeren Hochschulen in Perugia und Pavia, in Pisa und Siena liefen ihnen in dieser Hinsicht den Rang ab, in Modena und Padua wurden Disputationen zum Statutarrecht angeboten. Schon vor dem Zeitalter der Industriespionage hatten es Nachzügler in vielerlei Hinsicht eben leichter als Pioniere.[92] Als nach dem Ausbruch des Schismas im Reich erfolgreich Universitäten etabliert wurden, kamen die Verantwortlichen an mehreren Orten auf die Idee, dass sie mit der Einrichtung zweier juristischer Fakultäten ein besonderes Profil schaffen könnten, einer für das kanonische und einer für das römische Recht. Und tatsächlich gab es deshalb bald Fünf-Fakultäten-Universitäten. In Köln und Löwen etwa war diese Strategie nicht gänzlich erfolglos.[93] Eine Profilierung noch grundsätzlicherer Art diskutierten die Basler, indem sie erörterten, ob sie nicht statt der nördlich der Alpen gewöhnlichen Magisteruniversität eine Scholarenuniversität nach Bologneser Muster einrichten sollten, also eine Hochschule, in der die Studierenden statt der Lehrenden die *universitas* bildeten und die Magister lediglich vertraglich an die Scholaren gebunden waren. Letztlich setzten sie dies nicht in die Tat um; doch hätten sie es getan, dann wäre in Basel tatsächlich etwas ganz Besonderes entstanden.[94]

Diese Strategien sind von den Professoren der jungen Hochschulen leidenschaftlich und kontrovers diskutiert worden.[95] Unter den Bedingungen der Universität war es für die Wissenschaft eben leichter, über sich selbst zu sprechen, denn Fächer, Fragestellungen, Leitbegriffe und Primärlektüren waren nun eingekleidet in Formen der sozialen Organisation (die Fakultäten, die Universitätsnationen, ihre Amtsträger) und bewehrt mit Institutionen (die Pflichtvorlesung, überhaupt das Curriculum, die Graduierung, das *ius ubique docendi*). In Erfurt oder in Köln zu philosophieren, so konnte man jetzt sagen, waren zwei verschiedene Dinge.[96] Die soziale Ermöglichung der Prozesse, die wir oben an den Schulen beobachtet haben, war fortan nicht mehr an das Überleben der jeweiligen *schola* gebunden, an die

Gemeinschaft des einen Lehrers mit seinen Schülern also. Auch die Umwelt der Wissenschaft wusste dank der dauerhaften Existenz der Universitäten besser Bescheid, an wen sie sich wenden sollte, wenn sie das neue Wissen brauchte. Die Theologie verhielt sich indifferent zum Prozess gegen den Templerorden, die Theologen der Sorbonne nicht; die Wissenschaft konnte kein Fachgutachten ausstellen, die juristische Fakultät der Freiburger Universität dagegen durchaus.[97]

Epilog

«Am Anfang waren die Städte»: Wahrscheinlich wollte Jacques Le Goff in erster Linie seine konservativen Zunftkollegen ärgern, als er mit diesem Bekenntnis zu einer materialistischen Geschichtsbetrachtung sein Buch über die «Intellektuellen im Mittelalter» einleitete. Ernst gemeint war sein Eingangssatz dennoch.[1] Die Universität, der Professor, der Gelehrte und der Intellektuelle waren für ihn ohne jeden Zweifel von Anbeginn Geschöpfe einer urbanen Kultur. Bis heute wird diese häufig der agrarischen, feudalen und ruralen Sphäre eines vermeintlich vorangegangenen zivilisatorischen Zustandes entgegengesetzt, in der das geistige Leben in Klöstern statt an Universitäten beheimatet war.[2] Auf den ersten Blick bestätigen die Beobachtungen der Historiker diesen Eindruck, denn niemals ist in Europa eine Universität auf der grünen Wiese gegründet worden. Wir stellen uns vor, wie die frühen Scholaren und Magister städtischen Wohnraum zum Leben und Lehren anmieteten, wie sie sich auf dem städtischen Markt mit Lebensmitteln versorgten, wie sie disputierend die Straßen von Paris oder Bologna, Salamanca oder Aberdeen bevölkerten und wie sie auf den Klang lauschten, der aus den Häusern in ihrer Nachbarschaft drang. Menschen wie Jacob von Vitry nahmen das Scholarenmilieu auch mit den Ohren wahr.

Dennoch haben wir uns bei unserer Suche nach der Entstehung eigensinniger, sich primär auf sich selbst beziehender Wissenschaft weit von Le Goffs Bildern entfernt, denn bei uns steht nichts «am Anfang», jedenfalls nicht in einem ernsteren Sinn. Es waren vielmehr Transformationen einer jahrhundertealten Bildungswelt, die wir zu beobachten hatten: Transformationen des Denkens, Transformationen der Form sozialer Gruppen, in denen derartiges Denken gepflegt wurde, und schlussendlich Transformationen der emotionalen Repertoires im Inneren dieser Gruppen.

Diese Sichtweise, so behaupten wir, macht besser verständlich, wie sich aus fremdreferentiellem höheren Wissen seit dem letzten Drittel des 11. Jahrhunderts allmählich eine Sphäre selbstreferentieller Wissenschaft entwickelte, eine «fröhliche Scholastik», die sich vom Programm der *artes liberales* entfernte und an dessen Stelle die Praxis des Philosophierens treten ließ. Eine Einbahnstraße ist diese Entwicklung aber nicht, haben wir doch auch beobachtet, wie die jungen Universitäten nach 1200 das ältere Programm der Sieben freien Künste noch einmal in eine prominente Position rücken ließen. Auf dem Weg dorthin sind verschiedene Diskurse voneinander unterscheidbar geworden. Diese gingen zugleich eine Verbindung ein, indem sie ihre Leitgrößen miteinander maßen: die der Richtigkeit und die der Wahrheit, dann die der Nützlichkeit, der Erfahrung und des Gemeinwohls. Manche dieser Veränderungen vollzogen sich allerdings nicht langsam und unmerklich, sondern im Gegenteil so abrupt, dass die Zeitgenossen sie als unerhörte Neuheiten empfanden.

Die Schulen an Klöstern und Kathedralen des früheren Mittelalters, die wir im zweiten Kapitel kennengelernt haben, zeigten eine Reihe von Eigenschaften, die künftige Veränderungen provozierten und zugleich steuerten. Folgten sie auch einem Wissensideal, das Flexibilität und Veränderung nicht gerade förderte, so kleideten sie doch die Praxis geistiger Betätigung in kleine, in ihrem Inneren keineswegs harmonische Gruppenformen ein, die ihre eigene Dynamik entwickelten. Verhaltensnormen und ein adäquates Repertoire von Emotionen sollten sie stabilisieren. Dies taten sie allerdings nur sehr unzulänglich – zum Glück, wie wir im Nachhinein sagen müssen. Was dem Erfolg dieser naiven Vorstellungen von sozialer Harmonie im Weg stand, war zunächst einmal, dass aufmerksame Schüler durch die schulischen Referenztexte dazu angeregt wurden, sich selbst, ihre geistige Entwicklung und damit auch ihren Gefühlshaushalt sorgfältig zu beobachten und in einem zweiten Schritt zu interpretieren. Die Kultur der Schulen wurde hierdurch zu einem Ort charakteristischer Emotionen. Im Inneren der *scholae* war ein ganzes Cluster von Gefühlslagen – bestehend aus Verehrung, Liebe und Freundschaft, Eifersucht, Konkurrenzdenken und der Rivalität um Statuspositionen –

anzutreffen. Dies wirkte sich wiederum auf den Umgang mit dem Unterrichtsstoff aus, es bestimmte die Interaktion zwischen Lehrern und Schülern. Was wir als «intime» Beziehungen beschrieben haben, war der Nährboden für die besagten Transformationen, die die Geschichte der europäischen Wissenschaft einleiteten.

Die Zukunft gehörte dem intensiven und zugleich höchst agonalen Bemühen um die gelehrte Materie. Aufmerksame Zeitgenossen machten die Erfahrung, dass sich nur in einem Zustand gesunder Respektlosigkeit gegenüber der magistralen Autorität produktiv über die Wahrheit streiten ließ. Scholaren und Magister verstanden die Suche nach der Wahrheit allmählich als einen eigenwertigen Prozess, der am besten im Rahmen einer an die Schule gebundenen Form, der *vita communis*, in Gang gesetzt wurde. Doch selbst wenn sie sich nach besten Kräften um sie bemühten, so erfuhren Abaelards Schüler, entzog sich die Wahrheit denen, die nach ihr strebten. Gelöste Probleme warfen stets neue Fragen auf und gaben daher Anlass zu Umformulierungen und Neuansätzen.

Die Kapitel drei bis sechs haben uns einen Eindruck davon vermittelt, wie veränderlich die Triade aus der Wissensordnung, der Gruppenstruktur und den Emotionen war. Das dritte Kapitel zeigte, dass die freien Schulen unternehmerischer Magister dabei das entscheidende Element waren. Diese hatten wahrscheinlich schon lange existiert, doch dank der Spannungen und der Widersprüche, die die sogenannte Gregorianische Kirchenreform seit der Mitte des 11. Jahrhunderts in die Welt brachte, wuchs ihnen nun eine neue Bedeutung zu. Zu den nicht intendierten Konsequenzen dieser Reform gehörte der Wunsch vieler Menschen, dem utopischen Plan eines einfachen, am Vorbild der frühen Christengemeinden orientierten Lebensentwurfs in der selbstbestimmten Gruppe zu folgen. Deutlich geworden ist (und dies unterscheidet die hier präsentierte Sicht auf den Beginn der europäischen Wissenschaft von früheren Ansätzen), wie nah das Leben in den *scholae* den anderen utopischen Entwürfen der Jahre ab etwa 1070 stand – vor allem dem Ideal des neuen Eremitentums. Sich an einem vorbildlichen *magister* zu orientieren und in der Gemeinschaft von Gleichgesinnten ein Leben zu pflegen, das die Entfremdungserfahrungen alternativer Lebensformen in Kloster und Kollegiatstift mied, scheint der Plan gewesen zu sein, auf dem Schulprojekte wie dasjenige heranwuchsen, das Wilhelm von Champeaux um 1111 in einer gelehrten Einsiedelei bei Paris in die Praxis umsetzen wollte. Abaelards schillerndste Schulgründung, seine Hüttensiedlung am Ardusson, hat uns den utopischen Gehalt und vor allem die Totalität jenes frühen wissenschaftlichen Lebensentwurfs am deutlichsten einsehen lassen.

Das Wissen, das im Inneren dieser Gruppen gepflegt wurde, erhielt in diesem Zusammenhang die Möglichkeit, sich grundlegend neu zu bestimmen – nicht dieses Wissen selbst hat sich so als soziales Konstrukt erwiesen, wohl aber die Gruppenformen, die es ermöglichten und forcierten.

Schon fast 100 Jahre lang hatte man sich mit den antiken Texten zur Logik befasst, die die Übersetzungsaktion des Boethius einmal für das lateinische Europa gerettet hatte. Seit den 1070er-Jahren aber, so hat das vierte Kapitel gezeigt, setzte die Beschäftigung mit ihnen neue, sich vom Vergangenen absetzende Denkweisen frei, die wir als erste *wissenschaftliche* Maximen ansehen sollten: ein verändertes Maß an Reflexivität und Selbstreferentialität, das die Scholaren in einen Diskurs über die Reichweite ihrer eigenen geistigen Tätigkeit einbezog; ein erhöhtes Bewusstsein der disziplinären Gebundenheit dieser Reflexion; einen neuen Zeitindex, der die eigene Arbeit von der Bindung an eine verehrungswürdige Tradition emanzipierte; und eine neue Vorstellung davon, was der Stellenwert wahrer und falscher Aussagen in der scholastischen Debatte war. Diese epistemischen Neuheiten waren ein Produkt der Kommunikation in Gruppen, nicht der Reflexion Einzelner, und sie wären wohl nicht möglich gewesen ohne die spezifische Intimität scholastischer Interaktion, das heißt ohne die Kombination von Nähe und Agon.

Peter Abaelard, der selbst in jene neue Wissenschaft hineinsozialisiert wurde und den ein besonderer Wille zum Explizieren seiner Überzeugungen auszeichnete, gestattet uns einen besseren Einblick in diese Welt als die fast durchweg anonyme Szene der beiden vorangegangenen Lehrergenerationen. Er wirkt auf diese zugleich wie ein Ereignis, ein Katalysator: Innerhalb der Schulen steht er für neue Konzepte von «Autor», «Einzelwerk» und «Œuvre».

Das fünfte und sechste Kapitel, die diese Transformationen der scholastischen Gruppenkultur ausleuchten, sind deshalb die Mitte unserer Darstellung geworden. Sowohl die veränderten emotionalen Haushalte an den *scholae* als auch die Arbeit an einer wissenschaftlichen Epistemologie (hier: die allmähliche Neubestimmung von «Wahrheit» als einer Größe, der man sich nur im Disput annähern kann) haben wir an Abaelards gelehrtem Werk und seinen autobiographischen Berichten rekonstruieren und aufeinander beziehen können. Wenn das Philosophieren mehr eine Praxis, ja eine Lebensform sui generis und nicht die Aneignung ehrwürdigen Bildungsguts war, so ließ es sich über die Form bestimmen, in der Lehrer, Schüler und der Gegenstand ihrer Reflexion wechselseitig aufeinander einwirkten. Wir haben Peter dabei beobachtet, wie ihn diese Einsicht zu einer vorsichtigeren, tentativen Bestimmung dessen führte, was von wissenschaftlicher Erkenntnis erwartet werden konnte. Gelehrte rechneten von nun an stärker mit den Möglichkeiten des magistralen Irrtums; der Widerspruch der Jungen und der hierüber erreichte Fortschritt in der Erkenntnis des Wahren oder doch des Wahrscheinlichen wurden zu einem essentiellen Teil des gelehrten Settings. Das Verständnis des Stoffes, um den sich Magister und Scholaren gemeinsam bemühten, veränderte sich in dieser Interaktion beständig. Zeitgenössische Kritiker wie Walter von Mortagne oder Wilhelm von Saint-Thierry (um vom «heimlichen Papst» Bernhard gar nicht zu reden) witterten unverschämte Anmaßung. In ihren Reihen wuchs die Befürchtung, dass die *schola* künftig nicht nur der Herd des Irrtums, sondern zugleich dessen sich stets verjüngendes Verbreitungsmedium sein würde. Diese Sorge war auch insofern nicht unbegründet, als die Generation von Mächtigen, die während der zweiten Hälfte des 12. Jahrhunderts das Sagen hatte, im Unterschied zu ihren Vorgängern mit dem Milieu der Schulen und deren Tätigkeit zu rechnen begann. Die Scholastik hörte auf, ein Kuriosum zu sein. Sie wurde als Wissenschaft zu einer wirkenden Größe in der Welt.

In dieser Zeit hatte sich die Wissenschaft schließlich doch von den eremitischen, weltabgewandten Idealen ihrer Frühphase entfernt und war zu einer Bewohnerin der Städte geworden, wie das siebte Kapitel gezeigt hat. Es wurde zu einem Signum des Gelehrten, der dem Ideal philosophischen Lebens nacheiferte, *unter* den Menschen statt abseits von diesen den der Wissenschaft adäquaten Ort der Kontemplation zu sehen. Das Milieu der Schulen war unruhig und divers geworden, und wer es betrat, fand einen veritablen Bildungsmarkt vor, das heißt ein breites Angebot an Positionen, Leitfragen, Ausrichtungen und Präferenzen. Wir haben gesehen, wie Moralisten und Satiriker diese neue Situation bewerteten und wie sich aus der Sicht deutscher Beobachter die Vorbehalte gegenüber der Kultur der Schulen veränderten. Zu den Bedenken gegenüber dem Wissen der Dialektiker traten bei konservativen Männern wie Gerhoch von Reichersberg die Sorgen um die Einflussnahme der neuen Wissenschaft auf die Zentralen der Macht hinzu.

Und tatsächlich wurde der Wissenskosmos der zweiten Jahrhunderthälfte bunter, ja unübersichtlicher. Unterschiedliche Formen des Wissens zu bestimmen und insgesamt drei Diskursen zuzuordnen, war der Gegenstand des achten Kapitels. Gelehrte nahmen Maß am Alltagsverstand ihrer Zeitgenossen. Schule und Kloster prägten je eigene Diskurse aus und achteten wohl gerade deshalb so demonstrativ auf wechselseitige Abgrenzung, weil sie einander in Lebensstil und Mentalitäten ähnlich waren. Gegenseitige Zuschreibungen von Arroganz (die Gelehrten), Naivität oder Oberflächlichkeit (die Mönche) betonten dort Gegensätze, wo der Habitus von Mönchen und derjenige von Gelehrten in Wirklichkeit verräterische Überschneidungen zeigten.

Ein dritter, humanistischer Diskurs, der an der Schnittstelle von schulischer und praktischer Tätigkeit entstanden war und sich in der antik-paganen Überlieferung seine eigenen Referenzgrößen suchte, trat hinzu. In seinem Inneren spielte ein an der literarischen Tradition geschulter Bildungsgedanke eine prominente Rolle, ebenso aber die gemeinschaftsstiftende Praxis der Freundschaft, das Streben nach Verantwortung in Ämtern, die Karriere sowie das Sicheinschreiben in überregionale Netzwerke von Briefschreibern, die sich mit diesem entscheidenden Medium des Jahrhunderts ihrer geteilten Werte versicherten. Klugheit, Erfahrung und gemeiner Nutzen waren hier von hoher Wichtigkeit. Die frühen europäischen Expertenkulturen, so haben wir gesehen, sind ein Produkt des scholastischen *und* dieses humanistischen Diskurses. Die Europäer stellten sich fortan darauf ein, dass es ganz verschiedene Ausprägungen von Wissen gab und dass es daher bei Hof, in der Kirche, in der Stadt oder in den Bildungseinrichtungen darauf ankam, den Zugang zum jeweiligen «richtigen» Wissen zu finden.

Am entschiedensten stellten sich die Juristen der Anforderung, dass gelehrtes Wissen nützlich sein sollte. In Abgrenzung vom Milieu der Philosophen tradierten ihre Schulen eine Wissenschaft, die auf unmittelbare Kommunikation mit ihrer Umwelt angelegt war, vor allem auf den Austausch mit den Instanzen der Gesetzgebung und der Rechtsprechung. An ihrem Beispiel konnten die Europäer künftig lernen, dass ein Wissenschaftsfeld besonders dann leistungsfähig zu sein vermochte, wenn man ihm Raum zur Pflege seiner eigenen Denkweisen überließ, ja wenn man die theoretische Arbeit, die auf dem Feld geleistet wurde, als eine besondere Form praktischen Handelns betrachtete und akzeptierte. «Wissenschaft» trat hier früh mit anderen Gesellschaftsbereichen in Austauschbeziehungen und leitete in ihrer Umwelt die Professionalisierung von Tätigkeiten ein. Fürsten, Kommunen, Päpste, Podestà und Signori orientierten sich an diesem Zustand. Beliebt machte dies die Juristen nicht – so alt wie die wissenschaftliche Jurisprudenz sind die Anwürfe gegen Rechtslehrer und Advokaten.

Also existierten im Ensemble der Wissenschaften seit der zweiten Hälfte des 12. Jahrhunderts durchaus konkurrierende Leitwerte, Denkformen und Praktiken. Die Einung dieser Wissenschaften in der Universität an der Wende zum 13. Jahrhundert ist daher auf eine neue Art erklärungsbedürftig geworden. Zweifellos einte die Schulen in den verschiedenen Fächern ihre ähnliche Gruppenstruktur, ihre Gestalt als *schola*. Doch dass sich Gelehrte auf der Suche nach der philosophischen Wahrheit mit den an Nützlichkeit orientierten Juristen und überdies den Theologen, die sich mit den Fragen des Offenbarungswissens herumschlugen, und mit den Medizinern unter einem Dach vereinten, war alles andere als selbstverständlich.

Die Entstehung der Universität gehört wohl zu den besonders kontingenten Ergebnissen jener Transformationen. In ihr wurden Wahrheit *und* Nützlichkeit eingefordert, und die Vertreter der Disziplinen mussten sich dauerhaft auf die Erwartungen und Vorbehalte einstellen, die von zwei verschiedenen Seiten geäußert wurden. Die Wissenschaft konnte man dort, wo man mit den Universitäten und ihrer internen Heterogenität rechnete, nicht mehr ohne Weiteres als eine allgemein verbindliche Lebensform begreifen. Polare Spannungen konkurrierender Leitwerte wurden stattdessen als «Zwillingsziele» (Francis Bacon) aufeinander bezogen und dadurch verstetigt: Wahrheit und Nützlichkeit, Theorie und Praxis, Wissen und Macht, Autonomie und Verantwortung, Forscherdrang nach Ursachenwissen und der Wille, in der Welt etwas zu bewirken.[3]

Dass diese Werte fortan ständig gleichzeitig im Raum standen, machte die Besonderheit der europäischen hohen Schulen aus. Stets blieb es ihren Besuchern überlassen, sich je nach Neigung und Ambition in diesem Kräftefeld zu situieren; jeder Entscheidung für die eine oder andere Disziplin, für die «reine» oder die «angewandte» Wissenschaft entsprachen spezifische Chancen und Gefahren. Aber nur dadurch, dass die Universität an die Stelle jener fröhlichen Scholastik trat, die weniger als anderthalb Jahrhunderte europäischer Wissensgeschichte geprägt hatte, und nur dadurch, dass in ihr etwas zusammenwuchs, was zunächst nach menschlichem Ermessen nicht zusammengehörte, sollte sie sich als so dauerhaft erweisen.

Anhang

Dank

Die Themen dieses Buches habe ich in den letzten Jahren immer wieder in meinen Seminaren und Vorlesungen behandelt. Meinen Göttinger Studierenden danke ich für ihr Interesse, ihr Mitdenken und für viele Diskussionen. Intensiv war auch der Austausch mit meinen Doktorandinnen und Doktoranden, denen ich dieses Buch widme: Katharina Behrens und Jan-Hendryk de Boer, Marcel Bubert und Sebastian Dümling, Katharina Ulrike Mersch, Jana Madlen Schütte und Ingo Trüter. Jahrelang arbeitete ich zusätzlich im engen Austausch mit den Angehörigen unseres Graduiertenkollegs «Expertenkulturen des 12. bis 18. Jahrhunderts», und auch diesem Gesprächs- und Arbeitszusammenhang, den die großzügige Förderung der Deutschen Forschungsgemeinschaft ermöglichte, verdanke ich viel. Stellvertretend nenne ich hier meine Kolleginnen und Kollegen Hartmut Bleumer, Udo Friedrich, Marian Füssel, Hedwig Röckelein und Eva Schumann. Von den Graduierten und Koordinatorinnen des Kollegs nenne ich, gleichfalls stellvertretend, Pia Claudia Doering und Nina Elsemann, Leonie Exarchos und Katharina Flechsig, Philip Knäble, Antje Kuhle und Matthias Roick, Inga Schürmann und Teresa Schröder-Stapper, Maximilian Schuh und Gion Wallmeyer.

Einige Kolleginnen und Kollegen nahmen besonderen Anteil an meinem Thema und leisteten allerlei Hilfestellungen. Dies gilt vor allem für meinen akademischen Lehrer Michael Borgolte, der immer ein offenes Ohr für meine Lageberichte hatte und dem ich dieses Buch ebenfalls widme. Ruedi Imbach arbeitete während einer wichtigen Phase in nächster Nähe und öffnete mir für Vieles die Augen. Ernst Tremp überließ mir schon vor der Drucklegung seine MGH-

Edition der *St. Galler Klostergeschichten*, Klaus Naß diejenige des *Codex Udalrici*. Matthias Witzleb stellte mir seine noch unveröffentlichte Dissertation über Peter von Celle zur Verfügung. Philologische Beratung ließ mir Alexander Germann angedeihen, freundliche Auskünfte erteilten in Einzelfragen Claudia Märtl und Wolfgang Huschner. Viele Kolleginnen und Kollegen zeigten anlässlich von Vorträgen und Tagungen Interesse an meiner Behandlung der mittelalterlichen Wissenschaft. Stellvertretend danke ich Wolfdieter Haas, Uwe Israel, Martin Kintzinger, Catherine König-Pralong, Jonathan Lyon, Johannes Paulmann, Walter Pohl, Sally Poor, Benjamin Scheller, Willibald Steinmetz, Masaki Taguchi, Karl Ubl und Dorothea Weltecke.

Ganz am Anfang und ganz am Ende dieses Projekts profitierte ich von der Gastfreundschaft zweier wunderbarer Einrichtungen: 2008/09, im Stadium des Anforschens, hielt ich mich am Berliner Wissenschaftskolleg auf, entscheidend für die Niederschrift war ein Aufenthalt 2016/17 am Institute for Advanced Study in Princeton. An beide denke ich zurück mit einem Gefühl tiefer Dankbarkeit, denn sie boten die Möglichkeiten für Kontemplation und konzentriertes Arbeiten und erwiesen sich zugleich als Orte der Begegnung und der leidenschaftlichen Debatte. In Erinnerung an das Berliner Jahr danke ich vor allem Dipesh Chakrabarty und Roger Chickering, Luca Giuliani, Dieter Grimm und Christoph König, Cindy Moss, Reinhart Meyer-Kalkus und Catherine Robson. Denke ich an Princeton, dann kommen mir zuerst Patrick und Mary Geary in den Sinn, denn ihre Gastfreundschaft und Hilfsbereitschaft waren grenzenlos. Diskutieren durfte ich mit Muriel Arruebo-Debie, Antoine Borrut und Glen Bowersock, Jennifer Davis und Robert Goulding, Susanne Hakenbeck, Christopher Jones und Rebecca Maloy, Klaus Oschema, Heinrich von Staden, Columba Stewart und Helmut Zander. Für ihre Freundschaft danke ich Roberto Tottoli und Francesca Bellino, Maia Gabily und Thomas Dodman, Juliette Fradin und (noch einmal) Antoine Borrut, Yu-chih-Lai, Claire Gilbert und Fabien Montcher, Céline Bessière und Pascal Marichalar, Giuliano Mori und Andrea Guidi, Elisabeth Kaske, Reuben Miller und Janice Williams Miller sowie Fadi Badarwil.

Beide Institute, das Berliner und das in New Jersey, wären nicht das, was sie sind, wenn nicht herzliche, ungemein hilfsbereite Mitarbeiterinnen und Mitarbeiter so großes Engagement zeigten. Für das Wissenschaftskolleg nenne ich stellvertretend Gesine Bottomley und Nina Kitsos, Vera Pfeffer, Daniela Wendlandt und Katharina Wiedemann. Für Princeton seien genannt: Jennifer Hansen, Herman Joachim und Marcia Tucker, Kirstie Venanzi und Marian Zelazny.

Für Hilfestellungen danke ich den Mitarbeiterinnen und Mitarbeitern unserer Göttinger Bibliotheken sowie der Firestone Library der Princeton University. Mit Literaturbesorgungen, Lektüre und Korrekturhilfen bedachten mich an meinem Lehrstuhl Carolin Bleumer, Elisabeth Grollmitz, Daniel Richter, Lennart Steffen, Tobias Uhlig und Torge Ziemer. Teile des Manuskripts lasen und kommentierten Jan-Hendryk de Boer, Marcel Bubert, Matthias Büttner, Sebastian Dümling, Veit Groß und Katrin Pietzner. Die beiden Register erstellten Alexander Goller und Daniel Richter. Für exzellente redaktionelle Unterstützung danke ich Kirstin de Boer, Gisela Muhn-Sorge und Angelika von der Lahr. Bärbel Kröger erstellte die Karten auf den Seiten 333–335.

Eine große Freude war für mich, dass die Gerda Henkel Stiftung das Buch in ihre *Historische Bibliothek* aufnahm. Dem Verlag C.H.Beck und insbesondere Herrn Ulrich Nolte danke ich für die stets gute Zusammenarbeit.

Katrin und Willibald haben mich jahrelang auf Kurs gehalten. Das Buchprojekt wäre zu keinem guten Ende gekommen, wenn mich die beiden nicht hartnäckig dazu gezwungen hätten, es in ein gesundes Verhältnis zu dem viel größeren Projekt zu setzen, das Familie heißt. Ohne sie keine fröhliche Scholastik.

Anmerkungen

Vorwort

1 R. K. Merton, Science (1968), S. 614.
2 H. Altrichter/W. Kannonier-Finster/M. Ziegler, Theorie (2005), v. a. S. 137.
3 R. Schnell/P. B. Hill/E. Esser, Methoden (2008), S. 390–393.
4 M. v. Cranach/H.-G. Frenz, Beobachtung (1975); B. Hauser-Schäublin, Beobachtung (2003); G. Spittler, Beobachtung (2001).
5 Die globalgeschichtliche Behandlung meines Gegenstands, die derzeit erprobt wird, nutzt in ähnlicher Weise kontrollierte Anachronismen für den Gewinn neuer Erkenntnis. Unter dem Eindruck der modernen Globalisierung fragt sie nach Analogie und Differenz, nach wechselseitiger Beeinflussung und versuchter Abschottung in der Geschichte des vormodernen Wissens; C. S. F. Burnett, Transmission (2015); L. Walton, Institutions (2015).
6 N. Loraux, Éloge (1993). Vgl. F. Fleck, Historiens (2015); P. v. Moos, Öffentliches (2007), S. 128 f.

I. Gegen die Zeit

1 K. Knorr-Cetina, Fabrikation (2016). Vgl. B. Latour, Life (1986); S. Shapin, History (1994).
2 Die Literatur dazu ist uferlos. Zur Orientierung s. die kommentierte Bibliographie auf dem Stand der 1990er-Jahre bei S. Shapin, Revolution (1996), S. 167–211. Zu beachten ist hierbei allerdings Shapins Eingangssatz, S. 1: «There was no such thing as the Scientific Revolution, and this is a book about it.» Zur reinen Lehre z. B. H. F. Kearney, Origins (1964). Weitere akademische Lehrbücher aus den 1990er- und noch den 2000er-Jahren, die genrebedingt in besonders großer Versuchung standen, an dem Narrativ festzuhalten, sind nachgewiesen bei K. Park/L. Daston, Introduction (2008), S. 15 Anm. 24. Ein Referat der Vorbehalte, die insbesondere seit den frühen 1990er-Jahren geäußert wurden, sowie eine Begründung des Verzichts darauf

ebd., S. 12–15. Befürworter und Kritiker des Konzepts treffen aufeinander in M. J. Osler, Rethinking (2000). Vgl. auch M. Füssel, Weg (2007).

3 Die Mathematisierung bei H. F. Kearney, Origins (1964), S. XI; die Erneuerung der Staatstheorie bei R. Vierhaus, Staaten (1984), S. 141; der Niedergang des Kirchenrechts und des kirchlichen Einflusses überhaupt und die damit verbundene Laisierung der Universitäten bei H. F. Kearney, Scholars (1970).

4 A. Koyré, World (1957), S. VII; H. Butterfield, Origins (1958), S. VIII.

5 M. Biagioli, Galilei (1999), S. 23.

6 Dt. P. Burke, Papier (2001).

7 R. van Dülmen/S. Rauschenbach, Macht (2004).

8 Dies., Einleitung (2004), hier S. 1.

9 H.-J. Goertz, Kleriker (2004), hier S. 42.

10 Ebd., S. 44. Es folgt ein Abschnitt, der mit «Von der Priester- zur Laienkultur» überschrieben ist.

11 R. van Dülmen/S. Rauschenbach, Einleitung (2004), S. 1.

12 R. van Dülmen, Theater (1995).

13 Die Vorträge, die Mittelstraß zu diesem Thema hielt, wurden weithin bekannt durch drei Bände: J. Mittelstraß, Flug (1989); ders., Leonardo (1992); ders., Häuser (1998).

14 Ders., Leonardo (1992), S. 14, 105 ff.

15 Ebd., S. 15 (Hervorhebungen J. M.).

16 Burckhardts Behandlung des Mittelalters als eine Art phylogenetischer Kindheit ist charakteristisch für ihn, die Abwertung des Mittelalters gegenüber der Renaissance ist nur typisch für die Schaffensphase, in der die «Kultur Renaissance» entstand. Früher hatte er die Sache positiver gesehen, und schon bald nach 1860 ließ er die Kontrastierung wieder fallen, dies allerdings aus einem Überdruss an der Kultur seiner Gegenwart heraus, also abermals so, dass das Mittelalter eine diskursive Größe zur Verortung in der eigenen Gegenwart blieb. Die Wandlungen in seinem Mittelalterbild bereits bei R. Stadelmann, Burckhardt (1930).

17 Dazu N. Luhmann, Wissenschaft (2002), S. 703 f.

18 Literatur zur Rekonstruktion des «aufgeklärten» Mittelalterbildes, insbesondere die Arbeiten Otto Gerhard Oexles, nachgewiesen bei F. Rexroth, Mittelalter (2008); ders., Wissenschaft (2013). Das Zitat stammt von Voltaire und ist bei ihm vielfach angeführt. Zu seinem Mittelalterbild L. Varga, Schlagwort (1932), S. 123–129, Zitat 126.

19 P. Duhem, Système (1956), S. 3: «Dès le début du XIVe siècle, le grandiose édifice de la Physique péripatéticienne était condamné à la destruction; la foi chrétienne en avait sapé tous les principes essentiels; la science d'observation ou, du moins, la seule science d'observation qui fût alors quelque peu développée, l'Astronomie, en avait rejeté les conséquences; l'antique monument allait disparaître; la science moderne allait le remplacer.»

20 A. Maier, Vorläufer (1949). Zu Maier vgl. A. Vogt, Wissenschaftlerinnen

(2013); das Forschungsprojekt ist in einem Stipendienantrag Maiers von 1941 so bezeichnet, s. S. 97. Ein Rückblick auf Duhems und Maiers Positionen bei G. Leibold, Ockham (2007).

21 Duhem trat 1904 in diese Tradition ein. Der Gleichklang von religiöser Orthodoxie und wissenschaftlichem Fortschritt war für ihn eine wichtige Botschaft, die die Gelehrtengeschichte des späten Mittelalters angeblich bereithielt: Die antiaristotelischen Lehrverbote, die der Pariser Bischof Étienne Tempier im Einvernehmen mit den örtlichen Theologen 1277 aussprach, bezeichnete er in einer späten Schrift gar als «the birth certificate of modern physics». P. Duhem, Cosmology (1985), S. 4. Für nachfolgende katholische Naturwissenschaftler war Duhem eine Vorreitergestalt. Panegyrisch etwa S. L. Jaki, Scientist (1991).

22 J. Burckhardt, Kultur (1930), S. 95. Ein neues Handbuch zum Renaissance-Humanismus kommt dagegen ohne den Rekurs auf Jacob Burckhardt aus, was noch vor Kurzem undenkbar gewesen wäre; M. Landfester, Renaissance-Humanismus (2014).

23 C. H. Haskins, Renaissance (1927).

24 Die Statuskonkurrenz innerhalb der amerikanischen historischen Zunft wurde durch die «revolt of the medievalists» angeheizt, zu der Haskins mit dem Erscheinen seines Buches 1927 ermutigt hatte. Dazu W. K. Ferguson, Renaissance (1948), Kap. 11, S. 329–385; M. L. Colish, Renaissance (1998); dies., Scholasticism (2000); L. Melve, Revolt (2006). Zum Schülerkreis um Haskins G. Post, Papacy (2017), S. VII-X. Kritik an Haskins, die aus ganz anderer Richtung kommt, äußert T. N. Bisson, Crisis (2009).

25 «With so much logic and philosophy to master, there is little time and less inclination for the leisurely study of letters.» C. H. Haskins, Renaissance (1927), S. 98. Ebd., S. 137 zum Aufschwung der Dialektik: «Literary form came to be despised; indeed, logic professed to be able to supply defects in one's grammatical studies.» Das hat fatale Rückwirkungen auf die Grammatik: diese wird spekulativ. Zu dieser Fehlperzeption auch unser Kap. VIII, dort S. 264–266.

26 S. die Literatur in Anm. 24.

27 Zu den folgenden beiden Texten s. auch F. Rexroth, Wissenschaft (2013), S. 128–133.

28 I. Gilcher-Holtey, Phantasie (1995), S. 47.

29 J. Le Goff, Die Intellektuellen (2001), S. 124.

30 Ebd., S. 15.

31 T. Nipperdey, Geschichte (1983), S. 11: «Am Anfang war Napoleon»; H. A. Winkler, Weg (2002), S. 5: «Im Anfang war das Reich»; H.-J. Wehler, Gesellschaftsgeschichte (1987), S. 35: «Im Anfang steht keine Revolution». Wehler deklarierte sein Werk als «Überblick» und Forschungsbericht, s. S. 552 Anm. 8. Dass er der Narrativität nichts schuldete, war ihm wichtig.

32 Ich zitiere im Folgenden nach A. de Libera, Denken (2003). Zur philosophiehistorischen Rezeption Hinweise bei L. Bianchi, Perspectives (2003),

 S. 218 f. Zur Rezeption in der Geschichtswissenschaft vgl. M. Borgolte, Universität (2014).

33 A. de Libera, Denken (2003), S. 12.

34 Ebd., S. 13.

35 Ebd., S. 22. Zur Bedeutung Meister Eckharts für die These einer «déprofessionnalisation» J. A. Aertsen, Entretien (1998), S. 173 f.

36 W. Kluxen, Begriff (1981), S. 282.

37 So ist auch de Liberas deutliche Stellungnahme im «Fall Gougenheim» zu verstehen; A. de Libera, Latins (2009). Vgl. T. Ricklin, Fall (2010); M. Lejbowicz, Islam (2009). Ebd., S. 32 die Nachweise von de Liberas frühen Stellungnahmen in außerwissenschaftlichen Journalen.

38 Diese Sichtweise hat sich in den vergangenen Jahrzehnten weitgehend durchgesetzt. Vgl. K. Flasch, Denken (1986), S. 14; L. Bianchi, Perspectives (2003), S. 218.

39 A. de Libera, Denken (2003), S. 55.

40 Ebd., z. B. S. 33, 41, 51 oder 57. S. bspw. S. 33: «Kant, der behauptet hatte, dass es zwischen Aristoteles und ihm nichts gegeben hatte, wird jetzt entgegnet, dass es zwischen Ockham und Frege nichts gegeben habe.» Zur linguistischen Wende U. Daniel, Kompendium (2004), S. 430–443; E. A. Clark, History (2004); G. G. Iggers, Wende (1995). Zu ihrer relativen Bedeutungslosigkeit in der historischen Mittelalterforschung F. Rexroth, Rituale (2009), S. 84–87.

41 M. L. Colish, Scholasticism (2000), S. 7 (Zitat), 9, 11, 13 (kontrafaktisches Denken), 15 f.

42 Vergleiche zwischen arabischen und christlichen Wissenschaftskonzeptionen haben diesen Unterschied häufig betont, so etwa vergleichende Erörterungen der Philosophien des Averroes und des Thomas von Aquin; zuletzt Günther, Ibn Rushd (2016), mit weiteren Literaturangaben S. 252.

43 R. Schieffer, Arbeit (2010), der die rezeptive Qualität dieser Leistung hervorhebt; P. L. Butzer/M. Kerner/W. Oberschelp, Charlemagne (1997).

44 W. Wattenbach, Schriftwesen (1896), S. 433: *Grammata quot, sulci quot sunt, quot denique puncti, / Inquit, in hoc libro, tot crimina jam tibi dono.* Dort weitere Beispiele für den Gedanken: Es ist ein frommes Werk, Horaz oder Flavius Josephus abzuschreiben. Vgl. C. H. Haskins, Renaissance (1927), S. 73.

45 Nachweise S. 372 Anm. 71.

46 Am Beispiel Condorcets L. Daston, Condorcet (2007). Vgl. schon M. de Montaigne, Essais (1998), S. 64: «Das ist der Grund, warum man das, was aus dem Rahmen des Üblichen fällt, aus dem Rahmen der Vernunft gefallen glaubt – Gott weiß, von wie wenig Vernunft das meistens zeugt!» Die Gefahr, das Gewohnte für das Wahre zu nehmen, ist freilich immer wieder gesehen worden, so schon von Herodot, Historien, Bd. 1, S. 397: Ausgeführt wird ein Experiment des Königs Dareios an Griechen und Indern: Wären sie bereit, ihre verstorbenen Vorfahren aufzuessen oder zu verbrennen? Die Griechen verabscheuen die kannibalistische Praxis, die Inder das Verbrennen.

47 Alanus ab Insulis, De fide catholica 1.30, Sp. 333A: *Sed quia auctoritas cereum habet nasum, id est in diversum potest flecti sensum, rationibus roborandum est.*

48 H. Waddell, Scholars (1952), S. 116.

49 É. Gilson, History (1955).

50 Zum Vorhaben einer «Sozialgeschichte der Kategorien des menschlichen Geistes» in der französischen Soziologie seiner Zeit s. M. Mauss, Kategorie (1989), S. 223. Die Trennung von Institutionen- und Wissensforschung, die Scheidung der Erforschung des operativen Geschäfts von derjenigen der Semantiken, die im Institutionengefüge der Wissenschaft gepflegt werden, ist auch als ein Problem der Wissenschaftssoziologie erkannt worden. D. Kaldewey, Wahrheit (2013), v. a. S. 39–48 u. 151–153. Dieses Problem zu beseitigen, ist deshalb wichtig, so zeigt Kaldewey, weil der *gleichzeitige* Unterhalt eines Wahrheits- (oder Autonomie-)diskurses und eines Nützlichkeits- (oder Praxis-)diskurses sowie die Vermittlung zwischen beiden charakteristisch für die moderne Wissenschaft ist. Es beeindruckt, wie Kaldewey dieses Problem soziologisch und zugleich mit historischer Tiefe ausleuchtet.

51 K. Gloy, Vernunft (2001), v. a. S. 13–16. Gloy meint damit zwar zwei spezifische Modi der Vernunftkritik, doch ist ihre Typologie generell auf Kritik anwendbar. Vgl. T. Stahl, Kritik (2013), v. a. S. 28.

52 F. Rexroth, Studieren (2015), S. 32 f.

53 Vgl. dazu und zum Folgenden H. M. Schmidinger, Art. Scholastik (1992), Sp. 1332–1342. Zum Begriffsgebrauch im Mönchtum Sp. 1334. Zu *schola* als Bezeichnung für den Klosterkonvent im Ganzen s. die Benediktsregel, prol. 45, S. 12. Vgl. B. P. Steidle, Schola (1952).

54 Gottfried von St. Victor, Microcosmus 3.189, S. 210: *Quomodocumque autem sit, nos hanc questionem tamquam minus ad nos pertinentem, scolasticis disputationibus relinquimus, ad alia nostram conuertentes intentionem.* Dazu P. Delhaye, Microcosmus (1951), S. 22.

55 Rupert von Deutz, Super capitula 1, Sp. 496A: *Habueram quippe cum aliquo magni nominis, magnaeque aestimationis scholastico licet monacho certamen permolestum de sacramento corporis et sanguinis domini…* […]. 496B: *Putarem ego novum vel incognitum hoc esse adversariis, praesertim nominatis, et scientia non parum praesumentibus, maxime in comparatione mei rudis, ut putabant, atque juvenculi? At illi me ex hoc diffamare coeperunt, tanquam haereticum* […].

56 F. Rexroth, Wissenschaft (2013).

II. Schule der Loyalität: Lehren und Lernen im früheren Mittelalter

1 W. Conze/M. Riedel, Art. Arbeit (1972), S. 158–160; O. G. Oexle, Stand (1990), S. 169 f.

2 Petrus Damiani, Sermo 6.2, S. 34: *Superata est ergo sapientia Platonis a discipulo*

piscatoris. Gemeint ist der heilige Eleuchadius, der selbst ein *philosophus* im neuen Geist geworden sei. Allgemein K. Pietzner, Bildung (2013).

3 U. Eigler, Überlieferung (2015), dort S. 15 f. zu Caesarius.

4 U. Köpf, Art. Hoheslied (1986); St. Trudperter Hohelied, S. 319–326; F. Ohly, Hohelied-Studien (1958). Weitere Literatur ist erschließbar über H. Fuhrmann, Cicero (2003), v. a. S. 45–48.

5 Der Römer Nicolò Maniacutia (Maniacoria) widmet seinen *Suffraganeus* in den 1140er-Jahren dem Zweck, den Literalsinn schwieriger Bibelstellen zu erhellen. Die Kenntnis der Kirchenväter und der jüdischen Exegese hält er für unverzichtbar. Nicolaus Maniacoria, Suffraganeus, S. XXI u. 10.

6 St. Trudperter Hohelied, S. 320. Die Milieus, in denen sich der «christliche Intellektuelle» Hieronymus bewegte, rekonstruiert S. Rebenich, Hieronymus (1992).

7 U. Eigler, Überlieferung (2015). Zur Bedeutung der Karolingerzeit für die Überlieferung und Rezeption der antik-paganen Literatur J. Becker/T. Licht/S. Weinfurter, Klöster (2015); J. Fried, Karl (2014); H. Fuhrmann, Cicero (2003), v. a. S. 15–17; P. L. Butzer/M. Kerner/W. Oberschelp, Charlemagne (1997). Eine Qualifizierung der genuin gelehrten Leistungen bei R. Schieffer, Arbeit (2010).

8 E. R. Curtius, Literatur (1993), S. 52.

9 Martianus Capella, De nuptiis; Cassiodor, Institutiones; Isidor von Sevilla, Etymologiae.

10 A. Borst, Astrolab (1989), S. 58.

11 Rodulfus Glaber, Historiae 2.12, S. 92. Dazu J. M. Ziolkowski, Dilemma (2012), S. 240 f.

12 H. Fichtenau, Ketzer (1992), S. 17 f.

13 J. Fried, Karl (1997), S. 37. Exemplarisch für die Grammatik M. Irvine, Making (1994).

14 So Papst Zacharias (gest. 752) in einem Brief v. 744 an Bonifatius: *spiritaliter stude ad normam rectitudinis reformare*. Briefe des heiligen Bonifatius, ep. 58, S. 108.7. Vgl. ähnlich ep. 60 von 745, S. 121.31, wo von der *via* [...] *rectitudinis* die Rede ist. Dazu J. Fleckenstein, Bildungsreform (1953), v. a. S. 10 u. 52 f. – Bildungsmäßige Fremdreferentialität ist dennoch nicht gleichzusetzen mit der Annahme, dass das gesamte Schulwesen des früheren Mittelalters charakterisiert sei durch eine «vollständige Einbindung in einen religiös-kirchlichen Kontext» (H. Zielinski, Domschulen (2006), S. 175).

15 Schriften zur Komputistik, Bd. 1, v. a. S. 63–95.

16 E. R. Curtius, Literatur (1993), S. 49.

17 Ebd., S. 50.

18 Hieronymus, Opera, Bd. 3,5 (Adversus Vigilanium 15), S. 28.14: *Monachus autem non doctoris habet, sed plangentis officium, qui uel se uel mundum lugeat et Domini pauidus praestoletur aduentum, qui sciens imbecillitatem suam et uas fragile quod portat, timet offendere, ne impingat et corruat atque frangatur.* Zur breiten Rezeption dieser Aussage gerade in der Frühscholastik s. den Belegapparat der

Edition. Dieser ist zu ergänzen um den Brief Roscelins an Abaelard: Roscelin von Compiègne, ep. ad Petrum, Sp. 370D.

19 Zu Klosterschulen J. Becker / T. Licht / S. Weinfurter, Klöster (2015); M. Kintzinger, Kultur (2006); T. Frenz, Klosterschule (2006); M. M. Hildebrandt, School (1992).

20 F. Rexroth, Habitus (2014), S. 321–324. Ein aktuelles Beispiel für die Verwendung dieses renaissancistischen Klischees ist S. Greenblatt, Wende (2011).

21 F. Rexroth, Habitus (2014); E. H. Kantorowicz, Wiederkehr (1965).

22 P. v. Moos, Sachkundigen (1991); ders., Meinung (2000). Weitere Arbeiten von v. Moos zum Thema werden unten eine wichtige Rolle spielen. Sofern sie in den dritten Band der Moos'schen «Gesammelten Studien» integriert worden sind, werden sie zitiert als P. v. Moos, Öffentliches (2007).

23 H. Fichtenau, Lesen (1993).

24 M. Münster-Swendsen, Virtuosity (2008), S. 46. Zum Lehrer als dem Curriculum ebd., S. 56, ein Gedanke, der vor allem von C. S. Jaeger, Envy (1994) vorgetragen worden ist.

25 H. Zielinski, Domschulen (2006); J. Ehlers, Art. Domschulen (1986); C. Märtl, Schulen (1991). Eine exemplarische Studie zu den Lehrgegenständen an den mittelrheinischen Domschulen bietet J. Staub, Domschulen (2000).

26 T. Reuter, Church System (1982).

27 Belege bei P. Delhaye, Organisation (1947), S. 240. Der linksrheinische Bildungsvorsprung ist ein zentrales Thema von Joachim Ehlers. S. v. a. ders., Aufsätze (1996), dort die Beiträge im ersten Teil.

28 Das Lemma «Schule» im HWPh ist leider wenig hilfreich, stattdessen: H. M. Schmidinger, Art. Scholastik (1992), Sp. 1333 f.

29 M. Lahaye-Geusen, Opfer (1991), Kap. 2.3.6, S. 185–214.

30 Ebd., S. 344 f.

31 Zitat ebd., S. 346 f. mit Anm. 51: *Custos infantum qui et actor ordinatur probatissime castitatis atque munditie frater, vir gravitati studens vitiorum perscrutor, commissorum infantum clementissimus previsor.* Zur Datierung der älteren Consuetudines von Fleury ebd., S. 34.

32 Corpus Consuetudinum Monasticarum, Bd. 7.3, S. 76 f. (Regularis concordia): *De pueris adolescentibusque. Itinerantes uero non iuuenculos sed adultos quorum ammonitione meliorentur secum in comitatu ducant. Domi uero degentes non solum fratres sed etiam abbates adolescentes uel puerulos non brachiis amplexando uel labris leuiter deosculando, sed caritatiuo animi affectu sine uerbis adulatoriis reuerenter cum magna cautela diligant. Nec ad obsequium priuatum quempiam illorum nec saltim sub spiritualis rei obtentu solum deducere praesumant, sed uti regula praecipit sub sui custodis uigilantia iugiter maneat. Nec ipse custos cum singulo aliquo puerulo sine tertio qui testis assistat migrandi licentiam habeat, sed solito cum tota scola, si res rationabilis exigerit, quo necesse est sub silentio uel psalmodiis inseruiendo cum benedictione eat.*

33 So auch S. Steckel, Kulturen (2011), S. 227 f.

34 Eadmer, Life 11, S. 20 f. Weitere Nachweise der Metapher bei A. J. Novikoff, Culture (2013), S. 57 f.

362 35 Ademar von Chabannes, Chron. 3.5, S. 119: *Beda enim docuit Simplicium, et Simplicius Rabanum, qui a transmarinis oris a domno imperatore Karolo susceptus est, et pontifex in Francia factus Alcuinum docuit, et Alcuinus Smaragdum imbuit, Smaragdus autem docuit Theodulfum Aurelianensem episcopum, Theodulfus vero Heliam Scotigenam Engolismensem episcopum, Helias autem Heirium, Heiricus Remigium et Ucbaldum Calvum monachos heredes philosophie reliquit.*

36 Zur *norma rectitudinis* s. o., S. 48.

37 S. o. Anm. 2.

38 Hieronymus, Opera, Bd. 1.3 (In Hieremiam 6.22.7), S. 313: [...] *iuxta incrementa quidem aetatis per uagitus et infantiam proficere uidebitur sapientia et aetate, sed perfectus uir in uentre femineo solitis mensibus continebitur.* Ihn hatte der Prophet Jeremia (31,22) gemeint, als er sagte: «Eine Frau wird einen Mann im Mutterleib umschließen».

39 Zur Sonderstellung der klösterlichen Oblaten S. Steckel, Kulturen (2011), S. 462. Bekanntlich hatte auch Karl der Große Schwierigkeiten mit dem Schreiben, weil er zu spät damit begonnen hatte; Einhard, Vita Karoli magni 25, S. 30,18.

40 Eine emotionsgeschichtliche Studie der Casus Sancti Galli in Anlehnung an Barbara Rosenwein bei B. Tremp, Communities (2012).

41 Hildemar von Corbie, Expositio regulae, S. 32: *Nam unusquisque, qui imbuitur, ejus filius est, qui imbuit.* Dazu S. Steckel, Kulturen (2011), S. 224. Zur Metaphorik von Vater und Sohn sowie Ernährung ebd., S. 110–116, 234–240.

42 Wilhelm von Conches, Dragmaticon 6.27.3, S. 271,20: *qui magistrum ut patrem diligat, uel etiam plus quam patrem.*

43 M. Münster-Swendsen, Virtuosity (2008), S. 51. Zum erotischen Ton in Freundschaftsbriefen s. J. P. Haseldine, Language (1994), S. 237.

44 Tegernseer Briefsammlung (Froumund) 7, S. 28.

45 Formulae Merowingici et Karolini Aevi, S. 431, 26–30. Die Verse werden Notker Balbulus zugeschrieben, als Adressaten vermutet man Salomo.

46 Fulbert von Chartres, ep. 95, hier S. 174.

47 A. Beriger, Orbilius (1990).

48 N. Largier, Lob (2001). Zur Logik der Züchtigung im Konvent, insbesondere der Züchtigung der Jüngsten, M. Lahaye-Geusen, Opfer (1991), S. 388–399.

49 Petrus Damiani, Vita Romualdi c. 49, S. 91.

50 Vor allem J. Boswell, Christianity (1980), Kap. 9, unter der Überschrift «The Triumph of Ganymede: Gay Literature of the High Middle Ages». Dagegen z. B. M. Münster-Swendsen, Model (2006), S. 328; C. S. Jaeger, Love (1999), S. 14–26; S. Steckel, Kulturen (2011), S. 273.

51 C. S. Jaeger, Envy (1994), S. 3 f.

52 Ebd., S. 76.

53 Ebd., S. 11 f.

54 Ebd., S. 77.

55 Ebd., S. 81. Diese Sicht steht in krassem Widerspruch zu den bekannten Bil-

dern von der «Renaissance des 12. Jahrhunderts»; J. van Engen, Century (2012), S. 19 f.

56 C. S. Jaeger, Envy (1994), S. 4–9. «A charismatic culture makes the body and physical presence into the mediator of cultural values. [...] The human presence was the raw material ready to be shaped and formed like the clay on the potter's wheel or the sculptor's marble block; the end product a disciplined human being. [...] Physical presence is accordingly the anchor of charismatic culture.» (Zitat S. 7 f.). Die nostalgische Note auch hier: Dies alles seien Charakteristiken einer Zeit, die unweigerlich zu Ende gegangen, einer Kultur, die kollabiert sei (S. 9). Sein Buch ruft auf zu einer «rescue operation for that rich but neglected culture» (S. 17).

57 Zum Nachleben charismatischer Lehrkonzepte s. S. 111–118.

58 M. Münster-Swendsen, Model (2006), zur «love relationship» dort S. 317; dies., Virtuosity (2008).

59 S. Steckel, Kulturen (2011).

60 Augustinus, Confessiones 1.26.19, S. 14. Zur Bedeutung der Grammatik M. Irvine, Making (1994), s. z. B. S. 277–279 zur grammatisch fundierten Vergil- und Ovid-Kenntnis bei einem Autor «so thoroughly monastic as Bede».

61 Prolog der «Disticha Catonis», 20: *Coniugem ama*, 25: *Meretricem fuge*! Vgl. R. Köhn, Schulbildung (1986), S. 228.

62 Ruotger, Lebensbeschreibung 8, S. 9: *Scurrilia et mimica, quae in comediis et tragediis a personis variis edita quidam concrepantes risu se infinito concutiunt, ipse semper serio lectitabat; materiam pro minimo, auctoritatem in verborum compositionibus pro maximo reputabat. Translaticiis usus est scolis, non corpore quidem, sed mente quietus.*

63 R. Köhn, Schulbildung (1986), S. 228 f., 237.

64 Bernhard von Clairvaux, Werke, Bd. 10, S. 292 (Nachweise zu Ovid im Register). Zum Verhältnis von Mönchtum und antikem Bildungsgut F. Prinz, Askese (1980), S. 59–67; AHLetCol, S. 29, A. 64–67 (zu ep. 1,17 f.).

65 H. Fuhrmann, Cicero (2003), S. 35 mit Literaturnachweisen auf S. 58.

66 Gregor der Große, Dialogi 2.prol., S. 71 f.: *Sed dum in eis multos ire per abrupta vitiorum cernerit, eum, quem quasi in ingressum mundi posuerat, retraxit pedem, ne si quid de scientia eius adtingerit, ipse quoque postmodum in inmane praecipitium totus iret.*

67 Caesarius von Arles, Opera, Bd. 2, S. 299 f.; Wilhelm von Saint-Thierry, Opera omnia, Bd. 6, S. 39 (Vita s. Bernardi 1.9).

68 Guibert von Nogent, Autobiographie 1. Die Reflexionen des Verfassers über die Entwicklung seiner eigenen Psyche sind schon häufiger Gegenstand der Forschung gewesen. K. Fuchs, Zeichen (2008); J. Rubenstein, Guibert (2002); R. I. Moore, Guibert (1985).

69 Guibert von Nogent, Autobiographie 1.14, S. 98: *«Crucem», inquit, «posuerunt presbyteri in renibus ejus!»*

70 Ebd., 1.4, S. 28, Übersetzung nach Guibert von Nogent, Autobiographie übers. W. Berschin/E. Wilhelm, S. 16 f.

71 Analecta Dublinensia, S. 131–140, Nr. 18–20. Eine Inhaltsangabe dazu ebd., S. 84–86; S. 71 Überlegungen zur Identität der Genannten.

72 Guibert von Nogent, Autobiographie 1. 5, S. 36: *Nihil enim difficilius invenias quam si velis disserere ipse quod nescias, dicenti quidem obscurum, obscurius audienti, non secus ac si lapidem uterque readat.* Übersetzung nach Berschin/Wilhelm, S. 21.

73 Es ist völlig unverständlich, wie Stephen Jaeger die abgründigen Seiten dieses Schüler-Lehrer-Verhältnisses hat übergehen und in diesem nur einen weiteren Beleg für «ennobling love» hat sehen können. Münster-Swendsen widerspricht ihm zu Recht und nennt es «heart-rendingly horrible». C. S. Jaeger, Love (1999), S. 64 f; vgl. ders., Envy (1994), S. 226–229; M. Münster-Swendsen, Model (2006), S. 316.

74 Ekkehart IV., Casus 32: *Collectis autem undequaque discipulis eius sepultus est in aecclesia sancti Germani.*

75 B. H. Rosenwein, Communities (2006), S. 16–25.

76 Ekkehart IV., Casus 33: *De Notkero, Ratperto, Tuotilone, discipulis eius et Marcelli, quoniam quidem cor et anima una erant, mixtim, qualia tres unus fecerint, quantum a patribus audivimus, narrare incipimus.*

77 Ebd., 34 (Umarmung), 36 (Anreden).

78 Ebd., 35 bzw. 36.

79 Ebd., 3, 36.

80 Ebd., 1. Notker, Taten 1.3, S. 4 f. u. ö.

81 Johann von Salisbury, Entheticus maior 3.1719–1728, S. 216. Zur Dynamik des Strebens nach der Klausur De Jong, Cloisters (2000).

82 Johann von Salisbury, Policraticus 7.24 (703b), Bd. 2, S. 214: *Fertur Plato, cum ei condiscipuli inuiderent, Socratem interrogasse qua ratione posset hominum declinare inuidiam. Cui Socrates: Esto, inquit, ut Tersites.* Dessen hervorstechende Eigenschaft ist, dass er abstoßend ist. Aus welcher Quelle sich Johann hier bediente, ist unklar.

83 Thangmar, Vita Bernwardi 1, S. 758,18: *Mox itaque, ut de sancto Daniele legitur, inveni in illo decuplum in omni intelligentia super coaevos eius.* [...] *more prudentissimae apis singulas lectiones, quas in scolis in diversis libris exponebam, remotiori loco sedens intento auditu captabat, quas tamen postea pueris considens felici furto perfecte docebat et illorum scientiae inprimebat.* Übersetzung von Hatto Kallfelz.

84 Norbert von Iburg, Vita Bennonis 3/4, S. 873. Übersetzung von Hatto Kallfelz.

85 Ruotger, Lebensbeschreibung 4 u. 8, S. 5 u. 8 f.

86 Johann von Salisbury, Policraticus 2.28 (473d), Bd. 1, S. 164.

87 Zur *invidia* und den *invidi* s. die Belege oben, Anm. 79. Zum Halbschulmeister s. Ekkehart IV., Casus 1, 80, und nochmals 141.

88 So der Mönch Rainardus, der sich für ein eremitisches Leben entschieden hatte und diesen Schritt gegenüber Ivo von Chartres verteidigte, G. Morin, Rainaud (1928), S. 104.

89 Ekkehart IV., Casus 36.

90 N. Luhmann, Liebe (1982), S. 8 f. Das Unbehagen, das sich mit einer solchen sozialkonstruktivistischen Sicht einstellte, diskutiert B. H. Rosenwein, Communities (2006), S. 16–20. Wegen der Nähe von Emotionen zu Werten und Moral werden auch von den Kritikern des «moralischen Relativismus» Einwände erhoben: S. Lukes, Relativism (2008), s. z. B. S. 129–135. Auf Distanz zum Sozialkonstruktivismus hält sich mit ihrem emphatischen, ja sozialtherapeutischen Anliegen die Online-Zeitschrift «Amity: The Journal of Friendship Studies» (2013 ff.): http://amityjournal.leeds.ac.uk/issues/ (zuletzt 2018–03–30).

91 N. Luhmann, Liebe (2008), S. 41. Vgl. ebd., S. 38: Die Liebe «wird auf sich selbst angewandt, ehe sie sich ein Objekt wählt. Man liebt das Lieben und deshalb einen Menschen, den man lieben kann.»

92 Augustinus, Confessiones 3.1.1, S. 27: *Veni Carthaginem, et circumstrepebat me undique sartago flagitiosorum amorum. Nondum amabam et amare amabam et secretiore indigentia oderam me minus indigentem. Quaerebam quid amarem, amans amare* [...]. Ein Wortspiel: die Stadt Karthago als Tiegel – Sartago! Deutsche Übersetzung nach Augustinus, Bekenntnisse, S. 106, s. den Kommentar S. 782.

93 S. letzte Anm.

94 Dass das schulförmige Erlernen des Lateinischen aufs Engste mit dem Erlernen der kulturellen Muster um Liebe und Begehren verbunden ist, weil man anhand von Texten lernt, die eine Vielzahl von Erfahrungs- und Handlungsmustern bereitstellen, ist von Augustinus mit unerreichtem Scharfsinn gesehen und reflektiert worden.

95 J. P. Haseldine, Friendship (2011). So etwa S. 271 f.: Petrus Venerabilis nannte Heinrich von Blois meist dann seinen Freund, wenn Streitsachen anstanden; S. 274: am ausführlichsten wurde Freundschaft in einem Brief an seinen potentiellen Sekretär Peter von Poitiers thematisiert, als diese Bindung in die Brüche zu gehen drohte. Zur sog. *amicitia iocosa* (Ronald Pepin) G. R. Knight, Correspondence (2002), S. 16–23.

96 Hier wird die Varianz je nach Ausstellern sichtbar, denn Bernhard von Clairvaux reserviert *dulcissimus* für einen exklusiven, hochstehenden Kreis, dem auch Honorius II. und Innozenz II. angehören; J. P. Haseldine, Terms (2013), S. 225.

97 Anhand der Briefe des Petrus Venerabilis J. P. Haseldine, Friendship (2011), die Beispiele S. 258 u. 260. Ähnliches kann man auch in den Briefen Peters von Celle finden, s. J. P. Haseldine, Language (1994). Dass es eine gewisse Varianz gab, zeigt die vergleichende Studie von J. P. Haseldine, Terms (2013).

98 Die Sprache des Briefes sei wohl am weitesten von der mündlich gesprochenen Umgangssprache entfernt und damit von derjenigen, die Emotionen wohl am unmittelbarsten äußert, meint J. P. Haseldine, Terms (2013), S. 204.

99 Vergil, 8. Ekloge V. 47–51, S. 22. Zur Rezeption und Herkunft des Oxymorons *saevus amor* s. den Kommentar in Lygdamus, S. 367 f. Zur Übernahme

durch Properz P.J. Connor, Saevitia (1972). Ovid, 10. Elegie, V. 19–22, S. 70 f. (in Übers.): «Mir aber raube den Schlaf, den trägen, der grimmige Amor, / Nicht die einzige Last möchte ich sein auf dem Bett. / Ohne dass jemand es hindert, soll mich die Geliebte vernichten – / Eine, wenn das genügt, wenn aber nicht, eben zwei.»

100 C. S. Jaeger, Love (1999). Kritisch dazu R. Schnell, Genealogie (2003).

101 K. van Eickels, Konsens (2002), S. 19–29.

102 J. van Engen, Century (2012), S. 17 f.; L. Melve, Revolt (2006); A. J. Novikoff, Renaissance (2005); M. L. Colish, Scholasticism (2000); dies., Renaissance (1998); W. K. Ferguson, Renaissance (1948), S. 329–385. Zum sog. humanistischen Diskurs s. Kap. VIII, 3.

103 U. Köpf, Thema (2006). Eine 15 Jahre ältere Untersuchung der monastischen Consuetudines erbrachte denselben Befund; M. Lahaye-Geusen, Opfer (1991), S. 360–366. Erste Ursache ist hier die Gefahr, dass monastische *amicitia* erotisch und damit gefährlich wird. Freundschaft, wie wir sie bei Aelred von Rievaulx antreffen, sei «eine Schreckensvorstellung monastischer Gesetzgeber» gewesen, ebd., S. 361.

104 Aelred von Rievaulx, Opera omnia, Bd. 1 (De spiritali amicitia 1.32), S. 294,185: *Non enim amicos solum, sed et inimicos sinu dilectionis excipere, caritatis lege compellimur. Amicos autem eos solos dicimus, quibus cor nostrum, et quidquid in illo est, committere non formidamus* [...].

105 U. Köpf, Thema (2006), S. 30–32. Dazu auch die Studien zum monastischen Freundschaftsbrief oben in Anm. 95 u. 97.

106 I. Illich, Weinberg (2004), S. 31 f.

107 J. Link, Literaturanalyse (1988).

108 Aelred von Rievaulx, Opera omnia, Bd. 1 (De spiritali amicitia 3.2), S. 317,17: *Fons et origo amicitiae amor est, nam amor sine amicitia esse potest, amicitia sine amore numquam.*

109 So bei G. Burkart/C. Koppetsch, Geschlecht (2001), wo z. B. auf S. 432 von «Liebe und dyadischer Intimität» oder auf S. 435 von «sexueller Intimität» die Rede ist. Die Autorin und der Autor machen auf S. 434 Anm. 5 darauf aufmerksam, dass «Körper, Emotionen, Sexualität und Intimität» in der Familiensoziologie dagegen keine Rolle spielen.

110 N. Luhmann, Liebe (1982), S. 11.

111 H. Blatterer, Friendship (2011).

112 Mit rein negativer Konnotation ist «Intimität» auch als Marker für den Verlust der politischen Öffentlichkeit verwendet worden. In diesem Sinn hat Richard Sennett 1974, also ein halbes Menschenalter vor dem World Wide Web, ein Pamphlet gegen die «Tyrannei der Intimität» geschrieben. R. Sennett, Verfall (1986).

113 Fulbert von Chartres, ep. 95, S. 174; Ältere Wormser Briefsammlung 60, S. 102; M. Münster-Swendsen, Model (2006); dies., Virtuosity (2008). Ein anonymer Briefschreiber bekennt bald nach 1146, er habe immer befürchtet, dass ein Feind die Gruppe korrumpieren und damit zerstören werde; Ana-

lecta Dublinensia 21, S. 97 u. 68. A. Kraß, Rivale (2010), ja überhaupt die Arbeiten zur «Figur des Dritten» bei E. Eßlinger, Figur (2010).

114 Tegernseer Briefsammlung 12. Jh., Anhang Nr. 7, S. 354,29. Zu Quellenkritik und Rezeption ebd. in der Einleitung, S. XV f., kritisch zur Edition P. Dronke, Letters (2015), v. a. Anm. 40.

115 Tegernseer Briefsammlung 12. Jh., Anhang Nr. 6, S. 352 f.,36.

116 Ebd., Anhang Nr. 2, S. 347,20: *Cave diligentius, ne tercius interveniat oculus* Ebd., Anhang Nr. 3, S. 348,31.

117 Ebd., Anhang Nr. 1, S. 345,28.

118 Ebd., Anhang Nr. 2, S. 347,19.

III. Gruppen von Enthusiasten: Die Schule als utopischer Ort in der Ära der Kirchenreform

1 Die bemerkenswerte Ausnahme von dieser Regel hat Arno Borst während seiner letzten Lebensjahrzehnte freigelegt: der Umgang frühmittelalterlicher Gelehrter mit dem Computus. Zusammenfassend Schriften zur Komputistik, v. a. die Einleitung in Bd. 1, S. 1–130. Zur Situation im 9. Jh. R. Schieffer, Arbeit (2010).

2 Wenn eine Maus den Mönch im Skriptorium zur Weißglut reizen konnte – was muss man dann für den täglichen Umgang mit dem *confrater* annehmen? H. Zielinski, Domschulen (2006), S. 177: Die Buchillustration, auf die hier angespielt wird, stammt aus einer um 1140 entstandenen Augustinus-Handschrift.

3 R. Collins, Sociology (2002), Zitat S. 7.

4 Ebd., Kap. 1.

5 Ebd., S. 83; A. Kraß, Rivale (2010), S. 225. L. v. Wiese, System (1955), S. V stellt seiner umfassenden Untersuchung der Vergemeinschaftungsformen ein Zitat von Franz Werfel voran: «Ach, warum fühlen wir das ungeheure Neben-Einander der Welt immer als ein Gegen-Einander?»

6 Anselm von Besate, Rhetorimachia, ebd., S. 104 zu seiner Eremitage. Eine Einordnung der Schrift in die Geschichte des Rhetorikunterrichts versucht Beth S. Bennett, s. etwa dies., Teaching (2013). Die Identifikation Anselms mit dem Kanzleinotar «Heinrich C» zunächst bei C. Erdmann, Forschungen (1951), S. 119–124, dann bestätigt bei W. Huschner, Kommunikation (2003), S. 845–852 mit einem abschließenden Urteil auf S. 975 f., allerdings angefochten von Hartmut Hoffmann, der in «Heinrich C» keinen Italiener, sondern einen Bamberger sehen wollte. Dies ist jedoch an dieser Stelle belanglos, denn die Zugehörigkeit Anselms zur Hofkapelle, ganz gleich, ob er mit «Heinrich C» identisch ist oder nicht, ist unstrittig.

7 Delisle, Recueil, Bd. 10, S. 536 f. Es handelt sich um den Prozess von Orléans 1022, der in der Frühgeschichte der Häretikerverfolgung eine wichtige Rolle

einnimmt. H. Fichtenau, Ketzer (1991); D. Barthélemy, Hérétiques (1992); L. Jégou, Évêque (2011), S. 389 f.

8 L. Halphen, Pédagogue (1950).

9 Ademar von Chabannes, Epistola de apostolatu sancti Martialis, Sp. 107B. Ademar will Benedikt als einen Angeber zeichnen: *Ego, inquit, sum nepos abbatis de Clusa; ipse duxit me per multa loca in Longobardia et Francia propter grammaticam; ipsi jam constat sapientia mea duo millia solidis, quos dedit magistris meis. Novem annis jam steti ad grammaticam, et adhuc sum scolasticus. Sumus novem scholastici, qui simul discimus grammaticam, et sum ego valde perfectus sapiens. Habeo duas magnas domos plenas libris, et adhuc non omnes eos legi, sed quotidie meditor in illis. Nullus liber est in tota terra quem ego non habeam. Postquam exiero de schola, non erit subtus coelum tam sapiens ut ego. Ego ero abbas de Clusa post mortem avunculi mei, jamque sum electus ab omnibus; et nisi tales conversi mali monachi fuissent, qui non curant nisi de hypocrisi et de rusticitate, qui mihi hoc abstulerunt, jam ex multo tempore essem consecratus abbas.*

10 Miracula sancti Liutwini 18, S. 1266.

11 Guibert von Nogent, Autobiographie 1.4, S. 26: *Erat paulo ante id temporis, et adhuc partim sub meo tempore, tanta grammaticorum charitas, ut in oppidis prope nullus, in urbibus vix aliquis reperiri potuisset; et quos inveniri contigerat, eorum scientia tenuis erat, nec etiam moderni temporis clericulis vagantibus comparari poterat.* Die Forderung, dass Priester neben ihren pastoralen Pflichten jeweils mindestens einem Knaben Leseunterricht geben und diesen auf eine Tätigkeit als Lektor vorbereiten sollten, war schon lange vor Guibert erhoben worden; S. Scholz, Bemerkungen (2015), S. 277.

12 Milo Crispin, Vita Lanfranci, Sp. 29B–31B. Vgl. Chronicon Beccensis Abbatiae, Sp. 642B.

13 So Ivo von Chartres anerkennend an den Magister Manegold: *post multos circuitus* habe dieser die leichte Last Christi auf sich genommen; Ivo von Chartres, Correspondance, Bd. 1, ep. 38, S. 156.

14 J. de Montclos, Lanfranc (1971), S. 546 f. zeigt, wie stereotyp das Urteil über diese Biographie ausfiel. Selbst Ambrosius käme im Mailänder Bischofsamt nicht mehr zum Lesen, wie Augustinus beteuerte. Augustinus, Confessiones 6.18.14, S. 86.

15 Zu Anselm oben, S. 83 mit Anm. 6. Belege aus seiner «Rhetorimachia» (= Rh.) im Folgenden im Haupttext nach der Manitius'schen Edition mit Seiten- und Zeilenangaben.

16 Zu den Disziplinen und Referenztexten, die er anspricht, s. v. a. Anselm von Besate, Rhetorimachia, v. a. S. 81; B. S. Bennett, Teaching (2013); C. Erdmann, Forschungen (1951), S. 119–124; E. Dümmler, Anselm (1872).

17 Zu Drogo s. die Chronik von St. Hubert in den Ardennen, S. 573: Lambert von St. Hubert wurde zum Studieren in die Lombardei geschickt *et apud Drogonem Parmensem aliquandiu philosophatus.*

18 Dazu P. Stotz, Handbuch (1998), S. 309.

19 Richard von Cluny (Ricardus Pictaviensis), Chronik, S. 78. W. Hartmann,

Manegold (1970), dort auf S. 50 das Zitat Wolfgers von Prüfening; H. Fuhrmann, Biographie (2016). Das Urteil Ivos von Chartres oben in Anm. 13. Die Frage nach der Identität zwischen dem früheren, frei umherziehenden Lehrer Manegold und dem späteren, besser belegten Kanoniker von Lautenbach, Rottenbuch und Marbach ist hier nicht von Belang. Ernst nehmen sollte man allerdings die Bedenken von L. Sturlese, Philosophie (1993), S. 78 f.

20 Zu dem einschlägigen Brief im Codex Udalrici S. 378 f. Anm. 6.

21 Petrus Damiani, Sermo 6.2, S. 34; vgl. ders., Opusculum 45. Charakteristisch für Petrus ist auch hier der Gebrauch von Sexualmetaphorik zum Zweck der Gegenwartskritik. Ist dies ein Symptom seiner asketischen Überangestrengtheit? Vgl. G. Tellenbach, Kirche (1988), S. 138 mit Anm. 27.

22 Etwa die Lehre von den Antipoden, die der Kanoniker Manegold als Beispiel für falsches Wissen anführt; Manegold von Lautenbach, Liber contra Wolfelmum, hg. v. W. Hartmann, 4, S. 51 f., dazu der Herausgeberkommentar S. 18 f.

23 In diesen Zusammenhang gehört das Wort von der Philosophie als Magd der Theologie, das Petrus Damiani zugeschrieben wird und das in dem unten herangezogenen Brief 119 am deutlichsten zum Ausdruck kommt: [...] *artis humanae peritia, si quando tractandis sacris eloquiis adhibetur, non debet ius magisterii sibimet arroganter arripere, sed velut ancilla dominae quodam famulatus obsequio subservire* [...]. Petrus Damiani, Brief 119, Bd. 3, S. 354.

24 Hugo von St. Victor, Didascalicon 2.17, S. 186.

25 Beides bei Manegold von Lautenbach, Liber contra Wolfelmum, hg. v. W. Hartmann, z. B. 6, S. 54–57 (Arius und Mani, Origines von Philosophen fehlgeleitet), u. 23ff., ab S. 98, zur Gegnerschaft gegen den Papst. Zur Forschungsgeschichte und zur Identifikation Berengars als erstem Dialektiker, der die vermeintliche antidialektische Bewegung ausgelöst habe, T. J. Holopainen, Dialectic (1996), S. 77 f.

26 Beispiele dafür bei Manegold von Lautenbach, Liber übers. Ziomkowski, S. 2 f. Vgl. I. S. Robinson, Bible (1985). Wie reduktionistisch es ist, ihn als Antidialektiker zu sehen, zeigt I. Caiazzo, Manegold (2011), S. 321. Anhand Anselms von Bec s. M. M. Tweedale, Logic (1988), S. 205–210.

27 R. Arnzen/G. Guldentops/A. Speer u. a., Kommentare (2007/2008), S. 261.

28 Sigebert von Gembloux, Catalogus 156, S. 97: *Lanfrancus, dialecticus et Cantuariorum archiepiscopus, Paulum apostolum exposuit et, ubicumque locorum opportunitas occurrit, secundum leges dialectice proponit, assumit, concludit.* Zur Textgattung im Früh- und Hochmittelalter und zu Sigeberts Bedeutung für diese M. A. Rouse/R. H. Rouse, Bibliography (1991), S. 482–484; R. Blum, Literaturverzeichnung (1983), Sp. 137–159.

29 W. Hartmann, Manegold (1970); ders., Rhetorik (1997); T. J. Holopainen, Dialectic (1996); Manegold von Lautenbach, Liber übers. Ziomkowski.

30 Petrus Damiani, Brief 119, Bd. 3, S. 341–384. Hieronymus hatte das in einem Brief, der die Diskussion in Montecassino anstachelte, verneint, s. S. 343, A. 6.

31 Der Satz, den er aus der Pseudo-Dionysischen Schrift *De divinis nominibus* kannte, ebd., S. 365. Zum Kontext s. auch epp. 117 f. Hilfreich für ep. 119, der

auch als Traktat *De divina omnipotentia* bekannt ist, ist auch die etwas ältere Edition Petrus Damiani, Lettre, so etwa das Kap. 4 der Einleitung über «La dialectique et la parole sacrée». Zur philosophischen Dimension der Schrift T. J. Holopainen, Dialectic (1996), S. 6–43; zur theologischen I. M. Resnick, Power (1992).

32 Petrus Damiani, Brief 119, Bd. 3, dort S. 369–372. Der editorische Kommentar zeigt: Petrus hatte Augustins *De civitate Dei* und die Naturgeschichte des Plinius – und vielleicht auch die *Mirabilia urbis Romae* – auf unerklärliche Naturphänomene hin exzerpiert.

33 Manegold von Lautenbach, Liber contra Wolfelmum, hg. v. W. Hartmann, 3, S. 49–51, mit dem Anmerkungsapparat. Das war ein altes Argument gegen die pagane Philosophie. Augustinus, Confessiones 6.7.20, S. 78. Die Vielzahl der philosophischen Stimmen sprach schon für sich genommen Bände, denn wären sie göttlich inspiriert, würden sie sich auf eine Position verständigen; Radulfus Ardens, Homiliae 1.23, Sp. 1390D.

34 Rhetorik war die Artes-Disziplin, auf die er sich am konsequentesten stützte, der Gebrauch der *Logica vetus*, also der zeitgenössischen Textgrundlage für die Dialektik, ist laut einer jüngeren Studie kaum nachweisbar. A. Collins, Teacher (2007), S. 108–115.

35 J. A. Endres, Dialektiker (1906). Endres nennt sie «Wander- und Winkellehrer». Ihre Zahl, so sagt er, dürfe für das 11. Jh. nicht als gering «angeschlagen werden, wenn auch aus mehrfachen und leicht begreiflichen Gründen direkte historische Dokumente für ihr Dasein mangeln» (ebd., S. 25). Vgl. ders., Verhältniß (1902); ders., Petrus (1910); ders., Studien (1913).

36 O. G. Oexle, Gilden (1979); ders., Gilden (1981); ders., Gilde (2011); G. Dilcher, Bürgerrecht (1996); S. C. Ferruolo, Origins (1985).

37 Zur ganz anderen Bedeutung von «wahr» und «falsch» bei ihnen unten, S. 143–146.

38 Williram von Ebersberg, Expositio, S. 1. Man könnte verzweifeln, gäbe es da nicht das Beispiel Lanfranks, der nach einer Dialektikerkarriere den rechten Weg eingeschlagen hatte.

39 Manegold von Lautenbach, Liber contra Wolfelmum, hg. v. W. Hartmann, 9, S. 62.

40 Biographisches zu Goswin in Apologiae duae, S. 4–6. Der Brief ist bereits öfter herangezogen worden, am intensivsten von C. S. Jaeger, Envy (1994), S. 221–226. Hilfreich ist seine Übersetzung des Briefs ebd., S. 349–375. Jaeger sieht ihn sehr positiv als Schlüsselzeugnis für die Ganzheitlichkeit der älteren Lehr- und Erziehungsformen einer «charismatischen» Ära an. Es sind wohl die Schul-, Internats- und Pfarrskandale der jüngeren Vergangenheit, die fürchterliche Internationale des Missbrauchs von Boston bis zum Odenwald, die es mittlerweile verbieten, diesen Cocktail aus Schüler-Lehrer-Intimität, emotionaler Überspanntheit und Rutenpädagogik derzeit noch ebenso positiv zu werten wie Jaeger. Die vermeintlich ganzheitliche Qualität totaler Institutionen wird auch für manche Schüler Goswins schon der reine Horror

gewesen sein. Belege aus dem Text des Briefes werden im Folgenden im Haupttext nach der Zeilenzählung der Huygens-Edition gegeben.

41 Die genaueren chronologischen Angaben bei Jaeger, S. 221.

42 Stellenangaben im Folgenden im Haupttext nach der Zeilenzählung in Apologiae duae.

43 So schon die Salutatio, in der Goswin *suo fratri ex filio* Walcher seinen Gruß entbietet, *in eo quod est esse feliciter coesse* (1).

44 Guitmund von Aversa, De corporis veritate 1, Sp. 1428A.

45 S. o., Anm. 32.

46 Damit ist die Forschungstradition angesprochen, die von O. Gierke, Genossenschaftsrecht (1868) begründet wurde. Deutsch war allerdings nichts an dem behandelten Phänomen, so wie es sich nicht aus germanischen Wurzeln herleiten ließ. Zu den Gildeformen s. die Arbeiten von Otto Gerhard Oexle in Anm. 36 u. 57. B. Jussen, Erforschung (1992); R. C. Trexler, Persons (1985); Lutter, Groups (2013).

47 Grundlegend, weil am differenziertesten, G. Tellenbach, Kirche (1988). Spätere Gesamtdarstellungen wie W. Goez, Kirchenreform (2000) haben sich weiterhin des Narrativs vom Niedergang des Klerus und des Mönchtums bedient, gegen die die Reformbewegungen – insbesondere die Cluniacenser – mutig eingeschritten seien. Es gehört zu Tellenbachs großen Verdiensten, diese Sicht der Dinge widerlegt zu haben, auch wenn sie den Stoff für große Historien-Epen abgibt. Nicht die depravierten Lebensformen der Kleriker und Mönche haben die Reform ausgelöst, sondern ein normativer Wandel, eine Veränderung der Denkformen. Die Zerfallsprodukte der Reform, die Differenzierung der Lebensformen, lassen sich nicht nach einem Schwarz-Weiß-Schema in willkommene und fehlgeleitete unterscheiden, vielmehr ist all diesen Lebensformen zu unterstellen, dass sie von der Sorge um das richtige Leben der Christen geleitet wurden, dabei aber unterschiedliche Schwerpunkte setzten.

48 A. Haverkamp, Leben (1995); vgl. allgemein ders., Formen (2012).

49 «Cléricalisation de l'église»: zunächst wohl bei Theodor Schieffer; s. G. Tellenbach, Kirche (1988), S. 263. Zu den Beeinflussungen des Mönchtums durch diesen Prozess Y. M.-J. Congar, Jalons (1954).

50 G. G. Meersseman, Ordo (1977), S. 232–245, zu «Ecclesia docente e Ecclesia discente» ebd., S. 233.

51 Zur spätmittelalterlichen Rezeption dieser Denkform Ch. Hoffarth, Urkirche (1016).

52 Bernold von St. Blasien, Chronik zu 1091, S. 382–385.

53 So die *Taten der Bischöfe von Lüttich* kritisch zu den Bauern, die sich angeblich den Ketzern anschlossen. Anselm von Lüttich, Gesta, S. 226,41.

54 Dazu s. u., ab S. 113.

55 Albert von Metz, De divertitate 2.20, S. 80. Dazu J. Dijkstra, Handelszentrum (2002).

56 M. Mauss, Gabe (2012), S. 17.

57 Das Material dazu, nur notdürftig verarbeitet, bei G. G. Meersseman, Ordo (1977), hier v. a. Bd. 1. Zu Valenciennes H. Caffiaux, Memoire (1877); zu Saint-Omer G. Espinas/H. Pirenne, Coutumes (1901). Des Weiteren zu Geschichte und Relevanz der Gilden O. G. Oexle, Gilden (1979); ders., Gilden (1981); ders., Coniuratio (1985); ders., Gilde (1998).

58 G. G. Meersseman, Ordo (1977), Bd. 1, S. 3–34. Zur Terminologie der Einungsformen vornehmlich in der Romanistik und Kanonistik P. Michaud-Quantin, Universitas (1970).

59 M. Weber, Stadt (1999). Zu dem Raum, der hier im Zentrum steht, A. Vermeesch, Essai (1966).

60 G. Tellenbach, Kirche (1988), S. 208.

61 Als Epochensignum bei M. Borgolte, Europa (2006).

62 In der Tradition einer Max Weber'schen Vorstellung ist am prominentesten H. J. Berman, Recht (1991).

63 Versammelt sind diese Tendenzen praktisch in sämtlichen Arbeiten, die die Trends der hochmittelalterlichen Gesellschaftsentwicklung summarisch charakterisieren wollen, so etwa in jüngeren Gemeinschaftsproduktionen T. F. X. Noble/J. van Engen, Transformations (2012); vgl. die Vogelschau-Beiträge von H. Keller, Verantwortung (2006); ders., Ordnungsvorstellungen (2006); F. Rexroth, Transformationen (2013).

64 G. Tellenbach, Kirche (1988), S. 65. Vgl. M. Borgolte, Christen (2006), S. 441–444.

65 Nachweise ebd., S. 38. Zur Exkommunikation jetzt K. U. Mersch, Missachtung (2018).

66 G. Tellenbach, Kirche (1988), S. 123 f. Anm. 20.

67 Ebd., S. 240.

68 R. W. Southern, Humanism, Bd. 1 (1995), S. 141–145. Die Erforschung der Schriften wird charakterisiert durch L. Melve, Inventing (2007). Melve selbst spitzt die These von der Entstehung politischer Öffentlichkeit und einer entsprechenden Trägerschicht über die früheren Ansätze hinaus zu.

69 Als Fallstudie F. Rexroth, Fehltritte (2016).

70 Zu Bernold O. Münsch, Neues (2006), dort auf S. 218–223 eine Neuedition von *De vitanda excommunicatorum communione*.

71 A. Gouron, Ego (1988); Ivo von Chartres spricht diese Aussage in seinem Dekret Papst Gregor VII. zu, könnte sich aber geirrt haben, es ist ebenfalls möglich, dass sie von Papst Urban II. stammt. Dazu G. B. Ladner, Letters, hier S. 669–679. Häufig behandelt wurde die Konkurrenz von *veritas* und *usus* oder *consuetudo* im Zusammenhang mit der Bibelkorrektur, jedenfalls bis zum 13. Jh.; C. Linde, Scriptura (2012), S. 201–216. Zahlreiche Arbeiten von Olga Weijers behandeln die neue Diskurskultur, hier sei stellvertretend ihre Synthese angeführt: O. Weijers, Search (2013). A. J. Novikoff, Culture (2013). Zur vormodernen Wissenschaft als einem gelehrten Feld M. Füssel/I. Trüter, Feld (2012).

72 C. de Miramon, Spiritualia (2006).

73 So Huguccio (gest. 1210), zitiert bei A. Stickler, Schwerterbegriff (1947), S. 210 Anm. 1. Der Impuls zur Straffung und Vereindeutigung der Begriffe, der vom Sprachgebrauch des – persönlich keineswegs gelehrten – Papstes Gregor VII. ausging, wird etwa sichtbar bei B. Szabo-Bechstein, Libertas (1985), S. 138–175.

74 G. Tellenbach, Papatus (1996); Y. Congar, Platz (1961), S. 211–213; B. Szabo-Bechstein, Libertas (1985).

75 Anselm von Havelberg, Dialogi 1.6, Sp. 1149A: [...] *sancta Ecclesia pertransiens per diversos status sibi invicem paulatim succedentes, usque in hodiernum diem, sicut juventus aquilae renovatur et semper renovabitur, salvo semper sanctae Trinitatis fidei fundamento* [...]. Zu weiteren Verwendungen des Psalmwortes ders., Anticimenon 1.6, S. 56 A. 3. G. B. Ladner, Idea (1959), S. 423 f. mit Anm. 94; T. Frank/N. Winkler, Einleitung (2012). Künftig F. Rexroth, Reformen (ersch. 2018). Zur späteren Tradition der Formel von der «Kirche, die immer reformiert werden muss», T. Mahlmann, Ecclesia (2010).

76 S. Schima, Papstschisma (2017).

77 G. Tellenbach, Sturz (1988).

78 Guibert von Nogent, Autobiographie 1.7, S. 46.

79 Chronicon Sancti Andreae Castri Cameracesii 3.3, S. 540. Der Fall Ramihrdus (der Name ist in dieser verstümmelten Form überliefert) wird üblicherweise in den Kontext der Ketzergeschichte eingeordnet. H. Fichtenau, Ketzer (1992), S. 50; R. I. Moore, Formation (2007). Als Testfall für die bischöfliche Autorität behandelt ihn J. S. Ott, Bishops (2015), S. 83–86. Dort die wichtige Beobachtung, dass der Fall auch eine Bewertung der sozialen Gruppen enthält, insofern die Gefolgschaft des verketzerten Priesters vom Chronisten in ein antithetisches Verhältnis zur Gründungserzählung des Klosters Anchin gesetzt wird.

80 Register Gregors VII., Bd. 1, 4.20, S. 328: Hier behandelt als ein Fall, der Untersuchungen in der Kirchenprovinz Reims auslöste.

81 Den Nexus zwischen dem Fall Ramihrdus und der Kommune von Cambrai reflektieren auch A. Vermeesch, Essai (1966), S. 89–91 und K. Schulz, Freiheit (1992), S. 56–60.

82 Guibert von Nogent, Autobiographie 3.9, S. 350: [...] *jam ergo eum, cujus servus erat, non norat, cui certe inter prandendum paulo ante servierat.* Übersetzung von W. Berschin/ E. Wilhelm, S. 167. Die kommunale Bewegung als Hintergrund der Auseinandersetzungen um Abaelards Lehre 1141 bei C. Mews, Council (2002); D. Weltecke, Narr (2010), S. 118–120.

83 So auch D. Iogna-Prat, Evrard (2002), der einen hier nicht weiter verfolgten Kontext besonders betont: den Nexus zwischen den Klostergründungen und der gleichzeitigen Territorialisierung von Adelsherrschaften. Über die Gründung und Förderung von Klöstern wie Breteuil, Saint-Vanne, Coulombs, Marmoutier sind die beiden Phänomene tatsächlich miteinander verbunden, s. v. a. ebd., S. 552 f. Guibert schreibt aber auch in anderer Hinsicht als Zeithistoriker, indem er die Kommune, die Steigerung des gelehrten Niveaus in

der Breite und letztlich die Geschichte der freiwilligen Gruppen in seine Erzählung integriert. Zwar personalisiert er die sozialen Prozesse seiner Zeit meistens, doch liegt seinem Werk die Überzeugung zugrunde, dass er die lebensverändernde Entscheidung für das Klosterleben, die er und seine Mutter getroffen haben, nur plausibilisieren kann, wenn er ihre sozialen Kontexte erklärt.

84 Zum Zeitpunkt der Niederschrift, als er ein alter Mann ist, meint er, diese Aufbruchsphase sei mit einer Verflachung beendet worden. «Denn, ach, heute: Was die Väter, von Empfindungen dieser Art bewegt, den heiligen Orten zukommen ließen, entziehen ihnen die Söhne entweder ganz oder verlangen immer wieder Entschädigungen; sie sind völlig aus der Art geschlagen, wenn man sie mit der Gesinnung ihrer Väter vergleicht.» Guibert von Nogent, Autobiographie 1.11, S. 74: *Jam nunc enim, proh dolor! quae hujusmodi affectione permoti, locis sacris contulere parentes, aut penitus subtrahunt, aut crebras redemptiones exigere non desinunt filii, a patrum voluntatibus usquequaque degeneres.* Deutsch nach Guibert von Nogent, Die Autobiographie, S. 39.

85 Guibert von Nogent, Autobiographie 1.11, S. 62–74, hier 72: *His cohaesere continuo virorum feminarumque greges; omnis protinus ordo concurrit.* Übersetzung wie letzte Anm., S. 38.

86 Wer so tief wie Guibert in die Gedankenwelt der *Confessiones* eintauchte, musste erkennen: Nicht nur die Bekehrungsgeschichte des Augustinus wurde dort erzählt, sondern auch die eines Freundes- und Schülerkreises um ihn. Es geht schließlich auch um die Geschichte des «Herzensbruders» Alypius, der mit seinem Freund und Lehrer getauft wurde, um die des Nebridius und des Verecundus, des Greises Vindicianus und des Firminus sowie um diejenige des Simplician, Victorinus und Pontician. Freundschaft und Schülerschaft waren untrennbar miteinander verbunden und trugen die Bekehrungsgeschichte der Hauptfigur, wogegen die nahen Verwandten (natürlich mit Ausnahme der Mutter Monnica) blass blieben.

87 Zu den Hintergründen des zweiten Falls, demjenigen des Grafen Simon von Crépy, der seine Herrschaft 1077 zugunsten eines Eremitenlebens aufgibt, s. H. E. J. Cowdrey, Simon (1999). Alle drei Fälle werden von D. Iogna-Prat, Evrard (2002) unterschiedlich intensiv behandelt. Diesem ist die Erkenntnis zu verdanken, dass Eberhard von Breteuil und Simon von Crépy nah miteinander verwandt waren, s. ebd., S. 546 und die Tafeln S. 557. Der dritte Fall ist freilich der prominenteste: der Reimser Magister Bruno alias Bruno von Köln, der Gründer des Kartäuserordens.

88 Guibert von Nogent, Autobiographie 1.9, S. 52–58. Register Gregors VII., Bd. 2, 6.17, S. 423 f. Der Abt Hugo von Cluny hatte Herzog Hugo I. von Burgund (1075–1078) in seinen Konvent aufgenommen. Gregor reagierte in einem Brief an Hugo scharf, weil infolge der Ereignisse ein christlicher Herrscher seine Untertanen herrenlos zurückließ.

89 Zur Signalwirkung, die von Theobalds Kanonisation ausging, T. Licence, Hermits (2011), S. 32.

90 Hierzu auch D. Iogna-Prat, Evrard (2002), der dahinter Motive der zeitgenössischen höfischen Epik vermutet, jedoch keine spezifischen Vorschläge macht.

91 Tertullian, Apologeticum 3, S. 70: *Quae mulier, quam lasciua, quam festiua! Qui iuuenis, quam lusius, quam amasius!* Guibert kennt den Begriff wahrscheinlich aus diesem Zusammenhang.

92 Guibert von Nogent, Autobiographie 1.9, S. 54 f.: *«Sum», inquit, «sed vos quaeso cuipiam ne dicatis, Ebrardus, Britoliensis quondam comes, qui, ut scitis, in Francia olim dives, exilio me relegans, sponteneas peccatorum meorum poenas luo.»* Die Übersetzung nach Guibert von Nogent, Die Autobiographie, S. 30.

93 Die problematische Legitimität des neuen Eremitendaseins reizte zur demonstrativen Selbstabgrenzung von solchen *pseudochoritae*. Vgl. Vie de Saint Étienne d'Obazine 1.5, S. 52,1.

94 S. die Literatur in Anm. 98.

95 So die Statuten der Bruderschaft von Sant'Appiano in Valdelsa nach einer Abschrift aus dem 11. Jh. G. G. Meersseman, Ordo (1977), S. 60, dort 1.1: *In primis quando insimul congregati fuerint, eligant sibi magistrum et abbatem adeo timoratum et doctum in scripturis, ut ipsam fraternitatem optime predicare et corripere possit, et investigare eos de eorum negligentiis, qualiter se unusquisque custodire debeat.* Gemeint ist offenbar ein und dieselbe Person, denn vom *abbas* heißt es dann, er sei *super omnes* [...] *magister*. Vgl. 6.17, S. 62: *Ut omnes oboedientes sint suo magistro et abbati. Que ipsos predicaverit, et lex Domini precipit, custodiant.* Das Einfachheitsideal bleibt ein fester Bestandteil vormodernen utopischen Denkens, wie man etwa der utopischen Dimension von Reformschriften anmerkt. S. Dümling, Träume (2014). Zur Nähe von Eremitengruppen und scholastischen *scholae* J. M. Ziolkowski, Dilemma (2012).

96 Zu diesem Ideal C. S. Jaeger, Mensch (2015); C. Meier, Mensch (2012).

97 J. v. Walter, Wanderprediger (1903/06).

98 H. Leyser, Hermits (1984). Programmatisch ebd., S. 19 f.: «[...] unlike traditional hermits the new hermits both expected and welcomed companions: solitude did not mean for them to be without the company of fellow religious but to be apart from secular society, from ‹the bustle of everyday existence›, not to be involved in litigation, in buying and selling, not to live ‹where the shouts of young men and the singing of girls could be heard.›» Von zentraler Bedeutung für die folgende Interpretation sind die Arbeiten Gert Melvilles zum neuen Eremitentum, so z. B. die, die zusammengefasst sind in G. Melville, Eifer (2014). Obwohl es sich dabei um eine Aufsatzsammlung handelt, behandele ich das Buch im Folgenden bibliographisch als Monographie. Die Erforschung des neuen Eremitentums hat gezeigt, dass es sich dabei um ein sehr verbreitetes Phänomen handelte. Einige Belege dafür referiert J. S. Ott, Bishops (2015), S. 80 f. mit den entsprechenden Anmerkungen. Dort etwa: Allein aus der Diözese Cambrai sind für den Zeitraum zwischen 1075 und 1125 20 Fälle bekannt, eine Dunkelziffer der unbekannten und derer, die dort starteten, aber anderswohin zogen, ist mit einzukalkulieren. Eine Forschungs-

bilanz auf dem Stand der Jahrtausendwende mit Fokus auf Frankreich und Italien findet sich bei A. Vauchez, Ermites (2003). Ott selbst behandelt in seinem Buch die Interaktion zwischen Bischöfen und örtlichen Eremiten.

99 T. Licence, Hermits (2011). Zur ganz anderen Soziabilität der Anachoreten M. Hughes-Edwards, Anchoritism (2012), S. 41–56; ebd., S. 35–38 zur Beschreibung des «anchoritic enclosure» als sozialer Tod: *moriendo seculo et vivendo Deo* ist das Ideal der Inklusen. S. auch L. H. McAvoy, Anchoritisms (2011).

100 J. Leclercq, Épilogue (1965), S. 594: «Finalement, l'érémitisme exerce une influence, directe ou indirecte, sur toutes les manifestations de la vie spirituelle, voire en bien des domaines de la vie de l'Eglise. On avait parfois l'impression, en vous écoutant, qu'aux XIe et XIIe siècles, ‹tout est érémitisme›.» Dazu H. Leyser, Hermits (1984), S. 18.

101 G. Melville, Eifer (2014), S. 38. Das folgende Zitat ebd.

102 S. o., Anm. 98.

103 Dieses Merkmal verbindet die neuen Eremiten nicht nur mit den gelehrten *scholae*, sondern auch mit den zur selben Zeit verketzerten Gruppen. Zur Gefolgschaft des häretischen Wanderpredigers Tanchelm s. die Klage des Utrechter Domkapitels von 1112 in Corpus documentorum, Bd. 1, S. 16 f.: Um den Ketzer werden zwei konzentrische Kreise identifiziert: ein äußerer von begeisterten Hörerinnen und Hörern, die unter seinen Einfluss geraten, und ein innerer mit unmittelbaren Gefolgsleuten wie dem Priester Everwacher und dem Schmied Manasses. Letzterer wirkt als Multiplikator; er gründet *fraternitatem quandam, quam Gilda vulgo appellant.*

104 C. Caby, Finis (2003).

105 P. Brown, Society (1982), S. 134; H. Leyser, Hermits (1984), S. 13. Nachweise bei J. S. Ott, Bishops (2015), S. 82 mit Anm. 71.

106 Gaufridus Grossus, Vita Bernardi fundatoris 71 f., Sp. 1410A.

107 Ivo von Chartres, ep. 256, Sp. 261B; G. Morin, Rainaud (1928), S. 104: *Sermo quippe eorum praecipuus de cibis et potibus, de pitantiis et generalibus, de stratis et vestimentis, et vestimentorum mutatoriis. Linguas insuper acuunt in abbatum parcitates: accusant officiales, et deponere laborant, quia forsitan eorum loco substitui desiderant. Praeterea, cum pedibus nequeant, linguis saltem forinsecus evagantes, regum ducumque pugnas et victorias studiosius quam psalmos eloquentes, quasi inter se factis partibus verbis pugnant cum pugnantibus.*

108 Ivo von Chartres, ep. 256, Sp. 201B.

109 S. bei Anm. 90.

110 Von Letzteren spricht die Benediktsregel 1.6, S. 20.

111 Libellus de diversis ordinibus, das Plädoyer S. 14. Zu weiteren Apologien der Diversität A. Haverkamp, Leben (1995), S. 37 (Loctulf, Domdekan von Toul, 1091, allerdings ohne Nennung der Eremiten); K. Schreiner, Art. Toleranz (1990), S. 455–457. Als Kerngedanke Gregors des Großen nachgewiesen bei P. Meyvaert, Diversity (1963). Ebd., S. 148 führt eine Stelle aus den *Moralia in Iob* aus, in der die Verschiedenheit derer, die eine Predigt hören, mit einem

gestimmten Saiteninstrument verglichen wird: Man muss jeder Saite einzeln gerecht werden, man muss sie nacheinander berühren, dann entsteht Wohlklang.

112 Klaus Schreiner hat gezeigt, dass praktisch sämtliche irgendwie um Reform bemühten Bewegungen innerhalb der lateinischen Kirche das Ideal der *vita apostolica* als verbindlich ansahen. K. Schreiner, Herz (2002), dort S. 14 f. zu den Eremiten und Wanderpredigern. Die institutionelle Dynamik, die die neuen Eremiten dazu bringt, dieses Ideal antithetisch gegen die monastische Lebensform in Stellung zu bringen, muss freilich über diese fraglos richtige Beobachtung hinaus erklärt werden.

113 B. P. Steidle, Schola (1952), S. 397–399. Dies ist eine Veränderung des Begriffsgebrauchs gegenüber demjenigen der monastischen Regeln. Vgl. H. M. Schmidinger, Scholastik (1988), S. 32 f. Zur Semantik von *schola* wären weitere Studien angebracht. Einen ersten Zugang verschafft P. Classen, Studium (1983), S. 30 f.

114 Die traditionelle Sicht vom Kloster als *schola* mit Nachweisen bei U. Köpf, Theologie (1996), S. 108.

115 Bei P. Michaud-Quantin, Universitas (1970), S. 27.

116 Vie de Saint Étienne d'Obazine 1.9, S. 58,15: *Hominum illorum non facile sciri conversatio potest, cum tanto silentio obtegantur ut non solum verbo sed nec voce aliquatenus audiantur. Sed tamen oribus silentibus, opera non tacent, que auctore Deo ipsorum religiositati evidens testimonium reddunt. Est autem unus inter eos qui ceteris preest, cujus magisterio edocti et informati exemplo ita refulgent. Sermo ejus quasi ignis ardens ita audientium mentes accendit et tanto amore inebriat ut manente personarum proprietate, alii quodammodo ex aliis efficiantur et vite eorum morumque qualitas immutetur. Sed et habitus ejus et incessus vel cuncta que agit quasi quidem sermo sunt, nihilque aliud incidant quam vite ordinem morumque et actuum disciplinam. Unde mirum non est tales esse discipulos qui talem habent magistrum, qui eos et absque verbo sufficienter potest docere.* Übersetzung von G. Melville, Eifer (2014), S. 51.

117 Vie de Saint Étienne d'Obazine 1.16, S. 70,24: *Hec erat tunc beati viri vera sanaque doctrina, que privatim et publice sibi adherentibus ingerebat. Hec lex tunc promulgabatur et pharisaice traditiones non curabantur.* Ebd., 2.1, S. 96,7: *Interea fratres Obazine nullis adhuc scriptis legibus tenebantur, sed instituta magistri venerabilis pro lege habebant* [...].

118 Von «Entcharismatisierung» spricht G. Melville, Eifer (2014), S. 50.

IV. Die Renaissance des wissenschaftlichen Denkens und Wissens (um 1070 – 1115)

1 Codex Udalrici 389, Bd. 2, S. 662–664, hier 663,7: *Parisius sum modo, in scolis magistri Gwillelmi, summi viri omnium huius temporis, quos ego noverim in omni genere doctrine. Cuius vocem cum audimus, non hominem, sed quasi angelum de celo*

 loqui putamus, nam et dulcedo verborum eius et profunditas sententiarum quasi humanum modum transcendit. Qui cum esset archidiaconus fereque apud regem primus, omnibus, que possidebat, dimissis in preterito pascha ad quandam pauperrimam ecclesiolam soli deo serviturus se contulit ibique postea omnibus undique ad eum venientibus gratis et causa dei solummodo more magistri Manegaldi beate memorie devotum ac benignum se prebuit. Iamque tantum studium regit tam in divinis quam in humanis scientiis, quantum nec vidi nec meo tempore usquam terrarum esse audivi. Der Brief wurde bislang zitiert nach Monumenta Bambergensia 160, S. 285–287. Ich danke Klaus Naß dafür, dass er mir seinen Text schon vor Erscheinen zur Verfügung gestellt hat. Mit Naß ist das Stück auf 1111 nach April 2 bis 1113 Mai 25 bzw. Dezember 24 zu datieren. Dort im editorischen Kommentar zu einem gescheiterten Versuch, den anonymen Verfasser zu identifizieren. Der Brief wird immer herangezogen, wenn es um Wilhelm als Lehrer geht, allerdings leider meist nur unter Berücksichtigung des Abschnittes, der von den Pariser Studienerfahrungen des Verfassers berichtet. Unberücksichtigt bleibt damit die *causa scribendi*, die doch wesentlich für das Verständnis des Stückes ist. Missverstanden wurde ferner manchmal der Überlieferungszusammenhang des Codex Udalrici. Entgegen einer Meinung, die in der Erforschung des Schulenzusammenhangs in Umlauf gekommen ist, ist dieser nicht chronologisch geordnet – dieser Eindruck kam erst durch Philipp Jaffés Neusortierung der Stücke in seiner Ausgabe zustande. S. hierzu die Einleitung zur Naß'schen Ausgabe, Bd. 1, S. LV. Dies bedeutet, dass der undatierte Scholarenbrief nicht mithilfe der datierten Nachbarstücke chronologisch eingegrenzt werden kann.

2 Zu Wilhelms biographischen Stationen und deren chronologischer Einordnung v. a. C. de Miramon, Notes (2011); C. J. Mews, Logica (2005), ebd., S. 77 Anm. 2 ein Überblick über die älteren Forschungen; ders., William (2011); vgl. ders., Memories (2015); J. Marenbon, Logic (2011). Vgl. überhaupt das Material, das während dieser Tagung präsentiert wurde: I. Rosier-Catach, Arts (2011). R.-H. Bautier, Origines (1991); R.-H. Bautier, Paris (1981).

3 Cartulaire général de Paris, Bd. 1, 148, S. 167 f. Zum Verständnis C. de Miramon, Notes (2011), S. 47 f.

4 Zur Datierung auf 1111 statt auf 1108 C. J. Mews, Memories (2015), S. 72 f.

5 Recueil des Actes de Louis VI, Bd. 1, S. 176 f. zu Nr. 80. Zur Lage und was typisch an ihr war J. Führer, Abbaye (2010), dort S. 63–67. Die Bezeichnung als *cella uet[us] trans flumen Parisiorum* in der Zeit Ludwigs VII. bei R.-H. Bautier, Origines (1991), S. 26 mit Anm. 6. Grabungsberichte sind C. Magne, Fouilles (1912, ersch. 1913); C. Sellier, Vestiges (1901, ersch. 1902).

6 Codex Udalrici 389, Bd. 2, S. 662–664, hier 663,17: *Hic, venerande mi, iuventutem meam exerceo, ne viciis illis, que hanc etatem plerumque solent precipitare, devicta subcumbat omnino. Hic rudem animum tenebris ignorantie pro dolor ex culpa primi hominis mancipatum doctrina et studio illuminare satago, quantum ipse deus dignabitur prestare, a quo solo est omne bonum sapientie. Quod videlicet bonum sapientie, quando cum munda intentione queritur et suscipitur, merito ab omnibus*

discretis summum et creditur et habetur. Scientia enim, ut ait apostolus, sine caritate inflat, scientia vero cum caritate edifficat [1. Cor. 8,1]. *Vicia enim eruit, virtutes inserit, fruentem se, quid sibi, quid proximo, quid creatori debeat, instruit, denique mentem, cui ipsa presidet, contra omnes molestias huius vite extrinsecus accidentes sua presentia premunit ac defendit. Sepe igitur ac desiderio huiusmodi boni, non spe alicuius inanis lucri, tanto tempore exilium, famem, sitim, nuditatem ceterasque miserias, quas longum est enumerare, perpetior. Nam re vera, nisi ipsa speculatio veritatis sua quadam naturali dulcedine appetentes se alliceret ac refoveret, non credo, quemquam hominem tam ferreum fore, qui talem laborem, qualem huiusmodi studium exigit, vel vellet vel posset sustinere. Porro autem nolo vos ignorare, quia munus vestre largitionis cum summa gratiarum actione suscepi, tantum gavisus aut etiam amplius de affectu mittentis quam de quantitate ipsius muneris. Qua de re certum et fixum volo vos habere, si quid sum vel ero, per omnia vobis obnoxius permanebo. Numquam enim excidet memorie mee, quantum ruditati mee contuleritis, vel sola mors, ut taceam de aliis compesicione.*

7 Ebd., S. 664,1: *Dominum episcopum, uti mihi mandastis, Guarmatie alio anno conveni, sed ipse tepide, nescio quo modo, se erga me habuit. Neque ego, ut vobis in aurem dictum sit, multum me ingessi. Ipse sponte sua nichil mihi obtulit et ego licet indignus dissimulata tamen paupertate nichil ab eo pecii. Quin etiam aliquantulum indignationis visus est mihi erga me habuisse.*

8 Die Dotationsurkunde, datiert auf 1113 Mai 21 bis August 2, bei Recueil des Actes de Louis VI, Bd. 1, Nr. 80, S. 173–180. Zum Kontext der Entstehung J. Führer, Abbaye (2010), S. 137 f.

9 Vgl. dagegen oben, S. 62 u. 211.

10 C. Giraud, Anselm (2010), S. 337. Dies berichtet Petrus Cantor in seinem *Verbum abbreviatum;* Anselm habe dies behauptet, «damit er nicht in ein Prälatenamt entführt werde» (*ne raperetur in prelationem*). Fortuna kann grausam sein!

11 So etwa bei Robert von Torigny, Tractatus 5, Sp. 1313A: *Eodem tempore magister Willelmus de Campellis, qui fuerat archidiaconus Parisiensis, vir admodum litteratus et religiosus, habitum canonici regularis assumens cum aliquibus discipulis suis, extra urbem Parisiensem in loco, ubi erat quaedam capella sancti Victoris martyris, coepit monasterium aedificare clericorum. Assumpto autem illo ad episcopatum Cathalaunensium, venerabilis Geldoinus discipulus ejus, primus abbas ibi factus est. Sub cujus regimine multi clerici nobiles saecularibus et divinis litteris instructi, ad illum locum habitaturi convenerunt; inter quos magister Hugo Lothariensis, et scientia litterarum et humili religione maxime effloruit. Hic multos libros edidit, quos, quia vulgo habentur, non oportet enumerare.* Eine Handschriftengruppe von Roberts Chronik enthält diesen Bericht dann als Ergänzung des Jahreseintrags zu 1112; Robert von Torigny, Cronica, S. 484 Anm. a.

12 AHLetCol, S. 8 (ep. 1.6): *Elapsis autem paucis annis* [...], *preceptor meus ille Guillelmus Parisiacensis archidiaconus, habitu pristino commutato, ad regularium clericorum ordinem se conuertit; ea ut referebant intentione ut quo religiosior crederetur ad maioris prelationis gradum promoueretur, sicut in proximo contigit, eo Catalaunensi episcopo facto.*

13 So etwa der Dienst als Unterhändler in der Auseinandersetzung mit dem exkommunizierten Kaiser Heinrich V. S. Codex Udalrici 324, Bd. 2, S. 545,28.

14 AHLetCol, S. 6 (ep. 1.3).

15 C. J. Mews, Memories (2015), S. 72 f. Souverän ging Abaelard damit über das Interesse hinweg, das Wilhelm seit etwa 1115 selbst dem Mönchtum entgegenbrachte. Abaelards Bevorzugung des Mönchsdaseins gegenüber dem Leben als Kleriker ist Gegenstand seines sog. Briefes Nr. 12 *contra quendam canonicum regularem*. Abaelard, Letters IX-XIV, S. 257–269, mit S. 100 f. zur Überlieferung. S. ebd., S. 153–172, zu Parallelen und Differenzen in Abaelards anderen Werken, v. a. in Predigt 33.

16 C. de Miramon, Notes (2011), S. 49 f. mit Verweis auf eine noch unpublizierte Arbeit Dominique Poirels zu der Chronik.

17 J. Ehlers, Hugo (1973), S. 27–33 mit Anm. 42.

18 C. J. Mews, Memories (2015), S. 77.

19 Necrologium abbatiae Sancti Victoris, S. 93 zu *VIII Kal. Februarii*: *Eodem die anniuersarium magistri Guillermi Cathalaunensis episcopi et nostri canonici.*

20 Ebd., S. 148 zu *Idus Aprilis*: *Anniuersarium sollempne uenerabilis patris nostri Gilduini primi huius ecclesie abbatis, magne auctoritatis atque sanctitatis uiri. Hic zelum dei et ordinis habens, canonicum ordinem qui pene totus defecerat reparauit. In diebus eius domus nostra super ceteras nostri ordinis domos primatum tenuit et religionis prerogatiua longe lateque uelud clarissimum sidus emicuit. Ecclesiam et ceteras officinas a fundamentis et inchoauit et consummauit, et excepta dote regia, prebendis atque annualibus et multis aliis redditibus ampliauit. Proinde statutum est, ut tanti patris memoria per singulos annos pre ceteris sollempniter celebretur et ante missam commendatio fiat et pro anima eius per singulos dies prebenda una integra ad elemosinam in perpetuum prebeatur.* Laut dem in Anm. 11 zitierten Bericht Roberts von Torigny war Gilduin einer von Wilhelms Schülern.

21 J. Ehlers, Hugo (1973), als wichtiges Ergebnis schon S. 3; C. J. Mews, Memories (2015), S. 73 f. Zu Wilhelm und den Urkunden von Puiseaux und St. Victor J. Führer, Ludwig (2008), S. 141–146; C. J. Mews, Memories (2015), S. 84.

22 Liber ordinis. Selbst wenn Gilduin nicht mehr buchstäblich als dessen Autor bezeichnet werden kann, ist unstrittig, dass unter ihm und seinen Mitbrüdern die entscheidende Arbeit an den Texten geleistet wurde. Vgl. ebd., S. IX f.; L. Milis, Hermites (1979), S. 44.

23 Rupert von Deutz, Vita 5.17, Sp. 659C: *Nam contra etiam memoria beatus Willelmus Catalaunensis episcopus, cum esset perfectus regularis canonicus, omniumque judicio probatus, terque licet subterfugisset, tandem invitus episcopus efficitur. In quo quam sancte vixisset, nullus qui hoc scit dubitare conceditur.* Zur Verfasserfrage (Rupert von Deutz oder Honorius Augustodunensis) vgl. M.-O. Garrigues, Nouveau (1987). Was könnten die drei Ausweichversuche gewesen sein? Einer ist ganz sicher der Zug zur *cella vetus* von St. Victor, ein anderer möglicherweise der kurzfristige Plan von Puiseaux (s. Anm. 27). Und der dritte? Die Preisgabe der Lehrerstelle an der Kathedralschule, die Wilhelm rückgän-

gig machte, sobald der Stelleninhaber sich Peter Abaelard annäherte? Dazu AHLetCol, S. 10 (ep. 1.7). Ebd., Anm. 25 zu der jüngeren Annahme, dieser Grammatiklehrer sei Goswin von Anchin gewesen.

24 Chronique de Morigny, S 42: *Cono, Prenestinus episcopus et Apostolice Sedis legatus, apud nos hospitandi gracia divertisset, habens secum velut auxiliatorem magnum, Willermum, Catalaunensem episcopum, qui sublimes scolas rexerat, et tunc zelum Dei habens, super omnes episcopos totius Gallie divinarum scripturarum scientia fulgebat.* Vgl. C. J. Mews, Memories (2015), S. 87.

25 Ebd., S. 91–94.

26 Liber ordinis, S. VIII.

27 Ebd. Der Herausgeber Ludo Milis ist ein Experte für den zeitgenössischen Eremitismus, er sieht in ihm den Kontext für die Entstehung von St. Victor. Dass die eremitische Bewegung zu einem ansehnlichen Teil auf Initiativen gebildeter Kleriker zurückgeht, betont er in L. Milis, Hermites (1979), s. z. B. S. 46 f. Dort auch zu Wilhelm von Champeaux und besonders zu dem wichtigen Brief Hildeberts von Lavardin, der auf S. 126 f. untersucht wird. Es ist gut möglich, dass Wilhelm für kurze Zeit den Sitz seiner Gruppe sogar ins weit von allen Großstädten entfernte Puiseaux verlegen wollte. Die Ausstattung für das dortige Projekt wurde allerdings schon nach kurzer Zeit St. Victor zugeführt und Wilhelm fast im selben Zug zum Bischof von Châlons ernannt. S. o., Anm. 8. Zu dem Projekt von Puiseaux und dessen Verhältnis zur Gründung und Ausstattung des Kollegiatstifts von St. Victor J. Führer, Ludwig (2008), S. 137–146. Abaelard spielt offenbar auf dieses Vorhaben an: AHLetCol, S. 12 (ep. 1.8). Zum Vorbild Manegolds I. Caiazzo, Manegold (2011).

28 Luchaire, Louis III, S. 59 f., mit Belegen. Dazu C. J. Mews, Memories (2015), S. 81.

29 Hildebert von Lavardin, ep. 1, Sp. 141–143. Zum stoischen Kerngehalt des Briefes P. v. Moos, Hildebert (1965), S. 103–105. V. Moos scheint hier noch von 1108 als Abfassungszeit auszugehen, weil von ihm Wilhelms Verzicht auf die Rechte aus seinem Archidiakonat als Geburtsstunde des Plans von St. Victor angenommen wird. Heute hat sich dagegen die Datierung auf 1111 durchgesetzt.

30 Der gedankliche Kontext besteht in Hildeberts Vorbehalten gegen die «Wissenshabsucht»; P. v. Moos, Hildebert (1965), S. 25.

31 Hildebert von Lavardin, ep. 1, Sp. 142B: *Praeterea sub evangelico te cohibuisti consilio, quo juvenis a Christo audivit: «Vade, vende omnia quae habes, et da pauperibus, et veni sequere me»* (Marc. 10, 21). *Holocaustum igitur habes offerre, non sacrificium; de eorum quippe differentia apud Gregorium sic legisti: «In sacrificio quidem pars pecudis, in holocausto autem totum offerri consuevit.» Et post pauca: «Cum quis aliquid suum vovet, sacrificium est; cum vero omne quod habet, omne quod vivit, omne quod sapit, omnipotenti Deo voverit, holocaustum est.» Offer ergo te totum Domino Deo, quoniam Domino Deo totum te devovisti; alioquin eum promisso defraudas holocausto.*

32 Ebd., Sp. 142A: *Fert autem fama, id a quibusdam tibi persuasum, ut ab omni lec-*

tione penitus abstineas. Dazu auch P. v. Moos, Hildebert (1965), S. 136–138. Der Brief beeindruckte Gilbert Foliot offenbar stark, der Jahre später vor einer vergleichbaren Entscheidung stand, sich dann aber gegen die Lehre und für das Kloster entschied; A. Morey/C. N. L. Brooke, Gilbert (1965), S. 57 f.

33 Dazu oben, S. 123.

34 Die anonyme Chronik ist für nach 1108, wohl für 1110 anzusetzen. Eine Beziehung zur Chronistik von Fleury wird angenommen, ist aber noch unerforscht. Eine kritische Edition wäre willkommen, vorerst nach Delisle, Recueil, Bd. 10, S. 210–212; Bd. 11, S. 160–162; Bd. 12, S. 1–8. Zu der Textstelle s. H. Fuhrmann, Biographie (2016), S. 276; A. Grondeux/I. Rosier-Catach, Glosule (2011), S. 151 f.; C. J. Mews, Reason (2002), 8 – S. 5, 13. Dieser Band und ders., Abelard (2001), sind Aufsatzsammlungen, ich zitiere aber beide im Folgenden der Einfachheit halber wie Monographien. Angegeben werden die Nr. des Beitrags und die Seitenzahlen.

35 Zu Otto F. Rexroth, Fehltritte (2016). Zu Wilhelm von Tyrus R. C. Schwinges, Kreuzzugsideologie (1977), S. 23–29. Allgemein R. W. Southern, Humanism (2001), S. 195–197.

36 Delisle, Recueil, Bd. 12, S. 3: *Hoc tempore, tam in divina quam in humana philosophia floruerunt Lanfrancus Cantuariorum episcopus, Guido Langobardus, Maingaudus Teutonicus, Bruno Remensis, qui postea vitam duxit heremiticam. In Dialectica quoque hi potentes extiterunt Sophistae; Joannes, qui eandem artem Sophisticam vocalem esse disseruit, Rotbertus Parisiacensis, Roscelinus Compendiensis, Arnulfus Laudunensis. Hi Joannis fuerunt sectatores, qui etiam quamplures habuerunt auditores.* Zur Übersetzung von *artem* […] *vocalem* mit «Wissenschaft von der Sprache» s. Haupttext.

37 Dazu oben, S. 369, Anm 21.

38 Dies ist für Manegold möglicherweise in Gedanken zu ergänzen: Aus dem *Manegoldus magister* wurde der Regularkanoniker von Lautenbach, Rottenbuch und Marbach; I. Caiazzo, Manegold (2011); H. Fuhrmann, Biographie (2016); Manegold von Lautenbach, Liber übers. Ziomkowski.

39 Dazu s. u., Teilkap. IV, 3.

40 Lanfrank wird als Bischof von Canterbury (1070 ff.) bezeichnet, von Bruno wird gesagt, dass er *später* ein Eremitenleben geführt habe; dieses darf man wohl mit der Gründung der Einsiedelei von Sèche-Fontaine 1084 ansetzen. Ähnliche zeitgenössische Beobachtungen des epistemischen Wandels findet man wieder im 13. Jh., so etwa 1283/84 bei Johannes von Malignes; M. Bubert, Philosophie (2016), Anm. 257.

41 J. Marenbon, Philosophy (2007), S. 134 f.

42 Die Forschungsgeschichte zu den sog. *Glosule*, die seit den ausgehenden 1970er-Jahren starke Beachtung fanden, ist erschließbar ausgehend von A. Grondeux/I. Rosier-Catach, Glosule (2011). Die Zuweisung der *Glosule* zu Johannes bei C. J. Mews, Reason (2002), 7 – S. 4–34, v. a. 33.

43 Dazu s. o., Kap. III, 1.

44 Auch diese Texte gelangten wie der oben, S. 120 behandelte Scholarenbrief

nach Bamberg – und dort in eine Gedichtsammlung von 1102/1125. Hier sind sie im Kontext mit der Grabinschrift für eine Grafentochter zu verstehen, ein Zusammenhang, der beachtet werden sollte. Codex Udalrici 4–6, Bd. 1, S. 9–11. Klaus Naß danke ich für die vorzeitige Übersendung der betreffenden Stücke und weiterer Informationen.

45 C. J. Mews, Reason (2002), 7 – S. 4–34. Ebd., z. B. S. 26: Roscelin bezieht aus den *Glosulae* seine Vorstellungen von der Person und «his understanding of language as a whole».

46 C. J. Mews, Reason (2002), 6 – S. 55–98, 7, S. 4–34; AHLetCol, S. 519–521, Appendix 1.

47 R. W. Southern, Anselm (1990), S. 175 f.

48 Garlandus Compotista, Dialectica. Zur Einschätzung M. M. Tweedale, Logic (1988), S. 198–204; E. Stump, Dialectic (1983), S. 135; ders., Logic (1988). Zu den Versuchen, die verschiedenen Garlande zu unterscheiden, s. das «Biographical Register of Major Authors Represented in MS Oxford St. John's College»: http://digital.library.mcgill.ca/ms-17/fetchfoliodoc.php?target=BIOGRAPHICAL_REGISTER (zuletzt 2018-04-06). Wichtig ist für uns, dass die Frühdatierung auf «vor 1040» dank der Unterscheidung von Garlandus Compotista und Gerland von Besançon nicht mehr aufrechterhalten wird. Y. Iwakuma, Vocales (2009); J. Marenbon, Logic (2011), S. 187. Der Autor und sein Traktat gehören in unseren Kontext.

49 Hermann von Tournai, Liber 1 f., S. 274 f. Zu ihm s. auch S. 138.

50 Die Zuweisung von Schriften bei C. Giraud/C. J. Mews, Liber (2006), S. 178; R. Schönberger/A. Quero Sánchez/B. Berges u. a., Repertorium (2011), Bd. 2, S. 1653–1655.

51 A. Grondeux/I. Rosier-Catach, Glosule (2011), S. 146 f.; C. J. Mews, Logica (2005), S. 112.

52 A. J. Novikoff, Culture (2013), S. 34–61.

53 C. Rolker, Law (2010).

54 J. C. Wei, Collection (2011), v. a. S. 1–4 zum Wandel seiner Rezeption. Den Forschungsstand zu ihm repräsentiert C. Giraud, Verba (2010). Vgl. AHLetCol, S. 525–527.

55 Die ältesten erhaltenen Handschriften mit den aristotelischen dialektischen Schriften sind möglicherweise sogar dem Hof Karls des Großen zuzuschreiben; J. Fried, Karl (1997), S. 34 f.

56 J. Marenbon, Tradition (2013); Augustinus, Confessiones 4.28.4, S. 54.

57 C. Vogel, Übersetzungsprojekt (2016). Boethius als der *philosophus Latinorum*, der lateinische Aristoteles, nachgewiesen bei G. Schrimpf, Philosophia (1982), S. 709 Anm. 32.

58 J. Marenbon, Logique (2013), das Zitat S. 179; als *aetas Boetiana* bei M.-D. Chenu, Théologie (1957), S. 142. Vgl. M. M. Tweedale, Logic (1988), S. 196.

59 Ebd., S. 196–198. Prägend ist auch, dass es sich bei diesem Kanon um «very difficult books» handelte; N. Kretzmann, Introduction (1982), S. 5. Zum Aufschwung von Dialektik und Rhetorik J. Fried, Dialektik (1997).

60 C. Vogel, Übersetzungsprojekt (2016); J. Marenbon, Philosophy (2007), S. 35–45.

61 J. Marenbon, Logic (2011), S. 182–187. Zur Erschließung der Kommentarwerke s. v. a. das Material, das Yukio Iwakuma auf seiner Website zugänglich macht: http://www.s.fpu.ac.jp/iwakuma/papers/MastersII.pdf (zuletzt 2018-04-14). Listen wurden publiziert von J. Marenbon, Commentaries (2000) (*Kategorien*, *De Interpretatione*; Porphyrios); Y. Iwakuma, Alberic (2013). Zur *logica nova* s. auch S. Ebbesen, Glosses (1993); N. J. Green-Pedersen, Tradition (1984). Zur Datierung, insbesondere zur wachsenden Neigung zu früheren Datierungen J. Marenbon, Logic (2011), S. 186: «[...] for many a dating any time from the later eleventh century to the 1120s is possible.» Ebenfalls hervorragend erklärt, hier speziell zu den früh datierten Kommentaren, J. Marenbon, Logic (2008), dort auf S. 68–70 eine Liste mit frühen, vor ca. 1115 anzusetzenden Stücken. Zur weiteren Geschichte der Gattung J.-H. de Boer, Kommentar (2018).

62 Die Kenntnis und Verwendung der *Analytica priora* vor dieser Ära hat die Forschung durchaus beschäftigt. Eine Bewertung bei J. Marenbon, Logic (2008), S. 66. Zum Entdeckerstolz des Johann von Salisbury, der die Topik in seinem *Metalogicon* hymnisch pries, P. v. Moos, Öffentliches (2007), S. 323–325; A. J. Novikoff, Culture (2013), S. 108–118. Zur pseudoaristotelischen *Ökonomik* M. Zonta, Art. Économiques (2003).

63 Beispielhaft dazu Y. Iwakuma, Pseudo-Rabanus (2008), der den Kommentar früher datiert als vorangegangene Forscher, s. S. 52 u. 55.

64 Den Stand der Dinge beschrieb vor wenigen Jahren der Band I. Rosier-Catach, Arts (2011). Eine Auflistung der bekannten Glossen und Kommentare zur aristotelischen Logik aus der Zeit vor 1150 durch John Marenbon war auf dem Stand von 1993 schon beeindruckend lang, musste für ihren Wiederabdruck acht Jahre später aber schon erheblich ergänzt und korrigiert werden. J. Marenbon, Commentaries (2000). Noch 2007 schrieb Marenbon, von den über 100 bekannten Kommentaren, die vor 1150 anzusetzen seien, könne keiner zuversichtlich auf die Jahre vor 1090 datiert werden. Dies würde er in einer Neuauflage, eingedenk des Bandes von Rosier-Catach, so wahrscheinlich nicht mehr schreiben. J. Marenbon, Philosophy (2007), S. 132.

65 Die Beschäftigung mit Abaelard als Gelehrtem hat einmal mit der Einordnung seiner theologischen Sentenzen in diese Tradition begonnen. H. Denifle, Sentenzen (1885).

66 Als Beispiel abermals der sog. Pseudo-Raban, s. Y. Iwakuma, Pseudo-Rabanus (2008), S. 55: Der Porphyrios-Kommentar, der auch die boethianischen Kommentare zur *Isagoge* heranzieht, stammt laut Iwakuma von Wilhelm von Champeaux, aber die Abweichungen zweier Versionen (die Handschriften aus Paris und Assisi) hätten Wilhelms Schüler zu verantworten.

67 Zu dem *Traktat von Limoges*, der vielleicht dem genannten Robert von Paris zuzuschreiben ist, J. Marenbon, Logic (2011), S. 186–193.

68 Ebd., S. 197.

69 Peter von Blois, ep. 101, Sp. 312C.

70 Y. Iwakuma, Pseudo-Rabanus (2008), z. B. S. 85 f., wo die Vorlage warnt: Vorsicht, die Begriffe «genus» und «species» haben eine mehrfache Bedeutung. Der Meister hatte drei solcher *significationes* genannt, der Verfasser der Pariser Handschrift nimmt es genau und fängt an zu explizieren.

71 K. Jacobi, William (2011), S. 263 f.

72 Die konziseste Beschreibung des Vorgangs bei J. Marenbon, Abelard (2013), S. 25–27.

73 Y. Iwakuma, Abélard (1999), S. 95–97; C. J. Martin, Note (2011), S. 643–645.

74 Porphyrius, Isagoge, Introd. c. 2 (ed. de Libera, S. 1): *Mox de generibus ac speciebus illud quidem, sive subsistunt sive in solis nudis purisque intellectibus posita sunt sive subsistentia corporalia sunt an incorporalia, et utrum separata an in sensibilibus et circa ea constantia, dicere recusabo. Altissimum enim est huiusmodi negotium et maioris egens inquisitionis.* Mit der Frage nach der Existenz von Universalien, die eine metaphysische Frage ist, darf man dieses Problem nicht verwechseln. Ins Metaphysische gewendet («gibt es überhaupt Universalbegriffe?») wird das Problem erst durch Abaelard. Um diese Standpunkte begrifflich voneinander zu trennen, bezeichnet man die Position, die hier zur Diskussion steht, etwas umständlich als «Proto-Vokalismus». Maßgeblich dafür war Y. Iwakuma, Vocales (2009), der damit auf eine Intervention Marenbons gegen seinen früheren Ansatz reagierte: J. Marenbon, Life (2004), v. a. S. 26–34, hier werden auch die Zusammenhänge zur Universalienfrage erläutert; Y. Iwakuma, Vocales (1992).

75 S. o., S. 128 mit Anm. 36.

76 Zitiert in Y. Iwakuma, Vocales (1992), S. 43–45. Zu den Texten aus dem Codex Udalrici s. o., S. 130 mit Anm. 44.

77 Anselm von Canterbury, Opera omnia Bd. 1, S. 285,4 (Epistola de incarnatione verbi, prior recensio): *Illi utique dialectici, qui non nisi flatum vocis putant universales esse substantias, et qui colorem non aliud queunt intelligere quam corpus, nec sapientiam hominis aliud quam animam, prorsus a spiritualium quaestionum disputatione sunt exsufflandi.* Dazu ebd., S. 289,17 u. Bd. 2 (Epistola de incarnatione verbi), S. 9,20. Vgl. ferner C. J. Mews, Reason (2002), 6 – S. 55–98; 7 – S. 4–34.

78 Otto von Freising, Taten Friedrichs 1.50, S. 224,29: Roscelin, *qui primus nostris temporibus in logica sententiam vocum instituit* [...]; Johann von Salisbury, Metalogicon 2.17.18, S. 81. Für Johann musste freilich jede Position vor der *logica nova* (genauer: der Topik) obsolet erscheinen. Ohne sie disputiere man nach dem Zufallsprinzip statt methodisch (*Nam sine eo non disputatur arte, sed casu*). Ebd., 3.10, S. 130–139, das Zitat 3.10.27, S. 131.

79 Hermann von Tournai, Liber 2, S. 275,13–38. Die Anekdote wird behandelt bei S. G. Bruce, Silence (2007), S. 175.

80 Y. Iwakuma, Alberic (2013), S. 30 f.: *Unde sciendum est quod principales nostrae sententiae positiones sunt quatuordecim, quarum quinque consistent in hypotheticis, novem in categoricis.* Es folgen die entsprechenden *positiones*.

81 S. o., Kap. III, 1.

82 Die Textstelle ist Boethius, De differentiis topicis 1, Sp. 1177B. Die Glosse bei N. J. Green-Pedersen, William (1974), S. 21 f.: *Magister tamen W dicit unamquamque propositionem et quaestionem habere duos sensus: unum grammaticum et alium dialecticum. Verbi gratia «Socrates est albus» habet hunc grammaticum «Socrates est alba res» et hunc dialecticum «albedo inhaeret Socrati». Et iterum haec quaestio «utrum Socrates est homo vel non est homo» habet illum grammaticum quem proprie generat, et hunc dialecticum «utrum praedicatum inhaerat subiecto», quem hic dicit Boethius esse communem omnibus praedicativis quaestionibus.* Der Name des Magisters ist in einer der Glossen nicht mit «W.», sondern mit «Wille.» abgekürzt, fernerhin wird die Position, die hier vertreten wird, von Abaelard seinem früheren Lehrer Wilhelm von Champeaux zugeschrieben, s. ebd. u. S. 15.

83 Abaelard, Scritti filosofici, S. 271,38 (Super topica glossae): *Et profecto praeceptor noster Willelmus ejusque sequaces duos sensus tam in propositionibus quam in quaestionibus assignabant. Quorum unum grammaticum, alterum dialecticum appellabant. Dicebant enim quod cum dicitur «Socrates est albus», alia est coniunctio rerum quam grammatici, alia quam attendant dialectici.*

84 N. J. Green-Pedersen, William (1974), S. 22. Ob diese Position «more amusing than cogent» ist, wie Green-Pedersen behauptete, sei dahingestellt.

85 So der zeitgenössische Pseudo-Rabanus, dessen *Isagoge*-Kommentar möglicherweise selbst ein Produkt von Wilhelms Lehre war: *Dividitur enim philosophia in tres partes: physicam, ethicam, logicam.* Y. Iwakuma, Pseudo-Rabanus (2008), S. 68. Zur Dreiteilung der Philosophie in physische, ethische und logische und ihren Alternativen s. Y. Iwakuma, Division (1999), S. 166.

86 Paradebeispiel ist Dominicus Gundissalinus, De divisione philosophiae. Zum zugrunde liegenden Schema A. Fidora, Wissenschaftstheorie (2003). Zur Wissenschaftslehre der Zeit, ein Thema, das intensiv bearbeitet wurde, die Literaturangaben bei F. Rexroth, Wahr (2016), S. 94–96 mit Anmerkungen.

87 Alanus ab Insulis, Regulae theologiae, S. 48: *Omnis scientia suis nititur regulis velut propriis fundamentis et, ut de gramatica taceamus quae tota est in hominum beneplacitis et voluntate et de eius regulis quae sunt in sola hominum positione, cetere scientiae proprias habent regulas quibus nituntur et quasi quibusdam certis terminis clauduntur.*

88 C. J. Mews, Reason (2002), 7 – S. 4–34, dort S. 12–16 zum gegebenen Beispiel. Zur Erschließung der Forschungen zu den *Glosule* s. o., Anm. 42.

89 M. Gibson, Glosule (1979), S. 250,54. Zur Grammatik als Teil der Logik in der Wissenschaftslehre der Vokalisten Y. Iwakuma, Division (1999), v. a. S. 178.

90 Zu Abaelards Position, dass es zu seiner Zeit sogar leicht (!) sei, Aristoteles zu übertreffen, dass dieser aber dennoch der Referenztext bleiben wird, s. S. 175 f.

91 R. W. Southern, Humanism (1995), S. 185–189.

92 Accessus ad auctores, S. 66,203: [...] *moderni* [...], *qui quanto tempore posterio-*

res, tanto indagatione sunt discretiores. Dazu C. J. Mews, Logica (2005), S. 97 f.; zu Priscians Formel H. Silvestre, Juniores (1968).

93 C. J. Mews, Logica (2005), S. 101.

94 N. J. Green-Pedersen, William (1974), S. 27 (zu Fragment 18). Dazu K. Jacobi, William (2011), S. 265 f.

95 C. Giraud/C. J. Mews, Liber (2006), das Zitat S. 148. Vgl. C. Giraud, Verba (2010), S. 503: *Incipit liber pancrisis id est totus aureus, quia hic auree continentur sententie vel questiones sanctorum patrum Augustini, Jheronimi, Ambrosii, Gregorii, Ysidori, Bede et modernorum magistrorum Guillelmi Catalaunensis episcopi, Ivonis Carnotensis episcopi, Anselmi et fratris ejus Radulfi.*

96 Ebd., S. 503–505 (Nr. 1–10), 516 (Nr. 87–94).

97 C. Giraud/C. J. Mews, Liber (2006), S. 148 bzw. C. Giraud, Verba (2010), S. 503: *Sententie vel questiones sanctorum Augustini, Jeronimi, Ambrosii, Gregorii, Isidori, Bede extracte vel expositae a modernis magistris Guillelmo, Anselmo, Radulfo, Ivone Carnotensi episcopo.*

98 S. o., S. 142. Weitere Beispiele: «Also lügt Aristoteles in seinem Buch, was ungewöhnlich ist.» Y. Iwakuma, Masters (o. D.), zu 13.40. «Wenn einer sagt: ‹Sokrates ist ein Mensch, Plato ist ein Philosoph, und die Sonne steht nicht am Himmel›, dann lügt er.» Ebd. zu 15.13. Vgl. auch ebd. zu 17.25. Eine lebenspraktische Notlüge wird von den Schülern Anselms von Laon berichtet: Als ihr Meister gestorben war, verschwiegen sie seinen Tod dessen Mutter drei Tage lang aus Furcht, sie würde den Schmerz selbst nicht überleben. Sie logen, indem sie sagten, der Sohn sei zum Erzbischof gereist. C. Giraud, Anselm (2010), S. 338.

99 Manegold von Lautenbach, Liber contra Wolfelmum, hg. v. W. Hartmann, 6, S. 54–57.

100 Guitmund von Aversa, De corporis veritate 1, Sp. 1427C.

101 R. Somerville, Case (1972), S. 58: *Contra spurcissimas Berengarii ejusque successorum voces.*

102 Anselm von Canterbury, Opera omnia, Bd. 2 (Epistola de incarnatione verbi), S. 3–10. C. J. Mews/C. Monagle, Dispute (2015), S. 140–147.

103 Abaelard, Dialectica 5, S. 554,37: *Fuit autem, memini, magistri nostri Roscellini tam insana sententia ut nullam rem partibus constare vellet, sed sicut solis vocibus species, ita et partes adscribebat.* Dann fängt er an, diese Lehrermeinung zu widerlegen.

104 N. Luhmann, Wissenschaft (2002), S. 253. Dahinter steht die Vorstellung vom «organisierten Skeptizismus» der Wissenschaft; R. K. Merton, Science (1963), S. 614 f.

105 Boethius, In Isagogen Porphyrii commenta 1.10, S. 163,18: […] *id est enim falsum quod aliter atque res est intellegitur.*

106 Y. Iwakuma, Pseudo-Rabanus (2008), alle Belege bei der betreffenden Textstelle S. 77–83. Auf S. 191 findet sich der einzige Beleg im Kommentar für das Verb *falsificare.*

107 Aristoteles, Philosophische Schriften, Bd. 1 (Peri Hermeneias 16a), S. 1.

Dazu Boethius, Commentarii, S. 43–45 und wiederum die sog. *Wörtlichen Glossen*, die traditionell Abaelard zugeschrieben werden: *Editio super Aristotelem de Interpretatione* in Abaelard, Scritti filosofici, S. 75. Diese Zuweisung wurde angezweifelt von C. J. Martin, Note (2011), S. 640 f.

108 *Propositio est oratio verum falsumve significans.* Zitiert bei S. Ebbesen, Argument (2011), S. 700, mit einer Glosse Arnulfs von Laon (?) dazu. Dialektik von Sophistik abzugrenzen, sollte Abaelard in seinem sog. *Brief 13* unternehmen; s. S. 172.

109 S. Kap. V, 3.

110 A. Grondeux/I. Rosier-Catach, Glosule (2011), S. 162.

111 Y. Iwakuma, Vocales (1992), S. 72f.

112 Gerland von Besançon, zitiert bei M. M. Tweedale, Logic (1988), S. 198.

113 Boethius, In Isagogen Porphyrii commenta 2, S. 135,5: *Secundus hic arreptae expositionis labor nostrae seriem translationis expediet, in qua quidem uereor ne subierim fidi interpretis culpam, cum uerbum uerbo expressum comparatumque reddiderim. Cuius incepti ratio est quod in his scriptis in quibus rerum cognitio quaeritur, non luculentae orationis lepos, sed incorrupta ueritas exprimenda est.* Dazu C. Vogel, Übersetzungsprojekt (2016), S. 7 f. u. 131 f.

114 A. Grondeux/I. Rosier-Catach, Glosule (2011), S. 142–147, die Beispiele S. 143 u. 146 f.

115 S. Steckel, Kulturen (2011), v. a. S. 49; C. Nouvet, Abélard (2003).

116 N. J. Green-Pedersen, William (1974), S. 22, 27. Dazu oben, S. 140 u. 142.

117 Abaelard, Dialectica 5, S. 554,37. Vgl. J. Jolivet, Variations (1992).

118 C. J. Mews, Logica (2005), S. 85 f.

119 J. Arlig, Solutions (2011), dort S. 489–493, ebd., S. 493: «[...] I propose that we understand the second solution as an attempt to improve upon William's proposed solution.»

120 C. Giraud/C. J. Mews, Liber (2006), S. 179.

121 Dazu ebd., S. 180 mit Anm. 137. Zum Brief des Laurentius, der den *Sententiae de divinitate* vorangestellt ist, bei A. Piazzoni, Ugo (1983), hier S. 912 f.

122 C. Giraud/C. J. Mews, Liber (2006), S. 181.

123 Gilbert Crispin, Works, S. 61–87. Eine deutsche Übersetzung liefert in Gilbert Crispin, Religionsgespräche, S. 136–195. Forschungsliteratur dazu in den folgenden Anmerkungen. Einen Überblick über die Gattung des philosophisch-theologischen Lehrgesprächs bietet der Katalog von M. v. Perger, Repertorium (1999). Erschlossen wird diese von A. J. Novikoff, Culture (2013).

124 Die allegorische Dimension dieser Schilderung spielte bislang bei der Interpretation des Dialogs eine wichtige Rolle. Prägend waren R. W. Southern, Anselm (1954), v. a. S. 94–97; K. Jacobi, Gilbert (1999), S. 131–137; M. Borgolte, Christen (2008), S. 389–392.

125 Y. Iwakuma, Division (1999), v. a. S. 172–174. Zu Gilberts grammatischem und logischem Horizont G. R. Evans, Gilbert (1980), S. 74 f.

126 Petrus Damianis Abhandlung über die göttliche Allmacht geht auf einen Dis-

put zurück, der als Gespräch bei Tisch begann. Mehr noch: Auf die unterschiedlichen Meinungen wurden sie überhaupt erst aufmerksam, als Petrus und sein Freund Desiderius von Montecassino in dieser Situation offen und ungeschützt sprachen: Petrus Damiani, Brief 119, Bd. 3, S. 343,11. Das Streitgespräch zwischen Manegold und Wolfhelm beginnt «in den Gärten von Lautenbach», und zwar, als sich die beiden «nach Art der Gelehrten» (*more scolarium*) über Schriften unterhielten und dabei Meinungsverschiedenheiten entdeckten. Manegold von Lautenbach, Liber contra Wolfelmum, hg. v. W. Hartmann, praef., S. 39. Um einen reinen Exordialtopos handelt es sich dabei nicht, s. die Einleitung, S. 13 f. Gilbert Crispins *Dialog zwischen einem Juden und einem Christen* beginnt, als Gott den beiden Freunden «mehr Muße als gewöhnlich» schenkt, s. Gilbert Crispin, Works, S. 9.4: *Quadam ergo die solito maius mihi et illi Deus ocium concessit, et mox, unde solebamus, inter nos questionari cepimus.* Die Kontroverse ist in allen diesen Fällen ein Produkt von Muße und Vertrautheit, ja Freundschaft. In einem Gärtchen fassten Bruno von Köln und zwei seiner Freunde in den späten 1070er-Jahren auch den Beschluss, sich aus der Welt zurückzuziehen. Spürbar ist in Brunos Bericht von diesem Ereignis die Begeisterung, in die sich die drei Männer geredet hatten. G. Constable, Bruno (2004), S. 38.

127 Gilbert Crispin, Works, S. 81.83–85.

128 Regensburger rhetorische Briefe. Dazu J. van Engen, Letters (1997), S. 119 f.

V. Peter Abaelard und die neue Wissenschaft

1 J. M. Lotman, Kultur (2010).

2 M. L. Colish, Studies (2006), hier Nr. 1, S. 146 f. «He was *one of those* thinkers *congenitally* unable to finish anything he started. His three *theologiae*, each of which exists in several fragmentary versions, all announce an agenda but none follows through.» [Hervorhebungen F. R.] Es folgt eine Kritik an den Forschungen, die den Werkdatierungen gewidmet sind. «What we have, then, is a series of fragments, in which the author's full and final views are not stated, but which tell us what he thought, at one time or another, about the Trinity, Christology, ethics, and the few sacraments he was interested in. The other theological concerns of the day he either has no opinions on, or never gets around to discussing.» Zu unserer Einschätzung, der zufolge Peter in Dimensionen eines Œuvres statt in Einzelwerken dachte, unten, S. 171.

3 Überblicke zur zeitgenössischen Abaelard-Rezeption: D. E. Luscombe, School (1969), S. 1–13; P. Dronke, Abelard (1976); M. T. Clanchy, Abelard (1997), S. 1–6 et passim; M. Münster-Swendsen, Model (2006), S. 334–338. Zu den Verschiebungen in der Rezeption des Heloise-Stoffes, d. h. des Briefwechsels zwischen Abaelard und Heloise, AHLetCol, S. XVII f. mit weiterer Literatur zur Rezeption.

4 Zum «Ereignis» A. Suter/M. Hettling, Struktur (2001); E. Morin, Retour (1972).

5 Epitaphia Abaelardi, Sp. 103D: *Ille sciens quidquid fuit ulli scibile, vicit / Artifices, artes absque docente docens. / Undecimae Maii Petrum rapuere Kalendae, / Privantes logices atria rege suo. / Est satis in tumulo, Petrus sic iacet Abaelardus, / Cui soli patuit scibile quidquid erat.* Die Übersetzung nach Abaelard/Heloise, Briefwechsel, S. 359. *Artifices*, hier unzureichend mit «Künstler» wiedergegeben, hat dabei eine abwertende Bedeutung, denn es steht in Antithese zu Abaelards Genie. Dass er *absque docente* selbst gelehrt habe, perpetuiert seine Selbstsicht: Im Grunde verdankte er seinen Lehrern nichts, er hat wissenschaftlich alles aus sich selbst geschöpft.

6 Abaelard, Dialectica 1.2, S. 59,1: *Afferunt quoque adversus hanc constitutionem linee quod de punctis est, quod in «Arithmetica» Boetius ponit, cum scilicet ait: «Si punctum puncto superponas, nichil efficies, tamquam si nichilum nichilo iungas.» Cuius quidem obiectionis, etsi multas ab arithmeticis solutiones audierim, nullam tamen a me proferendam iudico, quem eius artis ignarum omnino recognosco.* Etwas später wird man sich erzählen, er habe «heimlich» bei Meister Theoderich Stunden in Mathematik genommen, um dieses Manko auszugleichen. C. J. Mews, Reason (2002), 4 – S. 171–173. Zur Einschätzung des Berichts, der in seinem weiteren Verlauf wohl Abaelard mit Adelard von Bath durcheinanderwirft, C. J. Mews, Reason (2002), dort v. a. 4 – S. 187 f. zur Verwechslung; AHLetCol, S. 69 mit Anm. 138.

7 Eine Würdigung von Peter Kings ungedruckter Dissertation, in der Abaelards Sprachphilosophie zur Vorläuferin der analytischen Sprachphilosophie des 20. Jh.s erklärt wurde, bei J. Marenbon, Abelard (2013), S. 149–166.

8 Ders., Philosophy (2007), S. 132. Sein Nexus zwischen den Vorstellungen von der Gerechtigkeit und dem gemeinen Nutzen in den *Sententiae Magistri Petri Abaelardi* 256, Abaelard, Op. th., Bd. 6, S. 134 f. Dazu K. Pennington, Lex (2011), S. 234.

9 Johann von Salisbury und Otto von Freising, die beide Gilberts Konflikt mit Bernhard von Clairvaux schilderten, ließen keinen Zweifel daran, dass sich in dieser Auseinandersetzung die bedeutendsten lebenden Denker gegenüberstanden. Johann von Salisbury, Historia pontificalis, S. 15–27. Otto von Freising, Taten Friedrichs 1.53, S. 236,22–27. Die Ausnahme ist Clarenbald von Arras, S. Gammersbach, Gilbert (1959), S. 48.

10 Der Kommentar *In primis* ist zitiert bei C. J. Mews, Logica (2005), S. 94 Anm. 78. Zum Kommentar I. Caiazzo, Manegold (2011); J. O. Ward/K. M. Fredborg, Rhetoric (2011). Zuschreibung und Datierung sind umstritten, die Bezugnahme auf Abaelard scheint mir aber doch sehr deutlich zu sein, selbst wenn Heloise zum Zeitpunkt der Kastration noch keine Nonne war.

11 Jacob von Vitry, Exemplum 53, S. 36.

12 Y. Iwakuma/S. Ebbesen, Schools (1992). Vgl. D. E. Luscombe, School (1969), S. 143; M. L. Colish, Studies (2006), Nr. 1, S. 147.

13 Die *Historia calamitatum* und der Briefwechsel mit Heloise werden von mir

durchweg nach der neuen kritischen Edition zitiert, die David Luscombe vorgelegt hat (AHLetCol). Ich erachte die Briefe durchweg als authentisch. Die Abaelard-Briefe stammen von Abaelard, die Heloise-Briefe von Heloise. Eine redaktionelle Überarbeitung mag stattgefunden haben und dahinter ein narrativer Gesamtentwurf stehen, den Peter von Moos schon vor Jahrzehnten untersucht hat: P. v. Moos, Mittelalterforschung (1974). Dazu weiter unten, S. 164–167.

14 Otto von Freising, Taten Friedrichs 1.50, S. 226,6: *Ubi occasione quadam satis nota non bene tractatus monachus in monasterio sancti Dionisii effectus est.* Zur Popularität von Heloise und Abaelard P. Dronke, Abelard (1976).

15 So Hugo Metellus, ein anderer Schüler Anselms von Laon. C. J. Mews, Hugh Metel (2001), S. 67.

16 M. T. Clanchy, Abelard (1997). Vgl. F.-J. Arlinghaus, Petrus (2011).

17 Zum Jargon des Rittertums vgl. die Literatur unten, Anm. 49; die irritierenden Äußerungen zur Dichtung D. E. Luscombe, Peter (2001); Nachweise von Abaelards abschätzigen Bemerkungen über die «Vernunftgründchen» der Dialektik bei P. v. Moos, Öffentliches (2007), S. 304 f.

18 Bernhard von Clairvaux, Werke, Bd. 3, S. 128 f. (ep. 193): *Magister Petrus Abaelardus, sine regula monachus, sine sollicitudine praelatus, nec ordinem tenet, nec tenetur ab ordine. Homo sibi dissimilis est, intus Herodes, foris Ioannes, totus ambiguus, nihil habens de monacho praeter nomen et habitum.* Übersetzung F. R. nach Gerhard B. Winkler.

19 Roscelin von Compiègne, ep. ad Petrum, Sp. 370D: *Quia igitur, suscepto habitu, doctoris officium mendacia docendo usurpasti* […]. Ähnlich Otto von Freising, der meint, Abaelard habe im Vergleich zu Gilbert von Poitiers, der einen korrekten Bildungsgang vorweisen könne, keine richtigen Lehrer; Otto von Freising, Taten Kaiser Friedrichs 1.50, S. 224,26.

20 AHLetCol, S. XVII f., mit dem Verweis auf Studien, die sich der Rezeption gewidmet haben. Zu seiner Stellung in der Historiographie des Atheismus D. Weltecke, Narr (2010), S. 569. Ob diese tatsächlich in den 1970er-Jahren abflaute, wäre kritisch zu prüfen. Möglicherweise wechselte nur das Medium der Aneignung, etwa hin zu filmischen Zitaten. David Chase, The Sopranos, Folge 58: «Sentimental Education», Regie Peter Bogdanovich/Matthew Weiner (2004). Wie bei Otto von Freising, so lebt auch diese Referenz vom Wissen des Rezipienten um Abaelards Katastrophe: Kastration wäre noch das Beste, was der ahnungslose Liebhaber zu erwarten hätte, würde der Mafiakönig seiner Frau und ihm auf die Schliche kommen. Die Unterweisung Heloises durch Abaelard (s. den Titel der Folge) und das Motiv der Beichte (Carmela beim gefräßigen Father Intintola) verraten eine präzise Vorstellung von den Vorgängen der Jahre 1117/18.

21 Ersterer ist als Magister eine Berühmtheit und Respektsperson. Guibert von Nogent, Autobiographie 3.4, S. 290, 3.15, S. 420. C. Giraud/C. J. Mews, Liber (2006), S. 177.

22 J. Marenbon, Abelard (2013), S. 11–14.

23 Subtil zur Bedeutung der Disputation für Abaelards Werk A. J. Novikoff, Culture (2013), S. 76–90.

24 N. Luhmann, Liebe (1982), S. 11

25 J. Miethke, Theologenprozesse (1975), das Ergebnis thesenartig S. 115. C. J. Mews/C. Monagle, Dispute (2015). Jüngere Forschungen zum gelehrten Inquisitionsprozess und den universitären Lehrzuchtverfahren sind J.-H. de Boer, Zensur (2018); ders., Absichten (2016), S. 192–215; G. S. Moule, Jurisdiction (2016) und A. E. Larsen, School (2011). Die Scheidung der Sprechakte beim Prozess gegen Gilbert von Poitiers 1148 behandelt F. Rexroth, Fehltritte (2016). Eine Geschichte der Disputation, die die allmähliche Ausdifferenzierung der gelehrten von verwandten Sprechakten in den Mittelpunkt rückt, wäre reizvoll. A. J. Novikoff, Culture (2013); anders O. Weijers, Search (2013). Vgl. J.-H. de Boer, Disputation (2018).

26 AHLetCol., S. 2 (ep. 1.1): [...] *ut in comparatione mearum tuas aut nullas aut modicas temptationes recognoscas et tolerabilius feras.* Vgl. M. Asper, Leidenschaften (2002), S. 110; C. S. Jaeger, Prologue (1980).

27 Zur Geschichte der Familie W. Robl, Gottfried (2017). Zum Nebeneinander normannischer und bretonischer Familien in Nantes C. J. Mews, Reason (2002), 4 – S. 194 f. Dort die eingehendste Deutung des Namens und der Nexus zu Abaelards Namentheorie, wie sie in der *Dialectica* aufscheint.

28 AHLetCol, S. 8 (ep. 1.5): [...] *ex immoderata studii afflictione correptus infirmitate coactus sum repatriare* [...].

29 Abaelard, Carmen ad Astralabium, S. 107,1.

30 AHLetCol, S. 44 (ep. 1.29); deutsch nach Abaelard/Heloise, Briefwechsel, S. 24.

31 AHLetCol, S. 72 (ep. 1.45); deutsch nach Abaelard/Heloise, Briefwechsel, S. 35.

32 AHLetCol, S. 82 (ep. 1.52); deutsch nach Abaelard/Heloise, Briefwechsel, S. 40.

33 AHLetCol, S. 90 (ep. 1.58). Zur Identifizierung der *quorumdam quasi novorum apostolorum* s. ebd., S. 91 A. 177. Bernhard als heimlicher Papst bei P. Classen, Gerhoch (1960), S. 152.

34 J. Marenbon, Abelard (2013). Dieses Buch tritt gerade im Hinblick auf die Werkgeschichte an die Stelle von Marenbons eigenen älteren Arbeiten, vor allem von J. Marenbon, Philosophy (1997) und ders., Life (2004). Einige Studien von Mews sind vereint in C. J. Mews, Abelard (2001); ders., Reason (2002). Veraltet sind D. van den Eynde, Chronologie (1962); ders., Écrits (1962); ders., Recueil (1962); H. Denifle, Sentenzen (1885). John Marenbons bislang jüngstes Buch zu Abaelards philosophischem Denken von 2013 präsentiert und diskutiert den derzeitigen Kenntnisstand, der vor allem entsprechenden Studien von Constant Mews viel verdankt.

35 Zur zweifachen Überarbeitung der *Theologien* einführend J. Marenbon, Abelard (2013), S. 20–24.

36 Abaelard, Sic et Non, prol., S. 89.

37 S. dazu unten, S. 169 f.
38 Abaelard, Dialectica 2.1 u. 3.1, S. 151,15 und 319,1.
39 Bis zu einem gewissen Grad kann man Gerland von Besançon als Vorläufer ansehen, der ebenfalls auf Unterhaltsamkeit bedacht schien. J. Marenbon, Philosophy (2007), S. 133.
40 So entstanden die Rezensionen 2 und 3, s. Abaelard, Carmen ad Astralabium, S. 53–65; C. Wollin, Textzeugen (2007), v. a. S. 189 f. Ebd., S. 217–220 zur altfranzösischen Komponente.
41 J. F. Benton, Correspondence (1988); H. Silvestre, Liebesgeschichte (1988); P. v. Moos, Mittelalterforschung (1974); ders., Heloise (1990).
42 Auch wenn ein Fälschungsverdacht immer seine Anhänger finden wird, ist dieser doch weitestgehend ausgeräumt. Nicht die subtilen sprachlichen Untersuchungen auf Cursusendungen waren entscheidend, sondern zunächst der Nachweis, dass sich für die in den Briefen angesprochenen Tatsachen und Motive unstrittige parallele Textzeugen finden lassen (so schon P. Dronke, Abelard (1976)). Weiterhin signifikant ist die Deckung von biographischem und wissenschaftlichem Werk, die insbesondere David Luscombe überprüft hat (D. E. Luscombe, School (1969); AHLetCol), sowie letztlich die Plausibilisierung der literarischen Struktur des Briefwechsels, die für Peter von Moos die Hauptsache darstellte (P. v. Moos, Mittelalterforschung (1974); ders., Studien (2005); ders., Heloise (1990)).
43 Zu den Handschriften AHLetCol, S. XXXVIII-LXXXI. Zur Konsolationsliteratur P. v. Moos, Consolatio (1971/72).
44 AHLetCol, S. XXVIII-XXX; M. Asper, Leidenschaften (2002), zur Primärrezeption ebd., S. 109–122. Des Weiteren ebd., S. 112 zur «narrative[n] Struktur, die den Weg des Sünders aus der Gottesferne zur Gottesnähe, zum Heiligen schildert, also eine Konversionserzählung». Vgl. P. v. Moos, Heloise (1990); K. Schmid, Bemerkungen (1994). Zur literarischen Einheit und überdies zum weiteren Überlieferungsrahmen der Paraklet-Literatur, der auch die sog. *Briefe 9* und *10*, die *Problemata Heloissae*, Peters «Expositio in Hexaemeron», seine Predigten und Hymnen angehören, vgl. die Einleitung von AHLetCol. Die häufig diskutierten sog. *Epistolae duorum amantium* werden heute mehrheitlich nicht dazugerechnet, s. ebd., S. XXXII-XXXIV. Innerhalb dieses weiteren Überlieferungskontextes sind aber die Briefe 1 bis 8 und die *Regel* wie ein Sonderbestand zu betrachten, der sich in den Handschriften auch als solcher zu erkennen gibt. Mittelalterlichen Lesern und Hörern scheint durchaus bewusst gewesen zu sein, dass die Abfolge von der *Historia calamitatum* bis zur *Regel* einen Spannungsbogen beschreibt, der vollständig abgeschritten werden muss.
45 AHLetCol, S. 34–42 bzw. 132 (epp. 1.24–26, 2.10): *Et si uxoris nomen sanctius ac ualidius uidetur, dulcius mihi semper extitit amice uocabulum aut, si non indigneris, concubine uel scorti* […]. Dazu M. Asper, Leidenschaften (2002), S. 125.
46 AHLetCol, S. 52 (ep. 1.34).
47 AHLetCol, S. 256–258 (ep. 6.33).

48 K. Schmid, Bemerkungen (1994), v. a. S. 81, 91, 108.

49 M. T. Clanchy, Abelard (1997), S. 139–145; M. Mostert, Disputatio (1994); A. Taylor, Ajax (1998). Syntagmatische und Paradigmatische Beziehungen des Gesagten – die Referenz auf die außertextuelle «Welt» und auf seine narrative Funktion – sind stets gleichermaßen zu berücksichtigen, wenn wir die *Historia* als Quelle für die sozialen Beziehungen innerhalb von Peters Schule lesen. Zu Abaelards «recréantise», das ein Motiv der Artusromane Chrétiens von Troyes und Hartmanns von Aue werden wird, schon É. Gilson, Héloise (1964), S. 22 f.: «Son cas [d'Abélard, F. R.] illustre à merveille ce que les auteurs des romans courtois nommerent le chevalier ‹recréant›. La passion non satisfaite est une source d'exaltation et h'héroïsme, mais la victoire de l'amant est souvent cause de la déchéance. Abélard, oublie désormais ses devoirs, néglige ses cours et délaisse ses écoles.»

50 P. v. Moos, Studien (2005), S. 9–47.

51 M. T. Clanchy, Abelard (1997), S. 13. H. Silvestre, Roscelin (1981).

52 Ein Überblick zu Abaelards Lehrern vor seiner Zeit bei Wilhelm von Champeaux findet sich bei AHLetCol, S. 519–521.

53 M. T. Clanchy, Abelard (1997), S. 81.

54 Abaelard, Sic et Non, prol., S. 89–96; J. Marenbon, Abelard (2013), S. 14; C. J. Mews, Abelard (2014), S. 143. Zu *Sic et Non* s. Kap. V, 3.

55 Vgl. die beiden Werkkataloge bei J. Marenbon, Abelard (2013), S. 254–258 (mit Datierungsversuchen auf dem Stand der Forschung); AHLetCol, S. 537–551 (differenzierter als Marenbon). Zur Übersicht über die handschriftliche Überlieferung J. Barrow/C. S. F. Burnett/D. E. Luscombe, Checklist (1984/85). Die Werkchronologie war und ist ein Hauptanliegen von Constant Mews; s. v. a. C. J. Mews, Abelard (2001), 7 – S. 73–134.

56 J. Marenbon, Abelard (2013), S. 22.

57 Ed. von Constant Mews: Abaelard, Op. th., Bd. 6, S. 153–171; ebd., S. 155–157, zur Polemik Wilhelms von Saint-Thierry and Bernhards von Clairvaux gegen diesen Text. Ebd., S. 158 f.: «The *liber sententiarum* may have been compiled by an amanuensis or a student attending classes.» Abaelards Distanzierung von der Schrift bei C. S. F. Burnett, Peter (1986), v. a. S. 132–134; Abaelard, Op. th., Bd. 2, S. 341–368. Zum Vorgang C. J. Mews, Council (2002), dort S. 367.

58 Gilberts Distanzierung von den Texten, die seine Schüler angefertigt hatten und die ihm 1148 in Reims zum Verhängnis zu werden drohten, bei Johann von Salisbury, Historia pontificalis, S. 22.

59 S. Kap. VI, 3.

60 Zu Odo von Tournai s. S. 138. 37 Formen von Abaelards Namen bei D. E. Luscombe, School (1969), S. 315, ergänzt durch C. J. Mews, Reason (2002), 4 – S. 171–200. Der Name war nicht ganz einzigartig: s. Mews, ebd., S. 193 mit Anm. 84 und vor allem W. Robl, Rätsel (2001). Zur Signifikanz zeitgenössischer Namensgebungen M. T. Clanchy, Abelard (1997), S. 12. Ebd.: Abaelard ist wohl Peters «stage name for use in the lecture room».

61 C. J. Martin, Note (2011), S. 606 f.; Johann von Salisbury, Metalogicon 1.5.13, S. 20, dort mit direktem Bezug zum ersten Peripatetiker Aristoteles, vgl. 2.2.31, S. 58. Vgl. ferner 2.17.22, S. 81 *In hac autem opinione deprehensus est Peripateticus Palatinus Abaelardus noster* [...]. Johann verwendet diese Bezeichnung auch im Policraticus 2.22 (450c/453c), Bd. 1, S. 124,20 u. 129,13. – Die Lesart, die auf das *palatium* und die dort regierende *urbanitas* abzielt, kann man für die Klage der Philologia in der Metamorphose des Golias annehmen: sie hat Abaelard, ihren *Palatinus,* verloren! R. B. C. Huygens, Mitteilungen (1962), S. 771,213.

62 Anselm von Canterbury, Opera omnia, Bd. 2 (Cur deus homo), praef., S. 42,8.

63 Abaelard, Philosophische Schriften, S. 505; ders., Op. th., Bd. 1, S. 41: Das Werk wird in einer Handschrift als Glossensammlung bezeichnet. C. S. F. Burnett, Expositio (1985), S. 66: *Tractatus eiusdem* [Abaelardi, F. R.] *super dominicam orationem.*

64 Zur Reaktion Wilhelms von Saint-Thierry unten, S. 206–210. N. M. Häring, Capitula (1980), S. 52: *Hec sunt capitula Theologie, immo stultilogie, Petri Abaelardi.* In einer der Handschriften wurde *immo stultilogie* ausradiert. Zum Begriff vgl. O. Bayer/A. Peters, Art. Theologie (1998); zur Bedeutung Abaelards und Gilberts von Poitiers ebd., Sp. 1082 f. Die Frivologie bei Hugo Metellus, ep. 3, S. 331: *Si quis hoc plene cognoscere desiderat, Theologiam illius immo frivologiam legat.*

65 Abaelard, Scito te ipsum, S. 6–10. Wilhelm von Saint-Thierry, Opera omnia, Bd. 5, S. 14 f. (ep. contra Abael. 4). Dazu unten, S. 207. Ethische Fragen tauchen bei Abaelard generell in im weiteren Sinn theologischen Arbeiten auf; J. Marenbon, Philosophy (2007), S. 145–148.

66 Abaelard, Dialectica 3.2, S. 448,3: *Huius autem supraposite argumentationis sophistice solutionem primus «Fantasiarum» nostrarum liber plene continet. Fantasia* wird hier synonym zu *fallacia* verwendet. Das verloren gegangene Werk behandelte wahrscheinlich «sophistische Widerlegungen». S. ebd., S. XIII.; D. E. Luscombe, Peter (1988), S. 282 Anm. 12.

67 J. Marenbon, Philosophy (2007), S. 139–143.

68 Berengar scheint während der letzten 20 Jahre seines Lebens (bis 1088) an einer *Antwort an Lanfranc* gearbeitet zu haben. Eine einzige Handschrift dieses unvollendeten Versuchs ist überliefert. Der Herausgeber hat damit zu kämpfen, «wie in diesem Text die Hand des unruhigen Magisters immer wieder neue Argumente, Zitate und Tiraden hinzufügt und manchmal ganze Zeilen auskratzt, um sie zu ersetzen oder wieder einzufügen an Stellen, wo sie der Argumentation noch mehr Nachdruck verleihen könnten in einer Debatte, welche offiziell schon längst geschlossen und von ihm verloren worden war». Berengar von Tours, Rescriptum, das Herausgeberzitat S. 31. Vgl. T. J. Holopainen, Dialectic (1996), S. 77. Anselm von Canterbury dagegen schreibt im Vorwort zu *Cur Deus homo*, er habe gerne gründlicher arbeiten wollen, doch das Werk sei ihm praktisch unter den Händen weggezogen worden. Andere

hätten mit dem Abschreiben begonnen, als er noch gar nicht fertig gewesen sei. Anselm von Canterbury, Opera omnia, Bd. 2, praef., S. 42,2.

69 Zu seinem Arbeitsstil C. J. Mews, Abelard (2001), v. a. 5 – S. 109–158 u. 7 – S. 73–134. Zu Marcia Colishs Urteil s. o., Anm. 2.

70 Abaelard, Op. th., Bd. 1, S. 68,714, S. 69,765 und S. 225,507 (Römerbrief-Kommentar, 1.1.19, 1.1.20 u. 3.8.30).

71 Abaelard, Scito te ipsum, S. 46. Dazu A. J. Novikoff, Culture (2013), S. 79.

72 Beispiele aus der *Logica Ingredientibus*: Abaelard, Philosophische Schriften, S. 80,22, 291,5.

73 Programmatisch am Beispiel von medizinischen Experten des Heilens, die von den Ursachen ihrer Medikation keine Ahnung haben, Abaelard, *Logica ‹Nostrorum petitioni sociorum› – Glossen zu Porphyrius*, Abaelard, Philosophische Schriften, S. 505 f.

74 Abaelard, Dialectica 4.1.prol., S. 469 f.

75 Als *ep. 13* bezeichnet; Abaelard, Letters IX-XIV, S. 271–277, 271: *Inuectiua in quendam ignarum Dialectices, qui tamen eius studium reprehendebat, et omnia eius dogmata putabat sophismata et deceptiones*. Ebd., S. 101 zur Überlieferung, Kommentar S. 172–188.

76 Augustinus, Opera, Bd. 2.2 (De ordine 2.13.38), S. 128,8. Verwendungsnachweise bei Abaelard, Letters transl. Ziolkowski, S. 180 Anm. 10.

77 Geschichte vom Leben des Johannes 83, S. 340 f. Zu diesen Plots vgl. S. 62 u. 211.

78 Abaelard spricht von Kirschen statt Trauben; Abaelard, Letters IX-XIV, S. 271.

79 AHLetCol, S. 14–16 (ep. 1.10): *Accessi igitur ad hunc senem, cui magis longeuus usus quam ingenium uel memoria nomen comparauerat. Ad quem si quis de aliqua questione pulsandum accederet incertus, redibat incertior. Mirabilis quidem in oculis erat auscultantium, sed nullus in conspectu questionantium. Verborum usum habebat mirabilem, sed sensu contemtibilem et ratione uacuum. Cum ignem accenderet, domum suam fumo implebat, non luce illustrabat*. Die Übersetzung ist Abaelard/Heloise, Briefwechsel, S. 10 entnommen.

80 AHLetCol, S. 18 (ep. 1.11): *Indignatus autem respondi non esse mee consuetudinis per usum proficere sed per ingenium* […]. Zu dem Individualitätskonzept, das hinter Aussagen wie dieser steht, s. F.-J. Arlinghaus, Petrus (2011). Zur Bedeutung des *ingenium* im Erkenntnisprozess auch Abaelard, Op. th., Bd. 3, S. 313 (Theologia «Scholarium», praef.).

81 Hc 19, S. 28.

82 *Quem etiam ita negligentem et tepidum lectio tunc habebat, ut iam nichil ex ingenio sed ex usu cuncta proferrem, nec iam nisi recitator pristinorum essem inuentorum, et si qua inuenire liceret, carmina essent amatoria, non philosophie secreta* […].

83 Roscelin von Compiègne, ep. ad Petrum, Sp. 368 f.

84 W. J. Ong, Ramus (1983), S. 136.

85 Abaelard, Sic et Non, S. 103,332.

86 Johann von Salisbury, Metalogicon 3.4.34, S. 116: *Dixisse recolo Peripateticum Pa-*

latinum quod uerum arbitror, quia facile esset aliquem nostri temporis librum de hac arte componere, qui nullo antiquorum quod ad conceptionem ueri, uel ad elegantiam uerbi esset inferior. Sed ut auctoritatis fauorem sortiretur, aut impossibile aut difficillimum.

87 Priscian, Institutiones, Bd. 1, S. 1,6. Dazu W. Haug, Zwerge (1987); H. Silvestre, Juniores (1968).

88 Von der Pflicht der Liebe zum Lehrer spricht auch Wilhelm von Conches. Zitiert bei M. Münster-Swendsen, Model (2006), S. 308. Der idealerweise lebenslangen Bindung von Schüler und Lehrer begegnen wir weiterhin, etwa, wenn in den Dokumenten zur Kanonisation des heiligen Thomas gesagt wird, dass Albert der Große den Namen seines vor ihm verstorbenen Schülers nicht habe hören können, ohne in Tränen auszubrechen. M. Grabmann, Beziehungen (1937), S. 308. Wilhelm von Tocco, Vita des heiligen Thomas von Aquin, behandelt in hagiographischer Überformung einschlägige Schilderungen von intensiven Schüler-Lehrer-Beziehungen. Stephen Langton reflektierte über die Entstehung eines solchen Verhältnisses und identifizierte drei sukzessive Intensitätsstufen: auf die *cognitio* (das Kennenlernen und das Beim-Lehrer-Bleiben) folgt die *familiaritas* (die Aufnahme in die magistrale *familia*) und auf diese letztlich der entscheidende *discipulatu[s] vel apostolatu[s]*. Dieser zeichne sich dadurch aus, dass dem Scholaren sein Platz in der *schola* angewiesen werde, so Stephen Langton. J. W. Baldwin, Masters (1970), Bd. 2, S. 51 f. Anm. 59. Auch könnte man mit Verweis auf die späteren Universitäten sagen, dass deren Examinationspraxis immer die Seriosität des Examinanden anhand von dessen Bindung an seinen Magister überprüft: Der Magister muss seinen Kandidaten präsentieren, und er ist es, der dessen Kompetenz beschwört. O. Weijers, Règles (1995), S. 203–209. Magisterzwang ist eines der frühesten Prinzipien der universitären Ordnung.

89 Abaelard, Sic et Non, prol., S. 103,324: *Non enim praeiudicata doctoris opinio sed doctrinae ratio ponderanda est, sicut scriptum est: «Omnia probate, quod bonum est tenete.»*

90 Abaelard, Carmen ad Astralabium, S. 107,7–14: [...] *non a quo sed quid dicatur sit tibi cure: / auctori nomen dant bene dicta suo; / nec tibi dilecti iures in uerba magistri / nec te detineat doctor amore suo. / Fructu, non foliis pomorum quisque cibatur / et sensus uerbis anteferendus erit. / ornatis animos captet persuasio uerbis; / doctrine magis est debita planicies.*

91 Johann von Salisbury, Metalogicon 2.10, S. 70–73. Zu diesem Kapitel und seiner intensiven Erforschung unten, S. 217 f. mit Anm. 2.

92 Jacob von Vitry, Exemplum 88, S. 53.

93 Abaelard, Carmen ad Astralabium, S. 119,247 f. Zum Problem auch P. v. Moos, Öffentliches (2007), S. 303–308.

94 Abaelard, Collationes 1.7–9, S. 8–12.

95 Isaak von Stella, Sermones, Bd. 1, S. 342–356 (Sermo 16). Ausführungen zur Denkform *diversa, sed non adversa* schließt Isaak auf S. 344 an, mit der Mahnung: *Neque enim veritas asserenda est contra caritatem, aut caritas tenenda est contra veritatem.*

96 Johann von Salisbury, Policraticus 8.prol. (710c), Bd. 2, S. 227,3: *Non ergo quis sed quid quaue de causa scribam diligens lector attendat* [...].

97 Alanus ab Insulis, De fide catholica 1.30, Sp. 333A: *Sed quia auctoritas cereum habet nasum, id est in diversum potest flecti sensum, rationibus roborandum est.* «Amicus Plato» klingt an in AHLetCol, S. 436 (Institutio.72): *nec amicicia sed ueritas attendatur.* Das Sprichwort ist nachgewiesen bei H. Walther, Carmina (1982), S. 157, Nr. 728. Dazu H. Guerlac, Amicus (1978); L. Tarán, Amicus (1984).

98 Augustinus, De doctrina christiana 3.25.36, S. 99,33: [...] *res eadem non in contraria, sed tantum in diuersa significatione ponitur* [...]. C. Brown, Things (1998), S. 15–35; Anselm von Laon, Brief an Heribrand von St. Laurentius in Lüttich, bei O. Lottin, Psychologie (1959), S. 176,11. Dazu S. Steckel, Kulturen (2011), S. 991–994. Zum Problem R. Rieger, Contradictio (2005), S. 14–17; R. M. Ilgner, Sententiae (2004); P. v. Moos, Geschichte (1996), S. 267 mit Literatur in Anm. 561. Die Konsensformel steht hinter Hugos von St. Victor Kritik der Dialektik: Sie bringt *tot diversas et tam adversas, ne dicam perversas* [...] *sententias* hervor. Hugo von St. Victor, De sapientia, Sp. 845 f. Für Bernhard von Clairvaux war es Herausforderung genug, in seinem eigenen Werk Verschiedenes zum selben Gegenstand gesagt zu haben, das dennoch widerspruchsfrei war: Bernhard von Clairvaux, Werke, Bd. 6, S. 596 (Sermo 81.11): *In libello, quem De gratia et libero arbitrio scripsi, diversa fortassis de imagine et similitudine disputata leguntur, sed ut arbitror, non adversa.*

99 Die Abgrenzung von den älteren Florilegien zunächst bei O. Lottin, Fragments (1947), der die Sentenzen dann in seinem großen Werk zu Anselm von Laon und Wilhelm von Champeaux heranzog: O. Lottin, Psychologie (1959). Bis zu diesem Zeitpunkt waren die Studien von Artur Michael Landgraf und Heinrich Weisweiler maßgeblich gewesen. Als Instrument für die Seelsorge wurden die Sammlungen bei V. I. J. Flint, School (1976) veranschlagt. Im Vergleich zum Werk eines Petrus Lombardus erscheinen die Arbeiten ziemlich anspruchslos, so meint Marcia Colish: M. L. Colish, Studies (2006), Nr. 1, S. 142 f. Colish wertet in diesem Zusammenhang (ebd., S. 146 f.) auch *Sic et Non* ab, und zwar wegen der Diskrepanz zwischen theoretischem Anspruch und praktischer Durchsetzung. Die gründlichste aktuelle Auseinandersetzung mit dem Genre bietet C. Giraud, Verba (2010).

100 A. Winroth, Making (2000). Zu den Fragen der Datierung der verschiedenen Fassungen, einem Kernelement der rechtshistorischen Diskussion nach Winroth, C. J. R. Donahue, Rezension (2007); C. H. F. Meyer, Ordnung (2006), S. 332–334. Ebd. die Charakterisierung des Werks in der Formulierung des Paucapalea, eines Gratian-Schülers: *Intentio vero eius fuit, ipsa decreta ordinare et in superficie dissonantia ad concordiam revocare* – was nicht zusammenpasste, beschränkte sich auf die Oberfläche, an dieser regierten Einheitlichkeit und Harmonie. Zur Identität Gratians A. Winroth, Gratian (2003); ders., Gratian (2016).

101 Das Zitat unten in Anm. 108.

102 P. v. Moos, Geschichte (1996), S. 267 f.

103 Abaelard, Sic et Non, S. 89,14, mit weiteren Belegen. Belege aus *Sic et Non* werden in diesem Kapitel in Klammern im Haupttext angegeben.

104 So das Incipit: *Incipiunt sententiae ex divinis scripturis collectae quae contrariae videntur. Pro qua quidem contrarietate haec compilatio sententiarum SIC ET NON appellatur.* Abaelard, Sic et Non, S. 113.

105 *Non solum ab invicem diversa verum etiam invicem adversa videantur.* Vgl. seine Frontstellung gegen das Jesaiawort (7,9) «Glaubt ihr nicht, so bleibt ihr nicht»: AHLetCol, S. 54 (ep. 1.35) mit Mat. in Anm. 120.

106 Zur Geschichte der mittelalterlichen Kritik und Emendation des Bibeltextes seit dem 12. Jh., ohne Bezug zu Abaelard, C. Linde, Scriptura (2012).

107 Zur Nichtexistenz einer tatsächlichen «Schule» Abaelards s. S. 156.

108 *His autem praelibatis placet, ut instituimus, diversa sanctorum patrum dicta colligere, quae nostrae occurrerint memoriae aliquam ex dissonantia quam habere videntur quaestionem contrahentia, quae teneros lectores ad maximum inquirendae veritatis exercitium provocent et acutiores ex inquisitione reddant. Haec quippe prima sapientiae clavis definitur assidua scilicet seu frequens interrogatio* [...]. *Dubitando quippe ad inquisitionem venimus; inquirendo veritatem percipimus.*

109 Johann von Salisbury, Metalogicon 2.10.35, S. 71 u. 2.10.64, S. 72. Dazu C. J. Martin, Machine (1986).

110 Johann von Salisbury, Metalogicon 1.3.42, S. 16.

111 Ebd., 2.10.87, S. 73.

112 Wilhelm von Conches, Dragmaticon 1.1.3, S. 4,22: *Discipuli etiam culpa non carent, qui, relicta pythagoricae doctrinae forma, qua constitutum erat discipulum septem annis audire et credere, octauo demum interrogare, ex quo scolas intrant, antequam sedeant, interrogant; immo, quod deterius est, iudicant. Vnius uero anni spacio negligenter studentes, totam sapientiam sibi cessisse putantes, arreptis ab ea panniculis, uento garrulitatis et superbiae pleni, pondere rerum uacui, abeunt. Et cum a suis parentibus uel ab aliis audiuntur, in uerbis eorum parum uel nichil perpenditur, statimque quod hoc solum a magistris acceperint creditur; unde magistri auctoritas minuitur.* Die Übersetzung stammt von J. Ehlers, Otto (2013), S. 87. Die Vorstellung von der «pythagoräischen» Methode bei Seneca, Epist. mor. 5.52.10, S. 64–67. Vgl. Gellius, Noctes Atticae 1.4.1–7, S. 44–49. Gelobt wird dieses Prinzip auch bei Hugo von St. Victor, Didascalicon 3.3, S. 228.

113 Abaelard, Problemata Heloissae, ep. Heloissae, Sp. 677B: *Neque vero, more Pythagorico, quidquid responderem rectum putabat; nec sine ratione praejudicata apud eam valebat auctoritas; sed examinabat omnia, et sagaci mente universa pensabat, ut me sentirem non tam discipulam habere quam judicem.* Der zitierte Text ist der Kommentar des Hieronymus zum Galaterbrief 1.

VI. Abaelards Schulen: Eine Sozialgeschichte der Wahrheit

1 Zumindest sein Bruder Dagobert muss ebenfalls weit mit seinen Studien gekommen sein, denn Abaelard wird vor 1118 auf dessen Anregung hin seine *Dialectica* schreiben. Dagobert plante, damit seine eigenen Söhne zu unterrichten. Abaelard, Dialectica 2.1, S. 146,21. – Da dieses Teilkapitel auf der Lektüre der Briefe beruht, werden Belege im Folgenden im Haupttext gegeben. In Klammern genannt werden Brief, Kapitel und die Seitenzahl in David Luscombes kritischer Edition HALetCol. Wegen seiner Sonderstellung wird Brief 1, die *Historia calamitatum*, mit «Hc» angezeigt. Für die Einschätzung der Befunde waren mir Luscombes Sachanmerkungen eine unschätzbare Hilfe. Die deutsche Übersetzung folgt Abaelard/Heloise, Briefwechsel.

2 S. S. 62 u. 211.

3 G. Duby, Jeunes (1964); diskutiert im Hinblick auf die *Historia calamitatum* bei C. J. Martin, Note (2011), S. 616 f. Anm. 53.

4 Zur Technik der Lehre, v. a. der Interaktion mit den Hörern M. T. Clanchy, Abelard (1997), S. 90–94.

5 C. Caby, Finis (2003). Dazu S. 114.

6 Freilich liegen die sprechenden Belege für die *aventure* etwas später. Ein erstes Vorkommen des Begriffs um 1090 steht noch isoliert da, im Verlauf der zweiten Hälfte des 12. Jh.s scheint die einschlägige Bedeutung entstanden zu sein; F. Lebsanft, Bedeutung (2006). S. dort die Datierung von Belegen.

7 *Proinde diuersas disputando perambulans prouincias, ubicunque huius artis uigere studium audieram, peripateticorum emulator factus sum.* Forschungen zur ritterlich-agonalen Motivik oben, S. 394 Anm. 49.

8 Roscelin von Compiègne, ep. ad Petrum, Sp. 360C. H. Silvestre, Roscelin (1981).

9 *Hinc calamitatum mearum, que nunc usque perseuerant, ceperunt exordia; et quo amplius fama extendebatur nostra, aliena in me succensa est inuidia.*

10 Wir lesen Ähnliches bei Baudri von Bourgeuil: Die Francia ist die Kernregion der Wissenschaft, und das Zentrum des Zentrums ist Paris. Baudri de Bourgueil, Historia 7.3 f., S. 144: *Perambulabat* [Robert von Arbrissel, F. R.] *regiones et provincias irrequietus, et in litterarum studiis non poterat non esse sollicitus. Et quoniam Francia tum florebat in scholaribus emolumentis copiosior, fines paternos tanquam exsul et fugitivus exivit, Franciam adiit et urbem quae Parisius dicitur intravit. Litterarum disciplinam quam unice sibi postulaverat pro voto commodam reperit, ibique assiduus lector insidere coepit.* Goswin von Anchin geht in den frühen 1100er-Jahren nach Paris, *wo* […] *die Dialektik von vielen überaus gebildeten Männern im Wettbewerb miteinander gelehrt wurde* (*ubi tunc a quampluribus eruditissimis certatim dialectica docebatur*); W. Robl, Goswin (2003), S. 270. Vgl. zur

Entscheidung, Adalbert von Saarbrücken um 1138 nach Paris zu schicken, damit seine Ausbildung etwas taugt: J. Ehlers, Studien (1996), S. 202 f.

11 Belege aus dem fortgeschrittenen 12. Jh. zu Paris als der Stadt, zu der man immer wieder zurückkehrt, wenn man einmal zum Studieren dort gewesen ist, finden sich bei S. C. Ferruolo, Origins (1985), S. 155–158, 170, 180, 188; F. Rexroth, Wissenschaft (2016).

12 *Perueni tandem Parisius, ubi iam maxime disciplina hec florere consueuerat, ad Guillelmum scilicet Campellensem preceptorem meum in hoc tunc magisterio re et fama precipuum.*

13 Dazu oben, S. 81.

14 Abaelard, Op. th., Bd. 3, S. 313 (Theologia «Scholarium», praef.).

15 D. E. Luscombe, School (1969).

16 Informationen und Literaturhinweise zu Alberichs und Lotulfs Karrieren s. AHLetCol, S. 56 f. Anm. 122.

17 Abaelard, Collationes 1.4, S. 4.

18 Dazu S. 76.

19 S. dazu S. 173–175.

20 Abaelard, Dialectica 4.prol., S. 469,5–8. Zur sozialen Dimension der Scham K. Behrens, Scham (2014).

21 Abaelard, Sic et Non, prol., S. 95,155. Die betreffende Stelle aus Cicero, De officiis 2.9.34, S. 170 f. wird von Abaelard mehrfach zitiert. S. ebd., qu. 137.8, S. 466 und Abaelard, Collationes 2.98, S. 116.

22 M. Weber, Wirtschaft (1980), S. 401. Die Ausnahmesituation der Ardusson-Gruppe in Abaelards Biographie auch bei J. M. Ziolkowski, Dilemma (2012), S. 243.

23 Chronik des William Goddell, eines Mönchs von St. Martial in Limoges, in Delisle, Recueil, Bd. 13, S. 675B.

24 S. S. 111–118.

25 Genauso hatte Abaelard in seiner Beschreibung Wilhelms von Champeaux unterschieden zwischen der «Brüdergemeinde» und der «Schule», die ihm bei seinem Wegzug aus Paris folgten (Hc 8, S. 12 zweimal, S. 49).

26 Abaelard, Philosophische Schriften, S. 505.

27 J. Coleman, Continuity (1982); O. G. Oexle, Wunschräume (1994), S. 46–49.

28 S. S. 114. Die Erforschung «utopischen Denkens», die sich nicht als Behandlung einer literarischen Form versteht, verdankt ihre entscheidenden Impulse A. Doren, Wunschräume (1927) und O. G. Oexle, Denken (1977); ders., Wunschräume (1994). Zum Stand der Dinge H. Hartmann, Art. Utopias (2010); F. Rexroth, Expertenweisheit (2008).

29 Dass gerade das zweite Buch der Theologia «Christiana» die Bedeutung von Askese, Monastik und Eremitentum auf eine Weise aufarbeitet, die «perfekt» zur Lebensweise Abaelards und seiner Schüler während der Zeit am Ardusson «passen würde», meint auch J. Marenbon, Abelard (2013), S. 21.

30 Abaelard, Op. th., Bd. 2, S. 155,163 (Theologia «Christiana» 2.57 u. 2.71). Zur Datierung C. J. Mews, Abelard (2001), 5 – S. 151–157.

31 Abaelard, Op. th., Bd. 2, S. 122 (Theologia «Christiana» 1.118): *Pluribus quoque sanctorum testimoniis didicimus Platonicam sectam Catholicae fidei concordare.*

32 Abaelard, Op. th., Bd. 2, S. 143 (Theologia «Christiana» 2.27). Einen Einblick in den Gedankengang des zweiten Buches gewähren ebd., S. 25 und J. R. McCallum, Theology (1948), S. 59–66 (Letzterer allerdings auf mittlerweile veralteter Textbasis). Das Beispiel sei herausgegriffen, da Peter einmal in einer Konfliktsituation hiervon Gebrauch machen wird, s. u., S. 262 f.

33 Das ist die Kernbotschaft von Abaelard, Op. th., Bd. 2, S. 132–193 (Theologia «Christiana» lib. 2). J. Marenbon, Abelard (2013), S. 21; C. J. Mews, Abelard (2001), 5 – S. 109–158.

34 E. H. Kantorowicz, Wiederkehr (1965). Zum Schicksal dieser wichtigen Schrift R. E. Lerner, Kantorowicz (2017), S. 184 f.

35 L. Valente, Philosophers (2013), S. 111–117. Zur Polysemie von «philosophia» samt der hochmittelalterlichen «Verinhaltlichung» des Begriffs s. G. Schrimpf, Philosophia (1982); ders., Art. Philosophie (1989). Weiterhin E. R. Curtius, Geschichte (1943); J. Domański, Philosophie (1996), v. a. S. 31–51. Diesen Autoren ist es wichtig, für das 12. Jh. die allmähliche Emanzipation der Vorstellungen von «Philosophie» vom Konzept der *artes liberales* nachzuweisen, was durchaus richtig ist. Hier gilt es allerdings zu betonen, dass diese Revolution des Wissenschaftsverständnisses mit dem Wandel sozialer Formen einhergeht.

36 Abaelard, Op. th., Bd. 2, S. 149 (Theologia «Christiana» 2.43).

37 Abaelard, Op. th., Bd. 2, S. 157 (Theologia «Christiana» 2.62).

38 Abaelard, Op. th., Bd. 2, S. 148 (Theologia «Christiana» 2.38).

39 *Tunc autem precipue ad scolarum regimen intolerabilis me compulit paupertas, cum «fodere non ualerem et mendicare erubescerem»* [Luk. 16,3]. *Ad artem itaque quam noueram recurrens, pro labore manuum ad officium lingue compulsus sum.*

40 «The first burst of creativity occurs in rivalry, not in unity.» R. Collins, Sociology (2002), S. 83.

41 S. Kap. IV, 3.

42 P. v. Moos, Öffentliches (2007). Der Band enthält eine Reihe von zunächst separat erschienenen Studien, die sich mit den mittelalterlichen Vorstellungen vom Öffentlichen und vom *endoxon* befassen. Der Einfachheit halber zitiere ich ihn wie eine Monographie.

43 So in der Logica «Ingredientibus» 1: Abaelard, Philosophische Schriften, S. 23,6–17. Das Zitat ist P. v. Moos, Öffentliches (2007), S. 345 entnommen.

44 Ebd., S. 303.

45 S. S. 178.

46 Olga Weijers hat ihnen eine ganze Reihe wertvoller Arbeiten gewidmet. Zusammenfassend O. Weijers, Search (2013).

47 Abaelard, Op. th., Bd. 3, S. 313 (Theologia «Scholarium», praef.). Die Übersetzung, auch der folgenden Passagen, nach Abaelard, Theologia «Scholarium», hg. v. Perkams, S. 73–79.

48 Abaelard, ep. 13, s. S. 396 Anm 75.

49 Augustinus, Retractationum libri II.
50 Der direkte Zugriff auf die Bibelstelle im ersten Brief an Heloise: AHLetCol, S. 150 f. (ep. 3.9).
51 Abaelard, Op. th., Bd. 2, S. 207,459 (Theologia «Christiana» 3.30).
52 Augustinus, Opera, Bd. 2.2 (De magistro 14.45), S. 202: *Num hoc magistri profitentur, ut cogitata eorum ac non ipsae disciplinae, quas loquendo se tradere putant, percipiantur atque teneantur? Nam quis tam stulte curiosus est, qui filium suum mittat in scolam, ut quid magister cogitet discat? At istas omnes disciplinas, quas se docere profitentur, ipsiusque uirtutis atque sapientiae cum uerbis explicauerint, tum illi, qui discipuli uocantur, utrum uera dicta sint, apud semetipsos considerant interiorem scilicet illam ueritatem pro uiribus intuentes. Tunc ergo discunt, et cum uera dicta esse intus inuernerint, laudant nescientes non se doctores potius laudare quam doctos, si tamen et illi quod loquuntur sciunt. Falluntur autem homines, ut eos qui non sunt magistros uocent, quia plerumque inter tempus locutionis et tempus cognitionis nulla mora interponitur, et quoniam post admonitionem sermocinantis cito intus discunt, foris se ab eo, qui admonuit, didicisse artibrantur.* Die Übersetzung ins Deutsche im Haupttext nach Augustinus, Über den Lehrer, S. 117.
53 Bonaventura, Itinerarium mentis in Deum 2.8, S. 40. Eine begriffsgeschichtliche Untersuchung fehlt. Der Terminus findet sich auch in Bonaventuras *Collationes in Hexaemeron*. Weitere Funde, die unsere Suche in fünf Datenbanken ergeben hat, sind größtenteils später zu datieren (z. B. Konrad von Megenberg, Ambrosius Traversarius, Camilla Battista da Varano, Margarita Poenitens). Eine aufschlussreiche Ausnahme ist Helinand von Froidmont, Serm. 18, Sp. 628D.
54 A. Borst, Abaelard (1988). Zum «Schwätzer» Hugo Metellus ebd., S. 361. Vgl. W. Robl, Konzil (2003); C. J. Mews, Council (2002); ders., Hugh Metel (2001); Bernhard von Clairvaux, Werke, Bd. 3, S. 1064–1067 (Kommentar zu ep. 187). Der Kommentator hält mit schlechtem Gefühl an der traditionellen, mittlerweile aufgegebenen Datierung des Konzils auf 1140 fest. Zur Qualität von Hugos eigenem Werk, d. h. seinen Briefen, L. Ott, Untersuchungen (1937), S. 49.
55 Walter von Mortagne, Epistola ad Petrum Abaelardum, Sententiae Florianenses, S. 34–40.
56 Ebd., S. 40,5: *Haec scripsi vobis, non praesumens vos docere, qui in divina scriptura prae ceteris eminetis, sed per litteras vestras scire desidero, si in notitia Dei vos imperfectum esse creditis, aut si iam in hac vita ad summum eius augmentum vos pervenisse confidatis.*
57 Ebd., S. 37,9: *Fortasse autem vobis visum est, sicut etiam discipuli vestri testantur, cum quibus locutus sum* [...].
58 Ebd., S. 34, 9: *Solet autem frequenter contingere, quod discipuli discordent a sensu magistrorum, sive per imperitiam verba eorum male exponendo, sive ad ostensionem sui aliquas novitates inducendo, quas causa maioris auctoritatis magistris suis, licet ignorantibus, consueverunt adscribere.*
59 Es ist der ältere, kürzere Text der beiden *recensiones breviores*: Abaelard, Op.

th., Bd. 2, S. 399–451. Die folgende Stelle des Haupttextes ist S. 401 f., ohne die petit gesetzten Ergänzungen der zweiten Redaktion.

60 Walter von Mortagne, Epistola ad Petrum Abaelardum, Sententiae Florianenses, S. 34,21: […] *illud, quod in prologo posuistis haec verba: «Summam quasi divinae scripturae introductionem conscripsimus, non nos tam veritatem docere promittentes, quam opinionis nostrae sensum, quem efflagitant, exponentes.» Hoc in tractatu vestro legi. Quis autem orthodoxus de fide catholica tractaturus non veritatem, sed sensum opinionis suae promittat exponere? Quis etiam audiens non veritatem, sed opinionem promitti, fidem audeat sequentibus adhibere?*

61 Ich folge dem jüngeren Ansatz der Synode von Sens auf das Jahr 1141 und richte die Datierung der betreffenden Texte daran aus, woraus sich die Festsetzung von Wilhelms Brief auf das frühe Jahr 1140 ergibt. C. J. Mews, Council (2002), v. a. S. 345–354 sowie die übersichtliche neue Chronologie auf S. 381 f. Vgl. W. Verbaal, Council (2005); Abaelard, Theologia «Scholarium», hg. v. Perkams, S. 30 Anm. 62; Abaelard, Scito te ipsum, S. 3 und W. Robl, Konzil (2003). Bis in die jüngere Vergangenheit waren sämtliche Begebenheiten auch ein Jahr früher angesetzt worden, so etwa immer noch bei Wilhelm von Saint-Thierry, Opera omnia, Bd. 5, S. 11. Auch wenn ich der dortigen Datierung auf 1139 nicht folge, stütze ich mich doch auf die Edition des Briefes, ebd., S. 13–15. Die Datierung ist aus mehreren Gründen von großer Bedeutung: Sie rückt den Konflikt in andere politische Kontexte, wie Constant Mews, Council, gezeigt hat, und sie fungiert als Terminus ante quem für eine Reihe wichtiger theologischer Werke Abaelards: der *Theologia «Scholarium»*, des *Scito te ipsum* sowie der Schülerreportationen, die als *Liber Sententiarum* bekannt sind. Zu Letzterem Abaelard, Op. th., Bd. 6.

62 Wilhelm von Saint-Thierry, Opera omnia, Bd. 5, S. 13 (ep. contra Abael. 1.14): *Petrus enim Abaelardus iterum noua docet, noua scribit, et libri eius transeunt maria, transsiliunt Alpes, et nouae eius sententiae de fide, et noua dogmata per prouincias et regna deferuntur, celebriter praedicantur et libere defenduntur, in tantum ut in curia etiam Romana dicantur habere auctoritatem.*

63 Ebd. (ep. contra Abael. 2): *Casu nuper incidi in lectionem cuiusdam libelli hominis illius, cuius titulus erat: Theologia Petri Abaelardi. Fateor, curiosum me fecit titulus ad legendum. Duo autem erant libelli idem paene continentes, nisi quod in altero plus, in altero minus aliquando inuenietur.* Zur Identität des zweiten Buches Bernhard von Clairvaux, Werke, Bd. 3, S. 62,15 (ep. 188.2), S. 92,10 (ep. 190.11). Zu Wilhelms Reaktion auf den Buchtitel *Theologia* s. M. Lemoine, Filosofici (1988).

64 Wilhelm von Saint-Thierry, Opera omnia, Bd. 5, S. 14 f. (ep. contra Abael. 4.75): *Sunt autem, ut audio, adhuc alia eius opuscula, quorum nomina sunt: Sic et non, Scito te ipsum, et alia quaedam de quibus timeo, ne sicut monstruosi sunt nominis, sic etiam sint monstruosi dogmatis; sed, sicut dicunt, oderunt lucem, nec etiam quaesita inueniuntur.*

65 Ebd., S. 14 (ep. contra Abael. 2.41): […] *agens in Scriptura diuina quod agere*

solebat in dialectica, proprias adinuentiones, annuas nouitates; censor fidei, non discipulus; emendator, non imitator.

66 Ebd. (ep. contra Abael. 4.71): *Dilexi et ego eum, et diligere uellem, Deus testis est, sed in causa hac nemo umquam proximus mihi erit uel amicus.*

67 Bernhard von Clairvaux, Werke, Bd. 3, S. 1065 (Kommentar zu ep. 187). Andere sprachen von einem «mythischen Kampf zwischen zweien der berühmtesten Persönlichkeiten jenes Zeitalters», C. J. Mews, Council (2002), S. 343. Vgl. K. Flasch, Kampfplätze (2008), S. 125–139.

68 Kritisch dazu bereits A. Borst, Abaelard (1988).

69 J. Miethke, Theologenprozesse (1975), v. a. S. 96–102. Zensur als Institution bei P. Godman, Masters (2000); S. Steckel, Kulturen (2011), S. 56.

70 W. Verbaal, Council (2005).

71 Genannt seien hier nur Bernhard von Clairvaux, Werke, Bd. 3, S. 58–143, 550–553, 558–583 mit den Kommentaren S. 1064–1083 u. 1170–1174 (epp. 187–195, 326–327 u. 330–338). Ep. 193 dokumentiert den Übergang zur Strategie der moralischen Vernichtung Abaelards. Die Überlieferung zum synodalen Streit überhaupt, also auch die Schriften zugunsten des Beklagten, lassen sich anhand der oben in Anm. 61 angegebenen Forschungsliteratur ermitteln. Das Zitat stammt aus einem Brief Bischof Hattos von Troyes an den Abt von Cluny, Petrus Venerabilis. Petrus Venerabilis, Letters, Bd. 1, Nr. 96, S. 256: *Abbas Clareuallensis praesens erat, Carnotensis episcopus domos nostras obsederat.* S. auch den Kommentar Bd. 2, S. 317–320.

72 Bernhard von Clairvaux, Werke, Bd. 3, S. 74 (ep. 190): *Habemus in Francia novum de veteri magistro theologum, qui ab ineunte aetate sua in arte dialectica lusit, et nunc in Scripturis sanctis insanit.* Ebd., S. 80: [...] *isto non disputante, sed dementante* [...].

73 Diese Behauptung wird von Papst Innozenz II. aufgegriffen. Innozenz II., ep. 449, Sp. 517B: *Per praesentia scripta fraternitati vestrae mandamus quatenus Petrum Abaelardum et Arnaldum de Brixia, perversi dogmatis fabricatores, et Catholicae fidei impugnatores, in religiosis locis, ubi vobis melius visum fuerit, separatim faciatis includi, et libros erroris eorum, ubicunque reperti fuerint, igne comburi.* Die Metaphern von Biene und Honig in Bernhard von Clairvaux, Werke, Bd. 3, S. 66 f. (ep. 189.2).

74 Wilhelm von Saint-Thierry, Opera omnia, Bd. 5, S. 61 (De erroribus Gvillelmi de Conchis). Wilhelms Strategie, den Kampf gegen Abaelard als solchen gegen die Irrlehren der Gegenwart schlechthin auszuweisen, wird in dem von ihm angelegten Dossier deutlich, das mit der Handschrift Charleville-Mézières, Bibliothèque municipale, Nr. 67, vorliegt. Ebd., v. a. S. 9 f.

75 R. M. Thomson, Works (1980), S. 114.

76 Wilhelm von Saint-Thierry, Opera omnia, Bd. 1, S. V.

77 Cartulaire de Notre-Dame de Chartres, Nr. 24, S. 104–108. Zu ihm L. Grant, Geoffrey (2004).

78 Zur Biographie s. die Einleitung von Wilhelm von Saint-Thierry, Opera omnia, Bd. 1, S. V-XXIII.

79 Ebd., S. XVI.

80 Chronique de Morigny, S. 68.

81 S. o., S. 62.

82 Zur Illustration kann die Zusammenstellung biographischer Aussagen zu Lanfrank von Bec bei J. de Montclos, Lanfranc (1971), S. 546 f. dienen. Vor Übernahme des Archiepiskopats von Canterbury pflegte er intensiv die *lectio*, danach nur noch dann, wenn es ihm möglich war (Milo Crispin).

83 Vgl. oben zu Lanfrank, S. 85 f. Als Guibert erst einmal Abt von Nogent geworden ist, dreht sich seine Autobiographie in auffälliger Weise um Geld, für Suger von Saint-Denis gilt dasselbe. Auf Letzteren bezieht sich auch das Zitat aus der Feder seines Biographen Wilhelm von Saint-Denis: Dieser hebt hervor, dass Suger – anders als seine Zeitgenossen – nicht zunahm, als er Abt wurde. Suger von Saint-Denis, Ausgewählte Schriften (Auszüge aus der *Vita Sugerii* des Wilhelm von Saint-Denis), S. 390,389. Deutsch im Haupttext von Susanne Linscheid-Burdich.

84 Wilhelm von Saint-Thierry, Oraisons 9.19, S. 178 (mit Variantenapparat). Augustinus, Opera, Bd. 12.1 (Quaestiones evangeliorum 1.9), S. 13,6: [...] *solet enim otium concedi sexagenariis post militiam uel post actiones publicas.*

85 Beleg S. 391 Anm. 18.

86 Bernhard von Clairvaux, Werke, Bd. 3, S. 334 (ep. 250.4): *Clamat ad vos mea monstruosa vita, mea aerumnosa conscientia. Ego enim quaedam Chimaera mei saeculi, nec clericum gero nec laicum.*

87 Wie Anm. 72.

88 Bernhard von Clairvaux, Werke, Bd. 3, S. 568 (ep. 332): [...] *disputantem cum pueris, conversantem cum mulierculis* [...].

89 Beleg S. 391 Anm. 18.

90 Wilhelm von Saint-Thierry, Opera omnia, Bd. 3, S. 226 (Epistola ad fratres de monte Dei, prol. 9 f.).

91 Ebd., Bd. 5, S. 14 (ep. contra Abael. 2.38): *Emortuis quippe ex Ecclesia omnibus paene doctrinae ecclesiasticae magistris, quasi in uacuam rempublicam Ecclesiae domesticus irruens inimicus, singulare sibi in ea magisterium arripuit, agens in Scriptura diuina quod agere solebat in dialectica, proprias adinuentiones, annuas nouitates; censor fidei, non discipulus; emendator, non imitator.*

92 Bernhard von Clairvaux, Werke, Bd. 3, S. 568 f. (ep. 332).

93 Auch die zeitgenössischen häretischen Strömungen führten die Hüter der Orthodoxie nicht etwa auf zentrale deviante Glaubensinhalte zurück, sondern auf deren Urheber, so unscheinbar diese auch sein mochten. Sie sprachen dann von den *Tanchelmistae* (den Anhängern eines Tanchelm aus Antwerpen und Seeland), den *Petrobrusiani* (nach Petrus von Bruis) oder den *Arnaldistae* (denen, die Arnold von Brescia folgten). H. Grundmann, Ketzergeschichte (1963), S. G 16 f.

VII. Das Milieu der Schulen in Paris

1 C. Geertz, Fact (1995), S. 15.

2 P. v. Moos, Öffentliches (2007), S. 320–380. Die Literatur und der Forschungsstand zu Kernfragen, die Leben und Werk Johanns betreffen, sind ausufernd. Erschließen lassen sie sich derzeit über Julian Haseldines Einleitung zu Johann von Salisbury, Metalogicon, übers. v. Hall/Haseldine, S. 13–106 sowie mithilfe von C. Grellard/F. Lachaud, Companion (2015). Zu hoffen ist auch auf das baldige Erscheinen des entsprechenden Artikels in Friedrich Ueberwegs *Geschichte der Philosophie*, den ebenfalls Christophe Grellard verfassen wird.

3 Dazu s. o., S. 183.

4 Johann von Salisbury, Metalogicon 2.7.2, S. 66: *Non tamen ut in logicam inuehar haec propono, scientia enim iucunda est et fructuosa, sed ut illis eam liqueat non adesse qui clamant in compitis, et in triuiis docent, et in ea quam solam profitentur non decennium aut uicennium sed totam consumpserunt aetatem. Nam et cum senectus ingruit, corpus eneruat, sensuum retundit acumina, et praecedentes comprimit uoluptates, sola haec in ore uoluitur, uersatur in manibus, et aliis omnibus studiis praeripit locum. Fiunt itaque in puerilibus Academici senes, omnem dictorum aut scriptorum excutiunt sillabam immo et litteram, dubitantes ad omnia, quaerentes semper sed nunquam ad scientiam peruenientes, et tandem conuertuntur ad uaniloquium, nescientes quid loquantur aut de quibus affirment. Errores condunt nouos, et antiquorum aut nesciunt, aut dedignantur sententias imitari.* Zu Johanns Zugehörigkeit zur skeptizistischen Tradition s. C. Grellard, Jean (2013); C. J. Nederman, Stoicism (2005); ders., Toleration (1998). Zum Ideal des *puer senex* H. Fichtenau, Lebensordnungen (1992), S. 378 f. Zur kindischen Gegenwart Johannes de Hauvilla, Architrenius 8.1, S. 250.

5 Johann von Salisbury, Metalogicon 2.10.87, S. 73.

6 Ders., Entheticus maior. Dass Johann das Werk in Canterbury verfasste, allerdings auf der Grundlage von Vorarbeiten aus seiner Pariser Zeit, ist wahrscheinlich. S. van Laarhovens Beobachtungen in ebd., S. 47–52.

7 Ebd., 1.11–24, S. 104. Vgl. ders., Metalogicon 4.14.3, S. 152: *Et quia ueritas prudentiae materia est, nam in ueri comprehensione laborat, finxerunt antiqui Fronesin et Alitiam esse germanas, eo quod prudentiae cum ueritate est quaedam diuina cognatio.*

8 Das Gedicht setzt mit dieser Verheißung ein: die erreichte Tiefe immunisiert gegen die schale Welt des höfischen Parlierens. ders., Entheticus maior 1.1–10, S. 104. Zur Oberflächlichkeit s. S. 261–264.

9 Ebd., 4.1765 f., S. 220.

10 Zitat bei C. Meier, Historiker (2014), S. 186 f. Programmatisch L. Bergemann/M. Dönike/A. Schirrmeister u. a., Transformation (2011).

11 Forschungen auf dem aktuellen Stand sind erschließbar über C. Grellard/F. Lachaud, Companion (2015). P. v. Moos, Öffentliches (2007), das Zitat

S. 357. Fragwürdig ist sicher Southerns Einschätzung in R. W. Southern, Humanism (2001), S. 167–177: Weil er sich kritisch auf Abaelard und den Dialektiker- und Systematiker-Gestus seiner Zeit bezieht, wird er dort zum «Vor-Scholastiker» erklärt. Diese Deutung steht auch Southerns eigener Sicht auf die Entstehung des «scholastic humanism» im Wege.

12 M. L. Colish, Peter (1994); P. W. Rosemann, Peter (2004); ders., Story (2007); M. Doyle, Peter (2016). Die Arbeiten zur Erschließung der Sentenzen*kommentare* sind dort zu ermitteln. Zu den Fassungen des *Decretum Gratiani* und ihrem Urheber A. Winroth, Making (2000); ders., Gratian (2003); J. A. Brundage, Origins (2008), S. 99–103 sowie die Diskussion zu Winroths Buch, z. B. in C. J. R. Donahue, Rezension (2007).

13 C. J. Mews, William (2009). Wilhelm von Conches, Philosophia; ders., Dragmaticon. Zu Letzterem und seinen Bemühungen um das Verständnis der platonischen Weltseele R. W. Southern, Humanism (2001), S. 73–77.

14 Martianus Capella, De nuptiis; M. Gerth, Bildungsvorstellungen (2013).

15 Macrobius, Commentarii.

16 Boethius, Philosophiae consolatio; J. Gruber, Boethius (2011).

17 Bernhard von Chartres, Glossae. Das Verhältnis zum Kommentar des Chalcidius wird beleuchtet in ebd., S. 56–70.

18 Petrus Helias, Summa super Priscianum, das Zitat des Herausgebers S. 16.

19 C. S. F. Burnett, Art. Adelard (2011); Adelard von Bath, Conversations; C. S. F. Burnett, Adelard (1987); A. Fidora, Dominicus (2006); ders., Dominicus (2004); ders., Wissenschaftstheorie (2003); A. Speer, Natur (1995).

20 C. Lafleur, Introductions (1988); ders./J. Carrier, Enseignement (2004). Zur Gattung zuletzt J.-H. de Boer/M. Bubert, Studienführer (2018).

21 G. Maurach, Daniel (1979); T. Ricklin, Entdeckung (2004).

22 F. Rexroth, Fehltritte (2016). H. C. van Elswijk, Gilbert (1966).

23 N. M. Häring, Life (1965) (mit Edition der Kommentare); übersetzt und kommentiert bei Clarembald von Arras, Boethian Commentaries.

24 Hugo von St. Victor, Didascalicon 3.2, S. 226 zur *translatio studii*; 3.3, S. 228 zum Lob der «pythagoräischen» Unterrichtsmethode, nach der die Schüler sieben Jahre lang zuhören sollten, bevor ihnen Fragen gestattet waren, und die sich abhob vom gegenwärtigen Brauch; 3.4, S. 232 zu den neuen «Philosophen», bei denen Wissenschaft und Dichtung ungeschieden durcheinandergingen; 3.5, S. 236 zur unzulässigen, weil vorschnellen Vermischung der Wissenschaften; 3.13 f., S. 250–262 zum richtigen und falschen Alterungsprozess: jugendliche Überheblichkeit versus allmähliches Weisewerden in Demut, hier (S. 256) eine besondere Breitseite gegen die Abaelardianer. C. J. Mews, William (2009). Der Stellenwert des *Didascalicon* in der Geschichte des Lesens und der Lesetechniken bei I. Illich, Weinberg (2004).

25 Zum Folgenden das autobiographische Kapitel in Johann von Salisbury, Metalogicon 2.10, S. 70–73. Dieser Bericht ist immer wieder behandelt worden und hat dabei eine Reihe von Fragen zur Chronologie, zur Vereinbarkeit mit parallelen Überlieferungen und zum Sinn des Kapitels im Werkganzen

aufgeworfen. Die ersten beiden sind für uns nicht erheblich, die letztere durchaus. Zu diesen Forschungen vgl. Julian Haseldine in Johann von Salisbury, Metalogicon, übers. v. Hall/Haseldine, S. 21–23 u. 34–43. Dort, wo die Aufzählung seiner Lehrer ausgewertet wird, wird gerne auf deren regionale Zuweisung durch Joachim Ehlers verwiesen: J. Ehlers, Scholaren (1986), S. 97 Anm. 1, so z. B. bei J.-M. Moeglin, Träger (2014), S. 73. Zu beachten ist aber, dass einer in der Aufzählung verwechselt wurde: Für Wilhelm von Champeaux, der ja schon 1121 starb, ist Adam von Petit-Pont (alias von Balsham) einzusetzen, also ein weiterer Engländer; zudem war Wilhelm von Soissons kein Lehrer, sondern Johanns Schüler und späterer Freund.

26 Zu Wilhelm von Tyrus und seinem Bericht bei R. B. C. Huygens, Guillaume (1962). Zu Eberhard von Ypern und dem *Dialogus Ratii* vgl. N. M. Häring, Dialogue (1953); ders., Everard (1955); P. v. Moos, Dialogus (2006). Vergleichend ausgewertet hat sie, gemeinsam mit der *Metamorphosis Goliae* und den Berichten Ottos von Freising, R. W. Southern, Humanism (1995/2001), Kap. 6.

27 So zitiert von Hugo von St. Victor, Didascalicon 3.12, S. 250 und Johann von Salisbury, Policraticus 7.13 (666d), Bd. 2, S. 145,12: *Mens humilis, studium quaerendi, vita quieta, / scrutinium tacitum, paupertas, terra aliena, / haec reserare solent multis obscura legendo.* Übersetzung von Thilo Offergeld. Zu den «Zwergen auf den Schultern von Riesen» s. Johann von Salisbury, Metalogicon 3.4.46, S. 116: *Dicebat Bernardus Carnotensis nos esse quasi nanos gigantium humeris insidentes, ut possimus plura eis et remotiora uidere, non utique proprii uisus acumine aut eminentia corporis, sed quia in altum subuehimur et extollimur magnitudine gigantea.* Vgl. das Material dazu in Johann von Salisbury, Entheticus maior, S. 63 Anm. 72; weiterhin W. Haug, Zwerge (1987).

28 Zu Wilhelms Lob der guten alten, «pythagoräischen» Methode oben, S. 184. Hugo von St. Victor, Didascalicon 3, S. 216–269. Zu Clarembald (und zu seinem Widmungsschreiben) Häring, Life (1965), S. 64 f., Nr. 5–10.

29 Die Erforschung wechselseitiger Bezugnahmen und Abhängigkeiten war Daueraufgabe für die Historiker der Schulen; sie wird bspw. ständig angesprochen in den biographischen Kapiteln von R. W. Southern, Humanism (2001) oder in I. Rosier-Catach, Arts (2011). Ein Beispiel für eine Detailstudie ist K. M. Fredborg, Dependence (1973).

30 J. Ehlers, Hugo (1973), S. 6.

31 Johann von Salisbury, Letters, Bd. 2, ep. 136, S. 6.

32 Ders., Entheticus maior 1.145 f., S. 115: *Vilis apud veteres fuerat modus iste loquendi, / lege bona solitos vivere, lege loqui.* S. den Kommentar zum *sermo rotundus* ebd., S. 270. Vgl. L. Valente, Philosophers (2013).

33 Johann schilderte als perfekte gegenwärtige Verkörperung dieses idealen Gemeinwesens das Kolleg der Kathedralkirche von Canterbury. Doch in Wirklichkeit war es die Stadt, in der und mit der sich die Ordnung der Wissenschaft von nun an verändern würde. Johann von Salisbury, Entheticus maior 3.1643–1650, S. 211 f. Dort lebten *legis amatores* [...] *et scripta colentes*, Lese-Be-

sessene, die irdischer Besitz nicht interessierte. Man muss kein Mönch sein, um dazuzugehören, schreibt Johann, der ja trotz seiner Neigungen selbst niemals einer geworden war.

34 So Erzbischof Brun von Köln; Ruotger, Lebensbeschreibung 8, S. 9,14 bzw. 30, S. 31,1.

35 S. S. 120–122.

36 A. Sohn, Residenz (2012); P. Lorentz/D. Sandron, Atlas (2006); J. Ehlers, Otto (2013), Kap. 2; S. Roux, Paris (2003). Unverzichtbar sind C. Brühl, Palatium (1975), S. 6–33 und L. Halphen, Paris (1909).

37 C. Brühl, Palatium (1975), S. 10 f.

38 Ders., Fodrum (1968), Bd. 1, S. 240 f. und Bd. 2, Itinerarkarte VI.

39 A. Sohn, Residenz (2012), S. 180–185; J. Ehlers, Otto (2013), S. 50 f.

40 P. Lorentz/D. Sandron, Atlas (2006), S. 28 f.; zu den Gewerben auf dem rechten Ufer J. Boussard/M. Fleury, Histoire (1997), S. 163 f., 168; A. Lombard-Jourdan, Origines (1985), S. 95 f.; J. Favier, Bourgeois (2012), S. 56 f.

41 J. Ehlers, Otto (2013), S. 50 f.; A. Sohn, Residenz (2012), S. 120–122; C. Brühl, Palatium (1975), S. 17. Zum Mauerbauprojekt unter Philipp II. A. Lombard-Jourdan, Origines (1985), S. 75–81; zu seiner zeitgenössischen Rezeption bei Petrus Cantor J. W. Baldwin, Masters, Bd. 1 (1970), S. 71.

42 Gottfried von St. Victor, Notitia, Sp. 1420B.

43 CUP, Bd. 1, Nr. 54*, S. 56: *«Pons» autem «Parvus» aut pretereuntibus, aut spatiantibus, aut disputantibus logicis didicatus est.* Mit dem Asterisk (*) markiere ich auch im Folgenden Denifles separate Zählung der Stücke vor 1200, S. 3–56.

44 W. J. Courtenay, Scholars (1999).

45 P. Lorentz/D. Sandron, Atlas (2006), S. 34–37.

46 R. W. Southern, Humanism (1995), S. 203.

47 B. Geremek, Marginaux (1976).

48 Jacob von Vitry, Historia Occidentalis, S. 91. Die Frauen beschimpfen die *clerici* als Sodomiter, wenn diese kein Interesse an ihnen zeigen. Zur Datierung ebd., S. 16–20.

49 H. de Balzac, Interdiction (1836), S. 24: «La rue du Fouarre, mot qui signifiait autrefois rue de la Paille, fut au treizième siècle la plus illustre rue de Paris. Là furent les écoles de l'Université, quand la voix d'Abeilard et celle de Gerson retentissaient dans le monde savant. Elle est aujourd'hui l'une des plus sales rues du douzième Arrondissement, le plus pauvre quartier de Paris, celui dans lequel les deux tiers de la population manquent de bois en hiver; celui qui jette le plus de marmots au tour des Enfants-Trouvés, le plus de malades à l'Hôtel-Dieu, le plus de mendiants dans les rues; qui envoie le plus de chiffonniers au coin des bornes, le plus de vieillards souffrants le long des murs où rayonne le soleil, le plus d'ouvriers sans travail sur les places, le plus de prévenus à la Police correctionnelle.» Dazu, zur Imagination des Grotesken und dem Lachen in Balzacs Bild des mittelalterlichen Paris K. Stierle, Mythos (1993), S. 520–544.

50 F. Rexroth, Wissenschaft (2016).

51 S. C. Ferruolo, Origins (1985), S. 281.
52 CUP, Bd. 1, Nr. 21*, S. 23.
53 C. Brühl, Palatium (1975), S. 12.
54 CUP, Bd. 1, Nr. 21*, S. 21–23 (Brief Thomas Beckets an den Erzbischof von Sens, auch englische Chronisten wissen davon, s. Denifles Anm.); Nr. 447, S. 504 (Universität an das Generalkapitel der Dominikaner 1274 anlässlich des Todes des Thomas von Aquin). Zur Sorbonne als Mutter deutscher Universitäten – am Beispiel Heidelbergs im Jubiläumsjahr 1786 – F. Rexroth, Schule (2002), S. 523 mit Anm. 66.
55 P. Classen, Studium (1983), S. 127–169; ders., Gerhoch (1960), S. 90 f.
56 Johann von Salisbury, Metalogicon 2.10, S. 70–73; J. Monfasani, Fernando (1992).
57 M.-D. Chenu, Werk (1960), S. 16–18, 127.
58 J. W. Baldwin, Masters (1982), v. a. S. 148–151. Vgl. die jüngeren Schätzungen Nathalie Gorochovs zur Situation um 1208 S. 318.
59 R. W. Southern, Humanism (1995), zusammengefasst auf S. 228. Southern hält die Figur des Ratius für authentisch, Peter von Moos dagegen nicht, P. v. Moos, Dialogus (2006), S. 7 f. Anm. 6.
60 J. Assmann, Gedächtnis (1992), S. 59 f., unter Rückgriff auf Frances Yates: «Das ursprünglichste Medium jeder Mnemotechnik ist die Verräumlichung. […] Bezeichnenderweise spielt der Raum auch in der kollektiven und kulturellen Mnemotechnik, der ‹Erinnerungskultur', die Hauptrolle.» Vgl. auch A. Assmann/D. Harth, Mnemosyne (1991); M. Halbwachs, Cadres (1925); F. Yates, Gedächtnis (1990).
61 Der folgende Text überschneidet sich mit F. Rexroth, Wissenschaft (2016), v. a. S. 46–50. Johannes de Hauvilla, Architrenius. Einordnungen in die zeitgenössische Literatur und Motivik sind häufiger unternommen worden; s. dazu B. Roling, Moderancia-Konzept (2003). In der Tradition poetischer und poetologischer Werke, die Wissen in literarische Strukturen überführen, behandelt ihn F. Bezner, Wissensmythen (2008).
62 Johannes de Hauvilla, Architrenius 3.10, V. 201–226.
63 Ebd., V. 213.
64 K. Langosch, Vagantendichtung (1984), Nr. 36, Str. 1: *Hospita in Gallia / nunc me vocant studia; / vadam ergo, / flens a tergo socios relinquo. / Plangite, discipuli, / lugubris discidii / tempore propinquo!* Paris als *urbs sapientiae* in Str. 8. Übersetzung von Karl Langosch.
65 Nigellus de Longo Campo, Speculum stultorum, S. 63.
66 Three Latin Comedies, S. 21, V. 163–165: *Dum mihi me reddent patine, focus, uncta popina, / hos asinos, illos esse probabo boues. / Sum logicus: faciam queuis animalia cunctos.*
67 Ebd., S. 16, V. 31–34: *Iupiter Almene studeat thalamo, uir Athenis / philosophetur; amet Iupiter, ille legat, / disputet Amphitrion et fallat Iupiter; artes / hic colat, Almenam Iupiter ipse suam.*
68 R. R. Bolgar, Heritage (1954), S. 178–180.

69 R. W. Southern, Humanism (1995), S. 181–185; S. C. Ferruolo, Origins (1985), s. z. B. auf S. 98 sein wörtliches Verständnis der Dichtung Walters von Châtillon: «Walter suffered for his learning, not because it was unrewarded but because it had made him too critical to accept the rewards offered.»

70 Zu Manegold S. 88 mit Anm. 19. Bruno von Köln behandelt ausführlich G. Constable, Bruno (2004). Zu Hugo von St. Victor und seiner Herkunft D. Poirel, Hugo (2006), v. a. ab S. 166 zu dem Kalendar, das zu den schon länger bekannten Belegen hinzukommt. Vgl. C. J. Mews, Memories (2015), S. 76 f.

71 Zu Hardewin S. 222; Wilhelm von Tyrus, Chronik 19.12, Bd. 2, S. 879 f. Zu Baldwins Studie s. S. 233.

72 D. E. Luscombe, School (1969), S. 158–164.

73 J. Ehlers, Tour (2005); ders., Reform (2002); ders., Studien (1996); ders., Scholaren (1986).

74 Ebd., S. 114 f.

75 Ebd., S. 102–114.

76 J. Ehlers, Studien (1996).

77 J. Ehlers, Otto (2013); F. Rexroth, Fehltritte (2016).

78 Helmold von Bosau, Slawenchronik, S. 176–180. Vgl. J. Ehlers, Scholaren (1986), S. 111.

79 S. o., S. 62 u. 211.

80 Gottfried von Auxerre, Fragmenta, Sp. 527D.

81 J. Ehlers, Studien (1996), S. 211.

82 Roger of Hoveden, Chronica, Bd. 4, S. 120; J. Fried, Rezeption (1990), S. 114.

83 S. C. Ferruolo, Origins (1985); ders., Artes (1988); P. Godman, Masters (2000).

84 Bernhard von Clairvaux, Werke, Bd. 4 (Ad clericos de conversione 37), S. 236,16.

85 B. Schneidmüller, Außenblicke (2001); L. Schmugge, Vorurteile (1982).

86 Ludus de Antichristo, S. 28, V. 219–226.

87 Johann von Salisbury, Entheticus maior, S. 380 zu 3.1341.

88 Ders., Letters, Bd. 1, ep. 124, S. 206 f.

89 Zu diesem Topos auf dem Forschungsstand der 1980er-Jahre: A. L. Gabriel, Translatio (1988); F. J. Worstbrock, Translatio (2004); A. G. Jongkees, Translatio (1967).

90 Zu Gerhoch vgl. P. Classen, Gerhoch (1960).

91 Gerhoch von Reichersberg, ep. 21, Sp. 585A: *Sed quia residuum bruchi parata est comedere locusta, succedunt malis mala. Nam de fumo putei abyssi, ut Joannes in Apocalypsi praevidit, nunc exierunt locustae, videlicet plures discipuli Petri Abailensis* […]. Vgl. P. Classen, Gerhoch (1960), S. 91 mit S. 336 f., Regest 21.

92 Gerhoch von Reichersberg, Libelli, S. 235,34. Zu den *magistri Francigenae* P. Classen, Gerhoch (1960), S. 318 Anm. 6.

93 Gerhoch von Reichersberg, Letter 22.14, S. 82: *Quomodo, inquis, potuerunt hec fieri? Et ego dico tibi: Tu es magister in Frantia et hec ignoras?*

94 P. Classen, Gerhoch (1960), S. 163; H. Fichtenau, Frühscholastiker (1944–

1948). Dies ist eine frühe Arbeit Fichtenaus, in der der große Historiker noch unter dem Einfluss der alten, nationalen Essentialismen steht. Die Antithese von deutschem und französischem Denken ist gleichfalls starkgemacht beim jungen Erich Meuthen: E. Meuthen, Kirche (1959), s. z. B. S. 8. Völlig neu gewendet erscheint die Frage nach der Existenz einer «deutschen» Denktradition bei L. Sturlese, Philosophie (1993).

95 Johann von Salisbury als «hired pen» J. van Engen, Letters (1997), S. 125.

96 Zu Vacarius R. W. Southern, Humanism (2001), S. 155–166.

97 S. Jansen, Thomas (2002).

98 C. R. Cheney, Bishops (1950), Kap. 3, s. z. B. S. 97 f.: Die Urkunden der ersten Jahrhunderthälfte «might have been composed and written by anybody», die späteren «show a high standard of expertness in the clerks who drafted and wrote them». Auch auf breiterer Basis fällt für England ein qualitativer Wandel in der Ära Heinrichs II. auf, s. M. T. Clanchy, Memory (1993); F. Rexroth, Kodifizieren (2007), S. 402 f.

99 Wibald von Stablo, Briefbuch, ep. 142, Bd. 1, S. 290 f. Dazu K. Görich, Friedrich (2011), S. 198 f.

100 Ebd., S. 199; P. Classen, Burgundio (1974), das Zitat S. 34.

101 Ebd., S. 28 f.

102 J. Ehlers, Otto (2013), S. 168 f.; MGH Die Urkunden Friedrichs I. 1158–1167, Nr. 534, S. 479–481.

103 K. Görich, Friedrich (2011), S. 202–206.

104 Dies ist die Kernbotschaft von P. Classen, Gerhoch (1960).

105 C. S. F. Burnett, Arabic (2005), S. 370. Die Reflexion über die *Möglichkeit* der Aneignung arabischen Wissens schon seit Adelards Übersetzungen betont A. Speer, Wissen (2006), S. XVII-XIX.

106 Biographische Angaben bei al-Fārābī, Über die Wissenschaften, S. LVIII-LXIII. Zur Tradition, die in ihm einen Mediziner sieht, C. S. F. Burnett, Communities (2011), S. 12.

107 Ders., Coherence (2001), S. 275; ders., Communities (2011), S. 13. Zu Daniels von Morley Eindruck vom Studium in Paris s. S. 305.

108 A. Fidora, Diversity (2011); D. N. Hasse, Conditions (2006), S. 72 mit weiteren Angaben. Zur Rolle von Juden in der Aneignung arabo-islamischer Wissenschaft durch christliche Gelehrte M. Zonta, Mediation (2006). Ebd., S. 94 zur Zweistufigkeit des Übersetzungsvorgangs.

109 A. Fidora, Wissenschaftstheorie (2003), v. a. S. 191–193; ders., Gundissalinus (2006), S. 482.

110 A. Fidora, Diversity (2011).

111 Dominicus Gundissalinus, De divisione philosophiae, hg. v. Baur, prol., S. 15: *Huius autem tripartite partis theorice communis utilitas est cognoscere disposiciones omnium que sunt ad hoc ut describatur in animabus nostris forma tocius esse secundum ordinem suum, quemadmodum forma uisibilis describitur in speculo.* Übersetzung bei Dominicus Gundissalinus, De divisione philosophiae, hg. v. Fidora/Werner, S. 69 f. Auch die praktische Philosophie «nützt» nicht, indem sie sagt,

was in der Welt getan werden soll, sondern indem sie über das Gute belehrt – um Orientierungswissen, nicht um Verfügungswissen geht es ihr. Zum weiteren Schicksal der beiden Nützlichkeitskonzepte – des immanenten und des auf außerwissenschaftliche Praxis gerichteten – künftig M. Bubert, Philosophie (2016).

112 D. E. Luscombe, Boundaries (2011), S. 15–20. Zur Übersetzertätigkeit Burnett, Arabic (2005); Spurensuche für die iberische Halbinsel betreibt D. N. Hasse, Conditions (2006), S. 68–75.

113 Der Kenntnisstand zur Rezeption bei Dominicus Gundissalinus, De divisione philosophiae, hg. v. Fidora/Werner, S. 40–50. S. die Arbeiten von Lafleur S. 432 Anm. 48.

114 D. N. Hasse, Conditions (2006), S. 80 m. Anm. 67.

115 Al-Fārābī, Über die Wissenschaften, S. XIX-XXXIII, v. a. S. XXII.

116 Dominicus Gundissalinus, De divisione philosophiae, hg. v. L. Baur, S. 3: *Felix prior etas, que tot sapientes protulit, quibus uelut stellis mundi tenebras irradiauit. quot enim ipsi sciencias ediderunt, quasi tot faculas nobis ad illuminandum nostre mentis ignorantiam reliquerunt.* Es erstaunt nicht, dass ein Schreiber des 15. Jahrhunderts *faculas* zu *facultates* verlas. Zur betreffenden Handschrift S. 151 f. Übersetzung – bei einer Abweichung – bei Dominicus Gundissalinus, De divisione, hg. v. A. Fidora/D. Werner, S. 52 f. Die Stelle verdient auch deshalb Aufmerksamkeit, weil sich Gundisalvo in seiner Übersetzung des Al-Fārābī-Textes ganz anders geäußert hatte. F. Rexroth, Einheit (2011), S. 34; vgl. A. Fidora, Wissenschaftstheorie (2003), S. 193 f.

VIII. Wissen erzeugt und ordnet die Dinge der Welt

1 S. o., S. 157.

2 Simon von Tournai, Disputatio 31.3, S. 94.

3 Giraldus Cambrensis, Gemma ecclesiastica 2.6, S. 187 f.

4 S. S. 280–283.

5 Peter von Blois, Later Letters, S. XXVIf.; R. W. Southern, Humanism (2001), S. 178–218. Zu seiner Zeit als Experte und dem sozialen Profil der Anfragen, die an ihn ergingen, ebd., S. 209–211 u. hier, S. 280. Zu Peter J. D. Cotts, Dilemma (2009), ebd., Kap. 1 ist die jüngste Untersuchung zu seiner Biographie. E. Türk, Pierre (2006), dort S. 534–557 zu seinem letzten Lebensabschnitt als Londoner Archidiakon, der im Folgenden von besonderem Interesse ist. Quellenkritisch zu den Fassungen seiner Briefsammlungen L. Wahlgren, Letter Collections (1993).

6 C. S. F. Burnett, Confessio (1986), S. 152; Bernhard von Clairvaux, Epistolae (MPL 182), Sp. 540C (ep. 337): […] *cum per totam fere Galliam in civitatibus, vicis, et castellis, a scholaribus, non solum intra scholas, sed etiam triviatim; nec a litteratis aut provectis tantum, sed a pueris et simplicibus, aut certe stultis, de sancta Trinitate, quae Deus est, disputaretur.*

7 Zu Abaelard s. o., S. 164. Klassisch zur Korrespondenz von Scholaren mit ihren Familien C. H. Haskins, Life (1898), dort S. 208 f. Das Zitat stammt aus der *Antiqua Rhetorica* Buoncompagnos, der selbst Bologneser Doktor war.

8 S. o., S. 44.

9 Zur späteren Praxis Buridans, die Meinung von *vetulae* quasi experimentell festzustellen, C. Grellard, John (2014). Dort weitere Literatur zur *vetula*-Topik.

10 Hermannus quondam Judaeus, Opusculum 12, S. 107. Zu dem Fall s J.-C. Schmitt, Bekehrung (2006); zuletzt zur Frage der Authentizität P. Hilsch, Bekehrungsschrift (2010).

11 Wilhelm von Conches, Philosophia 20, S. 27: *patens est lippis et tonsoribus*, ein Beweis erübrigt sich daher. Vorbild ist Horaz. Die Übersetzung nach J. Ehlers, Otto (2013), S. 87.

12 P. v. Moos, Öffentliches (2007), S. 296 f.

13 Aristoteles, Philosophische Schriften, Bd. 2 (Topik 100b), S. 1. Vermittelt wurde die Kenntnis dieser Definition zunächst durch ihre Verwendung bei Boethius, De differentiis topicis 1, Sp. 1180C.

14 O. Weijers, Search (2013), Kap. 1. Hugo von St. Victor, Didascalicon 3.13, S. 252: *Quod tu non nosti, fortassis novit Ofellus. Ofellus rusticus* bei Horaz, Satiren 2, 1–7. S. den Nachweis in den Sachanmerkungen. Dies mag eine Wendung gegen die Abaelard-Schule sein, doch darf man darüber nicht verkennen, dass Abaelard selbst die *opinio hominum* als Ausgangspunkt für die Gewinnung von Erkenntnis nutzte. S. etwa Abaelard, Collationes 2.98 f., S. 114–118.

15 S. E. Young, Community (2014), S. 58 zur Praxis der Pariser Theologen, in Fragen der *Sentenzen* die *communis opinio* festzustellen. Vgl. C. König-Pralong, Evaluations (2008), v. a. S. 14 mit Anm. 12. Zu deren später Institutionalisierung in der Rechtswissenschaft S. Lepsius, Art. Communis opinio doctorum (2008). Dies wäre also ein Musterbeispiel für ein systemisches «re-entry», einen «Wiedereintritt einer Unterscheidung in den Bereich, der mittels dieser Unterscheidung erstmals ausdifferenziert worden ist». R. Stichweh, Wissen (2005), S. 36.

16 Z. B. Rupert von Deutz, De gloria 12.11, S. 363: *Verus ergo et fidelis sermo, quem dicit, quia «cum aspicerem animalia, apparuit rota una», et cetera*. Deutsch von Walter Berschin in Rupert von Deutz, Os meum aperui, S. 9: *«Wahr und treu ist also die Rede: ‹Als ich zu den Wesen aufschaute, erschien ein Rad auf der Erde neben den Wesen und das Rad hatte vier Gesichter.›»* Die Deutung schließt sich an.

17 Bernhard von Clairvaux, Werke, Bd. 4, S. 236,16 (Ad clericos de conversione 37). Zu interner und externer Kritik S. 38 f. u. 242.

18 Zu den folgenden Überlegungen s. auch F. Rexroth, Habitus (2014).

19 P. v. Moos, Öffentliches (2007), S. 411: «Im 12. Jahrhundert stimmten zwei so antagonistische Bewegungen wie die monastische Spiritualität und der Intellektualismus der Dialektiker wenigstens in diesem einen Punkt überein: beide verachteten die Meinung und die Sinneserfahrung als die trügerischs-

ten und vulgärsten Erkenntnisformen, die sowohl der fromme Mönch wie der rationalistische Philosoph um jeden Preis überwinden soll.»

20 O. Mauch, Begriff (1941); G. Jüssen/G. Schrimpf, Art. Disciplina (1972); W. Knoch, Art. Disciplina (1986); O. Weijers, Appellation (1990). Zur Unterscheidung der Disziplinen anhand ihrer jeweils geltenden Regeln s. das Zitat von Alanus ab Insulis S. 386 Anm. 87. Es folgt ein Durchgang durch die Wissenschaften daraufhin, wie in ihnen jene spezifischen *regulae* bezeichnet werden.

21 William von Malmesbury, Gesta regum Anglorum 3.292, Bd. 1, S. 526: [...] *in tanto numero discentium, in tam tristi pallore lucubrantium, uix aliquis plenam scientiae laudem referat* [...].

22 S. o., S. 198.

23 F. Rexroth, Universität (2010).

24 Isaak von Stella, Sermones, Bd. 3, S. 768–779 (Sermo 48). Die folgende Übersetzung ebd., S. 769–773. W. G. Buchmüller, Isaak (2016).

25 Delisle, Recueil, Bd. 14, das Zitat S. 445B: [...] *et instar rhinocerotis indomiti disciplinae coercendum ligamento.* Dazu W. Robl, Goswin (2003). Zu Goswins Reputation als Erzwinger von Disziplin und Reform ebd., S. 282 f.

26 Delisle, Recueil, Bd. 14, S. 445C: [...] *honeste tantum se haberet, et omnibus esset magister et exemplar honestatis. Haec honeste perorabat vir honestatis amator et honestissimus honestorum.*

27 Ebd., S. 445D: *Quid, inquiens, tam multipliciter honestatem praedicas, honestatem suades, laudas honestatem? Multi sunt qui disputant de speciebus* [hier gemeint: der logische Terminus, F. R.] *honestatis, qui nesciunt quid sit honestas.*

28 Horaz, ep. 1.16.52, S. 354: *oderunt peccare boni virtutis amore. / tu nihil admittes in te formidine poenae.* Bei Abaelard wird dies zur *sententia de morum honestate.* Abaelard, Ethics, S. 72,33. Ausführlich erläutert auch in Abaelard, Op. th., Bd. 2, S. 143 (Theologia «Christiana» 2.27). Weiterhin AHLetCol, S. 340 (ep. 7.44).

29 Z. B. Johann von Salisbury, Entheticus maior 3.1701–1718, S. 214 f.

30 Johann von Salisbury, Historia pontificalis, S. 26: *Memini* [Johann von Salisbury als Chronist und Beteiligter, F. R.] *me ipsum ex parte abbatis episcopum sollicitasse quatinus conuenirent in aliquo religioso loco, siue in Pictauia siue in Francia siue in Burgundia, ubi episcopo uisum esset, ut amice et sine contentione conferrent super dictis beati Hylarii. Ille uero respondit iam satis esse quod hucusque contenderant, et abbatem, si plenam intelligenciam Hylarii affectaret, prius in disciplinis liberalibus et aliis prediscendis plenius instrui oportere. Erant tamen ambo optime litterati et admodum eloquentes sed dissimilibus studiis.*

31 O. Lottin, Psychologie (1959), S. 176: *Videndum est, Domine, ne illa questio, que apud uos sic agitatur, non in sententia, sed in pugnis uerborum sit. Rectos sensus discutere uirorum est, de uerbulis litigare puerorum est, qui non nisi tenuiter intelligunt que dicunt, uel audiunt.* Dies ist der Brief, der die Bemerkung von den *sententiae*, die zwar *diversae,* nicht aber *adversae* seien, enthält, vgl. S. 398 Anm. 98. Zum Anliegen des Briefs im Ganzen L. Ott, Untersuchungen (1937), S. 40–

42. O. Lottin, Psychologie (1959), S. 143 zu einem weiteren Brieffragment, das man schon Anselm zugesprochen hat, obwohl es unter dem Namen Anselms von Canterbury überliefert ist.

32 Literatur zum Einstieg bei F. Rexroth, Transformationen (2013), S. 72–74 mit den Anmerkungen. Das Zitat bei P. Godman, Masters (2000), S. XI. Dort ebenso kritisch zum «muddled humbug of humanism», einem «slogan», sowie zu «something called, in defiance of oxymoron, ‹scholastic humanism›» – eine Breitseite gegen Sir Richard Southern. Die Phänomene der Zeit an den Maßstäben derselben selbst zu messen, ist freilich keine Lösung. Zur angedeuteten Kritik an Haskins und dessen Sichtweise s. S. 26 f.

33 C. S. Jaeger, Pessimism (2003); J.-H. de Boer, Gelehrtenwelt (2017); ders., Agon (2016).

34 Exemplarisch J. Link, Krisen (2013).

35 J. A. Aertsen/A. Speer, Individuum (1996); O. G. Oexle, Memoria (1995), S. 48–53; C. Morris, Discovery (1972). Zu Abaelard F.-J. Arlinghaus, Petrus (2011); R. W. Southern, Humanism (1970). Eng damit verwoben ist die Literatur zur sog. Renaissance des 12. Jh. Prägend für die Anschauung von einem «Humanismus des 12. Jh.s» D. Knowles, Humanism (1941).

36 Die rhetorisch-kritische Tradition des scholastischen Diskurses verfolgt C. König-Pralong, Rhetorik (2016).

37 W. Kluxen, Begriff (1981). Vgl. ders., Rationalität (1995).

38 Ders., Begriff (1981), S. 287. Dem Gedanken, dass das Prinzip der Wissenschaft die Bildung aus der Universität förmlich verbannt habe, schließe ich mich nicht an; es gibt doch sehr zu denken, dass die größte Fakultät der Universitäten eine Artes-liberales-Fakultät und nicht eine «Philosophische» war.

39 J. G. F. Powell, Manuscripts (1998), S. 516. Handschriftennachweise bei B. Munk Olsen, Étude (1987). Freundschaftstraktate schrieben Aelred von Rievaulx, Peter von Blois der Jüngere (auf Aelreds Grundlage) und der Bologneser-Paduaner Rhetoriker Boncompagno da Signa.

40 J. van Engen, Letters (1997), S. 104.

41 L. Ott, Untersuchungen (1937), S. 8–18.

42 Bernhard von Clairvaux, Werke, Bd.e 2 u. 3 (Epistolae); Petrus Venerabilis, Letters; Hildebert von Lavardin, Epistolae. Vom Auswendiglernen sprach Peter von Blois, ep. 101, Sp. 314A. Der monastischen Tradition gehören neben den Genannten auch der uns bekannte Wilhelm von Saint-Thierry sowie Rupert von Deutz an. Die Briefe Aelreds von Rievaulx gingen mit Ausnahme einiger Widmungsbriefe sämtlich verloren, doch auch er hatte sich des Mediums offenbar bedient. A. Hoste, Bibliotheca (1962), S. 15 u. 137–139; P.-A. Burton, Bibliotheca (1997), S. 163.

43 Johann von Salisbury, Letters, Bd.e 1 u. 2; Peter von Celle, Letters.

44 Gilbert Foliot, Letters. Dazu A. Morey/C. N. L. Brooke, Gilbert (1965).

45 Arnulf von Lisieux, Letters; Peter von Blois, Epistolae; ders., Later Letters. Zu Letzterem s. die Angaben oben in Anm. 5.

46 Als «Golden Age of medieval epistolography» bezeichnet bei G. Constable, Letters (1976), S. 31.

47 Z. B. A. Reinbold, Cercles (2013); M. Witzleb, Netzwerk (2008); W. Ysebaert, Letter-Collections (2005); R. U. Smith, Bernard (1997); J. McLoughlin, Amicitia (1990).

48 C. Høgel/E. Bartoli, Letters (2015). Darin W. Ysebaert, Letters (2015); J. Herold, Interpretation (2007); J. van Engen, Letters (1997); zum zuletzt genannten Aspekt F. Bezner, Wissensmythen (2008). Hier geraten zeitgenössische Texte wie die *Cosmographia* des Bernardus Silvestris, der *Anticlaudianus* des Alanus ab Insulis und – abermals – der *Architrenius* des Johannes de Hauvilla ins Blickfeld.

49 S. S. 264.

50 Diese Abstinenz hat der beste Kenner der zeitgenössischen Briefkultur übersehen, G. Constable, Letters (1976), S. 31: «For the following two centuries at least a few letters have survived from almost every literary figure of note and from many of no note at all!» Zu angeblichen Briefen des Petrus Lombardus schon L. Ott, Untersuchungen (1937), S. 80–82. Zu Petrus Cantor s. den werkbiographischen Aufriss in ders., Verbum adbreviatum, S. X-XII.

51 L. Merlet, Lettres (1955), S. 461; L. Ott, Untersuchungen (1937), S. 89 f.

52 Diesen Hinweis verdanke ich Jan-Hendryk de Boer, Duisburg-Essen.

53 Für die Scholastiker stütze ich mich auf die jeweiligen Einträge bei R. Schönberger/A. Quero Sánchez/B. Berges u. a., Repertorium (2011). Der Nachweis ebd. zu Gratian führt in die Irre. Ludwig Otts Arbeit über die theologische Briefliteratur ist zum größten Teil Walter von Mortagne und den Victoriner Theologen gewidmet; L. Ott, Untersuchungen (1937).

54 W. Ysebaert, Letter-Collections (2005), S. 291.

55 So die Karrieristen, die nur studieren, um zu hohen Ämtern zu gelangen; s. das Exempel vom Scholaren, der seine Laufbahn bereits zu Beginn seines Studiums durchgeplant hat, weil er einmal *dominus legum* werden will – ein jäher Tod spricht das Urteil über seine Pläne; C. H. Haskins, University (1904), S. 12. Die Satiren auf das Scholarenleben stellen solches Fehlverhalten gerne heraus; S. C. Ferruolo, Origins (1985), S. 93 f.

56 I. D. Illich, Weinberg (2004), S. 63–65: Das Lesen verhält sich zur Muße wie die anstrengende Pilgerwanderung zum Spazierengehen. Zum Begriffsgebrauch in der Praxis s. z. B. das Register von Petrus Damiani, Briefe, Bd. 4, S. 486: Es gibt zwar ein *spiritale* oder auch *monasteriale otium*, womit die besagte mönchische Kontemplation gemeint ist, doch die anderen Kombinationen sind verräterisch: *ociosa deliramenta, ociosa fabula, otiosa confabulatio* und das *otium ignobilis vitae*. Von Augustinus stammt die Vorstellung eines mittleren Wegs zwischen «otioser» und «geschäftiger» Lebensweise; J. Oroz Reta, Otium (1996).

57 Das Seneca-Zitat (ep. 82.3) in einem gelehrten Brief Johanns von Salisbury an den Grafen von der Champagne lautet: *Otium sine litteris mors est, et uiui*

hominis sepultura. Johann von Salisbury, Letters, Bd. 2, ep. 209, S. 334. Vgl. Peter von Blois, Later Letters, ep. 5.129, S 36 (dort Hieronymus zugeschrieben).

58 Ebd., ep. 5, das Zitat 5.131, S. 36: *Est tamen otium quod edificat ad salutem, nam vacare a curis et sollicitudinibus huius mundi, et legere ac studere, otium quidem negotiosum est et negotium otiosum.*

59 Ebd., ep. 10.84, S. 56. Gemeint ist Papst Urban III. Vgl. Hugo Metellus, Epistolae, S. 385 an einen gewissen Humbert, früher Philosoph, jetzt Theologe: *Simul* [...] *adulti fuimus, simul manum ferulae supposuimus, simul progressu temporis in grammatica desudavimus, simul in castris Aristotelis, in Tullio simul declamavi tecum, in Arithmetica numeravi tecum, in Musica mussitavi tecum, sub geminis natus sum tecum, sub geminis moriar tecum.* Mit Abweichungen auch in Hugo Metellus, Epistolae, Sp. 1271 f.

60 So Peter von Blois schon recht früh, und zwar nach seiner Abwendung von der Rechtswissenschaft; s. S. 422 f. Anm. 3.

61 Arnulf von Lisieux, Letters, ep. 1, das Zitat S. 2. Vgl. J. van Engen, Letters (1997), S. 112 f. Peter von Blois, der gegen eine Kirchenlaufbahn nichts einzuwenden gehabt hätte, betont, dass die Seelsorge die *ars artium* sei, die Königsdisziplin. Peter von Blois, ep. 132, Sp. 393A. Der Rückblick auf eine Vergangenheit, in der man sich intellektuell in einem duftenden Garten bewegt habe, auch bei ihm; Peter von Blois, Later Letters, ep. 29.13, S. 146.

62 G. Constable, Letters (1976), S. 32 f. mit Verweis auf Charles Homer Haskins.

63 Hugo Metellus, Epistolae spielt diese Karte des Öfteren. Ebd. z. B. drastisch in ep. 16, S. 348 f., an Heloise: *Audite ergo qui sim ego, qui fuerim ego, nominor ego Hugo Metellus, genuit me Leucha Tellus* [Toul, F. R.], *qui olim musis associatus fere totum hausi heliconem, qui radio totam depinxi Coeli regionem, qui inveniendi, indicandique palmo clausi rationem versibus pentametris et hexametris, rithmisque centimetris, qui ludere saepe solebam, et ut salva pace vestra loquar, qui jocunde dessipiebam.*

64 Johann von Salisbury, Letters, Bd. 2, ep. 139, S. 20: *Ego uero nec dubito de sapientia uestra quam litterarum copia tum rerum experientia comparastis tum (quod primum est) suscepistis ex gratia.*

65 Zu den Vorbehalten der Wissenschaft gegen die sinnliche Erfahrung s. S. 256. Das Zitat von Johann von Salisbury, Letters, Bd. 1, ep. 35, S. 63.

66 Zur Differenz zwischen beiden s. Peter von Blois, Later Letters, ep. 68.55, S. 299. Ausgangspunkt ist die Reflexion über die Frage, was es heißt, vom Schlechten zu wissen oder das Schlechte selbst erfahren zu haben. Das Zitat, das die Herausgeberin nicht bestimmen konnte, ist Boethius, De differentiis topicis 2, Sp. 1184B. Erfahrung gegen Wissen abzuwägen, ist auch zuvor nicht unüblich; Ivo von Chartres, Correspondance, Bd. 1, Briefe 6, S. 20; 31, S. 126.

67 Die Beispiele bei Peter von Blois, Later Letters, epp. 10, 13, 14, 16, S. 52–98. Der *liber experientie* in epp. 1, 7, 13, 28. Ebd., ep. 28.37, S. 127 in Antithese zur Gelehrtenwelt: *Legimus in libro experientie quod homines plurimi, licet in mortali*

peccato iaceant, subtiles tamen sententias de suo spiritu exponendo producunt. Die theologischen Positionen vieler Scholastiker gehen für ihn einfach an der Sache vorbei.

68 Diese Beobachtung machte schon R. W. Southern, Humanism (2001), S. 209–211.

69 Peter von Blois, Later Letters, epp. 1.47, S. 5; 6.36, S. 38; 10.92, S. 56. Die zugehörigen Prädikate drücken den verpflichtenden Charakter des *usus publicus* aus: man ist gehalten, ihm gemäß zu handeln, und man tut etwas, um ihm zu dienen. Material liefert P. Hibst, Utilitas (1991), z. B. S. 180–184 zu Johann von Salisbury. Zum Wortfeld um *bonum commune,* allerdings auf der Basis von Texten seit der Mitte des 13. Jh.s, M. S. Kempshall, Common Good (1999), S. 10 f.

70 Peter von Blois, Later Letters, ep. 9.8, S. 50: [...] *in libro publice opinionis adhuc assidue lego.*

71 Aristoteles, Philosophische Schriften, Bd. 3 (Nikomachische Ethik 1140a), S. 135. A. Luckner, Klugheit (2005).

72 Johann von Salisbury, Letters, Bd. 1, epp. 61, S. 102; 72, S. 116; Arnulf von Lisieux, Letters, ep. 8, S. 12.

73 A. Bettant, Sermons (2005): http://theses.enc.sorbonne.fr/2005/bettant (zuletzt 2017–08-10); C. P. Schriber, Dilemma (1990).

74 Johann von Salisbury, Metalogicon 3.prol.11, S. 101.

75 Peter von Blois, Later Letters, epp. 4.93, S. 30; 5.117, S. 35; 10.220/225, S. 61; 16.177, S. 98.

76 Ebd., ep. 78.24, S. 330.

77 Arnulf von Lisieux, Gedichte 10, S. 60.

78 Peter von Blois, Later Letters, ep. 80.1, S. 335.

79 So die Erfahrung bei Adam von Perseigne, ep. 3.17, S. 68.

80 Peter von Blois, Later Letters, ep. 29, S. 146–156.

81 J. P. Haseldine, Language (1994); zur Selbstreferentialität S. 255. Anders Stephan von Tournai; W. Ysebaert, Letter-Collections (2005), S. 293.

82 Peter von Celle, epp. 70, S. 322; 63, S. 300. Dazu auch J. van Engen, Letters (1997), S. 97 u. 115. Die Bedeutung von Freundschaft für das Zustandekommen von Peters Briefsammlung wird überdeutlich in den Kommentaren bei M. Witzleb, Netzwerk (2008). Ich danke Herrn Witzleb dafür, dass er mir das Manuskript seiner noch unveröffentlichten Dissertation überließ.

83 A. Blair, Too much (2010), S. 33–46; I. D. Illich, Weinberg (2004); H. Fichtenau, Lesen (1993).

84 Johann von Salisbury, Letters, Bd. 2, epp. 144, S. 34; 182, S. 206. Die Vorstellung von übermäßigem Wissen als Krebs scheint topisch zu sein; vgl. Hugo Metellus, ep. 4, Sp. 1273B.

85 Peter von Blois, Later Letters, ep. 3.2, S. 19; 3.172, S. 25.

86 Ebd., ep. 2.90, S. 13 f.

87 Ebd., ep. 37.114, S. 183. Zur Verwendung seiner Schulaufzeichnungen im Alter R. W. Southern, Peter (1970), S. 109.

88 S. das Stellenregister bei Peter von Blois, Later Letters, S. 350–362.

89 Ebd., ep. 35.17, S. 175.

90 Ebd., epp. 31.1–31, S. 159–161; 29.203, S. 153; 36.16, S. 178. Zum Bezug des Adverbs ep. 46.37, S. 210.

91 Ebd., ep. 27.11, S. 125. Sein Neffe ist *multum favorabilis* [...] *in scientia sacre pagine legumque et canonum.*

92 Beispielhaft ebd., epp. 16, 29, 35–37, 39–41, 46, 50, 53.

93 Paradebeispiele sind Peters Briefe an Papst Innozenz III. Ebd., epp. 1–3, S. 3–25. Hier klärt ein Londoner Archidiakon den *summus pontifex* darüber auf, wie die Messfeier zu reformieren sei. Dazu J. D. Cotts, Dilemma (2009), S. 245 f., dessen Darstellung im Ganzen das besagte «clerical dilemma» schildert. Zur soziologischen Beschreibung derartiger «legitimer», aber «inkompetenter» Kritik vgl. M. R. Lepsius, Kritik (1990). Die Vormoderne spielt gemeinhin in der historischen Behandlung des Intellektuellen keine Rolle, jedenfalls dort, wo der Intellektuelle als Träger einer sozialen Rolle definiert wird, Jacques Le Goffs Erfolgsbuch zum Trotz. D. Bering, Intellektuellen (1978); ders., Intellektuellen (2011). Anders der Intellektuellen-Begriff von M. Borgolte, Universität (2014); ders., Intellektuelle (2016). Zu Le Goff s. o., S. 27–30.

94 Ein repräsentatives Urteil über ihn bei L. Ott, Untersuchungen (1937), S. 48 f.; zu Peters Expertenbriefen R. W. Southern, Humanism (2001), S. 207–212. Zu den Hintergründen in Peters Ausbildung vgl. J. D. Cotts, Dilemma (2009), S. 109–121. Ähnlich mit Blick auf Arnulf von Lisieux schon C. P. Schriber, Dilemma (1990).

95 Peter von Blois, Later Letters, ep. 29.7, S. 146: [...] *michi graves et arduas proponitis questiones ut eas vobis diligenter explanem, qui nec ad momentum vacationem corporis habeo animive quietem.* Vgl. Hugo Metellus, ep. 37, S. 380–382, hier 380: *Quaestionibus tuis nuper me pulsasti, pulsatus pauca respondi; negotiosus siquidem tibi respondere non potui. Malui itaque pauca de plurimis respondere, quam in multiloquio errare, et per multiloquium incurrere falsiloquium.*

96 Peter von Blois, ep. 19, Sp. 69–71.

97 Ders., Later Letters, epp. 39 f., S. 186–189.

98 J. Taliadoros, Communities (2011).

99 G. Wieland, Philosophie (2004).

100 Zum Folgenden s. die Arbeiten des Göttinger DFG-Graduiertenkollegs 1507 «Expertenkulturen des 12. bis 18. Jahrhunderts», das von 2009 bis 2018 bestand und zum Thema publizierte: F. Rexroth/T. Schröder-Stapper, Experten (2018); M. Füssel/P. Knäble/N. Elsemann, Wissen (2017); B. Reich/F. Rexroth/M. Roick, Wissen (2012); H. Röckelein/U. Friedrich, Experten (2012). Die Leitaspekte des Kollegs sind skizziert in F. Rexroth; Systemvertrauen (2012); ders., Nichtwissen (2012); ders., Expertenweisheit (2008).

101 P. L. Berger/T. Luckmann, Konstruktion (2009), S. 134 mit Anm. 106.

102 J. A. Brundage, Profession (1988), S. 439; C. Soliva, Juristen (1999); C. Gilly, Sprichwort (1991), S. 254; H. A. Oberman, Gelehrten (1989); R. v. Stintzing,

 Sprichwort (1875). W. Shakespeare, The Second Part of King Henry VI 4.2.63, S. 175.

IX. Wahrheit und Nützlichkeit

1 Belege dazu vereint bei AHLetCol, S. 522 f. Abaelards Selbstaussage ebd., S. 8 (ep. 1.6).

2 Adelard von Bath, Conversations, S. 96 f. (Questiones naturales 4): *Deo non retraho. Quicquid enim est, ab ipso et per ipsum est. Id ipsum tamen confuse et absque discretione non est. Que quantum scientia humana procedit audienda est; in quo vero universaliter deficit, ad Deum res referenda est.* Übersetzung von A. Zimmermann, Theologie (1981), S. 99.

3 Diese Sicht etwa in der Satire *In sublimi solio*. B. Hauréau, Notices (1893), S. 306–309. Dazu S. C. Ferruolo, Origins (1985), S. 114 f.

4 R. W. Southern, Necessity (1991), S. 110 f.; E. Rathbone, Law (1967); A. Morey/C. N. L. Brooke, Gilbert (1965), S. 60–63; Belege zusammengetragen bei T. Wetzstein, Jurist (2010), S. 255 f. mit Anm. 19. Arnulf von Lisieux, Letters, S. XV f. mit Anm. 4; C. P. Schriber, Dilemma (1990), S. 3; J. D. Cotts, Dilemma (2009), S. 104–106. Thomas Beckets legistisches Studium ist von den Zeitgenossen häufiger registriert worden, die Quellennachweise finden sich bei J. A. Brundage, Origins (2008), S. 88 Anm. 57. Der Brief, den der Magister David nach Hause sendet, in Spicilegium Liberianum, S. 626–628, hier 628. Ob auch der Bulgarus-Schüler Johannes Bassianus nach England zog, ist fraglich; H. Lange, Recht (1997), S. 216 f.

5 J. A. Brundage, Origins (2008); M. Bellomo, Rechtseinheit (2005), Kap. 3 u. 7; G. Otte, Rechtswissenschaft (1981).

6 Arnulf von Lisieux, Invectiva, S. 85,22: *Sed quia me in Italiam desiderata diu Romanorum legum studia deduxerunt* […]. Die jüngere rechtshistorische Forschung hat die starke Fixierung auf Bologna etwas relativiert, ohne jedoch das Bild von dessen Vorreiterrolle tatsächlich anzutasten; s. z. B. T. Wetzstein, Jurist (2010).

7 F. Hartmann, Anfänge (2016).

8 Peter von Blois, ep. 26, Sp. 91 f., hier allerdings nach einer jüngeren Edition, die eine kürzere und eine längere Fassung dieses Briefes unterscheidet. Der im Folgenden zitierte Passus ist nur in der Langfassung vollständig erhalten. L. Wahlgren, Letter Collections (1993), Kap. 4, hier S. 77 f.: *Lex equidem saecularis gloriosa supellectili verborum, lepidaeque orationis urbanitate lasciviens me vehementer allexerat et inebriaverat mentem meam, sed abhorret Propheta aureum calicem Babylonis, ubi designatus est lepor eloquentiae aedificans ad gehennam* […]. Dann aber: *Res plena discriminis est in clericis usus legum. Totum enim hominem adeo sibi vindicat, ut eum rei familiaris providentia fraudet, suspendat a spiritualibus, a divinis avellat.* […] *Periculosum est ita legibus humanis se impendere, ut mens per horulam a divinae legis meditatione ieiunet. Nemo simul potest precari et orare, petere et pos-*

tulare, exercere Christi ministerium et officium advocati, ne dum in utroque festinat neutrum bene peragat. Die Beschreibung seines Speeddatings mit der Rechtswissenschaft ebd., S. 76: *Vester vobisque devotissimus operam theologiae Parisius indulgeo, Bononiensis castra militiae crebro suspirans, quae vehementer citius et praemature deserui.* Dieser bemerkenswerte Brief wäre es wert, im Ganzen daraufhin untersucht zu werden, wie er die Differenz zwischen Theologen- und Juristensprache inszeniert. Dazu J. D. Cotts, Dilemma (2009), S. 100–109. Bisher war das ein Argument der religiös motivierten Gegner der neuen Wissenschaft gewesen: Wenn man sich auf das weltliche Recht einließ, wann betete und predigte man dann? Wann baute man die Kirche auf? Wann dachte man dann über das Gesetz Gottes nach?

9 Placentin, gest. 1192, lehrt: *Quanto magis res omnis distinguitur, tanto melius aperitur.* Zitiert bei C. H. F. Meyer, Ordnung (2006), S. 387.

10 Johann von Salisbury, Metalogicon 2.10.30, S. 71: *Nam postea unus eorum profectus Bononiam dedidicit quod docuerat. Siquidem et reuersus dedocuit.*

11 Nigellus de Longo Campo, Tractatus contra curiales 165, S. 158 f.: [...] *valefacto Parisius Bononiam se transferunt, corpus juris quocumque labore adquisitum totum incorporant, transactoque tempore congruo revertuntur cum tripudio. Loquuntur enim linguis novis et sesquipedalibus verbis, docent enim homines lites facere, factas sopire, sopitas iterum suscitare.*

12 Gemeint ist die Institutionensumme des Placentin (um 1165, also binnen einem Jahrzehnt nach dem *Metalogicon*) und, von dieser übernommen, die des Azo: *easque* [*liberales*, F. R.] *disciplinas non discere set dediscere debemus.* Sein eigenes Einführungswerk könne man auch «Isagoge» nennen, aber dieser Name der Grammatiker-Spinner passe nicht zum Zivilrecht. H. Fitting, Schriften (1876), S. 218 f. Fast schon gnädig mutet daneben das ältere Urteil des *Liber Papiensis* aus dem 11. Jh an: der Autorität des römischen Rechts müsse mehr Glauben geschenkt werden als derjenigen der Rhetorik. Zitiert bei H. Lange, Recht (1997), S. 26.

13 Ebd., S. 19. Die Abwertung der Dialektik in ihrer Bedeutung für die Rechtswissenschaft hat eine lange Tradition, die bis zu Savigny zurückreicht; F. C. v. Savigny, Geschichte (1961), Bd. 6, S. 7 Der «Mißbrauch dialektischer Formen kommt schon [sic, F. R.] bei Odofredus vor», d. h. er setzte für Savigny erst im fortgeschrittenen 13. Jh. ein. Ein forschungsgeschichtlicher Abriss dazu bei H. Lange/M. Kriechbaum, Recht (2007), S. 271–276.

14 G. Otte, Aristoteleszitate (1968); ders., Dialektik (1971). Die Debatte um die Beeinflussung durch die Dialektik, ja die Artes insgesamt, bei T. Wetzstein, Jurist (2010), S. 248 f. mit Anm. 9; H. Lange/M. Kriechbaum, Recht (2007), S. 271–276. Eine Bibliographie der älteren Positionen bei P. Weimar, Literatur (1969), S. 43 f. Anm. 2. Die zugrunde liegende Frage muss präzisiert werden, denn dass die Rechtsstudenten nicht tatsächlich das vergaßen, was sie an Artes-Schulen gelernt hatten, versteht sich wohl von selbst. Auch die Übertragung eines boethianischen Schemas auf die Rechtsliteratur reicht als Beleg keinesfalls aus. Zur Debatte steht vielmehr, ob die Dialektik auf ähnliche

Weise zum Taktgeber der Jurisprudenz wurde, wie es sich für die übrigen Artes-Wissenschaften und die scholastische Theologie verhielt. Hier muss die Antwort Nein lauten. Die zeitgenössischen Juristen hatten nicht vollständig unrecht, wenn sie eine derartige Beeinflussung verneinten.

15 So wäre beim heutigen Kenntnisstand die Botschaft von E. Genzmer, Vorbilder (1935) und seiner Vorgänger zu lesen. Zu den juristischen Techniken des Ordnens C. H. F. Meyer, Ordnung (2006).

16 Gl. Notitia zu D. 1,1,10,2, zitiert bei H. Lange/M. Kriechbaum, Recht (2007), S. 3 u. 697.

17 M. Weber, Wirtschaft (1980), Kap. 7.5, S. 480. Hier anknüpfend U. Wolter, Ius (1975), S. 5.

18 F. Rexroth, Kodifizieren (2007); C. H. F. Meyer, Ordnung (2006), S. 313 f.

19 N. Luhmann, Legitimation (1978).

20 C. Meier, Tradition (2005), S. 115. Einflussreich war P. Koschaker, Europa (1947).

21 Corpus iuris civilis, Bd. 2, S. XIII-XXII; T. Honoré, Digest (2010); P. Gilli, Pandectes (2008); H. Lange, Recht (1997), S. 1–15, das Zitat S. 10; auf ebd., S. 11 findet sich der Nachweis der Privaturkunde von 1076, in der vom Gebrauch der Digesten die Rede ist.

22 Corpus iuris civilis, Bd. 2, S. XIV; 14 f. Nr. 21.

23 P. Weimar, Art. Corpus (1986), Sp. 273: «Die Kodifikation war ein Teil des großen Planes Justinians, das Römische Reich im alten Glanze wiedererstehen zu lassen.»

24 H. Lange, Recht (1997), Kap. 1. Integriert in eine Geschichte nicht der Rechtswissenschaft, sondern der gelehrten Rechtspraxis bei J. A. Brundage, Origins (2008), Kap. 3. T. Wetzstein, Jurist (2010); M. T. Fögen, Recht (2006).

25 Burchard von Ursberg, Chronik, S. 15 f. Dazu J. Fried, Bitten (2001).

26 A. Wolf, Gesetzgebung (1996); M. Bellomo, Rechtseinheit (2005).

27 Zentral dazu J. Fried, Entstehung (1974).

28 Zu den Bezeichnungen quellennah ebd., Kap. 1 u. 2.

29 Ebd., S. 52–57. Der oft beachtete Kontakt zu Barbarossa etwa war alles andere als ein «Bündnis» zwischen Legistik und Macht. M. T. Fögen, Recht (2006). Ein Beispiel für einen solchen «urban professional» ist der Notar Albertano von Brescia. J. M. Powell, Albertanus (1992). Ebd., S. 10 u. Kap. 2 zu seinem Horizont.

30 Questiones de iuris subtilitatibus 5.9, S. 24: *Reges quidem transalpini potestatem sumpsere, iuris autem legumque scientiam notam habere non poterant. Illis enim temporibus non modo studia, set et ipsi libri legitime scientie fere perierant. Taceo quod illi suo more legibus operam dare nollent, etiamsi in promptu haberent. Incognitum ergo ius emendare non erat eis possibile.*

31 Eine Zusammenfassung der Ergebnisse bei J. Fried, Entstehung (1974), S. 98 f.

32 N. Wandruszka, Herkunft (2007).

33 Bulgarus vor 1148 an den römischen Kardinal Haimerich; Bulgarus, Excerpta legum, S. 1: [...] *eorum, quae iuris sunt archana, participem* [...].

34 So ist auch M. T. Fögen, Recht (2006) zu verstehen: Gerade dadurch, dass das Recht sich im Westen der Herrschaft nicht andient, wird es zu einem entscheidenden Faktor. Es hält sich fern von echten Bündnissen mit den Kaisern (im Aufsatz dazu ein hilfreicher Forschungsaufriss von Savigny bis zur Gegenwart) und ebenso von jeglicher Art von Historisierung, um seinen Anspruch auf Normativität nicht zu verwässern. Diese Einsamkeit in Freiheit ist der Schlüssel zu seiner hohen Autorität.

35 G. Dilcher, Säkularisierung (2009). Dort S. 10 f. zum «Prozess der Ausdifferenzierung von Religion, Politik, Recht, Gesellschaft als eigene Systeme». Dilcher zeigt dann, wie «Religion» im Lauf dieses Prozesses «eine andere Funktion neben, aber in Beziehung» zu den anderen Systemen einnimmt. Für das Recht gilt dasselbe. Vgl. ebd., S. 24 zu «Recht und Gerechtigkeit».

36 Radulfus Niger, zitiert bei H. U. Kantorowicz, View (1970), S. 242: *Sed et quamquam ab initio displicerent iura principibus, quia vetustas consuetudines erasissent, tandem tamen ecclesia procurante et propagante eorum scientiam, usque ad principes producerunt eorum notitiam, et apud eos invenit eis gratiam.*

37 H. Lange, Recht (1997), S. 96–104 schildert die anfängliche kanonistische Abstinenz der Legisten und die allmähliche Annäherung der Römischrechtler an das Kirchenrecht. Der einzige Glossator, der nachweislich eine Schrift zum kanonischen Recht verfasst, tut dies nach eigenem Bekunden, weil seine Kollegen «vom kanonischen Recht wenig oder gar nichts wissen» (Zitat S. 97). Zum Verhältnis der Wissenschaften S. Kuttner, Honorius (1952); U. Wolter, Ius (1975), S. 3–50; ebd., S. 40 ist auch ein Beispiel für die Haltung zu den schroffen legistischen Rechtsprinzipien.

38 Literatur S. 398 Anm. 100.

39 Corpus iuris canonici. Dazu H. Zapp, Art. Corpus (1986); J. A. Brundage, Origins (2008), S. 96–105. Dass man dem *Decretum Gratiani* keine ausgeklügelte, richtungweisende Systematik unterstellen darf, betont C. H. F. Meyer, Ordnung (2006), S. 341–349.

40 S. S. 132.

41 H. Lange, Recht (1997), S. 25 f.

42 Die Glosse des Accursius zu D.1,1,10,2 bei H. Lange, Recht (1997), S. 117. Sie bezieht sich auf einen Satz Ulpians, nach dem die Wissenschaft vom Recht «die Kenntnis von den göttlichen und menschlichen Dingen» ist. Übersetzung nach Corpus iuris civilis, Digesten, S. 94. Die Digestenstelle ebd., S. 91: [...] *veram nisi fallor philosophiam, non simulatam affectantes.*

43 Zitat S. 386 Anm 87. Zur Sonderstellung der Theologie s. den Herausgeberkommentar in Alanus ab Insulis, Regulae theologiae, S. 19 f. Für den Legisten Azo waren es die disziplinären *principia*, die solche Verschiedenheit bestimmten; H. Lange/M. Kriechbaum, Recht (2007), S. 272, zitiert aus Azos Institutionensumme.

44 M. Kintzinger, Studium (2009).

45 K. Pennington, Decretalists (2008), das Beispiel Richardus Anglicus dort S. 215 f.

46 Ebd.

47 Zu den Erinnerungsorten der mittelalterlichen Wissenschaft F. Rexroth, Universität (2011); ders., Wissenschaft (2016). Verräumlichung ist die Mnemotechnik schlechthin; J. Assmann, Gedächtnis (1992), S. 59 f. mit Rückgriff auf Frances Yates.

48 P. Weimar, Literatur (1969), S. 45 Anm. 3: «Werke, die sich keinem der ‹Bologneser› Typen zuordnen lassen, sind Einzelerscheinungen, die in einer Typologie außer Betracht bleiben dürfen.»

49 E. Marmursztejn, Autorité (2007).

50 Beide Beispiele sind aus der Lehre der Legistik nicht in Bologna, sondern im Orléans des 13. Jh.s, typisch ist aber dennoch die Scheidung von Common Sense und Rechtsbetrachtung; K. Bezemer, Jacques (1997), S. 54 f.

51 J. Fried, Entstehung (1974), S. 120 mit Belegen; F. Rexroth, Kodifizieren (2007), v. a. S. 411–414.

52 Dieses Hin- und Herwandern ist die juristische Subsumption. S. bspw. für Bartolus S. Lepsius, Theoriebildung (2004), S. 299.

53 H. Lange/M. Kriechbaum, Recht (2007), S. 271–276; dort auf S. 274 findet sich ein Zitat des Baldus: *Scientia est infallibilis noticia veritatis.*

54 E. Marmursztejn, Power (2006); dies., Autorité (2007).

55 Boncompagno da Signa, Rhetor und Jurist, zitiert im Hinblick auf die Rhetoriklehrbücher seiner Zeit bei T. Haye, Oratio (1999), S. VII: *Quare dico, quod dividere, subdividere, diffinire vel describere, dare praecepta et semper iubere nichil aliud est quam emittere tonitrua et pluviam non largiri.* (Übersetzung von Thomas Haye.) H. Lange, Recht (1997), v. a. die Zusammenfassung zum Thema Theorie und Praxis S. 464 f.

56 Corpus iuris canonici, Bd. 1: Decretum Gratiani C. 25.1.6, Sp. 1008: *Sunt quidam dicentes, Romano Pontifici semper licuisse nouas condere leges. Quod et nos non solum non negamus, sed etiam ualde affirmamus.* Zu der Karriere der Vorstellung vom positiven Recht vgl. S. Gagnér, Studien (1960); ebd., S. 180 f. zu Gratian.

57 P. Gilli, Pandectes (2008); H. Lange, Recht (1997), S. 61–63; F. C. v. Savigny, Geschichte (1961), Bd. 3, v. a. S. 447 f. mit Anm. d u. e.

58 J. Fried, Entstehung (1974), die Beispiele S. 90–95. Zum Waffenführen ebd., S. 29.

59 Johann von Salisbury, Metalogicon 2.11.2, S. 73: *Propositas enim de se expedit quaestiones, sed ad alia non consurgit. Quale est an affirmare sit enuntiare, et an simul extare possit contradictio. Hoc autem quid ad usum uitae conferat si non est adminiculans alii, quisque diiudicet. Ceterum an uoluptas bona sit, an praeeligenda uirtus, an in summo bono bonae habitudines, an sit in indigentia laborandum, purus et simplex dialecticus raro examinat.* Hierzu und zu den folgenden Ausführungen s. auch F. Rexroth, Einheit (2011), S. 33–44. Otto von Freising, Chronica 1.16, S. 51,11.

60 G. Maurach, Daniel (1979), S. 212, § 1: *Cum dudum ab Anglia me causa studii*

excepissem et Parisiis aliquamdiu moram fecissem, videbam quosdam bestiales in scolis gravi auctoritate sedes occupare, habentes coram se scamna duo vel tria et desuper codices inportabiles, aureis litteris Ulpiani traditiones representantes, necnon et tenentes stilos plumbeos in manibus, cum quibus asteriscos et obelos in libris suis quadam reverentia depingebant. Qui, dum propter inscitiam suam locum statue tenerent, tamen volebant sola taciturnitate videri sapientes; sed tales, cum aliquid dicere conabantur, infantissimos reperiebam. Die Bemerkung zu «Titius» und «Seius» in § 3. Zur Verehrung, die die Legisten den Digesten entgegenbrachten, s. Anm. 57.

61 A. Borst, Astrolab (1989), S. 89 f.

62 E. Poulle, Traité (1964), S. 889 f.: *Sunt enim nonnulli qui solo divitiarum appetendarum intuitu ipsam non ut ejus amore, sed* [...] *adulterino affectu amplectendo discunt. Unde etiam sequitur ut, quemadmodum pharaonis uxor que in cupiditatibus Joseph ardens illicito coitu matrimonium fedare attemptabat, eumque violenter detinens ipsum, clamide retenta, perdidit quod speravit, sic scientie hujus velamine id est sciens quomodo et quasi per violentiam sublato ab eodem fructu petito ut indignus repellitur.*

63 Richard von Ely, Dialogus, S. 12: *Qui nouitatibus gaudent, qui subtilium rerum fugam appetunt, habent Aristotilem et libros Platonicos, audiant illos. Tu scribe non subtilia set utilia.*

64 K. Pennington, Decretalists (2008), S. 232; J. A. Brundage, Profession (1988); ders., Ethics (1973). Ausdrücklich bei Aegidius de Fuscarariis, dem Verfasser eines derartigen Praxis-Handbuchs: Geschrieben habe er auf Drängen seiner Schüler zur Unterweisung junger Advokaten, die das Kirchenrecht zwar studiert hätten, jedoch über keine praktische Erfahrung verfügten: *ad eruditionem novorum advocatorum militantium in iure canonico, qui licet periti in iure existant, ignorantes tamen practicam causas nesciunt ordinare* [...]. L. Wahrmund, Ordo (1916), S. 1.

65 Azo, übers. bei G. Otte, Rechtswissenschaft (1981), S. 135, nach J. Fried, Entstehung (1974), S. 115.

66 F. Rexroth, Habitus (2014), S. 317–320; G. Algazi, Zerstreutheit (2001); ders., Mittelalter (1995).

67 J. Ochoa Sanz, Vincentius (1960), S. 49 f.

68 F. C. v. Savigny, Geschichte (1961), S. 176 Anm. k. u. 255 Anm. b.

69 H. Lange, Recht (1997), S. 230: [...] *qui ergo leges supra dictas aliter intelligit, se ipsum imperitum ostendit.*

70 J. F. v. Schulte, Geschichte (1956), S. 163 f. mit Anm. 22: *sed hoc falsum est* [...] *nulla est ergo talis solutio, aut si est aliqua, a nullo intelligitur.*

71 Ebd., S. 165 A. 25: *Quidquid male hactenus et fere ab omnibus magistris nostris dicta sunt in hoc articulo, ego tamen praecise et secure et catholice dico, quod* [...].

72 Ebd., S. 192 Anm. 15: *nec credo Alano, quia Anglicus et timidus, nec mag. Tancredo, quia Lombardus et acephalus.*

73 A. v. Hülsen-Esch, Gelehrte (2006); dies., Kleider (1998); dies., Gelehrte (2010). Zum gelehrten Habitus des ausgehenden Mittelalters I. Trüter, Lebensläufe (2017).

74 AHLetCol, S. 26 (ep. 1.16): *Tanti quippe tunc nominis eram et iuuentutis et forme gratia preminebam, ut quamcunque feminarum nostro dignarer amore nullam uererer repulsam.*

75 R. W. Southern, Humanism (2001), S. 7.

76 C. S. Jaeger, Mensch (2015); Adelard von Bath, Conversations, S. 38 (De eodem et diverso): *Hanc igitur quam cernis secundam hilari vultus iocunditate elateque frontis confidentia quasi aliquid dicere paratam, in cuius veste quicquid sub civilem disceptationem cadere potest intextum est, nec michi nec alii, credo, sufficienter laudare pronum est.*

77 Cicero, Gespräche in Tuskulum 3.23.56: *Saepe est etiam sub palliolo sordido sapientia.* Alanus ab Insulis, Textes inédits, S. 24: *Hic tumulatus est Alanus, huius libri actor, qui in vita sua composuit ipsos* [sic, Hg.] *duos versus, et iubssit* [sic, Hg.] *ut post mortem eius sculperentur* [sic, Hg.] *in sepulcro suo: «Qui Alanus fuit strumosus et breuis stature / Sed quicquid sciri potuit per hominem, sciuit ille.»* F. Cairns, Addition (1984), S. 159: *His etenim diebus viguit apud Parisius quidam scolasticus, Hugo nomine, a conscolasticis Primas cognominatus, persona quidem vilis, vultu deformis. Hic a primeva etate litteris secularibus informatus propter faceciam suam et litterarum noticiam fama sui nominis per diversas provincias divulgata resplenduit.* Zu Aristoteles und *Dialectica* M. Münster-Swendsen, Virtuosity (2008), S. 47 Anm. 9.

78 Salimbene von Adam, Cronica, S. 37,7: *Domnus Bernardus Oliverii de Adam de civitate Parmensi, famosus iudex et probus in armis*; S. 41,31: Martin von Fano war ein *dominus legum; et palatium suum erat iuxta mare;* S. 55,1: *et induebantur scarulaticis indumentis aliqui eorum, maxime autem iudices*; ebd., 7: Herr Hugo war ein *litteratus homo, iudex et assessor, homo magni solatii, et* [...] *semper ibat cum potestatibus, ut esset advocatus eorum;* S. 67,24: *Domina Flos-olive* [...] *fuit pulchra domina, pinguis et carnosa* [...]. *De Tridento fuit, uxor cuiusdam notarii, ex quo habuit duas filias, pulcherrimas dominas.*

79 Marcel Bubert hat am Beispiel der Pariser Universitätsphilosophie gezeigt, wie die Nützlichkeit um 1300 ausgerechnet zu einem Thema der Philosophen wurde. Die Auseinandersetzung mit ihr brachte an der Artes-Fakultät höchst originelle Lösungen auf den Weg. M. Bubert, Philosophie (2016), S. 20.

X. «Wir, die Universität»: Die Gelehrtengilde

1 G. Schrimpf, Art. Philosophie (1989); ders., Philosophia (1982); E. R. Curtius, Geschichte (1943); J. Domański, Philosophie (1996). Zur Qualifizierung der Artes M. Münster-Swendsen, Virtuosity (2008), S. 49–51. Zu ihrem Auseinanderbrechen D. E. Luscombe, Boundaries (2011), S. 9–15. Zum Folgenden auch (mit ausführlicheren Literaturangaben) F. Rexroth, Wahr (2016), S. 94–100.

2 Thomas von Aquin, Expositio super librum Boethii De trinitate, qu. 5.1.3,

Bd. 2, S. 68: *Ad tertium dicendum quod septem liberales artes non sufficienter dividunt philosophiam theoricam* [...]. Zur Überholtheit des Artes-Programms schon um 1200 D. E. Luscombe, Boundaries (2011), S. 9–15.

3 G. Schrimpf, Art. Philosophie (1989), Sp. 804 f. zur «Verinhaltlichung» der Philosophie.

4 Al-Fārābī, Über die Wissenschaften, S. XXVII. Die intensive Pariser Rezeption belegen die dortigen Einführungswerke in die Philosophie, s. v. a. C. Lafleur, Introductions (1988); R. Imbach, Einführungen (1996); M. Bubert, Philosophie (2016), v. a. bei Anm. 143.

5 Dominicus Gundissalinus, De divisione philosophiae, hg. v. L. Baur, S. 345 f. Anm. 1.

6 Ebd., S. 66, dort entwickelt an der Rhetorik und dann drei nach Adressaten unterschiedenen Redesituationen zugeordnet: vor dem Richter (das Gerechte), vor dem Fürsten (das Nützliche), vor der Volksversammlung (das sittlich Gute).

7 Zu dieser Frühdatierung mit umfassenden Literaturnachweisen s. C. J. Nederman, Aristotelianism (1991). Vgl. ders., Aristotelianism (1997), Nr. 1. Weiterhin lernt man, die Ethik von der Moraltheologie zu unterscheiden. H. Fichtenau, Ketzer (1992), S. 239.

8 C. J. Nederman, Aristotelianism (1991), s. dort auch die Literaturangaben auf S. 180 A. 4. Mit Domingo Gundisalvo setzte für Nederman eine «underground tradition» aristotelischer politischer Wissenschaft ein (ebd., S. 190), mit dem *Policraticus* Johanns von Salisbury wird die Sache praxisrelevant.

9 Zur «découverte de la nature» M.-D. Chenu, Théologie (1957), S. 21–30. Zum «éveil métaphysique» ebd., S. 309–322. Dazu A. Speer, Natur (1995), ders., Erwachen (2004).

10 D. E. Luscombe, Dialectic (1997); F. Hartmann, Ars (2013).

11 H. J. Berman, Recht (1991); W. Ullmann, Thought (1975), S. 159; diese Sicht wird mittlerweile kritisch gesehen: C. Flüeler, Aristotelismus (2002), v. a. S. 5. M. Wilks, Problem (1963), S. 84; C. Wilson, William (1956). Zu diesen Vorstellungen F. Rexroth, Einheit (2011), S. 28–32.

12 Johann von Salisbury, Letters, Bd. 2, ep. 136, S. 6.

13 Vgl. S. 91.

14 Al-Fārābī, De scientiis secundum versionem Dominici Gundisalvi, S. 120; Dominicus Gundissalinus, De divisione philosophiae, hg. v. L. Baur, S. 3. Zur Begeisterung an der Disziplinarität Dominicus Gundissalinus, De divisione philosophiae, hg. Fidora/Werner, S. 24–35.

15 Heinrich von Susa, Summa aurea, zitiert nach G. Post, Masters (1934), S. 421 Anm. 3: *Porro si universitas magistrorum et scolarium consideretur, certum est quod singularium scientiarum modi et studia sunt diversa, et tamen unum corpus faciunt, et insimul coherent, et insimul coniunguntur.* Zum Kontext dieser bahnbrechenden Studie s. William Courtenays editorisches Vorwort zu G. Post, Papacy (2017), S. VII-X.

16 L. v. Wiese, System (1955), v. a. 3. Hauptteil, Kap. 3; ders., Art. Gebilde

(1965); O. G. Oexle, Gilde (1998); ders., Gilden (1979); B. Jussen, Erforschung (1992).

17 Beleg bei O. Gierke, Genossenschaftsrecht (1868), S. 338 Anm. 40 (zu Frankfurt am Main 1288 und Köln). Allgemein P. Michaud-Quantin, Universitas (1970); O. Weijers, Terminologie (1987), S. 15–45.

18 Zu Köln M. Groten, Albertus (2011), S. 11. Das Zitat O. Gierke, Genossenschaftsrecht (1868), S. 221. Dazu ferner O. G. Oexle, Gilden (1981).

19 Ders., Voraussetzungen (2011); F. Rexroth, Universität (2011); M. Kintzinger/J. M. Schütte/F. Rexroth, Art. Verwaltung (2017).

20 CUP, Bd. 1, Nr. 42, S. 99. Zur Verwendung als Fremdbezeichnung weitere (und frühere) Belege bei O. Weijers, Terminologie (1987), S. 18 f.

21 CUP, Bd. 1, Nr. 8, S. 67 f.

22 Die Forschungen zu diesem viel diskutierten Prozess gewichtet N. Gorochov, Naissance (2012), S. 212–218.

23 Aus einer Erinnerung des Jahres 1219 unter dem universitäten-feindlichen Papst Honorius III. an eine Situation zur Zeit der Legation Octavians von Ostia, also an das Jahr 1201. CUP, Bd. 1, Nr. 30 u. 31, S. 87–90. Dazu N. Gorochov, Naissance (2012), S. 41–45

24 So Richard von Devizes, zitiert bei P. Michaud-Quantin, Universitas (1970), S. 226 mit Anm. 31.

25 Giraldus Cambrensis, De rebus a se gestis 2.1, S. 45 f. N. Spatz, Evidence (1994).

26 C. J. Mews, Communautés (2008).

27 N. Gorochov, Naissance (2012), S. 153. Die Zahlen, die sie für die Fächer ermittelt, liegen etwas unter dieser Größenordnung: Theologen ca. 20–30 (S. 46), Artisten ca. 50 (S. 91–100), Juristen ca. 15 (S. 150), Mediziner ca. 5 (S. 151 f.).

28 Rigord/Guillaume le Breton, Œuvres, S. 82 f.: *In diebus illis studium literarum florebat Parisius, nec legimus tantam aliquando fuisse scholarium frequentiam Athenis vel Aegypti, vel in qualibet parte mundi, quanta locum praedictum studendi gratia incolebat. Quod non solum fiebat propter loci illius admirabilem amoenitatem, et bonorum omnium superabundantem affluentiam, sed etiam propter libertatem et specialem praerogativam defensionis quam Philippus Rex et pater ejus ante ipsum ipsis scholaribus impendebant. Cum itaque in eadem nobilissima civitate non modo de trivio et quadrivio, verum et de quaestionibus juris canonici et civilis, et de ea facultate quae de sanadis corporibus et sanitatibus conservandis scripta est, plena et perfecta inveniretur doctrina, ferventiori tamen desiderio sacra pagina et quaestiones theologicae docebantur.* S. E. Young, Consilio (2007).

29 S. C. Ferruolo, Origins (1985), S. 280.

30 Roger of Hoveden, Chronica, Bd. 4, S. 120. S. C. Ferruolo, Origins (1985), S. 285–287. Philipps Privileg in CUP, Bd. 1, Nr. 1, S. 59–61.

31 J. Verger, Conflits (2007). Dort erfolgt auf S. 238 f. eine genauere sozialgeschichtliche Bestimmung dieses Konflikttypus. Zu Paris H. Skoda, Violence (2013), S. 119–158. Dass sie verbreitet waren, belegt ihre Erwähnung in den

Registern der päpstlichen Poenitentiarie; A. Esch, Geschichten (2010), S. 52–57. Zur «männerbündischen» Qualität der Universitäten trotz des hohen Bildungsniveaus von Frauen s. H. Röckelein, Studentinnen (2016); dies., Gelehrsamkeit (2010). Dass die scholastische Methode auch in die Konvente geistlicher Frauen importiert wurde, betont dies., Auswirkung (2009).

32 M. Kintzinger, Wissen (2003).

33 CUP, Bd. 1, Nr. 8, S. 67 f. Dazu s. o., S. 317. Die folgende Erörterung überschneidet sich teilweise mit einer Studie, die ich gänzlich der Pariser Situation um 1215 gewidmet habe: F. Rexroth, Reformen (ersch. 2018). Dort mit einer dichteren Belegdecke versehen.

34 Zur Scholarenmobilität M. Kintzinger, Gelehrte (2014).

35 Der vollständige Text bei Mansi, Bd. 22, Sp. 763–766 ist heranzuziehen, nicht der verkürzte in CUP, Bd. 1, Nr. 7, S. 66. Die Passus, die sich auf die Scholaren und Magister beziehen, sind die Nr.n 8–10. Es gibt also zwei Arten von *clerici*, für die besondere Regeln gelten müssen: die Träger der lediglich niederen Weihen (s. Nr. 1) sowie die Scholaren und Magister.

36 Ebd., Nr. 5, S. 65 von 1207: Innozenz III. spricht von der *copia magistrorum, qui parvulis petentibus panem frangant et esurientes animas reficiant pabulo verbi Dei: sic etiam decens est, ut ipsorum numerositas refrenetur, ne forsitan propter honerosam multitudinem, que nichil habet honesti, vel vilescat eorum officium, vel minus composite impleatur, cum Deus omnia fecerit in numero, pondere ac mensura.*

37 Ebd., Nr. 20, S. 78–80. Zum Aussteller Robert von Courçon W. Maleczek, Innocenzo (2004); S. F. Brown, Art. Robert (2007). Zu Roberts eigenen Werken R. Schönberger/A. Quero Sánchez/B. Berges u. a., Repertorium (2011), Bd. 3, S. 3479 f. Meine Einschätzung der Statuten ausführlicher in F. Rexroth, Reformen (ersch. 2018).

38 CUP, Bd. 1, Nr. 20, S. 79: *Nullus sit scolaris Parisius, qui certum magistrum non habeat.* Zu den Lehrverboten und deren Hintergrund s. N. Gorochov, Naissance (2012), Kap. 2. Der Impuls durch den Aristotelismus ist ein Kernthema von S. E. Young, Community (2014). Hypothesenhaft zu dem Spanier Mauritius G.-G. Hana, Mauritius (1973).

39 H. Denifle, Entstehung (1885), S. 100 f. Vgl. G. Post, Masters (1934); H. Rashdall, Universities (1936), Bd. 1, S. 309. Die Lehrverbote interessierten vor allem M. Grabmann, Divieti (1941), S. 6–10.

40 S. C. Ferruolo, Statutes (1985). Die königlichen Interventionen bis zum Konflikt von 1229 behandelt S. E. Young, Consilio (2007).

41 L. Bianchi, Censure (1999), v. a. S. 99–103. Zu älteren Lesarten der Verbote M. Grabmann, Divieti (1941).

42 N. Gorochov, Naissance (2012), S. 316.

43 M. Kintzinger/J. M. Schütte/F. Rexroth, Art. Verwaltung (2017), S. 24 f.; M. Kintzinger, Statuten (2018); P. Classen, Geschichte (1981); ders., Libertas (1983); L. Boehm, Libertas (1970).

44 S. Lusignan, Vérité (1999); S. Menache, Naissance (1982).

45 Der Oberrheinische Revolutionär, S. 368, vgl. auch 557. Zum Text S. Düm-

ling, Träume (2017), S. 119–123. Weitere Spuren dieser Art bei F. Rexroth, Schule (2002), S. 514–520.

46 M. Kintzinger, Licentia (2007); O. Weijers, Règles (1995); C. Lafleur, Guides (1995). Die Logik hinter dem Prozess wird am Beispiel der deutschen Universitäten erörtert bei U. Rasche, Universitäten (2007), v. a. S. 205 f. Der satirische Text sind die Epistolae obscurorum virorum 1, S. 8,7.

47 Zu akademischen Akten der Vormoderne unter dem Blickwinkel symbolischer Kommunikation M. Füssel, Gelehrtenkultur (2006); ders., Rang (2010).

48 Eine Auflistung auf dem vorläufigen Stand bei C. Lafleur/J. Carrier, Enseignement (2004); vgl. C. Lafleur, Introductions (1988), S. 1 f.; ders., Guide (1999); ders., Guides (1995). Dazu R. Imbach, Einführungen (1996).

49 M. Bubert, Philosophie (2016), Kap. 2.1. Die Belege zu Bacon etc. bei Anm. 161–163. Zur Ausprägung eines philosophischen Wissenschaftsideals und den Studienführern vgl. C. Lafleur, Guides (1995), S. 139 u. 154, wo in Anlehnung an Alain de Libera von der Begründung einer philosophischen Ethik die Rede ist.

50 Dies ist besonders wichtig für A. de Libera, Denken (2003), s. z. B. S. 13 f., wo er sein Paradigma der Entprofessionalisierung erklärt.

51 F. Rexroth, Einheit (2011).

52 O. Weijers, Terminologie (1987), S. 52–55; H. Denifle, Entstehung (1885), S. 71–77.

53 CUP, Bd. 1, Nr. 399, S. 440 f. zum Dekanat (1264 mit der Behauptung, dass es dieses Amt schon seit Langem gebe), zum Siegel Nr. 446, S. 503 (1271/2).

54 C. H. Haskins, University (1904), S. 20 Anm. 6: *Circumiit scolas et invenit monstruositatem. Monstrum in uno corpore diversarum coniunctio naturarum. Quid est ergo ex diversis nationibus universitatem facere nisi monstrum creare?* [...] *Quattuor capita huius monstri sunt quattuor facultates, logice, phisice, canonici et divini iuris.* Zum Phänomen A. Koschorke, Paradigma (2010), S. 12 f.

55 CUP, Bd. 1, Nr. 176, S. 207: [...] *universitatem vestram monemus et hortamur in Domino, quatinus universi et singuli terminis antiquis scientiarum et facultatum, quos posuerunt patres nostri, contenti, penamque maledictionis contra transferentem terminus proximi sui in lege positam formidantes* [...].

56 Ebd., Nr. 338, S. 388; Nr. 79, S. 138; Nr. 176, S. 206 f.

57 Ebd., Nr. 32, S. 90–93; dazu S. Kuttner, Honorius (1952).

58 O. Weijers, Terminologie (1987), S. 18 f. Die Engländer am Thomasaltar bei C. Cipollaro/V. Decker, Identity (2013), S. 128. Den Beitrag der Notare und der Notariatskunst für die Entstehung der Universität betont in Anlehnung an Cencetti und Fried F. Hartmann, Anfänge (2016).

59 Chartularium Studii Bononiensis, Bd. 1, Nr. 1, S. 3. Zu Lothar von Cremona H. Lange, Recht (1997), S. 240–242. Man sieht in ihm den ersten Bologneser Doktor, der der Kommune den erwünschten Eid leistete. Zur historischen Situierung des Eides J. Fried, Entstehung (1974), v. a. S. 118, 121–124.

60 W. Steffen, Autonomie (1981), v. a. S. 43–69.

61 Belege zusammengestellt bei O. Weijers, Terminologie (1987), S. 19 f., grundlegend ist die Studie von M. B. Hackett, University (1984), Belege dort S. 48 f.

62 Ebd., S. 37 f.

63 Ebd., S. 52.

64 G. Leff, Paris (1968). Zum Kanzleramt und seinem Vorläufer, dem *magister scholarum*, M. B. Hackett, University (1984), S. 38–50.

65 Zur Datierung dieser Entwicklung auf ca. 1225–1235 R. W. Southern, Schools (1984), S. 34–36.

66 P. Hoyningen-Huene, Reduktion (2007); F. Rexroth, Fehltritte (2016), S. 88–91.

67 P. Classen, Universitätsreformen (1983), S. 179. Die folgende Schilderung überschneidet sich mit F. Rexroth, Horte (2013), v. a. S. 24–37 (mit vier Karten). Zur «Wahlverwandtschaft» von Stiftung und Wissenschaft M. Borgolte, Stiftung (2011), zur Bedeutung des Stiftens als einer kulturellen Praxis für die europäischen Universitäten ders., Stiftungsgeschichte (2018), S. 604–612.

68 A. B. Cobban, Universities (1988), S. 110–115.

69 H. Rashdall, Universities (1936), Bd. 2, S. 10; N. G. Siraisi, Arts (1973), S. 16.

70 Der Vertrag bei H. Rashdall, Universities (1936), Bd. 2, S. 11 f., 337–341.

71 N. Gorochov, Naissance (2012), S. 405–416.

72 Exemplarisch für die ersten deutschen Universitäten F. Rexroth, Universitätsstiftungen (1992).

73 J. Verger, Moyen Âge (2010); C. E. Smith, University (1958), S. 32–55.

74 G. Kaufmann, Geschichte (1888), Kap. 3; E. Meuthen, Universitätsgeschichte (1988); R. Gramsch, Erfurt (2012).

75 Zum Überblick J. Verger, Grundlagen (1993).

76 A. Lhotsky, Universitäten (1976), S. 46 (der Stiftungscharakter der Universitäten als deren «böser Wurm»).

77 E. Schubert, Motive (1978), S. 32.

78 A. E. Bernstein, Pierre (1978); das Zitat von A. Borst, Geschichte (1969), S. 19.

79 Ausführlicher die Karten und ihre Kommentierung bei F. Rexroth, Horte (2013), S. 24–37.

80 P. Moraw, Universitäten (1999), die These, dass schon seit der Gründung von 1348 zwei Universitäten bestanden, auf S. 108 f. Jüngere tschechische Forschungen sind verzeichnet bei R. Šimůnek/U. Tresp, Einleitung (2016), S. 6 Anm. 9.

81 H. Rosenberg/M. V. Schwarz, Wien (2015).

82 A. Borst, Krise (1970). Lehrermangel an den oberen Fakultäten als Strukturmerkmal vor 1378 bei P. Moraw, Improvisation (1996).

83 F. Rexroth, Weisheit (2006); S. Lorenz, Attempto (1999). Grundlage für die Schätzung der Gesamtbesucherzahl ist R. C. Schwinges, Universitätsbesucher (1986).

84 H.-D. Heimann, Statt (1986), S. 72. Ein vergleichbarer Fall bei F. Rexroth, Horte (2013), S. 32 Anm. 36.

85 B. Boute/T. Daniels, Rotuli (2017); H. Diener, Schulen (1986); F. Rexroth, Art. Privilegien (2017), S. 130–132.

86 Chroniken der deutschen Städte, Bd. 14: Köln, Bd. 3, Teil 1, S. 289: *Want alle zit van minen jongen dagen bis nu zer zit hain ich hoeren sagen: In Paris in Frankrich is die hoichste ind beste schoil in den 7 vrien kunsten ind naturlichen kunsten. Zo Collen in Duitschlant is die hoechste ind beste schoil in der hilligen gotlicher schrift. Zo Bononien in Lombardien is die hoechste ind beste schoil in geistlichen ind werentlichen rechten. Zo Pavi in Italien die hoechste ind beste schoil in der medicinen und in der artzedi. Zo Cracaw in Polant die hoechste ind beste schoil in der astronomie, dat is die kunst van dem gestirntz.* Zu der Stelle M. J. F. M. Hoenen, Nominalism (2011), S. 124.

87 A. Balsan, Valence (2003), zur «guerre fratricide» S. 331.

88 J. Verger, Moyen Âge (2010), S. 25 Anm. 1.

89 A. Balsan, Valence (2003), S. 333. Zur Konkurrenzsituation in Südostfrankreich zu Beginn der frühen Neuzeit M. Venard, Concurrentes (2003). Die doppelte Konkurrenzsituation der Mediziner – zu den außeruniversitären Heilberufen und zu den anderen Wissenschaften – untersucht J. M. Schütte, Medizin (2017).

90 CUP, Bd. 1, Nr. 72, S. 129–131, hier 131: *Quid deerit vobis igitur? Libertas scolastica? Nequaquam, quia nullius habenis dediti propria gaudebitis libertate. An timetis malitiam populi sevientis vel tyrannidem principis injuriosi? Ne timeatis, quia comitis Tholosani liberalitas nobis sufficientem fecit securitatem et de salario nostro et de servientibus nostris Tholosam venientibus et redeuntibus.*

91 Ebd., Bd. 2, Nr. 543, S. 13–17. Die zentrale Stelle auf S. 14, 2. Abs.

92 H. Lange/M. Kriechbaum, Recht (2007), S. 26, 227–229.

93 F. Rexroth, Finis (1994), S. 321–330. Auch in Erfurt hat man 1392 an derartiges gedacht.

94 Ebd., S. 330–344; M. Borgolte, Rolle (2012).

95 In Heidelberg können wir das für die Professoren der ersten Stunde sehen: Sollte man die Pariser Verfassung als strenges oder eher lockeres Vorbild ansehen? F. Rexroth, Universitätsstiftungen (1992), S. 207–218.

96 Stellvertretend für viele seiner richtungweisenden Arbeiten M. J. F. M. Hoenen, Nominalism (2011).

97 W. J. Courtenay/K. Ubl, Gutachten (2010); M. Vallerani, Generation (2007); M. Ascheri, Consilia (2003).

Epilog

1 J. Le Goff, Die Intellektuellen (2001), S. 15.

2 So z. B. K. Flasch, Denken (1986), S. 194.

3 D. Kaldewey, Wahrheit (2013), Kap. 1, mit Zitat Bacons ebd., S. 22.

Abkürzungen

Abh.	Abhandlungen
AdW	Akademie der Wissenschaften
AHDLMA	Archives d'histoire doctrinale et littéraire du Moyen Age
AHLetCol	Abaelard/Heloise, Letter Collection, hg. v. D. E. Luscombe/B. Radice
AHR	American Historical Review
BCCT	Brill's Companions to the Christian Tradition
BECh	Bibliothèque de l'École des chartes
BGPhM	Beiträge zur Geschichte der Philosophie des Mittelalters
BGPhThM	Beiträge zur Geschichte der Philosophie und Theologie des Mittelalters
BibVic	Bibliotheca Victorina
BSIH	Brill's Studies in Intellectual History
CCSL	Corpus Christianorum, Series Latina
CCCM	Corpus Christianorum, Continuatio Mediaevalis
CEFR	Collection de l'École française de Rome
CSMLT	Cambridge Studies in Medieval Life and Thought
CUP	Chartularium Universitatis Parisiensis
CV	Corpus Victorinum
DA	Deutsches Archiv für Erforschung des Mittelalters
EHR	English Historical Review
ESMAR	Education and Society in the Middle Ages and Renaissance
FCh	Fontes Christiani
FMSt	Frühmittelalterliche Studien
FStGA	Ausgewählte Quellen zur deutschen Geschichte des Mittelalters – Freiherr vom Stein-Gedächtnisausgabe
HBPM	Herders Bibliothek der Philosophie des Mittelalters
Hc	Abaelard, Historia calamitatum
HJb	Historisches Jahrbuch
HWPh	Historisches Wörterbuch der Philosophie
HZ	Historische Zeitschrift
HZ Beih.	Historische Zeitschrift, Beihefte
JbfUG	Jahrbuch für Universitätsgeschichte
JMH	Journal of Medieval History

LMA	Lexikon des Mittelalters
MA	Le Moyen Âge
MGH	Monumenta Germaniae Historica:
– BdK	Die Briefe der deutschen Kaiserzeit
– DD	Die Urkunden der deutschen Könige und Kaiser
– Epp. sel.	Epistolae selectae
– Ldl	Libelli de lite
– QQ Gg	Quellen zur Geistesgeschichte des Mittelalters
– Schr	Schriften
– SS	Scriptores (in Folio)
– SS N. S.	Scriptores, Nova Series
– SS rG	Scriptores rerum Germanicarum in usum scholarum separatim editi
– Staatsschr.	Staatsschriften des späteren Mittelalters
MLatJb	Mittellateinisches Jahrbuch
MM	Miscellanea Mediaevalia
MPL	Migne, Patrologia Latina
MS	Mediaeval Studies
PhJb	Philosophisches Jahrbuch
PHS	Pariser historische Studien
RS	Rerum Britannicarum Medii Aevi Scriptores
RThAM	Recherches de théologie anciénne et médiévale
RThPhM	Recherches de théologie et philosophie médiévales
SArt	Studia artistarum
SB	Sitzungsberichte
SC	Sources chrétiennes
SHR	Spätmittelalter, Humanismus, Reformation
SMed	Studi medievali
Spec	Speculum
StG	Studi Gregoriani
stw	Suhrkamp-Taschenbuch Wissenschaft
TRE	Theologische Realenzyklopädie
VGUW	Veröffentlichungen der Gesellschaft für Universitäts- und Wissenschaftsgeschichte
Viv	Vivarium
VMPIG	Veröffentlichungen des Max-Planck-Instituts für Geschichte
VuF	Vorträge und Forschungen
WGW	Wissenskultur und gesellschaftlicher Wandel
ZHF	Zeitschrift für Historische Forschung
ZRGkA	Zeitschrift der Savigny-Gesellschaft für Rechtsgeschichte, kanonistische Abteilung
ZRGrA	Zeitschrift der Savigny-Gesellschaft für Rechtsgeschichte, romanistische Abteilung

Quellen

Abaelard, Carmen ad Astralabium, hg. v. Josepha Marie Annais Rubingh-Bosscher, Groningen 1987.
–, Collationes, hg. v. John Marenbon/Giovanni Orlandi, Oxford 2001.
–, Dialectica, hg. v. Lambert Marie de Rijk, 2. Aufl., Assen 1970.
–, Ethics, hg. v. David E. Luscombe, Oxford 1971.
–, Letters IX-XIV. An Edition with an Introduction, hg. v. Edmé Renno Smits. Diss. Groningen 1983.
–, Letters. Beyond the Personal, hg. v. Jan M. Ziolkowski, Washington, D. C. 2008.
–, Opera theologica, Bd. 1: Commentaria in epistolam Pauli ad Romanos, Apologia contra Bernardum, hg. v. Eligius M. Buytaert (CCCM, Bd. 11), Turnhout 1969.
–, Opera theologica, Bd. 2: Theologia «Christiana», Theologia «Scholarium» (recensiones breviores), Capitula haeresum Petri Abaelardi, hg. v. Eligius M. Buytaert (CCCM, Bd. 12), Turnhout 1969.
–, Opera theologica, Bd. 3: Theologia «Summi boni», Theologia «Scholarium», hg. v. Eligius M. Buytaert/Constant J. Mews (CCCM, Bd. 13), Turnhout 1987.
–, Opera theologica, Bd. 4: Scito te ipsum, hg. v. Rainer M. Ilgner (CCCM, Bd. 190), Turnhout 2001.
–, Opera theologica, Bd. 5: Expositio in Hexaemeron, Abbreviatio Petri Abaelardi expositionis in Hexaemeron, hg. v. Mary Romig/Charles S. F. Burnett (CCCM, Bd. 15), Turnhout 2004.
–, Opera theologica, Bd. 6: Sententie Magistri Petri Abaelardi, Liber Sententiarum Magistri Petri, hg. v. David Luscombe/Constant Mews (CCCM, Bd. 14), Turnhout 2006.
–, Philosophische Schriften, hg. v. Bernhard Geyer. 4 Teile (BGPhThM, Bd. 21, 1–4), Münster 1919–1933.
–, Problemata Heloissae, in: MPL, Bd. 178, Sp. 677–730.
–, Scito te ipsum, hg. v. Rainer M. Ilgner (FCh, Bd. 44), Turnhout 2011.
–, Scritti filosofici, hg. v. Mario dal Pra (Nuova Biblioteca Filosofica, ser. 2, Bd. 3), Rom/Mailand 1954.
–, Sic et Non, hg. v. Blanche B. Boyer/Richard McKeon, Chicago/London 1976/1977.

–, Theologia «Scholarium», hg. v. Matthias Perkams (HBPM, Bd. 24), Freiburg i. Br./Basel/Wien 2010.

–/Heloise, Briefwechsel, übers. v. Hans-Wolfgang Krautz, Stuttgart 1989.

–/–, Letter Collection, hg. v. David Luscombe/Betty Radice, Oxford 2013.

Accessus ad auctores: Bernard d'Utrecht, Conrad d'Hirsau: Dialogus super auctores, hg. v. Robert B. C. Huygens, Leiden 1970.

Adam von Perseigne, Lettres, hg. v. Jean Bouvet (SC, Bd. 66), Paris 1960.

Adelard von Bath, Conversations with his Nephew: On the Same and the Different, Questions on Natural Science, On Birds, hg. v. Charles S. F. Burnett (Cambridge Medieval Classics, Bd. 9), Cambridge/New York 1998.

Ademar von Chabannes, Chronicon, hg. v. Pascale Bourgain (CCCM, Bd. 129), Turnhout 1999.

–, Epistola de apostolatu sancti Martialis, in: MPL, Bd. 141, Sp. 87–112.

Aelred von Rievaulx, Opera omnia, Bd. 1: Opera ascetica, hg. v. Anselm Hoste/Charles H. Talbot (CCCM, Bd. 1), Turnhout 1971.

Die ältere Wormser Briefsammlung, hg. v. Walther Bulst (MGH BdK, Bd. 3), Weimar 1949.

Al-Fārābī, De scientiis secundum versionem Dominici Gundisalvi, hg. v. Jakob Hans Josef Schneider (HBPM, Bd. 9), Freiburg i. Br./Basel/Wien 2006.

–, Über die Wissenschaften – De scientiis. Nach der lateinischen Übersetzung Gerhards von Cremona, hg. v. Franz Schupp (Philosophische Bibliothek, Bd. 568), Hamburg 2005.

Alain de Lille s. Alanus ab Insulis

Alanus ab Insulis, De fide catholica contra haereticos sui temporis, praesertim Albigenses, in: MPL, Bd. 210, Sp. 305–430.

–, Regulae theologiae, hg. v. Andreas Niederberger/Miriam Pahlsmeier (HBPM, Bd. 20), Freiburg i. Br. 2009.

–, Textes inédits, hg. v. Marie Therèse d'Alverny (Etudes de philosophie médiévale, Bd. 52), Paris 1965.

Albert von Metz, De diversitate temporum et fragmentum de Deoderico primo episcopo Mettensi, hg. v. Hans van Rij/Anna Sapir Abulafia, Amsterdam 1980.

Analecta Dublinensia: Three Medieval Latin Texts in the Library of the Trinity College Dublin, hg. v. Marvin Colker, Cambridge, Mass. 1975.

Anselm von Besate s. Gunzo, Epistola ad Augienses – Anselm von Besate, Rhetorimachia.

Anselm von Canterbury, Opera omnia (6 Bd.e in 2 Bd.en), hg. v. Franz Salesius Schmitt, Stuttgart-Bad Cannstatt 1968 [Bandzählung und Paginierung in den Anmerkungen nach den ursprünglichen 6 Bd.en Seckau/Rom/Edinburgh 1938–1961].

Anselm von Havelberg, Anticimenon (Über die eine Kirche von Abel bis zum letzten Erwählten und von Ost bis West), eingel., übers. u. komm. v. Hermann Josef Sieben (Archa verbi – Subsidia, Bd. 7), Münster 2010.

–, Dialogi, in: MPL, Bd. 188, Sp. 1139–1248.

Anselm von Lüttich, Gesta episcoporum Leodiensium, hg. v. Rudolf Koepke, in: MGH SS, Bd. 7 (1846), S. 190–234.
Apologiae duae. Gozechini epistola ad Walcherum, Burchardi, ut videtur, abbatis Bellevallis apologia de barbis, hg. v. Robert B. C. Huygens/Giles Constable (CCCM, Bd. 62), Turnhout 1985.
Aristoteles, Philosophische Schriften. 6 Bd.e, übers. v. Eugen Rolfes/Hermann Bonitz/Willy Theiler u. a., Darmstadt 1995.
Arnulf von Lisieux, Gedichte, hg. v. Ewald Könsgen, Heidelberg 2002.
–, Invectiva in Girardum Engolismensem episcopum, hg. v. Julius Dieterich, in: MGH Ldl, Bd. 3 (1897), S. 81–108.
–, Letters, hg. v. Frank Barlow (Camden Third Series, Bd. 61), London 1939.
Augustinus, Confessiones, hg. v. Kurt Flasch/Burkhard Mojsisch, Stuttgart 2009.
–, Opera: Confessiones, hg. v. Lucas Verheijen (CCSL, Bd. 27), Turnhout 1981.
–, Opera, Bd. 2.2: Contra academicos – De beata vita – De ordine – De magistro – De libero arbitrio, hg. v. William M. Green (CCSL, Bd. 29), Turnhout 1970.
–, Opera, Bd. 4.1: De doctrina christiana – De vera religione, hg. v. Joseph Martin (CCSL, Bd. 32), Turnhout 1962.
–, Opera, Bd. 12.1: Quaestiones evangeliorum cum appendice Quaestionum XVI in Matthaeum, hg. v. Almut Mutzenbecher (CCSL, Bd. 44B), Turnhout 1980.
–, Opera [ohne Bandzählung]: Retractationum libri II, hg. v. Almut Mutzenbecher (CCSL, Bd. 57), Turnhout 1984.
–, Über den Lehrer, übers. v. Burkhard Mojsisch, Stuttgart 1998.

Baudri de Bourgueil, Historia magistri Roberti, in: Jacques Dalarun (Hg.), Les deux vies de Robert d'Arbrissel, fondateur de Fontevraud. Légendes, écrits et témoignages, Turnhout 2006, S. 13–187.
Benediktsregel, hg. v. Ulrich Faust, Stuttgart 2009.
Berengar von Tours, Rescriptum contra Lanfrancum, hg. v. Robert B. C. Huygens (CCCM, Bd. 84), Turnhout 1988.
Bernhard von Chartres, Glossae super Platonem, hg. v. Paul E. Dutton (Studies and Texts, Bd. 107), Toronto 1991.
Bernhard von Clairvaux, Epistolae, in: MPL, Bd. 182, Sp. 67–716.
–, Sämtliche Werke lat.-dt., hg. v. Gerhard B. Winkler. 10 Bd.e, Innsbruck 1990–1999.
Bernold von St. Blasien, s. Berthold und Bernold
Berthold und Bernold, Chroniken, hg. v. Ian Stuart Robinson (FStGA, Bd. 14), Darmstadt 2002.
Boethius, Commentarii in librum Aristotelis «Peri hermeneias», hg. v. Karl Meiser, Leipzig 1877.
–, De differentiis topicis, in: MPL, Bd. 64, Sp. 1173–1216.
–, In Isagogen Porphyrii commenta, hg. v. Samuel Brandt (Corpus Scriptorum Ecclesiasticorum Latinorum, Bd. 48), Wien/Leipzig 1906.
–, Philosophiae consolatio, hg. v. Ludwig Bieler (CCSL, Bd. 94), Turnhout 1984.

Bonaventura, Itinerarium mentis in Deum, hg. v. Marianne Schlosser (Theologie der Spiritualität, Bd. 3), Münster 2004.
Die Briefe des heiligen Bonifatius und Lullus, hg. v. Michael Tangl (MGH Epp. sel. 1), Berlin 1916.
Bulgarus, Excerpta legum, hg. v. Ludwig Wahrmund (Quellen zur Geschichte des römisch-kanonischen Prozesses im Mittelalter, Bd. 4,1), Innsbruck 1925.
Burchard von Ursberg, Chronik, hg. v. Oswald Holder-Egger/Bernhard von Simson (MGH SS rG, Bd. 16), Hannover/Leipzig 1916.

Caesarius von Arles, Opera omnia, Bd. 2, hg. v. Germain Morin, Brügge 1942.
Cartulaire général de Paris, Bd. 1, hg. v. Robert de Lasteyrie, Paris 1887.
Cartulaire de Notre-Dame de Chartres, hg. v. Eugène de Lépinois/Lucien Merlet, Bd. 1 (Société archéologique d'Eure-et-Loir, Bd. 1), Chartres 1865.
Cassiodor, Institutiones, hg. v. Roger A. B. Mynors, 2. Aufl., Oxford 1961.
Chartularium Studii Bononiensis. Documenti per la storia dell'università di Bologna dalle origini fino al secolo XV, Bd. 1, Bologna 1909.
Chartularium Universitatis Parisiensis, hg. v. Heinrich Denifle/Émile Châtelain. 4 Bd.e, Paris 1889–1897.
Chronicon Beccensis Abbatiae, in: MPL, Bd. 150, Sp. 639–690.
Chronicon Sancti Andreae Castri Cameracesii, hg. v. Ludwig Bethmann, in: MGH SS, Bd. 7, S. 526–550.
Chronicon Sancti Huberti Andaginensis, hg. v. Ludwig Bethmann/Wilhelm Wattenbach, in: MGH SS, Bd. 8, S. 565–630.
Die Chroniken der deutschen Städte, Bd. 14: Die Chroniken der niederrheinischen Städte – Cöln, Bd. 3, Leipzig 1877.
La Chronique de Morigny (1095–1152), hg. v. Léon Mirot (Collection de textes, Bd. 41), 2. Aufl., Paris 1912.
Cicero, De officiis, hg. v. Heinz Gunermann, Stuttgart 1976.
–, Gespräche in Tuskulum, hg. v. Karl Büchner, 2. Aufl., Zürich 1966.
Clarembald von Arras, The Boethian Commentaries, hg. v. David B. George/ John R. Fortin (Notre Dame Texts in Medieval Culture, Bd. 7), Notre Dame, Ind. 2002.
Codex Udalrici, hg. v. Klaus Naß. 2 Bd.e (MGH BdK, Bd. 10,1–2), Wiesbaden 2017.
Corpus Consuetudinum Monasticarum, Bd. 7,3: Consuetudinum Saeculi X/XI/ XII Monumenta Non-Cluniacensia, hg. v. Kassius Hallinger, Siegburg 1984.
Corpus documentorum inquisitionis haereticae pravitatis Neerlandicae. Bd. 1, hg. v. Paul Fredericq (Hoogeschool van Gent – Werken van den practischen leergang van vaderlandsche geschiedenis, Bd. 1), Gent/S'Gravenhage 1889.
Corpus iuris canonici, hg. v. Emil Friedberg. 2 Bd.e, Ndr. Graz 1955.
Corpus iuris civilis. Text und Übersetzung. Bd. 1: Institutionen, hg. v. Okko Behrends/Rolf Knütel/Berthold Kupisch et al., Heidelberg 1997.
–, Bd. 2/3: Digesten, hg. v. Okko Behrends/Rolf Knütel/Berthold Kupisch et al., Heidelberg 1995/1999.

Delisle, Léopold (Hg), Recueil des Historiens des Gaules et de la France, Nouvelle Édition. 24 vols., Paris 1869–1904.

Dominicus Gundissalinus, De divisione philosophiae, hg. v. Ludwig Baur, nebst einer Geschichte der philosophischen Einleitung bis zum Ende der Scholastik (Beitrr. z. Gesch. d. Philosophie des Mittelalters, Bd. 4,2/3), Münster 1903.

–, De divisione philosophiae – Über die Einteilung der Philosophie, hg. v. Alexander Fidora/Dorothée Werner (HBPM, Bd. 11), Freiburg i. Br./Basel/Wien 2007.

Eadmer, The Life of St Anselm, Archbishop of Canterbury, hg. v. Richard W. Southern, repr. Oxford 1972.

Einhard, Vita Karoli magni, hg. v. Georg Heinrich Pertz/Georg Waitz (MGH SS rG, Bd. 25), Hannover 1911.

Ekkehart IV., Casus sancti Galli, hg. v. Ernst Tremp, erscheint 2018 als MGH SS rG.

Epistolae obscurorum virorum, Bd. 2, hg. v. Aloys Bömer, Heidelberg 1924.

Epitaphia Abaelardi, in: MPL, Bd. 178, S. 103–106.

Formulae Merowingici et Karolini Aevi, hg. v. Karl Zeumer (MGH Leges, Abt. 5), Hannover 1886.

Fulbert von Chartres, Letters, hg. v. Frederick Behrends, Oxford 1976.

Garlandus Compotista [tatsächl. Gerland von Besançon], Dialectica, hg. v. Lambert Marie de Rijk, Assen 1959.

Gaufridus Grossus, Vita beati Bernardi fundatoris congregationis de Tironio in Gallia, in: MPL, Bd. 172, Sp. 1363–1446.

Gellius, Noctes Atticae, hg. v. John C. Rolfe, 3 Bd.e, Cambridge 1946.

Gerhoch von Reichersberg, Epistolae, in: MPL, Bd. 193, Sp. 489–618.

–, Letter to Pope Hadrian about the Novelties of the Day, hg. v. Nikolaus M. Häring (Studies and Texts, Bd. 24), Toronto 1974.

–, Libelli selecti, hg. v. Ernst Sackur, in: MGH Ldl, Bd. 3 (1897), S. 131–525.

Die Geschichte vom Leben des Johannes, Abt des Klosters Gorze, hg. v. Peter Christian Jacobsen (MGH SS rG, Bd. 81), Wiesbaden 2016.

Gilbert Crispin, Works, hg. v. Anna Sapir Abulafia/Gillian Rosemary Evans (Auctores Britannici Medii Aevi, Bd. 8), London 1986.

–, Religionsgespräche mit einem Juden und einem Heiden, hg. v. Karl Werner Wilhelm/Gerhard Wilhelmi (Herder Bibliothek der Philosophie des Mittelalters, Bd. 1), Freiburg i. Br. 2004.

Gilbert Foliot, Letters and Charters, hg. v. Adrian Morey/Christopher N. L. Brooke, Cambridge 1967.

Gilbert von Poitiers, The Commentaries on Boethius, hg. v. Nikolaus M. Häring (Studies and Texts, Bd. 13), Toronto 1966.

Giraldus Cambrensis, Opera, Bd. 1: De rebus a se gestis libri III, Invectionum libellus, Symbolum electorum, hg. v. John S. Brewer (RS, Bd. 21,1), London 1861.

–, Opera, Bd. 2: Gemma ecclesiastica, hg. v. John S. Brewer (RS, Bd. 21,2), London 1862.
Gottfried von Auxerre, Fragmenta ex tertia vita sancti Bernardi, in: MPL, Bd. 185, Sp. 523–530.
Gottfried von St. Victor, Microcosmus, hg. v. Philippe Delhaye (Mémoires et travaux publiés par les professeurs des Facultés catholiques de Lille, Bd. 56), Lille/Gembloux 1951.
–, Notitia et fragmenta, in: MPL, Bd. 196, Sp. 1417–1422.
Gregor der Große, Dialogi, hg. v. Umberto Moricca (Fonti per la Storia d'Italia, Bd. 57), Rom 1924.
Guibert von Nogent, Autobiographie, hg. v. Edmond-René Labande, Paris 1981.
–, Die Autobiographie, eingel. und übers. v. Walter Berschin/Elmar Wilhelm (Bibliothek der Mittellateinischen Literatur 10), Stuttgart 2012.
Guitmund von Aversa, De corporis et sanguinis Christi veritate in eucharistia libri tres, in: MPL, Bd. 149, Sp. 1427–1494.
Gunzo, Epistola ad Augienses – Anselm von Besate, Rhetorimachia, hg. v. Karl Manitius (MGH QQ Gg, Bd. 2), Weimar 1958.

Helinand von Froidmont, Sermones, in: MPL, Bd. 212, Sp. 481–720.
Helmold von Bosau, Slawenchronik, hg. v. Heinz Stoob (FStGA, Bd. 19), Darmstadt 1963.
Hermann von Tournai, Liber de restauratione monasterii sancti Martini Tornacensis, hg. v. Georg Waitz, in: MGH SS, Bd. 14 (1883), S. 274–327.
Hermannus quondam Judaeus, Opusculum de conversione sua, hg. v. Gerlinde Niemeyer (MGH QQ Gg, Bd. 4), Weimar 1963.
Herodot, Historien, hg. v. Josef Feix. 2 Bd.e, Zürich 1995.
Hieronymus, Opera, Bd. 1,3: In Hieremiam libri VI, hg. v. Siegfried Reiter (CCCL, Bd. 74), Turnhout 1960.
–, Opera, Bd. 3,5: Adversus Vigilantium, hg. v. Jean-Louis Feiertag (CCCL, Bd. 79C), Turnhout 2005.
Hildebert von Lavardin, Epistolae, in: MPL, Bd. 171, Sp. 141–312.
Hildemar von Corbie, Expositio regulae [Benedicti], hg. v. Rupert Mittermüller, Regensburg 1880.
Horaz, Satires, Epistles and Ars Poetica, hg. v. H. Rushton Fairclough, Cambridge, Mass./London 1926.
Hugo Metellus, Epistolae, in: Charles Louis Hugo (Hg.), Sacrae antiquitatis monumenta historica, dogmatica, diplomatica, Bd. 2, St.-Dié 1731, S. 312–412.
Hugo von St. Victor, Didascalicon de studio legendi, hg. v. Thilo Offergeld (FCh, Bd. 27), Freiburg i. Br. 1997.
–, De sapientia animae Christi, in: MPL, Bd. 176, Sp. 845–856.
Hugo Metellus, Epistolae, in: MPL, Bd. 188, Sp. 1269–1276.

Innozenz II., Epistolae et privilegia, in: MPL, Bd. 179, Sp. 53–674.
Isaak von Stella, Sermones. Im Anhang: De anima, De officio missae. 3 Bd.e, hg.

v. Wolfgang Gottfried Buchmüller/Bernhard Kohout-Berghammer (FCh, Bd. 52, 1–3), Freiburg i. Br./Basel/Wien 2012–2013.
Isidor von Sevilla, Etymologiarum sive originum libri 20, hg. v. Wallace Martin Lindsay. 2 Bd.e, Oxford 1911.
Ivo von Chartres, Correspondance, Bd. 1, hg. v. Jean Leclercq (Les classiques de l'histoire de France au Moyen Âge, Bd. 22), Paris 1949.
–, Epistolae, in: MPL, Bd. 162, Sp. 9–288.

Jacob von Vitry, Die Exempla aus den Sermones feriales et communes, hg. v. Joseph Greven, Heidelberg 1914.
–, Historia Occidentalis, hg. v. John Frederick Hinnebusch (Spicilegium Friburgense, Bd. 17), Fribourg 1972.
Johannes de Hauvilla, Architrenius, hg. v. Paul Gerhard Schmidt, München 1974.
Johann von Salisbury, Entheticus maior and minor, hg. v. Jan van Laarhoven. 2 Bd.e (Studien und Texte zur Geistesgeschichte des Mittelalters, Bd. 17), Leiden/New York/Kopenhagen u. a. 1987.
–, Historia pontificalis, hg. v. Marjorie Chibnall. Ndr. Oxford 2002.
–, Letters, Bd. 1, hg. v. W.J. Millor/S.J. Butler/H.E. Butler/Christopher N.L. Brooke, London/Edinburgh/Paris u. a. 1955.
–, Letters, Bd. 2, hg. v. W.J. Millor/Christopher N.L. Brooke, Oxford 1979.
–, Metalogicon, hg. v. J.B. Hall/K.S.B. Keats-Rohan (CCCM, Bd. 98), Turnhout 1991.
–, Metalogicon, übers. u. komment. v. J.B. Hall/Julian P. Haseldine (Corpus Christianorum in Translation, Bd. 12), Turnhout 2013.
–, Policratici sive De nugis curialium et vestigiis philosophorum libri VIII, hg. v. Clemens C.I. Webb. 2 Bd.e, London 1909.

Langosch, Karl (Hg.), Vagantendichtung, 2. Aufl., Leipzig 1984.
Libellus de diversis ordinibus et professionibus qui sunt in aecclesia, hg. v. Giles Constable/Bernard S. Smith, rev. ed.n Oxford 2003.
Liber ordinis sancti Victoris Parisiensis, hg. v. Luc Jocqué/Ludo Milis (CCCM, Bd. 61), Turnhout 1984.
Luchaire, Achille (Hg.), Louis VI le Gros. Annales de sa vie et de son règne (1081–1137), Paris 1890.
Ludus de Antichristo, hg. v. Rolf Engelsing, Stuttgart 1968.
Lygdamus, Corpus Tibullianum III.1–6 – Lygdami elegiarum liber, hg. v. Fernando Navarro Antolin, Leiden/New York/Köln 1996.

Macrobius, Commentarii in somnium Scipionis, hg. v. James A. Willis, 2. Aufl., Leipzig 1970.
Manegold von Lautenbach, Liber contra Wolfelmum, hg. v. Wilfried Hartmann (MGH QQ Gg, Bd. 8), Weimar 1972.
–, Liber contra Wolfelmum, übers. v. Robert Ziomkowski, Paris/Leuven/Dudley, MA 2002.

Mansi, Sacrorum conciliorum [...] collectio. 32 Bd.e, Florenz/Venedig 1758–1798.

Martianus Capella, De nuptiis Philologiae et Mercurii, Bücher 1–2, hg. Lucio Cristante (Bibliotheca Weidmanniana, Bd. 15,1), Hildesheim 2011.

Milo Crispin, Vita beati Lanfranci, archiepiscopi Cantuariensis, in: MPL, Bd. 150, Sp. 19–58.

Miracula sancti Liutwini, hg. v. Heinrich Volbert Sauerland, in: MGH SS, Bd. 15,2 (1888), S. 1261–1268.

Monumenta Bambergensia, hg. v. Philipp Jaffé (Bibliotheca rerum Germanicarum, Bd. 5), Berlin 1869.

Necrologium abbatiae Sancti Victoris Parisiensis, hg. v. Ursula Vones-Liebenstein/ Monika Seifert (CV – Opera ad fidem codicum recollecta, Bd. 1), Münster 2012.

Nicolaus Maniacoria, Suffraganeus bibliothece, hg. v. Cornelia Linde (CCCM, Bd. 262), Turnhout 2013.

Nigel Wireker s. Nigellus de Longo Campo

Nigellus de Longo Campo (Nigel Wireker), Speculum stultorum, in: Thomas Wright (Hg.), The Anglo-Latin Satirial Poets and Epigrammatists of the Twelfth Century (Rerum Britannicarum Medii Aevi Scriptores, Bd. 59,1), London 1872, S. 3–145.

–, Tractatus contra curiales et officiales clericos, hg. v. André Boutemy, Paris 1959.

Norbert von Iburg, Vita Bennonis II. episcopi Osnabrugensis, hg. v. Harry Bresslau, in: MGH SS, Bd. 30.2 (1926), S. 869–892.

Notker der Stammler, Taten Kaiser Karls des Großen, hg. v. Hans F. Haefele (MGH SS N. S., Bd. 12), Berlin 1959.

Der Oberrheinische Revolutionär. Das buchli der hundert capiteln mit xxxx statuten, hg. v. Klaus Lauterbach (MGH Staatsschr., Bd. 7), Hannover 2009.

Otto von Freising, Chronica sive historia de duabus civitatibus, hg. v. Adolf Hofmeister (MGH SS rG, Bd. 45), Hannover/Leipzig 1912.

–/Rahewin, Die Taten Friedrichs oder richtiger Cronica, hg. v. Adolf Schmidt/ Franz-Josef Schmale (FStGA, Bd. 17), Darmstadt 1965.

Ovid, Liebesgedichte. Amores, hg. v. Niklas Holzberg, Düsseldorf/Zürich 2002.

Peter von Blois, Epistolae, in: MPL, Bd. 207, Sp. 1–560.

–, Later Letters, hg. v. Elizabeth Revell (Auctores Britannici Medii Aevi, Bd. 13), Oxford 1993.

Peter von Celle, Letters, hg. v. Julian Haseldine, Oxford 2001.

Petrus Blesensis s. Peter von Blois

Petrus Cantor, Verbum adbreviatum: Textus conflatus, hg. v. Monique Boutry (CCCM, Gd. 196 A), Turnhout 2004.

Petrus Damiani, Briefe, hg. v. Kurt Reindel (MGH BdK 4, 1–4), München 1983–1993.

–, Lettre sur la toute-puissance divine, hg. v. André Cantin (SC, Bd. 191), Paris 1972.

–, Opusculum 45 De sancta simplicitate scientiae inflanti anteponenda, in: MPL, Bd. 145, Sp. 695–706.
–, Sermones, hg. v. Giovanni Lucchesi (CCCM, Bd. 57), Turnhout 1983.
–, Vita Romualdi, hg. v. Giovanni Tabacco (Fonti per la storia d'Italia, Band 94), Rom 1957.
Petrus Helias, Summa super Priscianum. 2 Bd.e, hg. v. Leo Reilly (Studies and Texts, Bd. 113), Toronto 1993.
Petrus Venerabilis, Letters, hg. v. Giles Constable. 2 Bd.e, Cambridge, MA 1967.
Porphyrius, Isagoge. Texte grec, translatio Boethii, traduction, hg. v. Alain de Libera/Alain Philippe Segonds, Paris 1998.
Priscianus, Institutionum grammaticarum libri XVIII. Ex recensione Martini Hertzii. 2 Bd.e, hg. v. Heinrich Keil (Grammatici Latini, Bd. 2/3), Leipzig 1855.

Questiones de iuris subtilitatibus, hg. v. Ginevra Zanetti (Biblioteca di studi superiori, Bd. 16), Florenz 1958.

Radulfus Ardens, Homiliae, in: MPL, Bd. 155, Sp. 1299–2118.
Recueil des Actes de Louis VI, roi de France (1108–1137), Bd. 1, hg. v. Jean Dufour (Chartes et Diplômes relatifs à l'Histoire de France, Bd. 10,1), Paris 1992.
Regensburger rhetorische Briefe, hg. v. Norbert Fickermann, in: Karl Erdmann/ders. (Hg.), Briefsammlungen der Zeit Heinrichs IV. (MGH BdK, Bd. 5), Weimar 1950, S. 259–382.
Das Register Gregors VII., 2 Bd.e, hg. v. Erich Caspar (MGH Epp. sel. 2), Berlin 1920.
Richard von Cluny (Ricardus Pictaviensis), Chronik, in: MGH SS, Bd. 26 (1882), S. 74–82.
Richard von Ely, Dialogus de Scaccario, hg. v. Marianne Siegrist, Zürich/Stuttgart 1963.
Richard FitzNigel s. Richard von Ely
Rigord/Guillaume le Breton, Œuvres, hg. v. François Delaborde. 2 Bd.e, Paris 1882/85.
Robert von Torigny (Robertus de Monte), Chronica, hg. v. Ludwig Konrad Bethmann, in: MGH SS, Bd. 6 (1844), S. 475–535.
–, Tractatus de immutatione ordinis monachorum, in: MPL, Bd. 202, Sp. 1309–1320.
Robertus de Monte s. Robert von Torigny
Rodulfus Glaber, Historiarum libri quinque, hg. v. John France, Oxford 1989
Roger of Hoveden, Chronica, hg. v. William Stubbs. 4 Bd.e (RS, Bd. 51, 1–4), London 1868–1871.
Roscelin von Compiègne, Epistola ad Petrum [Abaelardum], in: MPL, Bd. 178, Sp. 357–372.
Ruotger, Lebensbeschreibung des Erzbischofs Bruno von Köln, hg. v. Irene Ott (MGH SS N. S., Bd. 10), Weimar 1951.

Rupert von Deutz, De gloria et honore filii hominis super Mattheum, hg. v. Raban Haacke O. S. B. (CCCM, Bd. 29), Turnhout 1979.

–, Os meum aperui. Die Autobiographie, übers. v. Walter Berschin, Köln 1985.

–, Super quaedam capitula regulae divi Benedicti abbatis, in: MPL, Bd. 170, Sp. 477–538.

–, De vita vere apostolica, in: MPL, Bd. 170, Sp. 609–664.

Salimbene von Adam, Cronica, hg. v. Oswald Holder-Egger (MGH SS, Bd. 32), Hannover/Leipzig 1905–1913.

Das St. Trudperter Hohelied. Eine Lehre der liebenden Gotteserkenntnis, hg. v. Friedrich Ohly/Nicola Kleine (Bibliothek des Mittelalters, Bd. 2), Frankfurt am Main 1998.

Schriften zur Komputistik im Frankenreich von 721 bis 818, hg. v. Arno Borst. 3 Bd.e (MGH QQ Gg, Bd. 21,1–3), Hannover 2006.

Seneca, Epistulae Morales ad Lucilium, hg. v. Franz Loretto, Stuttgart 2001.

Sententiae Florianenses, hg. v. Heinrich Ostlender (Florilegium Patristicum, Bd. 19), Bonn 1929.

Shakespeare, William, The Second Part of King Henry VI, hg. v. Michael Hattaway (The New Cambridge Shakespeare), Cambridge/New York/Melbourne 1991.

Sigebert von Gembloux, Catalogus de viris illustribus, hg. v. Robert Witte (Lateinische Sprache und Literatur des Mittelalters, Bd. 1), Frankfurt am Main 1974.

Simon von Tournai, Disputationes, hg. v. Joseph Warichez (Spicilegium sacrum Lovaniense, Bd. 12), Louvain 1932.

Spicilegium Liberianum, hg. v. Francesco Liverani, Florenz 1863.

Suger von Saint-Denis, Ausgewählte Schriften, hg. v. Andreas Speer/Günther Binding u. a., Darmstadt 2000.

Die Tegernseer Briefsammlung des 12. Jahrhunderts, hg. v. Helmut Plechl/Werner Bergmann (MGH BdK, Bd. 8), Hannover 2002.

Die Tegernseer Briefsammlung (Froumund), hg. v. Karl Strecker (MGH Epp. sel. 3), Berlin 1925.

Tertullian, Apologeticum, hg. v. Tobias Georges (FCh, Bd. 62), Freiburg i. Br. 2015.

Thangmar, Vita Bernwardi episcopi Hildesheimensis, hg. v. Georg Heinrich Pertz, in: MGH SS, Bd. 4 (1841), S. 754–782.

Thomas von Aquin, Expositio super librum Boethii De trinitate I, hg. v. Peter Hoffmann/Hermann Schrödter. 2 Bd.e (HBPM, Bd. 3/1,2), Freiburg/Basel/Wien 2006.

Three Latin Comedies, hg. v. Keith Bate, Toronto 1976.

Die Urkunden Friedrichs I. 1158–1167, hg. v. Heinrich Appelt/Rainer Maria Herkenrath/Walter Koch (MGH DD, Bd. 10,2), Hannover 1979.

Vergil, Eclogae, hg. v. H. E. Gould, New York 1967.
Vie de Saint Étienne d'Obazine, hg. v. Michel Aubrun, Clermont-Ferrand 1970.

Wibald von Stablo und Corvey, Briefbuch, hg. v. Martina Hartmann. 3 Bd e (MGH BdK, Bd. 9, 1–3), Hannover 2012.
Wilhelm von Conches, Dragmaticon Philosophiae, hg. v. Italo Ronca (CCCM, Bd. 152), Turnhout 1997.
–, Philosophia, hg. v. Gregor Maurach, Pretoria 1980.
Wilhelm von Malmesbury, Gesta regum Anglorum, hg. v. Roger A. B. Mynors/Rodney M. Thomson/Michael Winterbottom. 2 Bd.e, Oxford 1998/1999.
Wilhelm von Saint-Thierry, Opera omnia, Bd. 1: Expositio super Epistolam ad Romanos, hg. v. Paul Verdeyen (CCCM, Bd. 86), Turnhout 1989.
–, Opera onmia, Bd. 3: Opera didactica et spiritualia, hg. v. Stanislav Ceglar/Paul Verdeyen (CCCM, Bd. 88), Turnhout 2003.
–, Opera omnia, Bd. 5: Opuscula contra Petrum Abaelardum et de fide, hg. v. Paul Verdeyen (CCCM, Bd. 89A), Turnhout 2007.
–, Opera omnia, Bd. 6: Vita prima Sancti Bernardi Claraevallis abbatis, hg. v. Paul Verdeyen/Christine Vande Veire (CCCM, Bd. 89 B), Turnhout 2011.
–, Oraisons méditatives, hg. v. Jacques Hourlier (SC, Bd. 324), Paris 1985.
Wilhelm von Tocco, Vita des heiligen Thomas von Aquin, in: Acta Sanctorum März, Bd. 1, Antwerpen 1668, S. 657–685.
Wilhelm von Tyrus, Chronik, hg. v. Robert B. C. Huygens (CCCM, Bd. 63). 2 Bd.e, Turnhout 1986.
Williram von Ebersberg, Expositio in Cantica Canticorum, hg. v. Erminnie Hollis Bartelemez, Philadelphia 1967.

Yvo s. Ivo

Literatur

Aertsen, Jan A., Entretien avec Alain de Libera, in: RThPhM 65 (1998), S. 168–175.

–/Andreas Speer (Hg.), Individuum und Individualität im Mittelalter (MM, Bd. 24), Berlin/New York 1996.

Algazi, Gadi, Gelehrte Zerstreutheit und gelernte Vergeßlichkeit, in: Peter von Moos (Hg.), Der Fehltritt. Vergehen und Versehen in der Vormoderne, Köln 2001, S. 235–250.

–, «Sich selbst vergessen» im späten Mittelalter. Denkfiguren und soziale Konfigurationen, in: Otto Gerhard Oexle (Hg.), Memoria als Kultur (VMPIG, Bd. 121), Göttingen 1995, S. 387–427.

Altrichter, Herbert/Waltraud Kannonier-Finster/Meinrad Ziegler, Das Theorie-Praxis-Verhältnis in den Sozialwissenschaften, in: Helmut Heid (Hg.), Verwertbarkeit. Ein Qualitätskriterium (erziehungs-)wissenschaftlichen Wissens?, Wiesbaden 2005, S. 119–142.

Arlig, Jeremy, Early Medieval Solutions to Some Mereological Puzzles. The Content and Unity of «De generibus et speciebus», in: Irène Rosier-Catach (Hg.), Arts du langage et théologie aux confins des XIe et XIIe siècle. Textes, maîtres, débats (SArt, Bd. 26), Turnhout 2011, S. 485–508.

Arlinghaus, Franz-Josef, Petrus Abaelardus als Kronzeuge der «Individualität» im 12. Jahrhundert. Einige Fragen, in: Christoph Dartmann/Thomas Scharff/Christoph Friedrich Weber (Hg.), Zwischen Pragmatik und Performanz. Dimensionen mittelalterlicher Schriftkultur (Utrecht Studies in Medieval Literacy, Bd. 18), Turnhout 2011, S. 165–197.

Arnzen, Rüdiger/Guy Guldentops/Andreas Speer/Michele Trizio/David Wirmer, Philosphische Kommentare im Mittelalter – Zugänge und Orientierungen. 3 Teile, in: Allgemeine Zeitschrift für Philosophie 32/33 (2007/2008), S. 2007: 157–177, 259–290; 2008: 31–57.

Ascheri, Mario, I «consilia» dei giuristi: una fonte per il tardo Medioevo, in: Bullettino dell'Istituto Storico Italiano per il Medio Evo 105 (2003), S. 305–334.

Asper, Markus, Leidenschaften und ihre Leser. Abaelard, Heloise und die Rezeptionsforschung, in: Dag Nikolaus Hasse (Hg.), Abaelards «Historia calamitatum». Lateinischer Text und deutsche Übersetzung, Berlin/New York 2002, S. 105–140.

Assmann, Aleida/Dietrich Harth (Hg.), Mnemosyne. Formen und Funktionen der kulturellen Erinnerung, Frankfurt am Main 1991.

Assmann, Jan, Das kulturelle Gedächtnis. Schrift, Erinnerung und politische Identität in frühen Hochkulturen, München 1992.

Baldwin, John W., Masters at Paris, 1179–1215, in: Robert Louis Benson/Giles Constable (Hg.), Renaissance and Renewal in the Twelfth Century, Cambridge 1982, S. 154–158.

–, Masters, Princes and Merchants. The Social Views of Peter the Chanter and his Circle. 2 Bd.e, Princeton 1970.

Balsan, Alain, Valence et Grenoble, une longue rivalité, in: Michel Bideaux/Marie-Madeleine Fragonard (Hg.), Les Échanges entre les Universités européenes à la Renaissance, Genève 2003, S. 331–335.

de Balzac, Honoré, L'interdiction, suivie de la messe de l'athée, Brüssel 1836.

Barrow, Julia/Charles S. F. Burnett/David E. Luscombe, A Checklist of the Manuscripts containing the Writings of Peter Abelard and Heloise and other Works Closely associated with Abelard and his School, in: Revue d'histoire des textes 14–15 (1984–1985), S. 183–301.

Barthélemy, Dominique, Les hérétiques de l'an mil, in: L'Histoire 156 (1992), S. 22–31.

Bautier, Robert-Henri, Les origines et les premiers développements de l'abbaye Saint-Victor de Paris, in: Jean Longère (Hg.), L'abbaye parisienne de Saint-Victor au moyen âge. Communications présentées au XIIIe Colloque d'Humanisme médiéval de Paris (1986–1988) (BibVic, Bd. 1), Paris 1991, S. 23–52.

–, Paris au temps d'Abélard, in: Jean Jolivet (Hg.), Abélard et son temps. Actes du colloque international organisé à l'occasion du 9e centenaire de la naissance de Pierre Abélard (14–19 mai 1979), Paris 1981, S. 21–77.

Bayer, Oswald/Albrecht Peters, Art. «Theologie», in: Historisches Wörterbuch der Philosophie 10 (1998), Sp. 1080–1095.

Becker, Julia/Tino Licht/Stefan Weinfurter (Hg.), Karolingische Klöster. Wissenstransfer und kulturelle Innovation (Materiale Textkulturen, Bd. 4), Berlin 2015.

Behrens, Katharina, Scham. Zur sozialen Bedeutung eines Gefühls im spätmittelalterlichen England (Historische Semantik, Bd. 20), Göttingen 2014.

Bellomo, Manlio, Europäische Rechtseinheit. Grundlagen und System des Ius Commune, München 2005.

Bennett, Beth S., Teaching Classical Rhetoric in Practice. Evidence from Anselm de Besate, in: Juanita Feros Ruys/John O. Ward/Melanie Heyworth (Hg.), The Classics in the Medieval and Renaissance Classroom. The Role of Ancient Texts in the Arts Curriculum as revealed by Surviving Manuscripts and Early Printed Books (Disputatio, Bd. 20), Turnhout 2013, S. 61–79.

Benton, John F., The Correspondence of Abelard and Heloise, in: Fälschungen im Mittelalter, Teil 5: Fingierte Briefe. Frömmigkeit und Fälschung. Realienfälschungen (MGH Schr, Bd. 33,5), Hannover 1988, S. 95–120.

Bergemann, Lutz/Martin Dönike/Albert Schirrmeister u. a., Transformation. Ein

Konzept zur Erforschung kulturellen Wandels, in: Hartmut Böhme/Lutz Bergemann/Martin Dönike u. a. (Hg.), Transformation. Ein Konzept zur Erforschung kulturellen Wandels, München 2011, S. 39–56.

Berger, Peter L./Thomas Luckmann, Die gesellschaftliche Konstruktion der Wirklichkeit. Eine Theorie der Wissenssoziologie, 22. Aufl., Frankfurt am Main 2009.

Beriger, Andreas, Orbilius plagosus. Zur Geschichte des prügelnden Lehrers im Spätmittelalter und in der Renaissance, Zug 1990.

Bering, Dietz, Die Intellektuellen. Geschichte eines Schimpfwortes, Stuttgart 1978.

– (Hg.), Die Intellektuellen im Streit der Meinungen, Berlin 2011.

Berman, Harold J., Recht und Revolution. Die Bildung der westlichen Rechtstradition (stw, Bd. 1203), 2. Aufl., Frankfurt am Main 1991.

Bernstein, Alan E., Pierre d'Ailly and the Blanchard Affair. University and Chancellor of Paris at the Beginning of the Great Schism (Studies in Medieval and Reformation Thought, Bd. 24), Leiden 1978.

Bettant, Audry, Les sermons d'Arnoul de Lisieux. [Zusammenfassung der thèse] 2005, URL: http://theses.enc.sorbonne.fr/2005/bettant [zuletzt 2018–04–24].

Bezemer, Kees, What Jacques saw. Thirteenth Century France through the Eyes of Jacques de Revigny, Professor of Law at Orleans (Ius commune Sonderhefte, Bd. 99), Frankfurt am Main 1997.

Bezner, Frank, Wissensmythen. Lateinische Literatur und Rationalisierung im 12. Jahrhundert, in: Wolframstudien 20 (2008), S. 41–71.

Biagioli, Mario, Galilei, der Höfling. Entdeckungen und Etikette: Vom Aufstieg der neuen Wissenschaft, Frankfurt am Main 1999.

Bianchi, Luca, Censure et liberté intellectuelle à l'Université de Paris. XIIIe – XIVe siècles (L'âne d'or, Bd. 9), Paris 1999.

–, New Perspectives on the Condemnation of 1277 and its Aftermath, in: RThPhM 70 (2003), S. 206–229.

Bisson, Thomas N., The Crisis of the Twelfth Century. Power, Lordship, and the Origins of European Government, Princeton, N. J. 2009.

Blair, Ann, Too much to know. Managing Scholarly Information before the Modern Age, New Haven/London 2010.

Blatterer, Harry, Friendship and the Therapeutic Persuasion. Intimacy as Normative Freedom, in: Kornelia Hahn/Cornelia Koppetsch (Hg.), Soziologie des Privaten, Wiesbaden 2011, S. 253–274.

Blum, Rudolf, Die Literaturverzeichnung im Altertum und Mittelalter. Versuch einer Geschichte der Biobibliographie von den Anfängen bis zum Beginn der Neuzeit, in: Archiv für Geschichte des Buchwesens 24 (1983), Sp. 1–256.

Boehm, Laetitia, Libertas scholastica und negotium scholare. Entstehung und Sozialprestige des akademischen Standes im Mittelalter, in: Hellmuth Rössler/Günther Franz (Hg.), Universität und Gelehrtenstand 1400–1800 (Deutsche Führungsschichten in der Neuzeit, Bd. 4), Limburg/Lahn 1970, S. 15–61.

de Boer, Jan-Hendryk, Art. «Disputation, quaestio disputata», in: ders./Marian

Füssel/Maximilian Schuh (Hg.), Universitäre Gelehrtenkultur vom 13.–16. Jahrhundert. Ein interdisziplinäres Quellen- und Methodenhandbuch, Stuttgart 2018, S. 221–254.
–, Art. «Kommentar», in: ders./Marian Füssel/Maximilian Schuh (Hg.), Universitäre Gelehrtenkultur vom 13.–16. Jahrhundert. Ein interdisziplinäres Quellen- und Methodenhandbuch, Stuttgart 2018, S. 265–318.
–, Art. «Zensur und Lehrverurteilungen», in: ders./Marian Füssel/Maximilian Schuh (Hg.), Universitäre Gelehrtenkultur vom 13.–16. Jahrhundert. Ein interdisziplinäres Quellen- und Methodenhandbuch, Stuttgart 2018, S. 357–386.
–, Die Gelehrtenwelt ordnen. Zur Genese des hegemonialen Humanismus um 1500 (SHR, Bd. 101), Tübingen 2017.
–, Unerwartete Absichten. Genealogie des Reuchlinkonflikts (SHR, Bd. 94), Tübingen 2016.
–, Wie aus Agon Antagonismus wird. Scholastisch-humanistische Grenzpolitik um 1500, in: HZ 303 (2016), S. 643–670.
–/Marcel Bubert, Art. «Studienführer», in: ders./Marian Füssel/Maximilian Schuh (Hg.), Universitäre Gelehrtenkultur vom 13.–16. Jahrhundert. Ein interdisziplinäres Quellen- und Methodenhandbuch, Stuttgart 2018, S. 337–355.
Bolgar, Robert R., The Classical Heritage and its Beneficiaries, Cambridge 1954.
Borgolte, Michael, Christen, Juden, Muselmanen. Die Erben der Antike und der Aufstieg des Abendlandes 300 bis 1400 n.Chr., München 2006.
–, Christen und Juden im Disput. Mittelalterliche Religionsgespräche im «spatial turn», in: HZ 286 (2008), S. 359–402.
–, Die Rolle des Stifters bei der Gründung mittelalterlicher Universitäten, erörtert am Beispiel Freiburgs und Basels, in: ders., Stiftung und Memoria, hg. von Tillmann Lohse, Berlin 2012, S. 171–201.
–, Europa entdeckt seine Vielfalt, 1050–1250, Stuttgart 2002.
–, Intellektuelle und die Ordnungen der Welt – universalhistorisch betrachtet, in: Merkur 70 (2016), S. 26–36.
–, Stiftung und Wissenschaft: Historische Argumente für eine Wahlverwandtschaft, in: Jürgen Kocka/Günter Stock (Hg.), Stiften, schenken, prägen. Zivilgesellschaftliche Wissenschaftsförderung im Wandel, Frankfurt am Main 2011, S. 33–41.
–, Universität und Intellektueller – Erfindungen des Mittelalters unter dem Einfluß des Islam?, in: ders., Mittelalter in der größeren Welt. Essays zur Geschichtsschreibung und Beiträge zur Forschung, hg. v. Tillmann Lohse/Benjamin Scheller (Europa im Mittelalter, Bd. 24), Berlin 2014, S. 261–282.
–, Weltgeschichte als Stiftungsgeschichte. Von 3000 v. u. Z. bis 1500 u. Z., Darmstadt 2018.
Borst, Arno, Abaelard und Bernhard, in: ders., Barbaren, Ketzer und Artisten. Welten des Mittelalters, München/Zürich 1988, S. 351–376.
–, Astrolab und Klosterreform an der Jahrtausendwende (SB der Heidelberger AdW, Phil.-Hist. Kl., 1989/1), Heidelberg 1989.
–, Geschichte an mittelalterlichen Universitäten, Konstanz 1969.

–, Krise und Reform der Universitäten im frühen 14. Jahrhundert, in: Mediaevalia Bohemica 3 (1970), S. 123–147.

Boswell, John, Christianity, Social Tolerance, and Homosexuality. Gay People in Western Europe from the Beginning of the Christian Era to the Fourteenth Century, Chicago/London 1980.

Boussard, Jacques/Michel Fleury, Nouvelle histoire de Paris. De la fin du siège de 885–886 à la mort de Philippe Auguste, 2. Aufl., Paris 1997.

Boute, Bruno/Tobias Daniels, Rotuli und Suppliken, in: Jan-Hendryk de Boer/Marian Füssel/Maximilian Schuh (Hg.), Universitäre Gelehrtenkultur vom 13.-16. Jahrhundert. Ein interdisziplinäres Quellen- und Methodenhandbuch, Wiesbaden 2018, S. 139–152.

Brown, Catherine, Contrary Things. Exegesis, Dialectic and the Poetics of Didacticism, Stanford 1998.

Brown, Peter, Society and the Holy in Late Antiquity, Berkeley 1982.

Brown, Stephen F., Art. «Robert of Courçon» (ca. 1150–1219), in: Historical Dictionnary of Medieval Philosophy and Theology (2007), S. 246 f.

Bruce, Scott G., Silence and Sign Language in Medieval Monasticism. The Cluniac Tradition, c. 900–1200, Cambridge 2007.

Brühl, Carlrichard, Fodrum, gistum, servitium regis. Studien zu den wirtschaftlichen Grundlagen des Königtums im Frankenreich und in den fränkischen Nachfolgestaaten Deutschland, Frankreich und Italien vom 6. bis zur Mitte des 14. Jahrhunderts. 2 Bd.e (Kölner Historische Abh., Bd. 14), Köln/Graz 1968.

–, Palatium und Civitas. Studien zur Profantopographie spätantiker Civitates vom 3. bis zum 13. Jahrhundert, Bd. 1, Köln 1975.

Brundage, James A., The Ethics of the Legal Profession. Medieval Canonists and their Clients, in: The Jurist 33 (1973), S. 237–248.

–, The Medieval Advocate's Profession, in: Law and History Review 6 (1988), S. 439–464.

–, The Medieval Origins of the Legal Profession. Canonists, Civilians, and Courts, Chicago/London 2008.

Bubert, Marcel, Nützliche Philosophie. Zur Genese einer diskursiven Formation im Umfeld der Pariser Universität um 1300, Diss. (masch.) Göttingen 2016.

Buchmüller, Wolfgang Gottfried, Isaak von Etoile. Monastische Theologie im Dialog mit dem Neo-Platonismus des 12. Jahrhunderts (BGPhThM, N. F., Bd. 80), Münster 2016.

Burckhardt, Jacob, Die Kultur der Renaissance in Italien. Ein Versuch, hg. von Werner Kaegi, Stuttgart 1930.

Burkart, Günter/Cornelia Koppetsch, Geschlecht und Liebe. Überlegungen zu einer Soziologie des Paares, in: Bettina Heintz (Hg.), Geschlechtersoziologie (Kölner Zeitschrift für Soziologie und Sozialpsychologie, Sonderband, Bd. 41), Opladen 2001, S. 431–453.

Burke, Peter, Papier und Marktgeschrei. Die Geburt der Wissensgesellschaft, Berlin 2001.

Burnett, Charles S. F., Adelard of Bath. An English Scientist and Arabist of the Early Twelfth Century, London 1987.

–, Art. «Adelard of Bath», in: Encyclopedia of Medieval Philosophy: Philosophy between 500 and 1500, Bd. 1, Dordrecht/Heidelberg/London u. a. 2011, S. 24–26.

–, Arabic into Latin. The Reception of Arabic Philosophy into Western Europe, in: Peter Adamson/Richard C. Taylor (Hg.), The Cambridge Companion to Arabic Philosophy, Cambridge 2005, S. 370–404.

–, The Coherence of the Arabic-Latin Translation Program in Toledo in the Twelfth Century, in: Science in Context, Jg. 14 (2001), S. 249–288.

–, Communities of Learning in Twelfth-Century Toledo, in: Constant J. Mews/John N. Crossley (Hg.), Communities of Learning. Networks and the Shaping of Intellectual Identity in Europe, 1100–1500, Turnhout 2011, S. 9–18.

–, «Confessio fidei ad Heloisam» – Abelard's Last Letter to Heloise? A Discussion and Critical Edition of the Latin and Medieval French Versions, in: MLatJb 21 (1986), S. 147–155.

–, The Expositio Orationis Dominicae «Multorum legimus orationes». Abaelard's Exposition of the Lord's Prayer, in: Revue bénédictine 95 (1985), S. 60–72.

–, Peter Abelard, «Confessio fidei Universis». A Critical Edition of Abelard's Reply to Accusations of Heresy, in: MS 48 (1986), S. 111–138.

–, The Transmission of Science and Philosophy, in: Benjamin Z. Kedar/Merry E. Wiesner-Hanks (Hg.), The Cambridge World History, Bd. 5: Expanding Webs of Exchange and Conflicts, 500CE – 1500CE, Cambridge 2015, S. 339–358.

Burton, Pierre-André, Bibliotheca Aelrediana secunda. Une bibliographie cumulative (1962 – 1996) (Textes et études du moyen âge, Bd. 7), Louvain-La-Neuve 1997.

Butterfield, Herbert, The Origins of Modern Science 1300–1800, London 1958.

Butzer, Paul Leo/Max Kerner/Walter Oberschelp (Hg.), Charlemagne and his Heritage – 1200 Years of Civilization and Science in Europe, Vol. 1: Scholarship, Worldview and Understanding, Turnhout 1997.

Caby, Cécile, Finis eremitarum? Les formes régulières et communautaires de l'érémitisme médiéval, in: André Vauchez (Hg.), Ermites de France et d'Italie, XIe-XVe siècle (CEFR, Bd. 313), Rome 2003, S. 47–80.

Caffiaux, Henri, Memoire sur La charte de La frairie de la halle basse de Valenciennes (XIe et XIIe siècles), in: Memoires de la Societe Nationale des Antiquaires de France 38 (1877), S. 1–41.

Caiazzo, Irène, Manegold, «modernorum magister magistrorum», in: Irène Rosier-Catach (Hg.), Arts du langage et théologie aux confins des XIe et XIIe siècle. Textes, maîtres, débats (SArt, Bd. 26), Turnhout 2011, S. 317–345.

Cairns, Francis, The Addition to the «Chronica» of Richard of Poitiers and Hugo Primas of Orléans, in: MLatJb 19 (1984), S. 159–161.

Cheney, Christopher Robert, English Bishops' Chanceries: 1100–1250 (Publications of the Faculty of Arts of the University of Manchester, Bd. 3), Manchester 1950.

Chenu, Marie-Dominique, Das Werk des heiligen Thomas von Aquin (Die Deutsche Thomas-Ausgabe, Erg.bd. 2), Heidelberg 1960.

–, La théologie au douzième siècle (Etudes de philosophie médiévale, Bd. 45), Paris 1957.

Cipollaro, Constanza/Veronika Decker, Shaping a Saint's Identity. The Imagery of Thomas Becket in Medieval Italy, in: Alixe Bovey (Hg.), Medieval Art, Architecture and Archeology at Canterbury, Leeds 2013, S. 116–138.

Clanchy, Michael T., Abelard. A Medieval Life, Oxford 1997.

–, From Memory to Written Record. England 1066–1307, 2. Aufl., Oxford 1993.

Clark, Elizabeth A., History, Theory, Text. Historians and the Linguistic Turn, Cambridge 2004.

Classen, Peter, Die ältesten Universitätsreformen und Universitätsgründungen des Mittelalters, in: ders., Studium und Gesellschaft im Mittelalter (MGH Schr, Bd. 29), hg. von Johannes Fried, Stuttgart 1983, S. 170–196.

–, Gerhoch von Reichersberg. Eine Biographie. Mit einem Anhang über die Quellen, ihre handschriftliche Überlieferung und ihre Chronologie, Wiesbaden 1960.

–, Libertas scolastica – Scholarenprivilegien – akademische Freiheit im Mittelalter, in: ders., Studium und Gesellschaft im Mittelalter, hg. von Johannes Fried (MGH Schr, Bd. 29), Stuttgart 1983, S. 238–284.

–, Studium und Gesellschaft im Mittelalter, hg. von Johannes Fried (MGH Schr, Bd. 29), Stuttgart 1983.

–, Zur Geschichte der akademischen Freiheit vornehmlich im Mittelalter, in: HZ 232 (1981), S. 529–553.

Cobban, Alan B., The Medieval English Universities. Oxford and Cambridge to *c.* 1500, Aldershot 1988.

Coleman, Janet, The Continuity of Utopian Thought in the Middle Ages. A Reconsideration, in: Viv 20 (1982), S. 1–23.

Colish, Marcia L., Haskins's «Renaissance» Seventy Years Later. Beyond Anti-Burckhardtianism, in: The Haskins Society Journal – Studies in Medieval History 11 (1998), S. 1–15.

–, Peter Lombard. 2 Bd.e (BSIH, Bd. 41), Leiden 1994.

–, Remapping Scholasticism (The Étienne Gilson Series, Bd. 21), Toronto 2000.

–, Studies in Scholasticism, Aldershot 2006.

Collins, Ann, Teacher in Faith and Virtue. Lanfranc of Bec's Commentary on Saint Paul, Leiden 2007.

Collins, Randall, The Sociology of Philosophies. A Global Theory of Intellectual Change, 4. Aufl, Cambridge, Mass. 2002.

Congar, Yves Marie-Joseph, Jalons pour une théologie du laïcat (Unam Sanctam, Bd. 23), 2. Aufl. Paris 1954.

–, Der Platz des Papsttums in der Kirchenfrömmigkeit der Reformer des 11. Jahrhunderts, in: Sentire ecclesiam. Festschrift Hugo Rahner, hg. v. Jean Daniélou/Herbert Vorgrimler, Freiburg 1961, S. 196–217.

Connor, Peter J., «Saevitia amoris»: Propertius 1.1, in: Classical Philology 67 (1972), S. 51–54.

Constable, Giles, Letters and Letter-Collections (Typologie des sources du moyen âge occidental, Bd. 17), Turnhout 1976.

–, Saint Bruno of Cologne and Solitude, in: Marsha L. Dutton/Daniel M. La Corte/Paul Lockey (Hg.), Truth as Gift. Studies in Medieval Cistercian History in Honor of John R. Sommerfeldt (Cistercian Studies Series, Bd. 204), Kalamazoo 2004, S. 27–41.

Conze, Werner/Manfred Riedel, Art. «Arbeit», in: Otto Brunner/Werner Conze/Reinhart Kosselleck (Hg.), Geschichtliche Grundbegriffe. Historisches Lexikon zur politisch-sozialen Sprache in Deutschland, Bd. 1, Stuttgart 1972, S. 154–215.

Cotts, John D., The Clerical Dilemma. Peter of Blois and Literate Culture in the Twelfth Century, Washington, D. C. 2009.

Courtenay, William J., Parisian Scholars in the Early Fourteenth Century. A Social Portrait, Cambridge 1999.

– /Karl Ubl, Gelehrte Gutachten und königliche Politik im Templerprozeß (MGH Studien und Texte, Bd. 51), Hannover 2010.

Cowdrey, Herbert E. J., Count Simon of Crépy's Monastic Conversion (zuerst 1994), in: ders. (Hg.), The Crusades and Latin Monasticism, 11th – 12th Centuries, Aldershot 1999, Nr. 11, S. 253–266.

v. Cranach, Mario/Hans-Georg Frenz, Systematische Beobachtung, in: Kurt Gottschaldt/Philip Lersch u. a. (Hg.), Handbuch der Psychologie, Bd. 7: Sozialpsychologie. Teilbd. 1: Theorien und Methoden, 2. Aufl., Göttingen u. a. 1975, S. 269–330.

Curtius, Ernst Robert, Europäische Literatur und lateinisches Mittelalter (1948), 11. Aufl., Tübingen/Basel 1993.

–, Zur Geschichte des Wortes Philosophie im Mittelalter, in: Romanische Forschungen 57 (1943), S. 290–309.

Daniel, Ute, Kompendium Kulturgeschichte. Theorien, Praxis, Schlüsselwörter (stw, Bd. 1523), 4. Aufl., Frankfurt am Main 2004.

Daston, Lorraine, Condorcet und das Wesen der Aufklärung, in: Zeitschrift für Ideengeschichte 1 (2007) H. 4, S. 59–84.

Delhaye, Philippe, Le «Microcosmus» de Godefroy de Saint-Victor. Étude théologique, Lille/Gembloux 1951.

–, L'organisation scolaire au XIIe siècle, in: Traditio 5 (1947), S. 211–268.

Denifle, Heinrich, Die Entstehung der Universitäten des Mittelalters bis 1400, Berlin 1885.

–, Die Sentenzen Abaelards und die Bearbeitungen seiner Theologia vor Mitte des 12. Jahrhunderts, in: Archiv für Litteratur- und Kirchengeschichte des Mittelalters 1 (1885), S. 402–469, 584–624.

Diener, Hermann, Die hohen Schulen, ihre Lehrer und Schüler in den Registern der päpstlichen Verwaltung des 14. und 15. Jahrhunderts, in: Johannes Fried (Hg.), Schulen und Studium im sozialen Wandel des hohen und späten Mittelalters (VuF, Bd. 30), Sigmaringen 1986, S. 351–374.

Dijkstra, Juke, Das Handelszentrum Tiel im 10. bis 12. Jahrhundert, in: Joachim Henning (Hg.), Europa im 10. Jahrhundert. Archäologie einer Aufbruchszeit, Mainz 2002, S. 195–208.

Dilcher, Gerhard, Bürgerrecht und Stadtverfassung im europäischen Mittelalter, Köln/Weimar/Wien 1996.

–, Säkularisierung von Herrschaft durch Sakralisierung der Gerechtigkeit? Überlegungen zur Gerechtigkeitskonzeption bei Kaiser Friedrich II. und Ambrogio Lorenzetti, in: Inge Kroppenberg/Martin Löhnig/Dieter Schwab (Hg.), Recht – Religion – Verfassung. Festschrift für Hans-Jürgen Becker zum 70. Geburtstag, Bielefeld 2009, S. 9–47.

Domański, Juliusz, La philosophie, théorie ou manière de vivre? Les controverses de l'antiquité à la renaissance (Vestigia, Bd. 18), Freiburg i.Ue./Paris 1996.

Donahue, Charles jr., Rezension von Anders Winroth, The Making of Gratian's «Decretum», in: Law and History Review 25 (2007), S. 401–403.

Doren, Alfred, Wunschräume und Wunschzeiten, in: Vorträge der Bibliothek Warburg 1924–25, Leipzig/Berlin 1927, S. 158–205.

Doyle, Matthew, Peter Lombard and his Students (Studies and Texts, Bd. 201), Toronto 2016.

Dronke, Peter, Abelard and Heloise in Medieval Testimonies, Glasgow 1976.

–, Women's Love Letters from Tegernsee, in: Christian Høgel/Elisabetta Bartoli (Hg.), Medieval Letters. Between Fiction and Document, Turnhout 2015, S. 215–245.

Duby, Georges, Les «jeunes» dans la société aristocratique, in: Annales E. S. C. 19 (1964), S. 835–846.

Duhem, Pierre, Le système du monde. Histoire des doctrines cosmologiques de Platon a Copernic, Bd. 7,5: La physique Parisienne au XIVe siècle, Paris 1956.

–, Medieval Cosmology. Theories of Infinity, Place, Time, Void, and the Plurality of Worlds, hg. von Roger Ariew, Chicago 1985.

van Dülmen, Richard, Theater des Schreckens. Gerichtspraxis und Strafrituale in der frühen Neuzeit, 4. Aufl., München 1995.

–/Sina Rauschenbach (Hg.), Macht des Wissens. Die Entstehung der modernen Wissensgesellschaft, Köln/Weimar/Wien 2004.

–/Sina Rauschenbach, Einleitung, in: dies. (Hg.), Macht des Wissens. Die Entstehung der modernen Wissensgesellschaft, Köln/Weimar/Wien 2004, S. 1–12.

Dümling, Sebastian, Träume der Einfachheit? Gesellschaftsimaginationen in den Reformschriften des 15. Jahrhunderts (Historische Studien, Bd. 511), Husum 2017.

Dümmler, Ernst, Anselm der Peripatetiker. Nebst anderen Beitragen [!] zur Literaturgeschichte Italiens im elften Jahrhundert, Halle 1872.

Ebbesen, Sten, An Argument is a Soul, in: Irène Rosier-Catach (Hg.), Arts du langage et théologie aux confins des XIe et XIIe siècle. Textes, maîtres, débats, Turnhout 2011, S. 695–708.

–, Medieval Latin Glosses and Commentaries on Aristotelian Logical Texts of the Twelfth and Thirteenth Centuries, in: Charles S. F. Burnett (Hg.), Glosses and Commentaries on Aristotelian Logical Texts. The Syriac, Arabic and Medieval Latin Traditions (Warburg Institute Surveys and Texts, Bd. 23), London 1993, S. 129–177.

Ehlers, Joachim, Art. «Domschulen», in: LMA 3 (1986), Sp. 1226–1229.

–, Ausgewählte Aufsätze, hg. von Martin Kintzinger/Bernd Schneidmüller (Berliner historische Studien, Bd. 21), Berlin 1996.

–, Deutsche Scholaren in Frankreich während des 12. Jahrhunderts, in: Johannes Fried (Hg.), Schulen und Studium im sozialen Wandel des hohen und späten Mittelalters (VuF, Bd. 30), Sigmaringen 1986, S. 97–120.

–, Die Reform der Christenheit. Studium, Bildung und Wissenschaft als bestimmende Kräfte bei der Entstehung des mittelalterlichen Europa, in: ders. (Hg.), Deutschland und der Westen Europas im Mittelalter (VuF, Bd. 56), Stuttgart 2002, S. 177–209.

–, Grand tour avant la lettre. Schichtenspezifische Mobilität im Früh- und Hochmittelalter, in: Rainer Babel/Werner Paravicini (Hg.), Grand Tour. Adeliges Reisen und europäische Kultur vom 14. bis zum 18. Jahrhundert (Beihefte der Francia, Bd. 60), Ostfildern 2005, S. 23–32.

–, Hugo von St. Viktor. Studien zum Geschichtsdenken und zur Geschichtsschreibung des 12. Jahrhunderts (Frankfurter historische Abhandlungen, Bd. 7), Wiesbaden 1973.

–, Otto von Freising. Ein Intellektueller im Mittelalter, München 2013.

–, Verfassungs- und sozialgeschichtliche Studien zum Bildungsgang Erzbischof Adalberts II. von Mainz, in: ders., Ausgewählte Aufsätze, hg. von Martin Kintzinger/Bernd Schneidmüller, Berlin 1996, S. 191–214.

van Eickels, Klaus, Vom inszenierten Konsens zum systematisierten Konflikt. Die englisch-französischen Beziehungen und ihre Wahrnehmung an der Wende vom Hoch- zum Spätmittelalter (Mittelalter-Forschungen, Bd. 10), Stuttgart 2002.

Eigler, Ulrich, Überlieferung durch die Hintertür? Die Tradition klassischer lateinischer Autoren als Rekonstruktion des Wissenshintergrunds der Kirchenväter, in: Julia Becker/Tino Licht/Stefan Weinfurter (Hg.), Karolingische Klöster. Wissenstransfer und kulturelle Innovation (Materiale Textkulturen, Bd. 933), Berlin 2015, S. 7–22.

van Elswijk, Hubertus Cornelis, Gilbert Porreta, sa vie, son œuvre, sa pensée (Spicilegium Sacrum Lovaniense. Études et Documents, Bd. 33), Leuven 1966.

Endres, Josef Anton, Die Dialektiker und ihre Gegner im 11. Jahrhundert, in: PhJb 19 (1906), S. 20–33.

–, Lanfrank's Verhältniß zur Dialektik, in: Der Katholik: Zeitschrift für katholische Wissenschaft und kirchliches Leben 3. Folge 25 (1902), S. 215–231.

–, Petrus Damiani und die weltliche Wissenschaft (BGPhM, Bd. 8,3), Münster 1910.

–, Studien zur Geschichte der Frühscholastik, in: PhJb 26 (1913), S. 85–93.

van Engen, John, Letters, Schools, and Written Culture in the Eleventh and Twelfth Centuries, in: Johannes Fried (Hg.), Dialektik und Rhetorik im früheren und hohen Mittelalter. Rezeption, Überlieferung und gesellschaftliche Wirkung antiker Gelehrsamkeit vornehmlich im 9. und 12. Jahrhundert (Schriften des Historischen Kollegs: Kolloquien, Bd. 27), München 1997, S. 97–132.

–, The Twelfth Century. Reading, Reason, and Revolt in a World of Custom, in: Thomas F. X. Noble/ders. (Hg.), European Transformations. The Long Twelfth Century, Notre Dame 2012, S. 17–44.

Erdmann, Carl, Forschungen zur politischen Ideenwelt des Frühmittelalters. Aus dem Nachlass hg. von Friedrich Baethgen, Berlin 1951.

Esch, Arnold, Wahre Geschichten aus dem Mittelalter. Kleine Schicksale selbst erzählt in Schreiben an den Papst, München 2010.

Espinas, Georges/Henri Pirenne, Les coutumes de la gilde marchande de Saint-Omer, in: MA 14 (1901), S. 189–196.

Eßlinger, Eva (Hg.), Die Figur des Dritten. Ein kulturwissenschaftliches Paradigma (stw, Bd. 1971), Frankfurt am Main 2010.

Evans, Gillian Rosemary, Gilbert Crispin, Abbot of Westminster. The Forming of a Monastic Scholar, in: Studia monastica 22 (1980), S. 63–81.

van den Eynde, Damian, Chronologie des écrits d'Abélard à Héloïse, in: Antonianum 37 (1962), S. 17–54, 337–349.

–, Les écrits perdus d'Abélard, in: Antonianum 37 (1962), S. 467–480.

Favier, Jean, Le bourgeois de Paris au Moyen Âge, Paris 2012.

Ferguson, Wallace K., The Renaissance in Historical Thought. Five Centuries of Interpretation, Cambridge 1948.

Ferruolo, Stephen C., «Quid dant artes nisi luctum?». Learning, Ambition, and Careers in the Medieval University, in: History of Education Quarterly 28 (1988), S. 1–22.

–, The Origins of the University. The Schools of Paris and their Critics, 1100–1215, Stanford 1985.

–, The Paris Statutes of 1215 reconsidered, in: History of Universities 5 (1985), S. 1–14.

Fichtenau, Heinrich, Die Ketzer von Orléans (1022), in: Klaus Herbers/Hans-Henning Kortüm/Servatius Carlo (Hg.), Ex ipsis rerum documentis. Beiträge zur Mediävistik. Festschrift für Harald Zimmermann zum 65. Geburtstag, Sigmaringen 1991, S. 417–427.

–, Ein französischer Frühscholastiker in Wien, in: Jahrbuch für Landeskunde von Niederösterreich N. F. 29 (1944/48), S. 118–130.

–, Ketzer und Professoren. Häresie und Vernunftglaube im Hochmittelalter, München 1992.

–, Lebensordnungen des 10. Jahrhunderts. Studien über Denkart und Existenz im einstigen Karolingerreich (zuerst in 2 Bd.en 1984), München 1992.
–, Monastisches und scholastisches Lesen, in: Georg Jenal/Stephanie Haarländer (Hg.), Herrschaft, Kirche, Kultur. Beiträge zur Geschichte des Mittelalters. Festschrift für Friedrich Prinz zu seinem 65. Geburtstag, Stuttgart 1993, S. 317–337.
Fidora, Alexander, Die Wissenschaftstheorie des Dominicus Gundissalinus. Voraussetzungen und Konsequenzen des zweiten Anfangs der aristotelischen Philosophie im 12. Jahrhundert (WGW, Bd. 6), Berlin 2003.
–, Dominicus Gundissalinus und die arabische Wissenschaftstheorie, in: Andreas Speer/Lydia Wegener (Hg.), Wissen über Grenzen. Arabisches Wissen und lateinisches Mittelalter (MM, Bd. 33), Berlin 2006, S. 467–482.
–, Dominicus Gundissalinus und die Rezeption der aristotelischen Wissenschaftstheorie, in: Matthias Lutz-Bachmann/ders./Pia A. Antolic (Hg.), Erkenntnis und Wissenschaft. Probleme der Epistemologie in der Philosophie des Mittelalters (WGW, Bd. 10), Berlin 2004, S. 93–102.
–, Religious Diversity and the Philosophical Translations of Twelfth-Century Toledo, in: Constant J. Mews/John N. Crossley (Hg.), Communities of Learning. Networks and the Shaping of Intellectual Identity in Europe, 1100–1500 (Europa sacra, Bd. 9), Turnhout 2011, S. 19–35.
Fitting, Hermann, Juristische Schriften des früheren Mittelalters, Halle 1876.
Flasch, Kurt, Kampfplätze der Philosophie. Große Kontroversen von Augustin bis Voltaire, Frankfurt am Main 2008.
–, Das philosophische Denken im Mittelalter, Stuttgart 1986.
Fleck, Frédérique, Les historiens et l'anachronisme, http://www.fabula.org/atelier.php?Anachronisme_et_historiographie [zuletzt 2018-04-24].
Fleckenstein, Josef, Die Bildungsreform Karls des Großen als Verwirklichung der norma rectitudinis, Bigge a. d. Ruhr 1953.
Flint, Valerie I. J., The «School of Laon»: A Reconsideration, in: RThAM 43 (1976), S. 89–110.
Flüeler, Christoph, Politischer Aristotelismus im Mittelalter. Einleitung, in: Vivarium 40 (2002), S. 1–13.
Fögen, Marie Theres, Römisches Recht und Rombilder im östlichen und westlichen Mittelalter, in: Bernd Schneidmüller/Stefan Weinfurter (Hg.), Heilig, römisch, deutsch. Das Reich im mittelalterlichen Europa, Dresden 2006, S. 57–83.
Frank, Thomas/Norbert Winkler, Einleitung, in: dies. (Hg.), Renovatio et unitas – Nikolaus von Kues als Reformer. Theorie und Praxis der reformatio im 15. Jahrhundert (Berliner Mittelalter- und Frühneuzeitforschung, Bd. 13), Göttingen 2012, S. 9–20.
Fredborg, Karen Margareta, The Dependence of Petrus Helias' «Summa super Priscianum» on William of Conches' «Glose super Priscianum», in: Cahiers de l'Institut du Moyen Âge grec et latin 11 (1973), S. 1–57.
Frenz, Thomas, Eine Klosterschule von innen, in: Nathalie Kruppa/Jürgen Wilke

(Hg.), Kloster und Bildung im Mittelalter (VMPIG, Bd. 218), Göttingen 2006, S. 49–57.

Fried, Johannes, … «auf Bitten der Gräfin Mathilde». Werner von Bologna und Irnerius, in: Klaus Herbers (Hg.), Europa an der Wende vom 11. zum 12. Jahrhundert. Beiträge zu Ehren von Werner Goez, Stuttgart 2001, S. 171–201.

–, Die Entstehung des Juristenstandes im 12. Jahrhundert. Zur sozialen Stellung und politischen Bedeutung gelehrter Juristen in Bologna und Modena (Forschungen zur neueren Privatrechtsgeschichte, Bd. 21), Köln/Wien 1974.

–, Die Rezeption bologneser Rechtswissenschaft in Deutschland im 12. Jahrhundert, in: Viator 21 (1990), S. 103–145.

–, Karl der Große, die Artes liberales und die karolingische Renaissance, in: Paul Leo Butzer/Max Kerner/Walter Oberschelp (Hg.), Charlemagne and his Heritage – 1200 Years of Civilization and Science in Europe, Vol. 1: Scholarship, Worldview and Understanding, Turnhout 1997, S. 25–43.

–, Karl der Große. Gewalt und Glaube, 4. Aufl., München 2014.

– (Hg.), Dialektik und Rhetorik im früheren und hohen Mittelalter. Rezeption, Überlieferung und gesellschaftliche Wirkung antiker Gelehrsamkeit vornehmlich im 9. und 12. Jahrhundert (Schriften des Historischen Kollegs: Kolloquien, Bd. 27), München 1997.

Fuchs, Karin, Zeichen und Wunder bei Guibert de Nogent. Kommunikation, Deutungen und Funktionalisierungen von Wundererzählungen im 12. Jahrhundert (Pariser historische Studien, Bd. 84), München 2008.

Führer, Julian, König Ludwig VI. von Frankreich und die Kanonikerreform (Europäische Hochschulschriften. Rh. 3, Bd. 1049), Frankfurt am Main 2008.

Führer, Julian, L'abbaye de Saint-Victor dans la réforme canoniale, in: Dominique Poirel (Hg.), L'école de Saint-Victor de Paris. Influence et rayonnement du Moyen Age à l'Epoque moderne (BibVic Subsidia, Bd. 22), Turnhout 2010, S. 57–77.

Fuhrmann, Horst, Cicero und das Seelenheil oder Wie kam die heidnische Antike durch das christliche Mittelalter? (Lectio Teubneriana, Bd. 12), München 2003.

–, Zur Biographie des Manegold von Lautenbach, in: ders. (Hg.), Papst Gregor VII. und das Zeitalter der Reform. Annäherungen an eine europäische Wende. Ausgewählte Aufsätze, hg. v. Martina Hartmann (MGH Schr, Bd. 72), Wiesbaden 2016, S. 267–290.

Füssel, Marian, Auf dem Weg zur Wissensgesellschaft. Neue Forschungen zur Kultur des Wissens in der Frühen Neuzeit, in: ZHF 34 (2007), S. 273–289.

–, Gelehrtenkultur als symbolische Praxis. Rang, Ritual und Konflikt an der Universität der Frühen Neuzeit, Darmstadt 2006.

–, Rang, Ritual und Wissen. Zur Rolle symbolischer Kommunikation für die Formierung des Gelehrtenhabitus an der spätmittelalterlichen Universität, in: Frank Rexroth (Hg.), Beiträge zur Kulturgeschichte der Gelehrten im späten Mittelalter (VuF, Bd. 73), Ostfildern 2010, S. 219–241.

–, Zweikämpfe des Geistes. Die Disputation als Schlüsselpraxis gelehrter Streitkultur im konfessionellen Zeitalter, in: Henning P. Jürgens/Thomas Weller (Hg.),

Streitkultur und Öffentlichkeit im konfessionellen Zeitalter (Veröffentlichungen des Instituts für Europäische Geschichte Mainz, Beiheft 95), Göttingen 2013, S. 159–178.

–/Ingo Trüter, Das gelehrte Feld der Vormoderne. Möglichkeiten und Grenzen von Feldanalysen in der Geschichtswissenschaft, in: Stefan Bernhard/Christian Schmidt-Wellenburg (Hg.), Feldanalyse als Forschungsprogramm, Bd. 1: Der programmatische Kern, Wiesbaden 2012, S. 321–344.

–/Philip Knäble/Nina Elsemann (Hg.), Wissen und Wirtschaft. Expertenkulturen und Märkte vom 13. bis 18. Jahrhundert, Göttingen/Bristol 2017.

Gabriel, Astrik Ladislas, Translatio studii. Spurious Dates of Foundation of Some Early Universities, in: Fälschungen im Mittelalter, Teil 1: Kongreßdaten und Festvorträge Literatur und Fälschung (MGH Schr, 33,1), Hannover 1988, S. 601–626.

Gagnér, Sten, Studien zur Ideengeschichte der Gesetzgebung (Acta Universitatis Upsaliensis: Studia iuridica Upsaliensia, Bd. 1), Stockholm/Uppsala/Göttingen 1960.

Gammersbach, Suitbert, Gilbert von Poitiers und seine Prozesse im Urteil der Zeitgenossen (Neue Münstersche Beiträge zur Geschichtsforschung, Bd. 5), Köln 1959.

Garrigues, Marie-Odile, Du nouveau à propos du «De vita vere apostolica», in: Studia monastica 29 (1987), S. 251–264.

Geertz, Clifford, After the Fact. Two Countries, four Decades, One Anthropologist, Cambridge 1995.

Genzmer, Erich, Vorbilder für die Distinctionen der Glossatoren, in: Acta Congressus Iuridici Internationalis, VII saeculo a decretalibus Gregorii IX et XIV a codico Iustiniano promulgatis, Bd. 2, Rom 1935, S. 343–358.

Geremek, Bronisław, Les marginaux parisiens aux XIVe et XVe siècles, Paris 1976.

Gerth, Matthias, Bildungsvorstellungen im 5. Jahrhundert n. Chr. Macrobius, Martianus Capella und Sidonius Apollinaris (Untersuchungen zur antiken Literatur und Geschichte, Bd. 111), Berlin 2013.

Gibson, Margaret, The Early Scholastic «Glosule» to Priscian, «Institutiones Grammaticae». The Text and its Influence, in: SMed 20 (1979), S. 237–254.

Gierke, Otto, Das deutsche Genossenschaftsrecht, Bd. 1: Rechtsgeschichte der deutschen Genossenschaft, Berlin 1868.

Gilcher-Holtey, Ingrid, «Die Phantasie an die Macht». Mai 68 in Frankreich, Frankfurt am Main 1995.

Gilli, Patrick, Les Pandectes pisanes. Fortunes et infortunes d'un texte au Moyen Âge, in: ders. (Hg.), Les élites lettrées au Moyen Âge. Modèles et circulation des savoirs en Méditerranée occidentale (XIIe – XVe siècles), Montpellier 2008, S. 233–256.

Gilly, Carlos, Das Sprichwort «Die Gelehrten die Verkehrten» oder der Verrat der Intellektuellen im Zeitalter der Glaubensspaltung, in: Antonio Rotondò (Hg.), Forme e destinazione del messaggio religioso. Aspetti della propaganda reli-

giosa nel cinquecento (Studi e testi per la storia religiosa del Cinquecento, Bd. 2), Florenz 1991, S. 229–375.
Gilson, Étienne, Héloise et Abélard, Paris 1964.
–, History of Christian Philosophy in the Middle Ages, London 1955.
Giraud, Cédric, Anselm of Laon in the Twelfth-Century Schools. Between fama and memoria, in: Lucie Doležalová (Hg.), The Making of Memory in the Middle Ages, Leiden 2010, S. 328–346.
–, Per verba magistri. Anselme de Laon et son école au XIIe siècle (Bibliothèque d'histoire culturelle du Moyen Age, Bd. 8), Turnhout 2010.
–/Mews, Constant J., Le «Liber pancrisis», un florilège des Pères et des maitres modernes du XIIe siècle, in: Archivum Latinitatis Medii Aevi 64 (2006), S. 145–192.
Gloy, Karen, Vernunft und das Andere der Vernunft, Freiburg 2001.
Godman, Peter, The Silent Masters. Latin Literature and its Censors in the High Middle Ages, Princeton, N.J 2000.
Görich, Knut, Friedrich Barbarossa. Eine Biographie, München 2011.
Goertz, Hans-Jürgen, Von der Kleriker- zur Laienkultur. Glaube und Wissen in der Reformationszeit, in: Richard van Dülmen/Sina Rauschenbach (Hg.), Macht des Wissens. Die Entstehung der modernen Wissensgesellschaft, Köln/Weimar/Wien 2004, S. 39–64.
Goez, Werner, Kirchenreform und Investiturstreit 910–1122, Stuttgart/Berlin/Köln 2000.
Gorochov, Nathalie, Naissance de l'université. Les écoles de Paris d'Innocent III à Thomas d'Aquin (v. 1200-v. 1245) (Études d'histoire médiévale, Bd. 14), Paris 2012.
Gouron, André, «Non dixit: Ego sum consuetudo», in: ZRGkA, Kan. Abt. 74 (1988), S. 133–140.
Grabmann, Martin, Die persönlichen Beziehungen des heiligen Thomas von Aquin, in: HJb 57 (1937), S. 305–322.
–, I divieti ecclesiastici di Aristotele sotto Innocenzo III e Gregorio IX (Miscellanea Historiae Pontificiae, Bd. 5), Rom 1941.
Gramsch, Robert, Erfurt – Die älteste Hochschule Deutschlands. Vom Generalstudium zur Universität (Schriften des Vereins für die Geschichte und Altertumskunde von Erfurt, Bd. 9), Erfurt 2012.
Grant, Lindy, Geoffrey of Lèves, Bishop of Chartres. «Famous Wheeler and Dealer in Secular Business», in: Rolf Grosse (Hg.), Suger en question. Regards croisés sur Saint-Denis (PHS, Bd. 68), München 2004, S. 45–56.
Green-Pedersen, Neils J., The Tradition of the Topics in the Middle Ages. The Commentaries on Aristotle's and Boethius' «Topics», München 1984.
–, William of Champeaux on Boethius' «Topics» according to Orléans Bibl. Mun. 266, in: Cahiers du Moyen-Âge grec et latin 13 (1974), S. 13–30.
Greenblatt, Stephen, Die Wende. Wie die Renaissance begann, München 2011.
Grellard, Christophe, How is it Possible to believe Falsely? John Buridan, the Vetula, and the Psychology of Error, in: Dallas G. Denery/Kantik Ghosh/

Nicolette Zeeman (Hg.), Uncertain knowledge. Scepticism, Relativism, and Doubt in the Middle Ages, Turnhout 2014, S. 91–113.
–, Jean de Salisbury et la Renaissance médiévale du scepticisme, Paris 2013.
–/Frédérique Lachaud (Hg.), A Companion to John of Salisbury (BCCT, Bd. 57), Leiden 2015.
Grondeux, Anne/Irène Rosier-Catach, Les «Glosule super Priscianum» et leur tradition, in: Irène Rosier-Catach (Hg.), Arts du langage et théologie aux confins des XIe et XIIe siècle. Textes, maîtres, débats (SArt, Bd. 26), Turnhout 2011, S. 107–179.
Groten, Manfred, Albertus Magnus und der Große Schied (Köln 1258). Aristotelische Politik im Praxistest (Lectio Alberina, Bd. 12), Münster 2011.
Gruber, Joachim, Boethius. Eine Einführung. Standorte in Antike und Christentum, Bd. 2, Stuttgart 2011.
Grundmann, Herbert, Ketzergeschichte des Mittelalters. Die Kirche in ihrer Geschichte, 2, Lfg. G., Teil 1, Göttingen 1963.
Günther, Sebastian, Ibn Rushd and Thomas Aquinas on Education, in: Maurice A. Pomerantz/Aram A. Shahin (Hg.), The Heritage of Arabo-Islamic Learning. Studies presented to Wadad Kadi, Leiden 2016, S. 250–283.
Guerlac, Henry, Amicus Plato and Other Friends, in: Journal of the History of Ideas 39 (1978), S. 627–633.

Hackett, Michael B., The University as a Corporate Body, in: Jeremy I. Catto (Hg.), The History of the University of Oxford, Bd. 1: The Early Oxford Schools, Oxford 1984, S. 37–95.
Halbwachs, Maurice, Les cadres sociaux de la mémoire, Paris 1925.
Halphen, Louis, Paris sous les premiers Capétiens 987–1223. Étude de topographie historique (Bibliothèque de l'histoire de Paris, Bd. 1), Paris 1909.
–, Un pédagogue, in: ders., A travers l'histoire du Moyen Age, Paris 1950, S. 277–285.
Hana, Ghanem-Georges, Der Mauritius Hispanus in der Studienordnung der Pariser Universität aus dem Jahre 1215, in: Archiv für Kulturgeschichte 55 (1973), S. 352–365.
Häring, Nikolaus Martin, A Latin Dialogue on the Doctrine of Gilbert of Poitiers, in: MS 15 (1953), S. 243–289.
–, Die vierzehn «Capitula heresum Petri Abaelardi», in: Cîteaux, Jg. 31 (1980), S. 35–52.
–, Life and Works of Clarembald of Arras, a Twelfth-Century Master of the School of Chartres (Studies and Texts, Bd. 10), Toronto 1965.
–, The Cistercian Everard of Ypres and his Appraisal of the Conflict between St. Bernard and Gilbert of Poitiers, in: MS (1955) H. 17, S. 143–172.
Hartmann, Florian, Ars dictaminis. Briefsteller und verbale Kommunikation in den italienischen Stadtkommunen des 11. bis 13. Jahrhunderts (Mittelalter-Forschungen, Bd. 44), Ostfildern 2013.
–, Die Anfänge der Universität Bologna. Rhetoriklehre und das «studium in

artibus» im 12. und frühen 13. Jahrhundert, in: Jan-Hendryk de Boer/Marian Füssel/Jana Madlen Schütte (Hg.), Zwischen Konflikt und Kooperation. Praktiken der europäischen Gelehrtenkultur (12.-17. Jahrhundert) (Historische Forschungen, Bd. 114), Berlin 2016, S. 25–44.

Hartmann, Heiko, Art. «Utopias, Utopian Thought», in: Albrecht Classen (Hg.), Handbook of Medieval Studies. Terms, Methods, Trends. 3 Bd.e, Berlin 2010, S. 1400–1408.

Hartmann, Wilfried, Manegold von Lautenbach und die Anfänge der Frühscholastik, in: DA 26 (1970), S. 47–149.

–, Rhetorik und Dialektik in der Streitschriftenliteratur des 11./12. Jahrhunderts, in: Johannes Fried (Hg.), Dialektik und Rhetorik im früheren und hohen Mittelalter. Rezeption, Überlieferung und gesellschaftliche Wirkung antiker Gelehrsamkeit vornehmlich im 9. und 12. Jahrhundert (Schriften des Historischen Kollegs: Kolloquien, Bd. 27), München 1997, S. 73–95.

Haseldine, Julian P., Affectionate Terms of Address in Twelfth-Century Latin Epistolography. A Comparative Study of the Letters of Bernard of Clairvaux, Peter the Venerable, and Peter of Celle, in: Journal of Medieval Latin 23 (2013), S. 201–254.

–, Friendship, Intimacy and Corporate Networking in the Twelfth Century. The Politics of Friendship in the Letters of Peter the Venerable, in: EHR 126 (2011), S. 251–280.

–, Understanding the Language of Amicitia. The Friendship Circle of Peter of Celle (c. 1115–1183), in: JMH 20 (1994), S. 237–260.

Haskins, Charles Homer, The Life of Medieval Students as illustrated in their Letters, in: AHR 3 (1898), S. 203–229.

–, The Renaissance of the Twelfth Century, Cambridge Mass. 1927.

–, The University of Paris in the Sermons of the Thirteenth Century, in: AHR 10 (1904), S. 1–27.

Hasse, Dag Nikolaus, The Social Conditions of the Arabic-(Hebrew-)Latin Translation Movements in Medieval Spain and in the Renaissance, in: Andreas Speer/Lydia Wegener (Hg.), Wissen über Grenzen. Arabisches Wissen und lateinisches Mittelalter (MM, Bd. 33), Berlin/New York 2006, S. 68–86.

Haug, Walter, Die Zwerge auf den Schultern der Riesen. Epochales und typologisches Geschichtsdenken und das Problem der Interferenzen, in: Reinhart Herzog/Reinhart Koselleck (Hg.), Epochenbewußtsein, München 1987, S. 169–194.

Hauréau, Barthélémy, Notices et extraits des manuscrits de la Bibliothèque Nationale, vol. 6, Paris 1893.

Hauser-Schäublin, Brigitta, Teilnehmende Beobachtung, in: Bettina Beer (Hg.), Methoden und Techniken der Feldforschung, Berlin 2003, S. 33–54.

Haverkamp, Alfred, Leben in Gemeinschaften. Alte und neue Formen im 12. Jahrhundert, in: Georg Wieland (Hg.), Aufbruch – Wandel – Erneuerung. Beiträge zur «Renaissance» des 12. Jahrhunderts, Stuttgart 1995, S. 11–44.

–, Neue Formen von Bindung und Ausgrenzung. Konzepte und Gestaltungen von Gemeinschaften an der Wende zum 12. Jahrhundert, in: Ders., Neue Forschungen zur mittelalterlichen Geschichte (2000–2011). Festgabe zum 75. Geburtstag des Verfassers, hg. von Christoph Cluse/Jörg Müller, Hannover 2012, S. 149–182.

Haye, Thomas, Oratio. Mittelalterliche Redekunst in lateinischer Sprache (Mittellateinische Studien und Texte, Bd. 27), Leiden 1999.

Heimann, Heinz-Dieter, «Wie men wol eyn statt regyrn sol». Didaktische Literatur und berufliche Schreiben des Johann von Soest, gen. Steinwert (Soester Beiträge, Bd. 48), Soest 1986.

Herold, Jürgen, Die Interpretation mittelalterlicher Briefe zwischen historischem Befund und Medientheorie, in: Andres Laubinger/Brunhilde Gedderth/Claudia Dobrinski (Hg.), Text, Bild, Schrift. Vermittlung von Information im Mittelalter (Mittelalterstudien, Bd. 14), München 2007, S. 101–126.

Hibst, Peter, Utilitas Publica – Gemeiner Nuz – Gemeinwohl (Europäische Hochschulschriften, Reihe 3, Bd. 497), Frankfurt am Main/Bern/New York 1991.

Hildebrandt, Madge M., The External School in Carolingian Society (Education and Society in the Middle Ages and Renaissance, Bd. 1), Leiden 1992.

Hilsch, Peter, Die Bekehrungsschrift des Hermannus quondam Iudaeus und die Frage ihrer Authentizität, in: DA 66 (2010), S. 69–91.

Hoenen, Maarten J. F. M., Nominalism in Cologne: The Student Notebook of the Dominican Servatius Fanckel. With an Edition of a «Disputatio vacantialis» held on July 14, 1480 «Utrum in Deo uno simplicissimo sit trium personarum realis distinctio», in: Spencer E. Young (Hg.), Crossing Boundaries at Medieval Universities (Education and Society in the Middle Ages and Renaissance, Bd. 36), Leiden/Boston 2011, S. 85–144.

Hoffarth, Christian, Urkirche als Utopie. Die Idee der Gütergemeinschaft im späteren Mittelalter von Olivi bis Wyclif, Stuttgart 2016.

Høgel, Christian/Bartoli, Elisabetta (Hg.), Medieval Letters. Between Fiction and Document. 33, Turnhout 2015.

Holopainen, Toivo J., Dialectic and Theology in the Eleventh Century (Studien und Texte zur Geistesgeschichte des Mittelalters, Bd. 54), Leiden/New York 1996.

Honoré, Tony, Justinian's Digest. Character and Compilation, Oxford 2010.

Hoste, Anselm, Bibliotheca Aelrediana. A Survey of the Manuscripts, Old Catalogues, Editions and Studies concerning St. Aelred of Rievaulx (Instrumenta patristica, Bd. 2), Den Haag 1962.

Hoyningen-Huene, Paul, Reduktion und Emergenz, in: Andreas Bartels/Manfred Stöckler (Hg.), Wissenschaftstheorie. Ein Studienbuch, Paderborn 2007, S. 177–197.

Hughes-Edwards, Mari, Reading Medieval Anchoritism. Ideology and Spiritual Practices, Cardiff 2012.

v. Hülsen-Esch, Andrea, Gelehrte im Bild. Repräsentation, Darstellung und Wahrnehmung einer sozialen Gruppe im Mittelalter (VMPIG, Bd. 201), Göttingen 2006.

–, Gelehrte in Miniaturen spätmittelalterlicher Handschriften. Stereotype, Differenzierungen, Deutungsschemata, in: Frank Rexroth (Hg.), Beiträge zur Kulturgeschichte der Gelehrten im späten Mittelalter (VuF, Bd. 73), Ostfildern 2010, S. 297–320.

–, Kleider machen Leute. Zur Gruppenrepräsentation von Gelehrten im Spätmittelalter, in: Otto Gerhard Oexle/Andrea von Hülsen-Esch (Hg.), Die Repräsentation der Gruppen. Texte – Bilder – Objekte (VMPIG, Bd. 141), Göttingen 1998, S. 225–257.

Huschner, Wolfgang, Transalpine Kommunikation im Mittelalter. Diplomatische, kulturelle und politische Wechselwirkungen zwischen Italien und dem nordalpinen Reich (9.-11. Jahrhundert). 3 Bd.e (MGH Schr, 52, 1–3), Hannover 2003.

Huygens, Robert Burchard Constantijn, Guillaume de Tyr etudiant. Un chapitre (XIX, 12) de son «Histoire» retrouve, in: Latomus 21 (1962), S. 811–829.

–, Mitteilungen aus Handschriften, in: SMed 3 (1962), S. 747–772.

Iggers, Georg G., Zur «linguistischen Wende» im Geschichtsdenken und in der Geschichtsschreibung, in: Geschichte und Gesellschaft 21 (1995), S. 557–570.

Ilgner, Rainer M., «Diversae sanctorum patrum sententiae». Wilhelm von St. Thierry, Abaelard und der Widerspruch der Vätersentenzen, in: Johannes Arnold/Rainer Berndt/Ralf M. W. Stammberger (Hg.), Väter der Kirche. Ekklesiales Denken von den Anfängen bis in die Neuzeit, Paderborn 2004, S. 603–630.

Illich, Ivan D., Im Weinberg des Textes: als das Schriftbild der Moderne entstand. Ein Kommentar zu Hugos «Didascalicon», Frankfurt am Main 2004.

Imbach, Ruedi, Einführungen in die Philosophie aus dem XIII. Jahrhundert. Marginalien, Materialien und Hinweise im Zusammenhang mit einer Studie von Claude Lafleur, in: ders., Quodlibeta. Ausgewählte Artikel (Dokimion, Bd. 20), hg. von Francis Cheveval/Thomas Ricklin/Claude Pottier, Freiburg/Schweiz 1996, S. 63–91.

Iogna-Prat, Dominique, Evrard de Breteuil et son double. Morphologie de la conversion en milieu aristocratique (v. 1070 – v. 1120), in: Michel Lauwers (Hg.), Guerriers et moines. Conversion et sainteté aristocratiques dans l'occident médiéval, IXe-XIIe siècle (Collection d'études médiévales, Bd. 4), Antibes 2002, S. 537–557.

Irvine, Martin, The Making of Textual Culture. «Grammatica» and Literary Theory 350–1100, Cambridge 1994.

Iwakuma, Yukio, Alberic of Paris on Mont Ste Geneviève against Peter Abelard, in: Jakob L. Fink/Heine Hansen/Ana María Mora-Márquez (Hg.), Logic and Language in the Middle Ages. A Volume in Honour of Sten Ebbesen, Leiden 2013, S. 27–47.

–, Masters Named in the Logical Texts After ca. 1120, http://www.s.fpu.ac.jp/iwakuma/papers/MastersII.pdf. [zuletzt 2018–04–06].

–, Pierre Abélard et Guillaume de Champeaux dans les premières années du XIIe

siècle. Une étude préliminaire, in: Joël Biard (Hg.), Langage, sciences, philosophie au XIIe siècle, Paris 1999, S. 93–123.
–, Pseudo-Rabanus super Porphyrium (P3), in: AHDLMA 75 (2008), S. 43–196.
–, The Division of Philosophy and the Place of the Trivium from the 9th to the Mid-12th Centuries, in: Sten Ebbesen/Russell L. Friedman (Hg.), Medieval Analyses in Language and Cognition. Acts of the Symposium of The Copenhagen School of Medieval Philosophy, January 10–13, 1996, Kopenhagen 1999, S. 165–189.
–, «Vocales» or Early Nominalists, in: Traditio 47 (1992), S. 37–111.
–, «Vocales» revisited, in: Charles S. F. Burnett (Hg.), The Word in Medieval Logic, Theology and Psychology, Turnhout 2009, S. 81–171.
–/Sten Ebbesen, Logico-theological Schools from the Second Half of the 12th Century. A List of Sources, in: Viv 30 (1992), S. 173–210.

Jacobi, Klaus, Gilbert Crispin. Zwischen Realität und Fiktion, in: ders. (Hg.), Gespräche lesen. Philosophische Dialoge im Mittelalter (ScriptOralia, Bd. 115), Tübingen 1999, S. 125–137.
–, William of Champeaux. Remarks on the Tradition in the Manuscripts, in: Irène Rosier-Catach (Hg.), Arts du langage et théologie aux confins des XIe et XIIe siècle. Textes, maîtres, débats (SArt, Bd. 26), Turnhout 2011, S. 261–271.
Jaeger, Charles Stephen, Der vollkommene Mensch in der Philosophie und Dichtung des 12. Jahrhunderts. Vorgeschichte und Nachleben eines humanistischen Mythos, in: Martin Kintzinger/Sita Steckel (Hg.), Akademische Wissenskulturen. Praktiken des Lehrens und Forschens vom Mittelalter bis zur Moderne (VGUW, Bd. 13), Basel 2015, S. 225–241.
–, Ennobling Love. In Search of a Lost Sensibility, Philadelphia, PA. 1999.
–, Pessimism in the Twelfth-Century Renaissance, in: Spec 78 (2003), S. 1151–1183.
–, The Envy of Angels. Cathedral Schools and Social Ideals in Medieval Europe, 950–1200, Philadelphia 1994.
–, The Prologue to the «Historia calamitatum» and the «Authenticity Question», in: Euphorion 74 (1980), S. 1–15.
Jaki, Stanley L., Scientist and Catholic. An Essay on Pierre Duhem, Front Royal, VA 1991.
Jansen, Stefanie, Wo ist Thomas Becket? Der ermordete Heilige zwischen Erinnerung und Erzählung (Historische Studien, Bd. 465), Husum 2002.
Jégou, Laurent, L'évêque, juge de paix. L'autorité épiscopale et le règlement des conflits entre Loire et Elbe (milieu VIIIe-milieu XIe siècle) (Collection Haut Moyen Âge, Bd. 11), Turnhout 2011.
Jolivet, Jean, Trois variations médiévales sur l'universel et l'individu. Roscelin, Abélard, Gilbert de la Porrée, in: Revue de métaphysique et de morale 97 (1992), S. 111–155.
Jong, Mayke de, Internal Cloisters. The Case of Ekkehard's Casus Sancti Galli, in: Walter Pohl/Helmut Reimitz (Hg.), Grenze und Differenz im frühen Mittelalter, Wien 2000, S. 209–221.

Jongkees, Adriaan Gerard, Translatio Studii. Les avatars d'un thème médiéval, in: Miscellanea mediaevalia in memoriam Jan Frederik Niermeyer, Groningen 1967, S. 41–51.

Jussen, Bernhard, Erforschung des Mittelalters als Erforschung von Gruppen. Über einen Perspektivenwechsel in der deutschen Mediävistik, in: Sozialwissenschaftliche Informationen 21 (1992), S. 202–209.

Jüssen, Gabriel/Gangolf Schrimpf, Art. «Disciplina, doctrina», in: HWPh 2 (1972), Sp. 256–261.

Kaldewey, David, Wahrheit und Nützlichkeit. Selbstbeschreibungen der Wissenschaft zwischen Autonomie und gesellschaftlicher Relevanz, Bielefeld 2013.

Kantorowicz, Ernst H., Die Wiederkehr gelehrter Anachorese im Mittelalter, in: ders., Selected Studies, New York 1965, S. 339–351.

Kantorowicz, Hermann U., An English Theologian's View of Roman Law. Pepo, Irnerius, Ralph Niger, in: ders., Rechtshistorische Schriften, hg. von Helmut Coing/Gerhard Immel, Karlsruhe 1970, S. 231–244.

Kaufmann, Georg, Geschichte der deutschen Universitäten, Bd. 1: Vorgeschichte, Stuttgart 1888.

Kearney, Hugh F., Origins of the Scientific Revolution, London 1964.

–, Scholars and Gentlemen. Universities and Society in Pre-Industrial Britain 1500–1700, London 1970.

Keller, Hagen, Die Verantwortung des Einzelnen und die Ordnung der Gemeinschaft. Zum Wandel gesellschaftlicher Werte im 12. Jahrhundert, in: FMSt 40 (2006), S. 183–197.

–, Ordnungsvorstellungen, Erfahrungshorizonte und Welterfassung im kulturellen Wandel des 12./13. Jahrhunderts, in: Bernd Schneidmüller/Stefan Weinfurter (Hg.), Ordnungskonfigurationen im hohen Mittelalter (VuF, Bd. 64), Ostfildern 2006, S. 257–278.

Kempshall, Matthew S., The Common Good in Late Medieval Political Thought, Oxford 1999.

Kintzinger, Martin, Art. «Statuten», in: Jan-Hendryk de Boer/Marian Füssel/Maximilian Schuh (Hg.), Universitäre Gelehrtenkultur vom 13.-16. Jahrhundert. Ein interdisziplinäres Quellen- und Methodenhandbuch, Wiesbaden 2018, S. 153–173.

–, Das Studium in Bologna und Paris. Ein Aufbruch zur Wissensgesellschaft?, in: Mathias Puhle (Hg.), Aufbruch in die Gotik. Der Magdeburger Dom und die späte Stauferzeit, Bd. 1: Essays, Mainz 2009, S. 290–299.

–, Gelehrte und Schüler, in: Michael Borgolte (Hg.), Migrationen im Mittelalter. Ein Handbuch, Berlin 2014, S. 279–290.

–, Licentia. Institutionalität akademischer Grade an der mittelalterlichen Universität, in: Rainer Christoph Schwinges (Hg.), Examen, Titel, Promotionen. Akademisches und staatliches Qualifikationswesen vom 13. bis zum 21. Jahrhundert (VGUW, Bd. 7), Basel 2007, S. 55–88.

–, Monastische Kultur und die Kunst des Wissens im Mittelalter, in: Nathalie

Kruppa/Jürgen Wilke (Hg.), Kloster und Bildung im Mittelalter (VMPIG, Bd. 218), Göttingen 2006, S. 15–47.
–, Wissen wird Macht. Bildung im Mittelalter, Ostfildern 2003.
–/Jana Madlen Schütte/Frank Rexroth, Art. «Verwaltung», in: Jan-Hendryk de Boer/Marian Füssel/Maximilian Schuh (Hg.), Universitäre Gelehrtenkultur vom 13.–16. Jahrhundert. Ein interdisziplinäres Quellen- und Methodenhandbuch, Wiesbaden 2018, S. 19–37.
Kluxen, Wolfgang, Der Begriff der Wissenschaft, in: Peter Weimar (Hg.), Die Renaissance der Wissenschaften im 12. Jahrhundert (Züricher Hochschulforum, Bd. 2), Zürich 1981, S. 273–293.
–, Wissenschaftliche Rationalität im 12. Jahrhundert. Aufgang einer Epoche, in: Georg Wieland (Hg.), Aufbruch – Wandel – Erneuerung. Beiträge zur «Renaissance» des 12. Jahrhunderts, Stuttgart 1995, S. 89–99.
Knight, Gillian R., The Correspondence between Peter the Venerable and Bernard of Clairvaux. A Semantic and Structural Analysis, Aldershot 2002.
Knoch, Wendelin, Art. «Disciplina», I.: In der scholastischen und monastischen Tradition, in: LMA Bd. 3 1986, Sp. 1106–1108.
Knorr-Cetina, Karin, Die Fabrikation von Erkenntnis. Zur Anthropologie der Naturwissenschaft (stw, Bd. 959), 4. Aufl., Frankfurt am Main 2016.
Knowles, David, The Humanism of the Twelfth Century, in: Studies – An Irish Quarterly Review 30 (1941), S. 43–58.
Köhn, Rolf, Magister Peter von Blois (c. 1130 bis 1211/12). Eine Studie zur Bildungsgeschichte der Geistlichkeit in der höfischen Gesellschaft, Konstanz 1973.
–, Schulbildung und Trivium im lateinischen Hochmittelalter und ihr möglicher praktischer Nutzen, in: Johannes Fried (Hg.), Schulen und Studium im sozialen Wandel des hohen und späten Mittelalters (VuF, Bd. 30), Sigmaringen 1986, S. 203–284.
König-Pralong, Catherine, Evaluations des savoirs d'importation dans l'université médiévale. Henri de Gand en position d'expert, in: Revue européenne des sciences sociales 46 (2008), S. 11–28.
–, Rhetorik gegen Spekulation. Ein Antagonismus der scholastischen Bildungsgeschichte, in: Andreas Speer/Thomas Jeschke (Hg.), Schüler und Meister (MM, Bd. 39), Berlin 2016, S. 45–58.
Köpf, Ulrich, Art. «Hoheslied» – III: Auslegungsgeschichte im Christentum, in: TRE 15 (1986), S. 508–513.
–, Das Thema der Freundschaft im abendländischen Mönchtum bis zum 12. Jahrhundert, in: Sibylle Appuhn-Radtke/Esther Pia Wipfler (Hg.), Freundschaft. Motive und Bedeutungen (Veröffentlichungen des Zentralinstituts für Kunstgeschichte, Bd. 19), München 2006, S. 25–44.
–, Monastische und scholastische Theologie, in: Dieter R. Bauer/Gotthard Fuchs (Hg.), Bernhard von Clairvaux und der Beginn der Moderne, Innsbruck 1996, S. 96–135.
Koschaker, Paul, Europa und das römische Recht, München/Berlin 1947.
Koschorke, Albrecht, Ein neues Paradigma in den Kulturwissenschaften, in: Eva

Eßlinger (Hg.), Die Figur des Dritten. Ein kulturwissenschaftliches Paradigma (stw, Bd. 1971), Berlin 2010, S. 9–31.

Koyré, Alexandre, From the Closed World to the Infinite Universe, London 1957.

Kretzmann, Norman, Introduction, in: ders./Kenny Anthony/Jan Pinborg (Hg.), Cambridge History of Later Medieval Philosophy. From the Rediscovery of Aristotle to the Disintegration of Scholasticism 1100 – 1600, Cambridge 1982, S. 1–8.

Kurz, Otto, Fakes. 2. Aufl. New York 1967.

Kuttner, Stephan, Papst Honorius III. und das Studium des Zivilrechts, in: Ernst von Caemmerer/Walter Hallstein/F. A. Mann (Hg.), Festschrift für Martin Wolff. Beiträge zum Zivilrecht und internationalen Privatrecht, Tübingen 1952, S. 79–101.

Ladner, Gerhart B., The Idea of Reform. Its Impact on Christian Thought and Action in the Age of the Fathers, Cambridge, Mass. 1959.

–, Two Gregorian Letters on the Sources and Nature of Gregory VII's Reform Ideology, in: ders., Images and Ideas in the Middle Ages. Selected Studies in History and Art. 2 Bd.e (Storia e letteratura, Bd. 156), S. 667–686.

Lafleur, Claude, Le «guide de l'étudiant» d'un maître anonyme de la faculté des arts de Paris au XIIIe siècle, 4. Aufl., Québec 1999.

–, Les «guides de l'étudiant» de la Faculté des arts de l'Université de Paris au XIIIe siècle, in: Maarten J. F. M. Hoenen/Jakob Hans Josef Schneider/Georg Wieland (Hg.), Philosophy and learning. Universities in the Middle Ages, Leiden 1995, S. 137–199.

–, Quatre introductions à la philosophie au XIIIe siècle. Textes critiques et étude historique (Publications de l'Institut d'études médiévales, Université de Montréal, Bd. 23), Montréal 1988.

–/Joanne Carrier, L'enseignement philosophique à la Faculté des Arts de l'Université de Paris en la première moitié du XIIIe siècle dans le miroir des textes didascaliques, in: Laval théologique et philosophique 60 (2004), S. 409–448.

Lahaye-Geusen, Maria, Das Opfer der Kinder. Ein Beitrag zur Liturgie- und Sozialgeschichte des Mönchtums im hohen Mittelalter (Münsteraner theologische Abhandlungen, Bd. 13), Altenberge 1991.

Landfester, Manfred (Hg.), Renaissance-Humanismus. Lexikon zur Antikenrezeption (Der Neue Pauly – Supplemente, Bd. 9), Stuttgart 2014.

Lange, Hermann, Römisches Recht im Mittelalter, Bd. 1: Die Glossatoren, München 1997.

–/Maximiliane Kriechbaum, Römisches Recht im Mittelalter, Bd. 2: Die Kommentatoren, München 2007.

Largier, Niklaus, Lob der Peitsche. Eine Kulturgeschichte der Erregung, München 2001.

Larsen, Andrew E., The School of Heretics. Academic Condemnation at the University of Oxford, 1277–1409 (ESMAR, Bd. 40), Leiden/Boston 2011.

Latour, Bruno/Steve Woolgar/Jonas Salk, Laboratory life. The Construction of Scientific Facts, 2. Aufl., Princeton, N.J. 1986.

Le Goff, Jacques, Die Intellektuellen im Mittelalter, 4. Aufl., Stuttgart 2001.

Lebsanft, Franz, Die Bedeutung von altfranzösisch «aventure». Ein Beitrag zu Theorie und Methodologie der mediävistischen Wort- und Begriffsgeschichte, in: Gerd Dicke/Manfred Eikelmann/Burkhard Hasebrink (Hg.), Im Wortfeld des Textes. Worthistorische Beiträge zu den Bezeichnungen von Rede und Schrift im Mittelalter (Trends in Medieval Philology, Bd. 10), Berlin 2006, S. 311–337.

Leclercq, Jean, Épilogue, in: L'eremitismo in occidente nei secoli XI e XII. Atti della seconda Settimana internazionale di studio Mendola, 30 agosto – 6 settembre 1962, Milano 1965, S. 593–595.

–, L'érémitisme en Occident jusqu'à l'an mil, in: L'eremitismo in occidente nei secoli XI e XII. Atti della seconda Settimana internazionale di studio Mendola, 30 agosto – 6 settembre 1962, Milano 1965, S. 27–44.

Leff, Gordon, Paris and Oxford Universities in the Thirteenth and Fourteenth Centuries. An Institutional and Intellectual History, New York/London/Sydney 1968.

Leibold, Gerhard, Ockham und Buridan – Vorgestalten neuzeitlicher Wissenschaft?, in: Alexander Fidora/Matthias Lutz-Bachmann (Hg.), Erfahrung und Beweis. Die Wissenschaften von der Natur im 13. und 14. Jahrhundert (WGW, Bd. 14), Berlin 2007, S. 225–231.

Lejbowicz, Max (Hg.), L'islam médiéval en terres chrétiennes. Science et idéologie (Savoirs mieux, Bd. 26), Villeneuve d'Ascq 2009.

Lemoine, Michel, Filosofici e fisici nell'opera di Guglielmo di Saint-Thierry, in: Francesco Romano/Antonino Tiné (Hg.), Questioni neoplatoniche (Symbolon, Bd. 6), Catania 1988, S. 83–106.

Lepsius, Mario Rainer, Kritik als Beruf. Zur Soziologie der Intellektuellen, in: ders (Hg.), Interessen, Ideen und Institutionen, Opladen 1990, S. 270–285.

Lepsius, Susanne, Art. «Communis opinio doctorum», in: Albrecht Cordes/Heiner Lück/Dieter Werkmüller/Ruth Schmidt-Wiegand (Hg.), Handwörterbuch zur deutschen Rechtsgeschichte, Bd. 1, 2. Aufl., Berlin 2008, Sp. 875–877.

–, Juristische Theoriebildung und philosophische Kategorien. Bemerkungen zur Arbeitsweise des Bartolus von Sassoferrato, in: Martin Kaufhold (Hg.), Politische Reflexion in der Welt des späten Mittelalters – Political Thought in the Age of Scholasticism. Essays in Honor of Jürgen Miethke (Studies in Medieval and Reformation Traditions, Bd. 103), Leiden/Boston 2004, S. 287–304.

Lerner, Robert E., Ernst Kantorowicz. A Life, Princeton, N.J. 2017.

Leyser, Henrietta, Hermits and the New Monasticism. A Study of Religious Communities in Western Europe 1000–1150, London 1984.

Lhotsky, Alphons, Die Universitäten im Spätmittelalter, in: ders., Aus dem Nachlaß. Aufsätze und Vorträge, Bd. 5, hg. von Hans Wagner/Heinrich Koller, Wien 1976, S. 34–50.

de Libera, Alain, Denken im Mittelalter (frz. 1991), München 2003.

–, Les Latins parlent aux Latins, in: Philippe Büttgen (Hg.), Les Grecs, les Arabes et nous. Enquête sur l'islamophobie savante, Paris 2009, S. 171–207.

Licence, Tom, Hermits and Recluses in English Society, 950–1200, Oxford 2011.

Linde, Cornelia, How to correct the «Sacra Scriptura»? Textual Criticism of the Latin Bible between the Twelfth and Fifteenth Century (Medium Aevum Monographs, Bd. 29), Oxford 2012.

Link, Jürgen, Literaturanalyse als Interdiskursanalyse. Am Beispiel des Ursprungs literarischer Symbolik in der Kollektivsymbolik, in: Jürgen Fohrmann/Harro Müller (Hg.), Diskurstheorien und Literaturwissenschaft, Frankfurt am Main 1988, S. 284–306.

–, Normale Krisen? Normalismus und die Krise der Gegenwart, Konstanz 2013.

Lombard-Jourdan, Anne, Aux origines de Paris. La genèse de la rive droite jusqu'en 1223, 2. Aufl. Paris 1985.

Loraux, Nicole, Éloge de l'anachronisme en histoire, in: Le Genre humain 27 (1993), S. 23–39.

Lorentz, Philippe/Dany Sandron, Atlas de Paris au Moyen Âge. Espace urbain, habitat, société, religion, lieux de pouvoir, Paris 2006.

Lorenz, Sönke (Hg.), Attempto – oder wie stiftet man eine Universität. Die Universitätsgründungen der sogenannten zweiten Gründungswelle im Vergleich (Contubernium, Bd. 50), Stuttgart 1999.

Lotman, Jurij M., Kultur und Explosion (stw, Bd. 1896), Frankfurt am Main 2010.

Lottin, Odon, Nouveaux fragments théologiques de l'école d'Anselme de Laon, in: RThAM 14 (1947), S. 5–31, 157–185.

–, Psychologie et morale, Bd. 5: Problèmes d'histoire littéraire – L'école d'Anselme de Laon et de Guillaume de Champeaux, Gembloux 1959.

Luckner, Andreas, Klugheit, Berlin 2005.

Luhmann, Niklas, Die Wissenschaft der Gesellschaft, Darmstadt 2002.

–, Legitimation durch Verfahren, 3. Aufl. (stw, Bd. 443), Frankfurt am Main 1978.

–, Liebe als Passion. Zur Codierung von Intimität, Frankfurt am Main 1982.

–, Liebe. Eine Übung, Frankfurt am Main 2008.

Lukes, Steven, Moral Relativism, London 2008.

Luscombe, David E., Crossing Philosophical Boundaries c. 1150-c. 1250, in: Spencer E. Young (Hg.), Crossing Boundaries at Medieval Universities (ESMAR, Bd. 36), Leiden/Boston 2011, S. 9–27.

–, Dialectic and Rhetoric in the Ninth and Twelfth Centuries. Continuity and Change, in: Johannes Fried (Hg.), Dialektik und Rhetorik im früheren und hohen Mittelalter. Rezeption, Überlieferung und gesellschaftliche Wirkung antiker Gelehrsamkeit vornehmlich im 9. und 12. Jahrhundert (Schriften des Historischen Kollegs: Kolloquien, Bd. 27), München 1997, S. 1–20.

–, Peter Abelard and the Poets, in: John Marenbon (Hg.), Poetry and Philosophy in the Middle Ages. A Festschrift for Peter Dronke (Mittellateinische Studien und Texte, Bd. 29), Leiden 2001, S. 155–171.

–, Peter Abelard, in: Peter Dronke (Hg.), A History of Twelfth Century Western Philosophy, Cambridge 1988, S. 279–293.

–, The School of Peter Abelard. The Influence of Abelard's Thought in the Early Scholastic Period (CSMLT; Second Series, Bd. 14), Cambridge 1969.

Lusignan, Serge, «Vérité garde le roy». La construction d'une identité universitaire en France (XIIIe-XVe siècle), Paris 1999.

Lutter, Christina, Social Groups, Personal Relations, and the Making of Communities in Medieval «vita monastica», in: Jörg Rogge (Hg.), Making Sense as a Cultural Practice. Historical Perspectives, Bielefeld 2013, S. 45–61.

Lutz-Bachmann, Matthias/Alexander Fidora/Pia A. Antolic (Hg.), Erkenntnis und Wissenschaft. Probleme der Epistemologie in der Philosophie des Mittelalters (WGW, Bd. 10), Berlin 2004.

Magne, Charles, Fouilles Place de Jussieu et dans la Halle aux Vins, in: Procès-verbaux de la Commission du Vieux Paris (1912, ersch. 1913), S. 243–248.

Mahlmann, Theodor, «Ecclesia semper reformanda». Eine historische Aufklärung. Neue Bearbeitung, in: Torbjörn Johansson/Robert Kolb/Johann Anselm Steiger (Hg.), Hermeneutica Sacra. Studien zur Auslegung der Heiligen Schrift im 16. und 17. Jahrhundert (Historia Hermeneutica. Series Studia, Bd. 9), Berlin 2010, S. 381–442.

Maier, Anneliese, Die Vorläufer Galileis im 14. Jahrhundert. Studien zur Naturphilosophie der Spätscholastik, Rom 1949.

Maleczek, Werner, Innocenzo III, in: Dizionario Biografico degli Italiani 62 (2004), S. 419–435.

Marenbon, John, Abelard in Four Dimensions. A Twelfth-Century Philosopher in His Context and Ours, Notre Dame 2013.

–, La logique en occident latin (ca. 780 – ca. 1150). Le programme des études et ses enjeux, in: Julie Brumberg-Chaumont (Hg.), Ad notitiam ignoti. L'«Organon» dans la «translatio studiorum» à l'époque d'Albert le Grand (SArt, Bd. 37), Turnhout 2013, S. 173–191.

–, Life, Milieu, and Intellectual Contexts, in: Jeffrey E. Brower/Kevin Guilfoy (Hg.), The Cambridge Companion to Abelard, Cambridge 2004, S. 13–144.

–, Logic at the Turn of the Twelfth Century, in: Dov M. Gabbay/John Woods (Hg.), Handbook of the History of Logic, Bd. 2: Medieval and Renaissance Logic, Amsterdam 2008, S. 65–81.

–, Logic at the Turn of the Twelfth Century. A Synthesis, in: Irène Rosier-Catach (Hg.), Arts du langage et théologie aux confins des XIe et XIIe siècle. Textes, maîtres, débats (SArt, Bd. 26), Turnhout 2011, S. 181–217.

–, Medieval Latin Commentaries and Glosses on Aristotelian Logical Texts, Before c. 1150 AD (zuerst 1993), in: ders., Aristotelian Logic, Platonism, and the Context of Early Medieval Philosophy in the West (Variorum Collected Studies Series, Bd. 696), Aldershot 2000, Nr. 2, S. 77–140.

–, Medieval Philosophy. An Historical and Philosophical Introduction, London, New York 2007.

–, The Philosophy of Peter Abelard, Cambridge 1997.

–, The Tradition of Studying the «Categories» in the Early Middle Ages (until

c. 1200). A Revised Working Catalogue of Glosses, Commentaries and Treatises, in: Sten Ebbesen/John Marenbon/Paul Thom (Hg.), Aristotle's «Categories» in the Byzantine, Arabic and Latin Traditions, Copenhagen 2013, S. 139–173.

Marmursztejn, Elsa, A Normative Power in the Making. Theological Quodlibeta and the Authority of the Masters at Paris at the End of the Thirteenth Century, in: Christopher Schabel (Hg.), Theological Quodlibeta in the Middle Ages, Bd. 1: The Thirteenth Century (BCCT, Bd. 1), Leiden/Boston 2006, S. 345–402.

–, L' autorité des maîtres. Scolastique, normes et société au XIIIe siècle (Histoire, Bd. 81), Paris 2007.

Martin, Christopher J., A Note on the Attribution of the «Litteral Glosses» in Paris, BnF, lat. 13 368 to Peter Abaelard, in: Irène Rosier-Catach (Hg.), Arts du langage et théologie aux confins des XIe et XIIe siècle. Textes, maîtres, débats (SArt, Bd. 26), Turnhout 2011, S. 605–646.

–, William's Machine, in: The Journal of Philosophy 83 (1986), S. 564–572.

Märtl, Claudia, Die Bamberger Schulen – ein Bildungszentrum des Salierreiches, in: Stefan Weinfurter (Hg.), Die Salier und das Reich. Gesellschaftlicher und ideengeschichtlicher Wandel im Reich der Salier, Bd. 3, Sigmaringen 1991, S. 327–345.

Mauch, Otto, Der lateinische Begriff «disciplina». Eine Wortuntersuchung, Fribourg 1941.

Maurach, Gregor, Daniel von Morley, Philosophia, in: MLatJb 13 (1979), S. 204–255.

Mauss, Marcel, Eine Kategorie des menschlichen Geistes: Der Begriff der Person und des «Ich» (zuerst 1938), in: ders., Soziologie und Anthropologie, Bd. 2, Frankfurt am Main 1989, S. 221–252.

–, Die Gabe. Form und Funktion des Austauschs in archaischen Gesellschaften (stw, Bd. 743), Frankfurt am Main 2004.

McAvoy, Liz Herbert, Medieval Anchoritisms. Gender, Space and the Solitary Life, Woodbridge 2011.

McCallum, J. Ramsay, Abelard's Christian Theology, Oxford 1948.

McLoughlin, John P., «Amicitia» in Practice. John of Salisbury (c. 1120–1180) and his Circle, in: England in the Twelfth Century. Proceedings of the 1988 Harlaxton Symposium, Woodbridge 1990, S. 165–180.

Meersseman, Gilles Gérard, Ordo Fraternitatis. Confraternite e pietà dei laici nel medioevo. 3 Bd.e (Italia Sacra, 24–26), Rom 1977.

Meier, Christel, Der ideale Mensch in Alans von Lille «Anticlaudianus» und seine Verwandlungen, in: Nikolaus Staubach (Hg.), Exemplaris imago. Ideale in Mittelalter und Früher Neuzeit, Frankfurt am Main 2012, S. 137–158.

Meier, Christian, Der Historiker und der Zeitgenosse. Eine Zwischenbilanz, München 2014.

–, Die griechisch-römische Tradition, in: Hans Joas/Klaus Wiegandt (Hg.), Die kulturellen Werte Europas, Frankfurt am Main 2005, S. 93–116.

Melve, Leidulf, Inventing the Public Sphere. The Public Debate during the Investiture Contest *c.* 1030 – 1122 (BSIH, Bd. 154). 2 Bd.e, Leiden 2007.

–, «The Revolt of the Medievalists». Directions in Recent Research on the Twelfth-Century Renaissance, in: JMH 32 (2006), S. 231–252.

Melville, Gert, Frommer Eifer und methodischer Betrieb. Beiträge zum mittelalterlichen Mönchtum, hg. von Cristina Andenna/Mirko Breitenstein, Köln 2014.

Menache, Sophia, La naissance d'une nouvelle source d'autorité: l'université de Paris, in: Revue historique 268 (1982), S. 305–327.

Merlet, Lucien, Lettres d'Ives de Chartres et d'autres personnages de son temps, 1087–1130, in: BECh 16 (1955), S. 443–471.

Mersch, Katharina Ulrike, Missachtung, Anerkennung und Kreativität. Exkommunizierte Laien im 13. Jahrhundert. Habil.schr. Göttingen 2018.

Merton, Robert King, Science and Democratic Social Structure (1942), in: ders., Social Theory and Social Structure, Rev. edn. New York 1968, S. 604–615.

Meuthen, Erich, Kirche und Heilsgeschichte bei Gerhoh von Reichersberg (Studien und Texte zur Geistesgeschichte des Mittelalters, Bd. 6), Leiden 1959.

–, Kölner Universitätsgeschichte, Bd. 1: Die alte Universität (Kölner Universitätsgeschichte, Bd. 1), Köln/Wien 1988.

Mews, Constant J., Abelard and his Contemporaries on Faith. From the «Sic et non» to the «Theologia Scholarium» and Beyond, in: Marco Forlivesi/Riccardo Quinto/Silvana Vecchio (Hg.), Fides virtus. The Virtue of Faith from the Twelfth to the Early Sixteenth Century (Archa verbi – Subsidia, Bd. 12), Münster 2014, S. 137–150.

–, Abelard and his Legacy, Aldershot 2001.

–, Communautés des savoirs. Écoles et collèges à Paris au XIIIe siècle, in: Revue de synthèse 129 (2008), S. 485–507.

–, Hugh Metel, Heloise and Abelard. The Letters of an Augustinian Canon and the Challenge of Innovation in Twelfth-Century Lorraine, in: Viator 32 (2001), S. 59–91.

–, John of Salisbury and the Schools of the 12th Century, in: Christophe Grellard/Frédérique Lachaud (Hg.), A Companion to John of Salisbury (BCCT, Bd. 57), Leiden 2015, S. 31–62.

–, «Logica» in the Service of Philosophy. William of Champeaux and his Influence, in: Rainer Berndt (Hg.), Schrift, Schreiber, Schenker. Studien zur Abtei Sankt Viktor zu Paris und zu den Viktorinern (CV-Instrumenta, Bd. 1), Münster 2005, S. 77–117.

–, Memories of William of Champeaux. The Necrology and the Early Years of Saint-Victor, in: Anette Löffler/Björn Gebert (Hg.), Legitur in necrologio victorino. Studien zum Nekrolog der Abtei Saint-Victor zu Paris (CV-Instrumenta, Bd. 7), Münster 2015, S. 71–97.

–, Peter Abelard on Dialectic, Rhetoric, and the Principles of Argument, in: ders./Cary J. Nederman/Rodney M. Thomson (Hg.), Rhetoric and Renewal in the Latin West 1100–1540. Essays in Honour of John O. Ward (Disputatio, Bd. 2), Turnhout 2003, S. 37–53.

–, Reason and Belief in the Age of Roscelin and Abelard (Variorum Collected Studies Series, Bd. CS730), Aldershot 2002.

–, The Council of Sens (1141), Abelard, Bernard and the Fear of Social Upheaval, in: Spec 77 (2002), S. 342–382.

–, William of Champeaux, Abelard and Hugh of Saint-Victor. Platonism, Theology, and Scripture in Early Twelfth-Century France, in: Rainer Berndt (Hg.), Bibel und Exegese in der Abtei Saint-Victor zu Paris. Form und Funktion eines Grundtextes im europäischen Rahmen (CV-Instrumenta, Bd. 3), Münster 2009, S. 131–163.

–, William of Champeaux, the Foundation of Saint-Victor (Easter, 1111), and the Evolution of Abelard's Early Career, in: Irène Rosier-Catach (Hg.), Arts du langage et théologie aux confins des XIe et XIIe siècle. Textes, maîtres, débats (SArt, Bd. 26), Turnhout 2011, S. 83–104.

–/Clare Monagle, Theological Dispute and the Conciliar Process 1050–1150, in: Christoph Dartmann/Andreas Pietsch (Hg.), Ecclesia disputans. Die Konfliktpraxis vormoderner Synoden (HZ Beih., Bd. 67), Berlin u. a. 2015, S. 127–157.

Meyer, Christoph H. F., Ordnung durch Ordnen. Die Erfassung und Gestaltung des hochmittelalterlichen Kirchenrechts im Spiegel von Texten, Begriffen und Institutionen, in: Bernd Schneidmüller/Stefan Weinfurter (Hg.), Ordnungskonfigurationen im hohen Mittelalter (VuF, Bd. 64), Ostfildern 2006, S. 303–411.

Meyvaert, Paul, Diversity within Unity. A Gregorian Theme, in: Heytrhop Journal 4 (1963), S. 141–162.

Michaud-Quantin, Pierre, Universitas. Expressions du mouvement communautaire dans le Moyen-Âge latin (L'Église et l'État au moyen-âge, Bd. 13), Paris 1970.

Miethke, Jürgen, Theologenprozesse in der ersten Phase ihrer institutionellen Ausbildung. Die Verfahren gegen Peter Abaelard und Gilbert von Poitiers, in: Viator 6 (1975), S. 87–116.

Milis, Ludo, Hermites et chanoines réguliers au XIIe siècle, in: Cahiers de civilisation médiévale 22 (1979), S. 39–80.

de Miramon, Charles, Quatre notes biographiques sur Guillaume de Champeaux, in: Irène Rosier-Catach (Hg.), Arts du langage et théologie aux confins des XIe et XIIe siècle. Textes, maîtres, débats (SArt, Bd. 26), Turnhout 2011, S. 45–82.

–, Spiritualia et Temporalia. Naissance d'un couple, in: ZRGkA 92 (2006), S. 224–287.

Mittelstraß, Jürgen, Der Flug der Eule. Von der Vernunft der Wissenschaft und der Aufgabe der Philosophie (stw, Bd. 796), Frankfurt am Main 1989.

–, Die Häuser des Wissens. Wissenschaftstheoretische Studien (stw, Bd. 1390), Frankfurt am Main 1998.

–, Leonardo-Welt. Über Wissenschaft, Forschung und Verantwortung (stw, Bd. 1042), Frankfurt am Main 1992.

Moeglin, Jean-Marie, Träger und Modalitäten des Austauschs: Institutionen – Personen – Quellen (Ende 11. Jh. – Anfang 13. Jh.), in: Fritz Peter Knapp (Hg.), Germania litteraria mediaevalis Francigena, Bd. 1: Die Rezeption latei-

nischer Wissenschaft, Spiritualität, Bildung und Dichtung aus Frankreich, Berlin 2014, S. 49–138.
Monfasani, John, Fernando of Cordova. A Biographical and Intellectual Profile (Transactions of the American Philosophical Society, Bd. 82,6), Philadelphia 1992.
de Montaigne, Michel, Essais. Erste moderne Gesamtübersetzung, hg. v. Hans Stilett, Frankfurt am Main 1998.
de Montclos, Jean, Lanfranc et Bérenger. La controverse eucharistique du XIe siècle (Spicilegium Sacrum Lovaniense: Études et documents, Bd. 37), Leuven 1971.
Moore, Robert I., Guibert of Nogent and his World, in: Henry Mayr-Harting/ Robert I. Moore (Hg.), Studies in Medieval History. Presented to R. H. C. Davis, London 1985, S. 107–117.
–, The Formation of a Persecuting Society. Power and Deviance in Western Europe, 950–1250, 2. Aufl., Malden 2007.
v. Moos, Peter, Consolatio. Studien zur mittelalterlichen Trostliteratur über den Tod und zum Problem der christlichen Trauer. 4 Bd.e (Münstersche Mittelalter-Schriften, 3, 1–4), München 1971/72.
–, Das Öffentliche und das Private im Mittelalter. Für einen kontrollierten Anachronismus, in: Gert Melville/Peter von Moos (Hg.), Das Öffentliche und Private in der Vormoderne, Köln 1998, S. 3–83.
–, Der «Dialogus Ratii» des Everhard von Ypern zwischen theologischer disputatio und Scholaren-Komödie, in: ders., Gesammelte Studien zum Mittelalter, Bd. 2: Rhetorik, Kommunikation und Medialität, hg. von Gert Melville, Berlin 2006, S. 3–43.
–, Die angesehene Meinung. Studien zum *endoxon* im Mittelalter. Teil 4: Johann von Salisbury, in: MLatJb 34 (1999), S. 1–55.
–, Die angesehene Meinung. Studien zum *endoxon* im Mittelalter: Abaelard, in: Freiburger Zeitschrift für Philosophie und Theologie 45 (1998), S. 343–380.
–, Die angesehene Meinung. Studien zum «endoxon» im Mittelalter. Teil 2, in: Thomas Schirren/Gert Ueding (Hg.), Topik und Rhetorik. Ein interdisziplinäres Symposium, Tübingen 2000, S. 143–163.
–, Gesammelte Studien zum Mittelalter, Bd. 1: Abaelard und Heloise, hg. von Gert Melville, Münster 2005.
–, Geschichte als Topik. Das rhetorische Exemplum von der Antike zur Neuzeit und die historiae im «Policraticus» Johanns von Salisbury, 2. Aufl., Hildesheim 1996.
–, Heloise und Abaelard, in: Karl Corino (Hg.), Gefälscht! Betrug in Politik, Literatur, Wissenschaft, Kunst und Musik, Frankfurt am Main 1990, S. 150–161.
–, Hildebert von Lavardin, 1056–1133. Humanitas an der Schwelle des höfischen Zeitalters (PHS, Bd. 3), Stuttgart 1965.
–, Mittelalterforschung und Ideologiekritik. Der Gelehrtenstreit um Héloise (Kritische Information, Bd. 15), München 1974.
–, Sensus communis im Mittelalter. Sechster Sinn und sozialer Sinn. Epistemolo-

gische, ekklesiologische und eschatologische Aspekte, in: ders., Gesammelte Studien zum Mittelalter, Bd. 3: Öffentliches und Privates, Gemeinsames und Eigenes, hg. von Gert Melville, Münster 2007, S. 395–458.

–, Was allen, den meisten oder den Sachkundigen richtig scheint. Über das Fortleben des Endoxon im MIttelalter, in: Burkhard Mojsisch/Olaf Pluta (Hg.), Historia philosophiae Medii Aevi. Studien zur Geschichte der Philosophie des Mittelalters, Amsterdam 1991, S. 711–744.

Moraw, Peter, Improvisation und Ausgleich. Der deutsche Professor tritt ans Licht, in: Rainer Christoph Schwinges (Hg.), Gelehrte im Reich. Zur Sozial- und Wirkungsgeschichte akademischer Eliten des 14. bis 16. Jahrhunderts, Berlin 1996, S. 309–326.

–, Die Prager Universitäten des Mittelalters im europäischen Zusammenhang, in: Schriften der Sudetendeutschen Akademie der Wissenschaften und Künste 20 (1999), S. 97–129.

Morey, Adrian/Christopher N. L. Brooke, Gilbert Foliot and his Letters. CSMLT, N. S., Bd. 11, Cambridge 1965.

Morin, Edgar, Le retour de l'événement, in: ders. (Hg.), L'Événement, Paris 1972, S. 6–20.

Morin, Germain, Rainaud l'ermite et Ives de Chartres. Un épisode de la crise du cénobitisme au XIe-XIIe siècle, in: Revue bénédictine 40 (1928), S. 99–115.

Morris, Colin, The Discovery of the Individual 1050–1200, New York 1972.

Mostert, Marco, De disputatio als tweegevecht van de geest. Over twaalfde-eeuwse krijgers en intellectuelen, in: ders./Rudi Künzel/Albert Demyttenaere (Hg.), Middeleeuwse cultuur. Verscheidenheit, spanning en verandering (Amsterdamse historische reeks. Grote serie, Bd. 18), Hilversum 1994, S. 131–162.

Moule, Gregory S., Corporate Jurisdiction, Academic Heresy, and Fraternal Correction at the University of Paris, 1200–1400 (ESMAR, Bd. 51), Leiden 2016.

Munk Olsen, Birger, L'Étude des auteurs classiques latins aux XIe et XIIe siècles [3 Bd.e in 5 Teilbd.en], Bd. 3.2, Paris 1987.

Münsch, Oliver, Neues zu Bernold von Konstanz, in: ZRGkA 92 (2006), S. 207–223.

Münster-Swendsen, Mia, Medieval «Virtuosity». Classroom Practice and the Transfer of Charismatic Power in Medieval Scholarly Culture *c.* 1000–1230, in: Mette Birkedal Bruun (Hg.), Negotiating Heritage. Memories of the Middle Ages, Turnhout 2008, S. 43–63.

–, The Model of Scholastic Mastery in Northern Europe c. 970–1200, in: Sally N. Vaughn/Jay Rubenstein (Hg.), Teaching and Learning in Northern Europe, 1000 – 1200, Turnhout 2006, S. 307–342.

Nederman, Cary J., Aristotelianism and the Origins of «Political Science» in the Twelfth Century, in: Journal of the History of Ideas 52 (1991), S. 179–194.

–, Beyond Stoicism and Aristotelianism. John of Salisbury's Skepticism and

Twelfth-Century Moral Philosophy, in: István P. Bejczy/Richard G. Newhauser (Hg.), Virtue and Ethics in the Twelfth Century (BSIH, Bd. 130), Leiden 2005, S. 175–195.
–, Medieval Aristotelianism and its Limits. Classical Traditions in Moral and Political Philosophy, 12th-15th Centuries, Aldershot 1997.
–, Textual Communities of Learning and Friendship Circles in the Twelfth Century. An Examination of John of Salisbury's Correspondence, in: Constant J. Mews/John N. Crossley (Hg.), Communities of Learning. Networks and the Shaping of Intellectual Identity in Europe, 1100–1500 (Europa sacra, Bd. 9), Turnhout 2011, S. 73–83.
–, Toleration, Skepticism, and the «Clash of Ideas». Principles of Liberty in the Writings of John of Salisbury, in: John Christian Laursen/Cary J. Nederman (Hg.), Beyond the Persecuting Society. Religious Toleration before the Enlightenment, Philadelphia 1998, S. 53–70.
Nipperdey, Thomas, Deutsche Geschichte 1800–1866. Bürgerwelt und starker Staat, München 1983.
Noble, Thomas F. X./John van Engen (Hg.), European Transformations. The Long Twelfth Century, Notre Dame 2012.
Nouvet, Claire, Abélard ou l'hyperbole parricide, in: Jean Jolivet/Henri Habrias (Hg.), Pierre Abélard. Colloque international de Nantes, Rennes 2003, S. 49–61.
Novikoff, Alex J., The Medieval Culture of Disputation. Pedagogy, Practice, and Performance, Philadelphia 2013.
–, The Renaissance of the Twelfth Century before Haskins, in: The Haskins Society Journal – Studies in Medieval History 16 (2005), S. 104–116.

Oberman, Heiko A., Die Gelehrten die Verkehrten. Popular Response to Learned Culture in the Renaissance and Reformation, in: Steven Ozment (Hg.), Religion and Culture in the Renaissance and Reformation (Sixteenth Century Essays and Studies, Bd. 11), Kirksville, Mo. 1989, S. 43–62.
Ochoa Sanz, Javier, Vincentius Hispanus, Canonista boloñes del siglo XIII (Cuadernos del Instituto Jurídico Español, Bd. 13), Rom/Madrid 1960.
Oexle, Otto Gerhard, Alteuropäische Voraussetzungen des Bildungsbürgertums. Universitäten, Gelehrte und Studierte, in: ders., Die Wirklichkeit und das Wissen. Mittelalterforschung – Historische Kulturwissenschaft – Geschichte und Theorie der historischen Erkenntnis, hg. von Andrea von Hülsen-Esch/ Bernhard Jussen/Frank Rexroth, Göttingen 2011, S. 636–687.
–, Coniuratio und Gilde im frühen Mittelalter. Ein Beitrag zum Problem der sozialgeschichtlichen Kontinuität zwischen Antike und Mittelalter, in: Berent Schwineköper (Hg.), Gilden und Zünfte. Kaufmännische und gewerbliche Genossenschaften im frühen und hohen Mittelalter (VuF, Bd. 29), Sigmaringen 1985, S. 151–214.
–, Die mittelalterlichen Gilden. Ihre Selbstdeutung und ihr Beitrag zur Formung sozialer Strukturen, in: Albert Zimmermann (Hg.), Soziale Ordnungen im

Selbstverständnis des Mittelalters (MM, Bd. 12), Berlin/New York 1979, S. 203–226.
–, Gilde und Kommune. Über die Entstehung von «Einung» und «Gemeinde» als Grundformen des Zusammenlebens in Europa, in: ders., Die Wirklichkeit und das Wissen. Mittelalterforschung, historische Kulturwissenschaft, Geschichte und Theorie der historischen Erkenntnis, hg. v. Andrea von Hülsen-Esch/Bernhard Jussen/Frank Rexroth, Göttingen 2011, S. 569–594.
–, Gilden als soziale Gruppen in der Karolingerzeit, in: Herbert Jankuhn/Walter Janssen/Ruth Schmidt-Wiegand (Hg.), Das Handwerk in vor- und frühgeschichtlicher Zeit. Teil 1: Historische und rechtshistorische Beiträge und Untersuchungen zur Frühgeschichte der Gilde (Abh. d. AdW zu Göttingen, Philolog.-Hist. Kl., 3. Folge, Bd. 122), Göttingen 1981, S. 284–353.
–, Memoria als Kultur, in: ders. (Hg.), Memoria als Kultur (VMPIG, Bd. 121), Göttingen 1995, S. 9–78.
–, Stand, Klasse, in: Otto Brunner/Werner Conze/Reinhart Koselleck (Hg.), Geschichtliche Grundbegriffe. Historisches Lexikon zur politisch-sozialen Sprache in Deutschland, Stuttgart 1990, S. 155–200.
–, Utopisches Denken im Mittelalter: Pierre Dubois, in: HZ 224 (1977), S. 293–339.
–, Wunschräume und Wunschzeiten. Entstehung und Funktionen des utopischen Denkens in Mittelalter, Früher Neuzeit und Moderne, in: Jörg Calließ (Hg.), Die Wahrheit des Nirgendwo. Zur Geschichte und Zukunft des utopischen Denkens (Loccumer Protokolle, 12/93), Rehburg-Loccum 1994, S. 33–83.
Ohly, Friedrich, Hohelied-Studien. Grundzüge einer Geschichte der Hoheliedauslegung des Abendlandes bis um 1200 (Schriften der Wissenschaftlichen Gesellschaft an der Johann Wolfgang Goethe-Universität Frankfurt am Main – Geisteswissenschaftliche Reihe, Bd. 1), Wiesbaden 1958.
Ong, Walter J., Ramus, Method, and the Decay of Dialogue, Cambridge, Mass. 1983.
Oroz Reta, José, L'«otium» chez saint Augustin, in: Jean-Marie André/Jaqueline Dangel/Paul Demont (Hg.), Les loisirs et l'héritage de la culture classique, Brüssel 1996, S. 434–440.
Osler, Margaret J., Rethinking the Scientific Revolution, Cambridge 2000.
Ott, John S., Bishops, Authority, and Community in Northwestern Europe, c. 1050–1150 (CSMLT 4, Bd. 102), Cambridge 2015.
Ott, Ludwig, Untersuchungen zur theologischen Briefliteratur der Frühscholastik (BGPhThM, Bd. 34), Münster 1937.
Otte, Gerhard, Dialektik und Jurisprudenz. Untersuchungen zur Methode der Glossatoren (Ius commune, Sonderheft, Bd. 1), Frankfurt am Main 1971.
–, Die Aristoteleszitate in der Glosse. Beobachtungen zur philosophischen Vorbildung der Glossatoren, in: ZRG rA 85 (1968), S. 368–393.
–, Die Rechtswissenschaft, in: Peter Weimar (Hg.), Die Renaissance der Wissenschaften im 12. Jahrhundert (Züricher Hochschulforum, Bd. 2), Zürich/München 1981, S. 123–142.

Park, Katharine/Lorraine Daston, Introduction: The Age of the New, in: dies. (Hg.), The Cambridge History of Science, Bd. 3: Early Modern Science, Cambridge 2008, S. 1–17.

Pennington, Kenneth, Lex naturalis and ius naturale, in: Spencer E. Young (Hg.), Crossing Boundaries at Medieval Universities (ESMAR, Bd. 36), Leiden/Boston 2011, S. 227–253.

–, The Decretalists 1190 to 1234, in: Wilfried Hartmann/ders. (Hg.), The History of Medieval Canon Law in the Classical Period, 1140–1234. From Gratian to the Decretals of Pope Gregory IX, Washington D. C. 2008, S. 211–245.

Perger, Mischa von, Vorläufiges Repertorium philosophischer und theologischer Prosa-Dialoge des lateinischen Mittelalters. Von Minucius Felix bis Nikolaus von Kues, in: Klaus Jacobi (Hg.), Gespräche lesen. Philosophische Dialoge im Mittelalter (ScriptOralia, Bd. 115), Tübingen 1999, S. 435–494.

Piazzoni, Ambrogio, Ugo di San Vittore auctor delle «Sententie de Diuinitate», in: SMed 23 (1983), S. 861–955.

Pietzner, Katrin, Bildung, Elite und Konkurrenz. Heiden und Christen vor der Zeit Constantins (Studien und Texte zu Antike und Christentum, Bd. 77), Tübingen 2013.

Poirel, Dominique, «Hugo Saxo». Les origines germaniques de la pensée d'Hugues de Saint-Victor, in: Francia 33–1 (2006), S. 163–174.

Post, Gaines, Parisian Masters as a Corporation, 1200–1246, in: Speculum 9 (1934), S. 421–445.

–, The Papacy and the Rise of the Universities, hg. von William J. Courtenay (zuerst 1931) (ESMAR, Bd. 54), Leiden 2017.

Poulle, Emmanuel, Le traité de l'astrolabe de Raymond de Marseille, in: Studi medievali serie terza 5 (1964), S. 866–900.

Powell, J. G. F., The Manuscripts and Text of Cicero's «Laelius de amicitia», in: Classical Quarterly 48 (1998), S. 506–518.

Powell, James M., Albertanus of Brescia. The Pursuit of Happiness in the Early Thirteenth Century, Philadelphia 1992.

Prinz, Friedrich, Askese und Kultur. Vor- und frühbenediktinisches Mönchtum an der Wiege Europas, München 1980.

Rasche, Ulrich, Die deutschen Universitäten und die ständische Gesellschaft. Über institutionengeschichtliche und sozioökonomische Dimensionen von Zeugnissen, Dissertationen und Promotionen in der Frühen Neuzeit, in: Rainer A. Müller (Hg.), Bilder – Daten – Promotionen. Studien zum Promotionswesen an deutschen Universitäten der frühen Neuzeit (Pallas Athene, Bd. 24), Stuttgart 2007, S. 150–273.

Rashdall, Hastings, The Universities of Europe in the Middle Ages. New Edition, revised by Maurice Powicke/A. B. Emden. 3 Bd.e, Oxford 1936.

Rathbone, Eleanor, Roman Law in the Anglo-Norman Realm, in: Studia Gratiana 11 (1967), S. 253–271.

Rebenich, Stefan, Hieronymus und sein Kreis. Prosopographische und sozialgeschichtliche Untersuchungen (Historia. Zeitschrift für alte Geschichte. Einzelschriften, Bd. 72), Stuttgart 1992.

Reich, Björn/Frank Rexroth/Matthias Roick (Hg.), Wissen, maßgeschneidert. Experten und Expertenkulturen im Europa der Vormoderne (HZ Beih., Bd. 57), München 2012.

Reinbold, Aurélie, Les cercles de l'amitié dans la correspondance d'Adam de Perseigne (1188–1221), in: Annales de Bretagne 120 (2013), S. 87–98.

Resnick, Irven Michael, Divine Power and Possibility in St. Peter Damian's «De divina omnipotentia» (Studien und Texte zur Geistesgeschichte des Mittelalters, Bd. 31), Leiden 1992.

Reuter, Timothy, The «Imperial Church System» of the Ottonian and Salian Rulers: A Reconsideration, in: Journal of Ecclesiastical History 33 (1982), S. 347–374.

Rexroth, Frank, Art. «Privilegien», in: Jan-Hendryk de Boer/Marian Füssel/Maximilian Schuh (Hg.), Universitäre Gelehrtenkultur vom 13.-16. Jahrhundert. Ein interdisziplinäres Quellen- und Methodenhandbuch, Wiesbaden 2018, S. 129–138.

–, «... damit die ganze Schule Ruf und Ruhm gewinne». Vom umstrittenen Transfer des Pariser Universitätsmodells nach Deutschland, in: Joachim Ehlers (Hg.), Deutschland und der Westen Europas (VuF, Bd. 56), Stuttgart 2002, S. 507–532.

–, Das Mittelalter und die Moderne in den Meistererzählungen der historischen Wissenschaften, in: Zeitschrift für Literaturwissenschaft und Linguistik 38 (2008) H. 151, S. 12–31.

–, Deutsche Universitätsstiftungen von Prag bis Köln. Die Intentionen des Stifters und die Wege und Chancen ihrer Verwirklichung im spätmittelalterlichen deutschen Territorialstaat (Beihefte zum Archiv für Kulturgeschichte, Bd. 34), Köln/Weimar/Wien 1992.

–, Die Einheit der Wissenschaft und der Eigensinn der Disziplinen. Zur Konkurrenz zweier Denkformen im 12. und 13. Jahrhundert, in: DA 67 (2011), S. 19–50.

–, Die scholastische Wissenschaft in den Meistererzählungen der europäischen Geschichte, in: Klaus Ridder/Steffen Patzold (Hg.), Die Aktualität der Vormoderne. Epochenentwürfe zwischen Alterität und Kontinuität (Europa im Mittelalter, Bd. 23), Berlin 2013, S. 111–134.

–, Die Universität war der Freiraum! Ein Blick zurück auf die Autonomie der mittelalterlichen Wissenschaft, in: Georgia Augusta 7 (2010), S. 15–21.

–, Die Universität, in: Johannes Fried/Olaf B. Rader (Hg.), Die Welt des Mittelalters. Erinnerungsorte eines Jahrtausends, München 2011, S. 460–472.

–, Die Weisheit und ihre 17 Häuser. Universitäten und Gelehrte im spätmittelalterlichen Reich, in: Matthias Puhle/Claus-Peter Hasse (Hg.), Heiliges Römisches Reich Deutscher Nation 962 bis 1806. Von Otto dem Grossen bis zum Ausgang des Mittelalters. Essays, Dresden 2006, S. 424–437.

–, Expertenweisheit. Die Kritik an den Studierten und die Utopie einer geheilten

Gesellschaft im späten Mittelalter (Freiburger mediävistische Vorträge, Bd. 1), Basel 2008.

–, Fehltritte. Otto von Freising, der Prozess gegen Gilbert von Poitiers und die Kontingenz der sozialen Kommunikation, in: Markus Bernhardt/Stefan Brakensiek/Benjamin Scheller (Hg.), Ermöglichen und Verhindern. Vom Umgang mit Kontingenz (Kontingenzgeschichten, Bd. 2), Frankfurt am Main 2016, S. 83–115.

–, «Finis scientie nostre est regere». Normenkonflikte zwischen Juristen und Nichtjuristen an den spätmittelalterlichen Universitäten Köln und Basel, in: ZHF 21 (1994), S. 315–344.

–, Horte der Freiheit oder der Rückständigkeit? Die europäischen Universitäten der Vormoderne, in: Gerd Lüer/Horst Kern (Hg.), Tradition – Autonomie – Innovation. Göttinger Debatten zu universitären Standortbestimmungen, Göttingen 2013, S. 13–37.

–, Kodifizieren und Auslegen. Symbolische Grenzziehungen zwischen päpstlich-gesetzgeberischer und gelehrter Praxis im späteren Mittelalter (1209/10–1317), in: FMSt 41 (2007), S. 395–414.

–, Monastischer und scholastischer Habitus. Beobachtungen zum Verhältnis zwischen zwei Lebensformen des 12. Jahrhunderts, in: Gert Melville/Bernd Schneidmüller/Stefan Weinfurter (Hg.), Innovationen durch Deuten und Gestalten. Klöster im Mittelalter zwischen Jenseits und Welt (Klöster als Innovationslabore. Studien und Texte, Bd. 1), Regensburg 2014, S. 317–333.

–, Politische Rituale und die Sprache des Politischen in der historischen Mittelalterforschung, in: Angela de Benedictis/Gustavo Corni/Brigitte Mazohl u. a. (Hg.), Die Sprache des Politischen in actu. Zum Verhältnis von politischem Handeln und politischer Sprache von der Antike bis ins 20. Jahrhundert (Schriften zur politischen Kommunikation, Bd. 1), Göttingen 2009, S. 71–90.

–, Reformen gegen den disziplinären Eigensinn: Die Pariser Statuten von 1215 und der Konservatismus der frühen Universitätsgeschichte. Erscheint 2018 in: Martin Kintzinger (Hg.), Universität – Reform. Ein Spannungsverhältnis von langer Dauer (VGUW).

–, Systemvertrauen und Expertenskepsis. Die Utopie vom maßgeschneiderten Wissen in den Kulturen des 12. bis 16. Jahrhunderts, in: Björn Reich/Frank Rexroth/Matthias Roick (Hg.), Wissen, maßgeschneidert. Experten und Expertenkulturen im Europa der Vormoderne (HZ Beih., Bd. 57), München 2012, S. 12–44.

–, Transformationen des Rituellen. Überlegungen zur «Disambiguierung» symbolischer Kommunikation während des langen 12. Jahrhunderts, in: Barbara Stollberg-Rilinger/Tim Neu/Christina Brauner (Hg.), Alles nur symbolisch? Bilanz und Perspektiven der Erforschung symbolischer Kommunikation, Köln 2013, S. 69–92.

–, Wahr oder nützlich? Epistemische Ordnung und institutionelle Praxis an den Universitäten des 13. und 14. Jahrhunderts, in: Andreas Speer/Andreas Berger (Hg.), Wissenschaft mit Zukunft. Die «alte» Kölner Universität im Kontext der europäischen Universitätsgeschichte (Studien zur Geschichte der Universität Köln, Bd. 19), Köln 2016, S. 87–114.

–, Warum Nichtwissen unzufrieden und Spezialwissen unbeliebt macht. Vormoderne Spuren moderner Expertenkritik, in: Merkur 66 (2012), S. 896–906.

–, Wenn Studieren blöde macht. Die Kritik an den Scholastikern und die Kritik an Experten während des späteren Mittelalters (Randgänge der Mediävistik, Bd. 4), Bern 2015.

–, «Wissenschaft» und «Unmoral» in den mittelalterlichen Vorstellungen von der Bildungsmetropole Paris, in: Martina Stercken/Ute Schneider (Hg.), Urbanität. Formen der Inszenierung in Texten, Karten, Bildern (Städteforschung Reihe A, Darstellungen, Bd. 90), Köln 2016, S. 43–66.

–/Schröder-Stapper, Teresa (Hg.), Experten, Wissen, Symbole. Performanz und Medialität vormoderner Wissenskulturen. HZ Beih., Bd. 71, Berlin 2018.

Ricklin, Thomas, Der Fall Gouguenheim, in: HZ 290 (2010), S. 119–135.

–, Die lateinische Entdeckung der Quintessenz. Die «Philosophia» des Daniel von Morley, in: Matthias Lutz-Bachmann/Alexander Fidora/Andreas Niederberger (Hg.), Metaphysics in the Twelfth Century. On the Relationship among Philosophy, Science and Theology (Textes et études du Moyen Âge, Bd. 19), Turnhout 2004, S. 85–112.

Rieger, Reinhold, Contradictio. Theorien und Bewertungen des Widerspruchs in der Theologie des Mittelalters (Beiträge zur historischen Theologie, Bd. 133), Tübingen 2005.

Robinson, Ian Stuart, The Bible in the Investiture Controversy. The South German Gregorian Circle, in: Katherine J. Walsh/Diana S. Wood (Hg.), The Bible in the Medieval World. Essays in Memory of Beryl Smalley, Oxford 1985, S. 61–84.

Robl, Werner, Das Konzil von Sens 1141 und seine Folgen. Der Ketzerprozess gegen Peter Abaelard im Spiegel der Zeitgeschichte 2003, http://www.robl.de/abaelard/sens1141.pdf [zuletzt 2015-02-24].

–, Das Rätsel eines Namens: Abaelardus 2001, http://abaelard.de/main.htm [zuletzt 2017-03-08].

–, Goswin von Anchin, ein Widersacher Abaelards, in: Ursula Niggli (Hg.), Peter Abaelard. Leben, Werk, Wirkung, Freiburg im Breisgau 2003, S. 267–292.

–, Zwischen Gottfried Graumantel und Peter Abaelard. Der Donjon von Le Pallet und seine Herren im Spiegel der Zeitgeschichte, http://www.heimatforschung-regensburg.de/500/1/pallet.pdf [zuletzt 2017-03-08].

Röckelein, Hedwig, Die Auswirkung der Kanonikerreform des 12. Jahrhunderts auf Kanonissen, Augustinerchorfrauen und Benediktinerinnen, in: Franz Josef Felten/Annette Kehnel/Stefan Weinfurter (Hg.), Institution und Charisma. Festschrift für Gert Melville zum 65. Geburtstag, Köln/Weimar/Wien 2009, S. 55–72.

–, Studentinnen im Mittelalter? Diskontinuitäten europäischer Universitäten, in: Andreas Speer/Andreas Berger (Hg.), Wissenschaft mit Zukunft. Die «alte» Kölner Universität im Kontext der europäischen Universitätsgeschichte, Köln/Weimar/Wien 2016, S. 137–171.

–, Weibliche Gelehrsamkeit im Mittelalter, in: Trude Maurer (Hg.), Der Weg an die Universität. Höhere Frauenstudien vom Mittelalter bis zum 20. Jahrhundert, S. 23–47.

–/Udo Friedrich (Hg.), Experten der Vormoderne zwischen Wissen und Erfahrung (Das Mittelalter, Bd. 17/2), Berlin 2012.

Roling, Bernd, Das «Moderancia»-Konzept des Johannes de Hauvilla. Zur Grundlegung einer neuen Ethik laikaler Lebensbewältigung im 12. Jahrhundert, in: FMSt 37 (2003), S. 167–258.

Rolker, Christof, Canon Law and the Letters of Ivo of Chartres (CSMLT 4, Bd. 76), Cambridge 2010.

Rosemann, Philipp W., Peter Lombard, New York 2004.

–, The Story of a Great Medieval Book. Peter Lombard's Sentences, Peterborough 2007.

Rosenberg, Heidrun/Michael Viktor Schwarz (Hg.), Wien 1365. Eine Universität entsteht, Wien 2015.

Rosenwein, Barbara H., Emotional Communities in the Early Middle Ages, Ithaca 2006.

Rosier-Catach, Irène (Hg.), Arts du langage et théologie aux confins des XIe et XIIe siècle. Textes, maîtres, débats (SArt, Bd. 26), Turnhout 2011.

Rouse, Mary A./Richard Hunter Rouse, Bibliography before Print. The Medieval «De viris illustribus», in: dies. (Hg.), Authentic Witnesses. Approaches to Medieval Texts and Manuscripts (Publications in medieval studies, Bd. 17), Notre Dame 1991, S. 469–494.

Roux, Simone, Paris au Moyen Âge, [Paris] 2003.

Rubenstein, Jay, Guibert of Nogent. Portrait of a Medieval Mind, New York 2002.

v. Savigny, Friedrich Carl, Geschichte des römischen Rechts im Mittelalter, Bd. 1–7. Ndr. der 2. Ausg. v. 1834–1851, Bad Homburg 1961.

Schieffer, Rudolf, Wissenschaftliche Arbeit im 9. Jahrhundert (Nordrhein-Westfälische AdW u. d. Künste – Geisteswissenschaften. Vorträge, G 425), Paderborn 2010.

Schima, Stefan, Das Papstschisma – eine Häresie? Kirchenrechtshistorische Erwägungen, in: Harald Müller (Hg.), Der Verlust der Eindeutigkeit. Zur Krise päpstlicher Autorität im Kampf um die Cathedra Petri (Schriften des Historischen Kollegs: Kolloquien, Bd. 95), Berlin 2017, S. 55–75.

Schmid, Karl, Bemerkungen zur Personen- und Memorialforschung nach dem Zeugnis von Abaelard und Heloise, in: Dieter Geuenich/Otto Gerhard Oexle (Hg.), Memoria in der Gesellschaft des Mittelalters (VMPIG, Bd. 111), Göttingen 1994, S. 74–127.

Schmidinger, Heinrich M., Art. «Scholastik», in: HWPh 8 (1992), Sp. 1332–1342.

–, «Scholastik» und «Neuscholastik». Geschichte zweier Begriffe, in: Emerich Coreth/Walter M. Neidl/Georg Pfligersdorffer (Hg.), Christliche Philosophie im katholischen Denken des 19. und 20. Jahrhunderts, Bd. 2: Rückgriff auf scholastisches Erbe, Graz 1988, S. 23–53.

Schmitt, Jean-Claude, Die Bekehrung Hermanns des Juden. Autobiographie, Geschichte und Fiktion, Stuttgart 2006.

Schmugge, Ludwig, Über «nationale» Vorurteile im Mittelalter, in: DA 38 (1982), S. 439–459.

Schneidmüller, Bernd, Außenblicke für das eigene Herz. Vergleichende Wahrnehmung politischer Ordnung im hochmittelalterlichen Deutschland und Frankreich, in: Michael Borgolte (Hg.), Das europäische Mittelalter im Spannungsbogen des Vergleichs. Zwanzig internationale Beiträge zu Praxis, Problemen und Perspektiven der historischen Komparatistik (Europa im Mittelalter, Bd. 1), Berlin 2001, S. 315–338.

Schnell, Rainer/Paul Bernhard Hill/Elke Esser, Methoden der empirischen Sozialforschung, 8. Aufl., München 2008.

Schnell, Rüdiger, Genealogie der höfischen Liebe. Ein kulturwissenschaftlicher Entwurf in kritischer Sicht, in: Zeitschrift für deutsche Philologie, Jg. 122 (2003), S. 101–117.

Scholz, Sebastian, Bemerkungen zur Bildungsentwicklung im frühen Mittelalter. Zusammenfassung, in: Julia Becker/Tino Licht/Stefan Weinfurter (Hg.), Karolingische Klöster. Wissenstransfer und kulturelle Innovation (Materiale Textkulturen, Bd. 933), Berlin 2015, S. 275–289.

Schönberger, Rolf/Andrés Quero Sánchez/Brigitte Berges u. a. (Hg.), Repertorium edierter Texte des Mittelalters aus dem Bereich der Philosophie und angrenzender Gebiete. 4 Bd.e, Berlin 2011.

Schreiner, Klaus, Art. «Toleranz», Abschn. I-X, in: Otto Brunner/Werner Conze/Reinhart Koselleck (Hg.), Geschichtliche Grundbegriffe. Historisches Lexikon zur politisch-sozialen Sprache in Deutschland, Bd. 6, Stuttgart 1990, S. 445–494.

–, Ein Herz und eine Seele. Eine urchristliche Lebensform und ihre Institutionalisierung im augustinisch geprägten Mönchtum des hohen und späten Mittelalters, in: Gert Melville/Anne Müller (Hg.), Regula Sancti Augustini. Normative Grundlage differenter Verbände im Mittelalter (Publikationen der Akademie der Augustiner-Chorherren von Windesheim, Bd. 3), Paring 2002, S. 1–48.

Schriber, Carolyn Poling, The Dilemma of Arnulf of Lisieux. New Ideas versus Old Ideals, Bloomington 1990.

Schrimpf, Gangolf, Art. «Philosophie – Institutionelle Formen – B: Mittelalter», in: HWPh 7 (1989), Sp. 800–819.

–, «Philosophia» – «philosophantes». Zum Selbstverständnis der vor- und frühscholastischen Denker, in: SMed serie terza 23 (1982), S. 697–727.

Schubert, Ernst, Motive und Probleme deutscher Universitätsgründungen des 15. Jahrhunderts, in: Peter Baumgart/Notker Hammerstein (Hg.), Beiträge zu Problemen deutscher Universitätsgründungen der frühen Neuzeit (Wolfenbütteler Forschungen, Bd. 4), Nendeln/Liechtenstein 1978, S. 13–74.

Schütte, Jana Madlen, Medizin im Konflikt. Fakultäten, Märkte und Experten in deutschen Universitätsstädten des 14. bis 16. Jahrhunderts (Education and Society in the Middle Ages and Renaissance, Bd. 53), Leiden/Boston 2017.

v. Schulte, Johann Friedrich, Die Geschichte der Quellen und Literatur des canonischen Rechts, Bd. 1: Von Gratian bis auf Papst Gregor IX. (1875), Ndr. Graz 1956.

Schulz, Knut, «Denn sie lieben die Freiheit so sehr...». Kommunale Aufstände und Entstehung des europäischen Bürgertums im Hochmittelalter, Darmstadt 1992.

Schwinges, Rainer Christoph, Deutsche Universitätsbesucher im 14. und 15. Jahrhundert. Studien zur Sozialgeschichte des Alten Reiches (Veröffentlichungen des Instituts für Europäische Geschichte Mainz – Abteilung Universalgeschichte, Bd. 123), Stuttgart 1986.

Schwinges, Rainer Christoph, Kreuzzugsideologie und Toleranz. Studien zu Wilhelm von Tyrus (Monographien zur Geschichte des Mittelalters, Bd. 15), Stuttgart 1977.

Sellier, Charles, Vestiges de l'ancienne église abbatiale de Saint-Victor; sépultures mérovingiennes l'avoisinant, in: Procès-verbaux de la Commission du Vieux Paris (1901, ersch. 1902), S. 169–171.

Sennett, Richard, Verfall und Ende des öffentlichen Lebens. Die Tyrannei der Intimität, Frankfurt am Main 1986.

Shapin, Steven, A Social History of Truth. Civility and Science in Seventeenth-Century England. Science and its Conceptual Foundations, Chicago, Ill. 1994.

–, The Scientific Revolution, Chicago 1996

Silvestre, Hubert, Die Liebesgeschichte zwischen Abaelard und Heloise. Der Anteil des Romans, in: Fälschungen im Mittelalter, Teil 5: Fingierte Briefe. Frömmigkeit und Fälschung. Realienfälschungen (MGH Schr, Bd. 33,5), Hannover 1988, S. 121–165.

–, Pourquoi Roscelin n'est-il pas mentionné dans l'«Historia calamitatum»?, in: RThAM 48 (1981), S. 218–224.

–, «Quanto juniores, tanto perspicaciores». Antécédents à la Querelle des Anciens et des Modernes, in: Recueil commémoratif du Xe anniversaire de la Faculté de Philosophie et Lettres (Publication de l'Université Lovanium de Kinshasa, Bd. 23), Louvain 1968, S. 231–255.

Šimůnek, Robert/Uwe Tresp, Einleitung, in: dies. (Hg.), Wege zur Bildung. Erziehung und Wissensvermittlung in Mitteleuropa im 13. – 16. Jahrhundert (Veröffentlichungen des Collegium Carolinum, Bd. 135), Göttingen 2016, S. 1–11.

Siraisi, Nancy G., Arts and Sciences at Padua. The Studium of Padua before 1350 (Studies and Texts, Bd. 25), Toronto 1973.

Skoda, Hannah, Medieval Violence. Physical Brutality in Northern France, 1270–1330, Oxford 2013.

Smith, Cyril Eugene, The University of Toulouse in the Middle Ages. Its Origins and Growth to 1500 A. D., Milwaukee, Wisconsin 1958.

Smith, Richard U., Was Bernard a Friend? A Question revisited, in: Analecta Cisterciensia 53 (1997), S. 15–44.

Sohn, Andreas, Von der Residenz zur Hauptstadt. Paris im hohen Mittelalter, Ostfildern 2012.

Soliva, Claudio, Juristen – Christen – Listen, in: Harro von Senger (Hg.), Die List, Frankfurt am Main 1999, S. 263–280.

Somerville, Robert, The Case against Berengar of Tours. A New Text, in: StG 9 (1972), S. 55–75.

Southern, Richard W., From Schools to University, in: Jeremy I. Catto (Hg.), The History of the University of Oxford, Bd. 1: The Early Oxford Schools, Oxford 1984, S. 1–36.

–, Medieval Humanism and Other Studies, New York 1970.

–, The Necessity of two Peters of Blois, in: Lesley Janette Smith/Benedicta Ward (Hg.), Intellectual Life in the Middle Ages. Essays Presented to Margaret Gibson, London 1991, S. 103–118.

–, Peter of Blois: A Twelfth-Century Humanist?, in: ders., Medieval Humanism and Other Studies, New York 1970, S. 105–134.

–, Scholastic Humanism and the Unification of Europe, Bd. 1: Foundations, Oxford 1995; Bd. 2: The Heroic Age, Oxford 2001.

–, St. Anselm and Gilbert Crispin, Abbot of Westminster, in: Mediaeval and Renaissance Studies 3 (1954), S. 78–115.

–, Saint Anselm. A Portrait in a Landscape, Cambridge 1990.

Spatz, Nancy, Evidence of Inception Ceremonies in the XIIth Century Schools of Paris, in: History of Universities 13 (1994), S. 3–20.

Speer, Andreas, Das «Erwachen der Metaphysik». Anmerkungen zu einem Paradigma für das Verständnis des 12. Jahrhunderts, in: Matthias Lutz-Bachmann (Hg.), Metaphysics in the Twelfth Century. On the Relationship among Philosophy, Science and Theology (Textes et études du Moyen Âge, Bd. 19), Turnhout 2004, S. 17–40.

–, Die entdeckte Natur. Untersuchungen zu Begründungsversuchen einer «scientia naturalis» im 12. Jahrhundert (Studien und Texte zur Geistesgeschichte des Mittelalters, Bd. 45), Leiden 1995.

–, Wissen über Grenzen. Arabisches Wissen und lateinisches Mittelalter, in: Ders./Lydia Wegener (Hg.), Wissen über Grenzen. Arabisches Wissen und lateinisches Mittelalter (MM, Bd. 33), Berlin/New York 2006, S. XIII-XXIII.

–/Lydia Wegener (Hg.), Wissen über Grenzen. Arabisches Wissen und lateinisches Mittelalter (MM, Bd. 33), Berlin/New York 2006.

Spittler, Gerd, Teilnehmende Beobachtung als Dichte Teilnahme, in: Zeitschrift für Ethnologie 126 (2001) H. 1, S. 1–25.

Stadelmann, Rudolf, Jacob Burckhardt und das Mittelalter, in: HZ 142 (1930), S. 457–515.

Stahl, Titus, Immanente Kritik. Elemente einer Theorie sozialer Praktiken, Frankfurt am Main/New York 2013.

Staub, Johannes, Domschulen am Mittelrhein um und nach 1000, in: Wilfried

Hartmann (Hg.), Bischof Burchard von Worms 1000–1025 (Quellen und Abhandlungen zur mittelrheinischen Kirchengeschichte, Bd. 100), Mainz 2000, S. 279–309.

Steckel, Sita, Kulturen des Lehrens im Früh- und Hochmittelalter. Autorität, Wissenskonzepte und Netzwerke von Gelehrten (Norm und Struktur, Bd. 39), Köln 2011.

Steffen, Walter, Die studentische Autonomie im mittelalterlichen Bologna. Eine Untersuchung über die Stellung der Studenten und ihrer Universitas gegenüber Professoren und Stadtregierung im 13. und 14. Jahrhundert (Geist und Werk der Zeiten, Bd. 58), Bern u. a. 1981.

Steidle, Basilius P., Dominici schola servitii, in: Benediktinische Monatsschrift 28 (1952), S. 397–406.

Stichweh, Rudolf, Wissen und die Professionen in einer Organisationsgesellschaft, in: Thomas Klatetzki/Veronika Tacke (Hg.), Organisation und Profession. Organisation und Gesellschaft, Wiesbaden 2005, S. 31–44.

Stickler, Alphons, Der Schwerterbegriff bei Huguccio, in: Ephemerides iuris canonici 3 (1947), S. 201–242.

Stierle, Karlheinz, Der Mythos von Paris. Zeichen und Bewußsein der Stadt, München/Wien 1993.

v. Stintzing, Roderich, Das Sprichwort «Juristen böse Christen» in seinen geschichtlichen Bedeutungen. Rektoratsrede, Bonn 1875.

Stotz, Peter, Handbuch der Altertumswissenschaft, Abt. 2, T. 5. Handbuch zur lateinischen Sprache des Mittelalters, Bd. 4: Formenlehre, Syntax und Stilistik, München 1998.

Stump, Eleonore, Dialectic, in: David L. Wagner (Hg.), The Seven Liberal Arts in the Middle Ages, Bloomington 1983, S. 125–146.

–, Logic in the Early Twelfth Century, in: Norman Kretzmann (Hg.), Meaning and Inference in Medieval Philosophy. Studies in Memory of Jan Pinborg (Synthese Historical Library, Bd. 32), Dordrecht 1988, S. 31–55.

Sturlese, Loris, Die deutsche Philosophie im Mittelalter. Von Bonifatius bis zu Albert dem Großen (748–1280), München 1993.

Suter, Andreas/Manfred Hettling, Struktur und Ereignis. Wege zu einer Sozialgeschichte des Ereignisses, in: dies. (Hg.), Struktur und Ereignis (Geschichte und Gesellschaft, Sonderh. 19), Göttingen 2001, S. 7–32.

Szabo-Bechstein, Brigitte, Libertas Ecclesiae. Ein Schlüsselbegriff des Investiturstreits und seine Vorgeschichte (StG, Bd. 12), Rom 1985.

Taliadoros, Jason, Communities of Learning in Law and Theology: The Later Letters of Peter of Blois (1125/30–1212), in: Constant J. Mews/John N. Crossley (Hg.), Communities of Learning. Networks and the Shaping of Intellectual Identity in Europe, 1100–1500 (Europa sacra, Bd. 9), Turnhout 2011, S. 85–107.

Tarán, Leonardo, Amicus Plato, sed magis amica veritas. From Plato and Aristotle to Cervantes, in: Antike und Abendland 30 (1984), S. 93–124.

Taylor, Andrew, A Second Ajax. Peter Abelard and the Violence of Dialectic, in: David Townsend/ders. (Hg.), The Tongue of the Fathers. Gender and Ideology in Twelfth-Century Latin, Philadelphia 1998, S. 14–34.

Tellenbach, Gerd, Papatus, in: ders., Ausgewählte Abhandlungen und Aufsätze. Teil 5, Stuttgart 1996, S. 83–94.

–, Der Sturz des Abtes Pontius von Cluny und seine geschichtliche Bedeutung, in: ders., Ausgewählte Abhandlungen und Aufsätze. Teil 3, Stuttgart 1988, S. 1024–1066.

–, Die westliche Kirche vom 10. bis zum frühen 12. Jahrhundert (Die Kirche in ihrer Geschichte, Bd. 2, F1), Göttingen 1988.

Thomson, Rodney M., The Satirical Works of Berengar of Poitiers. An Edition with Introduction, in: MS 42 (1980), S. 89–138.

Tremp, Benedikt, Emotional Communities in Ekkeharts IV. «Casus Sancti Galli», in: Schweizerische Zeitschrift für Religions- und Kulturgeschichte 106 (2012), S. 505–529.

Trexler, Richard C. (Hg.), Persons in Groups. Social Behavior as Identity Formation in Medieval and Renaissance Europe (Medieval and Renaissance Texts and Studies, Bd. 36), Binghamton 1985.

Trüter, Ingo, Gelehrte Lebensläufe. Habitus, Identität und Wissen um 1500, Göttingen 2017.

Türk, Egbert, Pierre de Blois. Ambitions et remords sous les Plantegenêts, Turnhout 2006.

Tweedale, Martin M., Logic (i). From the Late Eleventh Century to the Time of Abelard, in: Peter Dronke (Hg.), A History of Twelfth Century Western Philosophy, Cambridge 1988, S. 196–226.

Ullmann, Walter, Medieval Political Thought, Harmondsworth 1975.

Valente, Luisa, Happiness, Contemplative Life, and the «tria genera hominum» in Twelfth-Century Philosophy. Peter Abelard and John of Salisbury, in: Quaestio: Annuario della storia della metafisica 15 (2015), S. 73–98.

–, Philosophers and Other Kinds of Beings According to Abelard and John of Salisbury, in: Jakob L. Fink/Heine Hansen/Ana María Mora-Márquez (Hg.), Logic and Language in the Middle Ages. A Volume in Honour of Sten Ebbesen, Leiden u. a. 2013, S. 105–124.

Vallerani, Massimo, The Generation of the «Moderni» at Work. Jurists between School and Politics in Medieval Bologna (1270–1305), in: Andreas Bauer (Hg.), Europa und seine Regionen. 2000 Jahre Rechtsgeschichte 2007, S. 139–156.

Varga, Lucie, Das Schlagwort vom «finsteren Mittelalter» (Veröffentlichungen des Seminars für Wirtschafts- und Kulturgeschichte an der Universität Wien, Bd. 8), Baden/Brünn 1932.

Vauchez, André (Hg.), Ermites de France et d'Italie, XIe-XVe siècle (CEFR, Bd. 313), Rome 2003.

Venard, Marc, Concurrentes ou complémentaires? Les universités du sud-est de la

France, in: Michel Bideaux/Marie-Madeleine Fragonard (Hg.), Les Échanges entre les Universités européenes à la Renaissance, Genève 2003, S. 337–348.

Verbaal, Wim, The Council of Sens reconsidered. Masters, Monks, or Judges?, in: Church History 74 (2005), S. 460–493.

Verger, Jacques, Grundlagen, in: Walter Rüegg (Hg.), Geschichte der Universität in Europa, Bd. 1: Mittelalter, München 1993, S. 49–78.

–, Le Moyen Âge, in: Marielle Mouranche (Hg.), Et Toulouse pour apprendre. Sept siècles d'histoire de l'université de Toulouse 1229–1969, Toulouse 2010, S. 21–25.

–, Les conflits «Town and Gown» au Moyen Âge. Essai de typologie, in: Patrick Gilli/Jacques Verger/Daniel Le Blévec (Hg.), Les universités et la ville au moyen âge. Cohabitation et tension. ESMAR, Bd. 30, Leiden 2007, S. 237–255.

Vermeesch, Albert, Essai sur les origines et la signification de la commune dans le nord de la France (XIe et XIIe siècles), Heule 1966.

Vierhaus, Rudolf, Staaten und Stände. Vom Westfälischen bis zum Hubertusburger Frieden 1648–1763 (Propyläen Geschichte Deutschlands, Bd. 5), Frankfurt am Main/Berlin/Wien 1984.

Vogel, Christian, Boethius' Übersetzungsprojekt. Philosophische Grundlagen und didaktische Methoden eines spätantiken Wissenstransfers (Episteme in Bewegung, Bd. 6), Wiesbaden 2016.

Vogt, Annette, Anneliese Maier und Liselotte Richter. Zwei Wissenschaftlerinnen in der Leibniz-Edition der Preußischen Akademie der Wissenschaften, in: Wenchao Li/Hartmut Rudolph (Hg.), «Leibniz» in der Zeit des Nationalsozialismus (Studia Leibnitiana, Sonderhefte, Bd. 42), Stuttgart 2013, S. 87–104.

Waddell, Helen, The Wandering Scholars, Ndr. London 1952.

Wahlgren, Lena, The Letter Collections of Peter of Blois: Studies in the Manuscript Tradition (Studia graeca et latina gothoburgensia, Bd. 58), Göteborg 1993.

Wahrmund, Ludwig, Der Ordo iudiciarius des Aegidius de Fuscarariis (Quellen zur Geschichte des römisch-kanonischen Prozesses im Mittelalter, Bd. 3,1), Innsbruck 1916.

v. Walter, Johannes, Die ersten Wanderprediger Frankreichs. Studien zur Geschichte des Mönchtums. 2 Teile (Studien zur Geschichte der Theologie und der Kirche, Bd. 9,3), Leipzig 1903.

Walther, Hans (Hg.), Carmina Medii Aevi Posterioris Latina, vol. 2,7. Lateinische Sprichwörter und Sentenzen des Mittelalters und der Frühen Neuzeit in alphabetischer Anordnung, Göttingen 1982.

Walton, Linda, Educational Institutions, in: Benjamin Z. Kedar/Merry E. Wiesner-Hanks (Hg.), The Cambridge World History, Bd. 5: Expanding Webs of Exchange and Conflicts, 500CE – 1500CE, Cambridge 2015, S. 116–144.

Wandruszka, Nikolai, Die soziale Herkunft Bologneser Juristen (12. bis 14. Jh.). Zur Bedeutung des Adels für die Anfänge der Universität, in: Andreas Bauer

(Hg.), Europa und seine Regionen. 2000 Jahre Rechtsgeschichte, Köln 2007, S. 157–186.

Ward, John O./Karen Margareta Fredborg, Rhetoric in the Time of William of Champeaux, in: Irène Rosier-Catach (Hg.), Arts du langage et théologie aux confins des XIe et XIIe siècle. Textes, maîtres, débats (SArt, Bd. 26), Turnhout 2011, S. 219–233.

Wattenbach, Wilhelm, Das Schriftwesen im Mittelalter, 3. Aufl., Leipzig 1896.

Wciórka, Wojciech, Is Socrates a Universal? Walter of Mortagne on Generality, in: Medioevo: Rivista di storia della filosofia medievale 39 (2014), S. 57–88.

Weber, Max, Die Stadt, hg. von Wilfried Nippel, in: ders., Wirtschaft und Gesellschaft. Die Wirtschaft und die gesellschaftlichen Ordnungen und Mächte. Nachlaß. Teilband 5 (Max Weber Gestamtausgabe, 22–5), Tübingen 1999.

–, Wirtschaft und Gesellschaft. Grundriß der verstehenden Soziologie, hg. von Johannes Winckelmann, 5. Aufl., Tübingen 1980.

Wehler, Hans-Ulrich, Deutsche Gesellschaftsgeschichte, Bd. 1: Vom Feudalismus des Alten Reiches bis zur defensiven Modernisierung der Reformära, München 1987.

Wei, John C., The Sentence Collection «Deus non habet initium vel terminum» and its Reworking, «Deus itaque summe atque ineffabiliter bonus», in: MS 73 (2011), S. 1–118.

Weijers, Olga, In Search of the Truth. A History of Disputation Techniques from Antiquity to Early Modern Times (Studies on the Faculty of Arts: History and Influence, Bd. 1), Turnhout 2013.

–, L'appellation des disciplines dans les classifications des sciences aux XIIe et XIIIe siècles, in: Simo Knuuttila/Reijo Työrinoja/Sten Ebbesen (Hg.), Knowledge and Science in Medieval Philosophy. Proceedings of the Eighth International Congress of Medieval Philosophy, Helsinki 1990, S. 113–115.

–, Les règles d'examen dans les universités médiévales, in: Maarten J. F. M. Hoenen/Jakob Hans Josef Schneider/Georg Wieland (Hg.), Philosophy and Learning: Universities in the Middle Ages (ESMAR, Bd. 6), Leiden, New York 1995, S. 201–223.

–, Terminologie des universités au XIIIe siècle. Lessico intellettuale europeo, Roma 1987.

Weimar, Peter, Art. «Corpus iuris civilis», in: LMA 3 (1986), Sp. 270–276.

–, Legistische Literatur und die Methode des Rechtsunterrichts der Glossatorenzeit, in: Ius commune 2 (1969), S. 43–83.

Wetzstein, Thomas, Der Jurist. Bemerkungen zu den distinktiven Merkmalen eines mittelalterlichen Gelehrtenstandes, in: Frank Rexroth (Hg.), Beiträge zur Kulturgeschichte der Gelehrten im späten Mittelalter (VuF; herausgegeben vom Konstanzer Arbeitskreis für mittelalterliche Geschichte, Bd. 73), Ostfildern 2010, S. 243–296.

Wieland, Georg, Praktische Philosophie und Politikberatung bei Thomas von Aquin, in: Martin Kaufhold (Hg.), Politische Reflexion in der Welt des späten Mittelalters – Political Thought in the Age of Scholasticism. Essays in Honor

of Jürgen Miethke (Studies in Medieval and Reformation Traditions, Bd. 103), Leiden/Boston 2004, S. 65–83.
Wiese, Leopold von, Art. «Gebilde, soziale», in: Handwörterbuch der Sozialwissenschaften, Jg. 4 (1965), S. 221–226.
–, System der Allgemeinen Soziologie als Lehre von den sozialen Prozessen und den sozialen Gebilden der Menschen (Beziehungslehre), 3. Aufl., Berlin 1955.
Wilks, Michael, The Problem of Sovereignty in the Later Middle Ages. The Papal Monarchy with Augustinus Triumphus and the Publicists, Cambridge 1963.
Wilson, Curtis, William Heytesbury. Medieval Logic and the Rise of Mathematical Physics, Madison 1956.
Winkler, Heinrich August, Der lange Weg nach Westen. Deutsche Geschichte vom Ende des Alten Reiches bis zum Untergang der Weimarer Republik. 2 Bd.e, München 2002.
Winroth, Anders, The Making of Gratian's Decretum. (CSMLT 4, Bd. 49), Cambridge 2000.
–, Where Gratian Slept. The Life and Death of the Father of Canon Law, in: ZRGkA 99 (2003), S. 105–128.
–, Where Gratian Slept. The Life and Death of the Father of Canon Law, in: Joseph Ward Goering/Stephan Dusil/Andreas Thier (Hg.), Proceedings of the Fourteenth International Congress of Medieval Canon Law (Monumenta iuris canonici Ser. C, Subsidia, Bd. 15), Città del Vaticano 2016, S. 377 f.
Witzleb, Matthias, Ein Netzwerk in Briefen. Die Korrespondenz des Benediktinerabts Petrus von Montier-la-Celle (ca. 1145/46 – 1162/63). Diss. (unveröff.) Göttingen 2008.
Wolf, Armin, Gesetzgebung in Europa 1100–1500. Zur Entstehung der Territorialstaaten, München 1996.
Wollin, Carsten, Neue Textzeugen des «Carmen ad Astralabium» des Petrus Abaelardus, in: Sacris erudiri 46 (2007), S. 187–240.
Wolter, Udo, Ius canonicum in iure civili. Studien zur Rechtsquellenlektüre in der neueren Privatrechtsgeschichte (Forschungen zur neueren Privatrechtsgeschichte, Bd. 23), Köln/Wien 1975.
Worstbrock, Franz Josef, Translatio artium. Über die Herkunft und Entwicklung einer kulturhistorischen Theorie, in: ders., Ausgewählte Schriften, Bd. 1: Schriften zur Literatur des Mittelalters, hg. von Andreas Krass/Susanne Köbele, Stuttgart 2004, S. 137–156.

Yates, Frances, Gedächtnis und Erinnern. Mnemonik von Aristoteles bis Shakespeare, Weinheim 1990.
Young, Spencer E., «Consilio hominum nostrorum». A Comparative Study of Royal Responses to Crisis at the University of Paris, 1200–1231, in: History of Universities 22 (2007), S. 1–20.
–, Scholarly Community at the Early University of Paris. Theologians, Education and Society, 1215–1248 (CSMLT 4, Bd. 94), Cambridge 2014.
Ysebaert, Walter, Medieval Letter Collections as a Mirror of Circles of Friendship?

The Example of Stephen of Tournai, 1128–1203, in: Revue belge de philologie et d'histoire 83 (2005), S. 285–300.

–, Medieval Letters and Letter Collections as Historical Sources. Methodological Questions, Reflections, and Research Perspectives (Sixth-Fifteenth Centuries), in: Christian Høgel/Elisabetta Bartoli (Hg.), Medieval Letters. Between Fiction and Document (Utrecht Studies in Medieval Literacy, Bd. 33), Turnhout 2015, S. 33–62.

Zapp, Hartmut, Art. «Corpus iuris canonici», in: LMA 3 (1986), Sp. 263–269.

Zielinski, Herbert, Domschulen und Klosterschulen als Stätten der Bildung und Ausbildung, in: Christoph Stiegemann/Matthias Wemhoff (Hg.), Canossa 1077 – Erschütterung der Welt. Geschichte, Kunst und Kultur am Aufgang der Romanik (2 Bd.e, hier Band 1: Essays), München 2006, S. 175–181.

Zimmermann, Albert, Die Theologie und die Wissenschaften, in: Peter Weimar (Hg.), Die Renaissance der Wissenschaften im 12. Jahrhundert (Züricher Hochschulforum, Bd. 2), Zürich/München 1981, S. 87–105.

Ziolkowski, Jan M., A Dilemma for Twelfth-Century Masters and Disciples. The Revival of the Apostolic Past and the Danger of Charisma, in: Almut-Barbara Renger (Hg.), Meister und Schüler in Geschichte und Gegenwart: von Religionen der Antike bis zur modernen Esoterik, Göttingen 2012, S. 231–250.

Zonta, Mauro, Art. «Économiques», in: Richard Goulet (Hg.), Dictionnaire des philosophes antiques – Supplement, Paris 2003, S. 547–553.

–, The Jewish Mediation in the Transmission of Arabo-Islamic Science and Philosophy to the Latin Middle Ages. Historical Overview and Perspectives of Research, in: Andreas Speer/Lydia Wegener (Hg.), Wissen über Grenzen. Arabisches Wissen und lateinisches Mittelalter (MM, Bd. 33), Berlin/New York 2006, S. 89–105.

Nachweis der Abbildungen und Karten

Chantilly, Musée Condé, ms. 482/665, fol. 160v (Abb. 2)
Detroit, Institute of Arts, Einzelblatt (Pergament) (Abb. 3)
München, Bayerische Staatsbibliothek, clm 14779, fol. 53v (Abb. 7)
Paris, Bibliothèque Nationale, Ms. Lat., nouv. acq. 2060, fol. 55r (Abb. 8).
Prag, Knihovna pražské metropolitní kapituly, cod. A 21, fol. 153r (Abb. 1)
Valenciennes, Bibliothèque municipale, ms. 197, fol. 4vf. u. 7r (Abb. 4–6)

Karten 1–3: © Parigramme, Quelle: Philippe Lorentz/Dany Sandron, Atlas de Paris au Moyen Âge. Espace urbain, habitat, société, religion, lieux de pouvoir, Paris 2006 (S. 34, 61 und 70).

Die Karten 4–6 wurden erstellt von Bärbel Kröger, Germania Sacra, Göttingen.

Personenregister

Ortsregister

Historische Bibliothek der GERDA HENKEL STIFTUNG

Historische Bibliothek der GERDA HENKEL STIFTUNG

Hugh Barr Nisbet
Lessing
Eine Biographie
Aus dem Englischen von Karl S. Guthke
2008. 1024 Seiten mit 45 Abbildungen. Leinen

Jürgen Osterhammel
Die Verwandlung der Welt
Eine Geschichte des 19. Jahrhunderts
5., durchgesehene Auflage. 2010. 1568 Seiten. Leinen

Hermann Parzinger
Die frühen Völker Eurasiens
Vom Neolithikum zum Mittelalter
2. Auflage. 2011. 1045 Seiten mit 266 Abbildungen und Karten im Text, davon 17 in Farbe, sowie 28 farbigen Tafeln und 3 Klapptafeln. Leinen

Werner Plumpe
Carl Duisberg
1861–1935. Anatomie eines Industriellen
2016. 992 Seiten mit 39 Abbildungen. Leinen

Roderich Ptak
Die maritime Seidenstraße
Küstenräume, Seefahrt und Handel in vorkolonialer Zeit
2007. 368 Seiten mit 46 Abbildungen und 14 Karten. Leinen

Verlag C.H. Beck